Das
Lexikon
mit der Maus

Meyers Kinder- und Jugendbücher

Bibliografische Information der Deutschen Nationalbibliothek
Die Deutsche Nationalbibliothek verzeichnet diese Publikation in der
Deutschen Nationalbibliografie; detaillierte bibliografische Daten
sind im Internet über http://dnb.ddb.de abrufbar.

© Meyers 2011
Bibliographisches Institut GmbH
Dudenstraße 6, 68167 Mannheim

Die Maus: © I. Schmitt-Menzel, WDR mediagroup licensing GmbH,
Die Sendung mit der Maus ® WDR

Redaktionelle Leitung: Jürgen Hotz
Text- und Bildredaktion: Angelika Sust
Texte der Infokästen „Rätsel des Alltags": Dr. Christine Schlitt
Texte der Maus-Quiz-Boxen: Angelika Sust

Herstellung: Claudia Rönsch, Verona Meiling
Layout: Horst Bachmann
Umschlaggestaltung: Ulrike Diestel, Leipzig
Umschlagfotos: MEV Verlag, Augsburg: Chamäleon, Flugzeug, Geige,
Globus, Kompass; © herculaneum79 – Fotolia.com: Bernstein
Satz: Bibliographisches Institut GmbH, Mannheim
Druck und Bindung: Offizin Andersen Nexö Leipzig GmbH,
Spenglerallee 26-30, 04442 Leipzig

Printed in Germany
ISBN 978-3-411-07095-4

Einfach mehr wissen mit der Maus

Jeden Tag schwirren Kindern tausend Fragen durch den Kopf. Doch was, wenn auch die Erwachsenen mal keine passende Antwort parat haben und nicht weiterhelfen können? Da hilft nur eines: „Das Lexikon mit der Maus" rausholen und selbst nachschlagen!

Tiere und Pflanzen, Technik und Naturwissenschaft, Geschichte und Geografie, Gesellschaft und Politik, Religion, Kunst, Literatur und Musik: Rund 700 Lexikonartikel bieten im „Lexikon mit der Maus" zuverlässig recherchierte Informationen zu den verschiedensten Wissensgebieten. Alle Texte sind verständlich geschrieben und auf dem aktuellsten Stand. Da die Stichwörter – von „Aal" bis „Zwilling" – in alphabetischer Reihenfolge angeordnet sind, kann man die Artikel ganz schnell im Buch finden.

Oft erklärt ein Bild mehr als viele Worte. Deshalb sind die meisten Artikel des „Lexikons mit der Maus" mit Fotos und Grafiken versehen. Auf den 500 farbigen Abbildungen des Buchs kann man zum Beispiel sehen, wie das erste Geldstück aussah, wie man Kohle im Tagebau gewinnt oder wie das menschliche Auge funktioniert.

Kleine und große Geheimnisse zu spannenden „Rätseln des Alltags" verraten die Infoboxen, die sich auf fast jeder Doppelseite des Lexikons befinden. Warum zerbrechen Eier beim Ausbrüten nicht? Kann man Luft wiegen? Warum ist Glas durchsichtig? Verblüffende Antworten auf 120 clevere Fragen, passend zu Themen der „Sendung mit der Maus"!

Und noch etwas Besonderes: Jede Buchstabenstrecke des „Lexikons mit der Maus" enthält ein kleines „Maus-Quiz", das zum genauen Hinschauen, zum Knobeln und zum Suchen im Lexikon ermuntert.

Viel Vergnügen beim Lesen und Nachschlagen!

So findest du dich in diesem Lexikon zurecht

Was ist denn eigentlich ein Lexikon? Ganz einfach: Ein Lexikon ist ein Buch, in dem man etwas nachschlagen kann, was man nicht weiß. Daher enthält ein Lexikon ziemlich viele Artikel, deren Texte und Bilder helfen, die Wissenslücken zu füllen. Damit man die richtige Information schnell finden kann, sind die Begriffe in einem Lexikon alphabetisch angeordnet. Suchst du also etwas

über die „Feuerwehr", so wirst du beim Buchstaben „F" fündig – im „Lexikon mit der Maus" also auf S. 86 zwischen den Stichwörtern „Feuer" und „Fieber".

Beim Lesen wird dir auffallen, dass vor manchen Wörtern ein grauer Verweispfeil steht. Ein solcher Pfeil bedeutet, dass es zu dem dahinter stehen-

Bei der Suche nach Stichwörtern kannst du dich leicht an den Kopfwörtern orientieren, die links und rechts am oberen Seitenrand stehen.

Die Stichwörter sind **fett** und in roter Farbe gedruckt. Damit du sie schnell finden kannst, sind sie von A bis Z angeordnet.

Die Infoboxen stellen dir „Rätsel des Alltags" vor und bieten interessantes weiteres Wissen.

Ökosystem

sen enthält, die das Ohrenschmalz herstellen. Das Ohrenschmalz befördert kleine Fremdkörper nach außen und kann Krankheitserreger unschädlich machen.

Am Ende des Außenohrs befindet sich das Trommelfell. Eindringende Schallwellen versetzen es in Schwingungen. Diese gibt das Trommelfell an die drei Gehörknöchelchen im Mittelohr weiter. Sie heißen Hammer, Amboss und Steigbügel. Die Schwingungen werden von ihnen in die Schnecke des Innenohrs übertragen, die mit einer Flüssigkeit gefüllt ist. Dort nehmen →Sinneszellen die Schwingungen der Schallwellen wahr und leiten Informationen darüber weiter ans →Gehirn. Im Innenohr hat auch der Gleichgewichtssinn seinen Sitz. Er liegt in den drei Bogengängen.

Das Ohr

Was ist das absolute Gehör?

Kannst du ein Lied sofort richtig nachsingen, wenn du es einmal gehört hast? Das ist schon recht gut. Kannst du es aber nach einigen Tagen immer noch in derselben Tonart singen und die Töne gleichzeitig auch benennen? Dann hast du ein absolutes Gehör.
Menschen mit absolutem Gehör erkennen die exakte Höhe von Tönen und ordnen ihnen den Tonnamen zu, also C, D, E, F, G, A, H und so weiter. Diese besondere Fähigkeit ist recht selten, obwohl sie jedem Menschen angeboren ist. Ohne Training geht sie jedoch meist schon im Kindesalter verloren. Manche Menschen, die schon im Alter von drei oder vier Jahren ein Instrument wie Klavier oder Geige gelernt haben, verfügen über das absolute Gehör.

Regenwälder sind sehr empfindliche Ökosysteme.

Ökosystem

Ein Ökosystem umfasst einen oder mehrere Lebensräume sowie alle Lebewesen, die darin wohnen. Dabei stehen die Lebewesen und die unbelebte Umwelt des Ökosystems in einer wechselseitigen Beziehung, sie beeinflussen sich gegenseitig. Ein Lebensraum kann ein →See, eine →Wüste oder ein →Wattenmeer sein. Die Lebewesen müssen sich den Bedingungen ihres Lebensraums anpassen: Dort kann es warm oder kalt sein, feucht oder trocken. Es kann viel Licht geben wie im →Hochgebirge oder dunkel sein wie in einer →Höhle.

Wenn sich die Lebensbedingungen in einem Ökosystem ändern, hat das Auswirkungen auf die darin lebenden Tiere und Pflanzen. So wird es durch den →Klimawandel immer weniger →Nadelbäume bei uns geben, dafür werden immer mehr →Zugvögel den Winter hier verbringen, anstatt in den Süden zu ziehen. Der →Naturschutz versucht, Ökosysteme vor dem Eingriff des Menschen zu schützen.

210

den Wort einen eigenen Artikel gibt, der weitere nützliche Informationen enthält. Mithilfe dieser Verweise kannst du dich kreuz und quer durch das Lexikon bewegen. So wirst du erkennen, wie bestimmte Themen zusammenhängen.

In jede Buchstabenstrecke haben wir ein „Maus-Quiz" eingeschmuggelt. Es zeigt dir einen kleinen Ausschnitt eines Fotos, das du nochmals auf einer anderen Seite in diesem Lexikon finden kannst. Weißt du, welches Stichwort sich hinter jedem dieser Bilder „versteckt"? Unsere Hinweise unter dem Bildausschnitt im „Maus-Quiz" helfen dir sicher dabei. Die Auflösung haben wir für alle Fälle für dich auch nochmals hinten im Buch, auf S. 319, abgedruckt!

Oper

Olympische Spiele

Die ersten Olympischen Spiele fanden im griechischen Ort Olympia im Jahr 776 v. Chr. statt. Alle vier Jahre wurden sie wiederholt. Zu den Olympischen Spielen trafen sich Menschen aus allen Teilen Griechenlands. Die → Kriege, die sie gegeneinander führten, mussten dann ruhen.

Das Symbol der Olympischen Spiele: die olympischen Ringe

Die Griechen trugen damals folgende Wettkämpfe aus: Laufen über 384 Meter und über fünf Kilometer, Ringkampf, Faustkampf, Wagen- und Pferderennen sowie Fünfkampf (Laufen, Ringen, Springen, Diskus- und Speerwurf). Die griechischen Olympischen Spiele gab es bis zum Jahr 394 n. Chr. Dann wurden sie verboten. Erst viel später griff der Franzose Pierre de Coubertin die Idee wieder auf, und 1896 fanden die ersten Olympischen Spiele der Neuzeit in Athen statt.

Coubertin entwarf auch das Symbol der fünf ineinander verschlungenen Ringe. Sie sollen die Verbundenheit der Kontinente durch die Spiele darstellen. Bis heute werden die Olympischen Spiele alle vier Jahre veranstaltet.

Für eine Oper werden meist sehr aufwendige Kostüme und ein besonders stimmungsvolles Bühnenbild entworfen.

Oper

In einer Oper wird musiziert, gesungen und gespielt. Wie im → Theater wird eine Handlung vorgeführt, die jedoch nicht gesprochen, sondern gesungen wird. Ein → Orchester begleitet die Opernsänger. Die erste Oper wurde vor ungefähr 400 Jahren in Italien aufgeführt. Zu den berühmten Opernkomponisten zählen zum Beispiel Wolfgang Amadeus Mozart, Giuseppe Verdi, Richard Wagner und Kurt Weill. Bei den Opern geht es in erster Linie um die Musik. Die Handlung und der Text treten in den Hintergrund. Operette heißt so viel wie „kleine Oper". Sie ist meist heiter und fröhlich, und oft wird dabei getanzt. Eine der berühmtesten Operetten ist die „Lustige Witwe" von Franz Lehár.

Das Maus-Quiz

Dieses Insekt ist mit den Bienen verwandt. Es ist auch schwarz-gelb gestreift, aber etwas größer als eine Biene. Auf welcher Seite befindet sich das Tier hier im Buch?

211

Der Buchstabe im Bilderrahmen zeigt dir rasch, in welcher Buchstabenstrecke du dich befindest.

Die meisten Artikel haben eine Abbildung, die noch mehr Informationen zum Thema aufzeigt.

Bildunterschriften erklären dir, was auf dem Bild zu sehen ist. Meist enthalten sie zusätzliche Informationen, die im Artikel selbst nicht enthalten sind.

Die einzelnen Artikel bieten dir viele Informationen zum jeweiligen Stichwort.

Im „Maus-Quiz" haben wir dir knifflige Bilderrätsel gestellt. Kannst du sie lösen?

Alle „Rätsel des Alltags" auf einen Blick

Findest du die „Sachgeschichten" toll, die in jeder „Sendung mit der Maus" ausgestrahlt werden? Dann gefallen dir bestimmt auch unsere „Rätsel des Alltags". Weißt du, warum Milchzähne ausfallen? Oder wieso Eier beim Ausbrüten nicht zerbrechen? Oder weshalb Holz beim Verbrennen knackt?

Diese und viele weitere spannende Fragen beantworten die Infokästen, die du auf fast jeder Doppelseite dieses Buchs findest. Wenn du möchtest, kannst du diese Texte auch unabhängig von den Lexikonartikeln lesen. Damit dir dies leichter fällt, hat die Maus die einzelnen Themen hier für dich aufgelistet.

Stichwort	Thema	Seite
Aal	Warum ist der Zitteraal elektrisch?	14
Ägyptisches Reich	Wie kann man Hieroglyphen lesen?	18
Ameise	Wie sieht es in einem Ameisennest aus?	20
Antarktis	Wie überleben Pinguine die Kälte der Antarktis?	22
Apfel	Warum haben Äpfel verschiedene Farben?	23
Architektur	Seit wann gibt es Fensterscheiben?	26
Atmung	Warum vergessen wir im Schlaf das Atmen nicht?	29
Auge	Wie entsteht Augensand?	30
Automat	Wie funktioniert ein Geldautomat?	32
Bakterien	Wie viele Bakterien leben auf einem Menschen?	35
Baum	Wie bestimmt man das Alter eines Baums?	38
Benzin	Warum gibt es verschiedene Benzinsorten?	40
Biene	Warum stellen Bienen Honig her?	41
Blindheit	Was müssen Blindenhunde können?	44
Blindschleiche	Sind Blindschleichen wirklich blind?	45
Brille	Wie funktionieren Kontaktlinsen?	46
Brücke	Wie werden Brücken gebaut?	47
Burg	Warum stehen viele Burgen heute nur noch als Ruine?	50
Chamäleon	Wieso kann das Chamäleon seine Farbe wechseln?	52
Computer	Was macht ein Virus im Computer?	54
Dampfmaschine	Wie schnell waren die ersten Dampflokomotiven?	56
Delfin	Wie schlafen Delfine?	57
Dinosaurier	Warum starben die Dinosaurier aus?	60
Edelstein	Wie kommt die Mücke in den Bernstein?	66

Stichwort	Thema	Seite
Ei	Warum zerbrechen Eier beim Ausbrüten nicht?	67
Eis	Wie entstehen Eisberge?	68
E-Mail	Wie kommt die E-Mail durch die Leitung?	71
Ente	Was ist eine Zeitungsente?	73
Erdöl	Wo wohnen die Arbeiter auf einer Bohrinsel?	76
Evolution	Stammt der Mensch wirklich vom Affen ab?	79
Farbe	Was bedeutet farbenblind?	83
Feuerwehr	Wie funktioniert eine Sprinkleranlage?	86
Fieber	Was passiert bei Fieber im Körper?	87
Film	Wieso sprechen die Schauspieler in Hollywoodfilmen deutsch?	88
Flugzeug	Warum fliegt ein Flugzeug?	92
Forelle	Wozu machen Forellen so lange Wanderungen?	94
Frosch	Warum quaken Frösche?	97
Geburt	Was ist ein Kaiserschnitt?	101
Geld	Seit wann gibt es Münzgeld?	104
Gemüse	Warum soll man Ballaststoffe essen?	105
Geschwindigkeit	Was ist die höchste bislang gemessene Geschwindigkeit?	108
Gewitter	Warum soll man bei Gewitter nicht schwimmen gehen?	111
Glas	Warum ist Glas durchsichtig?	113
Glühwürmchen	Welche Tiere können leuchten?	115
Grenze	Kann man die Grenze zwischen zwei Ländern sehen?	117
Hase	Was ist der Unterschied zwischen Hasen und Kaninchen?	121
Haus	Warum fallen Wolkenkratzer nicht um?	122
Himmelsrichtung	Wie bestimmt man die Himmelsrichtung ohne Kompass?	125
Holz	Warum knackt Holz beim Verbrennen?	128
Hund	Warum können Hunde so gut riechen?	130
Impfung	Warum bekommt man Impfungen in den Oberarm?	133
Industrie	Wie wird ein Auto gebaut?	134
Internet	Wie funktioniert eine Suchmaschine?	138
Kalender	Haben wir überall auf der Erde dasselbe Jahr?	145
Kartoffel	Warum sollte man Kartoffeln mit Schale kochen?	147
Katze	Warum verstehen sich Katzen und Hunde oft nicht?	148
Kirche	Wo steht der höchste Kirchturm der Welt?	150
Knochen	Wie wachsen Knochen nach einem Bruch wieder zusammen?	152
Kompost	Was passiert im Komposthaufen?	155

Stichwort	Thema	Seite
Körper	Wie entstehen blaue Flecken?	157
Kran	Warum kippt der Kran nicht um?	158
Krebs	Wie wechseln Krebse ihren Panzer?	160
Krokodil	Können Krokodile Krokodilstränen weinen?	161
Kuh	Wie funktioniert eine Melkmaschine?	163
Landwirtschaft	Wie wird Schokolade gemacht?	167
Laser	Wie wird der Strichcode an der Supermarktkasse gelesen?	168
Lawine	Was machen Lawinenhunde?	170
Licht	Warum ist die Sonne lebensnotwendig für uns?	174
Luft	Kann man Luft wiegen?	176
Lurche	Warum leben Lurche im Wasser und an Land?	178
Magen	Warum knurrt der Magen, wenn man Hunger hat?	180
Magnet	Wie funktioniert eine Magnetschwebebahn?	180
Meer	Wie kommt das Salz ins Meer?	187
Milch	Wie wird Milch haltbar gemacht?	190
Mond	Was passiert bei einer Mondfinsternis?	193
Moor	Wie entstehen Moorlichter?	194
Müll	Kann man aus Müll Energie gewinnen?	196
Muskel	Warum bekommt man Muskelkater?	198
Nase	Wie viele Gerüche kann die menschliche Nase erkennen?	201
Nerv	Warum kribbeln eingeschlafene Füße?	204
Niederschlag	Wie entsteht roter Schnee?	206
Ohr	Was ist das absolute Gehör?	210
Ozon	Wie dick ist die Ozonschicht?	214
Pinguin	Wie erkennen sich Pinguine gegenseitig?	219
Pirat	Hatten Piraten wirklich Haken am Arm?	220
Planet	Können wir auch auf anderen Planeten leben?	221
Post	Warum haben Briefmarken Zähne?	222
Radar	Wie funktioniert eine Radarfalle?	227
Raumfahrt	Wieso tragen Astronauten Raumanzüge?	231
Regenbogen	Wie findet man das Ende eines Regenbogens?	233
Reh	Warum tragen die Hirsche ein Geweih?	234
Ritter	Wie kamen die Ritter auf ihr Pferd?	236
Röntgenstrahlen	Warum werden Gemälde geröntgt?	238
Salz	Warum verdirbt Salz nicht?	240

Stichwort	Thema	Seite
Sand	Wie entsteht Treibsand?	242
Schall	Wie funktioniert ein Ultraschallgerät?	244
Schiff	Warum schwimmen Schiffe?	245
Schlange	Welches ist die gefährlichste Giftschlange?	247
Schnecke	Wozu brauchen Schnecken den Schleim?	249
Schwerkraft	Wie gehen Astronauten aufs Klo?	252
See	Welches ist der größte See der Erde?	253
sieben Weltwunder	Wie wurden die Pyramiden von Giseh gebaut?	255
Sonne	Was passiert bei einer Sonnenfinsternis?	259
Spinne	Warum verfängt sich die Spinne nicht in ihrem Netz?	260
Sprache	Warum können Chinesen kein „R" sprechen?	261
Stern	Warum flimmern Sterne?	264
Stress	Wie funktioniert ein Lügendetektor?	267
Strom	Wie funktioniert eine Steckdose?	268
Tag und Nacht	Wie lange dauert ein Tag auf dem Mond?	271
Taube	Wie finden Brieftauben den Weg nach Hause?	273
Telefon	Wie kann man von Europa nach Amerika telefonieren?	275
Thermometer	Was ist ein „lebendiges Thermometer"?	278
Tunnel	Warum brechen Tunnel nicht ein?	283
Uhr	Wer stellt die Funkuhr?	285
Verkehr	Wie funktioniert eine Ampel?	289
Vitamine	Können Vitamine auch schädlich sein?	292
Vulkan	Warum ist Lava rot?	293
Wal	Warum taucht der Pottwal so tief?	296
Wasser	Warum ist Wasser für uns lebenswichtig?	297
Weizen	Was ist der Unterschied zwischen Weizen und Roggen?	299
Wetter	Wie entsteht Hagel?	302
Wind	Was passiert bei einem Orkan?	304
Wüste	Wie entsteht eine Fata Morgana?	307
Zahn	Warum fallen die Milchzähne aus?	313
Zeit	Kann man in die Zukunft reisen?	315
Zunge	Warum brennt die Zunge bei scharfem Essen?	318

Aal

Aale sind ➜ Fische, die man leicht an ihrem schlangenförmigen Körper und den bandförmigen Flossen erkennt. Da eine dicke Schleimschicht sie vor dem Austrocknen schützt, können Aale sogar kurze Strecken auf feuchtem Boden an Land zurücklegen. Flussaale leben zwar im Süßwasser, doch ihr Leben beginnt im Ozean: Sie wandern aus Seen und Flüssen einige Tausend Kilometer weit ins Meer. Dort legen sie ihre ➜ Eier ab und sterben. Aus den Eiern schlüpfen kleine durchsichtige ➜ Larven, die sich zur Küste treiben lassen und dann die Flüsse hochsteigen. Die jungen Aale wachsen in unseren Binnengewässern heran. Nach einigen Jahren unternehmen sie ihre Reise zurück ins Meer.

Im Gegensatz zum Flussaal hält sich der Meeraal ausschließlich im Meer auf; er wird drei Meter lang und bis zu 100 Kilogramm schwer.

Das Weibchen eines europäischen Aals kann 1,5 m lang und 6 kg schwer werden.

Im Plenarsaal des Bundestags liefern sich die Abgeordneten in Berlin oft heftige Wortgefechte. Denn der freie Austausch von Meinungen gehört zur Demokratie.

Abgeordnete

In einer ➜ Demokratie finden in regelmäßigen Abständen Wahlen statt. Dabei werden Abgeordnete als Mitglieder eines ➜ Parlaments, etwa des ➜ Gemeinderats oder des ➜ Bundestags, gewählt. Sie vertreten die Interessen ihrer Wählerinnen und Wähler. Dafür erhalten sie eine Aufwandsentschädigung, die Diäten. Fast immer gehören Abgeordnete einer ➜ Partei an.

Der Aal

Warum ist der Zitteraal elektrisch?

Der Zitteraal, der in den Gewässern des südamerikanischen Amazonas lebt, hat eine besondere Jagdmethode. Nähert sich ihm ein kleiner Fisch, gibt er einen Stromstoß ins Wasser ab. Damit betäubt oder tötet er seine Beute, bevor er sie frisst. Auch wenn ihm Feinde zu nahe kommen, sendet er Stromstöße aus.

Der Zitteraal hat am ganzen Körper elektrische Organe. Das sind Muskeln, die eine Spannung von bis zu 600 Volt erzeugen können – das ist fast dreimal so viel, wie der Strom, der bei uns aus der Steckdose kommt. Da Wasser Elektrizität gut leitet, verfügt der Fisch über eine hervorragende Waffe, die auch für den Menschen gefährlich sein kann. Übrigens: Der Zitteraal ist gar kein echter Aal, sondern wird nur wegen seines schlangenförmigen Körpers Aal genannt. Zitteraale können fast drei Meter lang und bis zu 20 Kilogramm schwer werden.

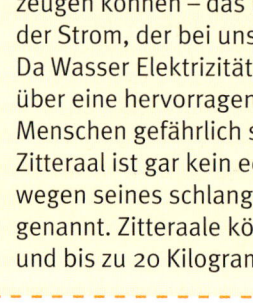

Abitur

Am Ende der Oberstufe des Gymnasiums oder am Ende der Gesamtschule legen die Schülerinnen und Schüler in verschiedenen Fächern eine abschließende Prüfung ab: das Abitur. Wenn jemand das Abitur hat, darf er eine →Universität oder Hochschule besuchen. Dort studiert man, um zum Beispiel Lehrer, Ärztin oder Rechtsanwalt zu werden. Statt Abitur (oder kurz Abi) sagt man auch Reifeprüfung. In →Österreich und der →Schweiz heißt das Abitur Matura.

Das Maus-Quiz

Wie der Eisbär lebt auch dieses Tier in einer sehr kalten Region der Erde. Doch man kann die beiden niemals zusammen antreffen! Auf welcher Seite befindet sich das Tier hier im Buch?

Grafen, Fürsten, Herzöge und Könige gehören kraft ihrer Geburt dem Adel an. Ab dem Mittelalter bildeten sie in Europa einen höhergestellten Stand. Sie verfügten über große Ländereien, lebten auf Burgen und Schlössern und hatten ein ausgeprägtes Bewusstsein ihres hohen gesellschaftlichen Rangs. In Politik, Militär und Kirche konnten meist nur Adlige in wichtige Ämter gelangen. Ihre Vorrechte wurden in Deutschland 1919 abgeschafft. Erkennen kann man adlige Personen an dem Wappen, das sie führen, und an dem Namenszusatz „von", der hinter ihrem Vornamen steht.

Ader

Das Wort Ader hat ganz unterschiedliche Bedeutungen. Zum einen meint man mit Adern die Blutgefäße, die sich im gesamten menschlichen →Körper verzweigen. Die Arterien transportieren das sauerstoffreiche →Blut vom →Herzen weg in die →Organe. Die Arterien werden immer dünner und enden in feinen Haargefäßen. In den Haargefäßen oder Kapillaren gibt das Blut den →Sauerstoff an die Zellen ab und nimmt Kohlendioxid auf. Das nun sauerstoffarme Blut wird schließlich von den Venen wieder zum Herzen zurücktransportiert. An manchen Stellen des Körpers kann man die Adern gut sehen, wie unter der Haut des Handrückens.

Durch die Adern nimmt das Ahornblatt Wasser auf.

Zum anderen haben auch →Blätter Adern. In ihnen verlaufen die Gefäße der Pflanzen. Sie befördern Wasser und zuckerhaltige Säfte. Wenn Blätter verrotten, bleiben die Adern als Skelett am längsten erhalten. Erzgänge in →Gesteinen nennen wir ebenfalls Adern, zum Beispiel gibt es Gold- oder Silberadern.

Adoption

Wenn ein Mann und eine Frau ein Kind adoptieren, so nehmen sie es als ihr eigenes Kind an. Sie haben es zwar nicht gezeugt und die Frau hat es nicht geboren, doch dieses Paar sagt vor einem →Gericht, dass es dieses Kind von nun an als das eigene Kind betrachtet. Das Kind erhält dann den Familiennamen der Eltern. Auch homosexuelle Paare können ein Kind aufnehmen, wobei die Adoption von einem der beiden Lebenspartner übernommen wird.

Ist das Kind 14 Jahre alt, so muss es seine Einwilligung zur Adoption geben. In der Regel haben die Eltern das Kind schon längere Zeit bei sich gehabt. In Deutschland werden jedes Jahr mehrere Tausend Kinder adoptiert. Auch Erwachsene können übrigens adoptiert werden. Das geschieht meistens, damit ein Familienname nicht ausstirbt.

Orang-Utans gehören zur Familie der Menschenaffen. Wörtlich übersetzt bedeutet Orang-Utan „Waldmensch".

Affe

Affen sind → Säugetiere. Zu den Affen zählen wir ebenso die Menschenaffen, wie die Gorillas und die Schimpansen, und in einem streng zoologischen Sinn auch den Menschen.

Die meisten Affenarten haben einen langen Schwanz und ein dichtes Fell. Mit ihren Händen und Füßen können sie sehr geschickt umgehen. Wie die Menschen besitzen Affen einen den anderen vier Fingern gegenübergestellten Daumen, der die Hand zum Greifen befähigt. Viele südamerikanische Affen haben einen Greifschwanz, den sie wie eine fünfte Gliedmaße zum Klettern verwenden.

Am Boden bewegen sich Affen oft auf allen vieren. Wenn sie jedoch mit ihren Händen etwas festhalten, setzen sie sich hin oder stellen sich auf die Hinterbeine. Häufig leben Affen in Familien oder größeren Gruppen in einem bestimmten Gebiet. Diesen Raum verteidigt die Gruppe gegen andere Affengruppen.

Es gibt ungefähr 400 verschiedene Affenarten. Die meisten leben in den → Tropen. Durch die Abholzung der Regenwälder sowie durch die Jagd sind allerdings viele Affenarten vom Aussterben bedroht. Die einzige in Europa lebende Art sind die Berberaffen auf dem Felsen von Gibraltar im Süden Spaniens.

Afrika

Afrika ist mit einer Fläche von 30,3 Millionen km² der zweitgrößte → Kontinent der Erde. In Afrika leben mehr als eine Milliarde Menschen. Die

Musik und rituelle Feste gehören fest zur afrikanischen Kultur.

Der höchste Berg Afrikas ist mit 5892 m der Kilimandscharo in Tansania (hier im Bildhintergrund).

➜ Wüste Sahara bedeckt den größten Teil Nordafrikas. In der Mitte Afrikas verläuft der ➜ Äquator. Dort wachsen undurchdringliche ➜ tropische Regenwälder. Zebras, Giraffen, Elefanten, Löwen, Hyänen und Geparde leben in den ➜ Savannen im östlichen und südlichen Afrika. In Afrika gibt es wertvolle Bodenschätze wie ➜ Gold und Diamanten.

Dennoch sind viele Menschen in Afrika arm, während nur sehr wenige reich sind. Die meisten Menschen leben als Bauern in Dörfern und pflanzen wichtige Nahrungsmittel wie Mais, Hirse, Kaffee, Kakao und Tee an. Der Rest der Bevölkerung lebt und arbeitet in den Großstädten. In vielen afrikanischen Ländern gibt es derzeit große wirtschaftliche und politische Schwierigkeiten. Immer wieder brechen Kriege aus.

Lange Zeit war Afrika unerforscht. Doch dann besetzten Europäer große Gebiete. Sie beuteten die Bodenschätze aus und verkauften Afrikaner als ➜ Sklaven. Die Afrikaner wehrten sich in lange Zeit andauernden, blutigen Kämpfen gegen die europäischen Besatzer. Heute sind alle afrikanischen Länder unabhängig.

Ägyptisches Reich

Vor ungefähr 5000 Jahren entstand im Tal des Nil auf dem Gebiet des heutigen Ägypten eine der ersten großen Hochkulturen der Welt, das Ägyptische Reich. Etwa 2500 Jahre lang war Ägypten eines der mächtigsten und reichsten Länder der Erde.

Das Ägyptische Reich wurde von Königen regiert, die Pharaonen hießen. Ein Pharao wurde wie ein ➜ Gott verehrt. Priester waren reich und mächtig, während die meisten Ägypter als Bauern in einfachen Hütten lebten. Die schönsten ägyptischen Gebäude waren ➜ Tempel und

Goldmaske des ägyptischen Pharao Tutanchamun

17

Wie kann man Hieroglyphen lesen?

Lange Zeit waren die Hieroglyphen, mit denen die Wände der alten ägyptischen Tempel und Gräber bemalt sind, nur rätselhafte Zeichen. Erst 1799 fand ein französischer Offizier im Niltal einen großen Stein mit einer Inschrift in drei Sprachen: in Altgriechisch, in Demotisch – einem ägyptischen Dialekt – und in Hieroglyphen. Da die Forscher nun die altgriechische Übersetzung hatten, konnten sie die ägyptische Schrift entziffern. Viele Hieroglyphen stehen für ein ganzes Wort: Ein Rechteck mit einer Öffnung bedeutet „Haus", zwei Beine „gehen", ein Halbkreis „Korb". Zudem gibt es Zeichen für Konsonanten: Ein Quadrat steht für ein „p", eine Wellenlinie für „n". Vokale werden dagegen gar nicht geschrieben.

riesige → Pyramiden. Eine Pyramide baute man als Grabdenkmal für einen Pharao. Sein einbalsamierter Leichnam (die → Mumie) wurde tief im Inneren der Pyramide bestattet. Da die Ägypter an ein Leben nach dem Tod glaubten, gaben sie den Mumien Schätze, Nahrungsmittel und andere Gegenstände mit ins Grab.

Die Ägypter kannten eine Bilderschrift, die Hieroglyphen. Sie schrieben auf → Papier, das sie aus der Papyruspflanze herstellten.

Aids

Aids ist eine ansteckende → Krankheit. Der Erreger ist ein → Virus, das abgekürzt HIV genannt wird. Es befällt die Zellen im Körper, die den Menschen vor anderen eindringenden Krankheitserregern schützen. So bricht die Abwehrbereitschaft des Körpers zusammen. Von der Ansteckung bis zum Ausbruch der Krankheit können viele Jahre vergehen, in denen sich der Patient gesund fühlt. Erst wenn die Krankheit ausgebrochen ist, leidet der betroffene Mensch unter verschiedenen Infektionskrankheiten.

Das Virus wird über Körpersäfte übertragen, zum Beispiel über → Blut oder beim Geschlechtsverkehr über Sperma. Ein → Kondom schützt vor Ansteckung.

Alge

Die kleinste → Pflanze der Welt ist eine einzellige Alge. Die längste Pflanze ist eine Meeresalge, ein Tang, der mehrere Hundert Meter lang wird. Algen sind Pflanzen, die meist im Wasser vorkommen. Es gibt fadenförmige, blattförmige, ästig verzweigte, muschel- oder riemenförmige Algen. Sie sind eine wichtige Nahrung für viele Wassertiere.

Blasentang

Bei einer Wasserverschmutzung vermehren sich manche Algen des → Planktons massenhaft und bilden große Teppiche auf der Oberfläche. Dann spricht man von einer Algenblüte. Algen pflanzen sich niemals durch Blüten, sondern nur durch Sporen oder Zweiteilung fort.

Je nach Farbe der Algen unterscheidet man Braunalgen, Rotalgen und Grünalgen. Die Kieselalgen haben interessant geformte Skelette. Große Meeresalgen werden vor allem in Ostasien gegessen. Aus Grünalgen gewinnt man Eiweiße.

Birnentang

Meersalat

Alkohol

Es gibt verschiedene Formen von Alkohol. Am bekanntesten ist der Alkohol, der in Bier, Wein und Schnaps enthalten ist. Er entsteht durch Gärung von zuckerhaltigen Säften. Dabei verwandeln Hefen den Zucker in Alkohol und Kohlendioxid. Durch Gärung von Traubensaft entsteht Wein. Er enthält ungefähr zwölf Prozent Alkohol. Eine viel höhere Alkoholkonzentration kann durch Einwirkung von Hefen nicht erreicht werden. Soll stärkerer Alkohol gewonnen werden, etwa für Schnaps, so erreicht man dies durch Destillation.

Der Alkohol ist das weltweit am meisten verbreitete →Suchtmittel. Das Bundesministerium für Gesundheit geht davon aus, dass etwa 1,3 Millionen Menschen in Deutschland vom Alkohol abhängig sind. Wir bezeichnen sie als Alkoholiker oder Alkoholkranke. Sie brauchen Hilfe, um von der →Droge Alkohol loszukommen. Alkoholabhängigkeit verändert den Charakter eines Menschen. Zu viel Alkohol ruft im Körper schwere Schäden hervor, die Krankheiten hervorrufen und sogar zum Tod führen können.

Allergie

Wenn unser →Körper auf bestimmte Stoffe überempfindlich reagiert, spricht man von einer Allergie. Die bekannteste Form ist der Heuschnupfen. Die Menschen, die darunter leiden, reagieren auf eine oder mehrere Pollenarten empfindlich. Sind diese Pollen in der Atemluft enthalten, so kommt es zu einer allergischen Reaktion. Die Schleimhäute der Augen und Nase jucken und sondern viel Schleim ab. In schlimmen Fällen kommt es zu Fieber oder sogar zu Asthma, also zu Atemnot.

Es gibt Allergien gegen die verschiedensten Stoffe, etwa gegen Erdbeeren, Waschmittel, Textilien, Staub, sogar Gerüche. Viele Allergien zeigen sich auch dadurch, dass auf der Haut ein Ausschlag oder Ekzem sichtbar wird.

Alphabet

Im Alphabet ist die Reihenfolge der Buchstaben einer →Sprache festgelegt. Die Stichwörter in diesem Lexikon sind nach dem Alphabet angeordnet. Das lateinische Alphabet, mit dem wir schreiben, hat 26 Buchstaben. Dazu kommen im Deutschen noch drei Schriftzeichen für die Umlaute ä, ö und ü.

Das längste Alphabet ist das thailändische mit rund 80 Schriftzeichen, das kürzeste mit nur elf Buchstaben hat eine Sprache auf der Insel Neuguinea in Asien. Das Wort Alphabet stammt aus dem Griechischen: Dort beginnt die Reihenfolge der Buchstaben mit Alpha (A) und Beta (B). Als Analphabeten bezeichnet man einen Menschen, der weder lesen noch schreiben kann.

ABCDEFGHIJKLMNOPQRSTUVWXYZ
abcdefghijklmnopqrstuvwxyz

ΑΒΓΔΕΖΗΘΙΚΛΜΝΞΟΠΡΣΤΥΦΧΨΩ
αβγδεζηθικλμνξοπρσςτυφχψω

АБВГДЕЁЖЗИЙКЛМНОПРСТ
УФХЦЧШЩЪЫЬЭЮЯ
абвгдеёжзийклмнопрст
уфхцчшщъыьэюя

Die Buchstaben einer Sprache können sehr unterschiedlich aussehen: unser lateinisches Alphabet (oben), das griechische (Mitte) und das kyrillische (unten).

Ameise

Ameisen leben wie die verwandten →Wespen und →Bienen in „Tierstaaten" zusammen. Deswegen nennen wir sie auch „soziale Insekten". Die meisten Ameisenarten legen ihre Nester im Boden an. Die befruchtete Königin legt →Eier und zieht daraus die ersten unfruchtbaren Weibchen heran, die Arbeiterinnen. Sie helfen der Königin bei der Aufzucht der nächsten Arbeiterinnen. Die Königin legt nur Eier. Die Arbeiterinnen dagegen kümmern sich um das gesamte Nest: Sie pflegen die Eier und →Larven, sammeln Nahrung, bauen am Nest weiter und verteidigen es.

Blattschneiderameisen schaffen Pflanzenteile zum Nest. Die zerkauten Blätter scheiden sie wieder aus, um darauf einen Pilz zu züchten, von dem sie sich ernähren.

Meistens im Frühjahr legt die Königin besondere Eier, aus denen neue Königinnen sowie Männchen hervorgehen. Diese fruchtbaren Tiere schwärmen aus und paaren sich. Die Männchen sterben nach der Paarung, die jungen Königinnen gründen neue Nester.

Die Ameise

Wie sieht es in einem Ameisennest aus?

Es gibt ganz unterschiedliche Ameisennester. Die Rote Waldameise zum Beispiel errichtet zwei Meter hohe Hügel aus Baumnadeln und kleinen Ästen, die gegen einen Baum gebaut sind, damit sie mehr Halt bekommen. Doch der Hügel ist nur die obere Hälfte: Unterirdisch erstreckt sich der Bau tief in den Waldboden hinein.
Andere Ameisenarten bauen Erdnester. Die sind komplett unterirdisch. In jedem Nest gibt es zahlreiche Gänge und Kammern. Dort wimmelt es nur so von Arbeiterinnen – in manchen Nestern sind es bis zu einer Million. Sie sammeln Nahrung, legen die Vorräte an und füttern den Nachwuchs. Im Winter ziehen sich die Ameisen meist in tief gelegene Kammern des Nestes zurück und halten dort Winterruhe.

Auf der Erde gibt es über 10 000 Ameisenarten. Bei uns kommen 111 Arten vor. Ameisen spielen eine wichtige ökologische Rolle. Die Gelbe Wiesenameise schichtet zum Beispiel jedes Jahr mehrere Tonnen Boden pro Hektar um.

Amerika

Amerika besteht aus zwei →Kontinenten: Nord- und Südamerika, die zusammen eine Fläche von etwa 42 Millionen km² umfassen. Sie sind über eine schmale Landbrücke verbunden, die Mittelamerika heißt. In Amerika leben etwa 900 Millionen Menschen. Wenn von Amerika die Rede ist, meint man heute umgangssprachlich meist die Vereinigten Staaten von Amerika (USA). Die

USA und Kanada liegen in Nordamerika. Im Westen erstreckt sich das → Gebirge der Rocky Mountains. Die Ebenen in der Mitte Nordamerikas waren einst von weiten Grasflächen, den Prärien, bedeckt.

Menschen aus der ganzen Welt siedelten sich in Nordamerika an. Zunächst kamen die Vorfahren der heutigen → Indianer. Im Jahr 1492 hat Christoph Kolumbus Amerika entdeckt. Danach wanderten viele Weiße aus Europa ein. Sie vertrieben und töteten fast alle Indianer. Auf den weiten Grasflächen legten sie riesige Felder an, auf denen sie heute vor allem Weizen und Mais anbauen. Die meisten Nordamerikaner sprechen Englisch, manche auch Französisch. USA und Kanada sind sehr reiche Länder.

13 Staaten bilden den Kontinent Südamerika. Im Westen liegen die Anden, der längste Gebirgszug der Erde. Im Osten befindet sich das regenwaldreiche Amazonasgebiet, das aber zunehmend abgeholzt wird. In den südlichen Grasgebieten weiden Millionen von Schafen und Rindern. Südamerika besitzt viele Bodenschätze wie → Silber, Zinn und Kupfer. Trotzdem sind die meisten Südamerikaner sehr arm. Die Ureinwohner Südamerikas sind Indios. Weiße Eroberer brachten bei ihren Eroberungszügen vor rund

Südamerikaner züchten die kamelähnlichen Alpakas wegen ihrer Wolle.

Auf den Prärien und in den Halbwüsten Nordamerikas, dem „Wilden Westen", lebten einst die Indianer.

500 Jahren ganze Stämme um, wie die → Inka, → Maya und → Azteken. Der größte Staat Südamerikas ist Brasilien. In Brasilien wird Portugiesisch gesprochen (Brasilien war früher eine Kolonie Portugals), in den anderen Ländern Spanisch.

Amoklauf

Das Wort „Amuk" stammt aus dem Indonesischen und bezeichnet dort eine besondere Art des mehrfachen Mordes. Ein Amokläufer tötet wahllos andere Menschen und meist auch sich selbst. Der Täter ist meist ein Einzelgänger, bei dem sich über Jahre hinweg Hassgefühle angestaut haben. Oft genügt schon ein unbedeutendes Ereignis, um die → Gewalttat auszulösen. In den letzten Jahren gab es immer wieder verheerende Amokläufe an Schulen.

Amsel

Amseln sind → Singvögel. Das Männchen hat ein schwarzes Gefieder mit einem gelben Ring um beide Augen und einen gelben Schnabel.

Amselmännchen beim Füttern der Jungen

Jahr. Das Weibchen baut sein rundes, oft mit weichem Moos gepolstertes →Nest in Hecken, Sträuchern oder direkt am Boden. Hellblaue Eierschalen, die oft am Wegrand liegen, stammen von der Amsel.

Antarktis

Den →Kontinent, in dessen Zentrum der →Südpol liegt, nennen wir Antarktis oder Antarktika. Es ist der trockenste, windigste und kälteste aller Kontinente. Hier wurde die bislang tiefste Temperatur der Erde gemessen: −89,2 Grad Celsius. Es gibt nur wenige →Pflanzen oder →Tiere. Fast die gesamte Antarktis ist von einer dicken Eiskappe bedeckt, über die ein paar Gebirgszüge hinausragen. Die Eiskappe ist im Durchschnitt fast 2000 Meter dick; in der Ostantarktis erreicht sie sogar rund 4500 Meter. Sie lastet so schwer auf der Antarktis, dass die Landmasse einige Hundert Meter tief in die Erdkruste hineingedrückt wird.

Abgesehen von einigen Forschungsstationen ist die Antarktis nicht von Menschen bewohnt. Sie gehört niemandem. Im Antarktisvertrag von 1959 haben 43 Länder beschlossen, vorerst auf

Weibchen und junge Amseln sind graubraun gefiedert. Noch vor 100 Jahren waren Amseln scheue Waldvögel. Heute ist die Amsel der am häufigsten vorkommende Vogel bei uns und besiedelt Dörfer und Städte.

Weil sie in den →Gärten und Parkanlagen genügend Nahrung wie Regenwürmer, Früchte und Schnecken findet, brütet sie mehrmals im

Die Antarktis

Wie überleben Pinguine die Kälte der Antarktis?

Pinguine leben in einer sehr ungemütlichen Gegend. Im antarktischen Winter können die Temperaturen schon einmal bis −40 Grad Celsius fallen. Dazu wehen klirrend kalte Schneestürme. Die Pinguine sind an dieses Klima jedoch bestens angepasst.

Unter ihrer Haut liegt eine drei Zentimeter dicke Fettschicht, die die Körperwärme nach außen abschirmt. Bis auf die Füße ist der ganze Körper von drei Schichten Federn bedeckt. Die Federn liegen dicht beieinander und schließen außerdem kleinste Luftbläschen ein, sodass weder Wasser noch kalte Luft zur Haut durchdringen können. In den Beinen verhindert ein ständiger Wärmeaustausch, dass die Vögel nicht auskühlen: Warmes Blut aus dem Körperinneren strömt ganz nah an den Adern mit dem abgekühlten Blut aus den Füßen vorbei und wärmt es dabei auf.

Gebietsansprüche zu verzichten. Deswegen ist die Antarktis heute ein „dem Frieden und der Wissenschaft gewidmetes Naturreservat".

Antike

Die Zeit von etwa 3000 v. Chr. bis 500 n. Chr. bezeichnen wir als Antike oder Altertum. Die Antike beginnt mit den Hochkulturen des → Ägyptischen Reichs und den Hochkulturen, die sich auf dem Gebiet des heutigen Irak in der Landschaft zwischen den Flüssen Euphrat und Tigris entwickelt haben. Dieses Gebiet nennen wir auch Zweistromland oder Mesopotamien. Die wichtigsten Völker dort waren die Sumerer, die Babylonier und die Assyrer. Wenn wir jedoch von der Antike reden, meinen wir oft nur die → griechische Kultur und die Zeit des → Römischen Reichs.

Apfel

Äpfel sind die → Früchte des Apfelbaums, der schon seit mehr als 1000 Jahren angebaut wird. Äpfel sind gesund, da sie viele Mineralstoffe und

Apfelgehäuse

wichtige → Vitamine enthalten. Im Handel werden grüne und rotbackige, süße und säuerliche Äpfel angeboten. Es gibt sehr viele verschiedene Sorten. Der Apfel besteht aus dem saftigen Fruchtfleisch, in dessen Mitte sich das Kerngehäuse mit den kleinen braunen → Samen befindet. Auch Birnen und Quitten besitzen ein Kerngehäuse. Daher gehören sie wie der Apfel zum Kernobst.

Apfelblüte

Das Kolosseum in Rom bot Platz für 50 000 Zuschauer. In der Antike fanden hier Gladiatorenkämpfe statt.

Der Apfel

Warum haben Äpfel verschiedene Farben?

Orangen sind immer orange, Bananen sind gelb und Kirschen, Erdbeeren oder Himbeeren sind rot. Äpfel jedoch sind manchmal rot, manchmal gelb und manchmal grün. Einige sind sogar gelb mit roten Bäckchen. Wie kommt das?
Die Farbe hängt von der Sorte ab. Äpfel der Sorte „Granny Smith" etwa sind grün, „Braeburn"-Äpfel sind rot und „Golden Delicious" sind gelb. Es gibt mehr als 1500 verschiedene Sorten, und jede einzelne sieht anders aus. Die roten Bäckchen bekommen die Äpfel vom Licht der Sonne. Die Seite, die am Baum der Sonne zugewandt ist, wird rot. Die Rotfärbung entsteht durch einen Farbstoff, der auch Brombeeren, Auberginen oder Rosen rot werden lässt. Er wirkt beim Apfel wie eine Art Sonnenschutz.

Apfelbäume wachsen auf Streuobstwiesen oder auf Plantagen. Dort werden sie jedes Jahr stark zurückgeschnitten. So bleiben sie klein und tragen viele Früchte.

Aquarium

In einem Aquarium werden → Fische und andere Wassertiere gehalten. Damit sich die Fische wohlfühlen, sollte das Aquarium möglichst groß sein. Zwischen Wasserpflanzen, Steinen und Muschelschalen können sich die Fische zum Ruhen oder zum Schutz zurückziehen. Der Boden des Aquariums ist mit Kies und Flusssand bedeckt. Jedes Aquarium benötigt einen Filter, der das Wasser sauber hält, und eine Beleuchtung für die Pflanzen.

Heimische Fische wie Goldfische können in einem Kaltwasseraquarium gehalten werden. Tropische Zierfische wie Guppys, Buntbarsche und Regenbogenfische brauchen warmes Wasser, das mithilfe einer → Heizung auf die richtige → Temperatur gebracht wird.

Äquator

Der Äquator ist eine gedachte Linie, die um die → Erde herumführt, genau auf halbem Weg zwischen Nord- und Südpol. Auf der Erde ist die Linie nicht eingezeichnet, aber auf einem → Globus oder auf → Landkarten. Der Äquator teilt die Erdkugel in zwei Hälften, die wir Nordhalbkugel oder Nordhemisphäre und Südhalbkugel oder Südhemisphäre nennen. Die Entfernung nord- und südwärts vom Äquator messen wir

In der Mitte des Globus verläuft der Äquator.

mit Breitengraden. Der Äquator selbst liegt in einer Breite von null Grad. Eine Reise entlang dem Äquators ist 40 076 Kilometer lang.

Am Äquator dreht sich die Erde mit 1610 Stundenkilometern. An den Polen hingegen beträgt die Drehgeschwindigkeit fast null. Wenn ein Mensch am Äquator hochhüpft, bewegt er sich mit der Erddrehung. Bis er wieder den Boden berührt, haben sich er und die Erde um einige Hundert Meter nach Osten bewegt.

Arbeit

Mit Arbeit erzielen fast alle Menschen ihr Einkommen, das heißt, sie verdienen Geld für ihren Lebensunterhalt. Die meisten Berufstätigen sind Angestellte. Sie haben vorher eine → Ausbildung gemacht. Angestellte arbeiten in einer Firma für einen Chef oder einen Abteilungsleiter und nach deren Anweisungen. Dafür tragen sie ein viel geringeres Risiko als Menschen, die selbstständig arbeiten. Angestellte genießen zum Beispiel Kündigungsschutz und können somit nicht von einem Tag auf den anderen entlassen werden.

Ganz allgemein gilt: Je besser die Ausbildung, umso leichter findet man Arbeit und umso weniger gerät man in → Arbeitslosigkeit.

Arbeitslosigkeit

Es gibt viele Gründe für Arbeitslosigkeit: Maurer und Zimmerleute verlieren im Winter oft ihre Arbeit, weil sie in der kalten Jahreszeit nicht im Freien arbeiten können. Oder → Maschinen übernehmen die Arbeit von Menschen: Für Arbeiter ohne → Ausbildung gibt es dann oft nicht mehr genug zu tun.

Arbeitslosigkeit ist für viele Menschen ein schwerer Schicksalsschlag. Denn wer arbeitslos ist, hat meist nicht mehr genug Geld, um den

Riesige Computer steuern einen Industrieroboter. Durch den Einsatz von Maschinen wird die menschliche Arbeitskraft überflüssig.

Lebensunterhalt für sich und seine Familie aufzubringen. Deshalb melden sich arbeitslose Menschen bei der Agentur für Arbeit. Sie bekommen dann vom Staat Unterstützung und die Agentur für Arbeit versucht ihnen eine neue Stelle zu vermitteln. Arbeitslosigkeit im heutigen Sinn gibt es erst, seitdem das →Handwerk zunehmend durch die Massenfertigung der →Industrie abgelöst wurde.

Archäologie

Die Archäologie studiert die Geschichte von Völkern durch Ausgrabungen und Bodenfunde. Dazu gehören Werkzeuge, Töpferwaren, Tempel, Gräber und Schrifttafeln. Selbst eine Abfallgrube kann den Archäologen sagen, wie die Menschen früher gelebt haben. Nahrungsreste wie Knochen und Getreidekörner verraten zum Beispiel viel über die Ernährung früherer Menschen. Die Archäologen notieren alle Spuren der Vergangenheit, vom winzigsten Samenkorn bis zum größten Bauwerk. Aus den vielen kleinen Informationen

tragen sie ein Mosaik – also so eine Art Puzzle – zusammen, das uns einen Blick in die Vergangenheit erlaubt.

Architektur

Die Architektur ist die →Kunst, Bauwerke zu entwerfen und zu bauen. Bauwerke können Häuser, Brücken, Staudämme oder Türme sein. Früher hießen die Architekten Baumeister.

Die Architektur nahm ihren Anfang, als die Menschen sesshaft wurden. Schon vor 5000 Jahren entstanden im →Ägyptischen Reich riesige →Pyramiden und Tempel. Die Griechen und Römer bauten in der →Antike Paläste, Brücken und Straßen. Im Mittelalter kam in Europa ein neuer Baustil auf: die Romanik. Romanische Kirchen wirken sehr massiv und schwer und haben schmale Rundbogenfenster.

Auf die Romanik folgte die Gotik. Ein gotischer Dom wirkt mit seinen lang gezogenen, spitzbogigen Fenstern leichter als eine romanische Kirche. In der Gotik gibt es oft eine Vielzahl von unterschiedlichen Pfeilern und Bögen mit zahlreichen

Der Archäologe Howard Carter entdeckte die Königsgräber in Ägypten. 1925 öffnete er den Sarg des ägyptischen Pharao Tutanchamun.

Seit wann gibt es Fensterscheiben?

*I*n kalten Wintern war es in mittelalterlichen Bauernhäusern oder Burgen oft sehr ungemütlich, denn die Fenster waren noch nicht mit Glasscheiben abgedichtet. Die Menschen verschlossen die Öffnungen vielmehr mit Tierhäuten, dickem Leinenstoff, Holzläden oder Teppichen, um die Kälte draußen zu halten.

Dabei gibt es Fensterscheiben schon seit etwa 50 n. Chr. Die Römer waren die ersten, die Glasfüllungen für ihre Fenster verwendeten. Doch konnten sich nur wenige den teuren Werkstoff leisten. Ab dem 15. Jahrhundert wurden Fensterscheiben zumindest für die reichen Bürger erschwinglich. Die Fenster bestanden meist aus kleinen Glasstücken, die durch Bleiruten – das sind stabförmige Bauteile aus Blei – verbunden waren. Erst im 17. Jahrhundert beherrschte man die Technik, größere Glastafeln zu gießen, die in Sprossenrahmen eingesetzt wurden.

---

kleinen Türmchen und Figuren. Um 1400 griffen die Baumeister in der Renaissance wieder auf antike Stilelemente zurück. Auf das Zeitalter der Renaissance folgte der Barock mit seinen üppigen geschwungenen Formen. Es entstanden prunkvolle Paläste, Schlösser und Kirchen.

Jahrhundertelang bauten Architekten nur mit Naturstein, Lehm, Ton und Holz. Moderne Gebäude bestehen heute aus Beton und Stahl, aus Glas und sogar Kunststoff. Dadurch können viel höhere Fabriken, Sportarenen, Büro- und Wohnhäuser gebaut werden.

Arktis

Das Gebiet rund um den →Nordpol heißt Arktis. Am Nordpol befindet sich keine Landmasse, sondern nur eine meterdicke Eisschicht über dem Nordpolarmeer. Innerhalb des Polarkreises liegen viele Inseln und die nördlichen Festlandsgebiete von Asien, Europa und Nordamerika. Ihr Boden bleibt fast das ganze Jahr über gefroren. Nur im Sommer taut er etwas auf, sodass spärlich Pflanzen wachsen können. Im Winter liegen die Temperaturen bei rund −35 Grad Celsius. Im Sommer werden Höchstwerte von fünf Grad erreicht.

In der Arktis steht die Sonne nie hoch am Himmel. An vielen Tagen im Winter bleibt sie sogar völlig unter dem →Horizont. Dann ist es den ganzen Tag über dunkel (Polarnacht). Im Sommer hingegen verschwindet die Sonne an manchen Tagen gar nicht unter dem Horizont. Man spricht dann vom Polartag oder von der Mitternachtssonne.

Am Nordpol treten häufig farbige Leuchterscheinungen am Nachthimmel auf. Man nennt

Der arktische Eisfuchs ist mit seinem weißen Fell gut im Schnee getarnt.

sie Polar- oder Nordlicht. Sie entstehen, wenn kleinste Teilchen der Sonne in die →Atmosphäre der Erde eindringen und dort vom Erdmagnetfeld zum Leuchten gebracht werden.

Zu den Lebewesen der Arktis zählen Eisbär, →Wolf, Eisfuchs, Hermelin, Rentier, Schneehase, Lemming sowie zahlreiche See- und Wasservögel. In den kalten Küstengewässern ziehen riesige Schwärme von Garnelen und Fischen umher, von denen sich →Robben, Walrosse, Seehunde und →Wale ernähren. Heute gehört die Arktis zu den bedrohten Regionen der Erde, denn durch den →Klimawandel steigen die Temperaturen. Dann schmilzt das polare Eis und viele Tiere verlieren ihren Lebensraum.

Asien

Asien ist mit einer Fläche von ungefähr 45 Millionen km² der größte →Kontinent der Erde. Dort leben etwa vier Milliarden Menschen, das ist mehr als die Hälfte der Weltbevölkerung. Die Flussdeltas in Bangladesch, die Flusstäler in China, die Inseln Java und Japan gehören zu den am dichtesten besiedelten Gebieten der Erde. Die großen →Religionen sind in Asien entstanden, etwa das →Judentum, das →Christentum, der →Islam, der →Hinduismus und der →Buddhismus.

Das höchste Gebirge der Erde, der Himalaja, befindet sich in Asien. Im kalten Klima Nordasiens wachsen nur niedrige Pflanzen. Südasien hingegen liegt in den feuchtheißen →Tropen. Die wirtschaftliche Entwicklung der Länder Asiens ist sehr unterschiedlich. In vielen Staaten betreiben die Menschen Landwirtschaft. Viele Länder wie China, Thailand und Korea versuchen eine →Industrie zu entwickeln, doch bis heute ist nur Japan ein richtiger Industriestaat.

In Asien befindet sich die etwa 2500 km lange Chinesische Mauer, die größte Schutzanlage der Erde.

Europäer begannen im 15. Jahrhundert nach Asien zu reisen und →Handel zu treiben. Später schlossen China und Japan für mehrere Jahrhunderte ihre Grenzen und ließen keine Europäer ins Land. Vor ungefähr 100 Jahren waren die meisten asiatischen Länder europäische Kolonien. Nach dem Zweiten →Weltkrieg wurden diese Länder unabhängig.

Auf einem Markt in Hanoi, der Hauptstadt von Vietnam, bieten asiatische Bäuerinnen ihre Waren an.

Asyl

Das Wort „Asyl" stammt aus der griechischen Sprache und bedeutet „Zufluchtsort". Ein Asyl ist ein Heim, in dem Vertriebene, obdachlose Menschen und Hilfsbedürftige Aufnahme finden. Heute bitten viele Menschen in fremden Ländern um Asyl. Manche werden nach einer Prüfung als politisch oder religiös Verfolgte und als →Flüchtlinge anerkannt und können dann in dem Land ihrer Wahl bleiben und leben.

Um Gewittern in der Atmosphäre ausweichen zu können, fliegen Flugzeuge meist oberhalb der Wolkenschicht in einer Höhe von etwa 10 000 m.

Atlas

Ein Buch mit vielen verschiedenen →Landkarten nennt man Atlas. Im Jahr 1585 brachte Gerhard Mercator eine erste gebundene Landkartensammlung heraus und gab ihr den Namen Atlas. Diese Bezeichnung hat sich bis auf den heutigen Tag erhalten. In einem Schulatlas sind Landkarten von allen Ländern der Erde enthalten. In Autoatlanten sind alle Straßen und Autobahnen eines Landes eingezeichnet.

Atmosphäre

Die Lufthülle, die unsere Erde umgibt, nennt man Atmosphäre. Ohne sie wäre kein Leben möglich. Man unterscheidet fünf Schichten: Wir leben in der Troposphäre. Sie umfasst drei Viertel aller →Luft. Hier spielt sich auch das →Wetter ab. Die Stratosphäre (in 15 bis 50 Kilometer Höhe) enthält keine Wolken. Die angrenzende Mesosphäre ist die kälteste Schicht mit Temperaturen bis zu −80 Grad Celsius. Die zweitäußerste Schicht (Thermosphäre) ist durch die Nähe zur →Sonne etwa 1400 Grad Celsius heiß. Darüber liegt die Exosphäre, die in das →Weltall übergeht.

Die Atmosphäre wirkt wie eine Schutzhülle. Sie stellt den lebensnotwendigen →Sauerstoff bereit und mildert die Hitze der Sonne. Vor den gefährlichen Teilen der Sonnenstrahlen schützt uns die →Ozonschicht.

Atmung

Beim Einatmen füllen wir unsere →Lungen mit Luft. Dabei geht →Sauerstoff aus der Luft auf die roten →Blutkörperchen über und Kohlendioxid wird an die Atemluft abgegeben. Kohlendioxid entsteht bei der Verbrennung der Nährstoffe in unseren →Organen. Bei der Atmung nehmen wir also nicht nur Sauerstoff auf, sondern scheiden auch schädliches Kohlendioxid aus.

Die →Pflanzen hingegen nehmen Kohlendioxid aus der Luft auf und verwandeln es in den für uns lebensnotwendigen Sauerstoff.

Atom

Alle Dinge bestehen aus Atomen. Das gilt für Gegenstände, die wir sehen können, wie einen Tisch, und auch für Dinge, die wir nicht sehen können, etwa die Luft. Auch wir selbst sind aus Atomen aufgebaut.

Die Atmung

Warum vergessen wir im Schlaf das Atmen nicht?

Das Atmen ist ein Reflex des Körpers, der abläuft, ohne dass wir darüber nachdenken. Selbst wenn du versuchst, die Luft so lange wie möglich anzuhalten, zwingt dich dein Körper nach einiger Zeit, wieder zu atmen. Sobald das Gehirn merkt, dass zu viel Kohlendioxid im Blut ist, setzt der Atemreiz ein. Dann geben bestimmte Nerven Befehle an die Rippenmuskeln, sich zu heben, oder an das Zwerchfell, sich zusammenzuziehen. Dadurch vergrößert sich der Rauminhalt der Lungen, und es entsteht ein Unterdruck, der dazu führt, dass Luft durch Nase und Luftröhre in die Lunge strömt und wir einatmen.

Die Nerven für das Einatmen und Ausatmen sind nicht dieselben. Wenn die einen aktiv sind, können die anderen keine Befehl geben und umgekehrt. So wechseln sich Ein- und Ausatmung regelmäßig ab. Auch im Schlaf.

Atome sind winzig klein. Der Punkt am Ende dieses Satzes besteht aus rund 250 Billiarden Atomen. Die Atome sind aus noch kleineren Einheiten zusammengesetzt, die Proton, Elektron und Neutron heißen. Jedes →chemische Element besteht aus Atomen mit gleichen Eigenschaften. Mehrere Atome können sich zu einem Molekül verbinden. So besteht zum Beispiel ein Wassermolekül aus zwei Wasserstoffatomen und einem Sauerstoffatom.

Atomenergie

In einem →Atomkern gibt es unvorstellbar große Kräfte. Wenn man gewisse Atomkerne spaltet oder miteinander verschmilzt, werden die Kräfte frei. Die Kernspaltung wird im Atom- oder Kernkraftwerk zur →Energiegewinnung genutzt. Man beschießt Atomkerne des →Metalls Uran mit Neutronen. Das sind einzelne Bausteine eines Atomkerns. Die Urankerne brechen auseinander und setzen neue Neutronen frei, die weitere Urankerne aufbrechen und so weiter. In einem Atomkraftwerk läuft diese Kettenreaktion kontrolliert ab. Ein unkontrollierter Ablauf hätte eine Explosion zur Folge wie bei der Zündung einer Atombombe.

Attentat

Ein Attentat ist ein Mord aus politischen oder aus religiösen Gründen. Attentate wurden

Das Atomkraftwerk Biblis in Hessen deckt in einem Monat etwa dem Strombedarf von 3,5 Millionen Menschen. Wegen der Gefahren, die mit ihrer Produktion verbunden sind, ist die Atomenergie sehr umstritten.

anfänglich nur gegen Politiker verübt. Aber mit dem Aufkommen des weltweiten →Terrors werden immer mehr unbeteiligte Menschen Opfer von Attentätern. Besonders heimtückisch sind Selbstmordattentate, bei denen sich der Attentäter selbst auch tötet. Am 11. September 2001 flogen Selbstmordattentäter in das World Trade Center in New York.

Auge

Unser Auge ist ein →Sinnesorgan, mit dem wir →Licht wahrnehmen und Farben sowie Gegenstände sehen. Das Licht dringt durch die Pupille ein und wird von der →Linse des Auges so gebrochen, dass auf der Netzhaut ein scharfes Bild entsteht. Millionen lichtempfindlicher Sinnesor-

Das Auge

Wie entsteht Augensand?

Jeder kennt die Geschichte vom Sandmännchen, das den Kindern abends Sand in die Augen streut, damit sie schlafen. Tatsächlich haben wir morgens beim Aufwachen oft gelbliche Körnchen in den Augen, die wie Sand aussehen.

Sie kommen natürlich nicht vom Sandmännchen, sondern von einer Drüse im Auge, die Meibom-Drüse genannt wird. Sie produziert eine fettige Flüssigkeit, um das Auge vor dem Austrocknen zu schützen. Das Fett vermischt sich mit der Tränenflüssigkeit, damit diese nicht zu schnell verdunstet und das Auge länger feucht hält. Nachts, wenn die Augen geschlossen sind, produzieren wir kaum Tränenflüssigkeit. Die Reste des Fetts trocknen aus und finden sich am Morgen als Augensand am Rand des Lids.

gane nehmen den Lichtreiz wahr und liefern dem →Gehirn über den Sehnerv die Informationen für das Bild.

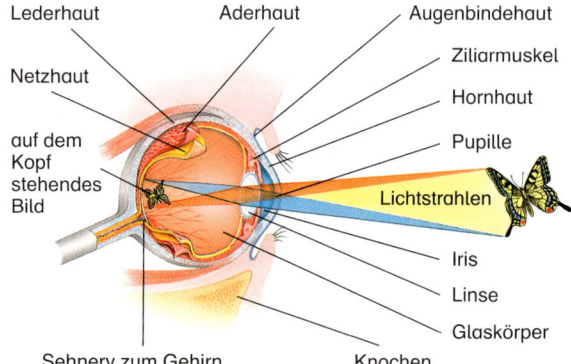

Lederhaut, Aderhaut, Augenbindehaut, Ziliarmuskel, Netzhaut, Hornhaut, auf dem Kopf stehendes Bild, Pupille, Lichtstrahlen, Iris, Linse, Glaskörper, Sehnerv zum Gehirn, Knochen

Ein Auge im Querschnitt: Auf der Netzhaut wird ein auf dem Kopf stehendes Bild erzeugt. Erst unser Gehirn dreht es um, sodass wir „richtig" sehen.

Die äußeren Schichten des Auges bilden die Augenbindehaut und die Hornhaut. Die Pupille wird von der Regenbogenhaut oder Iris umgeben. Sie ist gefärbt und gibt uns unsere Augenfarbe. Sechs →Muskeln sorgen dafür, dass wir unser Auge bewegen können.

Ausbildung

Die schulische Ausbildung jedes Kindes beginnt bei uns in der Regel mit dem sechsten Lebensjahr. Die Grundschule dauert meist vier Jahre. Danach besucht das Kind die Hauptschule, die Realschule oder das Gymnasium. Nach insgesamt neun Jahren kann man den Hauptschulabschluss machen. Der Realschulabschluss erfolgt nach dem zehnten Schuljahr. Wer 12 oder 13 Jahre erfolgreich auf dem Gymnasium war, macht das →Abitur.

Die Ausbildung zu einem bestimmten →Beruf erfolgt an einer Berufsschule, einer Fachhochschule oder an der →Universität. Jeder Ausbil-

dungsabschluss führt zu einem anderen Beruf. Viele Jugendliche gehen auf die Berufsschule und nehmen eine Lehrstelle in einem Betrieb an, etwa als Friseur oder Schreiner. Diese Jugendlichen haben meist einen Haupt- oder Realschulabschluss. Die Ausbildung dauert zwei oder drei Jahre. Wer eine Berufsausbildung abgeschlossen hat, kann sich weiterbilden. Handwerker können zum Beispiel den Meistertitel erwerben.

Australische Aborigines-Frauen beim traditionellen Tanz

Australien

Australien ist mit einer Fläche von rund 7,7 Millionen km² der kleinste → Kontinent. Er ist ungefähr drei Viertel so groß wie Europa, hat aber nur etwas über 21 Millionen Einwohner. Fast alle Australier leben an den Küsten und über die Hälfte wohnen in den vier größten Städten Sydney, Melbourne, Brisbane und Perth. Den größten Teil Australiens bedeckt eine flache → Wüste. Eines der größten Naturwunder Australiens ist das Große Barriereriff, das längste → Korallenriff der Erde. Landwirtschaft und Viehzucht spielen eine wichtige Rolle. Im Landesinneren grasen Rinder und auf den Hochebenen im Osten riesige Schafherden. Die australischen Ureinwohner heißen Aborigines.

Australien war, mit Ausnahme der → Antarktis, der letzte Kontinent, der von Europäern entdeckt und besiedelt wurde. Die ersten Siedler kamen aus Großbritannien. Heute ist die Bevölkerung bunt gemischt aus Menschen aller Länder Europas und Südostasiens. In Australien wird Englisch gesprochen. Die englische Königin Elisabeth II. ist offiziell Staatsoberhaupt, Australien wird jedoch demokratisch regiert. Wie in Großbritannien gibt es auch in Australien Linksverkehr.

Koalas leben nur in Australien.

Auto

Innerhalb einer Zeitspanne von ungefähr 100 Jahren hat das Auto die Welt völlig verändert. Wegbereiter des modernen Autos waren Carl Benz und Gottlieb Daimler. Sie haben die ersten

So sahen Autos früher aus: der Automobilhersteller Henry Ford 1913 am Steuer seines Modells „A".

Verbrennungsmotoren entwickelt. Fast alle Autos fahren mit Verbrennungsmotoren. Am häufigsten ist der Benzinmotor. ➜ Benzin wird mit Luft gemischt und mit einem Funken zur Explosion gebracht. Die Kraft dieser Explosionen treibt das Auto an. Mit dem Gaspedal regelt der Fahrer die Fahrgeschwindigkeit. Je mehr Benzin zum Verbrennen in den ➜ Motor gelangt, umso schneller läuft das Auto. Die Verbrennung findet im Zylinder statt. Kolben gehen auf und nieder und versetzen zuerst die Kurbelwelle und dann die ➜ Räder in eine Drehbewegung.

Mit dem Getriebe kann man verschiedene Gänge einlegen. Dabei muss man den Motor mit der Kupplung für einen Augenblick von der Getriebeschaltung trennen und in einen anderen Gang schalten. Man fährt immer im ersten Gang an und schaltet mit zunehmender Geschwindigkeit höher.

Der Automat

Wie funktioniert ein Geldautomat?

Wer Bargeld an einem Geldautomaten abheben will, schiebt die Scheckkarte in den Automaten und gibt eine Nummer ein, die sogenannte PIN („Persönliche Identifikations-Nummer"). Nun muss sichergestellt werden, ob ausreichend Geld auf dem Konto des Kunden ist und ob die PIN stimmt. Dafür nimmt der Geldautomat über eine elektronische Verbindung Kontakt zum Computer der Bank auf, der die PIN-Nummern aller Kunden zusammen mit den Kontonummern gespeichert hat und überprüfen kann. Ist alles korrekt, wird das Geld automatisch gezählt und durch den Schlitz des Geldautomaten ausgegeben.

Automat

Die ersten Automaten wurden im 17. Jahrhundert gebaut. Dabei wollte man die Bewegungen und Tätigkeiten von Menschen und Tieren nachahmen. Einfach gebaut sind Münzautomaten, die ihre Ware nach dem Einwerfen eines Geldstücks selbsttätig abgeben. In der ➜ Industrie gibt es vielfach elektronisch gesteuerte Automaten, die sehr komplizierte Arbeiten übernehmen. Wir bezeichnen sie auch als ➜ Roboter.

Kaugummi-automat

Azteken

Die Azteken waren ein bedeutendes ➜ Indianervolk mit einem großen Reich in Mexiko und Mittelamerika. Sie glaubten an zahlreiche ➜ Götter, die man durch Opfer milde stimmen musste. Zu Ehren des Sonnen- und Kriegsgottes Huitzilopochtli wurden in den Tempeln regelmäßig Menschenopfer dargebracht.

Im Jahr 1519 landete der spanische Eroberer Hernando Cortez mit 600 Männern im Aztekenreich. Innerhalb von zwei Jahren hatte er die Hauptstadt Tenochtitlán und die ➜ Kultur der Azteken vollkommen zerstört. Der letzte Aztekenkönig hieß Montezuma. Die Spanier nahmen ihn als Geisel gefangen. So gelang es ihnen, sein ganzes Volk zu unterjochen. Als Nachkommen der Azteken gilt eine Volksgruppe der Mexikaner. Ihre Sprache, das Nahuatl, leitet sich von der Sprache der Azteken her.

Bach

Jeder Bach beginnt mit einer → Quelle. Bäche entspringen meistens in gebirgigen Gegenden. Durch das Gefälle im Gebirge fließt das Wasser sehr schnell und bewegt, wobei es viel → Sauerstoff aus der Luft aufnimmt.

Eisvögel sitzen manchmal am Bachufer, um kleine Fische zu jagen.

Bäche sind vielfältige Lebensräume. Vor allem leben hier kleine Insektenlarven, die sich der heftigen Strömung angepasst haben. Einige → Larven von Eintagsfliegen, Steinfliegen und Mücken verstecken sich unter Steinen. Andere halten sich mit Krallen, Saugnäpfen, Haken und Ankern an der Oberfläche von Steinen fest.

Im Bach leben auch verschiedene Fischarten, die sauerstoffreiches, kaltes Wasser benötigen. Dazu gehören die Bachforelle, die Groppe und die Elritze. Am Bachufer kann man Bachstelzen beobachten, die auf Insektenfang gehen. Manchmal ist sogar eine Wasseramsel zu sehen. Wenn der Bach breiter wird und ruhiger strömt, wird er zum → Fluss.

Bagger

Bevor die Arbeit auf einer Baustelle beginnen kann, muss man meist Erde ausheben und wegräumen. Für diese Arbeit wird ein Bagger eingesetzt. Viele Bagger haben eine große Schaufel an ihrem beweglichen Baggerarm, mit der sie Schutt, Erde und Kies aus der Baugrube heben und auf einen Lastwagen laden. Der Baggerarm wird vom Baggerfahrer mit langen Schalthebeln bewegt.

Radbagger haben Räder, Raupenbagger fahren auf Ketten. Mit Ketten kann ein Bagger auch steile Erdhügel hochfahren – ein Radbagger würde das nicht schaffen. Raupenbagger können bis zu 1000 Tonnen Gewicht transportieren. Greifbagger packen und bewegen mit einem Greifer am Baggerarm schwere Lasten. Schwimmbagger werden eingesetzt, wenn ein Fluss oder ein See ausgehoben werden muss. Sie sind auf einem → Kran montiert.

Raupenbagger fahren auf Ketten. Sollen sie um eine enge Kurve fahren, bleibt einfach eine Kette still, und nur die andere dreht sich.

Die Anzeigetafeln eines Bahnhofs zeigen an, wann die Züge auf dem Gleis einfahren und ob sie Verspätung haben.

Bahnhof

An Bahnhöfen halten Züge, S- und U-Bahnen. Kleine Durchgangsbahnhöfe haben meist nur einen oder zwei Bahnsteige, an denen die Reisenden ein- und aussteigen können. In einem Kopfbahnhof können Züge nicht in derselben Richtung weiterfahren. Sie müssen den Bahnhof in umgekehrter Richtung verlassen. Auf den größeren Bahnhöfen kreuzen sich mehrere → Eisenbahnlinien und viele Reisende steigen in andere Züge um. Ein solcher Personenbahnhof hat auch Fahrkartenschalter, Auskunftsstellen, Gepäckaufbewahrung, Schließfächer, Kioske, Cafés oder Restaurants und Wartesäle.

Güterbahnhöfe dienen dem Transport von Waren. Die Güter sind in großen Stahlbehältern verpackt, den sogenannten Containern. So lassen sie sich gut stapeln. Mit riesigen Ladekränen werden die Container auf die einzelnen Zugwagen geladen.

Zu jedem Bahnhof gehören Gleisanlagen, Weichen, Abstellgleise, Hallen zur Reinigung von Zügen, Werkstätten und natürlich ein Stellwerk.

Dort laufen alle Informationen über die eintreffenden und abfahrenden Züge zusammen, und die Signale und Weichen werden gestellt. Das Stellwerk sorgt dafür, dass die Züge nicht zusammenstoßen.

Bakterien

Bakterien sind winzige Lebewesen, die man nur unter dem → Mikroskop sehen kann. Auf diesen i-Punkt passen zum Beispiel so viele Bakterien, wie eine Großstadt Einwohner hat. Bakterien gehören weder zu den → Pflanzen noch zu den → Tieren, sie bilden eine eigene Gruppe. Manche sind rund, andere stäbchen- oder spiralförmig.

Die Bakterien

Wie viele Bakterien leben auf einem Menschen?

Auf und im menschlichen Körper leben etwa hundert Billionen Bakterien – zehn Mal mehr, als der Mensch Zellen hat. Besonders viele Bakterien gibt es im Mund. Auf jedem Zahn tummeln sich rund eine Milliarde. Und selbst, wenn man die Zähne putzt, sind es immer noch 1000 bis 100 000. Auch auf der Haut machen es sich die Winzlinge gern gemütlich. Sie lieben besonders die Achseln oder die Stirn, also Regionen, wo es schön warm und feucht ist und wo die Hautporen Fett und Schweiß absondern. Denn davon ernähren sich die Bakterien. Sie sind übrigens dafür verantwortlich, wenn jemand nach Schweiß müffelt. Bakterien fressen einige Stoffe des Schweißes, der eigentlich geruchlos ist. Wenn sie die Stoffe aber verdauen, entstehen Buttersäure und Ameisensäure, die den typischen Schweißgeruch ausmachen.

Das Maus-Quiz

Dieses Tier hat eine auffällige Fellzeichnung, das ihm auch zur Tarnung dient. Im Straßenverkehr gibt es ein ähnliches Muster. Auf welcher Seite befindet sich das Tier hier im Buch?

Sie vermehren sich sehr schnell: Alle 20 Minuten werden aus einem Bakterium zwei Bakterien. Es gibt Tausende verschiedener Bakterienarten. Sie kommen überall vor, im Erdboden genauso wie auf der menschlichen Haut oder in Lebensmitteln. Die meisten sind harmlos, manche sind sogar nützlich. So wird unter dem Einfluss von Bakterien → Milch zu Joghurt oder Käse. Die Bakterien in unserem → Darm helfen uns bei der → Verdauung. Es gibt auch krankheitserregende Bakterien, mit denen man sich anstecken kann. Sie können etwa zu Durchfall, Keuchhusten oder Tuberkulose führen.

Bank

Viele Menschen haben ein Konto bei einer Bank. Wer → Geld gespart hat, legt es auf einem Sparkonto an. Damit übergibt man das Ersparte der Bank und erhält dafür Zinsen. Die Bank arbeitet mit dem Geld, indem sie es an andere verleiht. Geliehenes Geld nennt man Kredit oder Darlehen. Dafür fordert die Bank höhere Zinsen. Nach

Abzug ihrer eigenen Kosten verdient sie dabei also Geld. Banken erledigen alle möglichen Geldgeschäfte: Sie wechseln Geld, nehmen Überweisungen entgegen, besorgen Bausparverträge oder Wertpapiere.

Bär

Bären kommen mit Ausnahme Australiens und Afrikas auf der ganzen Welt vor. Sie gehören zu den größten → Raubtieren. In Deutschland gab es einst Braunbären. Heute sind sie bei uns ausgestorben. Braunbären gibt es noch als Grizzlybären und Kodiakbären in Alaska. Sie können bis zu 750 Kilogramm schwer werden.

Braunbären können bis zu 50 km/h schnell rennen und gut schwimmen. Jungtiere klettern auch gerne auf Bäume.

Ein weiterer Riese unter den Bären ist der weiße Eisbär, der nur in der → Arktis vorkommt. Die nordamerikanischen Bären, die in den Nationalparks leben, sind Schwarzbären. Die kleinste Bärenart ist der seltene Brillenbär aus Südamerika. In Asien gibt es Kragenbären, Lippenbären und Malaienbären.

Alle sieben Großbären (mit Ausnahme des Eisbären) sind Allesfresser: Sie nehmen tierische wie pflanzliche Nahrung zu sich und fressen das, was gerade reichlich zu finden ist.

Barometer

Mit einem Barometer können wir den Luftdruck messen und damit relativ genaue Wettervorhersagen machen. Hoher Luftdruck bedeutet in der Regel schönes →Wetter, niedriger Luftdruck hingegen bringt Veränderung und Regen.

Die meisten Barometer enthalten im Inneren eine luftleere Metalldose. Sie wird je nach herrschendem Luftdruck mehr oder weniger stark zusammengedrückt. Diese Bewegung überträgt sich mittels eines Gelenks auf einen Zeiger, der uns auf einer Skala den richtigen Luftdruck anzeigt. Weil der Luftdruck beim Aufsteigen im Gebirge immer geringer wird, kann man das Barometer auch als Höhenmesser verwenden.

Batterie

Batterien speichern elektrische →Energie in Form von chemischer Energie. Sie enthalten chemische Stoffe, die miteinander reagieren und dabei →Strom erzeugen. Eine Batterie ist

Die Autobatterie ist eigentlich ein Akku, den man mehrfach aufladen kann.

Auf heutigen Bauernhöfen werden oft viele Tiere auf engem Raum gehalten, was Stress für die Tiere bedeutet. Biobauernhöfe dagegen setzen auf artgerechte Tierhaltung.

nach einiger Zeit „leer gebrannt", sie ist also verbraucht und muss entsorgt werden. Akkumulatoren (Akkus) hingegen können immer wieder aufgeladen werden. Trotz ihres Namens ist auch die Autobatterie ein Akkumulator, denn der →Motor lädt sie während des Betriebs dauernd auf.

Die üblichen Trockenbatterien bestehen aus einem Zinkbecher und enthalten einen Kohlestab sowie Braunstein und Salmiaklösung in Form einer Paste. Wenn man den Pluspol und den Minuspol einer solchen Batterie mit einem Leiter verbindet, fließt Strom.

Bauernhof

Ein Bauernhof ist ein →landwirtschaftlicher Betrieb, der →Milch, Fleisch, →Eier, →Getreide, →Gemüse und →Früchte liefert. Ein Bauernhof besteht aus vielen Gebäuden. Neben dem Wohnhaus für die Bauernfamilie gibt es Ställe für das

Vieh. In Scheunen und Silos wird Heu und anderes Futter für die →Tiere aufbewahrt. Moderne Bauernhöfe besitzen eine Biogasanlage, in der aus dem Kot und Urin der Tiere →Energie gewonnen wird. In den Schuppen stehen die Geräte und →Maschinen, die der Bauer für seine Arbeit auf den Feldern braucht. Dazu gehören →Traktor, Pflug und →Mähdrescher.

Früher haben sich die Bauern mit den tierischen und pflanzlichen Produkten selbst versorgt. Damals lebten auf einem Bauernhof viele verschiedene Tiere, wie Rinder, →Schweine, Ziegen, →Schafe und →Hühner. Heutzutage werden meist entweder Milchkühe, Schweine oder Geflügel gehalten. Viele Bauern arbeiten inzwischen

Der Baum

Wie bestimmt man das Alter eines Baums?

Viele Bäume erreichen ein Alter, von dem wir Menschen nur träumen können. Eichen und Linden werden etwa 1000 Jahre alt, Riesenmammutbäume schaffen es auf über 3500 Jahre und Zypressen und Grannenkiefern sogar weit über 4000 Jahre! Aber wie kann man das Alter berechnen?
Bäume wachsen ständig. Auch der Stamm wächst. Er wird länger und dicker. Jedes Jahr kommen zwei neue Holzschichten hinzu. Bei einem durchgesägten Stamm kann man helle und dunkle Ringe erkennen. Wenn ein Baum 1000 dunkle Ringe hat, ist er 1000 Jahre alt. Bei der Altersbestimmung werden die Bäume natürlich nicht gefällt. Die Forscher bohren dünne Löcher in den Stamm und zählen in der Bohrprobe die Jahresringe mit der Lupe.

tagsüber in einem Büro oder einer Fabrik. Nur abends und am Wochenende verrichten sie ihre Arbeit auf dem Hof.

Baum

Bäume sind →Pflanzen mit einem verholzten Stamm und einer Krone aus Ästen und Zweigen. Die Rinde oder Borke schützt das →Holz des Stammes und der Äste vor Feuchtigkeitsverlust. Im Holz verlaufen die Leitbündel. Diese

Riesenmammutbaum

Röhren leiten das Wasser von den →Wurzeln bis zu den →Blättern. In umgekehrter Richtung wird Zuckerlösung transportiert, die dem Baum als Nahrung dient. Die Blätter stellen diesen Zucker her und die Leitbündel verteilen ihn im ganzen Baum.

Nach den Blättern unterscheidet man zwei Gruppen von Bäumen, die →Laubbäume mit Laubblättern und die →Nadelbäume mit Nadelblättern. Die Laubbäume werfen ihre Blätter im Herbst ab, die Nadelbäume sind das ganze Jahr lang grün. Zu den heimischen Laubbäumen gehören Buche, Eiche, Linde und Ahorn, zu den heimischen Nadelbäumen Kiefer, Tanne und Fichte.

Bäume spenden uns nicht nur Schatten, sie liefern uns auch →Nüsse oder verschiedene →Früchte wie die Obstbäume. Vor allem aus dem Holz der Nadelbäume werden Möbel und Häuser gebaut. Bäume sind notwendig für die Umwelt. Die →Wälder reichern die Luft mit →Sauerstoff an. Viele Tiere finden Schutz und Nahrung auf

Bäumen. Vögel suchen unter der Rinde nach →Insekten und bauen →Nester in die Baumkronen. Am höchsten werden die Mammutbäume an der Westküste der USA. Der höchste Baum der Welt ist über 115 Meter groß.

Beere

Weiche, saftige →Früchte bezeichnen wir als Beeren. Ihre kleinen →Samen sitzen meist innen und sind vom Fruchtfleisch umgeben. Zu den essbaren Beeren gehören Heidelbeeren, Johannisbeeren, Stachelbeeren und Weinbeeren. Aus diesen Beeren stellt man vor allem Marmelade und Säfte her.

Johannisbeeren

Die Himbeere hingegen ist keine Beere, sondern setzt sich aus vielen kleinen Steinfrüchten zusammen. Auch Erdbeeren sind keine Beeren. Die kleinen „harten Körnchen" sind Nussfrüchte, die auf einem saftigen Blütenboden sitzen. Giftige Beeren haben zum Beispiel Tollkirsche, Efeu und Seidelbast. Für die Botaniker zählen auch Gurken, Bananen, Tomaten und sogar Orangen und Zitronen zu den Beeren!

Stachelbeeren

In der Natur dienen die Beeren der Verbreitung der Samen einer →Pflanze. Die Beeren werden häufig von Vögeln gefressen, wobei die →Samen unverdaut wieder ausgeschieden werden. In einer gewissen Entfernung von der Mutterpflanze können sie dann keimen und sich ungestört entwickeln.

Heidelbeeren

Behinderung

Ein behinderter Mensch hat eine körperliche, geistige oder seelische →Krankheit. Durch Unfälle kann es zu einer körperlichen Behinderung kommen. Querschnittsgelähmte können zum Beispiel ihre Beine nicht mehr bewegen und sind auf Rollstühle angewiesen. Straßen, Wege und Häuser müssen behindertengerecht gebaut werden, damit Rollstuhlfahrer überall freien Zugang haben.

Für Menschen mit Behinderungen werden Sportgeräte angepasst.

Gehörlose oder blinde Kinder besuchen eine besondere Schule, in der sie die Gebärdensprache oder die Blindenschrift lernen. Oft werden behinderte Kinder auch zusammen mit nicht behinderten Kindern unterrichtet. Es ist wichtig, Behinderte in die Gesellschaft der Nichtbehinderten einzugliedern.

Benzin

Benzin ist eine durchsichtige, leicht brennbare →Flüssigkeit. Es wird aus →Erdöl gewonnen. Benzindämpfe entzünden sich leicht in der Luft. Deshalb dient das Benzin als Treibstoff in den

→ Motoren der → Autos. Da die Erdölvorkommen der Erde begrenzt sind, werden heutzutage auch Autos entwickelt, die mit anderen Brennstoffen fahren, wie Rapsöl, → Erdgas oder Biogas. Weitere Alternativen sind das Elektro- oder das Hybridauto. Da Benzin zudem Fette löst, benutzen wir im Haushalt Waschbenzin zum Entfernen von Flecken.

Beruf

Mit dem Beruf verdient man Geld, das man zum Leben benötigt, also den Lebensunterhalt. Die Berufswahl ist frei: Niemand darf zu einem bestimmten Beruf gezwungen werden. Die meisten Jugendlichen erlernen nach der → Schule einen Ausbildungsberuf. Je besser der Schulabschluss, desto eher finden sie eine Lehrstelle. Sie lernen ihren Beruf in einem Betrieb und besuchen nebenher die Berufsschule. Es gibt viele Hundert staatlich anerkannte Ausbildungsberufe. Dazu gehört etwa das → Handwerk mit Tischler, Kfz-Mechanikerin oder Friseur.

Verschiedene Berufe: Eine Wissenschaftlerin führt in einem Labor Experimente durch. Bäcker müssen sehr früh aufstehen, um die Backwaren für den Tag herzustellen.

Das Benzin

Warum gibt es verschiedene Benzinsorten?

Weißt du, was das Auto deiner Eltern tanken muss? Normal, Super, Super plus oder Diesel? Der wichtigste Unterschied zwischen diesen Sorten ist die sogenannte Oktanzahl. Normalbenzin hat die Oktanzahl 91, Super liegt bei 95 und Super plus bei 98. Je höher der Wert, desto schwerer entzündet sich der Kraftstoff im Motor selbst, also bevor die Zündkerzen ihn zünden.
Wenn ein Auto mit dem falschen Benzin betankt wurde, kann es zum „Klopfen" des Motors kommen: Der Kraftstoff entzündet sich unkontrolliert, was sich als klopfendes Geräusch bemerkbar macht. Die Oktanzahl sagt also etwas über die Klopffestigkeit des Motors aus. Diesel ist kein Benzin, sondern zählt zu den Ölen wie auch das Heizöl.

Die → Ausbildung dauert zwei bis drei Jahre. Eine immer größere Rolle spielen Berufe im Bereich der Dienstleistung, wie Hotelfachmann, Krankenschwester oder Bankkauffrau.

Wer das → Abitur hat, kann an der → Universität oder Fachhochschule studieren. Um Lehrer, Ärztin oder Anwalt zu werden, ist ein Studium unerlässlich. Viele junge Leute wissen nicht genau, welchen Beruf sie ergreifen sollen. Ihnen hilft die Berufsberatung in der Schule und bei der Agentur für Arbeit.

Bibel

Die Bibel ist das heilige Buch der → Christen. Sie umfasst das Alte und das Neue Testament.

Im Alten Testament werden die Schöpfungsgeschichte, die Sintflut, der Bund ➜ Gottes mit Abraham und seinen Nachkommen sowie die Geschichte des Volkes Israel erzählt. Das Neue Testament hingegen berichtet vom Leben und Wirken Jesus Christus, von seiner Geburt an ➜ Weihnachten bis zu seinem Tod am Kreuz und seiner Auferstehung an ➜ Ostern.

Auch im ➜ Judentum gibt es eine heilige Schrift, in der das Alte Testament enthalten ist. Das heilige Buch der Juden heißt Tanach oder Mikra. Das heilige Buch im ➜ Islam ist der Koran.

Biber

Biber werden bis zu 90 Zentimeter lang und über 30 Kilogramm schwer und gehören zur Familie der ➜ Nagetiere. Sie kommen nur in Flusslandschaften vor. Nachdem die Biber bei uns fast ausgestorben waren, breiten sie sich heute wieder stark aus. Da sie einen Ruderschwanz und Schwimmhäute zwischen den Zehen haben, sind sie gute Schwimmer. Mit ihren scharfen Nagezähnen können Biber ganze Bäume fällen. Sie bauen daraus Dämme, um den Fluss aufzustauen. In den entstehenden Stauseen legen sie Biberburgen an, in denen sie wohnen. Die Biber fressen die Rinde junger Bäume. Für den Winter legen sie sich einen Nahrungsvorrat an.

Das braune Fell des Bibers ist sehr dicht. Dadurch ist er gut vor Nässe und Kälte geschützt.

Biene

Wespen, Hornissen, Hummeln, Wild- und Honigbienen sind ➜ Insekten. Sie alle gehören zur Familie der Bienen. Die Honigbiene ist das einzige ➜ Haustier unter den Insekten. Der Imker hält Honigbienen in einem Bienenstock, damit sie Honig und Bienenwachs liefern.

Die Biene

Warum stellen Bienen Honig her?

Hummeln, Wespen und Hornissen leben nur ein Jahr. Im Herbst stirbt das gesamte Volk aus. Nur die Königin überlebt den Winter in einer Kältestarre, um im nächsten Frühjahr wieder einen neuen Staat aufzubauen.

Bienen können jedoch in ihrem Bienenstock auch kalte Winter überleben, weil sie Honigvorräte aus Blütennektar und Honigtau herstellen. Honigtau ist eine zuckerhaltige Ausscheidung von Blatt- und Rindenläusen. Den Nektar und Honigtau verwandeln die Bienen in ihrem Körperinneren in Honig und reichern diesen in Waben an. Honig besteht hauptsächlich aus Fruchtzucker und Traubenzucker. Der Zucker wird im Bienenkörper verbrannt und erzeugt dadurch Wärme, sodass die Bienen nicht erfrieren.

Jedes Bienenvolk besitzt eine Königin, die täglich bis zu 1500 ➜ Eier legt. Zudem gibt es bis zu 50 000 unfruchtbare Weibchen, die Arbeiterinnen. In den ersten drei Wochen ihres Lebens versorgen sie die Eier und ➜ Larven im Stock, bauen die sechseckigen Waben und bewachen den Eingang. Anschließend fliegen sie aus und sammeln

Nektar und Pollen in den ➔ Blüten. Mit einem Tanz zeigen sie ihren Stockgenossinnen, wo die nächste Futterquelle ist. Aus dem Nektar stellen die Bienen Honig her, den sie in besonderen Waben aufbewahren.

Bekommen die Larven Gelée royale, entwickeln sie sich zu fruchtbaren Königinnen. Diese werden beim Hochzeitsflug von männlichen Bienen, den Drohnen, befruchtet. Eine Arbeiterin wird nur sechs Wochen alt, eine Bienenkönigin lebt rund sechs Jahre.

Bildhauerei

Bildhauer schaffen Plastiken oder Skulpturen. Im Unterschied zu den Gemälden der ➔ Malerei sind dies räumliche Gebilde. Sie werden aus verschiedenen Werkstoffen gefertigt, zum Beispiel aus Stein, ➔ Holz, ➔ Metall oder Ton.

Man kann auch Skulpturen aus Bronze herstellen, das ist eine Legierung aus den beiden Metallen Kupfer und Zinn. Bronzeskulpturen werden gegossen. Dafür muss der Künstler zuerst ein Modell herstellen: Über einem Tonkern formt er die Plastik aus Wachs. Dann gibt er eine weitere dicke Tonschicht darüber. Während des Brennens in einem Brennofen läuft das Wachs aus. Wenn der Bildhauer nun in den entstandenen Hohlraum flüssige Bronze gießt, erhält er die fertige Plastik, die er nur noch nacharbeiten muss.

Bronzeskulptur aus der Werkstatt des Bildhauers Gerhard Marcks

Bildung

Ein gebildeter Mensch hat ein breites Allgemeinwissen. Er denkt über sein Leben, das seiner Mitmenschen und seine Umwelt nach. Er findet vielfältige Lösungen für anstehende Probleme und

Bildung ist lebenswichtig. Die Schüler dieser afrikanischen Schule gehen viele Kilometer zu Fuß, um etwas lernen zu können.

kann Dinge von vielen Standpunkten aus beurteilen. Zudem kann er seine Ideen mitteilen und sich in die Gedankenwelt anderer Menschen hineinversetzen. Er ist bereit, sein Leben lang dazuzulernen.

Bildung ist aber nicht dasselbe wie ➔ Ausbildung. Die Ausbildung soll den Menschen befähigen, seinen ➔ Beruf möglichst gut auszuüben. Die Bildung hingegen formt den Menschen für alle Lebensbereiche. Ein Beispiel: Ein gebildeter Informatiker kann nicht nur gut programmieren. Er denkt auch darüber nach, ob seine Programme den Menschen mehr schaden als nützen, und kann danach entscheiden, ob er sie weiterentwickeln will oder nicht.

Jeder Mensch hat das Recht auf Bildung. Das ist gesetzlich in den → Menschenrechten festgelegt. Die Vermittlung von Bildung darf nicht nur an eine Schule oder das Elternhaus gebunden sein. Vielmehr muss Bildung überall und in jeder Lebenssituation stattfinden können. Jedes Kind sollte die Möglichkeit haben, seine Fähigkeiten zu entfalten und ständig zu erweitern. So wird aus dem Kind ein reifer, gebildeter Mensch, der auf eine ganz persönliche Art und Weise mit dem täglichen Leben umgeht.

Biologie

Die Biologie beschäftigt sich mit Lebewesen, also mit den → Bakterien und → Viren, den → Pflanzen, → Tieren und dem → Menschen. Die Biologie ist wohl die umfangreichste Wissenschaft, denn es gibt viele Millionen verschiedene Arten von Pflanzen und Tieren.

Die Biologie untersucht die Lebewesen unter mehreren Gesichtspunkten. Sie betrachtet zum Beispiel den Körperbau der Lebewesen, ihr Verhalten, die Lebensweise, die Geschichte ihres Daseins, die Beziehungen zur Umwelt oder ihre → Vererbung. Biologen erforschen zudem, wie man widerstandsfähige und ertragreiche Pflanzen und Nutztiere züchtet oder wie sich Erbkrankheiten erkennen und behandeln lassen. Biologie wird auch als naturwissenschaftliches Fach an Schulen unterrichtet.

Biotop

Biotope sind Lebensräume von → Pflanzen und → Tieren, zum Beispiel Weiher, → Seen, → Bäche und → Flüsse, → Wälder, → Wüsten oder auch → Hochgebirge. Die Lebewesen sind jeweils sehr gut an die dort vorherrschenden Lebensbedingungen angepasst, wie etwa Hitze oder Kälte.

Früher lebte die Gelbbauchunke in Bach- und Flussauen. Heute findet man sie oft in künstlich vom Menschen angelegten Biotopen oder in Kleingewässern.

Sobald der Mensch in einen solchen Lebensraum eingreift, kann das natürliche Gleichgewicht der Lebensgemeinschaft gestört werden. Dies ist häufig der Grund für das Aussterben von Tier- und Pflanzenarten. Mehrere Biotope mit den darin lebenden Tieren und Pflanzen bilden zusammen ein → Ökosystem.

Wenn jemand ein Biotop im Garten anlegt, ist damit meistens ein Teich gemeint, der mehr oder weniger der Natur überlassen wird.

Blatt

Blätter sind die Nahrungsmittelfabriken der grünen → Pflanzen. Sie stellen aus dem → Gas Kohlendioxid und aus Wasser Zucker her. Der Zucker ernährt die Pflanzen. Die Energie dazu liefert das → Sonnenlicht. Es wird vom Blattgrün oder Chlorophyll der Blätter eingefangen und nutzbar gemacht. Das Kohlendioxid stammt aus der Luft, die über die Spaltöffnungen ins Blattinnere eindringt.

Blatt einer Esche (im Herbst)

Die Herstellung von Zucker aus Wasser und Kohlendioxid ist ein komplizierter Vorgang. Wir bezeichnen ihn als Fotosynthese.

Blatt einer Kastanie

Dabei entsteht zudem →Sauerstoff, den die Pflanzen an ihre Umgebung abgeben und den wir zum Atmen benötigen.

Blatt einer Buche

Im Herbst wird der grüne Blattfarbstoff, das Blattgrün, abgebaut und die braunen Farbstoffe in den Blättern treten hervor. In den kalten Jahreszeiten können die Bäume nicht mehr genügend Wasser aus dem Boden aufnehmen. Deswegen werfen viele →Laubbäume ihre Blätter ab. Im Frühjahr entspringen dann die neuen Blätter aus den →Knospen.

Blindheit

Mit unseren →Augen können wir sehen. In der Umwelt finden wir uns überwiegend mit diesem →Sinnesorgan zurecht. Blinde Menschen müssen bei der Orientierung auf diesen Sinn verzichten. Sie können auch dieses Buch nicht lesen. Um Blinden das Lesen zu ermöglichen, erfand der französische Lehrer Louis Braille die Blindenschrift. Sie besteht aus einem System von höchstens sechs erhöhten Punkten, die man mit den Fingerspitzen abtastet. Auch der Wert von Geldscheinen lässt sich an einer Stelle mithilfe von Prägedruck abtasten.

Blindschleiche

Blindschleichen sind →Kriechtiere. Ihr beinloser Körper ist mit kleinen, braun glänzenden Schuppen bedeckt. Obwohl die Blindschleiche wie eine →Schlange aussieht, ist sie eine →Echse und mit der heimischen Zauneidechse verwandt. Blindschleichen leben bei uns in Wäldern und Gärten. Anders als die Zauneidechsen meiden sie sonnige Plätze. Sie fühlen sich an feuchten, schattigen Orten wohl und fressen hauptsächlich Nacktschnecken und →Regenwürmer. Das Weibchen trägt seine →Eier so lange im Körper mit sich herum, bis die Jungen schlüpfen. Den Winter verbringen Blindschleichen bewegungslos in Erdlöchern.

Blume

Jede Blume ist eine →Blüte, aber längst nicht jede Blüte ist auch eine Blume. Als Blume bezeichnen wir auffällige Blüten und auch die →Pflanze, die die Blüte trägt. Zu den vielfältigsten und üppigs-

Die Blindheit

Was müssen Blindenhunde können?

Blindenführhunde helfen blinden oder stark sehbehinderten Menschen, sich auf der Straße zurechtzufinden. Sie führen ihr Herrchen zum Beispiel selbstständig zum Supermarkt, zur Bushaltestelle oder nach Hause. Im Bus oder im Zug können sie erkennen, wo ein freier Sitzplatz ist. Wenn der Blinde eine Straße überqueren möchte, achtet der Hund auf den Verkehr und geht erst über die Straße, wenn sie frei ist. Auf dem Gehweg führen die Partner auf vier Pfoten um Hindernisse wie parkende Autos, Straßenschilder oder Pfützen herum. Gute Blindenführhunde sind sogar in der Lage, den Wunsch ihres Herrchens zu ignorieren, wenn sich dadurch eine Gefahr ergeben würde: Gibt der Mensch etwa den Befehl, loszulaufen und ein Fahrradfahrer kreuzt den Gehweg, weigert sich der Hund, vorwärtszugehen.

Sind Blindschleichen wirklich blind?

Der Name „Blindschleiche" trügt. Denn erstens sind Blindschleichen keine Schlangen, obwohl sie so aussehen, sondern Echsen ohne Beine. Wie auch die Eidechsen können sie ihren Schwanz abwerfen, wenn sie sich bedroht fühlen, und dadurch ihren Angreifer verwirren. Zweitens sind Blindschleichen keineswegs blind, sondern sie können mit ihren großen Augen recht gut sehen.
Im Mittelalter nannten die Menschen die beinlose Echse „Plintslicho", was so viel wie „blendende Schleiche" bedeutet. Diese Bezeichnung bezog sich auf die Schuppenhaut der Blindschleiche, die in der Sonne goldgelb glänzt und den Betrachter blendet.
Aus „Plintslicho" wurde im Lauf der Jahrhunderte der heutige Name „Blindschleiche".

ten Blumen zählen Orchideen, die hauptsächlich in den →Tropen wachsen. Sie haben eine ausgeprägte „Lippe". Ähnliche Blütenformen zeigen die Lippenblütler und die Rachenblütler, wie zum Beispiel das Löwenmäulchen.

Ganz regelmäßig gebaut sind die Blumen des →Apfels und der Tulpe. Beim Apfel ist die Blume offen und tellerförmig, bei der Tulpe hingegen kelchförmig. Ebenfalls regelmäßig sind die Sonnenblumen und die Margeriten. Wenn man aber genau

Orchideen sind Blumen mit auffälligen Blüten.

hinsieht, erkennt man, dass die Blumen aus vielen Hundert einzelnen Blüten bestehen. Sie bilden ein sogenanntes Körbchen und somit einen Blütenstand.

Blut

Unser Blut besteht aus dem hellgelben Plasma und Millionen von Blutkörperchen. Die roten Blutkörperchen transportieren den →Sauerstoff zu den →Zellen. Die weißen Blutkörperchen greifen krankheitserregende Fremdkörper an, die in den Körper eindringen. Die winzigen Blutplättchen bewirken, dass unser Blut nach einer Verletzung gerinnt und die entstandene Wunde mit einer Kruste abdeckt.

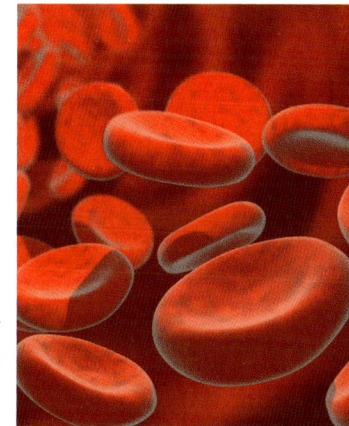

Im Blut eines erwachsenen Menschen befinden sich bis zu 30 Billionen rote Blutkörperchen.

Das Blut wird im Knochenmark gebildet. Vom →Herz wird es ständig durch die →Adern unseres →Körpers gepumpt. Neben Sauerstoff transportiert es auch Nährstoffe aus dem →Darm zu den Zellen. Zudem sorgt es dafür, dass unser Körper die richtige →Temperatur hat.

Blüte

Alle Blütenpflanzen besitzen Blüten, die der Vermehrung dienen. Zu den Blütenpflanzen gehören nicht nur die →Blumen, sondern auch die →Bäume. Eine Blüte besteht aus den Blütenblättern, den Staubblättern und dem Fruchtknoten. In den männlichen Staubblättern wird der Pollen oder Blütenstaub gebildet. Der weibliche Fruchtknoten enthält die Samenanlagen und die klebrige Narbe, die bei der Bestäubung den Blütenstaub aufnimmt. Nach der Bestäubung dringt der

Pollen in den Fruchtknoten ein. Er befruchtet die Samenanlagen und die →Samen entwickeln sich. Die Blüten zeigen eine große Vielfalt an Farben

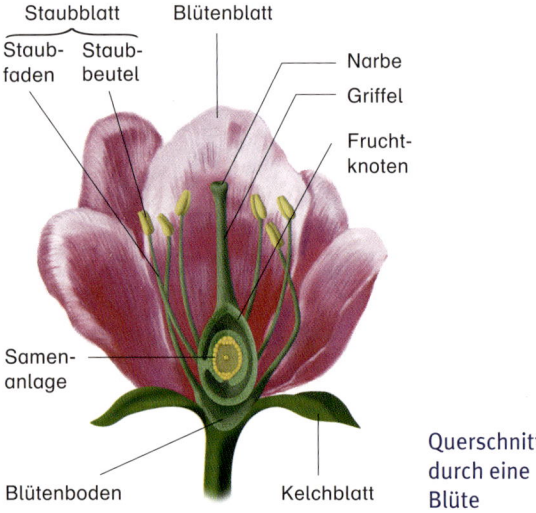

Staubblatt — Blütenblatt

Staub-faden — Staub-beutel

Narbe

Griffel

Frucht-knoten

Samen-anlage

Blütenboden — Kelchblatt

Querschnitt durch eine Blüte

und Formen. Viele Blüten leuchten bunt und verströmen einen starken Duft. Damit locken sie →Bienen, →Schmetterlinge und andere →Insekten an. Diese saugen den Nektar aus den Blüten und bestäuben sie dabei. Die Blüten einiger Blumen stehen allein auf Stielen, so etwa Tulpen-

blüten. Bei den Korbblütlern, wie der Margerite und dem →Löwenzahn, bilden viele kleine Blüten zusammen eine Gruppe. Der Hahnenfuß ist ein Kreuzblütler mit einfach gebauten Blüten. Komplizierte Blütenformen haben die Schmetterlings- oder Lippenblütler, zum Beispiel Löwenmäulchen und Salbei.

Bremse

Wenn man die Bremse betätigt, verlangsamt sich das Fahrzeug und kommt zum Stillstand. Die meisten Bremsen wirken durch Reibung. Deswegen werden sie heiß. Die Bremsen beim →Auto und →Fahrrad sehen sich ziemlich ähnlich: Zwei Bremsbacken werden wie mit einer Zange zusammengedrückt. Dazwischen ist beim Auto die Bremsscheibe, beim Fahrrad die Felge des →Rades ein-

Die Bremsklötze eines Fahrrads müssen regelmäßig ausgetauscht werden, da sie mit der Zeit abgenutzt werden und dann die Bremsleistung nachlässt.

Die Brille

Wie funktionieren Kontaktlinsen?

Kontaktlinsen sind kleine Linsen aus durchsichtigem Kunststoff, die direkt auf das Auge gesetzt werden. Auf einem Tränenfilm schwimmen sie auf der Hornhaut und können sowohl Kurzsichtigkeit als auch Weitsichtigkeit ausgleichen. Die Linsen übernehmen dieselbe Funktion wie eine Brille. Sie brechen das Licht, bevor es ins Auge einfällt, sodass die Lichtstrahlen auf der Netzhaut ein scharfes Bild erzeugen.

Linsen für Weitsichtige sind in der Mitte dicker als am Rand. Sie brechen das Licht stärker, damit es gebündelt ins Auge eintritt. Kurzsichtige brauchen Linsen, die am Rand dicker sind als in der Mitte und das Licht mehr streuen. Übrigens hatte schon Leonardo da Vinci vor rund 500 Jahren die Idee, schlechte Augen mit Kontaktlinsen zu korrigieren – da trugen die Menschen noch nicht einmal Brillen.

gespannt. →Flugzeuge bremsen zudem durch hochgestellte Klappen am Hinterrand der Flügel. Sie erhöhen den Luftwiderstand.

Brille

Fast jeder Mensch braucht im Lauf seines Lebens eine Brille. Diese Sehhilfe gleicht Sehfehler aus. Viele Kinder sehen in der Nähe scharf, ferne Gegenstände aber nur verschwommen. Sie sind kurzsichtig und bekommen eine Brille mit konkaven →Linsen. Wer weitsichtig ist, sieht nahe Gegenstände unscharf, weiter entfernte hingegen scharf. Er braucht eine Brille mit konvexen Sammellinsen. Im Alter lässt die Brechkraft der →Augenlinse bei den meisten Menschen nach. Dann kann man nicht mehr gut lesen und braucht eine Lesebrille. Auch sie enthält Sammellinsen.

Brücke

Die ersten Brücken bildeten wahrscheinlich gefällte Bäume über einem Wasserlauf oder einem kleinen Tal. Später wurden sie abgestützt durch Pfeiler aus Stein oder Holz. Im →Römischen Reich wurden viele Bogenbrücken aus Stein gebaut. Im →Mittelalter baute man häufig Brücken, die auf beiden Seiten mit Läden und Häuschen gesäumt waren.

Heute gibt es eine große Vielfalt von Brücken. Man unterscheidet drei Typen: Die Balkenbrücke hat waagerecht aufgelegte Balken aus Holz, Stahlbeton oder Stahl. Als Stützen dienen meist Pfeiler. Bei der Bogenbrücke tragen ein oder mehrere Bögen das Gewicht der Brücke. Hängebrücken bestehen aus Stahl- oder Betonstützen, von denen Stahlgurte herabhängen, die die Fahrbahn tragen. Sie erreichen sehr große Spannweiten. Die längste Hängebrücke gibt es in Japan. Die Mittelspannweite beträgt fast zwei Kilometer.

Die Brücke

Wie werden Brücken gebaut?

Brücken überspannen Täler, Flüsse und sogar das Meer, wenn sie das Festland mit einer Insel verbinden. Beim Bau einer Brücke werden zuerst die Betonpfeiler angefertigt, die später die Fahrbahn tragen. An Land wird dazu ein Fundament aus Beton gegossen und darauf der Pfeiler errichtet. Im Wasser benutzen die Ingenieure riesige Metallwände, sogenannte Spundbohlen, die in das Flussbett oder den Meeresboden gerammt und miteinander verzahnt werden. So entsteht eine Art Kasten, der die Baugrube umrahmt. Dann pumpen die Arbeiter das Wasser heraus und können das Fundament sowie den Betonpfeiler im Trockenen gießen. Die Fahrbahn wird an den Enden der Brücke vormontiert und langsam auf die Pfeiler geschoben.

Brunnen

Mit einem Brunnen gewinnt man Trinkwasser. Man baut einen Schacht in den Boden bis zum sauberen Grundwasser, das meist in mehreren Metern Tiefe liegt. Die Wände des Brunnenschachtes haben Schlitze und lassen das Wasser hindurchtreten. Von hier aus pumpt man es über das Saugrohr zur Oberfläche. Ein großer Teil des Wassers in Deutschland stammt aus Brunnen.

Buch

Die frühesten Bücher, die wir kennen, stammen aus dem →Ägyptischen Reich: lange, beschriebene Papierrollen, die aus der Papyruspflanze hergestellt waren. Der Papyrus wächst am Ufer des Nil. Auch in der →griechischen Kultur und im ➔ Römischen Reich kannte man Papyrusrollen. Daneben kam ein weiteres Material auf, das Pergament. Man stellte es aus gespannten und getrockneten Tierhäuten her. Das Pergament wurde in Blattform geschnitten, danach heftete man die Blätter in Buchform zusammen. Seither haben die Bücher diese Form beibehalten.

Im ➔ Mittelalter schufen die Mönche in den ➔ Klöstern viele prächtige Bücher. Sie schrieben sie von Hand und schmückten sie mit bunten Malereien, den Illuminationen. In der Mitte des 15. Jahrhunderts erfand Johannes Gutenberg den Buchdruck mit beweglichen, gegossenen Buchstaben. Damit konnte man in kürzester Zeit sehr viele Bücher auf ➔ Papier drucken.

Bücherei

Eine Bücherei oder Bibliothek ist ein Raum oder ein Gebäude mit vielen ➔ Büchern. Das kann eine Schul- oder eine Stadtbücherei sein. Moderne Büchereien verfügen nicht nur über Bücher, sondern auch über andere ➔ Medien wie etwa Zeitschriften, ➔ CDs, DVDs und Spiele. Um sie auszuleihen, muss man sich zuerst bei der Bücherei anmelden und bekommt einen Ausweis. Im Lesesaal kann man auch direkt vor Ort in den Büchern schmökern.

Buddhismus

Der Buddhismus ist eine der großen Weltreligionen. Begründet wurde er von Buddha, was so viel heißt wie „der Erleuchtete". Ursprünglich hieß Buddha Siddhartha Gautama; er wurde um 563 v. Chr. in Indien geboren. Buddha übernahm vom ➔ Hinduismus die Lehre, dass der Mensch unaufhörlich wiedergeboren wird. Die guten und schlechten Taten eines Lebens entscheiden darüber, in welcher Form die Wiedergeburt erfolgt, ob

Buddhistische Mönche in der 450 Jahre alten Klosteranlage Wat Xieng Thong in Asien

als armer oder reicher Mensch oder als Heiliger. Diesen ewigen Kreislauf kann man dieser Lehre nach nur durchbrechen, wenn man die Begierde, den Hass und die Unwissenheit überwindet. Dann findet man den Weg zur Erlösung, dem Nirwana, wo das Ich erlischt. Der Weg dorthin führt zum Beispiel über gerechtes Reden und Handeln, bewusstes Denken und die Versenkung. Deswegen spielt im Buddhismus die Meditation eine so große Rolle.

Die buddhistische ➔ Religion konnte sich vor allem in Hinterindien, etwa Thailand und Kambodscha, sowie auf Sri Lanka und in Japan halten.

Buddhastatue

Tibet war früher ein rein buddhistisches Land. Von dort stammt der Dalai-Lama. Heute hat der Buddhismus auch in den westlichen Ländern viele Millionen Anhänger.

Bundeskanzler

In Deutschland und Österreich heißt der Chef der ➔ Regierung Bundeskanzler. In anderen Ländern nennt man dieses Amt auch Premierminis-

ter. In Deutschland wird der Bundeskanzler auf Vorschlag des →Bundespräsidenten vom →Bundestag gewählt. Der Bundeskanzler schlägt dem Bundespräsidenten die Minister seiner Regierung zur Ernennung und Entlassung vor. Er bestimmt allein über die →Politik der Regierung.

In der Schweiz sind alle Minister oder Bundesräte gleichberechtigt. Deswegen gibt es dort das Amt eines Bundeskanzlers nicht. Den Titel Bundeskanzler gibt es zwar, doch der Beamte erledigt nur Kanzleigeschäfte und veröffentlicht zum Beispiel die beschlossenen →Gesetze.

Bundespräsident

Das Staatsoberhaupt heißt in Deutschland, Österreich und der Schweiz Bundespräsident. In Deutschland wird er von Mitgliedern des →Bundestags und des →Bundesrats auf fünf Jahre gewählt. Er vertritt Deutschland vor allem im Ausland, greift aber nicht in die Leitlinien der Politik ein. Diese wird vielmehr vom →Bundeskanzler bestimmt. In Österreich wählt das Volk den Bundespräsidenten direkt für sechs Jahre. Der Schweizer Bundespräsident ist Vorsitzender des Bundesrats und wird jedes Jahr neu gewählt.

Bundesrat

Im Deutschen Bundesrat sitzen Vertreter der 16 deutschen Bundesländer. Viele der Gesetze, die der →Bundestag beschlossen hat, müssen vom Bundesrat bewilligt werden. Der Bundesrat kann aber auch eigene Gesetzesvorlagen entwickeln. In Österreich hat der Bundesrat ähnliche Aufgaben wie in Deutschland. In der Schweiz bezeichnet man als Bundesrat die sieben Mitglieder oder Minister der →Regierung. Was in Deutschland der Bundesrat ist, heißt in der Schweiz Ständerat.

Bundestag

Das deutsche →Parlament heißt Bundestag. Er ist unsere Volksvertretung. Der Bundestag wird alle vier Jahre vom Volk gewählt und hat rund 600 Abgeordnete. Sein Sitz ist das Reichstagsgebäude in Berlin. Der Bundestag bestimmt zusammen mit dem →Bundesrat über neue →Gesetze. Bei den Debatten kann jeder Abgeordnete seine Meinung äußern. Dabei kommt es immer wieder zu erregten Diskussionen. Der Bundestag wählt auch den →Bundeskanzler. Das Parlament in der Schweiz und in Österreich heißt nicht Bundestag, sondern Nationalrat.

Im Schloss Bellevue in Berlin hat der deutsche Bundespräsident seinen Amtssitz.

Burg

Eine Burg war im →Mittelalter einer der wenigen Plätze, wo sich Adlige und Könige sicher fühlen konnten. Sie verschanzten sich hinter den hohen Mauern und konnten von hier aus besser feindlichen Angriffen Widerstand leisten. Der höchste Turm des Burghofs war der Bergfried. An das Hauptgebäude, den Palas, schloss sich die Burgkapelle an. Die Mauern waren zum Teil mehrere Meter dick und hatten schmale Schießscharten. Die Soldaten standen auf der Mauer in einem umlaufenden Wehrgang. In überdachten Gängen

Zum Schutz vor Angreifern waren Wasserburgen von einem Wassergraben umgeben. Die Burg Gravensteen ist die größte Wasserburg Europas.

konnten die Verteidiger schnell von einem Punkt der Burg zum andern gelangen, ohne von Wurfgeschossen getroffen zu werden.

Manche Burgen wurden jahrelang belagert, jedoch nicht eingenommen. Ihre Bewohner hatten sich zuvor mit genügend Nahrungsmitteln versorgt und besaßen einen → Brunnen, aus dem sie Wasser schöpfen konnten. Wer im Schutz einer Burg wohnte, war ursprünglich ein Bürger. Heute heißen alle Angehörigen eines Staates Bürger.

Bürgermeister

Der Bürgermeister ist das Oberhaupt einer → Gemeinde oder einer → Stadt und wird von den Bürgern oder vom Gemeinde- oder Stadtrat gewählt. Er ist der Leiter der Stadtverwaltung, die meistens im → Rathaus sitzt und aus vielen Mitarbeitern besteht. Zusammen mit dem Gemeinde- oder Stadtrat trifft der Bürgermeister die wichtigen Entscheidungen für eine Stadt – zum Beispiel, wie die Gestaltung des Marktplatzes sein soll oder ob eine neue Sporthalle gebaut wird.

In größeren Städten gibt es meist einen Oberbürgermeister sowie zusätzlich einen oder mehrere Bürgermeister. Diese sind dann für ganz bestimmte Bereiche wie für den Verkehr oder für das Bauamt zuständig.

Die Burg

Warum stehen viele Burgen heute nur noch als Ruine?

In manchen alten Burggemäuern kann man noch die Säle besichtigen, in denen die Ritter früher ihre Feste gefeiert haben, oder auch die Waffenkammern und das Burgverlies. Die meisten Burgen stehen heute jedoch nur noch als Ruine oder sind ganz verschwunden. Das hat verschiedene Gründe. Nach dem Ende der Ritterzeit haben die Burgbewohner die kalten und feuchten Gemäuer verlassen und sich gemütlichere Unterkünfte gesucht. Viele Burgen zerfielen dann im Lauf der Zeit: Wind und Regen wusch den Mörtel aus den Fugen und machte die Mauern wackelig. Efeu und Gestrüpp trieben ihre Wurzeln in die Zwischenräume der Steine und drängten sie auseinander, sodass die Mauern einstürzten. Oft wurden Burgen auch einfach von Dorfbewohnern aus der Umgebung abgerissen und die Steine zum Bau anderer Häuser genutzt.

CD-ROM

CD-ROM steht für „compact disc read only memory" und bedeutet „Kompaktscheibe, die nur Daten liest". Das ist eine aluminiumbeschichtete Kunststoffscheibe, die sehr viele → Informationen speichern kann. Die Daten liegen in Form von winzigen Vertiefungen (Pits) auf einer Datenspur vor. Der → Laserstrahl eines Laufwerks tastet diese Spur ab und leitet die Informationen an den → Computer weiter. Dieser setzt sie dann in Bilder, Texte oder Töne um. Eine DVD („digital versatile disc" oder „vielseitige Digitalscheibe") und vor allem die BD („blu-ray disc", wobei „blue ray" „blauer Strahl" heißt) haben noch mehr Speicherplatz, etwa für Spielfilme.

Das Maus-Quiz

Dieser Himmelskörper besteht aus glühend heißen Gasen. Er ist der Mittelpunkt unseres Sonnensystems. Auf welcher Seite befindet er sich hier im Buch?

Chamäleon

Die Chamäleons gehören zu den → Echsen und damit zu den → Kriechtieren. Sie leben in Afrika, Asien und Südspanien und haben meist einen flachen Rumpf und einen Kamm auf dem Rücken. Manche Arten tragen Hörner auf dem Kopf. Das

Das Riesenchamäleon wird bis zu 70 cm lang.

Chamäleon kann rasch Zeichnung und Farbe seiner Haut verändern und zeigt so an, ob es gereizt oder in Paarungsstimmung ist.

Die meisten Chamäleons leben auf Bäumen. Sie sitzen stundenlang unbeweglich auf Zweigen. Dabei warten sie auf → Insekten, die nahe vorbeifliegen. Sie fangen sie mit ihrer langen, klebrigen Zunge. Diese schießt so schnell aus dem Maul hervor, dass man der Bewegung mit dem bloßen Auge kaum folgen kann.

Das Chamäleon

Wieso kann das Chamäleon seine Farbe wechseln?

Das Chamäleon ist ein wahrer Verwandlungskünstler. Je nach Stimmung, Tageszeit oder Temperatur kann es sein Aussehen verändern. Die meist grünlich bis türkisfarbenen Echsen tragen tagsüber kräftige Farben, bei Dunkelheit erscheinen sie blasser. Wenn sie sich bedroht fühlen oder ängstlich sind, werden sie schwarz. Bei der Werbung um eine Partnerin zeigt sich das Chamäleon-Männchen in den buntesten Farben.

Die Haut der Chamäleons besteht aus mehreren Schichten, in denen sich farbige Zellen befinden. Diese schimmern in Gelb, Rot, Blau und Schwarz. Je nach Mischung der Hautzellen ergibt sich eine andere Farbe. Seine Färbung kann die Echse übrigens nicht selbst beeinflussen. Die Haut verfärbt sich aufgrund von Nervenreizen.

Chemie

Die Chemie untersucht, wie Stoffe zusammengesetzt sind und wie sie sich umwandeln lassen. Alle Stoffe bestehen aus einer begrenzten Zahl von Grundstoffen, den chemischen Elementen. In der Natur kommen 93 Elemente vor. Jedes Element besteht aus →Atomen mit identischen Eigenschaften. Die Elemente können miteinander zu chemischen Verbindungen reagieren. Chemiker erforschen solche Reaktionen in →Experimenten. Bisher stellten sie rund zehn Millionen verschiedene chemische Verbindungen her, wie →Kunststoffe oder →Dünger. Zudem untersuchen Chemiker etwa Luft, Wasser und Lebensmittel auf mögliche Schadstoffe. Man spricht dabei von der chemischen Analyse.

Christentum

Das Christentum ist eine der großen Weltreligionen. Zur Gemeinschaft der Christen gehören über eine Milliarde →Menschen. Sie glauben an →Gott, den Schöpfer der Welt, und an Jesus Christus, der vor über 2000 Jahren als Sohn Gottes auf die Erde kam. Durch seinen →Tod am Kreuz und seine Auferstehung hat Jesus der Überlieferung nach die Menschen erlöst. Das wichtigste Gebot des Christentums fordert von den Gläubigen unbedingte →Liebe zu Gott und den Menschen.

Das heilige Buch der Christen ist die →Bibel. Unterteilt ist sie in das Alte Testament und das Neue Testament. Dort wird berichtet, dass Jesus viele Kranke heilte und Wunder tat. Er lehrte die Menschen, einander zu lieben und sich mit Gott zu versöhnen. Nach seinem Beinamen Christus, „der Gesalbte", nennen wir die →Religion heute Christentum. Das höchste Fest der Christen ist →Ostern, der Tag, an dem Jesus auferstanden ist.

In christlichen Kirchen finden vor allem an Sonntagen feierliche Gottesdienste statt. Manchmal wird die Feier von den Gemeindemitgliedern mitgestaltet.

An →Weihnachten feiern sie Jesu Geburt. Heute gibt es zahlreiche verschiedene christliche →Kirchen, zum Beispiel die evangelische Kirche und die römisch-katholische Kirche.

Comic

Ein Comic ist eine Bildergeschichte mit kurzen Texten in Denk- und Sprechblasen. Zudem werden Geräusche mit Lautmalereien dargestellt, wie zum Beispiel „zack", „zisch" oder „bumm". Viele Comics sind lustig, wie etwa die Geschichten von Mickymaus, Asterix

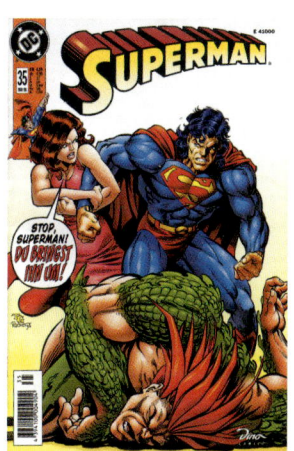

Cover eines Superman-Comics

oder den Simpsons. Die Comics mit Batman oder Spiderman sind eher abenteuerlich. Die Japaner lesen die meisten Comics, die sogenannten Mangas. Viele Comics werden auch verfilmt. Solche →Filme heißen Zeichentrickfilm, wenn sie am

→Computer gemacht wurden, sagt man Animationsfilm. Viele davon werden in Japan produziert. Man nennt sie Animes.

Computer

Ein Computer ist ein elektronischer, programmierbarer Rechner oder eine Rechenanlage. Die ersten Computer waren reine Rechenmaschinen und so groß, dass sie eine ganze Turnhalle füllten. Heute unterscheidet man nach der Rechenleistung Kleincomputer (PDA), Personal Computer (PC, Laptop) und Großrechner.

Einer der ersten Computer: ENIAC aus dem Jahr 1946

Der Computer

Was macht ein Virus im Computer?

Auch ein Computer kann sich mit einem Virus infizieren. Allerdings sind Computerviren keine Krankheitserreger, die etwa eine Grippe hervorrufen. Vielmehr handelt es sich um Programme, die sich in den Rechner einschleichen und ihn zu schädigen versuchen. Sie werden häufig durch E-Mails oder beim Herunterladen von Daten aus dem Internet übertragen. E-Mails mit einem Virus enthalten oft Internetlinks oder Dateien. Sobald man darauf klickt und sie öffnet, installiert sich das Virus auf dem Computer und dringt in Steuerungsprogramme ein. Der Computer kann dann nicht mehr richtig arbeiten.
Gegen Viren schützt man sich mit Antivirenprogrammen, die die Viren unschädlich machen.

Ein Computer besteht aus verschiedenen technischen Geräten, die Hardware genannt werden, und Programmen, der sogenannten Software. Zur Hardware gehören zum Beispiel der Prozessor, die Festplatte, der Bildschirm, die Tastatur, die Maus oder das Laufwerk für DVDs und →CDs. Zur Software zählen das Betriebssystem und die verschiedenen Anwendungsprogramme wie Spiele oder Programme zur Bearbeitung von Texten oder Bildern. Über die Tastatur und die Maus werden die Daten in den Computer eingegeben. Der Computer übersetzt sie dann über das Betriebssystem in eine Computersprache.

Der Computer ist aus dem täglichen Leben nicht mehr wegzudenken. Man kann mit ihm zum Beispiel Texte schreiben, im →Internet surfen, →E-Mails und Faxe schicken, Musik hören und spielen, Filme ansehen, Bilder bearbeiten und →Grafiken erstellen. Computer werden auch in Fabriken zur automatischen Steuerung von →Maschinen oder in der Medizin bei →Operationen eingesetzt.

Dampfloko-
motiven wer-
den mit Was-
serdampf
betrieben.

Dampfmaschine

Wenn →Wasser kocht, dann wird es zu Wasserdampf. Dieser braucht 1700-mal mehr Platz als
das flüssige Wasser. Wenn man Wasser in einem
geschlossenen Behälter erhitzt, muss dieser
einen hohen Druck aushalten können.

Im 18. Jahrhundert bauten englische Erfinder Dampfmaschinen, in denen Wasserdampf
einen Kolben in einem Zylinder vorwärtsbewegt.
Wenn sich der Dampf abkühlt und wieder zu Wasser wird, sorgt der Luftdruck für die Rückbewe-
gung. Der Forscher James Watt verbesserte dieses Modell. Bald wurden auch Lokomotiven
mit Dampf betrieben. Durch die Erfindung der
Dampfmaschine entwickelte sich die →Industrie,
zunehmend wurden →Maschinen eingesetzt und
verdrängten das →Handwerk.

Darm

Hinter dem →Magen und bis in den Unterbauch
liegt beim Menschen ein sieben bis neun Meter
langer „Schlauch", der Darm. Im Darm wird die
aus dem Magen kommende Nahrung zu Ende
→verdaut. Es gibt verschiedene Darmabschnitte.
Im sechs bis sieben Meter langen Dünndarm nehmen die fingerförmigen Darmzotten die Nährstoffe auf und geben sie an das →Blut weiter.
An der Grenze zwischen Dünndarm und Dickdarm
liegt der Blinddarm mit dem Wurmfortsatz.
Dieser kann sich ziemlich leicht entzünden. Der
Dickdarm dickt den nun verdauten Speisebrei
ein. An seinem unteren Ende liegt der Darmaus-
gang oder After.

Datenschutz

Über jeden Menschen gibt es viele persönliche
Daten. Das sind zum Beispiel Angaben über die
Haarfarbe, den Gesundheitszustand, über Hob-

Die Dampfmaschine

*Wie schnell waren die ersten
Dampflokomotiven?*

Die erste Dampflokomotive fuhr 1804 in
England. Der Erfinder Richard Trevithick
hatte eine Dampfmaschine auf einen Schie-
nenwagen montiert, der mit maximal acht
Stundenkilometern eine Strecke von knapp
16 Kilometern zurücklegte. Der Dampfwagen
brauchte dafür mehr als vier Stunden!
20 Jahre später gab es die erste Eisenbahn
der Welt, die auch Personen beförderte.
Die „Locomotion" verkehrte zwischen den
englischen Städten Darlington und Stockton
mit einer Geschwindigkeit von 25 Stundeki-
lometern. Bei ihrer ersten Fahrt am 27. September 1825 wurde die Dampflokomotive im Stocktoner Bahnhof
von einer jubelnden Menschen-
menge begrüßt. In Deutschland
fuhr die erste Dampflok 1835 von
Nürnberg nach Fürth.

Wie die Deiche schützen auch Dünen vor Sturmfluten. Eine Düne entsteht auf natürliche Weise, wenn Sand durch Wind aufgetürmt wird.

bys oder auch Dinge, die man nicht mag oder nicht gut kann. Der Datenschutz schreibt vor, dass die persönlichen Daten jedes Menschen geschützt werden müssen.

Manche Daten sind in unserem ➜ Pass eingetragen, wie Geburtsdatum, Adresse, Körpergröße und Augenfarbe. Andere Daten sind bei Ärzten, Banken oder der Arbeitsstelle gespeichert. Doch in Deutschland hat jeder das Recht, selbst zu bestimmen, welche Informationen über die eigene Person jemand anders erhalten soll.

Durch das ➜ Internet sind heute Daten für jedermann zugänglich. Deswegen sollte man sich gut überlegen, welche persönlichen Dinge man zum Beispiel in sozialen Netzwerken wie Facebook oder SchülerVZ über sich preisgibt.

Deich

Deiche sind Aufschüttungen aus Erde und Steinen. Sie schützen das Land am ➜ Meer und an ➜ Flüssen vor Überschwemmungen und ➜ Hochwasser. Am Meer müssen die Deiche so hoch sein, dass selbst bei Sturmfluten das Wasser nicht ins Landesinnere gelangt. Mit Deichen kann man dem Meer auch Land abgewinnen. Das taten

vor allem die Niederländer, denn ein großer Teil ihres Landes sind sogenannte Polder oder Köge, also ursprünglich Meeresböden. Es dauert ungefähr zehn Jahre, bis der Boden das Meersalz verloren hat und man etwas anpflanzen kann.

Delfin

Die Delfine gehören zu den ➜ Walen und sind damit ➜ Säugetiere, obwohl sie das Wasser nie verlassen. Sie atmen Luft über die ➜ Lunge. Mit ihren scharfen Zähnen machen sie vor allem Jagd auf Fische. Es gibt rund 30 verschiedene Delfinarten, die einen Meter bis neun Meter lang werden können. Delfine sind sehr intelligente Tiere und besonders lernfähig. Viele Tiere leben in

Der Delfin

Wie schlafen Delfine?

Delfine haben keine Schlafplätze im Meer, in die sie sich nachts zurückziehen können. Das wäre auch schwierig, denn die Säugetiere müssen ja regelmäßig Luft holen. Wären sie die ganze Nacht schlafend unter Wasser, würden sie ertrinken.
Wenn Delfine müde sind, kommen sie an die Wasseroberfläche und lassen sich treiben. Damit sie das Atmen nicht vergessen, hat ihr Gehirn im Lauf der Jahrmillionen einen Trick entwickelt. Es schläft immer nur eine Gehirnhälfte, und die andere bleibt wach. Nach einigen Stunden wechseln sich die Gehirnhälften ab. Der wache Teil kontrolliert die Atmung und achtet auf Feinde, während die andere Hälfte sich ausruhen kann. Delfine schließen daher beim Schlafen auch nie beide Augen, sondern haben immer eines geöffnet, um die Umgebung zu beobachten.

großen sogenannten Schulen zusammen. Sie können sich mit verschiedenartigen Pfeiflauten untereinander verständigen.

Dem Menschen gegenüber verhalten sie sich meist freundlich. Es gibt viele belegte Fälle, dass wilde Delfine Menschen vor dem Ertrinken retteten. Delfine können bei der Behandlung bestimmter Krankheiten helfen und werden vom Militär bei der Suche nach Wasserminen eingesetzt. Zur Familie der Delfine gehören auch der Grind- oder Pilotwal und der Schwertwal (Orca), der ein gefährlicher Räuber ist.

In einer Demokratie haben die Bürger ein Recht auf freie Meinungsäußerung. Dieses Grundrecht ermöglicht auch Demonstrationen in der Öffentlichkeit.

Demokratie

Wir leben heute in Deutschland, in Österreich oder in der Schweiz in einer Demokratie. Alle Bürger sind frei, haben gleiche → Rechte und können ihre Meinung frei äußern. Das Wort Demokratie heißt „Herrschaft des Volkes". Der einzelne Bürger kann bei geheimen → Wahlen bestimmen, wer ihn im → Parlament vertreten soll. Diese gewählten Vertreter bilden die Regierung, treffen in → Bundesrat und → Bundestag

alle wichtigen Entscheidungen und beschließen Gesetze. Dabei müssen sie sich an die Verfassung oder das Grundgesetz halten.

Demokratien haben immer eine Gewaltenteilung. Die drei Gewalten – Regierung, Gesetzgebung und Rechtsprechung – sind getrennt. Das bedeutet zum Beispiel, dass die → Regierung nicht Gesetze verkünden und gleichzeitig straffällige Bürger vor Gericht verurteilen lassen kann. So handeln die Richter völlig unabhängig. Sie dürfen nur nach dem → Gesetz und nicht nach Weisungen von Politikern ihre Urteile sprechen.

Demonstration

Demonstrationen sind öffentliche Umzüge oder Versammlungen, die meist unter freiem Himmel stattfinden. Statt Demonstration kann man auch Kundgebung sagen. Man kann etwa für mehr Kinderspielplätze im Wohnviertel oder gegen Massenentlassungen durch eine Firma demonstrieren. Die meisten Demonstrationen wollen auf Ungerechtigkeiten in der → Politik aufmerksam machen. Die Demonstranten tragen Transparente mit sich, auf denen ihr Anliegen steht. Meist enden Demonstrationen mit einer Rede.

Mit stillen Demonstrationen setzen sich die Menschen für den Frieden ein oder nehmen Anteil am Schmerz anderer Menschen, zum Beispiel nach einer Katastrophe oder nach einem schweren Verbrechen. Das in der → Demokratie garantierte → Recht auf freie Meinungsäußerung umfasst auch das Recht auf friedliche Demonstration. Wenn Demonstranten jedoch gewalttätig werden, darf die → Polizei einschreiten.

Deutschland

Deutschland ist ein Land mit einer Fläche von 357 022 km², das mitten in → Europa liegt. Es

Mit einer Höhe von 2962 m ist die Zugspitze in den Bayerischen Alpen der höchste Berg Deutschlands.

leben rund 82 Millionen Menschen dort. Im Norden befinden sich Nordsee und Ostsee. Auf das ausgedehnte Norddeutsche Tiefland folgen weiter südlich die Mittelgebirge. Im Süden Deutschlands erheben sich die Alpen. Die größten →Flüsse sind Rhein, Weser, Elbe und Donau.

Deutschland ist ein Bundesstaat aus 16 Bundesländern mit einer gemeinsamen →Regierung, die in der Hauptstadt Berlin ihren Sitz hat. Die Vertretung der Bürgerinnen und Bürger ist der →Bundestag. Die Bundesregierung wird vom →Bundeskanzler geleitet. Jedes Bundesland hat außerdem eine eigene Landesregierung. Sie darf in gewissen Bereichen eigene →Gesetze erlassen und zum Beispiel bestimmen, was in den →Schulen gelehrt wird. Das Staatsoberhaupt in Deutschland ist der →Bundespräsident. Deutschland ist Mitglied der →Europäischen Union. Deutschland gehört zu den führenden Industrienationen. Autofabriken, chemische Betriebe, Maschinenbau und Elektronik sind die wichtigsten Industriezweige.

Die Bundesrepublik Deutschland (BRD) entstand nach dem Zweiten →Weltkrieg im Jahr 1949 aus den Besatzungszonen der Franzosen,

Amerikaner und Briten. Aus der Besatzungszone Russlands ging in Ostdeutschland die Deutsche Demokratische Republik (DDR) hervor. Die BRD war eine →Demokratie, die DDR eine sozialistische Diktatur. Die beiden deutschen Staaten waren durch eine scharf bewachte →Grenze getrennt und in Berlin durch eine Mauer, die mitten durch die Stadt verlief. 1989 erzwang das Volk in der DDR die Öffnung der Grenzen. Dabei fiel auch die Berliner Mauer. Am 3. Oktober 1990 fand die Wiedervereinigung der beiden deutschen Staaten statt.

Jubelnde Menschen auf der Berliner Mauer am 10. November 1989: Die Öffnung der Grenzen durch die Protestbewegung der DDR-Bürger ging als „friedliche Revolution" in die deutsche Geschichte ein.

Diabetes

Diabetes ist die medizinische Fachbezeichnung für die Zuckerkrankheit. Es handelt sich dabei um eine Störung des Stoffwechsels. Die Bauchspeicheldrüse produziert zu wenig Insulin. Dieses Hormon regelt den Zuckergehalt des Blutes.

Die Diabetiker – so heißen die Zuckerkranken – haben zu viel Zucker im → Blut. In leichten Fällen hilft Diät, bei schwerer Erkrankung müssen sich die Patienten Insulin spritzen. Ob man Diabetes hat, kann man am eigenen Urin mit einem Teststreifen aus der Apotheke überprüfen.

Dinosaurier

Das Wort Dinosaurier bedeutet „schreckliche Echse". Dinosaurier sind → Kriechtiere, die im Erdmittelalter vor 225 bis 65 Millionen Jahren lebten. Damals gab es noch keine → Säugetiere, geschweige denn → Menschen, sondern die Dinosaurier waren die beherrschenden Lebewesen auf der → Erde.

Nach der Form ihrer Beckenknochen unterscheidet man Vogelbecken- und Echsenbecken-Dinosaurier. Die Vogelbecken-Dinosaurier waren friedliche Pflanzenfresser, wie der Stegosaurus und der Triceratops. Die Echsenbecken-Dinosaurier umfassten Pflanzen- und Fleischfresser. Unter ihnen befanden sich die schwersten Landtiere, die es je gab. Brontosaurus und Diplodocus waren über 30 Meter lange Pflanzenfresser. Tyrannosaurus und Megalosaurus hingegen

Der Albertosaurus, ein etwa 10 m langer und 1,5 t schwerer Raubsaurier

waren Fleischfresser. Mit Körperlängen bis zu 14 Metern gehören sie zu den größten → Raubtieren der Erde.

Neben den Dinosauriern gab es im Erdmittelalter noch viele weitere Kriechtiere. Die Flugsaurier konnten fliegen. Manche waren so klein wie

Der Dinosaurier

Warum starben die Dinosaurier aus?

Dass die Dinosaurier vor 65 Millionen Jahren ausstarben, weiß jedes Kind. Aber warum geschah das? Wahrscheinlich schlug ein Meteorit mit mehreren Kilometern Durchmesser auf der Erde ein. Der Aufprall verursachte eine riesige Explosion. Tonnen von Staubteilchen und geschmolzenen Steinen wurden in die Atmosphäre geschleudert, wo sie viele Tausend Jahre blieben.

Weil die Sonne nun nicht mehr richtig zur Erdoberfläche durchdringen konnte, wurde es dunkler und kälter auf unserem Planeten. Dadurch starben viele Pflanzen, die Sonnenlicht und Wärme brauchen, um zu wachsen. Die Pflanzen fressenden Dinosaurier fanden keine Nahrung mehr, und letztlich verhungerten auch die Fleischfresser, weil sie nicht mehr genug Beute hatten.

Spatzen. Der größte Flugsaurier hieß Quetzalcoatlus und war so groß wie ein Sportflugzeug. In den Meeren schwammen delfinähnliche Fischsaurier und bis zu neun Meter lange, gefährliche Paddelechsen.

Vor 65 Millionen Jahren starben alle Dinosaurier aus. Wahrscheinlich prallte damals ein großer Meteorit aus dem → Weltall auf die Erde und löste eine Umweltkatastrophe aus.

Diskussion

Diskussion bedeutet, wörtlich aus dem Lateinischen übersetzt, Untersuchung und Prüfung. Bei einer Diskussion tauschen → Menschen ihre Meinungen über eine bestimmte Frage aus. Sie wird dann zur Diskussion gestellt. Diskussionen sollten sachlich sein: Man kann zwar die Argumente des Gegners mit eigenen Argumenten bekämpfen, darf ihn aber nicht persönlich beleidigen oder verhöhnen. Politische Diskussionen, wie sie etwa im → Bundestag geführt werden, heißen Debatten.

Doping

Beim Doping setzen Sportler verbotene Stoffe ein, um ihre Leistung auf unnatürliche Weise zu steigern. Es gibt viele verschiedene Dopingmittel. Die einen setzen Energiereserven frei, die der → Körper eigentlich für den Fall der Lebensgefahr bereithält. Sehr viele Sportlerinnen und Sportler nehmen heute Anabolika, die beim Aufbau von → Muskeln helfen. Durch die Einnahme von Anabolika entwickelt man Muskelpakete, die man auch durch hartes Training so nicht erreichen könnte. Dopingmittel haben schwere Nebenwirkungen und sind für den Körper sehr schädlich. In vielen Sportarten gibt es heutzutage strenge Dopingkontrollen.

Dorf

Ein Dorf ist ursprünglich eine kleine Siedlung, deren Bewohner vor allem Bauern oder Fischer sind. Daher sind Dörfer stets von Feldern umgeben oder liegen an einem Fluss, See oder Meer. Bei uns sind die Dörfer meist zu kleinen → Gemeinden zusammengeschlossen. In einer → Stadt leben viel mehr Menschen als in einem Dorf. Während bei uns die Häuser eines Dorfes meist an der Hauptstraße entlang gebaut sind, gibt es in Afrika noch typische Runddörfer.

Aus Hanf kann man Cannabisdrogen gewinnen.

Droge

Als Drogen bezeichnete man früher alle getrockneten pflanzlichen Stoffe, etwa auch → Tee und → Gewürze. Man kaufte sie in der Drogerie. Heute verstehen wir unter „Drogen" meist nur noch Rauschmittel. Sie wirken auf das → Gehirn und das → Nervensystem des Menschen und versetzen ihn in einen traumartigen Zustand. Von Rauschgiften kann man psychisch abhängig werden und irgendwann findet man nicht mehr die Kraft, mit ihnen aufzuhören. Zudem gibt es die körperliche Abhängigkeit, etwa bei den harten Drogen wie Heroin und Kokain. Marihuana und Haschisch sind Cannabisdrogen, die aus der indischen Hanfpflanze gewonnen werden. Sie wirken ähnlich wie →Alkohol und führen zu Benommenheit. Partydrogen wie zum Beispiel Ecstasy oder MDMA galten lange Zeit als eher harmlos. Heute weiß man, dass sie das Gehirn schwer schädigen. →Handel und Gebrauch von Drogen sind verboten.

Druckerei

In Druckereien werden Bilder und Texte vervielfältigt. Es werden →Bücher, →Zeitungen und Zeitschriften gedruckt oder auch Etiketten und Eintrittskarten. Es gibt drei Druckverfahren. Beim Hochdruck färbt man erhöhte Bildteile wie Buchstaben ein und druckt sie dann auf →Papier. Beim Tiefdruck sind die Buchstaben oder Bilder in die Druckplatte eingegraben. Die Druckfarbe setzt sich in den Vertiefun-

In einer Druckerei werden die Seiten eines Buches auf riesige Papierbögen gedruckt. Erst später werden die einzelnen Seiten auf das richtige Format zugeschnitten.

Das Maus-Quiz

Dieses Lebewesen ist weder ein Tier noch eine Pflanze. Es wächst im Wald und ist giftig. Auf welcher Seite befindet sich der rote Hut mit den weißen Punkten hier im Buch?

gen fest und wird dann vom saugfähigen Papier aufgenommen. Beim Offsetdruck überträgt der Druckzylinder die Farbe erst auf ein Gummituch. Das Papier nimmt dann die Farbe von diesem Tuch ab.

Dünger

Die →Pflanzen können in ihren →Blättern zwar die notwendige Nahrung selbst herstellen, aber sie brauchen zudem Mineralstoffe, die sie dem Boden entnehmen. Wenn Pflanzen sterben, werden sie von →Bakterien abgebaut, sodass diese Mineralstoffe zurück in den Boden gelangen. In der →Landwirtschaft werden die Pflanzen geerntet und verkauft. Ihre Mineralstoffe gelangen also nicht mehr zurück auf das Feld. Der Boden verliert an Fruchtbarkeit und die Ernten werden geringer. Solche Böden werden mit zusätzlichen Mineralstoffen gedüngt.

Die wichtigsten Naturdünger sind →Kompost und Stallmist. Kunst- oder Mineraldünger stellt die chemische →Industrie her. Sie enthalten

Mineralstoffe in Form von Salzen, die sich leicht im Bodenwasser lösen und den Pflanzen sofort zur Verfügung stehen. Wird zu viel gedüngt, besteht die Gefahr, dass der Dünger das Grundwasser verseucht.

Dürre

Wenn der Regen längere Zeit ausbleibt, spricht man von einer Dürre. Die Dürre ist eine außergewöhnliche Trockenheit. Sie tritt in warmen Jahreszeiten auf und wird durch hohe Temperaturen verstärkt. In Dürrezeiten verlieren die →Pflanzen viel Wasser, bekommen aber keinen Nachschub. Die Böden trocknen langsam aus und werden an der Oberseite rissig. Wenn die Pflanzen über die →Wurzeln kein Wasser mehr aufnehmen können, welken die grünen Teile. Es kommt zu Dürreschäden. Diese wer-

Eine lang anhaltende Dürre kann für die betroffenen Tiere und Menschen tödlich enden.

den durch trockene →Winde noch verstärkt. Eine Dürre kann für Menschen und Tiere, die in dieser Region leben, lebensbedrohlich sein. Denn dann wird das Trinkwasser knapp und es kommt zu Missernten.

Wenn man diesen Fahrraddynamo anlegt, muss man stärker in die Pedale treten. Mit der eigenen Muskelkraft erzeugt man Energie für die Beleuchtung.

Dynamo

Viele →Fahrräder haben einen Dynamo am Vorder- oder am Hinterrad, mit dem die Fahrradbeleuchtung angetrieben wird. Wenn man ihn einschaltet, treibt der Reifen während der Fahrt den Dynamo über das Treibrad an. Die meisten neuen Fahrräder haben einen Nabendynamo, der auch bei Regen noch gut funktioniert. Im Innern eines Dynamos liegen →Magnete und Spulen. Zusammen erzeugen sie den →Strom, den man für die Beleuchtung braucht. Es findet eine Induktion statt: Wenn man eine Spule aus einem elektrisch leitenden Draht in einem Magnetfeld bewegt, entstehen elektrische Spannungen in der Spule und es fließt Strom. Ein Dynamo ist somit ein →Generator.

Der Mont Saint Michel in Frankreich bei Ebbe – erst bei Flut sieht man, dass der 46 m hohe Berg mit dem Kloster eigentlich eine Insel ist.

Ebbe und Flut

Der Wasserspiegel in allen →Meeren schwankt in regelmäßigen Abständen von mehreren Stunden. Steigt der Meeresspiegel, so herrscht Flut. Dann überflutet das Wasser in der Nordsee zum Beispiel die Wattflächen. Sinkt der Meeresspiegel, so herrscht Ebbe und das →Watt liegt trocken. Ebbe und Flut nennen wir auch Gezeiten. Sie kommen durch die Anziehungskraft des →Mondes und der →Sonne zustande. Der Mond zieht die Wassermassen etwas zu sich, während er sich um die →Erde dreht. Der Unterschied zwischen dem höchsten Wasserstand, dem →Hochwasser, und dem niedrigsten Wasserstand, dem Niedrigwasser, beträgt im Mittelmeer nur ungefähr einen halben Meter, kann aber in Buchten an der englischen Küste bis weit über zehn Meter gehen.

Echo

Wenn wir laut rufen, werden Schallwellen erzeugt. Treffen diese auf ein Hindernis, etwa eine Mauer oder Felswand, werden sie zurückgeworfen und wir hören ein Echo. Der →Schall bewegt sich mit einer Geschwindigkeit von ungefähr 340 Metern pro Sekunde fort. Wenn wir zwei Sekunden auf ein Echo warten müssen, ist das Hindernis 340 Meter von uns entfernt. Denn die Schallwellen müssen diese 340 Meter zweimal zurücklegen. Aus der Zeit, die man auf das Echo wartet, kann man also die Entfernung der Felswand berechnen. Nach diesem Prinzip bestimmen Schiffe mit einem Sonar die Meerestiefe. →Fledermäuse orientieren sich mithilfe der Echos ihrer hohen Schreie. Der →Radar nimmt Echos von →Radiowellen wahr.

Echsen

Die Echsen bilden die größte Gruppe der →Kriechtiere. Sie haben eine trockene, schuppige Haut, lange Schwänze und bewegen sich meist auf vier Beinen. Einige Echsen haben allerdings im Lauf der →Evolution ihre Beine verloren. Sie kriechen, ähnlich wie die →Schlangen, auf dem Boden, wie etwa die einheimische

Bei Gefahr stellt die Kragenechse ihren grell gefärbten Kragen auf, um Angreifer zu vertreiben.

→Blindschleiche. Es gibt ungefähr 3000 Echsenarten, dazu gehören →Eidechsen, Leguane, →Chamäleons, Agamen und Warane. Die kleinsten Echsen sind nur wenige Zentimeter lang, während die größte, der Komodowaran aus Indonesien, drei Meter lang und über 120 Kilogramm schwer wird. Solche Kolosse haben schon Menschen angefallen.

Edelstein

Edelsteine sind wertvolle →Mineralien, die nur selten gefunden werden. Damit sie schön glänzen, werden sie geschliffen und poliert. Dann verarbeitet sie der Juwelier zu Schmuckstücken. Viele Edelsteine sind farbig, wie der rote Rubin, der blaue Saphir und der grüne Smaragd. Der wertvollste Edelstein ist der Diamant. Er ist sehr hart und wird auch zum Bohren von →Gesteinen verwendet.

Ehe

Wenn eine Frau und ein Mann heiraten, schließen sie eine Ehe: Auf dem Standesamt versprechen sie, einander dauerhaft treu zu bleiben und sich in allen Situationen ihres gemeinsamen Lebens-

wegs zu unterstützen. Viele Paare lassen sich anschließend noch in der Kirche trauen. Bekommen sie ein Kind, bilden sie eine →Familie. Wenn gleichgeschlechtliche, also homosexuelle Paare heiraten wollen, können sie in Deutschland eine sogenannte Lebenspartnerschaft eingehen. In anderen Ländern wie zum Beispiel Spanien, Island oder Schweden gibt es die gleichgeschlechtliche Ehe.

In Deutschland endet heute ungefähr jede zweite Ehe mit einer →Scheidung. Auch deshalb entscheiden sich viele Männer und Frauen, ohne formelles Eheversprechen dauerhaft in einer „eheähnlichen Lebensgemeinschaft" zusammenzuleben.

Ei

In jedem Ei befindet sich eine winzige weibliche Eizelle. Bei der Befruchtung verschmilzt sie mit einer männlichen Samenzelle. Danach beginnt die befruchtete Eizelle sich immer wieder zu teilen und wächst schließlich zu einem neuen Lebewesen heran. Die Eizelle des Menschen misst nur ungefähr 0,2 Millimeter. Nach der Befruchtung entwickelt sich daraus in der Gebärmutter ein neuer

Der Edelstein

Wie kommt die Mücke in den Bernstein?

Der gelblich braune Bernstein schmückt viele Ketten und Ringe. Dabei ist er eigentlich gar kein Edelstein, sondern uralter – fossiler – Harz. Also eine klebrige Flüssigkeit, die Kiefern, Pinien oder Laubbäume absondern. Aber erklärt das, warum man so oft Mücken, Käfer, Heuschrecken, Spinnen oder kleine Echsen in dem durchsichtigen Bernstein findet?

Die Tiere landeten oder krabbelten auf einen Harztropfen, der an einem Baumstamm hing, und blieben kleben. Aus dem Baum tropfte mit der Zeit immer mehr Harz nach, bis das Insekt völlig von der zähflüssigen Masse eingeschlossen war. So konnte es nicht verwesen und überdauerte die Jahrmillionen in dem inzwischen hart gewordenen Bernstein bis heute.

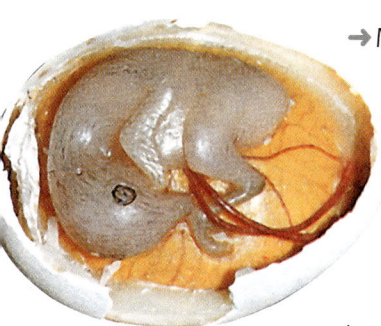

Blick in ein bebrütetes Hühnerei am 15. Tag

→Mensch. Während der →Schwangerschaft erhält das heranwachsende Kind alle notwendigen Nährstoffe von der Mutter. Die Eier von →Vögeln, →Kriechtieren und →Fischen entwickeln sich unabhängig von der Mutter. Sie müssen deshalb viel größer sein und bereits alle benötigten Nährstoffe in Form von Dotter enthalten. Solche Eier sind nach außen abgeschlossen. Die Eier der Kriechtiere haben eine ledrige

Das Ei

Warum zerbrechen Eier beim Ausbrüten nicht?

E mpfindlich wie ein rohes Ei", sagt man. Und wem schon einmal in der Küche ein Ei aus der Hand gerutscht und zerbrochen ist, der weiß, was dieses Sprichwort bedeutet. Dennoch zerbrechen Eier nicht, wenn sie aus dem Huhn herausplumpsen oder wenn das Huhn sie ausbrütet.
Eigentlich ist das Ei erstaunlich stabil. Die Eierschale ist zwar nur etwa 0,4 Millimeter dick, besteht aber aus Kalziumkarbonat. Dieser Stoff ist im wahrsten Sinn des Wortes steinhart: Aus ihm bestehen zum Beispiel Marmor und Kalkstein. Das Geheimnis ist jedoch die gebogene Form der Eierschale. Wenn man – wie das Huhn beim Brüten – einen sanften Druck auf die Schale ausübt, wird der durch die Wölbung auf das ganze Ei verteilt. Wäre die Schale gerade, würde sie viel leichter durchbrechen.

Haut, Vogeleier besitzen dagegen eine Kalkschale. Das größte Ei legt der →Strauß. Es wiegt 1,5 Kilogramm. Das kleinste Ei bringt gerade 0,2 Gramm auf die Waage und gehört einem →Kolibri.

Nur im Winterfell haben Eichhörnchen lange Ohrpinsel.

Eichhörnchen

Das Eichhörnchen gehört zu den →Nagetieren. Es frisst →Nüsse und →Samen aller Art, aber auch Vogeleier und sogar Jungvögel. Das Eichhörnchen lebt vor allem in Bäumen. Mit seinen scharfen Krallen kann es hervorragend klettern. Es springt gut vier Meter weit von einem Baum zum anderen und verwendet beim Sprung seinen buschigen Schwanz, um das Gleichgewicht zu halten. Hoch oben in den Bäumen baut es sich ein rundes →Nest, den sogenannten Kobel. Es hält keinen Winterschlaf, sondern sammelt im Herbst Nüsse und Eicheln und legt davon Vorräte an. In Europa gibt es rote und schwarze Eichhörnchen. Vor 100 Jahren wurde in England das amerikanische Grauhörnchen eingeführt, das an manchen Orten die einheimischen Eichhörnchen verdrängt.

Eidechse

Eidechsen sind →Kriechtiere. Wie alle wechsel-
warmen Tiere können sie ihre Körpertemperatur
nicht selbst regeln. Deswegen sitzen sie oft auf
warmen Steinen und wär-
men ihren Körper.
Wenn sie wach-
sen, häuten sie
sich und werfen
ihre schuppige
Haut ab. Eidechsen
fressen hauptsächlich
Insekten. Wenn ein
Feind eine Eidechse angreift, wirft sie
ihren Schwanz ab. Der Schwanz zuckt
noch eine Weile und verwirrt den Angreifer. In der Zwischenzeit kann die Eidechse
fliehen. Später wächst ihr ein Schwanzstummel
nach. Bei uns leben vier Eidechsenarten. Die häufigste ist die Zauneidechse. Daneben gibt es
Smaragdeidechsen, Mauereidechsen und Wald-
eidechsen.

Das Männchen der Zaun-
eidechse ist zur Paarungszeit grün gefärbt.

Eis

Bei null Grad Celsius gefriert reines →Wasser
zu Eis und wird fest. Ungewöhnlich ist, dass sich
Eis beim Gefrieren ausdehnt. Es vergrößert seinen Rauminhalt um rund ein Zehntel. Das macht
sonst kein anderer Stoff. Eis ist leichter als Wasser. So schwimmen Eiswürfel im Wasserglas
oben. Und Seen gefrieren von oben her zu. Wenn
Wasser in einem geschlossenen Gefäß gefriert,
wird dieses gesprengt. Deswegen können bei
Kälte Wasserleitungen platzen. Sind im Wasser
Salze gelöst, sinkt der Gefrierpunkt. Um Glatteis
aufzutauen, streut man oft Salz auf die Straße.
Allerdings schadet das Streusalz der →Umwelt
und greift die Pflanzen an.

Eisen

Eisen ist eines der häufigsten →Metalle auf
unserer →Erde. Wenn es sich mit →Sauerstoff
verbindet, entsteht Rost. In der Natur kommt
Eisen nicht in seiner reinen Form vor, sondern als
Eisenerz. Aus diesen Erzen wird in einem Hoch-
ofen bei etwa 1700 Grad Celsius Roheisen her-
ausgeschmolzen.

Weil Roheisen jedoch sehr spröde ist, wird es
zu Stahl weiterverarbeitet. Dabei werden die im
Roheisen gelösten Begleitelemente, insbesondere Kohlenstoff, entfernt. Stahl kann nach Belieben gewalzt, gepresst oder geschmiedet werden. Er ist ein sehr wichtiger Werkstoff, der fast
überall eingesetzt wird: beim Hausbau, in der
Autoindustrie und bei der Werkzeugherstellung.
Ebenso werden Bleche, Drähte, Konservendosen

Das Eis

Wie entstehen Eisberge?

Eisberge schwimmen im Meer. Jedoch
sieht man von einem Eisberg immer nur
die Spitze. Wenn 100 Meter aus dem Wasser
herausragen, erstreckt sich der Eisberg unter
Wasser noch etwa 600 bis 900 Meter in die
Tiefe. Eisberge sind abgebrochene Teile von
Gletschern oder von Schelfeis, also riesige
Eisplatten, die auf dem Meer schwimmen.
Die Eismassen der Gletscher sind immer in
Bewegung. Sie fließen talwärts. Wenn ein
Gletscher eine Meeresküste erreicht, brechen
große Teile ab und fallen ins Meer, wo sie als
Eisberge weitertreiben.
Die meisten Eisberge stammen
aus Grönland oder aus der Antark-
tis. Sie überleben meist nur einige
Jahre, da das Eis in dem wärmeren
Meerwasser schmilzt.

in Deutschland. Heute treiben elektrische Lokomotiven oder Dieselloks die Wagen an. Sie sind
viel energiesparender als die Dampfloks.

In Reisezügen, S- oder U-Bahnen werden Passagiere befördert. Der modernste Reisezug in
Deutschland ist der ICE. Er ist über 300 Stundenkilometer schnell und hält nur in größeren Städten. Nahverkehrszüge und S-Bahnen hingegen
halten an jedem →Bahnhof. U-Bahnen gibt es
nur innerhalb einer Großstadt. Die Güterzüge dienen dem Transport von schweren Gütern. Die
Güter werden auf Wagen geladen oder in großen
Containern befördert.

Eiszeit

Wenn eine Eiszeit herrscht, kühlt sich die →Erde
ab. Große Gebiete sind dann von dicken Eis-
schichten bedeckt, vor allem am →Nordpol und
am →Südpol sowie im →Hochgebirge. Im Lauf
der Erdentwicklung gab es viele Eiszeiten, die
Jahrtausende andauern konnten. Dazwischen

Ein Koloss aus Eisen: Der Pariser Eiffelturm ist eines
der berühmtesten Bauwerke aus reinem Stahl. Er ist
100 000 t schwer und 300 m hoch.

oder auch Eisenbahnschienen aus Stahl gefertigt. Edelstahl enthält neben Eisen noch andere
Metalle. Dadurch wird er rostfrei.

Eisenbahn

Eine Eisenbahn ist ein →Verkehrsmittel, das auf
Schienen fährt und Personen oder Güter transportiert. Die ersten Vorläufer der Eisenbahn fuhren auf Holzschienen. Sie wurden von Hand oder
von Pferden gezogen und dienten in Bergwerken
dem Transport von Erzen und →Kohle. Seit über
200 Jahren fahren Eisenbahnen auf Schienen aus
→Eisen. Daher stammt ihr Name. Im Jahr 1825
fuhr in England die erste Dampflokomotive, 1835

Der ICE gehört zu den schnellsten Eisenbahnen in
Deutschland. Seine Höchstgeschwindigkeit beträgt
330 km/h.

gab es wärmere Zeitabschnitte. Die letzte Eiszeit ging vor ungefähr 10 000 Jahren zu Ende. Wir wissen nicht, ob in den nächsten Jahrtausenden wieder eine Eiszeit kommen wird.

Während der verschiedenen Eiszeiten dehnten sich die →Gletscher aus. In der letzten Eiszeit reichten zum Beispiel die skandinavischen Gletscher bis weit nach Norddeutschland hinein, während sich die Gletscher der Alpen bis München erstreckten. Da während der Eiszeit viel Wasser im →Eis der Gletscher festgefroren war, sank der Meeresspiegel. Dadurch entstand eine Landbrücke zwischen den beiden →Kontinenten Asien und Nordamerika. Über diese Landbrücke konnte Amerika von Asien her besiedelt werden.

Elefant

Die Elefanten sind die größten lebenden Landtiere. Afrikanische Elefanten sind größer als Indische Elefanten. Ein Männchen, der Bulle, wird doppelt so hoch wie ein Mensch und kann über sechs Tonnen wiegen. Das entspricht dem Gewicht von sieben Kleinautos. Mit ihrem Rüssel brechen Elefanten Zweige ab und pflücken

Elefanten werden häufig auch als Arbeitstiere eingesetzt.

Hochspannungsleitungen übertragen elektrische Energie über große Distanzen.

→Früchte aus den Bäumen. Beim Trinken saugen sie Wasser in den Rüssel und spritzen es sich dann in den Mund. Elefanten brauchen 20 Jahre, bis sie ausgewachsen sind und werden ungefähr genauso alt wie Menschen. Sie leben in Gruppen unter der Leitung eines erfahrenen Weibchens. Die ausgewachsenen Bullen sind meistens Einzelgänger.

Oft werden Elefanten wegen des Elfenbeins ihrer Stoßzähne gewildert. In manchen Gebieten sind sie schon ausgestorben. Teilweise gibt es noch Elefanten in den Nationalparks Afrikas.

Elektrizität

Die Elektrizität ist eine Naturkraft. Sie beschreibt die Anziehung winziger Teilchen, die elektrisch geladen sind. Schon die alten Griechen kannten die Elektrizität. Sie beobachteten, dass Bernstein kleine Papierstückchen anzieht, wenn man ihn mit einem Wolltuch reibt. Daher kommt auch der Name, denn Bernstein heißt auf Griechisch „elektron".

Wir kennen Elektrizität als →Strom, der aus der Steckdose kommt. Lampen, →Moto-

ren und andere elektrische Geräte werden damit betrieben. → Kraftwerke gewinnen den Strom durch Verbrennen von → Kohle und → Erdöl, aus → Atomkraft, mit Windrädern oder aus der → Energie der Sonne. Über Leitungen gelangt der Strom in Fabriken, Büros und Wohnhäuser. In der Natur kommt Elektrizität in sehr großen Mengen bei der Entladung eines Blitzes vor. Wenn → Nerven in unserem Körper aktiv sind, fließt auch Elektrizität, allerdings in ganz kleinen Mengen.

Elektronik

Die Elektronik beschäftigt sich mit der Steuerung von → Strömen. Viele Geräte werden mit elektronischen Bauteilen gesteuert, etwa der → Computer, das → Telefon, der → Fernseher oder die Waschmaschine. Bei der Waschmaschine überwacht die Elektronik zum Beispiel den Heizstab, den Elektromotor, die Pumpe sowie die → Ventile, und sie schaltet sie im richtigen Augenblick ein und aus.

Elektronisch gesteuerter Roboterarm

Im Lauf der Zeit sind die Elektronikbauteile immer kleiner geworden. Angefangen hat alles mit großen Vakuumröhren, die bald durch Transistoren ersetzt wurden. Heute können Millionen von Transistorschaltungen auf einen winzigen Chip übertragen werden.

E-Mail

E-Mail ist die Abkürzung für „electronic mail", auf Deutsch „elektronische Post". Um E-Mails versenden und empfangen zu können, braucht man

einen → Computer, einen Zugang zum → Internet, bestimmte Programme und eine E-Mail-Adresse. Sie ist zusammengesetzt aus dem Benutzernamen, gefolgt von dem „Klammeraffen" @, dem Providernamen und dem Ländercode.

Die E-Mail

Wie kommt die E-Mail durch die Leitung?

Bestimmt hast du deinen Freunden schon einmal E-Mails geschickt. Hast du dir dabei überlegt, wie die Wörter durch die Leitung wandern, um dann bei deinem Freund wieder auf dem Bildschirm zu erscheinen? Jeder Buchstabe und jede Zahl wird im Computer in sogenannte binäre Codes umgewandelt. Das sind Kombinationen aus Nullen und Einsen. Jedes Zeichen kann auf diese Weise dargestellt werden. Eine Fünf hat zum Beispiel die Kombination 0101. Durch die Kabel wandern nur die Nullen und Einsen. Das geschieht mithilfe von elektrischen Signalen oder Lichtsignalen. Wird ein Signal gesendet, entspricht das einer Eins, wird keins gesendet, bedeutet das: Null. Bei deinem Freund im Computer werden die Nullen und Einsen wieder in Buchstaben und Zahlen übersetzt, sodass er die Nachricht lesen kann.

Unter maus@wdr.de kann man zum Beispiel eine E-Mail an die Maus schreiben. Dabei ist „de" die Länderabkürzung für Deutschland. Österreich hat „at" und die Schweiz „ch" als Endung. Der Provider ist eine Firma, die den Zugang zum Internet ermöglicht. Einer E-Mail kann man unterschiedliche Dateien anhängen: Bilder, Texte, sogar Musik oder Filme. Vom Versender zum

Empfänger braucht die E-Mail meist nur wenige Sekunden, auch wenn beide viele Tausend Kilometer voneinander entfernt sind.

Energie

Energie ist die Fähigkeit, →Arbeit zu leisten. Es gibt verschiedene Formen von Energie, etwa Wärmeenergie, elektrische, magnetische oder mechanische Energie. Energie kann nicht erzeugt und auch nicht verbraucht oder vernichtet werden. Man kann die Energieformen immer nur ineinander umwandeln. Bei einem →Kraftwerk wird die chemische Energie der →Kohle durch Verbrennung in Wärmeenergie umgewandelt. Die Wärme bringt →Wasser zum Verdampfen. Der Dampf wiederum treibt →Generatoren an, und aus der mechanischen Drehbewegung wird elektrische Energie.

Gespeicherte Energie heißt potenzielle Energie. So enthält etwa das Wasser in einem Stausee potenzielle Energie. Sobald es durch die Röhren in die Tiefe schießt, verwandelt sich die poten-

Umweltfreundliche Engergiegewinnung: Windräder in einem Windpark

zielle Energie in Bewegungsenergie, auch kinetische Energie genannt. Zur →Energiegewinnung setzt man →Turbinen und Generatoren ein, die durch die Wasserkraft betrieben werden.

Energiegewinnung

Es gibt verschiedene Möglichkeiten, die vorhandenen Formen von →Energie einzufangen und nutzbar zu machen. Das nennt man Energiegewinnung. Naturvölker erzeugen meist Wärme, indem sie →Holz verbrennen. Damit kochen sie und wärmen sich bei Kälte. Menschen in Industrieländern gewinnen die benötigte Energie oft aus der Verbrennung von →Erdöl, →Erdgas und →Kohle und erzeugen daraus in →Kraftwerken Strom. Die Vorkommen dieser Rohstoffe reichen aber nur noch wenige Jahrzehnte. Auch in Atomkraftwerken kann man →Strom erzeugen, jedoch hinterlassen sie für viele Tausend Jahre gefährliche, radioaktiv strahlende Abfälle.

Heutzutage will man vermehrt erneuerbare Energiequellen nutzbar machen, weil sie unsere →Umwelt weniger schädigen. Dazu gehören

Dieses geothermische Kraftwerk auf Island nutzt die Erdwärme zur Energiegewinnung. Der dadurch entstandene See dient außerdem den Isländern als Badesee.

neben der Wasserkraft vor allem die Wind- und Sonnenenergie, Erdwärme und Biomasse. Fließendes → Wasser und → Wind treiben große propellerartige Räder zur Energiegewinnung an. Die Energie der → Sonne kann man direkt zur Erwärmung von Wasser in Sonnenkollektoren nutzen oder mit ihr in Solarzellen Strom erzeugen. Auch mit der Wärme aus dem Inneren der → Erde (Erdwärme) oder durch Verbrennen von Biomasse (wie Holz, Schilf oder Dung) lässt sich elektrische Energie erzeugen.

Entdecker

Seit es Menschen gibt, unternehmen Entdecker lange → Expeditionen zu unbekannten Gebieten und erforschen fremde Inseln, → Kontinente oder auch Meeresstraßen. So wurde zum Beispiel → Amerika mindestens dreimal entdeckt, vor rund 28 000 Jahren von den Vorfahren der → Indianer, vor etwa 1000 Jahren von den → Wikingern und 1492 von Christoph Kolumbus.

Die erste Weltumsegelung wagte 1519 bis 1522 der Portugiese Ferdinand Magellan. Der schottische Missionar David Livingstone ent-deckte zwischen 1841 und 1873 auf seiner Suche nach den Quellen des Nils die Victoriafälle im Innern → Afrikas. 1911 erreichte der Norweger Roald Amundsen als Erster den → Südpol.

Der Entdecker Roald Amundsen während einer Expedition

Ente

Die Enten sind mit den Schwänen, den Gänsen und den Sägern nahe verwandt. Nach der Lebensweise unterscheiden wir zwei Entengruppen: Die Schwimmenten gründeln bei der Nahrungssuche, tauchen aber nicht. Sie fliegen ohne Anlauf vom Wasserspiegel auf. Die Tauchenten hingegen tauchen nach ihrer Nahrung und müssen vor dem Abfliegen erst auf der Wasseroberfläche platschend ein Stück laufen. Die meisten

Die Ente

Was ist eine Zeitungsente?

Ein Artikel in der Zeitung berichtet, dass auf der Erde Außerirdische gelandet sind. Am nächsten Tag stellt sich heraus, dass die Meldung falsch war. Das nennt man „Ente". Mit der Ente auf dem Teich hat diese Ente gar nichts zu tun.
Das Wort entstand, als die Journalisten, die die Zeitungsartikel schreiben, noch kein Telefon oder Internet hatten. Sie konnten daher oft Meldungen über Ereignisse nicht schnell genug nachprüfen. Sie schrieben die Artikel trotzdem, versahen sie aber mit dem Kürzel „n. t.". Das ist die Abkürzung für das Lateinische „non testatum", was übersetzt „nicht bewiesen" heißt. Nachrichten mit diesem Kürzel konnten sich also leicht als falsch herausstellen, weil sie vielleicht nur auf einem Gerücht beruhten. Sprich „n. t." einmal laut aus, dann weißt du, woher die Bezeichnung „Ente" kommt.

Tauchenten leben am Meer. Zu ihnen gehört die Eiderente, die für ihre Daunen berühmt ist. Die weichen →Federn halten das Tier warm und verhindern, dass Wasser bis zur Haut vordringt. Schlafsäcke sind oft mit diesen Daunen gefüllt.

Die männlichen Enten heißen Erpel. Sie sind viel auffallender gefärbt als die Weibchen, die meist Tarnfarben tragen. Unsere Hausente stammt von der Stockente ab. Sie wird seit vielen Hundert Jahren gezüchtet.

Entwicklungsländer

Zu den Entwicklungsländern zählen wir viele Staaten →Afrikas, →Asiens und Südamerikas. Sie sind im Vergleich zu den Industrienationen technisch und gesellschaftlich wenig entwickelt. Die Menschen leben dort teilweise unter entsetzlichen Bedingungen und in bitterer Armut. Nur wenige können lesen und schreiben. Man spricht auch von der „Dritten Welt" – im Gegensatz zu den beiden ersten Welten, die die reicheren Industrienationen umfassen.

Das Maus-Quiz

Dieses Muster im Sand kann man nur bei Ebbe sehen, zum Beispiel in der Nordsee. Das Meerwasser hat diese Rinnen hinterlassen. Auf welcher Seite befindet sich das Bild hier im Buch?

Viele Entwicklungsländer liefern den Industrienationen billige Nahrung, Rohstoffe, billiges Holz und vor allem billige Arbeitskräfte. Der Reichtum auf unserer Erde ist also ganz ungleichmäßig verteilt. Und der Unterschied wird immer größer: Wenn die Entwicklungsländer ihre Rohstoffe billig verkaufen müssen, werden die Industrieländer immer reicher und die Entwicklungsländer immer ärmer. Auch die →Globalisierung kann zu einer Verschärfung dieser Unterschiede beitragen.

Entzündung

Wenn wir einen Körperteil heftig anstoßen oder uns eine Verbrennung zuziehen, schwillt die verletzte Stelle nach einiger Zeit an, wird rot und heiß. Das verletzte Körpergewebe wird jetzt besonders gut durchblutet. Diese Reaktion des →Körpers nennen wir eine Entzündung. Entzündungen treten auch auf, wo →Bakterien in die →Haut eindringen. An solchen entzündeten Stellen werden die eingedrungenen Bakterien von den weißen Blutkörperchen in unserem →Blut bekämpft. Manchmal sondert die Haut dabei eine gelbliche Flüssigkeit ab, den Eiter.

Besonders gefürchtet ist die Lungenentzündung, die ebenfalls auf eine Infektion durch Bakterien oder durch →Viren oder Pilze zurückgeht. Kinder leiden häufig an einer Entzündung der Mandeln.

Erdbeben

Bei einem Erdbeben wird die Oberfläche der →Erde erschüttert. Kleinere Erdbeben können entstehen, wenn ein →Vulkan ausbricht oder die Decke einer unterirdischen →Höhle einbricht. Die größten Erdbeben entstehen durch Bewegungen in der Erdkruste. Dabei können sich

Da Hunde einen sehr guten Geruchssinn haben, werden sie oft nach einem schweren Erdbeben bei der Suche nach Verschütteten eingesetzt.

riesige Felsplatten ineinander verhaken. An dem sogenannten Erdbebenherd baut sich eine große Spannung auf, die sich dann in einem heftigen Erdbeben löst.

In jeder Minute finden auf der Erde etwa zwei Erdbeben statt. Die meisten Erdbeben sind so schwach, dass wir sie nicht wahrnehmen. Wissenschaftler können sie nur mit Erdbebenmessern, den Seismografen, registrieren. Bei einem Seebeben liegt der Erdbebenherd unter dem Meeresboden. Dabei können Tsunamis mit bis zu 30 Meter hohen Wellen entstehen.

Erde

Die Erde ist der fünftgrößte → Planet unseres → Sonnensystems, der mit sieben weiteren Planeten um einen → Stern, die Sonne, kreist. Einzigartig ist unsere Erde durch die → Atmosphäre und den → Wasserkreislauf. Die Atmosphäre schützt vor der Strahlung der → Sonne. Dadurch herrschen auf der Erdoberfläche gemäßigte Temperaturen, die das Leben von Menschen, Tieren und Pflanzen ermöglichen. Im Erdinneren jedoch ist es mehrere Tausend Grad heiß.

Die Erde ist zwischen vier und fünf Milliarden Jahre alt. Vor 225 bis 65 Millionen Jahren lebten die → Dinosaurier. Den → Menschen gibt es erst seit rund 50 000 Jahren.

Am → Äquator beträgt der Umfang der Erde 40 075 Kilometer. Wäre die Erde so groß wie ein Fußball, so wären die höchsten → Gebirge nicht höher als ein Farbanstrich auf diesem Ball. Die Erde verhält sich wie ein riesiger → Magnet. Die beiden Pole sind der → Nordpol und der → Südpol. Nach dem Magnetfeld der Erde richtet sich der → Kompass aus. Auch → Wale und → Zugvögel orientieren sich auf ihren Wanderungen mithilfe des Erdmagnetfeldes.

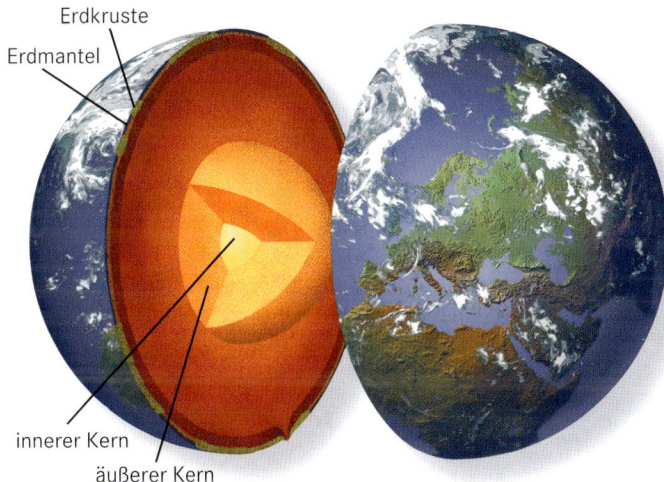

Erdkruste
Erdmantel
innerer Kern
äußerer Kern

Die Erde ist im Inneren flüssig. Der Erdkern besteht vor allem aus Eisen und Nickel. Hier herrschen Temperaturen bis zu 3700 °C. Die feste Erdkruste ist im Vergleich zu den anderen Schichten hauchdünn. Sie schwimmt auf den halb geschmolzenen Gesteinen des Erdmantels.

Erdgas

Das Erdgas stammt aus der → Erde. Es entstand vor Millionen von Jahren auf ähnliche Weise wie das → Erdöl, nämlich aus abgestorbenen Tieren

Die weltweit größte Bohrinsel Sea Troll fördert in der Nordsee Erdgas.

und Pflanzen. Diese wurden von Schlammschichten bedeckt, sodass sie nicht verwesen konnten. Im Lauf von Jahrmillionen verwandelten sie sich schließlich in Erdgas. Es blieb in der Erde unter undurchlässigen → Gesteinsschichten gefangen.

Erdgas und Erdöl kommen oft zusammen vor. Der größte Teil des Erdgases besteht aus dem → Gas Methan. Daneben sind noch andere Gase vertreten, etwa Ethan, Propan und Butan. Erdgas ist eine wichtige → Energiequelle und viel umweltverträglicher als Erdöl oder → Kohle. Beim Verbrennen entsteht zwar auch Kohlendioxid, aber kein Schwefeldioxid und keine Stickoxide, die den sauren Regen verursachen.

Erdkunde

Die Erdkunde oder Geografie beschäftigt sich mit der Oberfläche der → Erde. Sie erforscht zum Beispiel, wie die verschiedenen Formen der → Küsten entstanden sind und wie die → Gletscher der → Eiszeit die Landschaft geformt haben. Die Geografen erstellen → Landkarten von den verschiedenen Ländern. Außerdem untersuchen sie, wie

sich die Städte entwickelt haben, wie die Pflanzen und Tiere verbreitet sind und wo die besten Bedingungen für die Landwirtschaft herrschen. Zu den Zweigen der Geografie gehören die Meteorologie, also die Lehre vom → Wetter, und die Klimatologie, die sich mit dem → Klima beschäftigt.

Erdöl

Erdöl ist eine meist dicke, braune Flüssigkeit, aus der man → Benzin, → Kunststoffe und Heizöl herstellt. Es entstand ähnlich wie das → Erdgas vor vielen Millionen von Jahren aus toten Pflanzen und Tieren. Das Erdöl befindet sich in Zwischenräumen feinkörniger → Gesteine, ähnlich wie von einem Schwamm aufgesogenes Wasser. Über den Erdöllagerstätten liegen undurchlässige

Das Erdöl

Wo wohnen die Arbeiter auf einer Bohrinsel?

Arbeiter auf einer Bohrinsel können nach Feierabend nicht einfach nach Hause fahren. Denn die Bohrplattform befindet sich oft Hunderte von Kilometern entfernt vom Festland und kann nur mit dem Hubschrauber oder mit Schiffen erreicht werden. Auf den Bohrinseln gibt es deshalb einen Wohntrakt, in dem die Arbeiter schlafen, essen und auch Sport machen können. Die Plattform ist wie eine kleine Stadt auf dem Meer. Oft befinden sich auf ihr auch ein Krankenhaus, eine Bücherei und ein Kino. Auf Bohrinseln wird rund um die Uhr gearbeitet. Die Männer arbeiten in Schichten. Meist sind sie zwei Wochen ohne Unterbrechung vor Ort. Während dieser Zeit arbeitet jede Schicht pro Tag zwölf Stunden. Danach haben sie ein paar Wochen frei.

Gesteinsschichten, die das Erdöl einschließen. Mit einem Bohrturm wird durch die undurchlässige Schicht hindurch das Erdöllager angebohrt. Dann sprudelt das Öl nach oben oder wird hochgepumpt.

Weil die Ölvorräte der Erde langsam zur Neige gehen, sucht man Ersatz. Zur → Energiegewinnung eignen sich auch die Energie der Sonne und Energie aus dem Erdinneren. Außerdem ist die Erdölgewinnung oft eine Gefahr für die → Umwelt. Im Jahr 2010 explodierte und sank eine Erdölplattform im Golf von Mexiko und verursachte die größte Ölpest in der Geschichte der USA.

Ernährung

Um leben zu können, müssen sich alle Lebewesen ernähren, das heißt, sie müssen Nahrungsstoffe aufnehmen. Die Pflanzenfresser unter den Tieren ernähren sich nur von Gras, Blättern, → Früchten oder → Wurzeln. Dazu gehören zum Beispiel Rehe und Mäuse. Fleischfresser wie Wölfe und Löwen machen Jagd auf Beutetiere oder ernähren sich von toten Tieren (Aas). Der → Mensch gehört wie auch das Schwein zu den Allesfressern. Wir ernähren uns von pflanzlicher und tierischer Kost. Auch → Pflanzen müssen sich ernähren: Sie brauchen Wasser, Nährstoffe und das Kohlendioxid aus der → Luft, um mithilfe der Sonnenenergie Zuckerverbindungen als Nahrung herzustellen.

Die mit der Nahrung aufgenommenen Nährstoffe stellen die Bausteine für das Wachstum unseres → Körpers dar. Deshalb müssen besonders Kinder und Jugendliche auf eine vielfältige Ernährung achten. Unsere Nahrung sollte Eiweiße, Kohlenhydrate, Fette sowie Mineralstoffe und → Vitamine in einem ausgewogenen Verhältnis aufweisen. Bei der → Verdauung der

Nährstoffe wird Energie frei. Diese Energie brauchen wir, um uns zu bewegen und damit unser Körper stets gleichmäßig warm ist.

Erste Hilfe aus der Luft: der Rettungshubschrauber BK 117 bei der Bergung eines Verunglückten mit einer Rettungswinde

Erste Hilfe

Unter Erster Hilfe versteht man alle Sofortmaßnahmen, die nach einem Unfall menschliches Leben retten – und zwar bevor der Notarzt eintrifft. Jeder Mensch ist dazu verpflichtet, Erste Hilfe zu leisten, allerdings sollte er sich dabei nicht selbst gefährden. Der Ersthelfer benachrichtigt den Rettungsdienst über den → Notruf 110 oder 112 und sichert die Unfallstelle ab. Er bringt den Verletzten aus dem Gefahrenbereich und kümmert sich um ihn. Er redet mit ihm, damit sich der Verletzte beruhigen kann. Er verbindet blutende Wunden oder bringt einen Bewusstlosen in die stabile Seitenlage, so können → Blut und Erbrochenes aus dem Mund abfließen und der Patient erstickt nicht daran.

Ein Mensch, der vor dem Ertrinken gerettet wurde, atmet oft nicht mehr. Dann muss der Ersthelfer ihn von Mund zu Mund beatmen. Das

→ Rote Kreuz veranstaltet häufig Kurse in Erster Hilfe, in denen man solche Sofortmaßnahmen lernen kann.

Eule

Eulen sind räuberische → Vögel, die nur in der Dämmerung und nachts auf Jagd gehen. Sie jagen vor allem Mäuse. Ihre → Federn sind so gebaut, dass sie lautlos fliegen und sich unbemerkt ihrer Beute nähern können. Eulen haben ein sehr gutes Gehör und sehen mit ihren gro-ßen → Augen nachts fast genauso gut wie wir am Tag. Sie verschlingen ihre Beute mit Haut, Haaren und Kno-chen. Die unverdaulichen Reste speien sie als Gewölle wieder aus. Schleiereule, Waldkauz und Waldohreule sind bei uns die häufigsten Eulenarten. Auch der Uhu, die größte Eule der Welt, ist bei uns heimisch.

Die größte Eule ist der Uhu. Sie hat eine durchschnittliche Flü-gelspannweite von 160 cm.

Europa

Europa ist mit einer Fläche von rund 10 Millio-nen km² der zweitkleinste → Kontinent unserer Erde. Dort leben über 700 Millionen Menschen. In der südlichen Hälfte Europas liegen hohe Gebirgszüge, wie zum Beispiel die Alpen, wäh-rend die → Gebirge in Nordeuropa überwiegend niedrig sind. Dazwischen befinden sich große Ebenen. Hier fließen die größten Flüsse Europas wie die Wolga oder die Donau. Im Vergleich zu den anderen Kontinenten herrscht in Europa ein gemäßigtes → Klima. Im Süden ist der Sommer

heiß und trocken, während das → Wetter in Mit-teleuropa unbeständig ist. In Nordeuropa wach-sen nur → Flechten und → Moose. Weiter im Süden gibt es großflächige → Waldgebiete.

Europa ist der Kontinent mit der dichtesten Besiedelung. Europäer haben sich in den vergan-genen Jahrhunderten auch in Nord- und Südame-rika, in Australien, Neuseeland, Südafrika und Sibirien niedergelassen. Europäische Lebenswei-sen beeinflussten somit das Leben vieler Völker auf der Welt. Europa ist ein hoch industrialisiertes Gebiet. Hier liegen einige der reichsten Länder der Erde. Derzeit zählen 46 Staaten zu Europa. Einige der europäischen Staaten haben sich zur → Euro-päischen Union zusammengeschlossen.

London ist nach Moskau die zweitgrößte Stadt Europas. Ein beliebter Treffpunkt ist der Piccadilly Circus.

Europäische Union

Die Europäische Union, abgekürzt EU, ist ein Zusammenschluss europäischer Länder. Sie wurde 1993 gegründet. Ihr Hauptsitz liegt in Brüssel, der Hauptstadt Belgiens. Die EU-Staa-ten arbeiten gemeinsam an vielen politischen,

Der längste Fluss in Europa ist mit 3531 km die Wolga. Sie fließt im europäischen Teil Russlands.

dungen treffen und ➡ Gesetze beschließen. Dies sind das Europäische ➡ Parlament, das direkt von den europäischen Bürgern gewählt wird, dann der Rat der Europäischen Union, in dem die einzelnen Mitgliedsstaaten mit Fachministern vertreten sind, und schließlich die Europäische Kommission, die die Politik der EU umsetzt. Der Europäische Gerichtshof sorgt dafür, dass die Rechte eingehalten werden.

In Griechenland geprägte 2-Euro-Münze

wirtschaftlichen und sozialen Themen. Bis heute haben sie den ➡ Handel, die Reise- und die Aufenthaltsbedingungen in ➡ Europa einfacher gemacht. Jedes europäische Land kann in die EU aufgenommen werden, sofern es eine ➡ Demokratie ist und bestimmte ➡ wirtschaftliche Bedingungen erfüllt. Viele EU-Länder haben sogar bereits eine gemeinsame Währung eingeführt, den Euro. Wie jedes Land hat auch die EU besondere Einrichtungen, die wichtige Entschei-

Evolution

Der ➡ Mensch sowie die ➡ Tiere und ➡ Pflanzen, die heute auf der ➡ Erde leben, waren nicht immer da. Sie haben sich vielmehr aus Vorfahren weiterentwickelt, die meist ganz anders aussahen. Diese sehr langsam fortschreitende Entwicklung von Lebewesen heißt Evolution. So haben sich im Lauf der Erdgeschichte einfachste Lebensformen, zum Beispiel erste Einzeller, langsam verändert und höherentwickelt. Dadurch

Die Evolution

Stammt der Mensch wirklich vom Affen ab?

Unsere Urahnen lebten vor Jahrmillionen in Afrika wie die Affen auf Bäumen und gingen auf allen Vieren. Vor etwa 2,5 Millionen Jahren verließen einige von ihnen die Bäume. Stattdessen gingen sie aufrecht durch die Savanne und nutzten ihre Hände, um mit Werkzeugen Jagd auf Tiere zu machen. So entwickelten sich die ersten Menschen. Sie lernten, nicht mehr mit ihrer Körperkraft, sondern mit ihrer Intelligenz in der Wildnis zu überleben.

Das ist bis heute der größte Unterschied zwischen Menschen und Affen. Die Affen, die vor 2,5 Millionen Jahren auf den Bäumen blieben, entwickelten sich im Lauf der Evolution zu Schimpansen, Gorillas oder Orang-Utans. Sie sind zwar biologisch gesehen mit uns am nächsten verwandt. Wir stammen aber nicht von ihnen ab, sondern haben nur dieselben Vorfahren.

sind die heutige Vielfalt an unterschiedlichen Pflanzen und Tieren sowie der →Mensch entstanden.

Der Grund für die stetige Weiterentwicklung der Lebewesen ist, dass sich die Lebensbedingungen auf der Erde ständig ändern. So wird etwa das →Klima wärmer oder kälter, feuchter oder trockener oder Raubtiere aus fernen Gebieten wandern zu. Die Lebewesen müssen sich den neuen Lebensbedingungen anpassen: Sie entwickeln ein dickeres Fell gegen die Kälte oder längere Beine, um schneller vor Raubtieren wegrennen zu können.

Bei der Expedition im Jahr 1971 hisst der Kommandeur der Apollo-15-Mission die Flagge der Vereinigten Staaten von Amerika auf dem Mond.

Expedition

Im Mai 1970 stiegen 18 deutsche Bergsteiger und 400 Träger mit acht Tonnen Last zum Basislager des Nanga Parbat, um diesen über 8000 Meter hohen Berg im Himalaja-Gebirge ein zweites Mal zu besteigen. Eine solche aufwendige Reise in unerforschte Gebiete nennt man Expedition. Viele Expeditionen sind Forschungsreisen. Es geht darum, neue Tier- und Pflanzenarten zu finden, von unbekannten Gebieten Karten anzufertigen oder versunkene Städte auszugraben. Die größte Expedition, die bislang stattfand, war 1969 die Landung der ersten Menschen auf dem →Mond.

Experiment

Experimente sind Versuche, die in der →Wissenschaft durchgeführt werden. Chemiker, Physiker, Biologen und Techniker machen Experimente, um neue →Informationen zu gewinnen und problematische Fragen zu klären. Mit Experimenten kann man eine Annahme oder Hypothese entweder beweisen oder widerlegen. Auch in den Schulfächern →Chemie, →Biologie und →Physik werden oft Experimente gemacht.

Nehmen wir einmal an, jemand behauptet: Ein Squashball springt höher als ein Tennisball. Diese Annahme kann man mit einem Experiment überprüfen. Dabei sollte der Versuch genau geplant werden, und die Bedingungen für die beiden Bälle müssen genau gleich sein: Den Squashball und den Tennisball lässt man aus derselben Höhe auf dieselbe Art Untergrund fallen, zum Beispiel harten Fußboden. Man führt den Versuch mehrfach durch und misst, wie hoch die beiden Bälle zurückspringen. Dann werden die Ergebnisse aufgezeichnet und ausgewertet. Schließlich kommt man zu dem Schluss, dass die anfängliche Annahme falsch war, denn der Tennisball springt höher!

Dieses Experiment verdeutlicht die Auftriebskraft des Wassers: Der Stein wiegt im Wasser weniger als an der Luft.

Fabel

Eine Fabel ist eine Erzählung, in der meist Tiere, manchmal auch Pflanzen oder Mischwesen, mit menschlichen Eigenschaften und Verhaltensweisen auftreten. Die Eigenschaften der Fabeltiere gleichen sich in fast allen Fabeln. So gilt der Fuchs als schlau, der Löwe als mutig, die Schlange als hinterhältig und die Eule als klug. Am Ende der Fabel steht meist eine Moral. Das ist eine Lehre, die man aus der Geschichte ziehen kann. Auch manche ➜ Märchen oder ➜ Sagen haben am Ende eine Moral.

Die ältesten Fabeln stammen von dem griechischen Dichter Äsop (um 500 v. Chr.). Im 17. Jahrhundert schrieb in Frankreich Jean de La Fontaine zahlreiche Fabeln. Die Fantasiegeschöpfe wie Einhorn, Basilisk, Greif und Drachen heißen auch Fabeltiere.

Die „Draisine" von Karl von Drais war ein Laufrad, bei dem man sich mit den Füßen vom Boden abstoßen musste.

Fahrrad

Den Vorläufer des heutigen Fahrrads baute im Jahr 1817 der Forstmeister Karl von Drais. Seine „Draisine" bestand aus zwei miteinander verbundenen Holzrädern und einem Sattel. Pedale gab es damals noch nicht, sondern der Fahrer stieß sich mit den Füßen ab. Ungefähr 50 Jahre danach gab es die ersten Fahrräder mit Pedalen. Diese waren direkt am Vorderrad befestigt. Um mit einer Pedaldrehung eine möglichst weite Strecke zurücklegen zu können, wurden die Vorderräder immer größer. Daraus entstand das Hochrad, das sehr schwer zu fahren war.

Erst um 1880 erfand man das Prinzip des heutigen Fahrrads: Der Pedalantrieb wurde über eine Kette auf das Hinterrad übertragen. Damit durften beide ➜ Räder gleich groß sein. Alle Fahrräder, ob Tourenrad, Rennrad oder Mountainbike, funktionieren nach dieser Antriebsweise.

Familie

Zu einer Familie gehören Eltern, ➜ Kinder, Großeltern und die weitere ➜ Verwandtschaft. Früher lebte die ganze Familie zusammen in einem Haus. Bei uns gibt es solche Großfamilien nur noch selten. Die heutige Familie besteht meist aus den Eltern und ihren Kindern. Wir nennen sie auch Klein- oder Kernfamilie. Wenn sich die Eltern trennen oder scheiden lassen und einen neuen Partner finden, der auch Kinder hat, entsteht eine sogenannte Patchworkfamilie. Kinder aus zwei verschiedenen Familien leben dann als Geschwister in der neuen Familie.

Früher lebten alle Familienmitglieder in Großfamilien zusammen auf dem Land oder in der Stadt.

Die Farbe

Was bedeutet farbenblind?

Was wir als „farbenblind" bezeichnen, heißt eigentlich Rot-Grün-Sehschwäche. Auf der Netzhaut im Auge befinden sich Tausende Sinneszellen, die verschiedene Farben wahrnehmen. Wenn wir eine rote Blume anschauen, dann werden im Auge die Sinneszellen gereizt, die für die Farbe Rot zuständig sind. Sie melden an unser Gehirn: Die Blume ist rot.

Bei Menschen mit einer Rot-Grün-Sehschwäche fehlen die roten Sinneszellen. Wenn sie etwas Rotes betrachten, werden nur die anderen Sinneszellen angeregt. Alles was rot ist, sehen sie deshalb gelblich grün. Aber auch alles, was grün ist, sehen sie grün. Sie können also die Farben Rot und Grün nicht auseinanderhalten. Daher kommt die Bezeichnung Rot-Grün-Sehschwäche.

Farbe

Farben sind nur da, wo auch →Licht ist. Ohne Licht sehen wir nur Schwarz. Schwarz ist deshalb keine Farbe, sondern das Fehlen von Licht. Der Forscher Isaac Newton machte eine wichtige Entdeckung: Er ließ das Licht der →Sonne durch ein dreieckiges Glas, ein Prisma, scheinen und erhielt dabei alle Farben des →Regenbogens, ein sogenanntes Spektrum. Weißes Licht besteht also aus vielen verschiedenen Farben. Wir sehen eine rote Blüte rot, weil die Blüte alle Farben des Spektrums aufnimmt und nur die rote Farbe zurückwirft. Eine weiße Blüte wirft alle Farben zurück, sodass in unserem →Auge der Eindruck von Weiß entsteht.

Farn

Farne gehörten zu den ersten →Pflanzen, die das Festland eroberten. Seit etwa 350 Millionen Jahren haben sie ihr Aussehen kaum verändert. Es sind krautige Pflanzen mit großen, meist gestielten Blättern. Heute gibt es noch ungefähr 10 000 Farnarten. Sie pflanzen sich nicht durch →Blüten und →Samen fort, sondern durch Sporen. Farne bewohnen oft schattige und feuchte Orte. Die größten Farne sind die Baumfarne in den →Tropen, die bis zu 30 Meter hoch werden. Auch bei uns gibt es verschiedene Farne, wie zum Beispiel den Adlerfarn, der im Wald wächst.

Die baumförmigen Farne Neuseelands werden bis zu 10 m hoch.

Fastnacht

Als Fastnacht bezeichnet man die letzten Tage vor der Fastenzeit. Diese beginnt für die →Christen am Aschermittwoch, genau 40 Tage vor dem →Osterfest. In der Fastenzeit wurde früher weniger gegessen. Fleisch war ganz verboten. Vor dem längeren Fasten wollte man noch einmal

In vielen Regionen gibt es traditionelle Bräuche an Fastnacht. Zu ihnen gehören insbesondere Faschingsumzüge von Menschen, die als Narren verkleidet sind.

rauschende Feste feiern und so viel essen, wie man konnte. So entstand die Fastnacht; sie heißt auch Fasching oder Karneval.

Fasching wird von Region zu Region sehr unterschiedlich gefeiert. Oft finden Faschingsumzüge statt. Dabei fahren geschmückte Wagen mit riesigen bunten Figuren durch die Straßen. Begleitet werden sie von ausgelassenen, verkleideten Menschen, den „Narren". In Venedig tragen die Menschen an Karneval Masken und aufwendige Kostüme. Beim Karneval in Rio de Janeiro in Südamerika ziehen tanzende Samba-Gruppen durch die Stadt.

Faultier

Faultiere kommen nur in Südamerika vor und ernähren sich von Blättern und Früchten. Sie tragen ihren Namen zu Recht, denn sie gehören zu den langsamsten →Säugetieren. Stundenlang hängen sie kopfüber an Ästen und halten sich dabei mit ihren langen Krallen fest. Sie schlafen 19 Stunden am Tag. Wenn sie sich bewegen, tun sie dies nur mit einer Geschwindigkeit von höchstens zwei Metern pro Minute. In ihrem Fell wachsen grüne Algen, die die Tiere hervorragend im Urwald tarnen. Wegen ihrer Trägheit werden die Faultiere von den meisten Raubtieren nicht entdeckt, da diese nur Bewegungen wahrnehmen. Vor einigen Jahrmillionen gab es Faultiere, die auf dem Boden lebten und bis zu drei Meter lang wurden.

Feder

Alle →Vögel haben Federn. Federn sind leichte und doch widerstandsfähige Gebilde. Sie bestehen wie unsere →Haare und die Fingernägel aus Horn. Es gibt drei verschiedene Federtypen: Die Daunenfedern halten die Vögel warm, besonders

Faultiere verbringen ihr ganzes Leben auf Bäumen. Dort schlafen und fressen sie, paaren sich und bringen ihren Nachwuchs zur Welt. Die Dreifingerfaultiere haben drei Zehen mit scharfen Krallen.

Wasservögel wie die →Enten. Deckfedern halten ebenfalls warm und bilden den Körperumriss. Die langen Schwungfedern formen mit ihren kräftigen Kielen die Flügelflächen. Die Vögel wechseln ein- oder zweimal pro Jahr ihre Federn. Diese Zeit heißt Mauser. Dann werden die abgenutzten Federn durch neue Federn ersetzt.

Fernseher

Der Fernseher ist ein Gerät, das Fernsehsignale empfängt und wiedergibt. Man kann dazu auch TV-Gerät sagen. TV kommt von Television. In der Sendeanstalt werden die Bilder und Töne einer Sendung oder eines →Films in unsichtbare Radiowellen umgewandelt und über einen Sender ausgesendet. Die Antenne des Fernsehers empfängt sie und gibt sie auf dem Bildschirm wieder. Beim Satellitenfernsehen lenken die Sender ihre Programme auf →Satelliten, die sich in sehr großer Höhe über der Erde befinden.

Die Idee des Fernsehapparats wurde bereits 1886 von Paul Nipkow entwickelt. Lange wurde alles in Schwarz-Weiß gesendet. In Deutschland kennt man erst seit 1967 das Farbfernsehen. Viele Jahre gab es ausschließlich Röhrenbildschirme, die das sichtbare Fernsehbild aus den drei →Farben Rot, Grün und Blau zusammensetzen. Heute haben die meisten Fernseher einen flachen Plasma- oder Flüssigkristallbildschirm (LCD). In ihm werden die Farben durch Leuchtstoffe erzeugt, die von einem ionisierten →Gas (Plasma) angeregt wurden. Wenn man eine TV-Karte für den →Computer hat, kann man auch auf dem Computerbildschirm fernsehen.

Feuer

Die Menschen der →Steinzeit kannten das Feuer nur von Buschfeuern, die sich zufällig durch Blitz-

Beim Segelflug erkennt man die unterschiedlichen Federtypen des Gänsegeiers. Mit seinen dunklen langen Federn am Schwanz kann der Vogel gut steuern.

einschläge entfachten. Es versetzte sie zunächst in Schrecken. Doch dann lernten sie, es zu nutzen und auch selbst herzustellen. Zum Feuerschlagen verwendeten sie Feuersteine. In der Steinzeit wurde Feuer als Licht- und Wärmequelle, zum Kochen und als Schutz vor wilden Tieren eingesetzt.

Streichhölzer gibt es erst seit rund 150 Jahren. Wenn man mit der Zündholzkuppe eines Streichholzes über die Reibfläche fährt, reagieren zwei chemische Stoffe miteinander, sodass die Zündmasse Feuer fängt.

Chemisch gesehen ist Feuer eine heftige Verbrennung. Das brennbare Material verbindet sich dabei mit →Sauerstoff. Jedes Feuer braucht Sauerstoff, sonst geht es aus. Wenn →Holz verbrennt, entsteht das →Gas Kohlendioxid. Die Flammen sind heiße, verbrennende Gase.

Feuerwehr

Die Feuerwehr versucht bei der Brandbekämpfung ein ausgebrochenes →Feuer zu ersticken, etwa durch Schaummittel aus Löschgeräten. Bei der Brandbekämpfung mit Wasser will sie das brennbare Material so weit abkühlen, dass es sich nicht mehr entzünden kann. Eine wichtige Aufgabe der Feuerwehr ist heute auch der →Umweltschutz. Bei Ölunfällen müssen Feuerwehrmänner vor allem verhüten, dass das Öl in den Boden, ins Grundwasser oder in ein Gewässer gelangt. Auch bei →Hochwasser kommt die Feuerwehr zum Einsatz. Sie pumpt dann zum Beispiel Wasser aus vollgelaufenen Kellern.

Die Feuerwehr

Wie funktioniert eine Sprinkleranlage?

Große Bürogebäude haben oft Sprinkleranlagen, die bei einem Feuer automatisch und in Sekundenschnelle Wasser aus der Decke spritzen, noch bevor die Feuerwehr kommt. Doch woher wissen die Sprinkler, dass es brennt?
Ein Feuer erzeugt große Hitze. Sobald die Temperatur in der Nähe eines Sprinklers ansteigt und einen bestimmten Wert überschreitet, platzt im Sprinklerkopf ein Glasröhrchen. Die Sprinklerköpfe sind mit Wasserleitungen verbunden. Wenn das Röhrchen platzt, wird die Leitung geöffnet. Pro Minute fließt nun eine Badewannenfüllung Wasser durch den Sprinklerkopf und wird von einem sich drehenden Metallrädchen kreisförmig im Raum verteilt. Gleichzeitig erkennen Sensoren, dass Wasser durch die Leitungen fließt. Sie sind an ein Alarmsystem gekoppelt, das die Feuerwehr ruft.

Bei der Bekämpfung von Großbränden tragen Feuerwehrmänner Hitzeschutzanzüge, die sie vor Flammen, Hitzestrahlung und giftigen Dämpfen schützen.

Fieber

Von Fieber spricht der Arzt dann, wenn die Körpertemperatur eines Menschen um mindestens 1,5 Grad Celsius über der Normaltemperatur von 36,5 Grad Celsius liegt. Ob jemand Fieber hat, lässt sich mit einem →Thermometer feststellen. Am zuverlässigsten kann man die Körpertemperatur im Mund oder im Enddarm messen. Fieber ist ein Krankheitszeichen, ein sogenanntes Symptom, keine eigenständige →Krankheit. Der Körper reagiert zum Beispiel auf Infektionen meist mit Fieber. Gefährlich wird Fieber von über 40 Grad Celsius.

Film

Ein Film besteht aus vielen Einzelbildern, die hintereinander auf einer langen Filmrolle aufgenommen wurden. Das menschliche →Auge kann höchstens 15 verschiedene Bilder pro Sekunde auseinanderhalten. Spielt man die Filmrolle schneller ab, verfließen die Bilder für den Zuschauer zu einer einzigen Bewegung. Heute nutzen Filmemacher hautsächlich digitale Kameras, die nicht mehr auf einer Filmrolle, sondern mithilfe von →elektronischen Sensoren Bilder aufnehmen.

Im Jahr 1895 gaben die Brüder Auguste und Louis Lumière ihre erste öffentliche Filmvorstellung in Paris. Ihren Vorführapparat nannten sie „cinématographe". Diese Bezeichnung lebt im deutschen Wort Kino weiter. Die ersten Filme waren nur in Schwarz-Weiß und ohne Ton (Stummfilme). Sie zeigten zunächst Nachrichten und wahre Begebenheiten. Doch bereits 1902 erzählten die Filmemacher Geschichten, in denen Schauspieler auftraten. Diese Filme fanden sofort ein großes Publikum. Die Stadt Hollywood in Kalifornien (Nordamerika) wurde damals zum ersten und bedeutendsten Filmzentrum der Welt.

Die Produktion eines Films ist oft sehr aufwendig. Bei den Dreharbeiten zum Film „Troja" stellte man den Trojanischen Krieg nach. Dafür wurden die unterschiedlichsten Drehorte gewählt.

Dort entstand im Jahr 1927 der erste Tonfilm. Um 1935 setzte sich der Farbfilm durch. Heute spielt der →Computer beim Filmemachen eine immer größere Rolle. Man kann am Computer zum Beispiel verblüffend echt aussehende →Dinosaurier entwerfen und sie durch eine ebenfalls künstlich

---

Das Fieber

Was passiert bei Fieber im Körper?

Wenn Krankheitserreger wie Bakterien, Viren oder Pilze in den Körper eindringen, gibt das Gehirn sofort den Befehl, die Eindringlinge zu bekämpfen. Die Blutgefäße verengen sich. Dadurch wird weniger Körperwärme nach außen abgegeben, und die Körpertemperatur steigt an. Die erhöhte Temperatur regt das Immunsystem an, Zellen zu bilden, die die Viren und Bakterien angreifen. Diese Antikörper sausen nun durch den Körper und suchen die Eindringlinge, um sie unschädlich zu machen.

Wenn die Gefahr gebannt ist, gibt das Gehirn Entwarnung, und die Körpertemperatur geht wieder zurück. Das Fieber ist also wichtig für die Abwehr von Krankheitserregern. Daher sollte man nicht jedes Fieber sofort mit Medikamenten senken.

Wieso sprechen die Schauspieler in Hollywoodfilmen deutsch?

Viele Spielfilme im Fernsehen oder im Kino sind in einer fremden Sprache gedreht. Zum Beispiel sprechen Harry Potter oder die Simpsons in Wirklichkeit Englisch. Damit du die Schauspieler jedoch verstehen kannst, werden fremdsprachige Filme in Deutschland synchronisiert.

Ein deutscher Schauspieler leiht dem ausländischen Kollegen dabei seine Stimme. Seinen Text bekommt er von einem Übersetzer, der die englischen Dialoge ins Deutsche überträgt. Das ist eine schwierige Aufgabe, denn die deutschen Sätze dürfen nicht länger oder kürzer sein als im Original. Auch müssen die deutschen Wörter zu den Mundbewegungen der Schauspieler im Film passen. In einem Studio wird dann der deutsche Text zu den Filmszenen gesprochen. Und für uns sieht es am Ende so aus, als würde Harry Potter deutsch sprechen.

am Bildschirm angelegte Landschaft laufen lassen. Dieses Verfahren nennt man Computeranimation.

Fische

Die Fische bilden die bei Weitem artenreichste Gruppe der Wirbeltiere, zu denen auch die →Lurche, →Kriechtiere, →Vögel und →Säugetiere gehören. Fische sind an das Leben im Wasser angepasst und leben in →Flüssen, →Seen und →Meeren überall auf der Erde. Sie atmen keine Luft, sondern nehmen über ihre Kiemen den im Wasser gelösten →Sauerstoff auf. Ihr Körper

ist mit Schuppen bedeckt. Unter Wasser bewegen sie sich mithilfe ihrer Flossen fort. Die meisten Fische legen →Eier, aus denen die Jungen schlüpfen.

Die Zoologen unterscheiden zwei große Fischgruppen. Die Knorpelfische haben ein Knorpelskelett, wie die →Haie und die Rochen. Bei den Knochenfischen ist das →Skelett knöchern. Zu ihnen gehören die meisten Fische, etwa Thunfisch, Hering und Hecht. Fische sind eine wertvolle Nahrung für den Menschen. Fischer fangen in den Meeren Seelachse, Sardinen, Makrelen und andere Speisefische. Allerdings werden heutzutage in den riesigen Fischernetzen viel

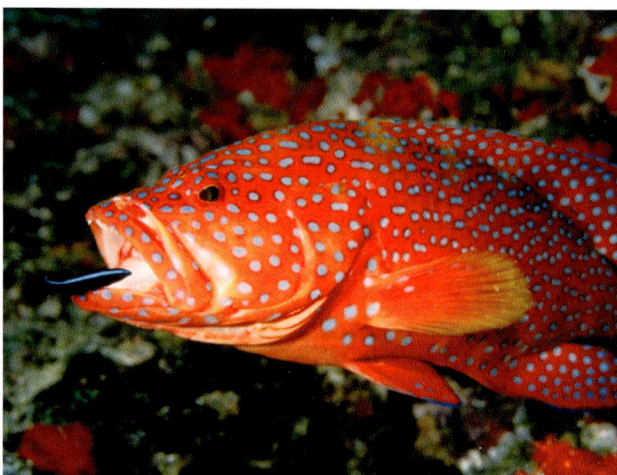

Der Juwelenbarsch ist ein bis zu 45 cm langer Fisch, der unter anderem vor der Küste Ostafrikas lebt. Wegen seiner roten Farbe und den kleinen blauen Punkten wird er auch Erdbeerfisch genannt. Dieser hier lässt sich gerade von einem Putzerfisch das Maul reinigen.

zu viele Meeresfische gefangen. Durch die Überfischung der Meere sind viele Fischarten bedroht. Andere Speisefische wie →Forellen oder Karpfen sind Süßwasserfische und werden in →Teichen gezüchtet.

Flagge

Staaten, Länder, ➡ Gemeinden, Armeen und andere Organisationen haben eine Flagge. Sie dient ihnen als Wahrzeichen. Bei ➡ Staaten spricht man auch von einem Hoheitszeichen. Statt Flagge kann man meistens auch Fahne sagen.

Piratenflagge

Auf hoher See muss jedes ➡ Schiff Flaggen führen, um die Nationalität des Schiffs anzuzeigen. Zusätzlich wird die Flagge des Landes gehisst, in dessen Gewässern sich das Schiff gerade befindet. Beim Militär legt ein Soldat einen Fahneneid ab und verspricht dabei, seinem Land treu zu dienen.

Flaggen oder Fahnen gab es schon im ➡ Ägyptischen Reich. Solche Kennzeichen wurden vor allem im ➡ Krieg mitgeführt, damit die Soldaten im Kampf wussten, wo sich die eigenen Linien befanden. Wenn sie verhandeln oder kapitulieren und sich ergeben wollten, hissten sie eine weiße Flagge.

Flaschenzug

Der Flaschenzug ist eine hilfreiche ➡ Maschine, um schwere Lasten zu heben. Im Gegensatz zur Umlenkrolle hat ein Flaschenzug zwei oder mehrere Rollen und ist dadurch viel kraftsparender. Die Last wird an einer beweglichen Rolle befestigt. Das Seilende hingegen hängt an einer festen Rolle, die an der Decke befestigt ist. Bei der Umlenkrolle muss man die Kraft aufwenden, die dem Gewicht entspricht. Beim Flaschenzug mit zwei Rollen kann man mit derselben Kraft zweimal so schwere Lasten heben. Allerdings braucht man auch zweimal so viel Seil.

Flechte

Flechten gehören zu den niederen ➡ Pflanzen. Sie haben weder ➡ Wurzeln noch grüne ➡ Blätter oder ➡ Blüten. In einer Flechte leben zwei ganz verschiedene Lebewesen zusammen, nämlich ein ➡ Pilz und eine ➡ Alge. Der Pilz bietet der Alge Schutz und sozusagen das Haus, während die Alge Zucker und andere Nährstoffe für den Pilz bereitstellt. Ein solches enges Zusammenleben nennen wir Symbiose.

Flechten kommen an Stellen vor, wo keine anderen Pflanzen mehr leben können, etwa auf Böden in der ➡ Arktis, an nackten Felswänden oder im ➡ Hochgebirge. Krustenflechten überziehen Rinden und ➡ Gesteine wie mit einer Kruste. Sie können über 100 Jahre alt werden. Dabei wachsen sie oft kreisförmig nach außen.

Die Echte Becherflechte gibt es in ganz Europa. Sie ist becherförmig mit einem kurzen Stil und besiedelt oft morsches Holz.

Blattflechten haben einen ausgebreiteten, einfachen Pflanzenkörper. Strauchflechten wie das Isländische Moos bilden einige Zentimeter lange Äste.

Mausohrfledermäuse sind nachtaktiv, tagsüber schlafen sie in Baumhöhlen, Gebäuden oder in anderen Unterschlupfen.

Fledermaus

Fledermäuse fliegen wie →Vögel, gehören aber zu den →Säugetieren. Ihre Flügel bestehen nicht aus →Federn, sondern aus einer dünnen Haut, die zwischen den stark verlängerten Fingerknochen aufgespannt wird. Bei den meisten Arten reicht diese Flughaut bis zu den Beinen und zum Schwanz.

Weltweit leben über 2000 verschiedene Fledermausarten, die meisten in den →Tropen. Bei uns sind nur wenige Arten heimisch und viele sind vom Aussterben bedroht. Die größte heimische Fledermaus ist mit einer Flügelspannweite von 35 Zentimetern das Mausohr.

Fast alle Fledermäuse sind nachtaktiv und orientieren sich anhand des →Echos hoher Schreie, die sie selbst ausstoßen. Mit dieser Methode finden sie auch ihre Beute, vorwiegend Schmetterlinge und andere fliegende Insekten. Die großen tropischen Flughunde ernähren sich allerdings vor allem von Früchten.

Fliege

Die Fliegen unterscheiden sich von anderen →Insekten im Wesentlichen dadurch, dass sie zwei und nicht vier Flügel haben. Das zweite Flügelpaar ist zu zwei winzigen Kölbchen umgewandelt, mit denen die Tiere im Flug gut das Gleichgewicht halten können. Es gibt auf der Erde wahrscheinlich über 100 000 Fliegenarten. Die kleinste Fliege ist nur einen Millimeter groß, die größten Fliegen können bis zu sieben Zentimeter lang werden.

Schmeißfliege

Viele Stechfliegen ernähren sich von tierischem und menschlichem Blut. Bei uns kann man bei warmem Wetter häufig Bremsen beobachten. Bremsenstiche sind meist sehr schmerzhaft. Manche Fliegen übertragen bei ihrem Stich schwere Krankheiten. Die tropische Tsetsefliege ist für die Ausbreitung der Schlafkrankheit in Afrika verantwortlich. Obwohl die heimische Stubenfliege nicht sticht, kann auch sie Krankheiten übertragen, da sie oft auf Kot und Abfällen sitzt.

Fliegenpilz

Der Fliegenpilz ist ein giftiger →Pilz mit einem weißen Stiel und einem leuchtend roten oder

Bei Regen werden die weißen Punkte der Fliegenpilze oft abgewaschen.

orangefarbenen Hut mit weißen Flecken. Auf der Unterseite des Hutes befinden sich die weißen Lamellen. Fliegenpilze findet man bei uns am häufigsten unter Birken, Fichten und Kiefern. Meist stehen sie in kleinen Gruppen zusammen. Woher der Fliegenpilz seinen Namen hat, weiß man nicht genau. Vielleicht, weil er früher als Fliegenfalle verwendet wurde. Man legte kleine Stücke des giftigen Pilzes in gezuckerte ➔ Milch ein, um lästige Fliegen im Haus anzulocken.

Floh

Flöhe sind nur wenige Millimeter große, flügellose ➔ Insekten. Sie leben auf dem Körper von Vögeln und Säugetieren, auch auf der Haut des Menschen, und saugen dort Blut. Sie stechen ihre Mundwerkzeuge durch die Haut und spritzen einen Stoff ein, der verhindert, dass das ➔ Blut gerinnt. Dadurch entsteht ein starker Juckreiz. Flöhe können auch Krankheiten übertragen. Bis zu 35 Zentimeter hoch und 20 Zentimeter weit kann ein Floh springen. Das ist das 150-Fache seiner Körperlänge. Wenn ein Mensch es dem Floh gleichtun wollte, müsste er 250 Meter hoch springen.

Floh

Flüchtlinge

Heutzutage sind viele Menschen, oft sogar ganze Gruppen oder Völker, auf der Flucht. Sie werden von anderen Menschen verfolgt, vertrieben und getötet. Als Flüchtling gilt, wer seine Heimat aus politischen, religiösen oder rassischen Gründen verlassen muss. Flüchtlinge stehen unter internationalem Schutz. Sie dürfen nicht in ihre Heimat zurückgebracht werden, falls dadurch ihr

Leben oder ihre ➔ Freiheit gefährdet sind. Wenn Flüchtlinge keine Hoffnung haben, in ihre Heimat zurückkehren zu können, dann bitten sie in einem Land ihrer Wahl um politisches ➔ Asyl.

Flughafen

Flughäfen haben drei Hauptaufgaben: Sie müssen Passagiere, Post und Fracht zu den Flugzeugen bringen und sie weitertransportieren. Sie müssen Flugzeuge sicher und zur richtigen Zeit starten und landen lassen. Und es müssen Hallen, sogenannte Hangars, vorhanden sein, in denen Techniker die Flugzeuge überprüfen und reparieren.

Das Zentrum des Flughafens ist der Kontrollturm, der auch Tower heißt. Hier bestimmen Fluglotsen, wer wann und wo landen und starten darf. Sie „übernehmen" das Flugzeug, wenn es sich noch in weiter Entfernung befindet, und führen es per Funk zu einer rund drei Kilometer langen Landebahn. Nach der Landung rollt das Flugzeug auf einem Taxiway zum Flugfeld. Von hier bringen

Im Kontrollturm, auch „Tower" genannt, wird der Flugverkehr eines Flughafens überwacht.

Flugzeug

Früher waren viele Flugzeuge Doppeldecker: Doppeldeckerflugzeuge besitzen zwei übereinanderliegende Tragflächen.

Busse die Passagiere zum Flughafengebäude, dem Terminal. Oft rollen die Flugzeuge bis zu einem Tor, das auch Gate genannt wird. So können die Passagiere über eine schwenkbare Brücke direkt in den Terminal gehen.

Flugzeug

Um das Jahr 1500 zeichnete der Erfinder Leonardo da Vinci Pläne für einen → Hubschrauber. Doch konnte man eine solche Maschine damals noch nicht bauen. Die eigentliche Eroberung der Lüfte begann erst 1783 mit dem Start des ersten → Heißluftballons. Später gab es Luftschiffe wie die Zeppeline, die sich steuern und mit Motoren antreiben ließen. Vorläufer der Flugzeuge waren die Gleitapparate. Otto Lilienthal bewies im 19. Jahrhundert, dass auch ein Flug mit Apparaten möglich war, die schwerer sind als Luft.

Die Entwicklung der → Benzinmotoren war eine wichtige Voraussetzung für den Bau von Motorflugzeugen. 1903 unternahmen die Brüder Wright den ersten motorgetriebenen Flug in ihrem leichten Flugzeug, dem Flyer. Seither entwickelte sich die Flugzeugtechnik rasend schnell. Schon 16 Jahre danach flog das erste Flugzeug über den Atlantik. Heute ist für viele Menschen

das Fliegen ganz selbstverständlich geworden, vor allem auch wegen der zahlreichen Billigflüge. Allerdings schadet diese extreme Zunahme des Flugverkehrs unserer → Umwelt.

Fluss

Fast jeder Fluss nimmt seinen Anfang im → Gebirge. Dort sprudelt er aus der Erde. Den oberen Abschnitt eines Flusses nennt man Oberlauf. Im Mittellauf fließt er etwas ruhiger. Wenn der Fluss in die Ebene gelangt, bewegt er sich nur noch langsam. Dann sprechen wir vom Unterlauf. Schließlich mündet der Fluss ins → Meer und baut dabei ein mehr oder minder großes Delta auf.

Der Mensch nutzt die Flüsse auf vielfältige Weise: um → Strom in Wasserkraftwerken zu

Das Flugzeug

Warum fliegt ein Flugzeug?

Ein Flugzeug fliegt, weil seine Tragflächen eine besondere Form haben. Sie sind nämlich unten flach und oben gewölbt. Wir sagen zu den Tragflächen auch oft einfach nur „Flügel".
Die Triebwerke bewegen das Flugzeug nach vorn. Beim Start geschieht das mit einer Geschwindigkeit von 250 bis 290 Stundenkilometern, in der Luft fliegen Düsenjets mit bis zu 900 Stundenkilometern. Durch die schnelle Vorwärtsbewegung strömt an den Tragflächen Luft vorbei – wie der Fahrtwind beim Fahrradfahren. Da die Flügel oben stärker gewölbt sind als unten, strömt die Luft oben schneller vorbei. So entsteht eine Art Sog, der das Flugzeug nach oben zieht. Dieser Auftrieb muss umso größer sein, je schwerer das Flugzeug ist.

Wenn Flüsse nicht begradigt werden, fließen sie meist in Kurven. Man spricht auch von Mäandern. Der Amazonas ist mit 6 800 km der längste Fluss in Südamerika.

erzeugen, trockene Gebiete zu bewässern, Güter mit Schiffen zu transportieren, Trinkwasser zu gewinnen und um Abwasser loszuwerden. Heute sind die meisten Flüsse begradigt und in mehreren Stufen gestaut – deshalb folgen sie nicht mehr ihrem natürlichen Lauf. So wurden viele Tierarten vertrieben. Deswegen kommt es auch häufiger zu Überschwemmungen bei →Hochwasser.

Flüssigkeit

Flüssigkeiten haben keine feste äußere Form. Wenn wir eine Flüssigkeit in einen Behälter gießen, nimmt sie dessen Form an. Der Rauminhalt oder das Volumen der Flüssigkeit bleibt allerdings immer gleich. Wenn wir Flüssigkeiten erhitzen, bewegen sich die einzelnen →Atome oder Moleküle darin schneller. Beim Siedepunkt ver-

dampfen die Atome, und es entsteht ein →Gas, zum Beispiel Wasserdampf. Wenn wir die Flüssigkeiten immer mehr abkühlen, werden die Atome oder Moleküle langsamer. Unterhalb des Schmelzpunktes wird aus der Flüssigkeit ein Festkörper. Bei Raumtemperatur sind viele Stoffe flüssig, etwa →Wasser, →Milch, Öl und auch das Element Quecksilber.

Flusspferd

Das Flusspferd ist kein Pferd, sondern mit den →Schweinen verwandt. Da es in Afrika lebt, hat man es früher nach dem ägyptischen Fluss Nil auch Nilpferd genannt. Das Flusspferd ist das zweitschwerste Landsäugetier nach dem →Elefanten: Männchen können über vier Meter lang und drei Tonnen schwer werden. Flusspferde halten sich gerne in Flüssen oder Seen auf; sie verlassen meist nur nachts die Gewässer, um an

Flusspferde sind gute Schwimmer und verbringen viel Zeit in Gewässern. Unter Wasser sind sie wegen der Auftriebskraft des Wassers wesentlich leichter und können sich ganz leichtfüßig bewegen.

Land Pflanzen zu fressen. Trotz ihres massigen Körpers sind sie gute Läufer, die fast 50 km/h erreichen.

Flut ➜ Ebbe und Flut

Forelle

Die Forelle ist ein Süßwasserfisch, der mit dem ➜ Lachs verwandt ist. Forellen haben einen lang gestreckten Körper mit kleinen schwarzen Flecken. Als Raubfische ernähren sie sich von kleinen ➜ Fischen und anderen Wassertieren. Oder sie fressen Insekten, die auf die Wasseroberfläche gefallen sind.

Weltweit gibt es viele verschiedene Forellenarten. In klaren ➜ Bächen mit kühlem Wasser lebt bei uns die Bachforelle, die bis zu 50 Zentimeter lang wird. Die Meerforelle lebt im ➜ Meer. Im Sommer wandert sie in die ➜ Flüsse und Bäche, um ihre ➜ Eier zu legen. Danach kehrt sie ins Meer zurück. Regenbogenforellen stammen aus Amerika. Sie werden in Forellenteichen gezüchtet. Alle Forellen sind wertvolle Speisefische, die gut schmecken.

Fortpflanzung

Lebewesen pflanzen sich fort und erzeugen Nachkommen. Sonst würde es bald keine ➜ Menschen, ➜ Tiere und ➜ Pflanzen mehr geben. Wir kennen verschiedene Formen der Fortpflanzung. ➜ Bakterien teilen sich einfach, und schon sind aus einer ➜ Zelle zwei geworden. Bei der ➜ geschlechtlichen Fortpflanzung verschmilzt eine männliche Samenzelle mit einer weiblichen Eizelle. Das nennt man Befruchtung. Aus der befruchteten Eizelle entsteht ein neues Lebewesen. Fast alle Pflanzen und Tiere pflanzen sich so fort, auch der Mensch.

Bei ➜ Bäumen und ➜ Blumen heißt der männliche ➜ Samen Pollen oder Blütenstaub. Er wird vom Wind oder von ➜ Bienen zur ➜ Blüte gebracht, wo die Bestäubung stattfindet. Dann reifen die ➜ Früchte heran, die wiederum die Samen enthalten, mit denen sich die Pflanzen vermehren.

Die meisten Fisch- und Lurchweibchen legen ihre ➜ Eier ins Wasser. Wir sagen, sie laichen. Die Männchen gießen ihren Samen darüber. Nach der Befruchtung entwickeln sich die klei-

Die Forelle

Wozu machen Forellen so lange Wanderungen?

Forellen leben in den unterschiedlichsten Gewässern: Meerforellen in der Nord- und Ostsee, Bachforellen in kühlen und sauerstoffreichen Bächen, Regenbogenforellen auch in Teichen und Seen. Allen Forellen gemeinsam ist jedoch, dass sie ihre Eier am liebsten in schnell fließenden Bächen ablegen. Daher schwimmen Bachforellen zur Eiablage oft an den Oberlauf eines Baches. Selbst die Meerforelle wandert zum Laichen viele Hundert Kilometer weit. Sie verlässt das Salzwasser und schwimmt stromaufwärts in Süßwasserbäche. Danach kehrt sie ins Meer zurück. Warum tun Forellen das?

Die Forellenlarven finden an den Laichorten mehr Nahrung und sind besser vor Feinden geschützt, da in schnell fließenden Gewässern weniger Fische leben. Die ausgewachsene Forelle wandert wieder stromabwärts, die Meerforelle bis ins Meer.

Für viele Pflanzen ist die Bestäubung durch Insekten wichtig für die Fortpflanzung. Der Blütenstaub bleibt im Pelz der Biene hängen. Fliegt die Biene zur nächsten Blüte, wird diese bestäubt.

nen Fische und Lurche im Inneren der Eier. Bei Kriechtieren, Vögeln und Säugetieren findet die Befruchtung meistens im Körper des Weibchens statt. Bei der Paarung muss das Männchen seinen Samen in den Körper des Weibchens bringen. Nach der Befruchtung legen die Kriechtiere und die Vögel Eier. Bei den Säugetieren entwickelt sich ein Junges im Körper des Weibchens. Auch beim Menschen ist das so. Wir nennen diese Zeit → Schwangerschaft.

Fossilien

Fossilien oder Versteinerungen sind Reste oder Abdrücke von Pflanzen oder Tieren, die vor langer Zeit gelebt haben. Allerdings versteinern in der Regel nur harte Teile, zum Beispiel Schalen, Knochen, Zähne, Blattrippen und Skelette.

Die meisten Versteinerungen stammen von Meerestieren. Nach dem Tod sanken sie auf den Meeresboden und der Körper wurde von Schlamm zugedeckt. Die weichen Teile wie die Innereien und die Muskeln verwesten, während

das harte Skelett erhalten blieb. Im Lauf der Jahrmillionen entstand aus dem Schlamm hartes → Gestein. Das darin eingebettete Skelett wurde zu einem Teil dieses Gesteins, zu einer Versteinerung. Die ältesten Versteinerungen, die man gefunden hat, stammen aus der Zeit vor drei Milliarden Jahren. Eine der besten Fundstellen für Fossilien in Deutschland ist die Ölschiefergrube Messel bei Darmstadt.

Fotoapparat

Ein Fotoapparat ist ein Gerät, mit dem man Fotografien (Fotos) aufnehmen kann. Der Fotoapparat wird auch Kamera genannt. Wir unterscheiden analoge und digitale Kameras. Früher gab es ausschließlich analoge Fotoapparate: In ihrem Innern befindet sich ein lichtempfindlicher Film. Um eine Fotografie zu machen, muss man auf den Auslöser drücken. Dann öffnet sich für einen kurzen Augenblick der Verschluss der Kamera und → Licht fällt über die → Linsen des Objektivs

Ein fossiles Skelett eines Wirbeltieres

Wie diese Klappkamera sahen Fotoapparate früher einmal aus.

auf den Film. Auf der Oberfläche des Films erzeugen die Lichtstrahlen ein Bild. Die Fotos kann man nicht direkt auf dem Film sehen. Um sie als Papierabzug oder Dia anschauen zu können, muss der Film in einem Fotolabor chemisch behandelt werden. Wir sagen, er wird entwickelt.

Etwa 1995 kamen ganz neue Fotoapparate auf den Markt, die Digitalkameras. Sie brauchen keinen Film, sondern enthalten eine Speicherkarte. Die Fotos kann man sofort auf dem Display der Kamera ansehen, sie auf einen →Computer übertragen, dort mit einem Bildbearbeitungspro-

Das Maus-Quiz

Bei diesem Tier trägt das Männchen den Nachwuchs aus! Es sieht ein bisschen aus wie ein Pferd, ist aber viel kleiner. Auf welcher Seite befindet sich das Tier hier im Buch?

gramm bearbeiten und selbst ausdrucken. Viele Menschen fotografieren heute digital oder sie schießen Fotos mit ihrem →Handy.

Frau

Eine Frau ist ein weiblicher, erwachsener →Mensch. Als Kinder oder Jugendliche werden Frauen Mädchen genannt. Nach der →Pubertät entwickelt sich ein Mädchen langsam zur Frau. Nur Frauen können Kinder gebären. Daher besitzen sie eine Gebärmutter und Brüste, mit denen sie das neugeborene Kind mit Milch stillen.

Früher hatten Frauen und Männer völlig getrennte Rollen. Der →Mann arbeitete – etwa als Bauer oder als →Handwerker – und verdiente →Geld. Die Frau arbeitete im Haus und kümmerte sich um die Kinder. Diese Rollenverteilung gilt aber schon lange nicht mehr. Das Grundgesetz sagt ausdrücklich, dass Frauen und Männer gleiche →Rechte haben. Trotzdem sind sie noch längst nicht überall gleichberechtigt. Es gibt zum Beispiel bei uns viel mehr Männer als Frauen, die in leitenden Positionen arbeiten. Ebenso werden Frauen oft für die gleiche Tätigkeit schlechter bezahlt als Männer.

Freiheit

Freiheit bedeutet, dass einzelne →Menschen, Gruppen und Völker über ihr Leben selbst bestimmen können. Das

Ein Symbol für die Freiheit: die Freiheitsstatue in Amerika

ist zum Beispiel in einer →Demokratie der Fall. Ein freier Mensch ist keinem Zwang ausgesetzt, zugleich trägt er die volle Verantwortung für das, was er tut und was er nicht tut. Freiheit bedeutet aber nicht, dass jeder tun und lassen kann, was er will. Die Freiheit jedes Einzelnen hat ihre Grenze in der Freiheit des Nächsten: So muss jeder Rücksicht auf den anderen nehmen.

Frieden

Frieden ist das Gegenteil von →Krieg oder →Gewalt. Im Frieden leben die Menschen verständnisvoll miteinander. Sie lösen Konflikte auf friedlichem Weg: Wenn etwa die Interessen verschiedener Völker auseinanderlaufen, finden diese eine Lösung oder einen Kompromiss, ohne Gewalt anzuwenden. Die Friedensbewegung setzt sich für den Frieden auf der Welt ein, indem sie etwa →Demonstrationen organisiert oder gegen Kriege protestiert. Ihre Mitglieder nennen wir auch Pazifisten.

Frosch

Frösche und →Kröten zählen zu den →Lurchen. Wir nennen sie auch Froschlurche. Frösche kommen fast auf der ganzen Welt vor. Sie besitzen eine schleimig feuchte, glatte →Haut. Frösche atmen durch ihre Haut ebenso wie durch die →Lunge. Sie ernähren sich von Insekten, Spinnen, Würmern und Schnecken. Um sich fortzupflanzen, suchen Frösche →Teiche oder Seen auf. Dort legen sie →Eier in großen Ballen. Aus diesem sogenannten Laich schlüpfen Kaulquappen. Sie atmen wie die →Fische mit Kiemen. Dann bekommen sie Beine und Lungen und verlassen das Wasser. Diese Verwandlung nennt man Metamorphose. Bei uns leben sieben Froscharten. Die häufigsten sind der grüne Wasser-

Der Frosch

Warum quaken Frösche?

Jeder kennt die Quakkonzerte, die an vielen Teichen im Mai und Juni erklingen. Das kann manchmal ganz schön laut werden. Die Frösche quaken jedoch nicht, um uns zu unterhalten oder zu ärgern, sondern weil sie sich paaren wollen. Am lautesten quaken die Froschmännchen. Sie locken damit Weibchen an und geben ihnen zu verstehen, dass sie paarungsbereit sind. Aber wie entsteht das Quaken? Zum Quaken haben die Frösche sogenannte Schallblasen. Das sind hauchdünne dehnbare Hautsäcke. Sie sitzen entweder links und rechts an den Backen oder unter dem Kinn. Beim Ausatmen pressen die Frösche Luft in die Schallblasen, bis die Blase voll ist. Je mehr sie die Blase aufpusten, desto lauter ist das Quaken.

und der Teichfrosch, die das ganze Jahr über im Wasser leben. Der bräunliche Grasfrosch lebt im Wald. Er kommt nur zur Eiablage ans Wasser.

Laubfrosch mit Schallblase

Frucht

Die Früchte sind die natürlichen Behälter der →Samen. Eine Frucht entwickelt sich aus dem Fruchtknoten der →Blüte und sorgen dafür,

Nektarinen
(Steinfrucht)

dass die Samen der →Pflanze verbreitet werden. Zu den Früchten gehören nicht nur das →Obst, sondern auch viele →Gemüse und die →Nüsse. Früchte können verschieden aufgebaut sein. →Beeren bestehen nur aus saftigem Fruchtfleisch, wie etwa die Heidelbeere und die Banane oder die Gurke, der Kürbis und die Paprika. Bei Steinfrüchten wie Pflaume und Aprikose befindet sich in der Mitte ein Kern mit den Samen, der vom Fruchtfleisch umgeben ist.

Hagebutte

Fuchs

Die Füchse und →Hunde bilden zusammen eine Gruppe der →Raubtiere. Am häufigsten ist unser Rotfuchs, der auch in Nordafrika, Nordamerika

Der Speiseplan der Rotfüchse reicht von Insekten bis Rehen, sie erbeuten auch Vögel und Fische.

und in einem Teil Asiens vorkommt. Er frisst, was er gerade findet, etwa kleine Säugetiere, Vögel, Insekten oder auch Früchte. Füchse sind scheu und wohnen in lichten Wäldern in Erdbauen, die sie oft von Dachsen übernehmen. Immer häufiger dringt der Fuchs jedoch auch in die Städte vor und ernährt sich vom Inhalt der Mülltüten.

Fußball

Fußball zählt zu den weltweit beliebtesten →Sportarten. Beim Fußball kämpfen zwei Mannschaften mit je elf Spielern gegeneinander. Es geht darum, den Ball mit den Füßen oder mit dem Kopf ins gegnerische Tor zu schießen. Außer dem Torwart darf kein Spieler den Ball mit den Händen oder Armen berühren. Das Spiel läuft über zwei Halbzeiten je 45 Minuten. Die Spieler haben verschiedene Aufgaben: Es gibt zum Beispiel Stürmer und Verteidiger. Doch Tore schießen darf jeder, auch der Torwart!

Fußball ist ein Sport, der ein gutes Ballgefühl erfordert.

Neben den Meisterschaften und Pokalwettbewerben auf Landesebene gibt es internationale Fußballturniere wie die Weltmeisterschaft, die Europameisterschaft und den Wettbewerb der besten europäischen Vereinsmannschaften, die Champions League.

Garten

Ein Garten ist ein Stück Land, in dem Pflanzen angebaut und gepflegt werden. Im Nutzgarten werden Obstbäume und →Beerensträucher sowie →Gemüse und →Kräuter auf Beeten gepflanzt. Im Ziergarten wachsen →Bäume, →Sträucher und Gartenblumen, zum Beispiel Rosen, Dahlien und Margeriten. Naturgärten sind Lebensräume für viele Tiere. So leben im Garten →Igel, →Blindschleichen, Erdkröten, Meisen und andere →Singvögel. Sie finden in den Hecken, Steinmauern, →Kompost- und Reisighaufen viele Verstecke und Plätze zum Nisten. In einem botanischen Garten sind häufig exotische Pflanzen aus verschiedenen Teilen der Erde gepflanzt.

Wer einen naturnahen Garten haben möchte, kann Insektenschlupflöcher als künstliche Nisthilfen für Bienen und Wespen aufstellen.

Eine Blindschleiche beim Sonnenbad im Garten

Gas

Wir bezeichnen alle luftartigen Stoffe als Gase. Sie haben weder einen festen Rauminhalt noch eine feste Form. Ihre →Atome oder Moleküle bewegen sich völlig frei. Kühlt man ein Gas ab, entsteht unterhalb des Siedepunkts eine →Flüssigkeit. Wenn wir mit Gas heizen oder kochen, so ist das →Erdgas. Die →Luft ist ein Gemisch aus vielen Gasen, hauptsächlich aus Stickstoff und →Sauerstoff.

Gebirge

Zu den größten Gebirgszügen der Welt zählen die Alpen in →Europa, die Rocky Mountains und die Anden in →Amerika sowie der Himalaja in →Asien. Gebirge, die über 1500 Meter hoch sind, nennt man auch →Hochgebirge. Im Himalaja gibt es die höchsten Berge, sie sind über 8000 Meter hoch.

Gebirge entstehen durch Bewegungen der Erdkruste. Die Alpen, der Himalaja und die Anden wurden aufgefaltet, als zwei große Platten der Erdkruste miteinander zusammenstießen und das Land dazwischen hochpressten. Andere Berge sind →Vulkane. Wenn sie Asche und Lava speien, können sie an Höhe zunehmen. Doch im Lauf

der Zeit werden Gebirge immer flacher. Sie werden von Regen, Wind, Sonne und Frost abgetragen. → Flüsse schneiden → Täler ein oder ganze Gebiete werden durch → Gletscher abgeschliffen.

Geburt

Die Geburt steht am Ende der → Schwangerschaft einer → Frau und beginnt mit den Wehen. Dabei zieht sich die Gebärmutter, in der das Kind liegt, immer wieder schmerzhaft zusammen. Ihr unteres Ende, der sogenannte Muttermund, öffnet sich dabei langsam. Schließlich platzt die Fruchtblase und das Fruchtwasser fließt aus. Die Wehen werden immer stärker und sorgen dafür, dass das Kind durch die Scheide der Frau gleitet. Wenn die Hebamme oder der Arzt die Nabelschnur durchtrennt, gilt das Kind als geboren. Diesen Augenblick nennen wir Entbindung. Kurz danach tritt die Nachgeburt aus. Sie besteht aus dem Mutterkuchen, der für die Verbindung zwischen Mutter und Kind sorgte.

Manche Kinder kommen auch mit einem sogenannten Kaiserschnitt auf die Welt. Dabei wird der Bauch der Mutter in einer → Opera-

Der höchste Berg der Erde ist mit 8846 m der Mount Everest. Er liegt im Himalajagebirge in Asien. Weltweit gibt es nur 14 Berge, die über 8000 m hoch sind.

tion mit einem kleinen Schnitt geöffnet, um den Säugling aus der Gebärmutter zu holen. Die Geburt eines Menschen kann nur wenige Stunden dauern, manchmal aber auch mehr als einen halben Tag.

Die Geburt

Was ist ein Kaiserschnitt?

Bei einer normalen Geburt kommt das Kind mit dem Kopf zuerst aus der Scheide der Mutter. Manchmal liegt das Baby jedoch falsch herum in der Gebärmutter, also mit den Füßen oder dem Popo nach unten und mit dem Kopf nach oben. Eine natürliche Geburt ist in diesem Fall oft zu gefährlich für Mutter und Kind. Die Ärzte bringen dann das Baby mit einem Kaiserschnitt zur Welt. Dazu schneiden sie vorsichtig die Bauchdecke der Mutter auf und holen das Neugeborene aus dem Bauch. Die Mutter bekommt vorher natürlich eine Narkose.

Der Kaiserschnitt war schon bei den alten Römern bekannt. „Aufschneiden" heißt auf Lateinisch „caedere". Den Eingriff nannten die römischen Ärzte „sectio caesarea", also „caesarischer Schnitt". Daraus wurde im Lauf der Zeit „Kaiserschnitt" – so, wie aus „Caesar" der „Kaiser" wurde.

Gedächtnis

Das Gedächtnis und seine Lernfähigkeit sind besondere Merkmale des →Menschen. Es handelt sich dabei um eine Funktion des →Nervensystems, das sein Zentrum in unserem →Gehirn sowie im Rückenmark hat. Forschungen haben ergeben, dass unser Gedächtnis aus verschiedenen Teilen besteht: Das sensorische Gedächtnis nimmt Töne und Bilder auf und hält sie kurze Zeit fest. Damit können wir zum Beispiel die einzelnen Bilder eines →Films als Gesamtbild wahrnehmen. Das Kurzzeitgedächtnis hält Informationen fest, während wir anderen Aufgaben nachgehen. Wenn du zum Beispiel diesen Satz liest, musst du dich am Ende noch an die ersten Wörter erinnern, sonst kannst du den Sinn nicht erfassen.

Alte Elefantenkühe haben ein sehr gutes Gedächtnis. In Dürreperioden erinnern sie sich an Wasserstellen, die es in Trockenzeiten vor vielen Jahren gab, und führen die Herde dorthin.

Das Langzeitgedächtnis hingegen behält Informationen über lange Zeit hinweg. Der Übergang vom Kurz- zum Langzeitgedächtnis ist nicht leicht. Es ist das, was wir als Lernen bezeichnen. Wissenschaftler behaupten, am meisten würden →Kinder im ersten Lebensjahr lernen. Sie lernen ihre Umgebung, die Eltern und Geschwister kennen. Laufen, essen, sehen, die verschiedenen Dinge unterscheiden – alles muss erlernt werden.

Gedicht

Gedichte stellen die älteste Form der →Literatur dar. Schon bevor die Menschen eine →Schrift entwickelten, gab es Gedichte. Die Menschen bemerkten nämlich, dass sie Geschichten am besten im →Gedächtnis behalten konnten, wenn die Wörter dazu rhythmisch gesungen wurden. So entstanden Gedichte. Noch heute achten die Dichter auf den Klang der Wörter, die sie verwenden. Die meisten Gedichte haben einen Rhythmus, und die Silben am Ende einer Zeile reimen sich oft. Man kann auch sagen: Gedichte sind eine Art gesprochene Musik. Zu vielen Gedichten haben Komponisten im Nachhinein eine Melodie erfunden.

Gefängnis

Wer ein Verbrechen begangen hat, bekommt eine Freiheitsstrafe. Er muss ins Gefängnis. Offiziell heißt das Gefängnis heute Justizvollzugsanstalt. Hier soll der Gefangene in Abgeschiedenheit über seine Taten nachdenken. Der Strafvollzug soll ihn bessern. Das gelingt allerdings nicht in allen Fällen. In vielen Fällen ist eine gute zwischenmenschliche Betreuung sehr wichtig. Wer sich im Strafvollzug gut verhält, muss nicht die ganze Strafe absitzen. Häufig dürfen Strafgefangene zuvor in den offenen Vollzug: Tagsüber arbeiten sie außerhalb der Vollzugsanstalt, abends rücken sie wieder ein. Das hilft den Gefangenen, sich später – nach ihrer Entlassung – wieder im Leben zurechtzufinden.

Gefängnisse sind meistens so gebaut, dass man die Gefangenen mit möglichst wenig Personal überwachen kann.

Gehirn

Menschen und Tiere haben ein Gehirn. Es ist eine Art „Kontrollzentrum" des →Körpers. Es leitet über die →Nerven Befehle in die Körperteile und in alle →Organe. Bei Insekten ist das Gehirn winzig klein. Bei →Säugetieren ist das Gehirn im Verhältnis zum Körper groß. Der →Mensch besitzt so gesehen das größte Gehirn. Das Gehirn steuert das Denken, alle Bewegungen und Lebensvorgänge und auch unsere Gefühle.

Das menschliche Gehirn besteht aus fünf Teilen. Das Großhirn überdeckt alle anderen Hirnteile. In der Großhirnrinde findet das Denken statt. Es gibt unterschiedliche Bereiche für verschiedene Aufgaben, zum Beispiel einen Bereich für das Sprechen und Schreiben, für das Schmecken, Riechen und Hören und für das Körpergefühl. Das Zwischen-, Mittel- und Kleinhirn steuern unbewusste Lebensvorgänge wie die →Verdauung. Das Nachhirn oder das verlängerte Mark bildet die Verbindung zum Rückenmark. Es kontrolliert →Atmung und →Herzschlag.

Gehörlosigkeit

Anstatt „taub" oder „taubstumm" sagt man heute gehörlos. Die meisten gehörlosen Menschen verloren den Hörsinn durch eine Infektionskrankheit oder einen Unfall. Dabei kann es zu einer Schädigung im Inneren des →Ohres kommen. Andere sind von Geburt an gehörlos. Manchmal ist es für Gehörlose schwierig, mit Menschen in Kontakt zu treten, die über ein intaktes Gehör verfügen. Da sie nie →Sprache hören, auch die eigene nicht, fällt es nicht leicht, Laute zu bilden. Trotzdem versucht man heute, gehörlosen Kindern das Sprechen beizubringen. Untereinander unterhalten sich die Gehörlosen oft mit Handzeichen, der sogenannten Gebärdensprache. Die Sprache ihrer Mitmenschen können sie meist von den Lippen ablesen.

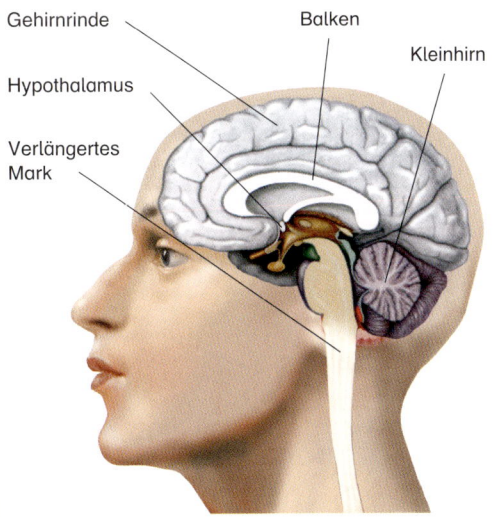

Gehirnrinde   Balken

Kleinhirn

Hypothalamus

Verlängertes Mark

Das menschliche Gehirn im Querschnitt

Geld

Jeden Tag brauchen wir Geld. Wir bezahlen damit Dinge, die wir kaufen. Wir benutzen entweder Münzen oder Banknoten aus Papier. Eine andere Form von Geld sind die Schecks und die Kreditkarten. Es handelt sich dabei um eine Zahlungsanweisung. Wir erteilen unserer Bank den Auftrag, den Betrag auszuzahlen, der auf dem Scheck angegeben ist.

Das erste Geld: eine lydische Münze aus Elektrum

Seit 2002 gibt es eine gemeinsame europäische Währung, den Euro. Inzwischen haben viele Länder der →Europäischen Union, darunter Deutschland, den Euro eingeführt.

Andere Länder in →Europa und auf der ganzen Welt haben ihr eigenes Geld. Andere Währungen sind zum Beispiel der amerikanische Dollar, der japanische Yen und der Schweizer Franken.

Gemeinde

In einem →Staat ist eine Gemeinde ein →Dorf oder eine →Stadt mit den zugehörigen Orts- und Stadtteilen. Zur Gemeinde gehören alle Menschen, die dort wohnen. Sie verwaltet sich selbst. Der →Bürgermeister ist ihr Oberhaupt. In den Gemeinderat werden Bürger aus der Gemeinde gewählt. Dort fallen wichtige Entscheidungen, die alle Stadtbewohner betreffen. Die kleinste Gemeinde in Deutschland ist Wiedenborstel mit nur sieben Einwohnern, zu den größten gehören Berlin, Hamburg, Köln und München mit über einer Million Einwohnern.

Zur Kirchen- oder Pfarrgemeinde gehören die Menschen, die die Gottesdienste in derselben →Kirche besuchen. Eine Fangemeinde hingegen besteht aus den Anhängern eines Musikers oder eines Sportvereins.

Gemüse

Unter den essbaren Pflanzen unterscheiden wir die →Früchte, das →Getreide und das Gemüse. Im Unterschied zum →Obst müssen die meisten Gemüsepflanzen jedes Jahr neu angebaut werden. Wir essen die unterschiedlichsten Pflanzenteile als Gemüse. Erbsen und Maiskörner sind →Samen, Gurken, Tomaten und Paprika sind Früchte. Die meisten Salate und der Spinat bestehen aus →Blättern. Möhren und Sellerie sind →Wurzeln, während Spargel und Rhabarber als Pflanzenstängel wachsen. →Zwiebeln und Lauch gehören zum Zwiebelgemüse. Eines der wichtigsten Gemüse ist die →Kartoffel.

Das Geld

Seit wann gibt es Münzgeld?

Lydien war ein wohlhabendes Land im Gebiet der heutigen Türkei. Dort wurden im 7. Jahrhundert v. Chr. die ersten Münzen als Zahlungsmittel verwendet. Hergestellt wurden sie aus Elektrum, einer Mischung aus Gold und Silber. Die ersten Münzen waren ziemlich unförmig und hatten noch keine Prägung, also aufgestempelte Bilder. Erst später trugen sie einen Löwenkopf als Siegel des Herrschers, der die Münze hatte prägen lassen.
Krösus, der letzte König Lydiens, ließ Münzen erstmals aus reinem Gold anfertigen. Sein unendlicher Reichtum ist sprichwörtlich: „Das ist ein wahrer Krösus", sagt man heute noch über einen Menschen, der sehr wohlhabend ist. Übrigens: Das erste Papiergeld wurde um 1000 n. Chr. in China gedruckt.

Fast alle Gemüse-sorten enthalten viele Vitamine.

Weil Gemüse viele →Vitamine, Mineral- und Ballaststoffe enthalten, sind sie unverzichtbar für eine gesunde →Ernährung. Manche Menschen essen nur pflanzliche Nahrung. Man nennt sie Vegetarier oder Veganer.

Gen

Gen ist das Fremdwort für „Erbanlage". Die Gene bestimmen darüber, wie ein bestimmtes Merkmal bei einem Lebewesen ausgeprägt ist. In den Genen ist zum Beispiel festgelegt, ob man grüne oder braune Augen hat. Gene werden von den Eltern an die Kinder weitervererbt. Die →Vererbung erfolgt über ein langes, fadenförmiges Molekül. Es heißt Desoxyribonukleinsäure (DNA, DNS) und liegt im Zellkern jeder Körperzelle. Ein Gen entspricht einem bestimmten Abschnitt auf dieser DNA.

Auch manche →Krankheiten werden vererbt und beruhen auf einem defekten Gen. Wenn es gelingen würde, das fehlerhafte Gen auszutauschen, wäre bei gewissen Krankheiten eine Heilung möglich. Damit beschäftigt sich die Gentechnologie. Eine gentechnologische Methode ist das Klonen: Dabei werden →Zellen oder Organismen erzeugt, die dieselben Gene enthalten. Die Gentechnologie ist sehr umstritten, da in die Natur eingegriffen wird, ohne die Folgen zu kennen.

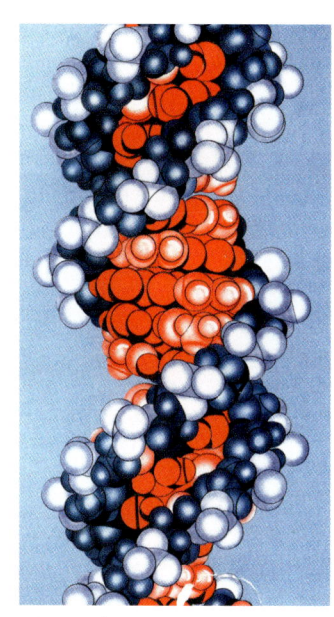

Ein Gen ist ein kleiner Abschnitt auf diesem langen, fadenförmigen Molekül, der DNA.

Das Gemüse

Warum soll man Ballaststoffe essen?

Bestimmt hast du schon gehört, dass man Gemüse essen soll, weil es viele gesunde Ballaststoffe enthält. Wozu sind die aber gut? Ballaststoffe sind unverdauliche Pflanzenfasern, die hauptsächlich in Obst, Gemüse, Hülsenfrüchten und Getreide vorkommen. Vollkornbrot, Broccoli, Mais, Rosenkohl, Karotten, Bohnen, Linsen und Erbsen enthalten viele Ballaststoffe. Der Körper kann sie nicht verwerten und scheidet sie wieder aus. In Magen und Darm erfüllen sie dennoch eine wichtige Funktion. Die Verdauung von ballaststoffreicher Nahrung braucht nämlich länger. Die Energie wird uns dadurch nicht auf einmal zugeführt, sondern in kleinen Portionen. Daher bleibt man länger satt. Ballaststoffe sorgen auch dafür, dass der Körper nicht so viel Fett aufnimmt. Zum Abnehmen also ideal!

Generator

Generatoren erzeugen elektrischen →Strom. Ein ganz kleiner Generator ist der →Dynamo, der für die Beleuchtung des Fahrrads sorgt. Wenn man

Blick in den riesigen Generator eines Kraftwerks

einen Drahtring oder eine Spule zwischen den Enden eines Hufeisenmagneten bewegt, fließt im Draht ein Strom. Nach diesem Prinzip arbeiten alle Generatoren. Angetrieben werden sie über eine →Turbine mit Wasser- oder Windkraft oder auch von Verbrennungsmotoren. Es wird also mechanische →Energie in elektrische Energie umgewandelt. Im Elektromotor geschieht genau das Umgekehrte: Elektrische Energie wird in mechanische Energie verwandelt.

Im Inneren eines Wechselstromgenerators dreht sich ein Drahtring zwischen den beiden Polen eines →Magneten. Wenn der Drahtring senkrecht zu den Polen steht, ändert sich die Fließrichtung des erzeugten Stroms, sodass Wechselstrom entsteht. Gleichstrom erhält man, wenn man in den Generator einen sogenannten Stromwender einbaut.

Gericht

Die Gerichte beurteilen, ob jemand gegen ein →Gesetz verstoßen hat, und setzen die Strafe für eine Tat fest. Man nennt diese Entscheidungen Verfahren oder Prozess.

Bei schweren Verbrechen wie Mord oder Körperverletzung ist der Staatsanwalt verpflichtet, Anklage vor dem Strafgericht zu erheben. Dagegen urteilen die Zivilgerichte zum Beispiel darüber, ob sich jemand an einen →Vertrag gehalten hat oder ob er an einem Autounfall schuld war und damit Schadensersatz leisten muss. Wer vor Gericht als Beklagter erscheinen muss, nimmt sich einen Rechtsanwalt. Dieser kennt sich in den Dingen des →Rechts aus und verteidigt den Beklagten.

Germanen

Im 1. Jahrhundert n. Chr. siedelten die Germanen in Nord- und Mitteldeutschland, außerdem in Dänemark und in einem großen Teil der heutigen Tschechischen Republik, der Slowakei und Polens. Sie hatten ursprünglich eine gemeinsame Sprache, waren aber in viele verschiedene, rivalisierende Völker aufgespalten. Solche Stämme hießen zum Beispiel Sweben, Friesen, Cherusker, Langobarden und Vandalen. Die Römer fürchteten die Germanen, weil sie als wilde Kämpfer galten. Im 3. Jahrhundert überschritten die Germanen den Grenzwall, fielen ins →Römische Reich ein und gründeten dort neue Reiche. Die Germanen kannten viele →Götter und Helden. Sie glaubten, das gesamte Weltall werde von einem Baum beherrscht, der Riesenesche Yggdrasil.

Germanischer Spangenhelm

Geschichte

Die Geschichte beschäftigt sich damit, wie die Welt früher gewesen ist, wie die →Menschen gelebt, was sie getan und gedacht haben. Wir teilen die Geschichte der Menschheit in vier Zeital-

Teil der deutschen Geschichte: Als Deutschland nach dem Zweiten Weltkrieg geteilt war, versorgten "Rosinenbomber" Westberlin aus der Luft. Oft wurden dabei auch Süßigkeiten für die Kinder abgeworfen.

ter ein. Die Vorgeschichte umfasst die Zeit von den ersten Menschen während der →Steinzeit bis zu den ersten schriftlichen Aufzeichnungen. Je nachdem, wann ein Volk eine →Schrift entwickelte, ging auch seine Vorgeschichte zu Ende: Im →Ägyptischen Reich geschah dies etwa 3000 v. Chr., bei uns in Mitteleuropa erst über 2000 Jahre später.

Dann folgt das Altertum oder die →Antike, die bis zum Untergang des →Römischen Reichs um 476 n. Chr. andauerte. In dieser Zeit herrschten in Europa die Griechen und die Römer. Das →Mittelalter schließt sich an die Antike an und reicht bis zur Entdeckung →Amerikas vor über 500 Jahren. Um 1500 begann die Neuzeit, in der wir heute noch leben. Sie ist vor allem von der immer rascheren Entwicklung der →Wissenschaften und der →Technik geprägt.

Geschlechtsorgan

Mädchen werden ungefähr zwischen 10 und 13 Jahren, Jungen zwischen dem 11. und dem 14. Lebensjahr geschlechtsreif. In diesem Zeitabschnitt, der sogenannten →Pubertät, entwickeln sich die Geschlechtsorgane und beginnen zu funktionieren.

Alle vier Wochen reift von nun an in den Eierstöcken der →Frau ein winziges →Ei heran. Es wandert nach dem Eisprung im Eileiter zur Gebärmutter und kann nach dem Geschlechtsverkehr mit einem →Mann durch eine männliche Samenzelle befruchtet werden. Wenn sich das Ei in der Gebärmutter einnistet, wächst es während der →Schwangerschaft zu einem Kind heran. Wird die Eizelle nicht befruchtet, setzt nach etwa 14 Tagen die →Menstruation ein. Die männlichen Geschlechtsorgane bestehen vor allem aus dem Penis (Glied) und den beiden Hoden. In den Hoden wachsen die Samenzellen heran.

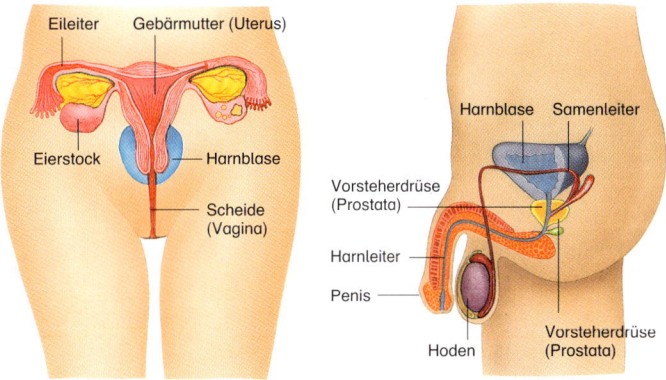

Die Geschlechtsorgane der Frau (links) und des Mannes (rechts). In den Eierstöcken der Frau reift alle vier Wochen eine Eizelle heran, die vom Samen des Mannes befruchtet werden kann.

Geschwindigkeit

Als Geschwindigkeit bezeichnen wir den Weg, der in einer bestimmten Zeit zurückgelegt wird. Die Maßeinheit für die Geschwindigkeit ist

Die Geschwindigkeit

Was ist die höchste bislang gemessene Geschwindigkeit?

Vielleicht kommt es dir schon ganz schön schnell vor, im Auto mit 130 Stundenkilometern über die Autobahn zu fahren. Der ICE schafft über 300 Stundenkilometer. Passagierflugzeuge düsen mit bis zu 900 Stundenkilometern durch die Luft, Überschallflugzeuge bringen es sogar auf 3500 Stundenkilometer. Und Raketen beschleunigen auf über 40 000 Stundenkilometer, um die Anziehungskraft der Erde zu überwinden. All diese Werte sind aber nichts gegen die Geschwindigkeiten, die in der Natur vorkommen. Die Erde rast mit 107 000 Stundenkilometern um die Sonne. Der absolute Rekordhalter ist jedoch das Licht, das sich mit unvorstellbaren 300 000 Kilometern pro Sekunde oder einer Milliarde Kilometern pro Stunde vorwärtsbewegt.

meistens Kilometer pro Stunde (km/h) oder Meter pro Sekunde (m/s). Ein Auto, das 72 km/h fährt, legt in einer Stunde 72 Kilometer und in einer Sekunde 20 Meter zurück. Wenn die Geschwindigkeit erhöht wird, spricht man von Beschleunigung, im gegenteiligen Fall, beim ➔ Bremsen, von Verzögerung. Extreme Beschleunigung kann der Mensch nicht aushalten. Ein nicht trainierter Mensch würde zum Beispiel bei einem ➔ Raketenstart sofort das Bewusstsein verlieren.

Gesetz

Jeder muss sich an die Gesetze halten. Sie regeln das Leben der ➔ Menschen untereinander und helfen, dass wir in ➔ Frieden miteinander auskommen. Fast alle Völker sind sich darüber einig, dass es verboten ist, einen Mitmenschen zu töten. Über andere Dinge gibt es jedoch deutlich verschiedene Auffassungen. Im Iran schreibt zum Beispiel das Gesetz vor, dass alle Frauen außer Haus einen Schleier tragen müssen.

Die ➔ Polizei wacht darüber, dass die Menschen die Gesetze einhalten. Wer ein Gesetz bricht, muss sich vor einem ➔ Gericht dafür verantworten. Über die Gesetze wird bei uns im ➔ Bundestag und ➔ Bundesrat bestimmt. Seitdem es Menschen gibt, haben sie sich selbst Gesetze gegeben. Vor allem im ➔ Römischen Reich gab es viele Gesetze. Die Vorstellungen der alten Römer von ➔ Recht und Gesetz sind teilweise auch heute noch gültig.

Gestein

Gesteine sind feste Gemenge von ➔ Mineralien. Manche Gesteine bestehen aus einem einzigen Mineral, Kalk etwa aus Kalzit, Sandstein aus Quarz. Auch ➔ Sand ist ein Gestein, aber sehr feinkörnig. Oft sagt man statt Gestein auch einfach nur Stein.

Man unterscheidet drei Gruppen von Gesteinen: Die Erstarrungs- oder Eruptivgesteine entstehen durch Abkühlen flüssiger Gesteine nach

Das Gestein Basalt erkennt man an der typischen Säulenform.

einem ➔ Vulkanausbruch, zum Beispiel Basalt und Granit. Die Schicht- oder Sedimentgesteine bestehen aus Bruchstücken fester Gesteine, die vor allem vom Wasser abgelagert wurden. Dort bilden sie Schichten und verfestigen sich. Zu ihnen zählen Kalk, Sandstein, Ton und ➔ Lehm, auch Gips und Steinsalz. Andere Gesteinsarten entstehen dadurch, dass Sediment- oder Erstarrungsgestein ins Erdinnere gelangt und dort durch Hitze und Druck umgewandelt wird. Typische Beispiele solcher Umwandlungsgesteine sind Schiefer und Marmor.

Gesundheit

Ein gesunder ➔ Körper hat ein funktionierendes Immunsystem und kann eindringende ➔ Bakterien abwehren. Die weißen ➔ Blutkörperchen sind Teil des Immunsystems. Gesundheit ist nicht nur das Gegenteil von ➔ Krankheit, sondern äußert sich durch das Wohlbefinden des Körpers und der Seele, also unsere Stimmungen und Gefühle. Auch die ➔ Hygiene gehört zur Gesundheit.

Jeder sollte etwas für seine Gesundheit tun und auf abwechslungsreiche ➔ Ernährung, ausreichend Bewegung sowie genügend ➔ Schlaf achten. Um gesund zu bleiben, müssen wir viel Obst und Gemüse und regelmäßig Fleisch, Fisch oder Vollkornprodukte essen. Zu viel Fett und Zucker sowie zu wenig ➔ Sport können zu Übergewicht führen, wodurch Krankheiten wie ➔ Diabetes begünstigt werden.

Getreide

Die verschiedenen Getreidesorten stellen von jeher die wichtigsten Nahrungsmittel des Menschen dar. Es handelt sich um die ➔ Samen verschiedener Gräser. Zu Beginn sammelten die Menschen die Samen der ➔ Wildpflanzen. Dann kamen sie auf den Gedanken, die Gräser anzubauen. Sie suchten die Sorten mit den größten und den zahlreichsten Samen aus. So entwickelte sich das Getreide zu einer der wichtigsten Nutzpflanzen.

Die Getreidesorten Reis und Mais werden gekocht gegessen. ➔ Weizen und Roggen vermahlen wir zu Mehl und backen daraus Brot oder andere Teigwaren. Die Körner der Gerste werden vor allem in der Bierbrauerei zu Malz weiterverarbeitet oder es werden Graupen, Grieß und Malzkaffee daraus hergestellt. Der Hafer liefert Haferflocken und Hafermehl, und man verwendet ihn als Viehfutter. Weitere Getreide sind Hirse, Dinkel und Emmer.

Hafer

Mais

Weizen

Gewalt

Gewalt kann in vielen Situationen und in unterschiedlichen Formen vorkommen. In den ➔ Zeitungen, im ➔ Radio und im ➔ Fernsehen wird viel über Gewalt bei Verbrechen, in ➔ Kriegen und durch ➔ Terror berichtet. Manche Menschen wenden Gewalt gegen ihre Mitmenschen oder gegen Tiere an, wenn sie etwas mit Zwang durchsetzen wollen. Dies kann bis zu Verletzungen und Mord reichen.

Neben körperlicher Gewalt gibt es auch seelische Gewalt, zum Beispiel, wenn man jemanden beleidigt oder aus der Gruppe ausgrenzt. Dabei werden die Gefühle eines ➔ Menschen verletzt. Es ist wichtig, dass jeder Mensch lernt, wie man mit Konflikten umgeht und wie sich Gewalt vermeiden lässt. Streit löst man viel besser, wenn man miteinander redet.

Das Plakat des Deutschen Gewerkschaftsbundes (DGB) aus dem Jahr 1992 fordert bessere Chancen für Frauen auf dem Arbeitsmarkt.

Gewerkschaft

Viele Arbeitnehmer (Arbeiter, Angestellte oder Beamte) sind in Gewerkschaften organisiert. Denn gemeinsam ist es für sie einfacher, gegenüber ihrem Arbeitgeber (etwa dem Besitzer einer Fabrik) ihre Interessen durchzusetzen. Das können zum Beispiel Forderungen nach mehr Lohn oder nach besseren Arbeitsbedingungen sein. Wenn eine Gewerkschaft mit einem Arbeitgeber Streit bekommt, kann sie ihre Mitglieder zum →Streik auffordern. Die Arbeitnehmer hören dann auf zu arbeiten und wollen so ihre Forderungen durchsetzen.

Die ersten Gewerkschaften gab es um 1870. Zu jener Zeit entstanden die ersten Fabriken, und die Arbeiter mussten für wenig Geld unter sehr schlechten Bedingungen arbeiten. Durch den Kampf der Gewerkschaften hat sich daran viel verbessert. Die meisten deutschen Gewerkschaften sind im Deutschen Gewerkschaftsbund (DGB) zusammengefasst.

Das Maus-Quiz

Dieses Gerät ist magnetisch und funktioniert nur, weil die Erde auch ein riesiger Magnet ist. Man braucht es zur Orientierung. Auf welcher Seite befindet sich das Bild hier im Buch?

Gewissen

Das Gewissen ist eine Art innere Stimme. Sie sagt uns, ob wir uns richtig oder falsch verhalten. Wenn wir uns richtig verhalten, haben wir ein reines Gewissen. Sagt uns die innere Stimme, dass unser Verhalten schlecht war, spüren wir ein schlechtes Gewissen. Es drängt uns dazu, einen Fehler wiedergutzumachen. Jeder kann sein Gewissen bilden. Das →Recht jedes Menschen, bei dem, was er tut und sagt, nur seinem eigenen Gewissen zu folgen, heißt Gewissensfreiheit. Niemand darf zum Beispiel gegen sein Gewissen zum Kriegsdienst mit der Waffe gezwungen werden. So steht es im deutschen Grundgesetz.

Gewitter

Ein Gewitter entsteht durch →Elektrizität in der →Luft. Im Inneren einer dunklen Regenwolke bauen sich Bereiche mit entgegengesetzter elektrischer Ladung auf. Wenn die Spannung anwächst, kann ein Funke zwischen den Teilen der →Wolke oder zwischen der Wolke und dem Erdboden überspringen und die Spannung entla-

Heftige Blitze
bei einem
Gewitter

Gewürz

Gewürze enthalten chemische Stoffe, die angenehm riechen oder schmecken. Wir verwenden Gewürze, um Speisen oder Getränken einen besseren Geschmack zu verleihen. In Mitteleuropa wachsen ein paar Dutzend Gewürze wie Bohnenkraut, Dill, Estragon und Kümmel. Die warmen Länder beliefern uns zusätzlich mit Hunderten von Gewürzen, zum Beispiel mit Pfeffer, Chili, Gewürznelken, Zimt, Vanille, Muskatnuss und Safran. Gewürze werden aus den unterschiedlichsten ➝Pflanzenteilen gewonnen: aus der Rinde (Zimt), aus ➝Blüten (Safran), aus ➝Früchten (Kümmel, schwarzer Pfeffer, Paprika), aus Blättern (Thymian, Lorbeer), aus ➝Wurzeln (Meerrettich, Ingwer) und aus ➝Samen (Senf).

Weltweit werden Gerichte mit den unterschiedlichsten Gewürzen verfeinert. Mit Gewürzen wird das Essen intensiver im Geschmack.

den. Dies bezeichnen wir als Blitz. Das Geräusch dieser Entladung hören wir als Donner. Bei einem Gewitter regnen die Gewitterwolken ab. Heftige Frontgewitter entstehen, wenn sich Kaltluft und Warmluft auf breiten, oft mehrere Hundert Kilometer langen Fronten vermischen. Frontgewitter führen zu einem Wetterwechsel mit starken Temperaturstürzen.

Das Gewitter

Warum soll man bei Gewitter nicht schwimmen gehen?

Heftige Sommergewitter kündigen sich mit tief hängenden schwarzen Wolken, grollendem Donner und Blitzen an. Dann heißt es: Schleunigst raus aus dem Badesee! Denn wenn der Blitz in den See einschlägt, kann das tödlich enden.
Ein Blitz besteht aus großen Mengen elektrischer Ladung. Die Spannung, die sich vor der Blitzentladung zwischen Erde und Gewitterwolke aufbaut,

beträgt mehrere 100 Millionen Volt. Das ist das Millionenfache von dem, was aus unserer Steckdose kommt. Wenn sich der Blitz entlädt, fließt ein elektrischer Strom mit einer Stärke von bis zu 300 000 Ampere. Zum Vergleich: Ein Wasserkocher in der Küche braucht etwa 10 Ampere. Das Wasser im See leitet elektrischen Strom. Deswegen muss man den See sofort verlassen. Denn der Stromschlag eines Blitzes ist lebensgefährlich.

Geysir

Geysire sind heiße →Quellen, die meist in regelmäßigen Abständen heißes →Wasser oder Wasserdampf hoch in die Luft schleudern. Sie kommen vor allem in →vulkanisch aktiven Gebieten vor, wie etwa auf Neuseeland, in Nordamerika oder auf Island. Das emporschießende Wasser ist Grundwasser, das tief im Inneren der →Erde erhitzt und durch einen engen unterirdischen Kanal nach oben gepresst wird.

Die etwa 30 m hohe Wassersäule des Geysirs Strokkur in Island

Gift

Gifte können dem Menschen und anderen Lebewesen schwere Schäden zufügen oder sogar tödlich wirken. Dazu muss das Gift über das →Blut, Mund und →Magen oder mit der →Atmung durch die →Lungen in den Körper eindringen. Es gibt Tausende giftiger Stoffe und jeder wirkt anders. Deshalb ist es bei Vergiftungen wichtig, zu wissen, um welches Gift es sich handelt. Bereits im Haushalt finden wir viele Stoffe, die bei falscher Anwendung giftig wirken. Dazu gehören WC-Reiniger, Spülmittel und Farben, auch viele Heilmittel.

Viele heimische →Pilze sind giftig, wie etwa der →Fliegenpilz und der Knollenblätterpilz. Besonders tückisch ist, dass Giftpilze oft so ähnlich wie essbare Pilze aussehen. Unter fast allen Tiergruppen gibt es giftige Tiere. Berüchtigt sind die Giftschlangen. Doch eines der giftigsten Tiere ist der südamerikanische Pfeilgiftfrosch. Das Gift eines einzigen Frosches würde ausreichen, um 1000 Menschen zu töten!

Giraffen leben in den Savannen Afrikas. Sie gebären meist nur ein Kalb, das bereits nach einer Stunde fest auf den Beinen steht.

Giraffe

Giraffen gehören zu den Huftieren. Vom Boden bis zum Scheitel gemessen können sie bis zu sechs Meter hoch werden. Mit ihrem langen Hals gelangt die Giraffe an Baumblätter, die für die anderen Tiere viel zu hoch liegen. Deshalb kann ihr kein anderes Tier die Nahrung streitig machen. Der lange Hals macht aber auch Probleme: Das →Herz muss das →Blut bis zu vier Meter hochpumpen. Die Giraffe verfügt deshalb über einen doppelt so hohen Blutdruck wie der Mensch. Zu den Kurzhalsgiraffen gehört das in Afrika lebende Okapi.

Glas

Wir verwenden Glas für Fenster, Flaschen, Brillen, Spiegel und vieles mehr. Aus Glas bestehen etwa die →Linsen in Fotoapparaten, →Mikroskopen und anderen optischen Instrumenten. Es wird auch in der Glasfasertechnik bei Telefon und Fernsehen eingesetzt.

Glas ist ein nützlicher und vielseitiger Werkstoff. Man kann es billig herstellen und leicht verarbeiten, zu flachen Scheiben, dicken Guss-stücken oder dünnen Gläsern. In Glasbläsereien werden Röhren, Stäbe oder biegsame Fasern hergestellt. Glas entsteht, wenn → Sand, Kalk und Soda zusammengeschmolzen und danach abgekühlt werden. Mit weiteren Zutaten erhält man hitzefestes, extra zähes oder farbiges Glas.

Gleichberechtigung

Von Gleichberechtigung spricht man, wenn jemand gleiche → Rechte wie die anderen Menschen hat oder bekommt. Gemeint ist damit bei uns vor allem die Gleichstellung von → Mann und → Frau. Sie ist ein Grundrecht und im Grundgesetz garantiert. Doch im täglichen Leben ist die Gleichberechtigung von Mann und Frau längst noch nicht überall verwirklicht. So besetzen

Männer in → Politik, → Wirtschaft und vielen anderen Bereichen der Gesellschaft fast alle leitenden Machtpositionen. Die Bemühungen um die Gleichberechtigung der Frauen nennen wir auch Emanzipation.

Das Grundgesetz garantiert ebenso die Gleichberechtigung für Menschen mit unterschiedlichen Hautfarben, → Sprachen, → Religionen, Heimatländern, sexuellen Vorlieben (→ Homosexualität) und → Behinderungen. Kein Mensch darf benachteiligt oder diskriminiert werden. Alle Menschen sind gleichberechtigt und müssen in allen Lebensbereichen die gleichen Möglichkeiten haben.

Der rund 60 km lange Perito-Moreno-Gletscher in Südamerika zählt zu den wenigen Gletschern, die – trotz der Erderwärmung – noch wachsen.

Das Glas

Warum ist Glas durchsichtig?

Glas ist ein hartes, sehr stabiles Material. Manche Glasarten sind so fest, dass man sie nicht einmal mit einem Hammer zerschlagen kann. Dennoch ist Glas für Licht durchlässig, und man kann durchschauen, als wäre es flüssig wie Wasser. Wie kommt das? Das liegt an den kleinsten Teilchen, aus denen alle Dinge dieser Welt aufgebaut sind: den Atomen. Sie bilden in jedem Stoff eine Art Netz oder Gitter. Dieses Gitter ist nicht immer gleich. Manchmal sitzen die Atome sehr eng beieinander. So eng, dass keine Lichtstrahlen hindurchpassen. Diese Stoffe sind undurchsichtig. Bei durchsichtigen Dingen sitzen die Atome nicht so eng beieinander. Zwischen ihnen ist genug Platz, dass Lichtstrahlen durchdringen können.

Gletscher

Gletscher entstehen dort, wo im Winter mehr Schnee fällt, als im Sommer abschmelzen kann, zum Beispiel im → Hochgebirge. Neue Schneemassen drücken die darunterliegenden Schichten so sehr zusammen, dass diese zu → Eis werden. Die Eismassen bewegen sich ganz langsam ins Tal hinunter. So entsteht ein Gletscher. Während des Fließens bilden sich große Risse, die Gletscherspalten. Gletscher führen auch gewaltige Mengen Schutt mit sich. An der Gletscherzunge lagern sie ihn als sogenannte Moräne ab. Durch den → Klimawandel gehen jedoch die Gletscher immer stärker zurück.

Der „faire Handel" setzt sich dafür ein, dass etwa diese Arbeiterin auf einer Bananenplantage nicht zu einem Hungerlohn arbeiten muss.

Globalisierung

Wer Spielzeug kauft, kann auf der Verpackung lesen, wo es hergestellt wurde. Heute steht dort oft „Made in China", „hergestellt in China". In unserer Zeit produzieren immer mehr Firmen Waren, die sie weltweit verkaufen. Möglich ist dies, weil man heute mit Flugzeugen und Schiffen Produkte sehr schnell vom einen Land ins andere transportieren kann. Informationen gelangen zudem rund um die Uhr per → Internet und → E-Mail vom Absender zum Empfänger. Bei dieser Entwicklung spricht man von Globalisierung.

Die Globalisierung stößt teilweise auf großen Widerstand. Denn oft lassen die Firmen die Waren in Ländern herstellen, in denen die Arbeiter nur einen sehr niedrigen Lohn erhalten. Die Firma spart also Geld und kann die Waren zu einem günstigen Preis anbieten. Viele Menschen protestieren, weil dadurch gerade die → Wirtschaft von → Entwicklungsländern zerstört wird und die Menschen dort gezwungen sind, zu Hungerlöhnen zu arbeiten.

Globus

Der Globus ist ein kleines, kugelförmiges Modell unserer → Erde. Er zeigt den Verlauf des → Äquators, alle → Kontinente sowie die Länder und → Meere in der richtigen Lage und im richtigen Größenverhältnis. Zur Verdeutlichung der Erddrehung ist ein Globus meistens drehbar und etwas schräg in einem Gestell befestigt. Der Plural von Globus heißt Globen.

Glühbirne

Die Glühbirne oder Glühlampe spendet uns → Licht. Physikalisch gesehen steckt in dieser Aussage nur die halbe Wahrheit. Denn bei gewöhnlichen Glühbirnen werden fünf Prozent der eingesetzten elektrischen → Energie in Licht umgewandelt und 95 Prozent gehen in Form von Wärmeenergie verloren. Glühlampen sind so gesehen kleine Öfen, die etwas Licht erzeugen. Deswegen benutzt man heute vor allem Leuchtstoffröhren oder Energiesparlampen: Sie verwandeln fast die Hälfte der Energie in Licht und sparen damit viel Strom. Außerdem haben sie eine wesentlich längere Lebensdauer als normale Glühbirnen. Je mehr Watt eine Glühbirne oder Energiesparlampe hat, desto heller leuchtet sie.

Glühwürmchen

In warmen Juninächten fliegen die Männchen der Glühwürmchen umher und suchen im Gebüsch

Das Glühwürmchen

Welche Tiere können leuchten?

Glühwürmchen sind nicht die einzigen Tiere, die selbst leuchten können. Vor allem im Meer gibt es viele Lebewesen, die ebenfalls zur sogenannten Biolumineszenz fähig sind. Fast alle Tiefseefische haben Leuchtorgane. Denn in 1000 bis 10 000 Metern Meerestiefe ist es stockdunkel. Also sorgen die Lebewesen selbst für etwas Licht! Fische wie der Tiefseeanglerfisch locken mit kleinen Leuchtorganen Beutetiere an. Andere Tiefseefische wie etwa der Vampirtintenfisch haben viele Lichtpunkte auf dem Körper, um potenzielle Feinde zu verwirren.
Wale und Robben ernähren sich unter anderem von Leuchtkrebsen. Diese sind nur sechs Zentimeter lang und leben in riesigen Schwärmen von Milliarden Tieren im Meer. Jeder Leuchtkrebs trägt mehrere Leuchtorgane, die das Meer in ein geheimnisvolles blaues Licht tauchen.

sitzende Weibchen, die mit Lichtsignalen auf sich aufmerksam machen. Bei manchen Arten senden auch die Männchen Licht aus. Die Glühwürmchen sind → Käfer, die etwas können, wovon Ingenieure nur träumen: Sie erzeugen ein helles grünliches Licht ohne jede Wärme. Es entsteht in Leuchtorganen durch chemische Reaktionen und hilft ihnen bei der Partnersuche.

Gold

Gold ist ein rötlich gelbes Edelmetall. Es kommt in der Natur selten vor und ist deshalb sehr teuer. Meistens wird Gold in Bergwerken abgebaut. Man kann aber auch kleine Goldkörner in Flüssen finden. Vor allem in Nord- und Südamerika versuchen Goldwäscher das Gold mit Sieben aus dem Sand der Flüsse zu waschen.

Aus Gold wird vor allem Schmuck hergestellt. Manchmal wird es auch als Zahnfüllung oder Zahnersatz verwendet. Goldmünzen oder Goldbarren dienen als Wertanlage. Wenn man Gold hauchdünn auswalzt, wird es Blattgold genannt.

Goldring mit gefasstem Diamanten

Gott

Früher glaubten fast alle → Menschen an einen Gott oder mehrere Götter. Dieser Glaube ist das wesentliche Kennzeichen jeder → Religion. Da wir Gott nicht kennen und nicht erfassen können, fällt es schwer, etwas über ihn zu sagen. Er wird als heilig und allmächtig beschrieben, er soll das Schicksal der Menschen lenken und ihnen Gebote für ein richtiges Leben geben. Statt Gott sagen die Muslime Allah.

Das → Judentum, das → Christentum und der → Islam glauben an einen einzigen Gott. Man spricht von Monotheismus. Der → Hinduismus kennt sehr viele Götter (Polytheismus). Auch in der → griechischen Kultur und im → Römischen Reich wurden viele Götter verehrt. Wenn jemand nicht an einen oder mehrere Götter glaubt, so bezeichnet man ihn als Atheisten.

Grafik

Wenn wir von „Grafik" sprechen, meinen wir alles, was mit → Zeichnungen oder Schaubildern und ihrer künstlerischen Gestaltung zu tun hat. Auch an einem Buch arbeiten viele Grafiker mit: Am → Computer zeichnen sie zum Beispiel Abbildungen und Karten. Und sie kümmern sich um die Anordnung von Text und Bild. Man sagt: Sie machen das Layout.

Japanische Künstler waren einst Meister in der Herstellung von Farbholzschnitten.

Im täglichen Leben sind wir überall von Grafiken umgeben. Jedes Etikett, jede Anzeige in der Zeitung, jedes Werbeplakat stammt von Grafikern. Verwandt mit der Grafik ist das Design. Es sorgt dafür, dass zum Beispiel Industrieprodukte wie Autos, Möbel, Fernseher oder Computer eine schöne Form bekommen und gut zu gebrauchen sind.

Grammatik

Die Wörter in den Sätzen unserer →Sprache müssen nach ganz bestimmten Regeln zusammengefügt werden. „Ich sehe eine Katze" ist ein ganz normaler, richtiger Satz. Wenn jemand sagt: „Eine ich Katze sehe", so können wir ihn vielleicht mit Mühe verstehen, doch ein korrekter deutscher Satz ist das nicht.

Die Grammatik oder Sprachlehre sagt, wie die Sprachen aufgebaut sind. Sie lehrt uns zum Beispiel, wie man die Personalformen bildet („ich sehe", „du siehst" ...), welche Wortarten (Namen-

wörter/Nomen, Tunwörter/Verben oder Wiewörter/Adjektive) und welche Satzglieder (Subjekt, Prädikat, Objekt) es gibt. Außerdem regelt sie die Reihenfolge der einzelnen Satzglieder. Jede Sprache hat eine eigene Grammatik, und manche Sprachen bauen ihre Sätze ganz anders auf als wir im Deutschen.

Greifvögel

Greifvögel fangen Beutetiere und verzehren sie. Man nannte sie früher auch Raubvögel. Greifvögel sind am Tag aktiv, nachts ruhen sie. Damit sie im Flug ihre Beute gut aufspüren können, besitzen sie sehr gute →Augen und ein scharfes Gehör. Mit ihren kräftigen Krallen töten sie die Beute und zerteilen sie dann mit dem spitzen Hakenschnabel. Der häufigste Greifvogel bei uns ist der Mäusebussard, der sich hauptsächlich von Mäusen ernährt. Habicht und Sperber greifen andere →Vögel an. Falken können rüttelnd in der Luft stehen bleiben, um nach Mäusen Ausschau zu halten. Der Steinadler ist einer der größten heimischen Greifvögel. Er lebt in den Alpen und ernährt sich von Murmeltieren und Hasen.

Der Fischadler erbeutet seine Nahrung im Sturzflug, wobei er oft ganz ins Wasser eintaucht.

Grenze

Natürliche Grenzen wie →Flüsse, →Gebirge oder →Meere trennen Landschaften voneinander. Die Grenzen zwischen Ländern, Städten und →Gemeinden sind meist künstlich festgelegt. Deutschland grenzt zum Beispiel an die Niederlande, Belgien, Luxemburg, Frankreich, die Schweiz, Österreich, die Tschechische Republik, Polen und Dänemark. Staatsgrenzen verlaufen über Berge, oft mitten durch Ebenen, Flüsse und Seen. An den Grenzübergängen wechselt man von einem Land ins andere. Oft muss man dort seinen →Pass vorzeigen. Möchte man Waren über die Grenze bringen, muss man sie beim Zoll anmelden.

Die Grenze

Kann man die Grenze zwischen zwei Ländern sehen?

Wenn man mit dem Auto zum Beispiel von Deutschland in die Schweiz fährt, kommt man in der Nähe von Basel an eine Grenzstation. Auf der deutschen und auf der Schweizer Seite stehen die Zollhäuschen, und irgendwo dazwischen liegt die Grenze zwischen den beiden Staaten.
Mitten in der Landschaft, wo keine Grenzstationen sind, gibt es meist Grenzsteine oder Grenzbäume. Wenn man diese Markierungen miteinander verbindet, sieht man den Verlauf der Grenze. Die genaue Grenzlinie wird heute mithilfe von Satelliten bestimmt. Manchmal sind Grenzen durch Mauern gesichert, etwa zwischen Mexiko und den USA. Auch die Berliner Mauer markierte zwischen 1961 und 1989 eine Grenze – die zwischen Ost- und Westberlin.

Ein bedeutendes Bauwerk der griechischen Kultur ist der Parthenontempel auf der Akropolis in Athen.

griechische Kultur

In der →Antike gab es in Griechenland viele größere Städte, zum Beispiel Athen oder Sparta, die kleine Staaten bildeten und oftmals Kriege gegeneinander führten. Jede Stadt hatte eine →Regierung mit eigenen →Gesetzen. In Athen, der heutigen Hauptstadt von Griechenland, entstand im 5. Jahrhundert v. Chr. die erste →Demokratie. Griechische Kolonien gab es im ganzen Mittelmeerraum, etwa in den heutigen Ländern Italien und Türkei.

Die Dichtung, das →Theater und die →Kunst spielten damals eine große Rolle. Viele bedeutende Denker lebten im alten Griechenland, etwa Aristoteles, Plato und Sokrates. Alle vier Jahre führten die Griechen →Olympische Spiele durch. Während dieser Zeit mussten alle Waffen ruhen. Die alten Griechen verehrten viele →Götter, denen sie große →Tempel bauten. Der Vater aller Götter hieß Zeus. Seine Tochter Athena war die Göttin der Weisheit, nach ihr ist die Stadt Athen benannt.

Griechische Vase mit einer olympischen Wettlaufszene

117

Haar

Nur die →Säugetiere und die →Menschen haben echte Haare an ihrem Körper. Diese bestehen wie die →Federn der Vögel oder die Schuppen der →Kriechtiere aus Horn. Jedes Haar steckt in einem Haarbalg in der unteren Schicht der →Haut. Wenn Haare weiß werden, verlieren sie ihren Farbstoff und lagern stattdessen Luftbläschen ein, die das →Licht zurückwerfen. Glattes Haar ist im Querschnitt rund. Stark krauses Haar hat einen bandartigen, flachen Querschnitt.

Hafen

Ein Hafen bietet →Schiffen einen Anlege- oder Ankerplatz. Häfen liegen oftmals geschützt in einer Meeresbucht oder in einer Flussmündung. Ein Hafen hat ähnliche Aufgaben wie ein →Flughafen. Schiffe werden von großen Kränen beladen und entladen. Praktisch und platzsparend sind einheitlich große Behälter, die man Container nennt. Die Fracht wird im Hafen in großen Lagerhallen, Kühlräumen und Silos gelagert.

In einem Passagierhafen legen Fähren und Kreuzfahrtschiffe an. Über Landungsbrücken steigen Personen in die Passagierschiffe ein oder aus. Zudem werden die Schiffe mit Wasser, Lebensmitteln und Treibstoff versorgt. Große Häfen haben Docks, um Schiffe zu reparieren. Ein Schiff, das unten neu gestrichen werden muss, fährt in ein riesiges Becken, das Trockendock. Dann verschließt man das Tor und pumpt das Wasser ab.

Hai

Die Haie gehören zu den Salzwasserfischen. Im Gegensatz zu den meisten →Fischen haben sie ein →Skelett aus Knorpel und nicht aus Kno-

In großen Häfen wie dem Hamburger Hafen übernehmen riesige Ladekräne das Laden und Löschen der Container.

chen. Ebenso ist ihre Haut nicht von flachen Schuppen bedeckt, sondern von spitzen Zähnchen. Haie leben überwiegend in warmen →Meeren. Der Walhai wird über 15 Meter lang und ist der größte →Fisch. Das harmlose Tier ernährt sich ausschließlich von →Plankton. Nur wenige Haie können dem Menschen gefährlich werden, darunter der Tigerhai und der Weiße Hai. Sie verfügen über einen empfindlichen Geruchssinn.

Der Weiße Hai zählt zu den größten Raubfischen weltweit.

Ihre Beute zerschneiden diese Haie mit messerscharfen →Zähnen, die sich ständig erneuern. Einem großen Hai wachsen im Lauf seines Lebens über 20 000 Zähne.

Halloween

Halloween ist ein Fest, das in der Nacht vom 31. Oktober auf den 1. November gefeiert wird. Also am „Abend vor Allerheiligen", was auf Englisch „All Hallows' Even" heißt. Daher kommt der Name „Halloween". Bereits vor über 2000 Jahren feierten die →Kelten am 31. Oktober den Abschied des Sommers. Sie machten ein riesiges Feuer und glaubten, dass in dieser Nacht die Geister

Kürbisse mit solchen Schnitzmustern gibt es nur zu Halloween.

der Verstorbenen zurückkehren würden. Deswegen verkleiden sich auch heute noch viele Menschen an Halloween als Geister und schnitzen Fratzengesichter in große Kürbisse.

Handel

Wer etwas kauft oder verkauft, treibt Handel. Ursprünglich tauschten die Menschen Ware gegen Ware, etwa ein Schwein gegen ein Fell. Das nennt man Tauschhandel. Heute wird das gehandelte Produkt gegen einen Geldbetrag getauscht. Wir kaufen unsere Lebensmittel in einem kleinen Geschäft. Dessen Inhaber ist ein Einzelhändler, der die Lebensmittel bei einem Großhändler eingekauft hat. Der Großhändler

wiederum kauft die Waren in großen Mengen auf dem →Bauernhof oder in einer Lebensmittelfabrik. Weil jeder an dem Handel verdienen will, wird die Ware immer teurer.

Waren, die aus dem Ausland eingeführt werden, bezeichnet man als Import. Die ausgeführten Waren sind Exporte. Jedes Land möchte möglichst viel exportieren, weil so →Geld ins eigene Land fließt. Durch die →Globalisierung der →Wirtschaft werden heute Waren zunehmend weltweit gehandelt, was auch Probleme mit sich führt.

Handwerk

Handwerk bedeutet immer noch Handarbeit, auch wenn ein Handwerker heute →Werkzeuge und →Maschinen zu Hilfe nimmt. Er stellt seine Waren meistens einzeln und auf Bestellung eines Kunden her. In der →Industrie dagegen ist die Massenfertigung typisch. Manche Handwerker leisten auch Dienste, wie ein Maler, der ein

Eine Tischlerin in der Ausbildung in einem Handwerksbetrieb

Haus streicht. Bei uns ist das Handwerk nach der Industrie der bedeutendste Zweig der →Wirtschaft.

Um Handwerker werden zu können, muss man eine →Ausbildung machen. Die Lehrlinge oder Auszubildenden (Azubis) lernen im Betrieb und besuchen nebenbei die Berufsschule. Wenn sie nach zwei oder auch drei Jahren ausgelernt haben, erhalten sie den Gesellenbrief. Nach einigen Jahren praktischer Arbeit und weiterer Ausbildung dürfen sie die Meisterprüfung ablegen. Nur wer Meister ist, darf einen eigenen Handwerksbetrieb eröffnen. Es gibt heute über 150 Ausbildungsberufe im Handwerk, etwa Bäcker, Tischlerin, Goldschmiedin und Friseur.

Handy

Der Begriff „Handy" hört sich englisch an. Er ist jedoch eine typisch deutsche Neubildung. Die Engländer nennen das kleine handliche →Telefon nämlich „mobile phone". Wir sprechen auch von Mobiltelefon.

Das Handy ist ein Funkgerät. Beim Wählen gelangen die Nummern zur nächsten →Antenne.

Von dort aus wird der Empfänger in allen Zellen des Netzes gesucht. Das Gespräch läuft dann von der Empfangs- zur Sendeantenne in →Glasfaserkabeln. Die weitere Übertragung zum Empfänger erfolgt wieder über Funk. Die meisten Handys sind heute Vielzweckgeräte geworden. Man kann mit ihnen Geld überweisen, fotografieren, Musik hören, Daten aus dem →Internet abrufen („wappen"), kurze Botschaften als SMS („Short Message Service") austauschen oder Bilder und Videos über MMS („Multimedia Messaging Service") versenden.

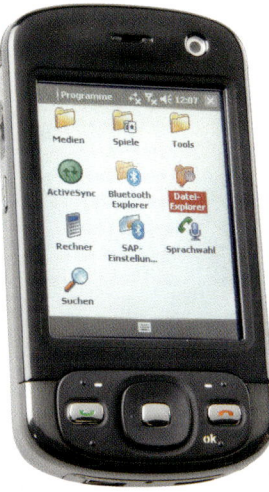

Smartphone: ein Handy mit vielen Extrafunktionen

Hase

Hasen sind →Säugetiere. Obwohl sie lange Schneidezähne haben, die ständig nachwachsen, gehören sie nicht wie die Mäuse zu den →Nagetieren. Mit den Kaninchen bilden Hasen eine eigene Familie der Hasentiere.

Der Hase

Was ist der Unterschied zwischen Hasen und Kaninchen?

Bei uns sind sowohl Feldhasen als auch Wildkaninchen heimisch. Doch kannst du die beiden auseinanderhalten? Die etwas kleineren Kaninchen leben gesellig in großen Familiengruppen in einem weitverzweigten unterirdischen Bau.

Feldhasen leben einzeln, sie haben keinen Bau. Die Häsin gräbt für ihre Jungen eine flache Mulde in den Boden. In dieser Sasse verbringen die Hasenbabys die ersten Wochen. Da sie noch keinen Körpergeruch haben, können sie von ihrem größten Feind, dem Fuchs, nicht aufgespürt werden. Sie werden in dieser Zeit zwar von der Mutter gefüttert, könnten sich aber auch allein zurechtfinden.

Neugeborene Kaninchenjungen dagegen sind nackt und blind. Die hilflosen Nesthocker bleiben die ersten Wochen in einer Höhle unter der Erde und werden von der Mutter versorgt.

Der Feldhase lebt bei uns auf →Wiesen und auf Feldern. Er frisst nur Gräser, Kräuter, Rinden und →Knospen. Bei Gefahr drückt er sich fest an den Boden und flüchtet erst im letzten Augenblick. Dabei kann er Geschwindigkeiten bis zu 80 Kilometer pro Stunde erreichen. Im Frühjahr versammeln sich zahlreiche männliche und weibliche Tiere an einem Ort. Sie verfolgen sich gegenseitig in wildem Lauf, bevor sie sich paaren. 40 Tage später kommen die jungen Hasen mit geöffneten Augen und mit Fell auf die Welt. Schon nach vier Wochen verlassen sie ihre Mutter. Feldhasen können bis zu zwölf Jahre alt werden. Im hohen Norden von Europa leben Schneehasen. Ihr Fell ist im Sommer graubraun und im Winter weiß. Das Winterfell ist im Schnee für die Hasen eine gute →Tarnung.

Haus

Schon immer suchten Menschen nach einem Unterschlupf, um sich vor Kälte, →Niederschlag oder auch vor wilden Tieren zu schützen. In der →Steinzeit lebten die ersten Menschen in →Höhlen. Heutzutage sind moderne Häuser so gebaut, dass sie Kälte und Nässe abweisen, Wärme jedoch speichern. Dafür sorgen doppelt verglaste Fenster und Isolierstoffe im Dach und an den Wänden.

Wenn zwei oder mehr Häuser nebeneinandergebaut werden, so spricht man von einem Doppel- oder Reihenhaus. Liegen die Wohnungen übereinander, so bilden sie einen Wohnblock. Häuser mit sehr vielen Stockwerken heißen Hochhaus oder Wolkenkratzer. In vielen großen →Städten gibt es nicht genügend Häuser oder bezahlbare Wohnungen für alle, besonders in Ländern der Dritten Welt. Viele Menschen leben dann in Hütten aus Wellblech oder Abfallholz. Solche Siedlungen nennt man Slums.

Haustiere

Vor ungefähr 10 000 Jahren begannen die →Menschen, Wildtiere aus ihrer Umgebung zu halten. Sie lieferten dem Menschen Nahrungsmittel wie Fleisch, →Milch und →Eier und auch Rohstoffe wie Felle und Leder. Im Lauf der Zeit veränderten sich die Tiere und verloren teilweise ihre Merkmale. So

Wellensittich

Das Haus

Warum fallen Wolkenkratzer nicht um?

Überall auf der Erde wachsen die Hochhäuser immer höher in den Himmel. Das höchste Gebäude der Welt ist zurzeit der Burj Khalifa in Dubai, der sich 828 Meter in den Himmel reckt. Den Rekord in Europa hält mit 259 Metern der Commerzbank Tower in Frankfurt am Main. Doch warum sind Hochhäuser so stabil?

Der Trick beim Bau von Hochhäusern ist das Material. Wollte man ein Hochhaus aus normalen Steinen errichten, müssten die Mauern am Boden viele Meter dick sein, um das Gewicht des Hauses tragen zu können. Wolkenkratzer haben jedoch ein Gerüst aus Stahlträgern, deren Zwischenräume mit Beton oder Glas ausgefüllt werden. Die Wände sind viel leichter, sodass man Hunderte von Metern in die Höhe bauen kann.

haben Haustiere zum Beispiel andersgeformte Schädel oder andere Fellfarben. Und sie sind größer oder kleiner als ihre wilden Vorfahren.

Die ältesten Haustiere des Menschen sind Ziege, → Schaf, Rind (→ Kuh) und → Hund. Der Mensch erkannte bald, dass ihm das Rind nicht nur als Fleisch- und Milchlieferant, sondern auch als Arbeits- und Lasttier dienen konnte. Haustiere, die dem Menschen nützen, heißen auch Nutztiere. Weitere Nutztiere sind Büffel, → Yak, Kamel und Lama, zudem → Schwein, → Pferd, Esel, Rentier und Kaninchen. Bei den Vögeln sind es → Huhn, Perlhuhn, Truthahn, Gans und → Ente, bei den Insekten die Honigbiene.

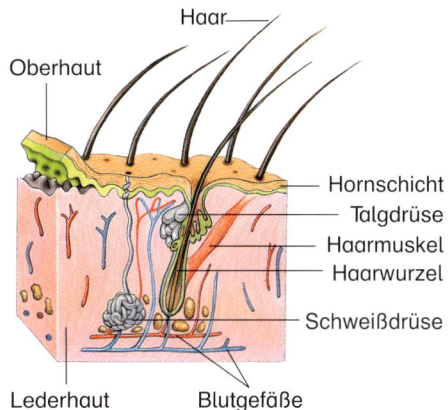

Hauskatze

Manche Tiere leben mit dem Menschen unter einem Dach. Man nennt sie Heimtiere. Oft werden Hunde und → Katzen gehalten, ebenso → Meerschweinchen, Hamster, Wellensittiche oder → Aquarienfische.

Haut

Die Haut bedeckt die Außenseite des → Körpers. Sie schützt uns vor Verletzungen und vor dem Eindringen schädlicher → Bakterien. Sie enthält auch → Sinnesorgane für den Tastsinn, den Temperatursinn und den Schmerzsinn. Die Haut eines Erwachsenen hat insgesamt eine Oberfläche von ungefähr 1,7 Quadratmetern. Übrigens erfolgt auch ein kleiner Teil der → Atmung über die Haut.

Haar
Oberhaut
Hornschicht
Talgdrüse
Haarmuskel
Haarwurzel
Schweißdrüse
Lederhaut
Blutgefäße

Unsere Haut schützt uns vor Eindringlingen wie Schmutz und Bakterien.

Unsere Haut setzt sich aus zwei Schichten zusammen, der Oberhaut und der Lederhaut. Die äußere Schicht der Oberhaut heißt auch Hornschicht. Sie besteht aus abgestorbenen, verhornten → Zellen. Wo die Haut sehr stark beansprucht wird, bildet sich eine dicke Hornschicht, die Schwielen. Der Farbstoff Melanin in der Oberhaut verleiht der Haut die braune Farbe. Die Lederhaut enthält → Nerven, Sinnesorgane, → Blutgefäße, Schweißdrüsen und die → Haarwurzeln.

Bei Schlangen wächst die Haut nicht mit. Deswegen müssen sie sich regelmäßig häuten (Leopardnatter beim Abstreifen des „Natternhemds").

Hebel

Der Hebel ist eine der einfachsten →Maschinen. Mit ihm übertragen wir Kräfte von einem Ort zu einem anderen. Gleichzeitig kann man mit dem Hebel die eingesetzte Muskelkraft vergrößern. Einen Felsblock können wir mit bloßer Hand nicht bewegen. Mit einem Hebel hingegen gelingt es: Wir legen den Hebel unter den Block und über einen kleineren Stein in der Nähe des Blocks. Bewegen wir das andere Ende des Hebels nach unten, wird der Felsblock trotz seines Gewichts angehoben. Der kleinere Stein dient als Drehpunkt.

Einen solchen Hebel nennen wir zweiarmig, weil die beiden Kräfte an verschiedenen Seiten des Drehpunktes ansetzen. Hebel spielen überall eine große Rolle. Jede Zange und jede Schere sind zweiarmige Hebel. Beim einarmigen Hebel liegen die Angriffspunkte der beiden Kräfte auf derselben Seite des Drehpunkts. Einarmige Hebel sind etwa Schubkarre und →Baggerarm.

Je größer der Hebel, desto einfacher wird die Arbeit.

Heißluftballon

Der Heißluftballon enthält in seinem Inneren heiße →Luft. Da sie viel leichter ist als die umgebende kühle Luft, steigt der Heißluftballon auf. Wenn die Luft im Inneren mit der Zeit abkühlt, sinkt der Ballon. Deswegen muss der Ballonführer die Luft immer wieder erhitzen. Heißluftballons können nur mit dem →Wind treiben. Man kann sie nicht lenken. Im Jahr 1783 starteten die Brüder Montgolfier den ersten Heißluftballon. Auch heute noch haben Ballons eine große Bedeutung. Sie transportieren Messgeräte von →Wetterforschern viele Kilometer weit in die Höhe.

Zeppeline oder Luftschiffe hingegen lassen sich lenken und können überallhin fliegen. Ab 1900 wurden von Ferdinand Graf von Zeppelin viele Luftschiffe gebaut, die um die ganze Welt flogen. Nach der Explosion des Zeppelins „Hindenburg" 1937 wurde der Bau von Luftschiffen vorerst eingestellt.

Damit der Heißluftballon aufsteigt, heizt der Brenner die Luft im Inneren auf.

Heizung

Mit einer Heizung werden Räume erwärmt. In einem Kachelofen oder Kamin verbrennt →Holz oder →Kohle und gibt dabei Wärme ab. Bei der Zentralheizung befindet sich im Keller ein Kessel, der mit →Wasser gefüllt ist. Ein Brenner wird mit →Erdöl, →Erdgas, Holz oder Holzpellets beheizt und erwärmt das Wasser. Das warme Wasser steigt durch die Rohre in die Heizkörper in den Zimmern. Es gibt zudem Heizungen, bei denen die Wärme mit →Strom oder heißem Wasser aus einem großen Heizkraftwerk erzeugt wird. Eine Heizung kann auch Gegenstände erwärmen, wie die Sitzpolster in Autos.

Herz

Unser Herz ist ein großer, hohler →Muskel. Es pumpt →Blut durch die Blutgefäße, die Arterien und Venen. Bei einem erwachsenen Menschen

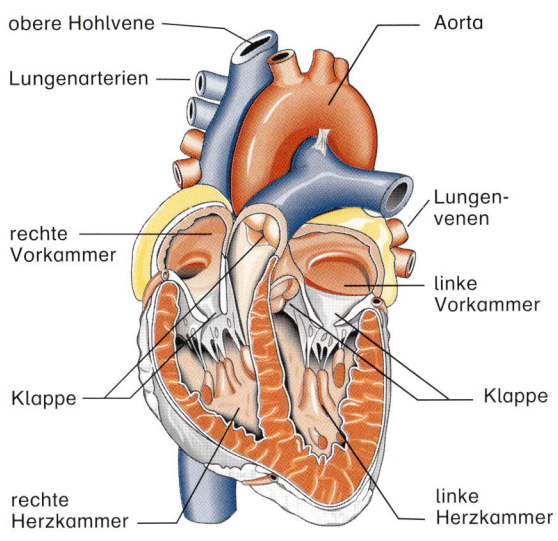

obere Hohlvene

Lungenarterien

rechte
Vorkammer

Klappe

rechte
Herzkammer

Aorta

Lungen-
venen

linke
Vorkammer

Klappe

linke
Herzkammer

Das menschliche Herz im Querschnitt

schlägt das Herz 70- bis 80-mal pro Minute. Dabei befördert es rund sechs Liter Blut. Das Herz saugt sauerstoffarmes Blut aus den Venen in die rechte Vorkammer an. Danach gelangt es in die rechte Herzkammer. Zieht sich das Herz zusammen, wird dieses Blut zu den →Lungen gepumpt. Es reichert sich dort mit →Sauerstoff an und kehrt zur linken Vorkammer zurück. Die

linke Herzkammer pumpt das nun sauerstoffreiche Blut in den →Körper. Das Blut fließt also im kleinen Lungenkreislauf und im großen Körperkreislauf.

Wenn das Herz zu schlagen aufhört, kommt es zuerst im →Gehirn zu einem schweren Sauerstoffmangel. Dies führt einen schnellen →Tod herbei. Durch Herzdruckmassage kann man das Herz manchmal wieder zum Schlagen bringen. Wenn bei einer →Operation ein neues Herz eingesetzt wird, spricht man von Transplantation.

Himmelsrichtung

Mithilfe der Himmelsrichtungen können wir uns zurechtfinden. Die Himmelsrichtung Süden liegt dort, wo die →Sonne genau am Mittag steht. Im Sommer ist das wegen der Sommerzeit erst um 13 Uhr. Norden liegt in entgegengesetzter Richtung. Blicken wir nach Norden, ist Osten rechts, Westen links. Die Sonne geht im Osten auf und im Westen unter. Die Himmelsrichtungen können wir mit einem →Kompass bestimmen. Die Nadel reagiert auf das →Magnetfeld der →Erde und zeigt uns Norden an.

Die Himmelsrichtung

Wie bestimmt man die Himmelsrichtung ohne Kompass?

Auch ohne Kompass ist es ganz leicht, die Himmelsrichtung zu bestimmen. Du brauchst dazu nur eine Armbanduhr mit Zeigern. Finde zunächst heraus, aus welcher Richtung die Sonne scheint. Nimm deine Uhr und richte den kleinen Zeiger nach der Sonne aus. Dann denkst du dir eine Linie vom Mittelpunkt der Uhr bis zu der Markierung für zwölf Uhr. Den Winkel zwischen dieser gedachten Geraden und dem kleinen Zeiger halbierst du: Diese Linie zeigt genau nach Süden.

Und wenn die Sonne nicht scheint? Dann hältst du nach einem Baum Ausschau, der Moos angesetzt hat. Moos wächst bei uns immer auf der Seite, die nach Nordwesten zeigt. Von daher kommt nämlich in unseren Breiten das Wetter, also auch der Regen. Die Nordwestseite des Baumes ist daher die feuchteste, und Moose wachsen am liebsten auf feuchtem Untergrund.

Für Hindus ist der indische Fluss Ganges heilig. Hindu-istische Pilger nehmen ein Bad im Ganges, um von ihren Sünden reingewaschen zu werden.

Hinduismus

Der Hinduismus ist eine der großen Weltreligionen. Er ist über 4000 Jahre alt. Die Anhänger dieser →Religion heißen Hindus. Die meisten Hindus leben in →Asien, vor allem in Indien. Sie glauben daran, dass der Mensch endlos wiedergeboren wird. Die guten und schlechten Taten der vorangegangenen Leben entscheiden dabei über die Art der Wiedergeburt. Wer als Heiliger wiedergeboren wird, hat im früheren Leben viel Gutes geleistet. Typisch für den Hinduismus ist das Kastensystem. Jeder Mensch ist in eine bestimmte Kaste und gesellschaftliche Schicht hineingeboren und bleibt dort sein Leben lang. In Indien gibt es einige Tausend Kasten. Die höchste Kaste ist die der Priester.

Statue der hin-duistischen Gottheit Schiwa

Der Hinduismus hat viele →Götter. An der Spitze der hinduistischen Götterwelt stehen Brahma (Schöpfer), Wischnu (Erhalter) und Schiwa (Zerstörer). Viele Hindus sind Vegetarier und →Kühe sind für sie heilig. Deswegen essen sie kein Rindfleisch.

Hochgebirge

Hochgebirge sind →Gebirge, die eine Höhe von über 1500 Meter erreichen. Die Sommer sind kurz und die schneereichen Winter lang. In den höchsten Lagen breiten sich →Gletscher aus. Oft wehen heftige →Winde. Tagsüber ist die Sonneneinstrahlung sehr stark, nachts ist es bitterkalt.

Vom Tal bis zu den Gipfeln der Hochgebirge ändert sich die Pflanzenwelt. Bis zur Baumgrenze wachsen →Nadelbäume, oberhalb davon nur noch Zwergsträucher und Alpenrosen. Weiter oben blühen kleine →Blumen zwischen niedrigen Gräsern. In den Gipfelregionen kommen

Alpensteinböcke leben im Hochgebirge und sind gute Kletterer.

ausschließlich → Flechten, → Moose und einige wenige Blütenpflanzen wie Enzian und Edelweiß vor. Im Hochgebirge leben der Steinbock, die Gämse, die Alpendohle und das Schneehuhn. Allerdings ist ihr Lebensraum durch den → Klimawandel sehr bedroht.

Hochwasser

Bei Hochwasser steigt der Wasserstand von → Flüssen, → Seen und → Meeren an. Hochwasser ist im Meer durch → Ebbe und Flut eine regelmäßige Erscheinung. Wenn Flüsse anschwellen, kann das verschiedene Gründe haben, zum Beispiel sehr starke Regenfälle oder die Schneeschmelze. Der Mensch ist an den katastrophalen Überschwemmungen der letzten Zeit mitschuldig. Früher ließ man die Flüsse natürlich fließen. Es gab große Auen, die bei Hochwasser überflutet wurden. Die Flüsse bildeten viele Flussschlingen (Mäander). Bereits vor 200 Jahren begann man jedoch, die Flüsse in ein enges Bett zu zwingen und zu begradigen.

Höhle

Höhlen entstehen meistens, wenn leicht säurehaltiges → Wasser durch ein → Gestein aus Kalk fließt. Die Säure löst den Kalk auf. Manche Kalkgebiete sind durchlöchert wie ein Schweizer Käse. Nach der Bildung der Höhle tropft weiterhin Wasser von den Decken und Wänden. Dieses Wasser enthält gelösten Kalk. So entstehen die Tropfsteine mit ihren außergewöhnlichen Formen. Wenn sie von der Decke hängen, nennen wir sie Stalaktiten, wenn sie vom Boden nach oben wachsen, heißen sie dagegen Stalagmiten.

Viele Tiere haben sich an das Leben in den lichtlosen Höhlen angepasst. Im Lauf der → Evo-

lution verloren sie oft ihre Farbe und sogar ihr Sehvermögen. Dafür verlängerten sich ihre Fühler und Beine, damit sie sich in der Dunkelheit tastend fortbewegen konnten.

In der → Steinzeit suchten die Menschen in Höhlen Schutz vor Kälte, Niederschlag und vor wilden Tieren. Aus dieser Zeit stammen auch viele Höhlenmalereien.

Die Höhlen von Postojna liegen in Slowenien. Sie zählen zu den größten Tropfsteinhöhlen, die für Touristen zugänglich sind.

Holz

Bäume und → Sträucher bringen Holz hervor. Der hölzerne Stamm trägt die schwere Krone des → Baumes und muss gleichzeitig Wasser und die darin gelösten Nährstoffe zu den → Blättern transportieren. Jedes Frühjahr bildet sich unter der Rinde eine neue Schicht von → Zellen. Wir bezeichnen sie als Jahresring. Darin laufen die Gefäße, die das Wasser transportieren. Im Herbst verholzen die Zellen des Jahresrings und im Frühjahr bildet sich der nächste Jahresring. So vergrößert der Holzkörper des Baumes seinen Durchmesser.

Das Holz

Warum knackt Holz beim Verbrennen?

Jeder kennt wahrscheinlich das knackende und knisternde Geräusch, wenn an lauen Sommerabenden die Holzscheite im Lagerfeuer verbrennen. Das Knacken entsteht, weil Wasser im Holz enthalten ist. Wenn der Holzscheit brennt, erhitzt sich das im Holz eingeschlossene Wasser und verdampft. Dabei dehnt es sich aus. Ist es in den Zwischenräumen des Holzes gespeichert, so entwickelt der Wasserdampf einen starken Druck: Das Holz verzieht sich und die Holzfasern werden gesprengt. Das hört man als Knacken.

Übrigens knackt und knistert es umso mehr, je frischer das Holz ist. Denn ein frisch gefällter Baum enthält noch viel Feuchtigkeit. Lässt man Holz etwa ein Jahr liegen, trocknet es aus und knackt nicht mehr.

Frisch gefälltes Holz besteht nahezu zur Hälfte seines Gewichts aus Wasser. Vor der Verarbeitung wird es daher getrocknet. Harthölzer verwendet man vor allem in der Bau- und Möbelindustrie. Aus weichem Holz, etwa von der Fichte, gewinnt man Brennholz oder den sogenannten Holzschliff: ein musartig zerfasertes Holz, aus dem man ➔ Papier herstellt. Gute Holzbretter aus einem Stück (Massivholz) sind heute sehr teuer. Viel billiger sind Pressspanplatten aus verleimten Holzspänen.

Homosexualität

Als Homosexualität bezeichnen wir das ➔ sexuelle Verlangen eines Menschen nach einem gleichgeschlechtlichen Partner. Ein ➔ Mann ist homosexuell, wenn er einen Mann liebt. Eine ➔ Frau ist homosexuell, wenn sie eine Frau liebt. Homosexuelle Männer bezeichnen sich selbst oft als Schwule, homosexuelle Frauen als Lesben.

Obwohl Homosexualität schon längst gesetzlich anerkannt ist, leiden homosexuelle ➔ Menschen auch heute noch häufig darunter, dass sie oftmals schlechter behandelt werden. Seit 2001 können gleichgeschlechtliche Paare in Deutschland eine Lebenspartnerschaft begründen, die sogenannte Homoehe. Die Partner verpflichten sich dabei wie in einer ➔ Ehe zu gegenseitiger Fürsorge, Unterstützung und Unterhalt.

Das sexuelle Verlangen zwischen einem Mann und einer Frau heißt Heterosexualität. Menschen mit beiderlei Orientierung nennen wir auch bise-

Das Maus-Quiz

Mit dieser Maschine kann man eine Baugrube ausheben. Sie hat einen langen beweglichen Arm, der mit Hebelkraft funktioniert. Auf welcher Seite befindet sich die Maschine hier im Buch?

Der SAR 71 ist ein speziell für Rettungseinsätze aus der Luft ausgerüsteter Hubschrauber.

xuell. Es gibt wissenschaftliche Untersuchungen, die davon ausgehen, dass Bisexualität eine Veranlagung jedes Menschen ist.

Horizont

Wenn wir in einer weitläufigen Landschaft in die Ferne schauen, reicht unser Blick immer nur maximal bis zum Horizont. Der Horizont ist die Trennlinie zwischen Himmel und → Erde. In einer großen Ebene liegt der Horizont weiter entfernt als in einem engen Tal.

Von einem → intelligenten Menschen sagen wir, er habe einen weiten Horizont. Vom Begriff Horizont kommt das Wort horizontal. Es bedeutet so viel wie waagerecht.

Horoskop

Die Astrologen glauben, dass die Stellung der → Sterne in der Stunde der Geburt den Charakter und das Schicksal eines Menschen beeinflusst. Sie deuten diese Stellung in einem Horoskop. Wichtig hierbei sind die zwölf Tierkreiszeichen oder → Sternbilder, wie etwa Zwilling, Widder und Skorpion. Viele halten Horoskope für einen Aberglauben.

Hubschrauber

Der Hubschrauber oder Helikopter wurde in den 1930er-Jahren in Deutschland entwickelt. Er ist das → Flugzeug, das man am vielseitigsten ver-

wenden kann: Der Hubschrauber kann senkrecht starten und landen und braucht keine große Landepiste. Hubschrauber können in alle Richtungen fliegen. Sie haben statt zwei Tragflächen einen Rotor, der gleichzeitig die Rolle der Tragfläche und des Propellers übernimmt. Der Pilot steuert den Hubschrauber, indem er den Anstellwinkel der Rotorblätter verändert. Wenn ein Hubschrauber nur einen großen Rotor besitzt, braucht er am hinteren Ende noch eine zusätzliche Heckschraube, sonst würde er sich dauernd um die eigene Achse drehen. Wenn sich zwei Hauptrotoren jedoch in entgegengesetzter Richtung drehen, ist eine Heckschraube überflüssig.

Huhn

Heute ist das Haushuhn eines der wichtigsten → Haustiere. Wie → Schafe oder Rinder werden sie gehalten, weil sie uns Fleisch liefern. Außerdem legt ein Legehuhn bis über 300 → Eier pro Jahr, also fast jeden Tag eines. Das ist eine enorme Leistung, wenn man bedenkt, dass das wilde Bankivahuhn in Indien und Indonesien, von dem unser Haushuhn abstammt, im Jahr nur etwa 20 Eier legt. Hühner in artgerechter Haltung können sich frei auf einem Hof bewegen. Auf vielen heutigen → Bauernhöfen

Haushuhn

Hühner werden oft noch in Legebatterien gehalten. Durch die Enge sind die Tiere großem Stress ausgesetzt. Mehr Auslauf und ein artgerechteres Leben haben Hühner in Freilandhaltung.

werden jedoch massenhaft Hühner sehr beengt in Legebatterien gehalten. Dadurch sind die Tiere großem ➡ Stress ausgesetzt.

Hund

Der Hund ist eines der ältesten ➡ Haustiere. Vor rund 10 000 Jahren wurden ➡ Wölfe von Menschen gezähmt. Aus ihrem Nachwuchs entwickelten sich im Lauf der Zeit die Hunde. Sie wurden bei verschiedenen Aufgaben einge-

Huskys werden in den Polargebieten oft als Schlittenhunde eingesetzt.

setzt, etwa um ➡ Füchse zu jagen, ➡ Schafe zu hüten oder als Wachhund. So entstanden über 300 Hunderassen. Die größte Art ist die Deutsche Dogge. Zu den kleinsten zählen der Yorkshireterrier und der Chihuahua. Eine besondere Ausbildung brauchen Hunde, die als Blindenhunde oder Polizeihunde eingesetzt werden. Geeignet hierfür sind zum Beispiel Schäferhunde.

Hunde werden bis zu 15 Jahre alt. Sie haben einen hervorragenden Geruchssinn. Junge Hunde nennt man Welpen, sie kommen blind auf die Welt und saugen zunächst nur Milch von der Mutter. Erst nach drei bis vier Wochen fressen sie Fleisch.

Der Hund

Warum können Hunde so gut riechen?

Hunde sind berühmt für ihren ausgezeichneten Geruchssinn. Ausgebildete Spürhunde suchen und finden mithilfe ihrer feinen Nase an Flughäfen nicht nur Sprengstoff, Waffen oder Drogen. Rettungshunde sind sogar in der Lage, Opfer von Erdbebenkatastrophen oder Lawinenunglücken unter meterdicken Schichten von Haustrümmern oder Schnee zu erschnüffeln. Doch was macht die Nase der Hunde so empfindlich? Für das Riechen sind Millionen sogenannter Riechsinneszellen zuständig. Diese speziellen Nerven sitzen in der Nasenschleimhaut. Hunde haben etwa 250 Millionen Riechsinneszellen in der Nase – das sind 25-mal mehr, als wir Menschen besitzen. Sie gehören damit zu den Säugetieren mit der besten Geruchswahrnehmung.

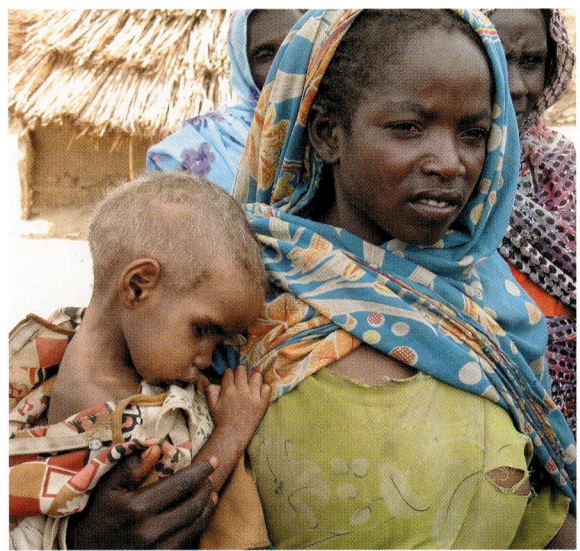

In vielen Teilen der Welt herrschen Hungersnöte. Auch im Sudan in Afrika hungern die Menschen.

Hunger

Wir Europäer wissen kaum, was Hunger bedeutet. Der Hunger, den wir vor dem Mittagessen verspüren, ist nicht zu vergleichen mit dem Hunger, den viele Millionen Menschen vor allem in den →Entwicklungsländern jeden Tag ertragen müssen. Diese Menschen können sich fast nie satt essen. Und selbst wenn ihnen dies gelingt, so sind doch viele fehlernährt. Das heißt, ihre

Nahrung enthält hauptsächlich nicht genügend →Vitamine und Eiweiße. Das hat zur Folge, dass die →Kinder nicht richtig heranwachsen. Schwere Unterernährung von der Mitte der →Schwangerschaft bis zum zweiten Lebensjahr kann die geistigen Fähigkeiten des Menschen für das ganze Leben schädigen. Also ist eine richtige →Ernährung lebenswichtig.

Unterernährung ist eines der größten Probleme! Während viele der rund sieben Milliarden Menschen weltweit im Überfluss leben, sind ungefähr 850 Millionen unterernährt. Alle fünf Sekunden stirbt ein Kind an den Folgen des Hungers.

Hygiene

Die griechische Göttin der →Gesundheit hieß Hygieia. Auf sie ist das Wort Hygiene zurückzuführen, das so viel wie Gesundheitspflege bedeutet. An erster Stelle steht die persönliche Hygiene, die Körperpflege. Gemeint sind damit regelmäßiges Waschen und Baden, Zähneputzen und Kämmen, aber ebenso →Sport und gesunde →Ernährung. Auch der →Staat muss sich um Hygiene kümmern, etwa um sauberes Trinkwasser, die Verhütung von Seuchen und die Lebensmittelkontrolle.

Bei Gefahr rollt sich der Igel zusammen. So schützen seine Stacheln ihn vor Feinden.

Igel

In unseren → Gärten lebt der Igel. Tagsüber ruht er in einem Versteck. Erst am Abend wird der Igel munter. Er ist ein sehr nützliches Tier, weil er → Insekten, → Schnecken und andere → Schädlinge frisst. Wie die Spitzmaus gehört er zu den Insektenfressern. Bei Gefahr rollt sich der Igel zu einer Kugel zusammen. Dabei spreizen sich die Stacheln ab und schützen ihn. Sein größter Feind ist der Mensch: Denn oft werden Igel auf unseren Straßen überfahren.

Igel kommen bereits mit Stacheln auf die Welt, die anfangs noch ganz weich sind. Im Herbst baut sich der Igel ein → Nest aus Blättern und → Moos. Dort schläft er den ganzen Winter und ernährt sich von dem Fett, das er sich angefressen hat. Wenn man im Herbst einen kleinen Igel findet, der weniger als 500 Gramm wiegt, so bringt man ihn zum Tierarzt, damit er den Winter überleben kann.

Impfung

Fast jedes Kind bei uns ist gegen Kinderlähmung geimpft. Bei der Schluckimpfung nimmt der Körper → Viren auf. Diese Viren sind jedoch so weit abgeschwächt, dass sie nur eine abgemilderte Form der Kinderlähmung hervorrufen. Unser → Körper allerdings weiß nicht, dass er es nur mit abgeschwächten Viren zu tun hat. Er bekämpft die Eindringlinge und produziert Abwehrstoffe gegen sie. Die Abwehrstoffe heißen Antikörper, die Fremdkörper nennt man Antigene. Wenn Antikörper mit Antigenen wie zum Beispiel Viren zusammentreffen, so werden die Viren unschädlich gemacht.

Die Antikörper verschwinden nach der Impfung nicht aus dem Körper, sondern bleiben das ganze Leben lang erhalten. Jedes Mal, wenn wir an Kinderlähmung zu erkranken drohen, werden die → Krankheitskeime sofort bekämpft. Man sagt: Wir sind immun geworden gegen Kinderlähmung.

Die Impfung

Warum bekommt man Impfungen in den Oberarm?

Impfstoffe werden gespritzt, damit sie gleich in die Blutbahn gelangen. Die abgeschwächten Krankheitserreger im Impfstoff sollen so schnell wie möglich auf Antikörper treffen, die im Körper herumsausen, und die Eindringlinge unschädlich machen. Der Arzt gibt die Spritze meist in den Oberarm oder in den Oberschenkel. Denn dort sitzen kräftige Muskeln, die von zahlreichen kleinen Blutbahnen durchzogen sind. Über die vielen feinen Äderchen wird der Impfstoff rasch in den Blutkreislauf transportiert.

Früher gaben Ärzte die Spritzen meist in den Po. Über dem großen Gesäßmuskel liegt jedoch häufig eine Fettschicht, die nicht so gut durchblutet ist wie das Muskelgewebe. Spritzt man den Impfstoff in das Fett, wirkt die Impfung nicht so gut.

Indianer

Als Christoph Kolumbus →Amerika entdeckte, glaubte er Indien gefunden zu haben und nannte die Menschen, denen er begegnete, irrtümlich Indianer. Auch heute noch nennen wir die Ureinwohner Amerikas Indianer. Sie selbst nennen sich Sioux, Apachen, Dakota, Comanchen oder Mohikaner, je nachdem, zu welchem Stamm sie gehören. Die Indianer sind vor rund 20 000 Jahren von →Asien nach Amerika ausgewandert und bevölkerten ganz Nord- und Südamerika. Die Indianer Mittel- und Südamerikas heißen Indios. Zu ihnen zählten die Hochkulturen der →Maya, der →Inka und der →Azteken.

Indianischer Wappenpfahl

Als die Europäer mit der Besiedlung Amerikas begannen, kam es zu zahlreichen blutigen

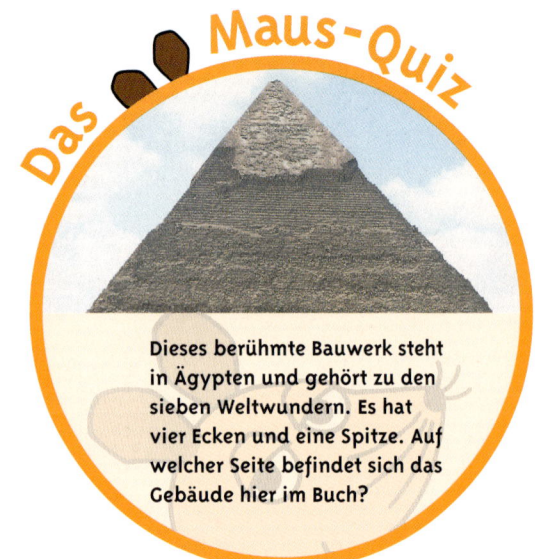

Das Maus-Quiz

Dieses berühmte Bauwerk steht in Ägypten und gehört zu den sieben Weltwundern. Es hat vier Ecken und eine Spitze. Auf welcher Seite befindet sich das Gebäude hier im Buch?

Kämpfen. Die Indianer verteidigten ihr Land und ihre →Freiheit. Dennoch brachten die Weißen ganze Stämme um. Heute leben viele Indianer in Schutzgebieten, sogenannten Reservaten, die ihnen die Weißen zugeteilt haben. Die meisten Indianerreservate gibt es in den USA. Zu Recht fordern die Indianer von den Weißen die Rückgabe ihrer Ländereien.

Die Industrie

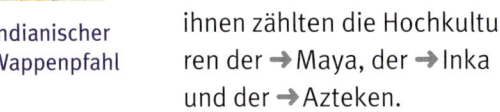

Wie wird ein Auto gebaut?

Autos werden auf sogenannten Montagebändern gebaut, die sich durch riesige Fabrikhallen ziehen. Die Bänder bewegen sich ganz langsam vorwärts, und Arbeiter oder Industrieroboter setzen das Auto Teil für Teil zusammen: Zuerst die Karosserie aus Blechteilen, dann der Motor, das Getriebe und die Achsen. Dann folgt die Innenausstattung, danach die Scheiben, Scheibenwischer und die Räder. Zum Schluss kommen die Türen und die Kofferraumklappen. Jeder Arbeiter baut immer nur wenige Teile ein, dann rollt das Fahrzeug weiter zur nächsten Station.

Da jedes Auto eine andere Farbe und Ausstattung hat, kleben an der Karosserie große Zettel. Darauf steht, welche Teile in das jeweilige Fahrzeug eingebaut werden müssen. Durchschnittlich dauert es etwa 15 bis 20 Stunden, bis ein Auto zusammengebaut ist.

Industrie

Die Industrie stellt Waren in großen Mengen her. Die Arbeiter produzieren die Produkte meist nach dem Prinzip der Arbeitsteilung: Eine Fabrik fertigt beispielsweise am Tag Hunderte von Jacken. Eine Gruppe von Arbeitern schneidet mehrere Lagen Stoff auf einmal aus. Eine weitere Gruppe fügt die zurechtgeschnittenen Einzelteile mit Nähmaschinen zusammen. Andere bügeln und bringen die Kleidungsstücke in die nötige Passform. Schließlich werden die Knöpfe angenäht und die Knopflöcher eingefügt. Jeder Mitarbeiter führt nur einen ganz bestimmten Arbeitsschritt durch. Auf diese Weise spart man Kosten und Zeit, doch die ➜ Arbeit selbst wird eintöniger.

Meistens werden heutzutage in der Industrie jedoch ➜ Maschinen und sogar ➜ Roboter eingesetzt. Die menschliche Arbeitskraft spielt dann eine eher geringe Rolle – im Gegensatz zum ➜ Handwerk.

Information

Dieses Buch gibt Auskunft über viele Fragen, es enthält Informationen. Informationen sind Erklärungen, Mitteilungen oder Nachrichten. Die meisten Menschen haben bei ihrer ➜ Arbeit mit Informationen zu tun, zum Beispiel die Lehrerin, die Schüler unterrichtet. Deswegen sagt man auch, wir leben in einer Informationsgesellschaft.

Der Umgang mit Informationen ist durch den ➜ Computer viel leichter geworden. Alles, was der Computer speichern und bearbeiten kann, nennt man ➜ Daten. Sie sind die Träger von Informationen. In einer Datei sind zusammenhängende Daten gespeichert. Die elektronische Datenverarbeitung heißt abgekürzt EDV.

Inka

Die Inka waren ein südamerikanisches Volk, das vom 13. bis zum 16. Jahrhundert ein riesiges Reich beherrschte. Seinen Mittelpunkt hatte es

Der Machu Picchu in Südamerika ist eine gut erhaltene Ruinenstadt, die vermutlich etwa um 1450 von den Inka erbaut wurde. Durch die Verteilung auf mehrere Terrassen konnten viele heilige Bezirke, Plätze und Wohnungen auf engstem Raum untergebracht werden.

in Peru, die Hauptstadt war Cuzco. Zeitweise erstreckte es sich vom heutigen Chile bis nach Kolumbien. Die Inka bauten viele Straßen, die die entlegenen Teile ihres Reiches miteinander verbanden. Dennoch kannten oder nutzten sie das →Rad nicht, weil es in dem gebirgigen Land wohl kaum Vorteile gebracht hätte.

Im Jahr 1538 eroberte der Spanier Francisco Pizarro mit 180 Männern die Hauptstadt Cuzco. Er nahm König Atahualpa gefangen und versprach, ihn gegen →Gold wieder freizulassen. Die Inka brachten ihre Schätze, doch die Spanier hielten nicht Wort und erdrosselten den König. 1569 hatten die Spanier das ganze Reich der Inka erobert und zerstört.

Entwicklung eines Insekts: Aus dem letzten Larvenstadium schlüpft die erwachsene Libelle.

Insekten

Die Insekten bilden die artenreichste Tiergruppe. Dazu gehören die →Ameisen, →Bienen, die →Fliegen, →Käfer, →Läuse und →Schmetterlinge. Insekten kommen überall vor, außer im Meer.

Der Körper der Insekten besteht aus drei Teilen: dem Kopf, der Brust und dem Hinterleib. An der Brust hat jedes Insekt sechs Beine. Hier sitzen auch die Flügel. →Schmetterlinge haben vier Flügel, Fliegen nur zwei, während →Flöhe keine Flügel besitzen. Am Kopf befinden sich die oft sehr großen Augen, die Mundwerkzeuge und die Fühler. Alle Insekten machen eine ähnliche Entwicklung durch. Aus dem →Ei schlüpft eine →Larve, die sich in das erwachsene Tier verwandelt. So entwickelt sich zum Beispiel die →Libelle. Schmetterlinge und →Käfer durchlaufen vier Stufen. Bei ihnen verwandelt sich die Larve zuerst in eine Puppe, bevor das erwachsene Insekt schlüpft.

Passionsfalter

Insel

Inseln sind Erhebungen des Meeres-, des Fluss- oder Seebodens, die über die Wasseroberfläche hinausreichen. Schwimmende Inseln gibt es nicht. Inseln können auf ganz verschiedene Weise entstehen. Wenn sich Festland im Lauf von Jahrmillionen senkt, überflutet das Meer immer mehr →Täler und isoliert einzelne Berge.

Die Malediven im Indischen Ozean bestehen aus zahlreichen Atollen – also ringförmigen Korallenriffen – und über 1000 Inseln. Nicht alle Inseln sind bewohnt.

Daraus werden Inseln. → Vulkanische Inseln entstehen durch ausfließende → Lava, die sich auf dem Meeresboden auftürmt. In tropischen Meeren entstehen Inseln aus → Korallen, die sogenannten Atolle. Die größte Insel der Erde ist Grönland.

Instinkt

Wir Menschen müssen viele Dinge erst lernen, etwa Laufen oder Sprechen. → Bienen hingegen müssen nicht lernen, wie sie sich mit ihrem Stachel verteidigen. Wenn sie schlüpfen, „wissen" sie bereits, wie man bei Gefahr zusticht. Dieses Verhalten ist ihnen angeboren. Es heißt Instinkt.

Instinkte werden von den Eltern auf ihre Jungen vererbt. Das Verhalten der meisten → Tiere ist weitgehend angeboren. Wenn ganz bestimmte Schlüsselreize gegeben sind, antworten sie darauf mit einem Instinktverhalten. Es läuft automatisch ab, bleibt immer gleich und lässt sich nicht ändern. Je mehr ein Tier fähig ist zu lernen, umso weniger wird es von seinen Instinkten gelenkt. Auch wir → Menschen haben Instinkte, so trinkt ein Baby instinktiv Milch an der Brust der Mutter.

Intelligenz

Die → Wissenschaft streitet oftmals darüber, was Intelligenz wirklich ist. Zunächst ist ein intelligentes Lebewesen fähig, etwas zu lernen. Besonders lernfähige → Tiere sind etwa → Tintenfische, → Vögel und → Säugetiere. Beim → Menschen kommt zur Lernfähigkeit noch dazu, dass er Dinge im Zusammenhang verstehen und sich

Beim Nestbau folgt das Webervogelmännchen seinem Instinkt. Mit dem komplizierten Geflecht will er einem Weibchen imponieren.

137

neuen Situationen anpassen kann. Doch weiß man nicht genau, wie viel von unserer Intelligenz angeboren und damit →vererbt und wie viel erlernt ist.

Begabung spielt eine große Rolle. Dies wird bei Künstlern und Wissenschaftlern besonders deutlich. Aber auch die Eltern, die Lehrer und die Umwelt sind wichtig. Sie können die geistigen Fähigkeiten eines →Kindes fördern. Wer nicht zum Lesen und Diskutieren oder zum Lösen von Problemen angeregt wird, kann selbst angeborene Fähigkeiten nicht richtig entwickeln.

Manche Roboter verfügen über künstliche Intelligenz.

Internet

Das Internet ist ein elektronisches Computernetz, mit dem man auf der ganzen Welt Daten versenden und empfangen kann. Man kann damit auch →telefonieren, →Radio hören und →fernsehen. Das Internet hat keine Zentrale, sondern im Prinzip kann jeder →Computer weltweit mit jedem andern Computer verbunden werden.

Es gibt zwei wichtige Nutzungsarten des Internets. Man kann zum einen elektronische Briefe versenden, die →E-Mails. Zum anderen gibt es das World Wide Web (www), das weltweite Netz. Firmen, Organisationen oder einzelne Personen können sich hier auf einer Internetseite (Homepage oder auch Webseite) vorstellen. Beim Surfen im Internet kann man von Homepage zu Homepage umherstreifen. Dabei helfen einem Suchmaschinen, die richtigen Adressen zu finden, etwa eine Webseite mit →Informationen über Dinosaurier.

In Chatrooms kann man direkt (online) miteinander diskutieren, Informationen austauschen oder auch einfach nur „plaudern". In sogenannten sozialen Netzwerken, etwa SchülerVZ, Facebook oder MySpace, kann man sich eigene Profile erstellen, Fotos, Filme oder Informationen veröffentlichen und mit Freunden in Kontakt tre-

Das Internet

Wie funktioniert eine Suchmaschine?

Wenn du im Internet zum Beispiel etwas über Tintenfische nachlesen willst, helfen dir Suchmaschinen dabei, Webseiten mit Informationen zu diesem Thema zu finden. Suchmaschinen sind Programme, die das Internet nach bestimmten Suchbegriffen durchstöbern und sie in einem Verzeichnis auflisten. In eine Benutzermaske gibst du „Tintenfische" ein und klickst auf „Suche". Die Suchmaschine durchwühlt nun ihr Verzeichnis und führt jede Internetseite über Tintenfische als Link auf. Dabei erscheinen die Seiten ganz oben, die häufig verlinkt sind, also auch von vielen Menschen besucht werden. Die Links kannst du anklicken und wirst sofort auf die Webseiten weitergeleitet. Suchmaschinen sind nützlich, denn im Internet gibt es Milliarden von Seiten – und auch Milliarden unnützer Informationen.

ten. Allerdings hat jeder auf die dort veröffentlichten Daten – also auch auf private Dinge – Zugriff, was Probleme mit sich führen kann (➡ Datenschutz).

Islam

Der Islam ist eine der großen Weltreligionen. Die Anhänger des Islam heißen Muslime. Sie glauben an den einen ➡ Gott Allah und verehren den Propheten Mohammed. Dieser begann um 610 n. Chr., in seiner Heimatstadt Mekka in Saudi-Arabien eine neue ➡ Religion zu lehren, die sowohl von jüdischen wie von christlichen Gedanken beeinflusst war.

Die Gotteshäuser der Muslime nennt man ➡ Moscheen. Hier versammeln sich die Gläubigen fünfmal täglich zum Gebet. Während des Fastenmonats Ramadan nehmen die Muslime tagsüber keine Nahrung und auch kein Wasser zu

Im Islam richten sich die Muslime beim Gebet immer in Richtung der Stadt Mekka aus, dem Geburtsort Mohammeds.

Im Islam ist die Schreibkunst (auch Kalligrafie genannt) sehr bedeutend.

sich. Ausgenommen von dieser Regel sind Kinder, Kranke, Schwangere und Reisende. Strenggläubige Muslime halten sich genau an die Vorschriften ihres heiligen Buches, des Korans. Der Koran gibt ihnen Antworten auf tägliche Probleme und Regeln zum Verhalten. Muslime dürfen zum Beispiel kein Schweinefleisch essen und keinen Alkohol trinken.

Unser Jahr ist in vier verschiedene Jahreszeiten unterteilt: Frühling (links oben), Sommer (rechts oben), Herbst (links unten) und Winter (rechts unten).

Jahr

Ein Jahr entspricht der →Zeit, die die →Erde braucht, um sich einmal um die →Sonne zu drehen. Es umfasst genau 365 Tage und sechs Stunden. Unser normales Jahr ist aber nur 365 Tage lang, genau genommen also sechs Stunden oder einen Vierteltag zu kurz. Alle vier Jahre fassen wir diese übrig gebliebenen Vierteltage zu einem Schalttag zusammen. Ein solches Schaltjahr hat dann 366 Tage. Darum gibt es nur alle vier Jahre einen 29. Februar.

Als Erste bestimmten die alten →Ägypter die Länge eines Jahres. Sie bemerkten, dass der Nil stets die Ufer überflutete, wenn der hellste Stern des Himmels, der Sirius, kurz vor Sonnenaufgang sichtbar wurde. Sie zählten die Tage zwischen den beiden Ereignissen und kamen auf 365.

Jahreszeiten

Die Jahreszeiten unterteilen das →Jahr in Abschnitte. Die vier Jahreszeiten Frühling, Sommer, Herbst und Winter entstehen, weil die →Erde um die →Sonne kreist. Dabei ist immer eine Seite der Erde stärker der Sonne zugeneigt und bekommt mehr Strahlung ab. Zeigt die Nordhalbkugel zur Sonne, ist dort Sommer. Tagsüber ist es lange hell und es ist warm. Sechs Monate später scheint die Sonne auf die Südhalbkugel. Dann ist auf der Nordhalbkugel Winter. Es wird früh dunkel und es ist kalt. Frühling und Herbst stellen den Übergang dar. Am →Nord- und →Südpol gibt es keine Übergangsjahreszeiten, sondern nur Sommer und Winter. Am →Äquator ist es das ganze Jahr über warm. Statt der Jahreszeiten treten dort Regen- und Trockenzeiten auf.

Judentum

Das Judentum ist eine der fünf großen Weltreligionen. Die Juden glauben an einen einzigen Gott (Jahwe), der mit ihnen einen Bund geschlossen hat. Unter ihrem Führer Moses verließen sie Ägypten, wo sie gefangen gehalten wurden, und zogen ins Gelobte Land nach Palästina. Nach dem Bericht des Alten Testaments erhielt Moses von ➜Gott auf dem Berg Sinai das Gesetz. Das Alte Testament ist auch in der ➜Bibel der Christen enthalten.

Zur Feier des jüdischen Pessachfests gehören ein spezielles Tischgedeck und bestimmte Lebensmittel mit ritueller Bedeutung.

Die Klagemauer in Jerusalem ist eine heilige Stätte des Judentums. Die Gläubigen stecken in die Ritzen und Fugen der Mauer zusammengerollte Zettel mit Gebeten und Bitten.

Strenggläubige Juden befolgen viele Gesetze, die im Talmud niedergeschrieben sind. Wichtige Feste des Judentums sind das Pessach- oder Passahfest, das Laubhüttenfest und der Versöhnungstag Jom Kippur.

Oft wurden die Juden wegen ihrer Religion angegriffen und verfolgt. Die schrecklichste Judenverfolgung fand zwischen 1933 und 1945 statt: Im sogenannten Holocaust wurden Millionen Juden von den deutschen ➜Nationalsozialisten umgebracht. Seit damals zogen viele Juden in ihre Urheimat Palästina zurück. 1948 gründeten sie dort den Staat Israel.

Das Maus-Quiz

Diese Pflanze hat ganz besondere Samen, die wie kleine Fallschirme aussehen und sich weit vom Wind tragen lassen. Auf welcher Seite befindet sich die Pflanze hier im Buch?

Käfer

Die Käfer bilden die größte Gruppe der →Insekten. Sie umfassen über 350 000 Arten. Käfer gibt es in allen Lebensräumen außer im →Meer. Bei uns leben ungefähr 8000 Arten. Der seltene Hirschkäfer ist der größte heimische Käfer. In sauberen Gewässern jagt der Gelbrandkäfer Kaulquappen. Auch das →Glühwürmchen ist ein Käfer. Bei den Käfern ist das vorderste Flügelpaar zu harten Flügeldecken umgewandelt. Diese schützen die zarten Hinterflügel. Viele Käfer sind Pflanzenfresser wie der Kartoffelkäfer, der als →Schädling gilt. Manche erbeuten Kleintiere und sind nützlich, wie der →Marienkäfer, der Blattläuse frisst.

Die Käfer machen eine Entwicklung in vier Stufen durch: Aus den →Eiern schlüpfen die →Larven, die wir bei den Maikäfern Engerlinge nennen. Nachdem sie herangewachsen sind, verwandeln sie sich in Puppen. Aus den Puppen schlüpfen die ausgewachsenen Käfer.

Hirschkäfer

Kaffee

Kaffee wird aus Kaffeebohnen hergestellt. Diese wachsen als →Samen des Kaffeestrauchs in den tropischen Ländern. Nach der Blüte der Kaffeepflanze entwickeln sich rote →Beeren. Sie enthalten immer zwei Kaffeebohnen. Man entfernt das Beerenfleisch, trocknet die Bohnen und röstet sie, bis sie braun werden. Dann werden sie gemahlen. Mit heißem Wasser wird der Kaffee aufgegossen. Er enthält den chemischen Stoff Koffein, der das →Herz und die →Nerven anregt. Kaffee wurde als Genussmittel im 17. Jahrhundert in Europa bekannt.

Der Kaffeebaum stammt ursprünglich aus Äthiopien in Afrika. Seine reifen Kaffeebeeren sind leuchtend rot.

Indische Landarbeiterin bei der Kakaoernte

Kakao

Der Kakaobaum bringt 15 bis 20 Zentimeter lange, gelbe, gurkenähnliche →Früchte hervor, die direkt am Stamm wachsen. Sie enthalten ungefähr 50 bittere Kakaobohnen. Erst durch Gärung sowie durch Trocknen und Rösten gewinnen sie ihren Geschmack. Danach wird ihnen das Fett, die sogenannte Kakaobutter, entzogen, aus der man zum Beispiel Lippenstift herstellt.

Werden die →Samen gemahlen, erhält man das Kakaopulver, das zur Zubereitung von flüssigem Milchkakao und zur Herstellung von Schokolade verwendet wird. Je dunkler die Schokolade, desto höher der Kakaoanteil. Die Verbindung von Kakao und Zucker zu Schokolade ist eine Erfindung der Europäer. Die →Maya pflanzten um 600 n. Chr. als Erste Kakao an. Die →Azteken ver-

wendeten Kakaobohnen als Zahlungsmittel und bereiteten daraus ein Getränk, das sie Chocoatl nannten, was so viel wie „würziges Getränk" heißt.

Kaktus

Kakteen sind Pflanzen, die in heißen, trockenen →Wüsten, Grasgebieten und im →Gebirge wachsen. Ursprünglich kommen alle Kakteen aus Amerika. Die verdickten Stämme der Kakteen können →Wasser speichern. So überstehen sie längere Zeiten ohne Regen. Die →Blätter sind zu Dornen oder Haaren umgewandelt. Sie schützen den Kaktus vor Tieren, die die Pflanze fressen wollen. Manche Kakteenarten sind lang und flach, andere kugelrund. Viele Arten bilden große →Blüten. Der bis zu 16 Meter hohe Kandelaberkaktus ist der größte Kaktus. Die →Früchte des Feigenkaktus kann man essen. Er wächst heute verwildert auch im Mittelmeergebiet.

Kakteen können die unterschiedlichsten Formen haben. Der Goldkugelkaktus ist kugelrund und wird scherzhaft auch „Schwiegermutterstuhl" genannt.

Der Kalender

Haben wir überall auf der Erde dasselbe Jahr?

Bei uns gilt der gregorianische Kalender: Die Länge eines Jahres orientiert sich am Lauf der Sonne, und die Zeitrechnung beginnt mit der Geburt von Jesus Christus. Der jüdische Kalender richtet sich vor allem nach den Mondphasen. Er beginnt 3761 v. Chr., in dem Jahr, als nach biblischem Bericht die Welt erschaffen worden ist. Auch der islamische Kalender ist ein Mondkalender. Die islamische Zeitrechnung fängt im Jahr 622 unseres Kalenders an, dem Jahr, als der Prophet Mohammed aus Mekka auswanderte. Die Buddhisten rechnen die Zeit nach dem Todesjahr des Buddhas Siddharta Gautama 544 v. Chr. Unser Jahr 2010 ist also nach jüdischer Rechnung das Jahr 5771, im Islam das Jahr 1388 und im Buddhismus das Jahr 2554.

Kalender

Mithilfe des Kalenders teilen wir ein →Jahr in zwölf Monate, 52 Wochen und 365 →Tage ein. Alle vier Jahre gibt es ein Schaltjahr, das ist ein Jahr mit 366 Tagen. Über 1500 Jahre lang galt in Europa der julianische Kalender, den der römische Feldherr Julius Cäsar im Jahr 47 v. Chr. eingeführt hatte. Nach Cäsars Tod wurde sein Geburtsmonat ihm zu Ehren umbenannt. Deswegen gibt es den Monat „Juli". Der julianische Kalender hinkte allerdings im Jahr 1582 um zehn Tage gegenüber dem Lauf der →Erde um die →Sonne nach. Deshalb ordnete Papst Gregor XIII. eine Kalenderreform an. Auf den 4. Oktober 1582 folgte nach dem gregorianischen

Kalender gleich der 15. Oktober 1582. Der gregorianische Kalender ist heute noch weltweit am meisten verbreitet.

Das Trampeltier ist ein zweihöckriges Kamel. Es kann bis zu 3 m lang werden.

Kamel

Ohne Kamele wäre es den Menschen nie möglich gewesen, →Wüstengebiete zu besiedeln. Das Kamel ist selbst bei extremer Hitze und Trockenheit leistungsfähig. Wenn es wenig Nahrung bekommt, kann es von den Fettreserven in den Höckern zehren. Die breiten Füße sinken im Wüstensand nicht ein und die Nasenlöcher sind zum Schutz vor Sandstürmen verschließbar. Etwa 14 Tage lang kann ein Kamel ohne Trinken auskommen. Es ist nämlich imstande, seinen Wasserverlust zu begrenzen. Kamele „schwitzen" erst, wenn die Körpertemperatur über 40 Grad Celsius liegt. Zu den Kamelen gehören die einhöckrigen Dromedare, die zweihöckrigen Trampeltiere und die höckerlosen Lamas.

Kanal

Kanäle sind künstliche Wasserwege. Sie dienen unterschiedlichen Zwecken, etwa der Bewässerung trockener Gebiete, der Entwässerung von Sümpfen und als Wasserstraßen für den Schiffs-

verkehr. Bis ins 16. Jahrhundert hinein baute man Kanäle nur in flachem Gelände. Durch die Erfindung der →Schleusen konnten jedoch auch Höhenunterschiede überwunden werden. Viele Kanalschiffe hatten früher keinen eigenen Antrieb, sondern wurden von am Ufer laufenden Pferden gezogen.

Der Panamakanal durchsticht die schmalste Landbrücke Mittelamerikas und erspart damit den Schiffen einen langen Weg um die Südspitze Amerikas herum. Der Sueskanal führt vom Roten Meer ins Mittelmeer. Wichtige Kanäle in →Deutschland sind zum Beispiel der Nord-Ostsee-Kanal, der die Nordsee und die Ostsee miteinander verbindet, oder der Mittellandkanal, der eine Verbindung zwischen den beiden →Flüssen Elbe und Rhein herstellt.

Kanalisation

Wohin fließt eigentlich das ganze verschmutzte Abwasser aus den Haushalten, den Handwerks- und Industriebetrieben? Es wird zusammen mit dem Regenwasser durch Rohre und Kanäle, die

Der Kanal von Korinth ist über 6 km lang und bis zu 80 m hoch.

sich unter der Erde befinden, abgeleitet. Das unterirdische Kanalnetz einer Stadt heißt Kanalisation. Das Abwasser aus Küche oder Toilette gelangt über ein senkrechtes Fallrohr in den Boden. Dort strömt es in ein Hauptabflussrohr. Dieses zieht mit einem leichten Gefälle zu einem Hauptkanal, der ein paar Meter unter der Erdoberfläche liegt. Dorthin leiten auch die Gullys der Straße ihr Schmutzwasser. Vom Hauptkanal gelangt das Abwasser dann in die →Kläranlage, wo es gereinigt wird.

Die Kanalisation kann man durch Einstiegsschächte erreichen. Die Kanäle müssen dauernd überwacht werden, damit sie nicht verstopfen. Dazu verwendet man zum Beispiel Kameras in sogenannten Rohrmolchen, die mit Kabeln durch die Kanalrohre gezogen werden.

Känguru

Kängurus leben in Neuguinea und →Australien und gehören zu den Beuteltieren. Es gibt rund 50 Arten. Sie haben kurze Vorderbeine und kräftige Hinterbeine sowie einen langen muskulösen Schwanz, der bis zu einem Meter lang werden kann und den Tieren oft als Stütze dient. Kängurus nehmen meist eine aufrechte Körperhaltung ein. Sie bewegen sich hüpfend fort. Das Riesenkänguru ist so groß wie ein Mensch. Es macht bis zu zehn Meter weite und drei Meter hohe Sprünge und erreicht Geschwindigkeiten von 40 Kilometern pro Stunde. Einige Känguruarten leben auch auf

Graues Riesenkänguru

Bäumen. Die Australier nennen die kleineren Arten Wallabys. Das allerkleinste Känguru erreicht gerade einmal die Größe eines Kaninchens.

Kängurus tragen ihre Jungen 30 bis 40 Tage lang aus. Ein Känguru ist bei der Geburt nur daumengroß. Sofort kriecht es in den Beutel der Mutter und saugt sich an einer Zitze fest. Erst nach mehreren Monaten verlässt es den Beutel.

Die Kartoffel

Warum sollte man Kartoffeln mit Schale kochen?

Kartoffeln enthalten viele Stoffe, die für unsere Ernährung wichtig sind: leicht verdauliche Kohlenhydrate, pflanzliches Eiweiß, kaum Fett, elf verschiedene Vitamine, insbesondere Vitamin C und B-Vitamine, 15 Mineralstoffe wie zum Beispiel Kalium, Eisen, Magnesium, Calcium und Phosphor sowie Ballaststoffe, die die Verdauung fördern. Wenn man Kartoffeln mit Schale kocht, bleiben all diese wertvollen Stoffe erhalten. Schält man die Knolle vor dem Kochen, geht vor allem das wasserlösliche Vitamin C aus der Kartoffel ins Kochwasser verloren. Essen sollte man die Schale jedoch nicht. Sie enthält nämlich den giftigen Stoff Solanin. Also: Kartoffeln immer mit Schale kochen und ohne Schale essen.

Kartoffel

Die Kartoffel gehört bei uns zu den wichtigsten Grundnahrungsmitteln. Sie enthält viel Stärke, auch Eiweiß und →Vitamine. Kartoffeln sollten jedoch nicht roh gegessen werden. Alle oberirdischen Teile sowie grün gewordene Kartoffeln enthalten einen giftigen Stoff.

Die Kartoffelpflanze ist mit der Tomate verwandt, doch isst man nicht die →Früchte, sondern die Sprossknollen. Deswegen nennt man die Kartoffel auch Knollengemüse. Wenn die Kartoffeln reif sind, stirbt die Pflanze ab und treibt im nächsten Frühjahr wieder aus den Knollen aus. Die Kartoffel stammt aus Südamerika und war das Hauptnahrungsmittel der →Indianer. Spanische

Die Katze

Warum verstehen sich Katzen und Hunde oft nicht?

Katzen und Hunde gehören zu den beliebtesten Haustieren. Stressig wird es für die beiden jedoch, wenn sie zusammen in einem Haus leben, denn sie sprechen völlig verschiedene Sprachen!
Wenn der Hund mit dem Schwanz wedelt, zeigt er an, dass er sich freut und gut gelaunt ist. Wenn die Katze dasselbe tut, heißt das: Ich bin sauer und greife gleich an. Legt die Katze die Ohren an, will sie sagen: Mir gefällt das nicht! Beim Hund bedeutet das Anlegen der Ohren: Ich gebe mich geschlagen, wollen wir Freunde sein? Hebt die Katze die Pfote, um sich zu verteidigen, missversteht der Hund das „Pfötchengeben" als Friedensangebot. Wenn die Katze schnurrt, fühlt sie sich wohl. Der Hund denkt jedoch, sie knurrt ihn an.

Eroberer brachten sie im 16. Jahrhundert zusammen mit der Tomate nach Europa. Anfangs hielt man sie hier jedoch für giftig und zog sie nur als Zierpflanze in botanischen Gärten. Zu Beginn des 17. Jahrhunderts wurde die Kartoffel dann auch als Nahrungspflanze angebaut.

Katalysator

Der Chemiker bezeichnet als Katalysator alle Stoffe, die eine chemische Reaktion beschleunigen, ohne dabei selbst verbraucht zu werden. Dieses Prinzip liegt auch dem Abgaskatalysator des →Autos, kurz Kat genannt, zugrunde. Die Abgase, die bei der Verbrennung des →Benzins entstehen, ziehen durch die Waben des Katalysators. Diese sind mit Edelmetallen beschichtet, die die schädlichen Abgase in unschädliche umwandeln.

Katze

Die Katzen oder Raubkatzen umfassen etwa 40 Arten aus der Gruppe der →Raubtiere. Ihre Krallen können sie im Gegensatz zu den →Hunden einziehen, sodass man ihren Gang fast nicht hört und sie sich lautlos an ihre Beute heranschleichen können. Alle Katzen haben einen kurzen, runden Kopf mit langen Schnurrhaaren und scharfen Eckzähnen. Sie haben relativ große →Augen und nehmen vor allem rasche Bewegungen gut wahr. Da sich ihre Pupillen weit öffnen können, sehen Katzen in der Dunkelheit viel besser als Menschen.

Zu den Katzen zählen Wildkatze und Luchs sowie Leopard, Jaguar, →Tiger, →Löwe, Puma und auch die Hauskatze, die oft als →Haustier gehalten wird. Bekommt eine Hauskatze zum zweiten Mal Junge, wirft sie oft bis zu sieben Kätzchen. Beim Milchtrinken treten die Kätzchen oft mit den Tatzen gegen die Zitzen der Mutter. Dieses „Milchtreten" kann man auch bei ausgewachsenen Katzen noch beobachten.

Kelten

Vor über 2000 Jahren lebten die Volksgruppen der Kelten in Großbritannien und in Frankreich, in Teilen Spaniens und Deutschlands. Die alten

Bei Ausgrabungen in Hessen fanden Archäologen in einem keltischen Grab die Steinfigur eines Kriegers.

Römer nannten sie Gallier, das bedeutet „die Tapferen". Die Kelten lebten in Stämmen, an deren Spitze ein Häuptling stand. Das Volk war in Adlige, Freie und → Sklaven gegliedert. Die Stämme führten untereinander häufig → Krieg. Die Kelten waren gute Schmiede und schmückten ihre Waffen und Rüstungen mit Mustern. Ihre Priester hießen Druiden.

Als die Römer vorrückten, zogen sich viele Kelten in entfernte Winkel Europas zurück. Nur dort konnten sich ihre Lebensweise und Sprache behaupten, während sie in anderen Gebieten völlig untergingen. Noch heute wird in → Europa etwas Keltisch gesprochen: das Gälische in Irland und Schottland, das Walisische in England und das Bretonische in Nordfrankreich. Viele Geschichten über die Gallier erzählen die Comichefte um Asterix und Obelix.

Kind

Etwa ein Drittel der Weltbevölkerung sind Kinder. Das sind rund zwei Milliarden. Sie leben unter verschiedensten Bedingungen. Jedes Kind hat ein → Recht auf → Bildung und → Ausbildung. Für viele Kinder ist es jedoch nicht selbstverständlich, eine Schule zu besuchen. Rund 200 Millio-

nen Kinder müssen arbeiten, um ihre Familie mitzuernähren. Für die → Schule haben sie weder Zeit noch Geld. In vielen Großstädten leben Kinder sogar auf der Straße. Schätzungen zufolge gibt es weltweit etwa 100 Millionen Straßenkinder. Sie haben ihre Eltern und ihr Zuhause verloren und versuchen zu überleben, indem sie zum Beispiel Autoscheiben waschen, betteln oder stehlen.

Kinderhilfswerke wollen die Lebensbedingungen der Kinder verbessern und setzen sich für die → Rechte der Kinder ein. Sie schaffen ein Zuhause für Straßenkinder und → Waisen und verbessern die Versorgung mit Trinkwasser, Nahrung, Kleidung sowie mit Medikamenten.

Kinderkrankheit

Solange Säuglinge Muttermilch trinken, sind sie vor → Krankheiten ziemlich gut geschützt. Später kommen sie mit den ersten Kinderkrankheiten in Kontakt. Das sind zum Beispiel Keuchhusten, Masern, Mumps, Röteln und Windpocken. Jede

Das Maus-Quiz

Dieses Tier frisst ununterbrochen. Denn bald wird es sich verpuppen und in einen Schmetterling verwandeln. Auf welcher Seite befindet sich das Tier hier im Buch?

Der Turm der Bartholomäuskirche in Pilsen ist 103 m hoch.

dieser Krankheiten ist ansteckend und beruht somit auf einer Infektion. Wenn man die Krankheit durchgemacht hat, ist der →Körper gegen sie geschützt oder immun. Man braucht aber nicht alle Krankheiten selbst zu bekommen, sondern man kann sich durch eine →Impfung vor ihnen schützen. Wer nicht geimpft ist oder eine Kinderkrankheit als Kind nicht hatte, kann auch noch als Erwachsener Kinderkrankheiten bekom-

men. Das gilt ebenso für die Kinderlähmung, gegen die man sich durch die Schluckimpfung schützt.

Kirche

Kirchen sind die Gotteshäuser der →Christen. Oft haben sie einen hohen Glockenturm. Eine Kapelle ist eine kleine Kirche, eine große Kirche kann ein Dom, Münster oder eine Kathedrale sein. Das Gebäude erinnert oft an die Form eines Kreuzes. Der Altar steht meist am östlichen Ende, während sich der Haupteingang am entgegengesetzten Ende befindet. Gläubige gehen in eine Kirche, um zu beten. Hier finden Gottesdienste statt, manchmal auch eine Taufe, Hochzeit, Kommunion oder Konfirmation. Kirche ist zudem die Bezeichnung für die Mitglieder einer →Religionsgemeinschaft, wie die evangelische und die katholische Kirche.

Kläranlage

Durch die →Kanalisation fließt unser Abwasser bis in die Kläranlage, wo es gereinigt wird. Die meisten Kläranlagen haben zwei, manche

Die Kirche

Wo steht der höchste Kirchturm der Welt?

Genau 768 Stufen führen in den Himmel: Der höchste Kirchturm der Welt misst 161,53 Meter. Er steht nicht etwa in England, Frankreich oder den USA. Mit diesem erstaunlichen Rekord darf sich das Ulmer Münster schmücken.
1377 begannen die Ulmer den Bau der Kirche. Finanziert wurde er nicht von einem Fürsten, einem Bischof oder einem Kloster, sondern von den Einwohnern der damaligen Reichsstadt, die durch den europaweiten Handel mit Stoffen reich geworden waren. Als die Geldquellen versiegten, stellte man den Bau im Jahr 1543 ein. Mitte des 19. Jahrhunderts regte sich dann wieder die Baulust. Und so wurde der Turm schließlich 1890 – also erst 513 Jahre nach dem Beginn der Bauarbeiten – fertiggestellt. Das Ulmer Münster hat damit also auch einen der Kirchtürme mit der längsten Bauzeit der Welt!

In den rechteckigen Becken der Kläranlage zersetzen Bakterien das von grobem Schmutz gereinigte Wasser, und Belebtschlamm wird gebildet. In den runden Nachklärbecken entsteht der Klärschlamm. Im Hintergrund sieht man die Faultürme.

sogar drei Reinigungsstufen. Zunächst wird das →Wasser von grobem Schmutz befreit. In der zweiten Reinigungsstufe zersetzen →Bakterien und Kleintiere die fein verteilten Schmutzstoffe. Am Ende entsteht der sogenannte Belebtschlamm. In Faultürmen wird er weiterbehandelt, wobei Biogas entsteht, das zur →Energiegewinnung verwendet werden kann. Die biologisch nicht abbaubaren Schmutzstoffe, die nach der zweiten Reinigungsstufe noch vorhanden sind, können in einer dritten Stufe →chemisch entfernt werden. Der zurückbleibende Klärschlamm wurde früher als →Dünger eingesetzt. Heute ist er meistens mit zu vielen →Giften belastet und muss aus diesem Grund auf Sondermülldeponien entsorgt werden.

Klima

Unser Klima wird vom →Wetter bestimmt. Das Wetter kann sich von Tag zu Tag ändern, während das Klima eines Landes dasselbe bleibt. Die →Sonne hat den größten Einfluss auf das Klima.

Sie erwärmt das Festland, das →Meer und die →Luft. Länder am →Äquator bekommen mehr Sonne und haben ein heißeres Klima als Länder weiter im Norden oder weiter im Süden. Um an den →Nord- und →Südpol zu gelangen, müssen die Sonnenstrahlen einen längeren Weg durch die →Atmosphäre zurücklegen. Deshalb herrscht an den Polen ein sehr kaltes Klima vor. Wenn die Sonne die Luft erwärmt, entstehen →Winde. Schaffen die Winde →Wolken heran, so wird das Klima feuchter. Warme Winde hingegen bewirken ein trockenes Klima.

Zusammen mit den Winden ist die Sonne auch der Motor für Meeresströmungen wie etwa den Golfstrom. Auch er bestimmt das Klima. Ebenso wird das Klima von Bergen beeinflusst. Im →Gebirge ist die Luft dünner und wird nicht so leicht aufgeheizt wie die Luft in den Tälern.

Klimawandel

Unter Klimawandel verstehen wir die raschen Veränderungen des →Klimas auf der Erde, die seit einigen Jahrzehnten beobachtet werden. Die →Temperaturen in der Atmosphäre und in den Meeren steigen. Dadurch schmelzen die →Gletscher in den Hochgebirgen und die Eiskappen an Nord- und Südpol. Auch das →Wetter verändert sich weltweit. Bei uns wird es trockener, dafür nehmen Unwetter mit heftigen Stürmen zu.

Grund für den Klimawandel sind Gase wie Kohlendioxid, die von →Autos, →Flugzeugen und →Industrieanlagen freigesetzt werden. Sie reichern sich in der →Atmosphäre an und bewirken, dass sich die Erde wie in einem Treibhaus erwärmt. Wir sprechen auch vom Treibhauseffekt. Ein weiteres Treibhausgas ist Methan, das durch Rinderhaltung und Nassreisanbau entsteht.

Das Kloster Lorch im heutigen Baden-Württemberg wurde als Grablege der Staufer gegründet.

Kloster

In Klöstern leben Mönche und Nonnen meist abgeschlossen von der Außenwelt. Die Leitung hat ein Abt oder eine Äbtissin inne. Statt Kloster kann man auch Abtei sagen.

Im →Mittelalter wurden in Europa viele Klöster gebaut. Einige besaßen große →Kirchen, etwa die Abtei Maria Laach in der Eifel. Klöster haben oft einen allseitig umschlossenen Hof, den Kreuzgang. Dort verweilten, spazierten oder stu-

dierten die Mönche und Nonnen. Viele Klöster waren wie kleine unabhängige Städte. Sie hatten Schlafsäle, Küchen, Stallungen, Handwerksbetriebe, Gästehäuser und einen Garten. Die Mönche nahmen ihre Mahlzeiten in einem Speisesaal, dem Refektorium, ein. Im Mittelalter galten die Mönche als besonders gebildet. Sie zählten zu den wenigen Menschen, die lesen und schreiben konnten, und fertigten handgeschriebene und bemalte Bücher an.

Knochen

Das →Skelett der Wirbeltiere und des →Menschen besteht aus Knochen und Knorpel, die durch Sehnen und Bänder zusammengehalten werden. Knochen besteht aus lebendigem Gewebe. Wenn ein Knochen bricht, wächst er wieder zusammen. Manche Knochen sind durch ein Gelenk verbunden, so lassen sich Knie und Ellenbogen beugen. Das Skelett eines erwachsenen Menschen besteht aus rund 235 Knochen einschließlich der →Zähne. Es gibt Plattenknochen wie das Becken und Röhrenknochen wie die Arm- und Beinknochen. In den Röhrenknochen befindet sich das Knochenmark, das rote →Blut-

Der Knochen

Wie wachsen Knochen nach einem Bruch wieder zusammen?

Obwohl unsere Knochen sehr stabil sind, können sie bei einem Sturz oder einem Unfall brechen. Ganz wichtig bei einem Bruch ist, dass der Knochen ruhiggestellt wird, damit die Knochenenden an der Bruchstelle sich nicht verschieben.
Daher legen Ärzte bei gebrochenen Armen oder Beinen einen steifen Gipsverband an. Jetzt kann der Knochen mit der Heilung beginnen. Zuerst bildet er an der Bruchstelle Knorpel, der wie eine Brücke die Knochenenden zusammenhält. Der Knorpel ist ein festes, aber elastisches Material, aus dem zum Beispiel auch deine Ohren bestehen. Dann beginnen spezielle Zellen, die Osteoblasten, den Knochen wieder Stück für Stück aufzubauen. Nach sechs bis zwölf Wochen ist der Knochen wieder heil.

körperchen herstellt. Knorpel ist ein elastisches, doch stabiles Gewebe. Unsere →Nase und die →Ohrmuscheln bestehen aus Knorpel.

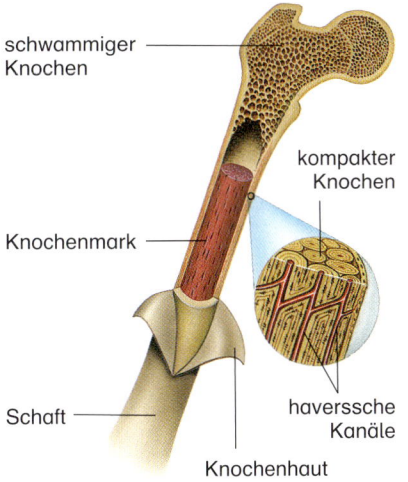

schwammiger Knochen

kompakter Knochen

Knochenmark

Schaft

haverssche Kanäle

Knochenhaut

Der Querschnitt zeigt den Aufbau eines Knochens.

Knospe

In den Knospen von Blütenpflanzen befinden sich eng aufgefaltete →Blüten- oder Laubblätter. Sie sind zum Schutz vor Frost und Kälte von Knospenschuppen umgeben. Wenn im Herbst die Laubblätter abfallen, sind die Anlagen der neuen →Blätter für das folgende Jahr bereits als Knospen vorhanden. Manche Knospen können

Knospen am Ast eines Kastanienbaums

als „schlafende Augen" bis zu ein Jahrhundert überdauern und sich erst dann entfalten.

Koala

Obwohl die Koalas wie kleine Bären aussehen, gehören sie zu den Beuteltieren. Sie stammen aus →Australien und haben eine ganz ähnliche Lebensweise wie die →Faultiere. Koalas klettern langsam im Geäst der Eukalyptusbäume, von

deren Blättern sie sich ausschließlich ernähren. Sie kommen fast nie auf den Boden. Durch Jagd und Waldbrände wurden die Koalabestände stark verkleinert. In Naturschutzgebieten können die Tiere jedoch ungestört leben.

Kohle

Die Kohle gilt als fossiler Brennstoff, weil sie im Lauf von Jahrmillionen aus →Pflanzen, besonders aus Bäumen tropischer Urwälder, entstanden ist. Die Schicht der abgestorbenen Pflanzen wurde erst von Schlamm und dann von →Gesteinsmassen überdeckt. Unter Druck und Luftabschluss verwandelte sie sich tief in der Erde langsam in Steinkohle. Diese besteht fast ausschließlich aus reinem Kohlenstoff. Braunkohle ist viel jünger. Sie enthält noch viele andere Stoffe, die bei der Verbrennung zu starker →Luftverschmutzung führen. Kohle wird im Bergwerk abgebaut.

Um Braunkohle in einem Tagebau zu gewinnen, werden riesige Schaufelradbagger eingesetzt.

In ihrem spitzen Schnabel haben die Kolibris eine sehr lange Zunge. So können sie den Nektar gut aus den Blüten saugen.

Kolibri

Zur Gruppe der Kolibris gehören die kleinsten →Vögel. Sie leben nur in Amerika, von Kanada bis zur Südspitze Südamerikas. Die kleinste der über 300 Kolibriarten ist die Bienenelfe aus Kuba. Sie ist kaum größer als eine Hummel und wiegt nur zwei Gramm. Die →Federn der Kolibris haben oft prächtig schillernde Farben. Kolibris können wie ein →Hubschrauber auf- und abwärts- und sogar rückwärtsfliegen oder in der Luft stehen bleiben. Im Flug schlagen sie bis zu 50-mal mit den Flügeln in einer Sekunde! Da sie dabei sehr viel Energie verbrennen, fliegen sie von Blüte zu Blüte und saugen ständig Nektar.

Komet

Kometen sind kleine Himmelskörper, die ihre Bahnen im →Sonnensystem ziehen. Sie bestehen aus gefrorenen →Gasen, →Eis, Staub und →Gesteinsteilchen. Man hat sie zutreffend mit schmutzigen Schneebällen verglichen. Die größten Kometen haben nur einige Kilometer Durchmesser, doch ihr heller Schweif kann Millionen von Kilometern lang werden. Sie sind nur in Sonnennähe zu sehen, wobei die Sonnenstrahlen verdampfende Gasteilchen aus dem Kometen schlagen. Diese sind als langer Schweif erkennbar. Er ist immer von der Sonne abgewandt. Bisher kennen wir rund 1900 Kometen. Jedes Jahr werden drei bis vier neue entdeckt. Sie tragen den oder die Namen der Entdecker.

Kompass

Mit einem Kompass kann man die →Himmelsrichtungen feststellen. Seit Jahrhunderten benutzen Seefahrer und Entdeckungsreisende den Kompass zur Orientierung.

Die Nadel des Magnetkompasses ist magnetisch. Weil die →Erde selbst ein riesiger →Magnet ist, richtet sich die Nadel immer nach den Magnetpolen aus. Die Spitze zeigt nach Norden, das andere Ende nach Süden. Die magnetischen Pole stimmen allerdings örtlich nicht mit dem →Nord- und dem →Südpol überein. Besonders in der Nähe der Pole kann es also zu Missweisungen kommen. Mithilfe von Karten des Erdmagnetfeldes kann man sich aber dennoch gut zurechtfinden. Auch große Vorkommen an →eisenhaltigen →Gesteinen, die es an vielen Orten der Erde gibt, können die Kompassnadel ablenken.

Magnetkompass

Kompost

Wenn sich pflanzliche Abfälle aus Küche und →Garten zersetzen, wird daraus Kompost. Wir arbeiten diesen Kompost in den Boden ein und erhalten dadurch wertvollen humusreichen

Der Kompost

Was passiert im Komposthaufen?

Sobald Salatblätter, Apfel- und Kartoffelschalen, Rasenschnitt oder Herbstlaub auf dem Komposthaufen landen, beginnt die wundersame Verwandlung von Biomüll in fruchtbaren Humus. Kleinste Lebewesen zersetzen das organische Material in seine einzelnen Bestandteile.

Zunächst fressen Würmer und Asseln die pflanzlichen Teile des Bioabfalls. Sie zerkleinern die Pflanzen und verdauen sie. Ihre Ausscheidungen enthalten immer noch viele Nährstoffe. Über die machen sich Pilze und Bakterien her. Sie wandeln diese Reste in Kohlendioxid und Mineralien um. Beides sind wichtige Rohstoffe, die wiederum Pflanzen für ihre Ernährung brauchen. Wenn der Kompost in den Boden eingearbeitet wird, erhöht sich also die Fruchtbarkeit der Erde, und neue Pflanzen können wachsen. So schließt sich der Stoffkreislauf.

Boden. Der Boden gewinnt an Fruchtbarkeit, wird locker, und wir können auf →Dünger ganz verzichten. Heute sammeln viele →Gemeinden den Biomüll getrennt ein und stellen daraus in großen Anlagen Kompost her. Der Hausmüll verringert sich dadurch um fast die Hälfte.

Kondom

Ein Kondom oder Präservativ ist eine dünne Hülle aus Gummi, die der →Mann vor dem →Geschlechtsverkehr über seinen Penis streifen kann. Es verhindert, dass die männlichen Spermien in den weiblichen Körper eintreten

und eine Eizelle befruchten. So kann die Frau nicht →schwanger werden. Zudem schützt das Kondom vor Krankheiten wie zum Beispiel →Aids.

König

Könige sind oberste Herrscher. Königreiche bezeichnet man auch als Monarchien. Es gab Könige, die ganze Völker oder aber nur einzelne Stämme regierten. Über dem König stand nur der Kaiser. In →Europa gibt es heute noch Königreiche: Belgien, Dänemark, Großbritannien, die Niederlande, Norwegen, Schweden und Spanien. Trotzdem ist jedes dieser Länder eine →Demokratie, der König oder die Königin haben keine →Regierungsgewalt mehr.

Kontinent

Herkömmlicherweise spricht man von sechs Kontinenten: →Afrika, →Amerika, →Antarktis, →Asien, →Australien und →Europa. Amerika besteht aber eigentlich aus zwei Erdteilen, Nord- und Südamerika. Beide haben eine ganz unterschiedliche geologische Geschichte und haben

Mit einem Satelliten wurde die Erde von oben fotografiert. Mehrere Tausend Aufnahmen waren nötig, um das völlig wolkenfreie Bild von allen Kontinenten zu erstellen.

sich erst nachträglich verbunden. Asien ist der größte Kontinent, dort leben auch die meisten Menschen, ungefähr vier Milliarden.

Die Lage und Form der Kontinente auf unserer → Erde war aber nicht schon immer so wie heute. Denn die Erdkruste besteht aus riesigen Platten, die sich sehr langsam gegeneinander verschieben. Sie bewegen sich wie Schollen auf den heißen, halb geschmolzenen → Gesteinen des Erdmantels. Wir nennen diese Verschiebungen Kontinentaldrift. Vor 250 Millionen Jahren gab es nur einen Kontinent, den Urkontinent Pangäa. Einige Dutzend Millionen Jahre später spaltete er sich in den Nordkontinent Laurasia und den Südkontinent Gondwana auf. Über Jahrmillionen entfernten sich diese Teile voneinander, zerbrachen und bewegten sich wieder aufeinander zu – bis schließlich die heutigen Erdteile entstanden.

Koralle

Die Korallen gehören zu den → Tieren. Viele einzelne Korallentiere, die Polypen, leben in Stö-

Korallenstöcke sind meistens sehr bunt und können die unterschiedlichsten Formen annehmen: Es gibt kugelige, flache, geweihartig verzweigte oder auch fächerähnliche Exemplare.

cken zusammen. Diese bauen um sich herum ein → Skelett aus Kalk. Korallen leben nur in tropischen Meeren. Dort bilden sie oft große Korallenriffe, auch Atolle genannt. Eines der größten ist das Große Barriereriff vor der Küste → Australiens. Es ist etwa 2300 Kilometer lang und besteht aus 2900 einzelnen Riffen und fast 1000 → Inseln. Es bietet Nahrung und Unterschlupf für Hunderte von Tierarten.

Korallenriffe sind sehr empfindliche → Ökosysteme. Bereits kleine Veränderungen können große Schäden anrichten. Zurzeit sind viele Korallenriffe von großen, stacheligen → Seesternen, den Dornenkronen, bedroht. Sie fressen die Korallen und breiten sich unaufhaltsam aus. Die Gründe dafür liegen wahrscheinlich in der Verschmutzung der Meere und der dadurch bedingten Ausbreitung von → Plankton und → Algen. Ebenso wurden natürliche Fressfeinde der Seesterne ausgerottet, etwa die Tritonschnecke.

Körper

Der → Mensch sowie die → Tiere und → Pflanzen haben einen Körper. Der menschliche Körper besteht aus Kopf, Hals, Rumpf, den Armen und Beinen. Dennoch sehen die Körper der Menschen ganz verschieden aus: Sie sind groß oder klein, dick oder dünn, hell- oder dunkelhäutig.

Das → Skelett aus → Knochen stützt den Körper, → Muskeln machen ihn beweglich. Zu den → Sinnesorganen gehören → Augen, → Ohren, → Nase, → Zunge und → Haut. Mit ihnen nehmen wir die Umwelt wahr. Unsere → Nerven leiten Informationen zum → Gehirn, das wie ein großer Computer den Körper steuert. Unsere → Lungen entnehmen der Atemluft lebensnotwendigen → Sauerstoff. Die Nahrung gelangt über die Speiseröhre in die → Verdauungsorgane. Das → Herz

Der Körper

Wie entstehen blaue Flecken?

Bestimmt bist du schon einmal gestürzt oder hast dir dein Bein an einer Kante angestoßen und dann einen blauen Fleck bekommen. Ist dir aufgefallen, dass der blaue Fleck zunächst nicht blau, sondern rot ist? Bei dem Stoß platzen unter der Haut kleine Blutgefäße auf. Das Blut tritt aus und verteilt sich im Gewebe. Erst einige Zeit später wird die Stelle blau, nämlich dann, wenn das Blut gerinnt, also fest wird. Jetzt beginnt der Körper damit, das ausgetretene Blut wegzuräumen. Dazu wird es in seine einzelnen Bestandteile zerlegt. Dies kannst du selbst beobachten. Denn der blaue Fleck verfärbt sich weiter: Er wird erst braun, dann grün und am Ende gelb. Das geronnene Blut ist nun vollständig abgebaut.

pumpt das →Blut in einem Kreislauf durch den ganzen Körper. Damit der Körper gesund bleibt, braucht er abwechslungsreiche Nahrung und viel Bewegung.

Der Körper mancher Menschen ist von →Geburt an oder durch einen Unfall behindert. Er funktioniert dann nicht so reibungslos wie der Körper eines gesunden Menschen.

Kraftwerk

Ein Kraftwerk ist eine →Industrieanlage, die elektrischen →Strom bereitstellt und in das Stromnetz einfließen lässt. Die Stromerzeuger in jedem Kraftwerk sind die →Generatoren. Das sind Maschinen, die umgekehrt wie ein →Motor funktionieren. Ein Kraftwerk dient der →Energiegewinnung, indem es →Energie umwandelt. So

wandeln Wasserkraftwerke die Energie des fließenden Wassers in elektrische Energie um. Laufwasserkraftwerke stehen mitten in einem Fluss, während Speicherkraftwerke ihr Wasser von hoch gelegenen Speicherseen beziehen. In beiden Fällen treibt das Wasser →Turbinen und diese treiben Generatoren an. Es gibt auch Kraftwerke, die Wind- und Sonnenenergie nutzbar machen.

Wärmekraftwerke verbrennen →Kohle und →Erdöl. Die entstehende Wärme bringt Wasser zum Sieden. Der Dampf treibt dann wiederum Turbinen an. Auch Kernkraftwerke sind Wärmekraftwerke. Sie beziehen ihre Energie aus dem Zerfall von Atomkernen, der →Atomenergie.

In diesem Kraftwerk gewinnt man Energie aus Biomasse.

Krähe

Krähen sind Rabenvögel. Bei uns kommen die schwarzen Rabenkrähen und die grauen Nebelkrähen vor. Manchmal bilden die beiden Krähenarten auch Paare, die gemeinsam Junge großziehen.

Krähen sind Allesfresser. Sie suchen ihre Nahrung nicht nur auf →Wiesen und Feldern, sondern auch im →Müll der Städte. Ihre großen →Nester bauen sie in den Kronen hoher Bäume oder auf Strommasten. Im Frühjahr brütet das Paar abwechselnd bis zu sechs dunkel gefleckte →Eier aus. Sobald die Jungen die Eltern verlassen haben, schließen

Rabenkrähe

Die schwersten Lasten können Schwimmkräne heben. Der weltweit stärkste Kran schafft im Doppelhub etwa 14 000 t.

sich Krähen zu großen Scharen zusammen. Jeden Abend versammeln sie sich auf ganz bestimmten Bäumen zum Schlafen. Auch die Elster sowie der Eichelhäher und die Saatkrähe sind Rabenvögel, die bei uns leben. Der Kolkrabe ist der größte heimische Rabenvogel.

Kran

Kräne heben schwere Lasten. Auf Baustellen sieht man oft Turmkräne. Sie haben lange Ausleger und befördern Betonplatten oder Stahlträger. Es gibt viele unterschiedliche Krantypen. Der Laufkran hat Laufschienen. Auf ihnen rollt eine Laufkatze, die die schweren Lasten hebt. Solche Kräne werden meist in der Schwerindustrie und an ➜ Häfen eingesetzt. Dort löschen und beladen sie ➜ Schiffe.

Krankenhaus

In Krankenhäusern werden kranke Menschen behandelt, gepflegt und geheilt. Statt Krankenhaus kann man auch Klinik, Spital oder Hospital sagen. Es gibt verschiedene Arten von Krankenhäusern. In einem allgemeinen Krankenhaus werden Verletzungen und ➜ Krankheiten behandelt, auch ansteckende Infektionskrankheiten. Häufiger sind spezialisierte Kliniken. Die psychiatrische Klinik beschäftigt sich mit Erkrankungen der Seele. In Geburtskliniken kommen Kinder auf die Welt. Andere Kliniken haben sich auf die Behandlung alter Menschen spezialisiert.

Der Kran

Warum kippt der Kran nicht um?

Die großen Turmkräne, die man schon von Weitem über Baustellen emporragen sieht, können über 100 Tonnen heben. Das ist das Gewicht von etwa 100 Autos! An dem langen Arm, dem sogenannten Ausleger, bewegt sich die Laufkatze hin und her. Sie bringt schwere Steine, Stahlträger oder Maschinen genau da hin, wo sie auf der Baustelle gebraucht werden. Obwohl die senkrechten Masten der Kräne so dünn und manchmal bis zu 100 Meter lang sind, kippen die Kräne nicht um. Denn an der kurzen Seite des Auslegers und am Fuß des Krans sind tonnenschwere Betonplatten befestigt. Sie gleichen das Gewicht der Lasten aus, die der Kran hebt. Je näher sich die Last am Turm befindet, desto schwerer darf sie sein. Die stärksten Kräne sind Schwimmkräne, die zum Beispiel Ölplattformen aufbauen. Sie tragen bis zu 14 000 Tonnen Gewicht.

Krankheit

Wenn ein Teil des →Körpers nicht richtig funktioniert, so hat man eine Krankheit. Auch die Seele kann krank sein. Oft wird man krank, wenn man zu wenig schläft, zu viel arbeitet oder sich zu wenig bewegt. Dann haben es die Krankheitserreger einfach, in den Körper einzudringen und ihn anzustecken. Der Körper kann die meisten Krankheiten selbst heilen. Bei schweren Krankheiten sollte man den Arzt aufsuchen. Er kann herausfinden, an welcher Krankheit man leidet, und eine passende Therapie aufzeigen.

In der →Medizin sind viele Tausend Krankheiten bekannt, von denen allerdings nur ein paar Hundert häufig auftreten. Dazu gehören Erkältungen, Neurodermitis, →Herzkrankheiten, Asthma und typische →Kinderkrankheiten wie Masern oder Windpocken. Manche Krankheiten werden →vererbt. Besonders schlimme Krankheiten können auch zum →Tod führen.

Kräuter

Kräuter sind Blütenpflanzen mit einem weichen, unverholzten Stängel. Viele sterben im Herbst ab. Deshalb nennen wir sie einjährige →Pflanzen. Mehrjährige Kräuter schlagen im Frühjahr aus unterirdischen →Wurzelstöcken wieder

Basilikum

aus. Sie heißen auch Stauden. Beim Würzen von Speisen spielen die →Gewürzkräuter eine große Rolle, zum Beispiel Schnittlauch, Petersilie, Basilikum, Dill, Bohnenkraut und Majoran. Die meisten Arten stammen ursprünglich aus dem Mittelmeergebiet. Es gibt auch Heilkräuter, wie Salbei, Thymian, Pfefferminze und Kamille. Sie ent-

Oregano

halten Wirkstoffe, die unsere →Gesundheit fördern und →Krankheiten heilen helfen.

Krebs (Krankheit)

Als Krebs bezeichnen die Mediziner eine bösartige Geschwulst, auch Tumor genannt. „Bösartig" bedeutet, dass die →Zellen des Tumors sich immer weiter teilen und vermehren. Sie können sich auch ablösen und an ganz anderen Stellen des Körpers neue Geschwülste bilden. Diese heißen Metastasen oder Tochtergeschwülste. Krebs ist keine ansteckende →Krankheit. Bei Kindern und Jugendlichen tritt er selten auf. Nicht jede Geschwulst ist bösartig.

Krebs kann alle →Organe des Menschen befallen. Besonders betroffen sind die →Haut und die Eingeweide wie →Magen, →Darm, →Leber oder →Lunge. Krebserkrankungen haben ganz verschiedene Gründe. Häufig sind chemische Stoffe die Auslöser. Berüchtigt ist der Lungenkrebs, den sich Raucher durch die Teerstoffe im Rauch der Zigarette zuziehen können. Krebs kann auch durch →Radioaktivität entstehen.

Krebs (Tier)

Zur großen Tiergruppe der Krebse gehören die Wasserflöhe, Garnelen, Krabben und die Hummer. Die meisten Krebsarten leben im →Meer. Krebse kommen aber auch im Süßwasser und sogar auf dem Festland vor, wie zum Beispiel die Kellerassel. Alle Krebse haben einen gepanzerten, harten Körper, der aus Kopf, Brust und Hinterleib sowie

Krebs mit erhobenen Scheren

Der Krebs

Wie wechseln Krebse ihren Panzer?

Krebse sind durch ihren harten Panzer gut geschützt. Die Rüstung wächst jedoch nicht mit, daher müssen die Tiere sich in bestimmten Abständen häuten. Vor dem Häuten pumpt der Krebs Wasser in den Panzer, um ihn zu sprengen. Dann schlüpft er aus der gebrochenen Hülle heraus.

Der schwierigste Teil ist dabei, die Scheren herauszuziehen. Oft kommt es vor, dass die Scheren stecken bleiben und der Krebs sie verliert. Sie wachsen aber wieder nach. Unter dem alten Panzer ist der neue schon gewachsen. Allerdings ist die neue Hülle noch sehr weich. Bis sie ausgehärtet ist, können zwei Wochen vergehen. Nur in dieser Zeit wächst der Krebs. Sobald der Panzer wieder hart ist, hört der Krebs auf zu wachsen.

Das Glasfenster zeigt, wie die Kreuzritter des sechsten Kreuzzugs nach Ägypten in den Kampf zogen.

vielen Beinen besteht. Am Kopf befinden sich mehrere Fühler. Viele Krebse besitzen große Scheren, mit denen sie ihre Nahrung ergreifen können. Krabben können schnell seitwärts- und rückwärtslaufen.

Aus Krebseiern schlüpfen kleine →Larven, die zunächst frei im Wasser treiben und zum →Plankton gehören. Aus den Larven entwickeln sich langsam die Krebse. Wie die →Insekten müssen Krebse bei der Häutung ihren Körperpanzer abstreifen, wenn sie wachsen.

Kreuzzüge

Während der Kreuzzüge kämpften die →Christen gegen die Muslime um das Heilige Land Palästina. Im Jahr 1071 hatten muslimische Türken Jerusalem erobert und den Christen den Besuch der heiligen Stätten, wo Jesus gelebt hatte, verboten. Dies wollten die christlichen Herrscher in Europa nicht dulden. Einige Jahre später organisierten sie den ersten Kreuzzug zur Rückeroberung Jerusalems. Das Unternehmen gelang, 1099 war Jerusalem frei. Es folgten sechs weitere solcher Eroberungskriege und bald wurde aus dem Kampf für die →Religion ein gnadenloser Kampf um Landbesitz und Reichtum. Der letzte Kreuzzug fand Ende des 13. Jahrhunderts statt.

Die Kreuzzüge kosteten viele Tausend Menschen das Leben. Durch die Kreuzzüge lernten die Europäer den Orient kennen. Sie erfuhren, dass die Araber mehr über Medizin, Mathematik und Astronomie wussten als sie selbst. Übernommen hatten die Araber dieses Wissen aus der Antike. Die →Ritter brachten viele fremde Güter mit, zum Beispiel →Seide und →Gewürze.

Kriechtiere

Die Kriechtiere oder Reptilien bilden eine große Gruppe der Wirbeltiere. Sie legen →Eier und atmen durch Lungen. Ihre Haut fühlt sich trocken an und ist von Hornschilden bedeckt. Da sie Kalt-

blüter oder wechselwarm sind, können sie ihre Körpertemperatur nicht selbst regeln. Ist es draußen kalt, sinkt die Körpertemperatur, und die Tiere sind träge. Gerne lassen sie sich von der Sonne erwärmen. Viele Kriechtiere leben deshalb in tropischen Ländern und in heißen → Wüsten.

Die Kriechtiere spielten bei der → Evolution eine große Rolle. Vor 360 Millionen Jahren gab es die ersten Reptilien. Sie breiteten sich über die ganze Erde aus und entwickelten viele Arten. Vor 100 Millionen Jahren beherrschten sie unseren Planeten. Besonders auffällig waren die → Dinosaurier, die bis zu 80 Tonnen wogen. Aus den Kriechtieren entwickelten sich die → Vögel und → Säugetiere. Heute leben

Geckos gehören zu den Kriechtieren. Die Füße der Lamellengeckos sind mit Billionen feinster Härchen besetzt. Das gibt besonderen Halt: Damit können Gekos sogar kopfüber an der Decke laufen.

noch vier Gruppen von Kriechtieren: → Krokodile, Brückenechsen, → Schildkröten sowie die Gruppe der → Echsen und → Schlangen.

Krieg

Krieg ist das Gegenteil von → Frieden. Wenn → Staaten oder auch die Anhänger unterschiedlicher → Religionen es nicht schaffen, einen Konflikt friedlich zu lösen, greifen sie oft zu → Gewalt und führen einen bewaffneten Kampf. Völligen Frieden gab es auf der Erde nie. Im letzten Jahrhundert tobten die beiden → Weltkriege und Dutzende kleinerer Kriege. Auch heute noch gibt es in vielen Teilen unserer Erde Kriege. Jeder Krieg bringt unendliches Leid. Oft ist die Bevölkerung am schlimmsten betroffen. Unschuldige Menschen sterben oder müssen als → Flüchtlinge ihre Heimat verlassen.

Krokodil

Krokodile gehören zu den → Kriechtieren. Am größten sind das Nilkrokodil, das eine Länge von fünf Metern erreicht, sowie das bis zu zehn Meter lange Leistenkrokodil. In Nordamerika heißen die

Das Krokodil

Können Krokodile Krokodilstränen weinen?

Bestimmt hast du schon einmal die Redewendung „Jemand weint Krokodilstränen" gehört. Damit ist gemeint, dass man nur so tut, als sei man traurig und müsse man weinen. Aber was hat das mit Krokodilen zu tun? Tatsächlich treten den Krokodilen beim Fressen oft Tränen in die Augen. Früher dachte man, die Raubtiere würden so tun, als ob sie Mitleid mit ihrem Opfer hätten. Manche Menschen glaubten sogar, dass die gefährlichen Echsen wie Kinder weinen, um die Beute anzulocken. Heute weiß man jedoch, dass diese Vorstellungen ins Reich der Fantasie gehören. Wenn die Krokodile ihr Maul ganz weit aufsperren, wird ein Druck auf die Tränendrüsen ausgeübt und Tränenflüssigkeit tritt aus. Deswegen sieht es so aus, als würden die Krokodile beim Verschlingen ihrer Beute Trauer heucheln und Krokodilstränen weinen.

Krokodile Alligatoren, in Südamerika Kaimane. Krokodile jagen im Wasser Fische, Schildkröten und Säugetiere. Dabei treiben sie regungslos im Wasser, sodass außer den Augen und den Nasenlöchern nichts von ihnen zu sehen ist. Sobald ein Beutetier nahe genug herankommt, beißt das Krokodil blitzschnell zu. Es zieht sein Opfer unter Wasser und zerreißt es, indem es sich ruckartig dreht. Krokodile legen je nach Art zwischen 20 und 80 Eier in Nester. Das Nilkrokodil vergräbt seine →Eier im Sand der Flussufer. Danach hält das Weibchen Wache. Wenn es nach etwa drei Wochen hört, dass die Jungen schlüpfen, gräbt es das Nest aus und trägt die kleinen Krokodile in seinem Maul ins Wasser.

Kröte

Kröten und →Frösche gehören zu den →Lurchen. Die Kröten kommen mit Ausnahme sehr kalter Gebiete auf der ganzen Welt vor. Sie unterscheiden sich von den Fröschen vor allem durch ihre Haut. Die Haut einer Kröte ist warzig, bei den Fröschen jedoch glatt, schleimig und feucht. Kröten können deswegen in trockeneren Gebieten leben als Frösche. Wie die Frösche legen sie ihre →Eier als Laich in ein Gewässer. Dort entwickeln sich aus den Kaulquappen erwachsene Kröten. Typisch für die meisten Kröten ist die Giftdrüse hinter den Augen. Im Winter verstecken sich die Kröten oft in Erdlöchern. In Deutschland leben die Erdkröte, die Knoblauchkröte, die Wechselkröte, die Kreuzkröte und die Geburtshelferkröte.

Ein Erdkrötenweibchen wird bis zu 12 cm lang. Die Männchen sind kleiner: höchstens 9 cm.

Kuckuck

Der Kuckuck ist ein graubrauner →Zugvogel mit schmalem Schnabel und langem Schwanz. Er baut sich kein eigenes →Nest, sondern das Weibchen legt seine Eier immer in die Nester anderer →Vögel. Wenn die künftigen Stiefeltern das Nest einmal verlassen, wirft das Kuckucksweibchen ein →Ei heraus und legt sein eigenes Ei an dessen Stelle. Die Wirtseltern merken nichts und brüten alle Eier aus. Nach etwa zwei Wochen schlüpft der junge Kuckuck. Er wirft alle anderen Jungen und Eier aus dem Nest und bleibt als einziges Junges übrig. Die Stiefeltern ziehen den Jungvogel groß. Der Kuckuck nutzt die Brutpflege anderer Vögel aus. Wir nennen ihn deshalb einen Brutschmarotzer.

Ein gerade geschlüpfter Kuckuck wirft die anderen Eier aus dem Nest.

Kuh

Eine Kuh ist ein weibliches Rind, das schon ein Kalb bekommen hat. Erst nach der Geburt beginnt die Milchproduktion, die dann ein Leben lang anhält, solange die Kuh Kälber hat. Die junge Kuh, die noch nicht gekalbt hat, heißt Färse. Das männliche Tier bezeichnen wir als Stier oder Bullen. Das Rind ist das wichtigste →Haustier des Menschen. Es liefert ihm →Milch, Fleisch und Häute. Früher diente es auch als Zug- und Lasttier. Eine Kuh liefert täglich 40 bis 50 Liter Milch. Kühe sind wie →Schafe und Ziegen sogenannte Wiederkäuer. Sie würgen ihr Futter hoch und kauen es ein zweites Mal. So wird die Nahrung besser verwertet.

Kultur

Zur Kultur zählen wir alles, was der →Mensch geschaffen hat. Im Gegensatz dazu steht die →Natur, also die Umwelt, in die der Mensch nicht eingegriffen hat. Jede Zeit und jedes Volk hat seine besondere Kultur. Wir sprechen etwa von der →griechischen Kultur oder der Kultur des →Ägyptischen Reichs. Gemeint ist damit die Art und Weise, wie die Menschen im Alltag gelebt haben und was sie zum Beispiel in den Bereichen →Technik, →Wissenschaft, →Kunst, →Religion und →Recht entwickelt haben. Es gibt keinen Menschen ohne Kultur.

Wenn wir jemanden jedoch als kulturlosen Menschen beschimpfen, so meinen wir etwas anderes, nämlich sein fehlendes Interesse an

Die Kuh

Wie funktioniert eine Melkmaschine?

Kühe müssen zweimal am Tag gemolken werden. Früher erledigten die Bauern diese mühsame Arbeit mit der Hand. Auf dem Melkschemel sitzend, melkte ein Bauer pro Minute etwa einen Liter Milch in den Melkeimer. Heute werden Melkmaschinen verwendet. Der Bauer legt um jede Zitze des Euters einen sogenannten Melkbecher. Die Melkbecher sind über Schläuche mit einer Pumpe verbunden. Diese saugt ungefähr einmal pro Sekunde, dann lässt sie wieder eine Sekunde lang locker – genau wie ein Kalb, das am Euter der Kuh Milch trinkt. Das Ganze dauert sechs bis acht Minuten. Große landwirtschaftliche Betriebe haben meist mehrere Melkmaschinen, sodass viele Kühe gleichzeitig gemolken werden können.

Die Kultur der Menschen ist von Region zu Region sehr unterschiedlich: Das linke Bild zeigt Massai beim Tanz in Ostafrika, rechts ist ein Theateraufführung in Deutschland abgebildet.

Kunst, Wissenschaften oder Religion oder auch seine schlechten Umgangsformen. Das Wort „Kultur" hat noch eine andere Bedeutung. Es bezeichnet zudem den Anbau von →Pflanzen wie →Getreide oder Obstbäume und sogar die Zucht von →Bakterien.

Kunst

Als Kunst wird ein Werk der →Bildhauerei, →Fotografie oder →Malerei bezeichnet. Oft wird Kunst in →Museen, Galerien oder auf öffentlichen Plätzen ausgestellt. Kunst ist immer ein →Kulturprodukt, das der Mensch erschaffen hat. Die ersten Künstler lebten in der →Steinzeit. Sie fertigten kleine Tier- und Menschenfiguren an und Höhlenmalereien. Bis heute wurden Millionen von Kunstwerken geschaffen.

Jede Zeit hat ihre eigene Kunst entwickelt. So entwarfen Künstler wie Leonardo da Vinci und Michelangelo vor 500 Jahren naturgetreue Bilder. Später stellten Künstler wie Vincent van Gogh und Claude Monet Stimmungen, Licht oder

Manche heutigen Kunstwerke sind „abstrakt" – sie zeigen keine gegenständliche Darstellung. Die Plastik „Großer Schmetterling" des englischen Künstlers Henry Moore steht in Berlin vor dem „Haus der Kulturen der Welt".

Gefühle in ihren Werken dar. Spätere Maler und Bildhauer schufen oftmals Werke, die kaum mehr eine Ähnlichkeit mit der →Natur haben. Wir nennen diese Kunst „abstrakt". Heute gibt es auch oft Kunst, die mit Licht, Klang oder Bewegung arbeitet. Bei sogenannten Installationen werden die Ausstellungsräume als ein Teil des Kunstwerks mitgestaltet.

Kunststoff

Wie der Name vermuten lässt, sind die Kunststoffe eine Erfindung des →Menschen. In der

Wenn eine Küste steil ins Meer hineinragt, wie hier in der Normandie in Frankreich, spricht man von einer Steilküste.

Umgangssprache nennen wir sie auch einfach Plastik. Es gibt Tausende verschiedener Kunststoffe. Viele werden aus →Erdöl hergestellt. Tragetüten, Plastikflaschen und Eimer bestehen aus Polyethylen. Der Schaumstoff Polystyrol dient hauptsächlich als Verpackung. Das PVC (Polyvinylchlorid) wird etwa zu Spielsachen, Tischtüchern und Vorhängen verarbeitet. Auch fast alle unsere Kleidungsstücke enthalten Kunststofffasern wie Nylon oder Perlon. Kunststoffe bestehen aus →Atomen, die mehrfach zu langen kettenartigen Molekülen vernetzt sind. Sie verrotten nur sehr langsam. Um riesige →Müllberge zu verhindern, werden viele Kunststoffe wiederverwertet.

Aus Kunststoff kann man ganz unterschiedliche Dinge herstellen, sogar Schuhe.

Küste

Ein Blick auf eine geografische →Landkarte zeigt uns, dass Küsten in den seltensten Fällen gerade verlaufen. Durch →Ebbe und Flut, die Brandung, Meeresströmungen und Ablagerungen von →Flüssen verändert sich die Küste ständig. Die Schärenküste entstand zum Beispiel, als das Meer ein stark hügeliges, von →Gletschern geformtes Gebiet überflutete. Übrig blieben viele Hügelkuppen, die Schären. Auf ähnliche Weise entstanden die Fjorde.

Ein Haff oder Liman entsteht, wenn die Meereswellen schräg zum Strand auftreffen und dauernd →Sand versetzen. Die vorgelagerte Landzunge nennen wir Nehrung. Wenn Flüsse an der Mündung viel Material ablagern, entsteht ein sogenanntes Delta.

Lachs

Der Lachs ist ein bis zu 1,5 Meter langer Wander-
fisch, der mit der →Forelle verwandt ist. Eigentlich leben alle Lachse im →Meer. Wenn sie
geschlechtsreif sind, schwimmen sie jedoch die
→Flüsse und →Bäche hinauf. Dabei können sie

Wenn die Lachse auf ihren Wanderungen flussaufwärts
Wasserfälle überwinden müssen, sind sie leichte Beute
für Bären.

sogar Wasserfälle überwinden. Ihre →Eier legen
sie genau an der Stelle ab, an der sie einst selbst
aus dem Ei schlüpften. Die jungen Lachse bleiben noch ein paar Jahre im Süßwasser. Dann ziehen sie ins Meer.

Landkarte

Landkarten sind verkleinerte Darstellungen der
Erdoberfläche. Wir benutzen den Plan zur Orientierung. Wenn wir mit dem →Auto unterwegs
sind, kann uns ein Straßenatlas oder ein →Navi-
gationsgerät helfen. Mit einem Stadtplan finden
wir uns in einer →Stadt zurecht.

Bevor eine Landkarte angefertigt wird, muss
die genaue Lage von Städten, Straßen, Flüssen,
Seen und Bergen herausgefunden werden. Das

unternimmt der Landvermesser. Zusätzlich werden vom →Flugzeug aus oder mithilfe eines
→Satelliten Aufnahmen von oben gemacht. Aus
diesen Daten kann ein Kartenzeichner oder ein
Computerprogramm eine Landkarte erstellen.

Es gibt ganz unterschiedliche Karten. Physi-
kalische Karten zeigen vor allem Berge, Täler und
Flüsse. In anderen Karten ist zum Beispiel dargestellt, wie die Ländergrenzen früher verliefen oder
mit welchen Gütern ein Land →Handel betreibt.

Landwirtschaft

In der Landwirtschaft werden →Pflanzen ange-
baut oder Vieh wird gehalten, um Nahrungsmit-
tel zu erzeugen. Die Landwirte bauen →Getreide,
→Gemüse und →Obst an. Ebenso werden
Raps und bestimmte Baumarten gepflanzt, weil
sie der →Energiegewinnung dienen. Rinder,
→Schweine, →Schafe und das Geflügel liefern
Fleisch, →Milch, →Eier, →Leder und →Wolle.
Für die landwirtschaftliche Arbeit werden heute
Maschinen wie etwa der →Traktor und der
→Mähdrescher eingesetzt.

In diesem landwirtschaftlichen Betrieb werden Schweine
gezüchtet. Oft werden die Tiere in großen Ställen gehalten und sehen nie das Tageslicht.

Die Landwirtschaft

Wie wird Schokolade gemacht?

Schokolade wird aus den Bohnen von Kakaofrüchten gemacht, die auf Bäumen in den Tropen in Südamerika, Afrika und Asien wachsen. Arbeiter schlagen die Kakaofrüchte mit großen Messern ab. Die Bohnen werden anschließend getrocknet und geröstet. Nachdem man die Schalen entfernt hat, werden die Bohnen gemahlen, bis eine zähe Kakaomasse entsteht. Sie besteht aus Kakaobutter und dem braunen Kakaopulver. In der Schokoladenfabrik vermischt man

die Masse mit Zucker und Milch. Damit die Schokolade später nicht sandig schmeckt, muss sie zwischen großen Walzen fein zermahlen werden. In Conchiermaschinen wird alles dann erwärmt und gerieben, bis sie eine zart schmelzende Creme ist. Die Creme füllt man in Formen und stellt sie kalt, damit sie fest wird. Für weiße Schokolade verwendet man übrigens nur Kakaobutter und nicht das braune Kakaopulver.

Meistens werden in der Landwirtschaft ➜ Dünger und Mittel zur ➜ Schädlingsbekämpfung eingesetzt. Sie erhöhen die Erträge, führen aber dazu, dass sich im Boden und im Grundwasser ➜ Gifte ablagern. Viele ➜ Tiere bekommen Hormone, damit sie schneller wachsen. Durch die Massentierhaltung auf modernen ➜ Bauernhöfen werden sie in viel zu engen Ställen gehalten. Die ökologische Landwirtschaft achtet dagegen auf eine artgerechte Haltung der Tiere. Sie erzeugt möglichst schadstoffarme Lebensmittel.

Vor ungefähr 11 000 Jahren betrieben die Menschen im Vorderen Orient zum ersten Mal Landwirtschaft. Sie gaben ihr Leben als Jäger und Sammler auf, wurden sesshaft, bauten Pflanzen an und züchteten Tiere.

Lärm

Wann ein Geräusch oder eine Musik als Lärm empfunden wird, hängt von der Empfindlichkeit des Einzelnen ab. Die Geräusche einer stark befahrenen Straße empfinden auf Dauer allerdings die meisten Menschen als unangenehm. Lang anhaltender Lärm beeinträchtigt die ➜ Gesundheit und kann zu ➜ Stress, zu Nervosität, Schlafstörungen und Magenkrankheiten führen. Bei einer Lautstärke ab 90 Dezibel können Hörschäden auftreten. Messungen in Diskotheken ergaben Lautstärken bis zu 120 Dezibel.

Sich vor Lärm zu schützen, ist schwierig. Man kann sich in der Wohnung beispielsweise schallisolierte Fenster und Türen einbauen lassen. Sehr viel besser ist es, wenn Lärm von Anfang an vermieden wird.

Lärmschutzwände an Autobahnen sollen nahe liegende Wohnsiedlungen vor Straßenlärm schützen.

Larve

Nur wenige ➜ Tiere sehen nach dem Schlüpfen aus dem ➜ Ei schon ähnlich wie ihre Eltern aus. Die meisten zeigen hingegen Jugendformen, die

Die Larven der Stechmücke entwickeln sich im Wasser. Durch ein Atemrohr an ihrem Hinterleib atmen sie Luft. Bei Gefahr tauchen sie blitzschnell ab.

ganz anders sind als die ausgewachsenen Tiere. →Schmetterlinge entwickeln sich zum Beispiel aus →Raupen, →Fliegen aus Maden und Maikäfer aus Engerlingen. Diese Larven verwandeln sich in erwachsene Tiere über eine weitere, allerdings unbewegliche Larvenform, die sogenannte Puppe. Auch bei den →Fröschen kommen Larven vor. Wir nennen sie Kaulquappen. Sie machen mehrere Entwicklungsstadien durch. Dabei wachsen ihnen Beine und →Lungen, während der Schwanz zurückgebildet wird.

Laser

Mit dem Laser erzeugt man besonders scharf gebündeltes, energiereiches →Licht. Es kann so viel →Energie enthalten, dass man damit Wände durchschneiden oder →Zähne bohren kann. Laser finden heute in fast allen Bereichen der Naturwissenschaft und →Technik Anwendung. Durch Laserlicht ist es möglich, viele Tausend →Telefongespräche gleichzeitig auf einer Leitung zu übertragen. Mit Lasern kann man zahlreiche Materialien bearbeiten, zum Beispiel →Metalle schweißen, schneiden oder bohren.

Auch →CDs oder DVDs werden mit einem Laser abgetastet. In der →Medizin wiederum werden Laser bei →Operationen eingesetzt. So kann Gewebe sehr genau geschnitten werden, ohne dass Blutungen auftreten.

Laubbaum

Laubbäume haben flache, oft breite →Blätter. Sie lassen sich gut an der Form ihrer Blätter unterscheiden. Die Blätter enthalten den Farbstoff Blattgrün, mit dessen Hilfe sie aus dem →Sonnenlicht und Wasser Zuckerverbindungen aufbauen. Über die Blätter verdunstet viel Wasser, das von den →Wurzeln durch den Stamm und die Äste nach oben transportiert wird. Im

Der Laser

Wie wird der Strichcode an der Supermarktkasse gelesen?

An den Waren im Supermarkt kleben keine Preisschilder, stattdessen sind alle Produkte mit einem Strichcode versehen. Der besteht aus unterschiedlich dicken schwarzen Linien.

Den Preis einer Ware kann man von dem Strichcode direkt nicht ablesen. Dazu braucht man einen Scanner, den es inzwischen fast an jeder Supermarktkasse gibt. Im Scanner ist ein Laser, der den Code abtastet und als Muster aus hellen und dunklen Streifen erkennt. Jedes Produkt hat sein eigenes Muster. Daraus errechnet ein Computer die Nummer der jeweiligen Ware. Die Nummer ist zudem unter dem Strichcode lesbar. In einer Datenbank sind alle Produktnummern und die jeweiligen Preise gespeichert, die die Kasse abrufen kann.

Laubbäume kann man an ihren Blätter, Blüten oder Früchten gut erkennen. Von links nach rechts: Linde mit Blüten, Birke, Buche mit Bucheckern, Eiche mit Eicheln

Winter können die Wurzeln kein Wasser mehr aufnehmen. Damit der ➜ Baum in dieser Jahreszeit nicht verdurstet, werfen bei uns die meisten Laubbäume bereits im Herbst ihre Blätter ab. Zuvor wird das Blattgrün abgebaut, und die Blätter verfärben sich gelb, rot und braun. Die meisten ➜ Nadelbäume dagegen sind das ganze Jahr über grün.

Manche Laubbäume haben auffallende ➜ Blüten, wie die Kastanie oder die Linde. Laubbäume lassen sich meist vom ➜ Wind bestäuben. Aus den Blüten entwickeln sich ➜ Früchte, mit denen sich die Bäume vermehren. Walnüsse sind die Früchte des Walnussbaums, Bucheckern die der Buche. In unseren Wäldern wachsen Eichen und Buchen. Weiden und Pappeln stehen gerne am Wasser. Kastanien und Platanen werden oft am Straßenrand gepflanzt.

Laus

Läuse sind ➜ Insekten. Es gibt Tier- und Pflanzenläuse. Tierläuse saugen ➜ Blut. Zu ihnen gehören zum Beispiel die Kopfläuse. Mit ihren Krallen halten sie sich an den ➜ Haaren fest. Ihr Stich führt zu einem Juckreiz. Läuse können leicht übertragen werden, besonders in Schulen, denn sie wandern rasch von Kopf zu Kopf. Wenn man entdeckt, dass man Läuse hat, kann man diese durch Waschen mit einem speziellen Shampoo wieder loswerden.

Blattläuse sind Pflanzenläuse, die auf ➜ Blättern und ➜ Knospen sitzen. Sie saugen Pflanzensäfte und gelten als ➜ Schädlinge. Von dem süßen Kot, den sie ausscheiden, ernähren sich die ➜ Ameisen. Die ➜ Bienen machen daraus Tannenhonig. Da sie lebende Junge gebären, können sich Blattläuse schnell vermehren. Zu ihren größten Fressfeinden gehört der ➜ Marienkäfer.

Läuse mit ihrem natürlichen Fressfeind, dem Marienkäfer

Lautsprecher

Der Lautsprecher verwandelt elektrische Signale in ➜ Schallwellen. Die Musik und die Sprache, die wir zum Beispiel im →Radio oder →Fernseher hören, kommen aus Lautsprechern. Beim Lautsprecher ist eine kegelförmige Membran mit einer Spule verbunden. Im Inneren der Spule liegt ein →Magnet. Durch den aufgewickelten Draht der Spule fließen elektrische Signale. Dabei lädt sich die Spule magnetisch auf. Die Membran beginnt dadurch zu vibrieren und versetzt die Luft in Schwingungen. Wir hören diese als →Schallwellen. Der Lautsprecher verrichtet genau die umgekehrte Arbeit wie das Mikrofon.

Lawine

Große Schnee- und Eismassen rutschen als Lawine ins →Tal. Dabei können sie Steine, Erde und sogar Bäume mit sich reißen und Häuser zerstören. Es gibt im Wesentlichen drei Lawinenarten: Staublawinen bestehen aus lockerem Pulverschnee. Beim Abgang entstehen heftige →Winde und Luftwirbel, die alles zerstören. Durch Druckschwankungen können sogar Gebäude explodieren.

Grundlawinen setzen sich aus feuchtem Schnee zusammen, der oft mit Erde und Geröll vermischt ist. Sie gehen vor allem im Frühjahr ab und reißen den Untergrund mit. Skifahrer, die sich außerhalb der gesicherten Pisten aufhalten, lösen überwiegend Schneebretter aus. Dies sind jüngere Schneeschichten, die über älteren, verfestigten Schichten liegen. Schneebretter lösen sich mit lautem Knall ab. Man erkennt sie an der scharfen Abrisskante.

Lawinenabgang am Mount Everest

Die Lawine

Was machen Lawinenhunde?

Wenn Bergsteiger oder Skifahrer von einer Lawine verschüttet werden, kommen Lawinenhunde zum Einsatz. Sie sind darauf trainiert, Menschen unter mehrere Meter dicken Schneeschichten zu erschnüffeln. Die Hundeführer bringen sie zu der Stelle, an der die Opfer vermutet werden. Dort schnüffeln sie, bis sie die Verschütteten gefunden haben. Geübt werden die lebensrettenden Einsätze mit dem Lieblingsspielzeug der Hunde. Zusammen mit einem freiwilligen Menschen wird es im Schnee eingegraben – so fangen die Hunde sofort an zu suchen. Bei einem Lawinenunglück ist es wichtig, dass die Helfer schnell vor Ort eintreffen, denn schon nach 15 Minuten sinken die Überlebenschancen eines im Schnee verschütteten Menschen. Kein Problem für die Spürnasen. Sie sind meist schon nach wenigen Minuten erfolgreich.

Ortschaften in den Alpen werden durch Bannwälder vor Lawinen geschützt. Wenn diese Wälder zugrunde gehen, sind die Ortschaften sehr gefährdet und es müssen künstliche Lawinenverbauungen errichtet werden. Gelegentlich löst man drohende Lawinen durch eine Sprengung absichtlich aus, um einen plötzlichen Abrutsch zu vermeiden.

Leber

Die Leber ist ein wichtiges →Organ in unserem →Körper und unsere größte Drüse. Sie liegt in der rechten Körperhälfte unter den Rippen und ist durch eine Furche in einen rechten

und einen kleineren linken Leberlappen gegliedert. Man kann die Leber als die chemische Fabrik des Körpers bezeichnen. Sie produziert zum Beispiel die Galle, die uns bei der →Verdauung von Fetten hilft. Die Leber stellt aber auch Eiweiße her, die wir im →Blut brauchen. Gleichzeitig baut sie die →Giftstoffe im Blutkreislauf ab, etwa →Alkohol.

Wenn die Leber nicht richtig funktioniert, so können bestimmte Abfallstoffe im Blut nicht ausgeschieden werden und man erkrankt an Gelbsucht. Eine andere schwere Erkrankung der Leber ist die Leberentzündung oder Hepatitis. Sie wird durch →Viren ausgelöst.

Leder

Leder wird aus der →Haut von →Tieren hergestellt. Damit die Haut zu Leder wird, muss sie gegerbt werden. Man salzt die Haut zuerst ein. Dann entfernt man alles Fleisch und die →Haare. Danach findet die eigentliche Gerbung statt. Dabei wird die Haut mit chemischen Stof-

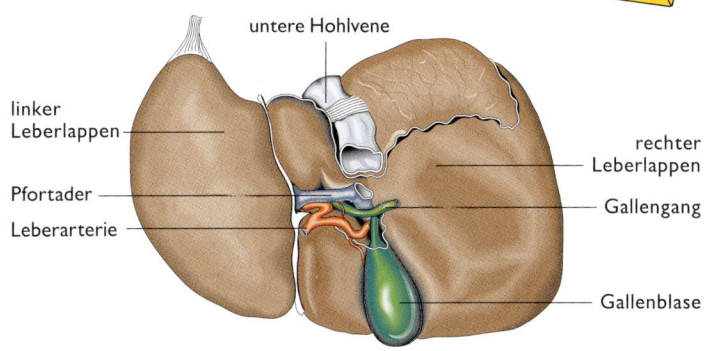

untere Hohlvene

linker Leberlappen

Pfortader

Leberarterie

rechter Leberlappen

Gallengang

Gallenblase

Die beiden Leberlappen mit Gallenblase

fen behandelt. Das Gerben bewirkt, dass sich die Eiweiße in der Haut dauerhaft verändern. Dadurch kann die Haut nicht mehr verwesen. Das so entstehende Leder wird haltbar und geschmeidig gemacht. Zudem kann man es noch einölen und färben, bevor daraus zum Beispiel Schuhe hergestellt werden.

Schon die Menschen in der →Steinzeit nutzten Tierfelle als Kleidung. Die ältesten Funde von Gegenständen aus Leder, das durch Gerbung von Tierhäuten gewonnen wurde, stammen aus dem →Ägyptischen Reich.

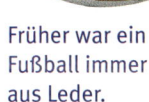

Früher war ein Fußball immer aus Leder.

Legasthenie

Auf Deutsch bedeutet Legasthenie so viel wie Lese-Rechtschreib-Schwäche. Manche ganz normal begabten Schüler haben Probleme beim Schreiben und Lesen. Sie erfassen die richtige Abfolge der Buchstaben nicht und können Laute und Buchstaben nicht richtig zuordnen. Die Gründe für die Legasthenie kennt niemand genau. Mit gezielten Übungen kann man diese Schwierigkeiten aber nach und nach abbauen. Legasthenie hat nichts mit →Intelligenz zu tun.

Das Maus-Quiz

Bei Gefahr oder Bedrohung durch einen Angreifer rollt sich dieses Tier zu einer stacheligen Kugel zusammen. Auf welcher Seite befindet sich das Tier hier im Buch?

Es gibt sehr viele kluge und erfolgreiche Menschen, die als Kind unter Legasthenie gelitten haben.

Lehm

Lehm besteht aus Ton und →Sand. Ein lehmiger Boden ist sehr schwer und hat eine hellgelbe bis dunkelbraune Farbe. Lehm gehört zu den ältesten Baustoffen. Aus ihm kann man Ziegel formen, die man an der Sonne trocknet. Früher wurde auch bei uns viel mit Lehm gebaut. Die meisten Menschen der Erde leben noch heute in →Häusern aus Lehm, etwa in Afrika und Asien.

Der Weitsprung ist eine Disziplin der Leichtathletik. Die weltweit besten männlichen Weitspringer schaffen rund 9 m, Frauen etwa 7 m.

Leichtathletik

Zur Leichtathletik gehören alle →Sportarten, die mit Laufen und Gehen, Springen, Werfen und Stoßen zu tun haben. Dagegen zählen zur Schwerathletik zum Beispiel das Gewichtheben und das Ringen. Manche leichtathletischen Disziplinen gibt es schon seit 3000 Jahren, etwa das Diskuswerfen.

Laufwettbewerbe werden über verschieden lange Strecken durchgeführt. So gibt es den Kurzstreckenlauf oder Sprint, den Mittelstreckenlauf sowie den Langstreckenlauf, zu dem auch der →Marathon gehört. Beim Hürdenlauf werden Hürden als Hindernisse überquert.

Alle Hochspringer verwenden heute die Floptechnik. Sie drehen sich dabei während des Fluges, sodass sie die Latte mit dem Rücken überqueren. Eine der technisch anspruchsvollsten Disziplinen ist der Stabhochsprung, bei dem sich der Sportler mit einem Glasfiberstab in die Höhe stemmt.

Diskus, Kugel und Hammer werden von einem Kreis aus geworfen oder gestoßen, den der Sportler beim Wurf nicht übertreten darf. Der Speerwerfer darf hingegen einen weiten Anlauf nehmen.

Leopard

Die Leoparden gehören zu den →Katzen und sind in Afrika und Südasien verbreitet. Sie leben in den →Steppen, →Savannen und tropischen Regenwäldern. Die meisten Leoparden haben ein gelbes Fell mit schwarzen Flecken. Es gibt aber auch vollkommen schwarze Tiere. Wir nennen sie Panther.

Da Leoparden nicht so schnell sprinten können, schleichen sie sich vorsichtig an ihre Beute an. Oft beobachten sie das Beutetier minutenlang, springen dann mit einem mächtigen Satz hervor und töten es mit einem Biss in die Kehle. Sie erlegen vor allem Antilopen und Gazellen. Um ihre Beute vor →Löwen und Hyänen zu schützen, zerren sie das erlegte Tier manchmal in eine Astgabel hoch. Mit ihrer ungeheuren Kraft schaffen Leoparden das sogar bei Beutetieren, die viel schwerer sind als sie selbst.

Ein Leopard kann bis zu 90 kg schwer werden. Wie alle Katzen haben Leoparden sehr gute Augen, mit denen sie auch nachts gut sehen können.

Lexikon

Das →Buch, das du gerade in der Hand hältst, ist ein Lexikon. Es enthält viele Artikel, die nach dem →Alphabet geordnet sind. Statt Lexikon könnte man auch Enzyklopädie sagen. Damit meint man ein möglichst vollständiges Lexikon. Es gibt auch Speziallexika, zum Beispiel über Tiere oder Technik oder über die berühmten Menschen einer Zeit.

Ein Lexikon versucht, möglichst umfassend zu sein. Aber in keinem Lexikon kann alles Wissenswerte stehen. Auch wenn ein Lexikon viele Bände umfasst, muss es doch eine Auswahl treffen aus all den →Informationen, die es heute auf der Welt gibt.

Libelle

Libellen stechen nicht, obwohl sie auch Teufelsnadeln genannt werden. Sie gehören zu den →Insekten, denn sie haben sechs Beine. Alle Libellen leben räuberisch, meist in der Nähe von Gewässern. Während des Fluges machen sie Jagd auf andere Insekten. Sie nehmen sie mit ihren großen, kugelrunden →Augen sehr gut wahr.

Wenn zwei Libellen ein Rad bilden, paaren sie sich. Kurz danach erfolgt die Eiablage. Dabei sticht das Weibchen die →Eier in Wasserpflanzen oder lässt sie einfach ins Wasser fallen. Aus den Eiern schlüpfen →Larven, die im Wasser leben. Sie brauchen mindestens ein Jahr und rund zehn Häutungen, bis sie zur Libelle werden. Im letzten Larvenstadium klettert die Larve an Land, häutet sich ein letztes Mal und fliegt als ausgewachsene Libelle davon.

Paarungsrad zweier Libellen

Licht

Licht ist eine Form von →Energie, die wir sehen können. Einige Dinge strahlen selbst Licht ab, etwa die →Sonne, die →Sterne oder die →Glühbirne. Die meisten Gegenstände jedoch können wir nur sehen, weil sie Licht zurückwerfen oder reflektieren. Das Licht der Sonne sieht weiß aus, setzt sich aber aus allen Farben des →Regenbogens zusammen. Lässt man Licht durch ein Glasprisma fallen, spaltet es sich in die →Farben Rot, Gelb, Grün, Blau und Violett auf.

Licht breitet sich unvorstellbar schnell aus. Jede Sekunde legt es über 300 000 Kilometer zurück. Das Licht der Sonne braucht acht Minuten, um auf die Erde zu gelangen. Das entspricht rund 150 Millionen Kilometer. In einem Jahr legt Licht die Strecke von 9 470 000 000 000 (rund 9,5 Billionen) Kilometern zurück. Diese Entfernung bezeichnet man als Lichtjahr.

Liebe

Man kann → Menschen aus ganz verschiedenen Gründen lieben: Wir finden jemanden sympathisch und wollen viel Zeit mit ihm verbringen. Wir lieben die → Familie, weil wir mit unseren Angehörigen verwandt sind und sie sich intensiv um uns kümmern. Auch das Mitleid mit einem Menschen ist eine Form der Liebe, die Nächstenliebe. Wenn sich zwei Menschen ineinander verlieben, kann aus ihrer Verliebtheit eine tiefe Liebe entstehen. Sie stehen sich sehr nahe und vertrauen sich gegenseitig. Dabei wollen sich die Partner auch meist körperlich nahe sein, sie schlafen miteinander. Wenn man Geschlechtsverkehr hat, ohne sich zu lieben, spricht man auch von rein körperlicher Liebe.

In vielen → Religionen ist die höchste Form der Liebe die Liebe zu → Gott. Das erste Gebot in der → Bibel lautet: „Du sollst den Herrn, deinen Gott, lieben." Eine weitere Art der Liebe ist die Liebe zu sich selbst, das Selbstvertrauen oder Selbstbewusstsein und die Zufriedenheit mit den eigenen Fähigkeiten, der eigenen Persönlichkeit. Manche sagen: Nur wer sich selbst liebt, kann auch andere Menschen richtig lieben.

Linse

Mit einer Linse kann man vergrößerte oder verkleinerte Bilder von Gegenständen erzeugen. Linsen haben eine oder zwei gewölbte Seiten und sind meist aus → Glas oder → Kunststoff. In unserem → Auge gibt es auch eine Linse. Deswegen können wir scharf sehen. Bei manchen Menschen funktionieren die Augen nicht gut. Sie tragen eine → Brille oder Kontaktlinsen. Der Sehfehler wird mit künstlichen Linsen ausgeglichen.

Kurzsichtige Menschen können weit entfernte Gegenstände nicht scharf sehen. Ihre Brillengläser sind an den Rändern dicker als in der Mitte. Solche konkaven Linsen zerstreuen das → Licht und lassen einen Gegenstand kleiner erscheinen,

Das Licht

Warum ist die Sonne lebensnotwendig für uns?

Das Licht der Sonne ist lebensnotwendig für alle Pflanzen, Tiere und für uns Menschen. Pflanzen können nicht im Dunkeln wachsen. Sie brauchen das Sonnenlicht, um mithilfe des Blattgrüns aus Kohlendioxid und Wasser Zucker herzustellen, von dem sie sich ernähren.

Die Pflanzen wiederum sind lebensnotwendig für Rinder, Schafe und alle anderen Pflanzenfresser. In der Natur dienen diese Tiere den Fleischfressern als Nahrung, etwa den Wölfen, Füchsen oder Löwen. Auch wir Menschen brauchen die Sonne zum Leben. Ohne sie gäbe es weder Obst und Gemüse, das wir essen, noch Kühe, Schweine oder Hühner. Zudem spendet die Sonne lebenswichtige Wärme: Ohne die glühende Kugel wären es −270 Grad Celsius auf der Erde!

Kontaktlinsen setzt man direkt auf das Auge. Wie eine Brille können sie Sehfehler ausgleichen. Es gibt harte und weiche Kontaktlinsen.

als er in Wirklichkeit ist. Weitsichtige Menschen können in der Nähe nicht scharf sehen. Sie brauchen eine konvexe Linse oder Sammellinse. Sie ist in der Mitte dicker als an den Rändern. Auch eine Lupe enthält eine Sammellinse und konzentriert Lichtstrahlen auf einen Punkt. Linsen gibt es ebenfalls in → Teleskopen, → Mikroskopen und in → Fotoapparaten. Bei den → Pflanzen ist die Linse eine essbare Hülsenfrucht.

Literatur

Zur Literatur gehört alles, was in Texten und in → Büchern niedergeschrieben ist. Dazu zählen → Romane und Erzählungen, Kinderbücher und wissenschaftliche Fachbücher. Ein berühmter Roman aus dem 18. Jahrhundert sind „Die Leiden des jungen Werthers" von Johann Wolfgang von Goethe. Moderne Romane für Kinder haben zum Beispiel Michael Ende und Cornelia Funke geschrieben.

Die ältesten Formen der Literatur sind Heldensagen, → Märchen oder auch Kinderlieder. Sie enthalten oft → Gedichte, die früher gesungen und mündlich weitergegeben wurden. Manche Werke der Literatur werden im → Theater aufgeführt. Man nennt sie Dramen. Sind sie eher tragisch und düster, so sprechen wir von Tragödien oder Trauerspielen. Bei Komödien oder Lustspielen gibt es meistens etwas zu lachen.

Jedes Volk hat seine eigene Literatur. So gibt es eine deutsche, eine französische, eine koreanische oder altägypti-

Cornelia Funke
HERR DER DIEBE

Auch Kinder- und Jugendbücher zählen zur Literatur.

sche Literatur. Einige Werke wurden so berühmt, dass man sie in viele → Sprachen übersetzte. Sie gehören dann zur Weltliteratur.

Löwe

Weil die Männchen mit ihrer Mähne so mächtig aussehen, gilt der Löwe als König der Tiere. Löwen sind die einzigen → Katzen, die in einem Rudel leben. Während die Weibchen die Beute erjagen, beschützen die Männchen das Rudel vor feindlichen Artgenossen. Die meisten Löwen scheuen sich nicht, anderen → Raubtieren wie den → Leoparden die Beute abzujagen.

Nur Löwenmännchen haben eine Mähne.

In der →Antike gab es in Griechenland noch Löwen. Doch dann wurden sie in Europa ausgerottet. Heute gibt es Löwen nur noch in →Afrika und in einem winzigen Teil Indiens.

Löwenzahn

Der Löwenzahn ist eine →Wildpflanze, die auf unseren →Wiesen und Weiden weit verbreitet ist. Ihr gelber Blütenkopf besteht aus vielen kleinen Einzelblüten, die wie eine einzige →Blüte aussehen. Aus ihr entwickelt sich in kurzer Zeit die Pusteblume. Bei Berührung fliegen die kleinen →Früchte an einem Schirmchen aus Haaren davon. So vermehrt sich die Pflanze.

Der Stängel des Löwenzahns enthält einen weißen Milchsaft, der giftig ist. Die gezähnten →Blätter sind essbar. Sie werden oft von Kaninchen, Meerschweinchen, Schafen und anderen Tieren gefressen. Der Löwenzahn gilt auch als Heilpflanze.

Luft

Die →Erde ist von einer Lufthülle umgeben, die wir auch →Atmosphäre nennen. Ohne sie wäre

Die Schirmchen des Löwenzahns werden gut vom Wind getragen.

ein Leben auf unserem →Planeten nicht möglich. Luft ist ein farb- und geruchloses Gemisch aus verschiedenen →Gasen. Etwa vier Fünftel der Luft bestehen aus Stickstoff, ein Fünftel aus →Sauerstoff. Luft enthält auch stets etwas Wasserdampf. Er ist für die Luftfeuchtigkeit verantwortlich. Warme Luft ist leichter als kalte. Sie steigt auf und kühlere Luft fließt nach. Dies kann man über jedem →Heizkörper beobachten. In der Erdatmosphäre geschieht genau dasselbe: Durch Bewegungen von warmen und kalten Luftmassen entsteht das →Wetter.

Die Luft

Kann man Luft wiegen?

Wir können sie nicht sehen, nicht riechen, nicht schmecken und auch nicht fühlen. Dennoch ist überall um uns herum Luft. Und es ist kaum zu glauben, aber Luft hat sogar ein Gewicht. Auf jedem von uns lastet eine viele Kilometer hohe Luftsäule, die bis in den Weltraum reicht. Sie drückt mit etwa 500 Kilogramm auf unsere Schultern. In einem durchschnittlich großen Zimmer befinden sich rund 40 Kilogramm Luft.

Dass Luft ein Gewicht hat, kannst du ganz einfach herausfinden. Blase einen Luftballon auf und befestige ihn an dem einen Ende eines Lineals. Einen leeren Ballon befestigst du am anderen Ende. Lege das Lineal nun genau in der Mitte auf einen Stift, den du waagerecht in der Hand hältst. Die Seite mit dem aufgeblasenen Ballon wird sich nach unten neigen, weil sie Luft enthält und dadurch schwerer ist.

Wir können die Luft spüren, wenn der →Wind bläst. Luft hat auch ein Gewicht. Man nennt das Gewicht der Luftsäule, die über uns steht, Luftdruck. Wenn wir einen Berg besteigen, nimmt der Luftdruck ab, da die Luftsäule über uns immer kürzer wird. Mit Ausnahme von einigen →Bakterien brauchen alle Lebewesen Luft zum Leben.

Starke Luftverschmutzung führt in Großstädten oft zu Smog. Das Wort setzt sich aus den englischen Begriffen „smoke" (Rauch) und „fog" (Nebel) zusammen.

Luftverschmutzung

Es gibt viele Ursachen für die Luftverschmutzung. Als großer Verschmutzer gilt das Auto: Die Abgase enthalten das →Gas Kohlendioxid, das den Treibhauseffekt verstärkt und damit zum →Klimawandel beiträgt. In den Abgasen befindet sich auch Kohlenmonoxid, das in größeren Mengen auf den Menschen tödlich wirkt. Die Stickoxide der Autoabgase begünstigen Smog und die Bildung von schädlichem →Ozon am Boden. Verbrennungsmotoren geben an die →Luft auch Kohlenwasserstoffe ab, die direkt unsere Gesundheit gefährden, wie zum Beispiel das Benzol. Deswegen ist ein →Katalysator im Auto sehr wichtig.

Heizkraftwerke und →Heizungen in Häusern stoßen zudem Schwefeldioxide aus. Sie verursachen den sauren Regen, der für das Waldsterben verantwortlich ist. →Industrie und Müllverbrennungsanlagen produzieren viel Staub. Dieser kann gesundheitsschädliche Stoffe wie Asbest, Dioxin und Schwermetalle enthalten. Auch die Luft in den privaten Haushalten ist oft ziemlich belastet, etwa durch Lösungsmittel aus Lacken und →Tabakrauch.

Lunge

Viele →Tiere und wir Menschen →atmen mit den Lungen. Die eingeatmete →Luft enthält →Sauerstoff. In den Lungen nimmt das →Blut den Sauerstoff auf und transportiert ihn zu allen Organen des →Körpers. Gleichzeitig wird in den Lungen das Gas Kohlendioxid aus dem Blut an die Luft abgegeben, die wir ausatmen. Die Lungen sind zwei schwammartige →Organe im

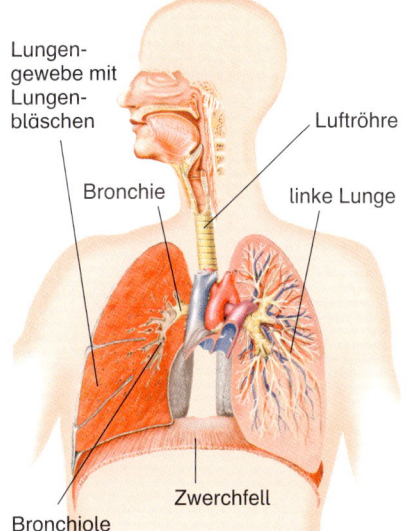

Lungengewebe mit Lungenbläschen

Luftröhre

Bronchie

linke Lunge

Zwerchfell

Bronchiole

Die menschliche Lunge im Querschnitt

Brustkasten. Die eingeatmete Luft zieht durch die Luftröhre zu den beiden Bronchien. Diese verzweigen sich weiter zu Bronchiolen. Am Ende der Verzweigungen sind winzige Lungenbläschen, die wiederum von feinsten →Adern durchzogen sind. Hier findet der Gasaustausch mit dem Blut statt.

Beide Lungen zusammengenommen, enthalten rund 500 Millionen Lungenbläschen. Sie haben insgesamt eine Oberfläche von etwa 200 Quadratmetern. Die Lungen brauchen saubere Luft ohne Schadstoffe. Menschen, die →Tabak rauchen und in verschmutzter Luft leben, bekommen leichter eine Lungenkrankheit.

Ein Stadium in der Entwicklung zum Lurch: Der Schwanz der Kaulquappe ist noch nicht zurückgebildet, doch die Beine sind bereits gewachsen.

Lurche

Zu den Lurchen oder Amphibien zählt man die Froschlurche wie →Frosch und →Kröte sowie die Schwanzlurche wie →Molch und →Salamander. Lurche haben eine feuchte →Haut, bei vielen Arten ist sie giftig. Weil alle Lurche ihre →Eier (Laich) in Gewässer ablegen, findet man sie stets am Wasser. Aus dem Laich schlüpfen →Larven, die man auch Kaulquappen nennt. Sie atmen durch Kiemen. Nach zwei oder drei Monaten verwandelt sich die Kaulquappe in den ausgewach-

senen Lurch: Die Beine wachsen, der Schwanz verschwindet, die Kiemen entwickeln sich vollständig zurück. Schließlich atmet der Lurch Luft durch die →Lunge. Diese Verwandlung heißt Metamorphose.

Lurche sind wechselwarme Tiere. Sie können ihre Körpertemperatur nicht selbst regeln, sondern nehmen die →Temperatur der Umgebung an. Weltweit gibt es über 6000 verschiedene Lurcharten. In unseren Gewässern leben Teich- und Wasserfrösche sowie verschiedene Molche wie der Bergmolch und der Kammmolch. Grasfrösche und Erdkröten kommen nur zur Eiablage an ein Gewässer. Der Feuersalamander legt seine Eier in klare Bäche.

Die Lurche

Warum leben Lurche im Wasser und an Land?

Alle Lurche kommen im Wasser zur Welt und kriechen als erwachsene Tiere an Land. Zur Fortpflanzung suchen sie jedoch immer wieder das Wasser auf. Viele Lurche, zum Beispiel die Frösche, leben auch als erwachsene Tiere die meiste Zeit im Wasser, andere wie der Feuersalamander halten sich überwiegend an Land auf. Dieses Doppelleben hat den Lurchen den Namen Amphibien eingebracht, was im Griechischen so viel wie „doppellebig" heißt.

Amphibien sind auf Wasser angewiesen, denn sie trinken nicht. Sie haben eine wasserdurchlässige Haut, über die sie Flüssigkeit aufnehmen. Das Wasser speichern sie in Flüssigkeitssäckchen im Körper. Wenn Frösche oder Kröten in einer Umgebung ohne Wasser sind, trocknen sie aus.

Magen

Wenn wir Speisen nach dem Kauen hinunterschlucken, gelangen sie über die Speiseröhre in den Magen. Dieses → Organ liegt im Oberbauch. Es hat einen Inhalt von etwa zwei Litern. Der Magensaft enthält Salzsäure und ist sehr sauer. Hier beginnt bereits die → Verdauung der Nahrung, indem die Magensäure die enthaltenen Eiweiße zersetzt. Leichte Nahrung wie → Kartoffeln verbleibt ungefähr eine Stunde im Magen, schwere Kost wie Ölsardinen bis zu sechs Stunden. Danach wandert der Nahrungsbrei über den Pförtner, einen Schließmuskel, in den → Darm zur weiteren Verdauung.

Der Magen

Warum knurrt der Magen, wenn man Hunger hat?

Normalerweise essen wir unser Frühstück, Mittagessen und Abendessen jeden Tag zu bestimmten Zeiten. Der Magen ist daran gewöhnt, dass er zu diesen Zeiten Nahrung verdauen muss. Die kräftigen Magenmuskeln vermischen das Essen mit dem Magensaft zu einem dicken Brei. Im Magen werden auch schon Nährstoffe – vor allem die Eiweiße – aus der Nahrung herausgelöst und gelangen über die Magenwände in den Körper. Wenn einmal eine Mahlzeit ausbleibt oder später als gewohnt kommt, beginnt der Magen dennoch mit den Verdauungsbewegungen, obwohl der Magen leer und gar nichts zum Verdauen da ist. Im Magen befinden sich dann nur Luft und Magensaft. Wenn sie durch die Verdauungsbewegungen verwirbelt werden, entsteht das deutlich zu vernehmende „grummelnde Geräusch" aus der Bauchgegend: das Magenknurren.

Der Magnet

Wie funktioniert eine Magnetschwebebahn?

Die Magnetschwebebahn ist ein Zug ohne Räder. Sie „schwebt" auf einer T-förmigen Führungsschiene, die auf Stützen mehrere Meter hoch über dem Boden verläuft. Traggestelle umklammern diese Schiene. Im Inneren der Traggestelle sind starke Magnete angebracht. Sie ziehen sich an und bewirken so, dass die Bahn nach oben gehoben wird, ohne dass sie die Schiene berührt. Angetrieben wird die Schwebebahn von einem Elektromotor. Seit 2002 fährt in China die Magnetschwebebahn Transrapid. Mit Geschwindigkeiten von über 500 Stundenkilometern bringt sie Passagiere vom Messezentrum Schanghais zum Flughafen Pudong. Für die 30 Kilometer lange Strecke benötigt sie etwa sieben Minuten.

Wenn uns eine Speise nicht bekommt, rebelliert der Magen, indem sich seine Wände heftig zusammenziehen. Dabei wird der Mageninhalt über den Mund wieder ausgestoßen. Wir nennen das Erbrechen.

Magnet

Bestimmte → Metalle werden von Magneten angezogen, zum Beispiel → Eisen. Es gibt Stab- und Hufeisenmagnete. Eine unsichtbare Kraft verbindet die beiden Enden des Magneten, den Nordpol und den Südpol. Wir nennen diese Erscheinung Magnetfeld und stellen sie durch Feldlinien dar. Auch die → Erde ist ein riesiger Magnet. Die Nadel im → Kompass richtet sich nach den magnetischen Polen der Erde aus und zeigt somit immer nach Norden.

Mähdrescher

Mähdrescher sind große Arbeitsmaschinen, mit denen man → Getreide erntet. Wenn der → Landwirt mit dem Mähdrescher über das Feld fährt, werden gleich mehrere Arbeitsgänge verrichtet: Zunächst schneiden die Messer des Mähwerks die Getreidehalme ab. Die Dreschtrommel schlägt die Getreidekörner aus den Ähren. Während die Körner im Dreschkorb gesammelt werden, läuft das Stroh auf Fließbändern nach hinten. Dort wird es meist zu großen Ballen gepresst und verschnürt. Diese Strohballen sieht man oft auf den Feldern liegen. Sobald ein Gebläse die Körner von der Spreu (den Hülsen und Stängelteilen) getrennt hat, wird das Korn über einen langen Arm auf den Ladewagen transportiert.

Um das Getreide besser mähen zu können, drückt der vorn drehende Aufbau, die Haspel, die Halme nach unten. Im Inneren des Mähdreschers werden die Getreidekörner gedroschen und ausgesiebt.

Malerei

Die Malerei ist eine Form der bildenden → Kunst. Die Künstler tragen dabei → Farben auf eine Unterlage auf, etwa auf Leinwand, → Papier oder → Holz. Die ersten Künstler lebten in der → Steinzeit. Sie malten Tiere an die Wände ihrer → Höh-

Das Bild des französischen Malers Claude Monet aus dem Jahr 1874 zeigt Segelschiffe bei einem Wettrennen.

len. Im → Mittelalter arbeiteten viele Künstler im Auftrag der Kirche und malten Szenen aus der → Bibel. In den letzten 200 Jahren entwickelten Künstler immer neue Ideen. Einige wollten Stimmungen von Landschaften einfangen, andere benutzten besonders kräftige Farben oder malten abstrakte Bilder, auf denen Gegenstände oder auch Menschen kaum noch zu erkennen sind. Berühmte Maler sind zum Beispiel Leonardo da Vinci, Rembrandt, Vincent van Gogh, Pablo Picasso und Frida Kahlo.

Mammut

Während der → Eiszeit zogen Mammute über die Ebenen Europas und Nordamerikas. Sie sahen aus wie große, behaarte → Elefanten und hatten stark gekrümmte Stoßzähne aus

Die Stoßzähne eines ausgewachsenen Mammuts waren bis zu 5 m lang.

Elfenbein. Die Mammute lebten zusammen in Herden und ernährten sich hauptsächlich von Gräsern. Zu ihren Feinden zählten der heute ausgestorbene Säbelzahntiger, → Wölfe und vor allem die Menschen. Sie erlegten die riesigen Tiere, indem sie sie mit brennenden Ästen in selbst gebaute Fallgruben trieben.

Heute sind die Mammute ausgestorben. In den durcheisten Böden Sibiriens hat man tiefgefrorene Mammutkörper ausgegraben. Auch Stoßzähne werden dort immer wieder gefunden.

Beim Berlin-Marathon kann jeder mitmachen. Die Teilnehmer, die hier gerade das Brandenburger Tor passieren, müssen ohne Unterbrechung über 42 km laufen.

Mann

Ein Mann ist ein erwachsener → Mensch. Bevor er erwachsen ist, bezeichnet man ihn als Junge. Nach der → Pubertät entwickelt sich ein Junge langsam zum Mann.

Männer besaßen viele Jahrhunderte lang mehr → Rechte als Frauen. Die Gesellschaft wurde überwiegend von den Männern bestimmt. Wir sagen: Es herrschte eine patriarchalische Gesellschaft. Die Männer galten als das Oberhaupt der → Familie und gingen einem → Beruf nach, die

Frauen kümmerten sich um die → Kinder und den Haushalt. Heute ist das in vielen Ländern der Erde anders. Im Grundgesetz steht, dass Männer und Frauen gleichberechtigt sind. Das heißt, dass heute auch → Frauen berufstätig sind und Karriere machen und Männer sich um den Haushalt und die Kinder kümmern.

Marathon

Bei der sagenumwobenen Schlacht von Marathon im Jahr 490 v. Chr. schlug das Heer der Athener die Perser, die Griechenland erobern wollten. Der Überlieferung nach soll ein Läufer bis nach Athen gerannt sein, um die Botschaft vom Sieg zu übermitteln. Danach sei er vor Erschöpfung tot zusammengebrochen. Als Erinnerung an dieses Ereignis wird heute noch der Marathonlauf durchgeführt. Er erstreckt sich über 42,195 Kilometer. Das ist die längste Laufstrecke der → Leichtathletik, die auch bei den → Olympischen Spielen zurückgelegt wird.

Märchen

„Erzähl mir keine Märchen", sagen wir und meinen damit unwahre Geschichten. Ein Märchen ist tatsächlich eine Geschichte, in der alles möglich ist. Es gibt Hexen, Feen, Zwerge und Riesen, Menschen verwandeln sich in Tiere, können zaubern und fliegen. Trotzdem enthalten Märchen oft einen tiefen Sinn oder eine Moral wie die → Fabeln. Jedes Volk hat Märchen und oft ähneln sich die Märchen der verschiedenen Länder. Ursprünglich gab man die Volksmärchen mündlich weiter. Später wurden sie gesammelt und aufgeschrieben, im deutschsprachigen Raum etwa von den Brüdern Grimm. Berühmt sind auch die arabischen Märchen aus Tausendundeiner Nacht, zum Beispiel Aladin und die Wunderlampe.

Marienkäfer

Marienkäfer sind weltweit verbreitete → Käfer mit auffälligen Punkten. Der Siebenpunkt mit sieben schwarzen Punkten auf seinen roten Flügeldecken ist die bekannteste Art. Er gilt auch als Glückssymbol. Zudem leben bei uns noch rund 80 andere Marienkäferarten. Sie haben zwei Punkte wie der Zweipunkt oder sind gelb mit 22 schwarzen Punkten wie der 22-Punkt. Die Anzahl der Punkte gibt den verschiedenen Marienkäfern ihren Namen. Immer häufiger sieht man bei uns den Asiatischen Marienkäfer, der meist 19 Punkte und sehr unterschiedliche Färbungen hat.

Ein Siebenpunkt-Marienkäfer im Flug

Marienkäfer ernähren sich von Blattläusen. Die blaue → Larve des Käfers hat gelbe Punkte und sieht wie eine kleine → Raupe aus. Bis sie groß genug ist, um sich zu verpuppen, frisst sie ungefähr 600 Blattläuse. Aus der Puppe schlüpft schließlich der Marienkäfer. Im Winter ruht er in einem Versteck.

Maschine

Mit Maschinen können viele Arbeiten leichter und schneller verrichtet werden. Zu den Maschinen im Haushalt gehören etwa die Bohrmaschine, die Waschmaschine und das Rührgerät. In Fabriken, der → Landwirtschaft sowie im → Handwerk werden viel größere Maschinen eingesetzt, wie → Motoren, → Kräne, → Pumpen, → Turbinen oder Baumaschinen. Viele Maschinen werden von → elektronischen Bauteilen gesteuert.

Früher wurden die Maschinen mit der Kraft von Menschen und Tieren angetrieben, zum Beispiel wenn Ochsen in einer Mühle ein großes Mühlrad bewegten, um → Getreidekörner zu Mehl zu mahlen. Eine der ersten und einfachsten Maschinen ist der → Hebel. Mit ihm kann man schwere Lasten heben. Auch eine Rolle wird zum Bewegen schwerer Lasten eingesetzt. Sie wird beim → Flaschenzug verwendet.

Bohrmaschine

Das eigentliche Maschinenzeitalter und das Aufkommen der → Industrie begannen vor über 300 Jahren. Damals wurden die ersten maschinellen Webstühle gebaut. Mit der Erfindung der → Dampfmaschine konnten erstmals → Schiffe und Lokomotiven angetrieben werden.

Ein Arbeiter in einer Fabrik steuert über ein Bedienfeld einen Industrieroboter.

Mathematik

Wir verwenden jeden Tag Mathematik. Wir zählen Geldmünzen oder rechnen aus, wie lange wir auf den Bus warten müssen. Die moderne Welt würde ohne die Mathematik nicht funktionieren.

Der Europäische Maulwurf ist rund 15 cm lang. Er verbringt fast sein ganzes Leben in unterirdischen Gängen. Nur selten sieht man ihn an der Oberfläche.

Bevor man etwa eine → Brücke baut, muss man berechnen, wie sie am stabilsten ist. → Computer funktionieren nicht ohne Programme, die mithilfe mathematischer Grundsätze erstellt wurden. Und es gäbe auch keine Autos.

Die Mathematik hat verschiedene Zweige. Die Arithmetik ist das Rechnen mit → Zahlen. Die Algebra beschäftigt sich mit Gleichungen und die Geometrie befasst sich mit Punkten, Linien, Geraden, Ebenen, Körpern und Winkeln. Die Wahrscheinlichkeitsrechnung untersucht, wie oft bestimmte Ereignisse eintreten.

Maulwurf

Mit seinen stark verbreiterten Handen gräbt der Maulwurf unterirdische Gänge. Er hat kleine → Augen, mit denen er nur schlecht sehen kann. Dafür hört der Maulwurf sehr gut und hat einen feinen Geruchssinn. In den dunklen Gängen dienen ihm zudem die langen Tasthaare an seiner Schnauze zum Ertasten der Umgebung. Hin und wieder drückt der Maulwurf beim Graben die Erde nach oben. So entstehen die Maulwurfshügel.

Maulwürfe ernähren sich ausschließlich von Würmern und von schädlichen Insektenlarven. Deshalb sind sie im → Garten sehr nützlich. Durch ihre Wühltätigkeit verbessern sie die Fruchtbarkeit des Bodens. Umso alarmierender ist die Erkenntnis der Tierforscher, dass der Maulwurf immer seltener wird.

Maus

Die Mäuse gehören wie die → Ratten zu den → Nagetieren. Die Feldmaus lebt auf → Wiesen, vor allem in unterirdischen Bauen. Die Eingänge zu den Bauen sind mit langen oberirdischen Laufgängen verbunden. Die Hausmaus kann große Schäden an bereits geerntetem → Getreide anrichten. Daneben gibt es in Mitteleuropa noch viele weitere Mausarten, zum Beispiel die Zwergmaus, die Waldmaus, die Felsenmaus, die Brandmaus und die Gelbhalsmaus. Die Spitzmaus ist mit diesen Mäusen nicht verwandt. Sie sieht nur mausartig aus, gehört aber wie der → Maulwurf und der → Igel zu den Insektenfressern. Man erkennt die Spitzmaus an ihren nadelspitzen Zähnchen.

Die Hausmaus ist sehr geschickt beim Klettern. Mit ihrem langen Schwanz kann sie bei schwierigen Kletterpartien gut balancieren. So kommt sie fast in jeden Winkel.

Diesen 42 m hohen Tempel bauten die Maya mitten im Regenwald in Zentralamerika. Er gehört zu der Stadt Tikal, eine der bedeutendsten Maya-Städte.

Maya

Die Maya-Indianer lebten ab etwa 2000 v. Chr. in Mittelamerika. Dort entwickelten sie eine Hochkultur, die zwischen 300 und 900 n. Chr. ihre Blüte erreichte. Sie pflanzten Mais und →Kartoffeln an und bauten Städte mit Palästen, →Tempeln, →Pyramiden und Stätten zur Himmelsbeobachtung aus Stein. Manche dieser prächtigen Gebäude stehen heute noch verborgen im tropischen Regenwald. Die Maya waren vorzügliche Astronomen und Mathematiker, hatten eine komplizierte →Schrift und einen hoch entwickelten →Kalender. Von 1524 an eroberten die Spanier die Gebiete der Maya und zerstörten deren →Kultur. Heute leben in Mittelamerika noch rund sechs Millionen Nachfahren der Maya, die Indigenas genannt werden.

Medien

Die Medien sorgen dafür, dass →Informationen gespeichert und verbreitet werden. Ohne die Medien müsste jede Generation von Neuem das →Rad erfinden. Informationen würden nur von Mund zu Mund weitergegeben und könnten leicht verloren gehen.

Zu den Medien zählen heute →Buch, →Zeitung, →Telefon und Fax, →Fotografie, →Film, Rundfunk und →Fernsehen sowie →Computer und →Internet. Werden mehrere Medien miteinander verbunden, spricht man von Multimedia. Ein multimediales →Lexikon auf →CD-ROM oder DVD enthält Texte, Bilder, Musik und kurze Filme. Die Medien haben allerdings auch große Macht. Sie sollen zwar sachlich und unparteiisch sein, doch bestimmen sie, was und in welcher Form etwas berichtet wird. So können die Medien unsere Meinung beeinflussen.

Mit einem solchen Apparat konnte man früher Fernsehen und Hörfunk empfangen.

Medikament

Medikamente sind Arzneimittel, die helfen, →Krankheiten zu heilen oder zu lindern. Es gibt sehr viele verschiedene Medikamente. Dazu gehören etwa Halstabletten, die gegen Halsschmerzen wirken. Salben helfen bei der Heilung von verletzten →Muskeln.

Medikamente bestehen aus Heilpflanzen oder aus chemischen Substanzen. So sind Ringelblumen und Arnika in vielen Hautsalben enthalten, Efeu in manchen Hustensäften. Kopfschmerztabletten und viele andere Medikamente werden in

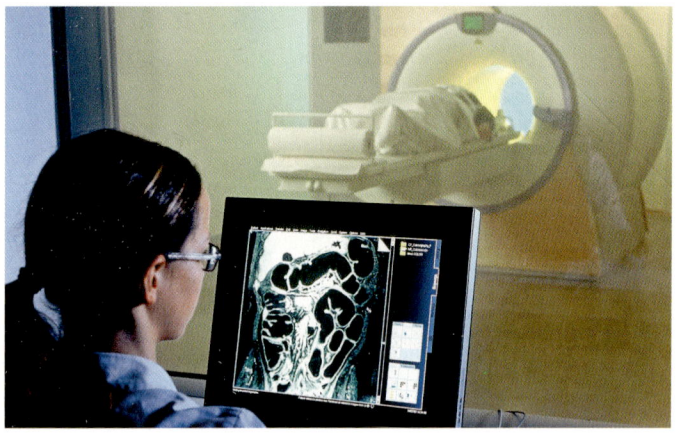

Mit Computertomografen machen Mediziner exakte Aufnahmen vom Inneren des Körpers. So können manche Krankheiten früh genug erkannt und geheilt werden.

großen Fabriken chemisch hergestellt. Homöopathische Arzneimittel enthalten das Heilmittel in einer niedrigen Menge und wirken sanft gegen vielerlei Krankheiten. In der Apotheke kann man Medikamente kaufen, viele bekommt man nur mit einem Rezept vom Arzt.

Schon in der → Steinzeit gab es erste Medikamente. Im → Mittelalter wurden bereits viele Hundert Heilmittel verwendet, pflanzliche, tierische und mineralische.

Medizin

Die Medizin oder Heilkunde ist eine → Wissenschaft, die sich mit der → Gesundheit befasst und damit, wie man → Krankheiten und Verletzungen vorbeugen, erkennen und behandeln kann. Die Mediziner oder Ärzte betreuen → Menschen von der → Geburt bis zum → Tod.

Man unterscheidet Humanmediziner, die sich um Menschen kümmern, und Tierärzte. Weil es so viele verschiedene menschliche Krankheiten gibt, ist ein Humanmediziner besonders in einem bestimmten Bereich ausgebildet. Deswegen gibt

es Hautärzte, Augenärzte und Zahnärzte. Der Kinderarzt kennt sich besonders gut mit → Kinderkrankheiten aus, der Chirurg führt → Operationen durch.

In allen → Kulturen und zu jeder Zeit gab es Mediziner, man nannte sie Schamanen, Medizinmänner oder Doktoren. Sie hatten viel Erfahrung und kannten die Heilkraft der → Pflanzen. Bei uns muss man heute an einer → Universität Medizin studieren, um Arzt zu werden.

Meer

Die → Kontinente gliedern das Meer in drei → Ozeane, den Pazifik, den Atlantik und den Indischen Ozean. Sie bedecken fast drei Viertel der → Erdoberfläche. Deutschland grenzt im Norden an die beiden Nebenmeere des Atlantiks, die Nordsee und die Ostsee. Auch das Mittelmeer ist mit dem Atlantik verbunden. Im Gegensatz zum Wasser der → Seen und → Flüsse ist Meerwasser salzig. Durch → Ebbe und Flut hebt und senkt

Meeresschildkröten leben in tropischen Meeren. Sie gehen nur zur Eiablage an Land. Weil sie wegen ihres zarten Fleischs und wegen ihrem Panzer oft gejagt wurden, sind sie vom Aussterben bedroht.

Das Meer

Wie kommt das Salz ins Meer?

Die meisten Flüsse der Erde fließen aus dem Gebirge ins Meer. Auf ihrem oft Tausende Kilometer langen Weg gelangen sie über steinigen Untergrund. In allen Gesteinen befinden sich Mineralsalze. Wenn das Wasser über die Steine strömt, löst es winzige Salzteilchen aus den Steinen heraus und transportiert sie weiter bis ins Meer. Je weiter ein Fluss fließt, desto mehr Salze sind in seinem Wasser gelöst. Warum schmeckt jedoch Meerwasser salzig, Flusswasser aber nicht? Die Salzmengen im Flusswasser sind recht gering. Im Meer ist die Salzkonzentration höher, weil durch die Sonneneinstrahlung immer wieder viel Wasser verdunstet. Salz verdunstet jedoch nicht und bleibt im Meer zurück. Und da die Flüsse seit Jahrmillionen Jahren Salz ins Meer befördern, befinden sich heute Hunderte von Millionen Tonnen Salz in den Ozeanen.

sich der Meeresspiegel regelmäßig. An der riesigen Meeresoberfläche verdunstet viel →Wasser. Der Wasserdampf steigt hoch und bildet →Wolken in der →Atmosphäre.

Das Meer bildet den Lebensraum für zahllose Pflanzen und Tiere. Sie leben im →Watt, in den flachen →Küstengewässern, auf hoher See und in der →Tiefsee. Viele Tiere kommen nur im Meer vor, etwa der →Seeigel, die →Qualle und der →Tintenfisch. Kleine Tiere und →Algen bilden zusammen das →Plankton, von dem sich viele Tiere ernähren, sogar manche →Wale.

Die Menschen verschmutzen die Meere, indem sie giftige Abfälle und Abwässer in das Meerwasser leiten. Bei Unfällen mit Öltankern oder auf →Erdölplattformen kann es zu einer Ölpest kommen. Zudem sind viele Tierarten durch die Überfischung der Meere vom Aussterben bedroht.

Meerschweinchen

Meerschweinchen sind keine Schweine, sondern →Nagetiere. Ihr Fell kann braun, weiß, schwarzgrau oder bunt gefleckt sein. Sie stammen aus Südamerika. Da sie über das Meer nach Europa gebracht wurden und ähnliche Geräusche wie Schweine machen, nennt man sie Meerschweinchen. Bei uns werden sie oft als →Haustier gehalten. Für die Haltung genügt ein offener geräumiger Käfig mit einem kleinen Schlafhaus und einer Futterschüssel. Am einfachsten kauft man Meerschweinchenfutter und legt Karotten, Kartoffeln und Salat hinzu. Die Meerschweinchen brauchen nur wenig Wasser. Als Einstreu verwendet man Sägemehl. Damit sie sich wohlfühlen, sollte man mindestens zwei Meerschweinchen halten.

Zwei Glatthaarmeerschweinchen

Mensch

Weltweit gibt es rund sieben Milliarden Menschen. Nur Menschen haben eine →Religion, eine →Kultur und eine →Sprache. Sie sind die einzigen Lebewesen, die mit ihrem Geist Dinge erfinden und über ihr Tun nachdenken und frei entscheiden können. Deshalb sind die Menschen verantwortlich für den →Umweltschutz und den →Frieden auf der Erde.

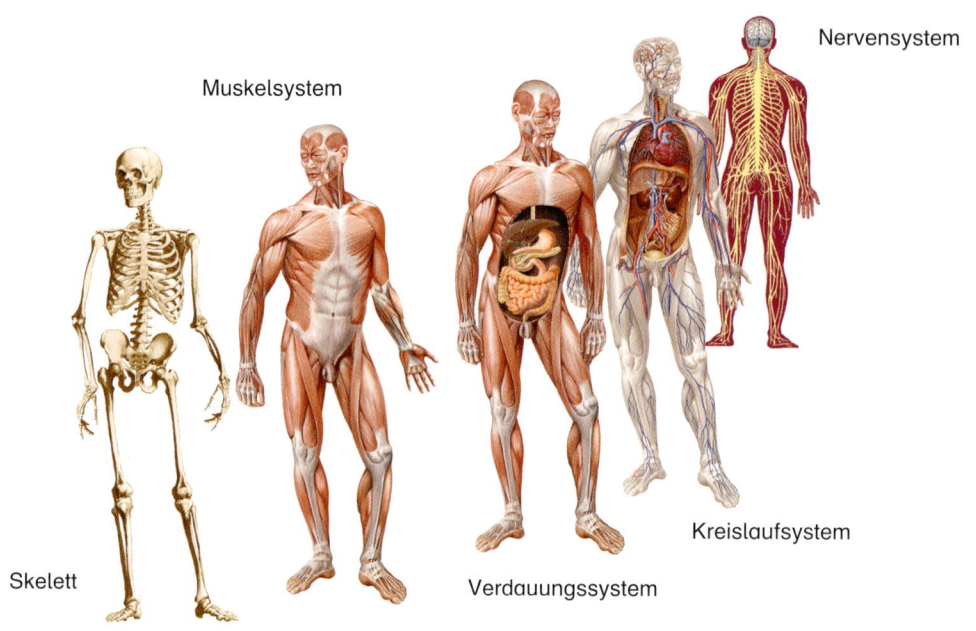

Nervensystem

Muskelsystem

Kreislaufsystem

Skelett

Verdauungssystem

Der Körper eines Menschen mit seinen Bestandteilen

Menschen haben einen ähnlichen →Körperbau wie Menschenaffen. Die →Evolutionstheorie geht davon aus, dass wir gemeinsame Vorfahren haben. Die ersten Menschen haben vor über vier Millionen Jahren in Ostafrika gelebt. Im Gegensatz zu den →Affen gingen sie auf zwei Beinen. Sie lernten das →Feuer zu beherrschen und stellten →Werkzeuge aus Steinen her. Im Lauf der Zeit wurde ihr →Gehirn größer. Sie begannen, über die Vergangenheit nachzudenken und Zukünftiges zu planen, entwickelten eine Sprache und gaben ihre Erfahrungen an andere Menschen weiter.

Menschenrechte

„Alle Menschen sind frei und gleich an Würde und Rechten geboren." So steht es im ersten Arti-

kel der Menschenrechte. Kein →Mensch darf benachteiligt oder diskriminiert werden, weil er anders aussieht, eine andere →Sprache spricht, etwas anderes glaubt, politisch anders denkt, anders lebt oder krank ist. Leider halten sich heute noch viele →Regierungen nicht an die Menschenrechte. Solche Verstöße versucht die Menschenrechtsorganisation Amnesty International aufzudecken.

Menstruation

Stall Menstruation sagt man auch Regel, Tage, Regelblutung oder Periode. Im Alter von elf oder zwölf Jahren bekommt ein Mädchen meist die erste Menstruation. Damit wird eine junge →Frau geschlechtsreif und kann sich →fortpflanzen. Etwa alle vier Wochen wird von nun an die

Schleimhaut der Gebärmutter abgebaut und als bräunlich rote Flüssigkeit durch die Scheide ausgestoßen. Die Menstruation dauert etwa drei bis fünf Tage. Danach baut die Gebärmutter wieder eine neue Schleimhaut auf.

Gleichzeitig wird ein → Ei in den Eierstöcken reif. Wird dieses nach dem → Geschlechtsverkehr von einer männlichen Samenzelle befruchtet, kann es sich in der Gebärmutterwand einnisten. Dann beginnt die → Schwangerschaft. Wird das Ei jedoch nicht befruchtet, so folgt die nächste Menstruation. Die Regelblutung ist ein Zeichen dafür, dass keine Schwangerschaft vorliegt.

Wenn man Metalle stark erhitzt, werden sie flüssig und können leicht verarbeitet werden – so wie hier in einer Goldschmelzerei.

Metall

Metalle sind → chemische Elemente. Ein wichtiges Metall ist das → Eisen, aus dem man den wichtigen Werkstoff Stahl gewinnen kann,

außerdem Kupfer und Aluminium. Gold, → Silber und Platin sind kostbare Edelmetalle. Aus ihnen werden unter anderem Schmuckstücke hergestellt. Nur wenige Metalle wie → Gold, Silber oder Kupfer kommen in der Natur in reiner Form vor. Die meisten Metalle werden in Form von → Mineralien in Bergwerken gewonnen. Um Metalle zu verarbeiten, müssen sie erhitzt werden. Bei einer Legierung werden verschiedene Metalle zusammen erhitzt. Dabei wird zum Beispiel aus weichem Kupfer und Zinn die harte Bronze.

Bis auf das Quecksilber sind bei Raumtemperatur alle Metalle fest. Die meisten Metalle leiten Wärme und elektrischen → Strom sehr gut. Deshalb wird ein Metalltopf heiß, wenn er auf der Herdplatte steht.

Mikroskop

Das Mikroskop ist ein technisches Gerät, mit dem man vergrößerte Bilder kleiner Gegenstände oder auch winziger Lebewesen erzeugt. Es enthält verschiedene optische → Linsen. Die Linse, durch die man oben hineinschaut, nennt man Okular. Das Okular ist durch eine Röhre, den sogenanten Tubus, mit dem Objektiv verbunden. Das Objektiv besteht meist aus mehreren Linsen, die den Gegenstand unterschiedlich stark vergrößern.

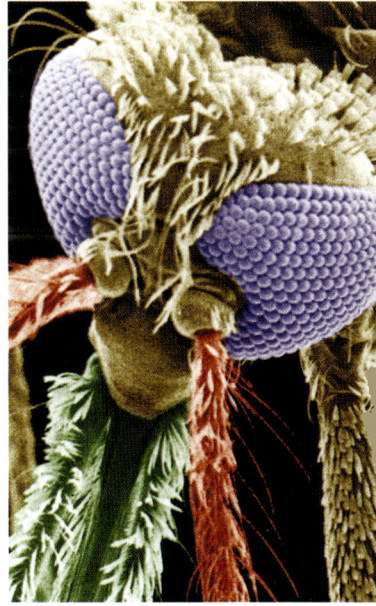

Der Kopf einer Stechmücke unter dem Mikroskop

Als einfachstes Mikroskop kann man die Lupe oder das Vergrößerungsglas mit nur einer oder wenigen Linsen bezeichnen. Kleine Lichtmikroskope vergrößern hundertfach. Gute Forschungsinstrumente kommen auf eine 1500-fache Vergrößerung. Noch viel stärker ist das Elektronenmikroskop, mit dem man um das Millionenfache vergrößern kann. Es arbeitet nicht mit →Lichtstrahlen, sondern mit Elektronen. Mit modernen Tunnelmikroskopen, die einhundertmillionenfach vergrößern, kann man einzelne →Atome abbilden.

Einfaches Mikroskop, wie es auch an Schulen verwendet wird

Milch

Milch ist die erste Nahrung aller neugeborenen →Säugetiere und des →Menschen. Sie bekommen sie aus den Milchdrüsen ihrer Mutter. Bei der →Kuh sowie bei anderen Milch liefernden Tieren heißen die Milchdrüsen Euter. Die Milch enthält alles, was ein Baby zum Leben braucht, zum Beispiel Zucker, Fette, Eiweiße, →Vitamine und Mineralstoffe. Durch die Muttermilch ist das Baby vor →Krankheiten geschützt, gegen die es noch nicht immun ist.

Der Mensch verwendet die Milch von Kühen, Schafen, Ziegen, Kamelen, Pferden und sogar vom Rentier als Nahrung. Unbehandelte Milch heißt Vollmilch. Wenn man ihr das Milchfett, den Rahm, entzieht, wird daraus Magermilch. Aus Milch stellt man zahlreiche Milchprodukte her, wie Butter, Joghurt, Käse und Quark. Um die Milch haltbar zu machen, wird sie erhitzt. Man nennt das Pasteurisieren.

Milchstraße

Wenn wir auf dem Land in einer klaren, mondlosen Nacht den Himmel betrachten, fällt uns ein milchig weißes Band auf, das sich quer über den Himmel zieht. Untersuchen wir es mit einem →Teleskop, erkennen wir, dass es aus Millionen von →Sternen besteht. Dieses Band nennen wir die Milchstraße. Auch unser →Sonnensystem gehört dazu, obwohl es uns so vorkommt, als seien wir unendlich weit von der Milchstraße entfernt.

Die Milch

Wie wird Milch haltbar gemacht?

Frisch gemolkene Milch kann krankheitserregende Keime enthalten wie Salmonellen oder auch Bakterien, die die Milch nach kurzer Zeit sauer werden lassen. Milch wird aus diesem Grund vor dem Abfüllen für wenige Sekunde auf etwa 75 Grad Celsius erhitzt und dann sofort wieder abgekühlt. Alle Keime und Bakterien werden bei dieser Hitzebehandlung abgetötet. Die Milch ist nun gekühlt mehrere Tage haltbar. Um sie noch länger haltbar zu machen, wird die Milch für wenige Sekunden auf 130 bis 143 Grad Celsius erhitzt. Danach ist sie praktisch keimfrei und etwa sechs bis acht Wochen auch ohne Kühlung haltbar. Dieses Verfahren entdeckte der französische Forscher Louis Pasteur. Es wird deshalb Pasteurisierung genannt.

Mit dem Teleskop ist die Milchstraße als helles Band am Himmel gut zu erkennen. In klaren Nächten kann man sie aber auch mit dem bloßen Auge erkennen.

Die Milchstraße enthält ungefähr 100 000 Millionen sonnenähnliche Sterne. Sie hat ein Zentrum, von dem mehrere Arme spiralförmig ausgehen. Unser Sonnensystem befindet sich auf dem Orion-Arm und bewegt sich mit einer Geschwindigkeit von rund 800 000 Kilometern pro Stunde um das Milchstraßenzentrum. Die Milchstraße hat einen Durchmesser von etwa 100 000 Lichtjahren. Wir bezeichnen die Milchstraße auch als Sternsystem oder als Galaxie. Im ganzen Weltall gibt es noch viele Millionen weitere Galaxien.

Militär

Zum Militär gehören alle Soldaten eines Landes. Sie sind beim Heer (Landstreitkräfte), bei der Marine (Seestreitkräfte) oder bei der Luftwaffe. Das Militär verteidigt den →Staat im Fall eines →Krieges. Es kann aber auch Hilfe leisten bei Naturkatastrophen.

Das Militär ist streng geordnet: Generäle und Offiziere geben Kommandos, die die Soldaten ausführen müssen. In Deutschland heißt das Militär Bundeswehr, in Österreich Bundesheer. und in der Schweiz sagt man Armee. Wehrpflicht besteht heute nur noch in wenigen Staaten der Welt.

Mineral

Alle →Gesteine der →Erde setzen sich aus Mineralien zusammen. Es gibt ungefähr 2000 unterschiedliche Arten von Mineralien. Davon kommen 300 häufiger vor und nur zehn bilden einen wesentlichen Bestandteil der Erdkruste. Einige Mineralien bestehen aus einem einzigen →chemischen Element, zum Beispiel →Gold und →Silber. Die meisten setzen sich jedoch aus verschiedenen Elementen zusammen. Viele Mineralien sind Salze wie Steinsalz, Gips und Kalkspat. Eine weitere wichtige Gruppe stellen die Erze dar, das sind Verbindungen von →Metallen mit Schwefel oder mit →Sauerstoff. Sehr seltene Mineralien sind die →Edelsteine.

Typische Kristallform des Minerals Amethyst

   Mineralien treten oft in Form von Kristallen auf. Diese haben meist gleichmäßige Kanten und ebene Flächen. An der Kristallform kann man den regelmäßigen Aufbau des Minerals aus den →Atomen erkennen. Manche Kristalle bilden sechseckige Flächen, andere haben ein würfelförmiges Grundgerüst.

Mittelalter

Das Mittelalter war eine geschichtliche Epoche in Europa. Es begann mit dem Zerfall des →Römi-

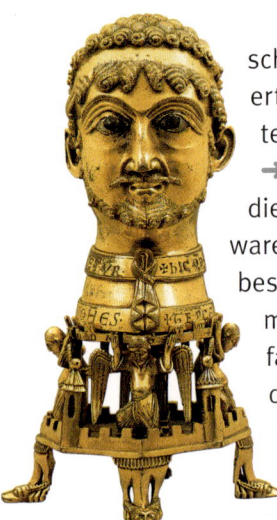

Diese mittelalterliche Figur zeigt den Kaiser Friedrich Barbarossa.

schen Reichs (476 n. Chr.) und dauerte etwa 1000 Jahre. Im Mittelalter hatte die Kirche großen Einfluss. → Könige und Päpste kämpften um die Macht. Die meisten Menschen waren allerdings arme Bauern. Sie bestellten das Land und wohnten oft mit ihren Tieren zusammen in einfachen Hütten. Etwas vermögender und angesehener in der mittelalterlichen Gesellschaft waren die Gelehrten, die Kaufleute und die → Handwerker. Sie lebten in → Städten und wurden auch Bürger genannt. Typische Handwerksberufe des Mittelalters waren Schmied, Wagner, Weber, Maurer und Steinmetz, Töpfer und Färber. Die Handwerker gaben ihre besonderen Kenntnisse nur innerhalb der → Familie weiter. Deswegen tragen auch heute noch viele Familien die Namen Schmidt, Weber oder Wagner.

Mode

Mit Mode meinen wir den neuesten Geschmack einer Zeit, die Stilrichtung, die gerade besonders beliebt ist. Das betrifft in erster Linie die Kleidung, aber auch Frisuren, Möbel, → Filme oder → Musik. Die Mode nahm ihren Anfang, als der → Mensch vor ungefähr 600 000 Jahren sich zu kleiden begann. Die ersten Kleidungsstücke aus Fell sollten den Körper nicht nur warm halten, sondern dienten auch bereits als Schmuck. Heute wird die Mode von den Modeschöpfern bestimmt. Sie suchen Stoffe aus und überlegen sich neue Schnitte. Im Frühjahr und im Herbst werden dann die neuesten Modelle auf Modeschauen vorgeführt.

Molch

Die Molche bilden zusammen mit den → Salamandern die Gruppe der Schwanzlurche und gehören somit zu den → Lurchen. Sie haben einen lang gestreckten Körper und einen ausgeprägten, seitlich abgeflachten Schwanz. Im Gegensatz zu den an Land lebenden Salamandern halten sich Molche im Sommer im Wasser und im Winter in feuchten Schlupfwinkeln in Gewässernähe auf.

Die bei uns häufigste Art ist der etwa zwölf Zentimeter lange Teichmolch. Zur → Fortpflanzungszeit im Frühjahr verfärbt sich das Männchen bunt und auf dem Rücken wächst ihm ein wellig eingekerbter Kamm. Die Paarung findet im Wasser statt. Das Männchen legt im Wasser ein Samenpaket ab und das Weibchen nimmt es mit seiner hinteren Körperöffnung auf. Aus den → Eiern schlüpfen → Larven mit Kiemen. Wenn sie sich zu Jungmolchen entwickeln, bilden sich → Lungen aus. Neben dem Teichmolch sind bei uns der Bergmolch, der Fadenmolch und der Kammmolch heimisch. Sie stehen alle unter → Naturschutz.

Das bis zu 9 cm lange Männchen des Bergmolchs bekommt im Frühjahr während der Paarungszeit eine auffällig bunte Färbung.

Mit dem Fernrohr kann man auf dem Mond Gebirge und riesige Krater erkennen.

Mond

Der Mond ist im →Weltall unser nächster Nachbar. Er dreht sich um die →Erde und zeigt ihr dabei immer dieselbe Seite. Seine Anziehungskraft beeinflusst auf der Erde den Wechsel von →Ebbe und Flut. Der Mond leuchtet nicht selbst wie die →Sonne. Seine Oberfläche ist hell, weil sie von der Sonne angestrahlt wird. Befindet sich der Mond genau zwischen Erde und Sonne, so ist er für uns nicht sichtbar, weil nur seine Rückseite beleuchtet wird. Dieses Stadium nennt man Neumond. Danach erscheint eine dünne Mondsichel. Sie wächst an bis zum ersten Viertel und schließlich weiter bis zum Vollmond. Dann sehen wir einen vollständig runden Mond. Danach herrscht abnehmender Mond. Zwischen Neumond und Vollmond vergehen ungefähr 14 Tage. Weitere zwei Wochen später ist wieder Neumond.

Der Mond hat im Gegensatz zur Erde keine →Atmosphäre. Er besteht aus trockenem →Gestein. Seine Oberfläche ist von Kratern übersät. Sie stammen von Gesteinsbrocken, die vor langer Zeit auf dem Mond aufschlugen. Daneben erkennt man mit bloßem Auge dunkle Gebiete, die wir Meere oder Mare nennen. Die Bezeichnung stammt aus früher Zeit, als die Astronomen noch glaubten, es gebe auf dem Mond große Wasserflächen. Auf dem Mond ist alles viel leichter als auf der Erde, weil der Mond eine geringere →Schwerkraft hat. Amerikanische Astronauten landeten 1969 zum ersten Mal mit einem Raumschiff auf dem Mond.

Der Mond

Was passiert bei einer Mondfinsternis?

Der Mond dreht sich um die Erde. Dabei wird immer eine Seite des Mondes von der Sonne angestrahlt. Normalerweise sehen wir ihn bei Dunkelheit als Vollmond, Neumond, abnehmenden oder zunehmenden Mond. Ein bis zweimal pro Jahr – bei Vollmond – verläuft die Bahn des Mondes jedoch so, dass der Mond nicht von der Sonne beschienen wird. Dann steht die Erde genau zwischen dem Mond und der Sonne. Da der Mond viel kleiner als die Erde ist, verschwindet er vollkommen im Schatten der Erde. Das Sonnenlicht kann ihn nun nicht mehr erreichen, und es entsteht eine Mondfinsternis. Bei einer totalen Mondfinsternis befindet sich der Mond für rund 100 Minuten im Erdschatten und schimmert nur ganz schwach in kupferrotem Licht. Bei den meisten Mondfinsternissen bleibt allerdings ein Teil des Mondes sichtbar.

Das Moor

Wie entstehen Moorlichter?

Wanderer berichteten früher oft, nachts im Moor geheimnisvolle Lichter gesehen zu haben, die sie auf Irrwege geführt hätten. Viele Menschen glaubten sogar, dass hinter diesen unheimlichen Lichtern Geister und Gespenster steckten.

Heute kennt man jedoch des Rätsels Lösung. Tatsächlich gibt es im Moor oft Leuchterscheinungen. Sie haben jedoch nichts mit Geistern zu tun, sondern mit Pilzen. Pilze wie der Hallimasch besitzen die Fähigkeit zu leuchten. Sein Wurzelgeflecht durchdringt tote Baumstämme und lässt sie im Dunkel in einem matten Licht schimmern. Oft steigen in Moorseen auch Faulgase an die Oberfläche, die sich an der Luft entzünden. Für einige Sekunden ist dann eine kleine Flamme zu sehen.

Moor

Moore sind feuchte Lebensräume. Das Regenwasser versickert hier nicht. Der Boden besteht aus einer Schicht von → Moosen, die bei den Hochmooren bis zu 15 Meter dick werden kann. Am Grund sterben die Moose ab. Sie verrotten aber nicht, sondern werden im Lauf der Zeit zu Torf, aus dem wiederum → Kohle entstehen kann. Zwischen den Moosen wachsen Gräser und Heidelbeeren.

Besonders karg sind die Hochmoore. Zu den wenigen → Pflanzen, die dort wachsen, gehören die fleischfressenden Pflanzen wie der Sonnentau. Auch die Tierwelt der Moore ist artenarm. Im sauren Wasser können kaum Fische überleben. Nur → Insekten sind häufig, wie der Moorgelbling

und einige → Libellenarten. Daneben kommen der bräunliche Moorfrosch und gelegentlich die Kreuzotter vor.

Moos

Es gibt weltweit über 26 000 Moosarten. Sie kommen fast überall vor, auch in der kalten → Arktis, aber nicht in Wüsten. Die meisten Moose gedeihen nur in feuchten Lebensräumen, etwa in → Mooren. Sie werden nicht besonders hoch. Oft bilden sie am Boden schattiger Wälder oder auf feuchten Felsen feste Polster. Sieht man genau hin, erkennt man, dass die Polster aus vielen kleinen → Pflanzen bestehen.

Die Moose gehörten zu den ersten Pflanzen, die das Festland besiedelten. Ihr Aufbau ist sehr einfach: Sie haben kurze Stängel mit kleinen Blättchen und entwickeln keine → Blüten. Moose besitzen auch keine echten → Wurzeln, sondern halten sich mit wurzelähnlichen Fäden am Boden fest. Wie die → Farne pflanzen sich die Moose durch Sporen fort.

Moose wachsen an feuchten Stellen, hier an einem Wasserfall.

Moschee

Die Moschee ist das Gotteshaus des → Islam. In ihr versammeln sich die Muslime fünfmal täglich zum Gebet. Männer und Frauen halten sich dabei immer in getrennten Räumen auf. Vor dem Betreten der Moschee zieht man die Schuhe aus. Jeden Freitag findet ein Gottesdienst mit Predigt

Die Blaue Moschee in Istanbul wurde vor rund 400 Jahren gebaut. Sie ist eine der wenigen Moscheen mit sechs Minaretten (zwei sind hier nicht im Bild).

statt. Bei den Gebeten stehen oder knien die Gläubigen auf Teppichen und richten sich nach Mekka aus, dem Geburtsort Mohammeds und der heiligsten Stadt des Islam. Zu jeder Moschee gehört ein schmaler Turm, das Minarett. Von ihm ruft der Muezzin die Gläubigen zum Gebet.

Motor

Viele →Maschinen sowie →Autos, →Motorräder, →Flugzeuge und →Schiffe besitzen einen Motor. Ein Motor setzt etwas in Bewegung und treibt es an. Er verwandelt dabei eine Energieform in eine andere. Die →Dampfmaschine alter Lokomotiven gewinnt aus der →Energie des heißen Dampfes Bewegungsenergie. Der Elektromotor wandelt elektrischen →Strom in Bewegungsenergie um. Das geschieht mithilfe von →magnetischen Feldern. Fast alle Haushaltsgeräte funktionieren auf diese Weise, zum Beispiel die Waschmaschine und das Rührgerät.

Viele Fahrzeuge besitzen einen Verbrennungsmotor, der als Treibstoff →Benzin oder Diesel verbraucht. Im Motor verbrennt der Treibstoff explo-

sionsartig. Dabei entsteht Druck, der die Kolben im Zylinder auf und ab bewegt. Über Pleuelstange und Kurbelwelle wird eine Drehbewegung erzeugt. Diese Bewegung wird über das Getriebe auf die →Räder übertragen, und das Fahrzeug setzt sich in Bewegung.

Motorrad

Einen Vorläufer des heutigen Motorrads entwickelten Gottlieb Daimler und Wilhelm Maybach im Jahr 1885. Sie montierten dabei einen Verbrennungsmotor auf ein hölzernes →Fahrradgestell mit zwei →Rädern. Heute sind Motorräder viel komplizierter gebaut. Die Teile des Motorrads ähneln denen des →Autos, nur sind sie kleiner.

Möwe

Möwen sind Watvögel. Sie leben an →Küsten und Binnengewässern. Mit den Schwimmhäuten zwischen ihren Zehen können sie gut schwimmen. Meistens halten sie sich aber in Ufernähe auf. Ihre Schnabelspitze ist hakenförmig. Möwen fangen →Fische als Nahrung, oft ernähren sie sich auch von Abfällen. Die meisten Arten brüten in großen Kolonien auf Klippen oder Dünen. Junge Möwen sind braun gefärbt, ausgewachsene Möwen hingegen weiß. Im europäischen Binnenland ist die etwa taubengroße Lachmöwe verbreitet. An Küsten und Binnengewässern leben zum Beispiel die bussardgroße Silbermöwe, die Sturmmöwe und die Heringsmöwe.

Die Heringsmöwe hat an ihrer Schnabelspitze einen roten Fleck. Er ist eine Art Signalpunkt, an dem die Jungtiere „anklopfen", um gefüttert zu werden.

Mücke

Mücken sind → Insekten. Sie haben zwei Flügel, sechs lange dünne Beine und vielgliedrige Fühler. Unter den vielen Tausend Mückenarten dieser Welt saugen nur wenige → Blut, nämlich die winzigen Kriebelmücken und die Stechmücken oder Moskitos. Nur die Weibchen stechen, die Männchen saugen ausschließlich Blütensäfte. Einige Mücken übertragen mit ihrem Stich gefährliche → Krankheiten, zum Beispiel Malaria oder Gelbfieber. Die langbeinigen Schnaken sind völlig harmlos und stechen nicht.

Stechmücke

Der Müll

Kann man aus Müll Energie gewinnen?

Müll ist Abfall, den jeder loswerden möchte. Jede Woche kommt die Müllabfuhr und leert die schwarzen, gelben, blauen, grünen oder braunen Tonnen. Der meiste Müll wie zum Beispiel Biomüll, Papiermüll oder Altglas wird wiederverwertet oder recycelt. Was in den schwarzen Tonnen landet, nennt man Restmüll. Das ist Abfall, der nicht recycelt werden kann. Dennoch ist dieser Restmüll nicht nutzlos. Früher wurde er auf riesigen Mülldeponien gelagert, wo er langsam verrottete. Heute gewinnt man aus ihm Energie. In Müllverbrennungsanlagen wird der Abfall bei etwa 1000 Grad Celsius verbrannt. Die hierbei entstehende Wärme erhitzt Wasser, und der Wasserdampf treibt Turbinen an, die Strom erzeugen. Eine Müllverbrennungsanlage kann etwa 10 000 Haushalte mit Energie versorgen.

Müll

Der Müll ist eines der drängendsten Umweltprobleme unserer Zeit. Am besten ist es, unnötigen Abfall zu vermeiden, um das ständige Anwachsen der Müllberge so gering wie möglich zu halten. Zum Beispiel lassen sich Verpackungen einsparen, indem man Obst und Gemüse offen statt eingeschweißt kauft und eine Einkaufstasche mitbringt.

Müll ist zwar Abfall, enthält aber doch wertvolle Stoffe, die man wiederverwenden sollte. Wir nennen diese Wiederverwertung auch Recycling. Das ist nur möglich, wenn der Müll nach Stoffgruppen getrennt wird. So werden → Glas, → Papier und Kartonagen schon lange dem Recycling zugeführt. Aber auch der restliche Müll lässt sich wiederverwerten, wie zum Beispiel die → Kunststoffe und die → Metalle. Aus den organischen Abfällen, die den größten Teil des Hausmülls ausmachen, gewinnt man fruchtbaren → Kompost.

Mumie

Verschiedene alte → Kulturen in Asien, Amerika, Ozeanien und in Europa haben versucht, die → Körper von Verstorbenen als Mumien für die Ewigkeit zu erhalten. Die alten → Ägypter zum Beispiel glaubten an ein Weiterleben nach dem → Tod. Um dem Verwesungsprozess entgegenzuwirken, wurde die Leiche einbalsamiert: Man entfernte die Eingeweide und das Gehirn und behandelte den restlichen Körper mit Natron und

Ägyptische Mumie in einem Sarkophag

verschiedenen Harzen. Eingewickelt in lange Tücher, wurde die Leiche in einem Sarkophag bestattet.

Im trockenen → Wüstenklima Ägyptens blieben viele Mumien praktisch unversehrt erhalten. Sie geben uns heute noch Aufschluss darüber, wie die Ägypter früher aussahen und lebten. In → Mooren und im → Gletschereis können Leichen auch ohne Einbalsamierung auf natürliche Weise mumifizieren.

Muschel

Alle Muscheln haben zwei Klappen. Im Inneren befindet sich ihr weicher Körper. Die meisten Muscheln leben auf dem Meeresboden, wo sie sich festheften. Ihre Nahrung besteht aus den winzigen Lebewesen des → Planktons, das sie mit ihren Kiemen aus dem Wasser herausfiltern. Die Muscheln gehören zu den → Weichtieren und sind mit den → Schnecken und → Tintenfischen verwandt.

Museum

Museen zeigen heute längst nicht mehr nur Ausstellungen von → Kunstwerken der → Malerei, der → Fotografie oder der → Bildhauerei. Ganz im Gegenteil: In manchen Technikmuseen kann man → Experimente durchführen und erfährt dabei, wie Dinge funktionieren. Im Naturkundemuseum werden → Fossilien und → Skelette von → Dinosauriern ausgestellt.

Musik

Musik ist ein Kunstwerk aus Tönen. Töne sind Luftschwingungen, die von → Musikinstrumenten, der menschlichen → Stimme und zunehmend auch von Synthesizern oder am → Computer erzeugt werden. Meistens besteht Musik aus einer Melodie, einem Rhythmus und einer Harmonie. Eine Melodie ist die Abfolge von Tönen. Den Rhythmus kann man klatschen. Erklingen zwei oder mehrere Töne gleichzeitig, ergibt sich die Harmonie. Komponisten erfinden Musikstücke und schreiben die Töne in der Notenschrift auf. Zur klassischen Musik gehören die → Opern, Operetten und Sinfonien, die oft von einem großen → Orchester gespielt werden. Zur modernen Musik zählen zum Beispiel Pop- und Rockmusik, Hip-Hop, Techno, Soul, Funk und Jazz.

Musikinstrumente

Musikinstrumente versetzen → Luft in Schwingungen. Diese pflanzen sich als → Schallwellen fort, und wir können sie als Töne hören. Holzblasinstrumente (Klarinette, Flöte) haben Löcher, die von den Fingern oder von

Die E-Gitarre ist ein Saiteninstrument, Trompete und Saxofon sind Blasinstrumente.

Klappen verschlossen werden. Damit verändert man die Länge der schwingenden Luftsäule im Instrument. Je kleiner die Luftsäule, umso höher der Ton. Bei den Blechblasinstrumenten (Trompete, Horn) bringt der Musiker mit seinen Lippen die Luft im Instrument zum Schwingen. Saiteninstrumente haben Saiten, die man mit einem Bogen in Schwingung versetzt (Geige, Cello) oder nur anzupft (Gitarre, Harfe). Bei den Tasteninstrumenten schlägt man Saiten an (Klavier) oder steuert mit den Tasten die Luft, die durch Pfeifen strömt (Orgel). Viele Schlag-

Eine besondere Form des Klaviers: der Flügel (Tasteninstrument)

instrumente (Trommel, Pauke) bestehen aus einem Schallkörper, der von einer Membran überzogen ist. Töne erzeugt man mit einem Schlägel.

Muskel

Muskeln brauchen wir, um uns zu bewegen. Der → Mensch hat über 500 Muskeln. Es gibt zwei verschiedene Arten von Muskeln. Die einen werden vom Willen gesteuert. Wenn wir einen Stuhl verschieben wollen, sendet das → Gehirn Befehle an alle beteiligten Muskeln des → Körpers aus. Wir nennen diese Muskeln willkürlich. Unter dem → Mikroskop erkennt man ihre gestreifte Struktur.

Die unwillkürlichen Muskeln hingegen sehen glatt aus. Sie sind unabhängig von unserem Willen. Sie arbeiten auch, wenn wir schlafen, etwa die Muskeln des → Darms, die die Nahrung weiterbefördern. Auch der → Herzmuskel ist ein unwillkürlicher Muskel: Niemand vermag seinen Herzschlag mit dem eigenen Willen zu beschleunigen oder auch zu verlangsamen.

Der Muskel

Warum bekommt man Muskelkater?

Bestimmt kennst du das Gefühl: Du bist geschwommen, hast Fußball gespielt oder über eine längere Zeit ungewohnte Bewegungen gemacht und kannst am nächsten Tag kaum laufen, weil dir alles wehtut. Du hast einen Muskelkater. Den bekommt man immer, wenn man untrainierte Muskeln zu sehr beansprucht oder die Muskeln vor dem Sport nicht mit Dehnübungen warm macht.

Wenn ungeübte Muskeln überanstrengt werden, kommt es zu winzigen Rissen in den haarfeinen Muskelfasern. Aus dem umliegenden Gewebe dringt durch die Risse nach einer Weile Wasser in die Muskeln ein. Dadurch wird das Muskelgewebe etwas gedehnt, und die Muskelfasern schwellen an. Diese Schwellung verursacht den Schmerz, den wir als Muskelkater kennen.

Nacht →Tag und Nacht

Nadelbaum

Alle →Bäume mit meist harten nadelförmigen →Blättern heißen Nadelbäume. Diese Blätter werden im Herbst nicht abgeworfen. Sie sind so widerstandsfähig, dass sie den Winter überstehen. Deswegen nennt man die Nadelhölzer auch immergrün – im Gegensatz zu den →Laubbäumen, die meistens nur im Sommer grün sind.

Nadelbäume kann man gut an ihren Nadeln und Zapfen erkennen. Links oben: Kiefer, rechts oben: Zeder, links unten: Lärche, rechts unten: Fichte

Die Nadelbäume zählt man zu den Blütenpflanzen. Während die männlichen →Blüten eher unscheinbar sind, entwickeln sich die weiblichen Blüten der Nadelbäume zu Zapfen. Unter den harten Schuppen der Zapfen liegen geschützt die dünnen →Samen.

Viele Nadelbäume wachsen in den kalten Gebieten unserer Erde, einige sogar in der Arktis. Zu den heimischen Nadelbäumen gehören zum Beispiel Fichte, Kiefer, Tanne, Lärche und Eibe. Tannen sind in →Deutschland selten geworden, da sie besonders unter der →Luftverschmutzung leiden, Kiefern kommen noch im →Hochgebirge vor. Bei uns ist die Lärche der einzige Nadelbaum, der im Herbst seine goldgelb verfärbten Nadeln abwirft. Die giftige Eibe fällt durch ihre rot umhüllten Samen auf.

Nagetiere

Zu den Nagetieren zählen zum Beispiel die →Mäuse und →Ratten. Spitzmäuse hingegen gehören wie der →Igel zu den Insektenfressern. Alle Nagetiere besitzen im Ober- und im Unterkiefer je zwei große Nagezähne, die stets weiterwachsen. Sie werden ständig abgenutzt, da sich die meisten Nagetiere von harten →Samen, →Nüssen und Rinden ernähren. Viele Nagetiere sind klein wie Mäuse, die größten heimischen Nagetiere sind der →Biber und das Murmeltier.

Der Goldhamster ist ein Nagetier. Die mit den Zähnen zerkleinerte Nahrung hortet er zunächst in seinen Backentaschen.

Unter den →Säugetieren bilden die Nagetiere die größte Gruppe mit den meisten Arten. Sie haben fast alle Lebensräume erobert: Die Mäuse und Hamster bauen sich unter der Erde weitläufige Baue. →Eichhörnchen bewohnen die Bäume, Biber hingegen eine Burg aus Ästen und Baumstämmen auf einem Gewässer, die sie nur tauchend erreichen können. Die Hausmaus und die Wanderratte leben auf der ganzen Erde überall dort, wo Menschen wohnen.

Nahrungskette

Wenn wir einen →Fisch essen, sind wir ein Glied in einer Nahrungskette, die irgendwo im Meer oder Süßwasser ihren Anfang genommen hat. Dort leben winzige →Algen und Tiere im Wasser. Sie bilden zusammen das →Plankton, von dem sich kleine Fische ernähren. Diese werden von größeren Fischen erbeutet, die ihrerseits von noch größeren gefressen werden, etwa vom Hecht oder Kabeljau.

Jedes Lebewesen nimmt an einer oder mehreren Nahrungsketten teil. Ganz am Anfang stehen immer grüne →Pflanzen. Sie können ihre Nahrung aus Wasser, Kohlendioxid und →Sonnenlicht selbst herstellen. →Tiere können das nicht, sondern sind auf die Pflanzen angewiesen. In der Nahrungskette werden die Pflanzen von den Pflanzenfressern gefressen, die wiederum die Nahrung der Fleischfresser sind. Wenn Pflanzen und Tiere sterben, werden ihre Überreste von →Bakterien im Boden abgebaut. Es entstehen Kohlendioxid und Wasser, was andere Pflanzen zum Wachsen benötigen. Auf diese Weise schließt sich der Stoffkreislauf.

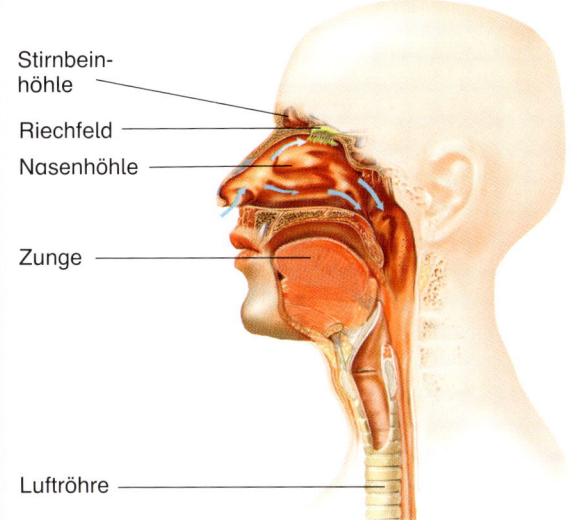

Die menschliche Nase im Querschnitt

Nase

Die Nase ist ein →Organ zum →Atmen. Die eingeatmete →Luft wird in der Nase befeuchtet, angewärmt und gefiltert. Dabei halten feine Härchen den gröbsten Schmutz zurück. Die Nasenhöhle ist mit einer Haut überzogen, die Schleim absondert. Hier befindet sich auch das Riechfeld,

Die Nase

Wie viele Gerüche kann die menschliche Nase erkennen?

Unsere Umgebung ist voll von Gerüchen. Für einen Geruch sind Riechstoffe verantwortlich. Das sind winzige Teilchen in der Luft, die wir beim Einatmen einsaugen. Sie landen auf der Riechschleimhaut, einem etwa briefmarkengroßen Feld in der Nase. Die Riechschleimhaut ist übersät mit kleinen Ausstülpungen, an deren Enden Nervenzellen sitzen, die sogenannten Rezeptoren. Diese spüren die Riechstoffe auf.

Jeder Rezeptor kann nur einen Riechstoff erkennen. Insgesamt hat der Mensch Rezeptoren für 350 Riechstoffe. Allerdings können wir weitaus mehr Gerüche wahrnehmen. Denn ein Geruch setzt sich aus unterschiedlichen Riechstoffen zusammen. In der Kombination kann die menschliche Nase etwa 10 000 verschiedene Gerüche auseinanderhalten wie zum Beispiel „Knoblauch", „Zimt", „Zitrone" oder „faules Ei".

in dem unser Geruchssinn sitzt. Wenn wir zum Beispiel etwas essen, steigen Duftteilchen in die Nase und werden auf den Geruch überprüft. Bei Schnupfen wird das Riechfeld von Schleim überdeckt, sodass wir meistens nichts mehr riechen.

Nashorn

Nashornbullen können bis zu 2,7 Tonnen wiegen, vier Meter lang und 1,9 Meter hoch werden. Trotz ihrer Masse sind die Nashörner sehr schnelle Tiere. Sie ernähren sich von Pflanzen. Ihre Hörner können über einen Meter lang werden. In →Afrika leben das Breitmaul- und das Spitzmaulnashorn, in →Asien das Panzer-, das Java- und das Sumatranashorn. Nashörner werden manchmal auch Rhinozeros genannt. Sie gehören zu den bedrohten Tierarten.

Das Spitzmaulnashorn ist etwa 3,5 m lang und bis zu 1,5 kg schwer. Es hat zwei Hörner, vorn ein längeres, hinten ein kürzeres.

Nationalsozialismus

Der Nationalsozialismus war eine politische Bewegung in →Deutschland. Dort kam 1933 die Nationalsozialistische Deutsche Arbeiterpartei (NSDAP) unter der Führung von Adolf Hitler an die Macht. Die Nationalsozialisten unterwar-

Das Konzentrationslager in Buchenwald ist heute eine Gedenkstätte. Die Figurengruppe des Bildhauers Fritz Cremer erinnert an die Gräueltaten der nationalsozialistischen Herrschaft.

fen das Volk einer brutalen Diktatur. Die Bürger hatten keine →Freiheiten mehr, durften ihre Meinung nicht äußern und die Grundrechte waren aufgehoben. Diese Diktatur hieß „NS-Staat" oder „Drittes Reich".

Die Nationalsozialisten führten Deutschland in den Zweiten →Weltkrieg. Mit einer unvorstellbaren Grausamkeit wurden im Namen des NS-Staates Menschen, die anders dachten, behinderte Menschen, →Homosexuelle und sechs Millionen →Juden in sogenannte Konzentrations- oder Vernichtungslager gebracht und ermordet. Den Völkermord an den Juden durch die Nationalsozialisten nennt man auch Holocaust. Mit dem Ende des Zweiten Weltkriegs 1945 brach der NS-Staat zusammen. Viele Neonazis verharmlosen oder leugnen heute den Völkermord an den Juden. Das ist strafbar.

Natur

Unter Natur versteht man zunächst das gesamte →Weltall mit all den Kräften, die darin wirken.

Mit dieser Natur beschäftigen sich die Naturwissenschaften. Man unterscheidet zwischen der belebten Natur mit den verschiedenen Lebewesen und der unbelebten Natur wie dem → Wetter, den → Gesteinen oder den → Sternen. In Landschaften, die vom Menschen nicht verändert wurden, können → Pflanzen und → Tiere noch ungestört leben.

Natur ist also das, was nicht von → Kultur und → Technik beeinflusst ist. Die Grenze ist jedoch nicht scharf. Die Kulturlandschaft, die aus Feldern, Äckern, → Wiesen und → Wäldern besteht, ist zwar stark vom Menschen beeinflusst, kann aber noch viel Natur enthalten. Eine solche Landschaft nennen wir dann naturnah.

Naturschutz

Der Naturschutz gehört zum → Umweltschutz. Er schützt Landschaften, Lebensräume, Tier- und Pflanzenarten, damit sie uns und unseren Nachkommen erhalten bleiben. Der Naturschutz ist zwar Aufgabe des → Staates, doch auch viele private Organisationen setzen sich für ihn ein. Dazu gehören Greenpeace oder der World Wide Fund for Nature (WWF).

Das → Gesetz schreibt in Europa den Schutz vieler Tier- und Pflanzenarten vor. Doch nützt dieser Artenschutz nur wenig, wenn nicht auch die Lebensräume denselben Schutz erfahren. Als sogenanntes Naturdenkmal können

Der Große Panda – das Symbol der Naturschutzorganisation WWF – ist vom Aussterben bedroht.

kleinere Naturgebiete oder auch ein einzelner → Baum geschützt werden. In → Deutschland gibt es zudem über 2000 Naturschutzgebiete. Das können → Moorlandschaften oder → Waldgebiete sein. In diesen Landschaften herrschen strenge Vorschriften und oft darf man sie nicht einmal betreten. → Pflanzen und → Tiere sollen sich dort vollkommen ungestört entwickeln können.

Größere geschützte Gebiete heißen bei uns Naturparks. In Nationalparks gelten besonders strenge Bestimmungen zum Schutz der → Natur. In Deutschland gibt es mehrere Nationalparks, etwa die Müritz, der Hainich oder das Wattenmeer.

Ein elektronisches Navigationsgerät

Navigationsgerät

In vielen → Autos, Lastkraftwagen und anderen Fahrzeugen ist ein Navigationssystem eingebaut. Es ist ein → elektronisches Gerät, das erkennt, wo sich ein Fahrzeug befindet. Es hilft dem Fahrer, sein Ziel zu erreichen. Dazu muss man über ein Tastenfeld die Zieladresse eingeben. Das Navigationssystem GPS sendet dann Signale an einen → Satelliten, der die → Erde umkreist. Aus den zurückgesendeten Signalen errechnet das Gerät den kürzesten Weg zum Ziel. Es teilt dem

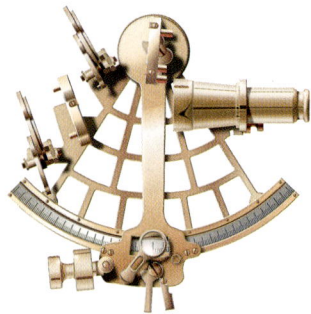

Ein Sextant zur Navigation mithilfe der Sterne

Fahrer mit, wann er abbiegen oder wie lange er noch geradeaus fahren muss. Manche Navigationssysteme informieren auch über Staus und suchen geeignete Alternativstrecken. Die ersten Navigationssysteme gab es auf →Schiffen. Der Kapitän orientierte sich in wolkenlosen Nächten mithilfe eines Sextanten an den →Sternen.

Nebel

Feuchte →Luft enthält viele winzige →Wasserteilchen. Wenn sie sich abkühlt, sammeln sich die Wasserteilchen zu kleinen Wassertröpfchen. Es entsteht Nebel. Er ist wie eine →Wolke, nur am Boden. Am häufigsten kommt Nebel im Herbst in der Nähe von →Seen oder in →Tälern vor.

Nebel entsteht oft in der Nähe von Gewässern, wie hier im Donautal.

Der Nerv

Warum kribbeln eingeschlafene Füße?

Wenn du lange in der Hocke oder im Schneidersitz gesessen hast und dann aufstehst, hast du zuerst oft kein Gefühl mehr im Fuß. Dann plötzlich fängt der Fuß ganz furchtbar an zu kribbeln.
Verantwortlich dafür ist ein Nerv, der beim Sitzen in der Hocke oder im Schneidersitz eingeklemmt wird. So können keine Informationen zwischen dem Gehirn und dem Fuß ausgetauscht werden. Das nehmen wir als Kribbeln wahr. Das Gehirn kann nicht mehr befehlen: „Fuß bewegen!" und bekommt von dem Nerv auch keine Meldung mehr, dass der Fuß überhaupt da ist. Deshalb knickst du oft um, wenn du mit einem eingeschlafenen Fuß aufstehen willst. Wenn du die Sitzposition aufgibst, erholt sich der Nerv schnell wieder.

Bei Nebel müssen Autofahrer langsam fahren und die Nebelscheinwerfer anschalten. Damit die →Schiffe bei Nebel nicht zusammenstoßen, geben sie laute Signale mit Nebelhörnern.

Nerv

Man kann das Nervensystem unseres →Körpers mit der Computersteuerung einer Maschine vergleichen. Das Zentrum bilden das →Gehirn sowie das Rückenmark. Von beiden zweigen zahlreiche Nerven ab. Sie sind sozusagen die Telefonleitungen, auf denen Informationen hin- und herlaufen.

Nerven bestehen aus →Zellen und sind überall im Körper anzutreffen. Wenn wir zum Beispiel

mit unserer Hand etwas Heißes berühren, nimmt die →Haut diesen Reiz wahr und sendet entsprechende Nachrichten über die Nerven an das Rückenmark und das Gehirn. Dieses erteilt uns sofort den Befehl, die Hand zurückzuziehen. Die Befehle gelangen über andere Nerven zu den entsprechenden →Muskeln und werden ausgeführt. Mit den Nerven steuern wir alle Bewegungen unseres Körpers.

Nest

Vögel bauen Nester in Sträucher, Bäume und am Erdboden, um darin ihre Eier auszubrüten. Ihre Nester können ganz unterschiedliche Formen haben. Viele Vogelarten legen schüsselförmige Nester aus Zweigen und Blättern an, die sie mit →Moos oder Federn auspolstern. →Greifvögel und →Störche bauen riesige Horste, die sehr hoch werden können. →Spechte meißeln sich eine Höhle in den Baumstamm. Die kompliziertesten Nester bauen →Wespen, →Bienen, Hummeln und →Ameisen. In ihnen leben oft ganze

Das Maus-Quiz

Dieses Tier ist der größte Vogel der Erde. Er kann nicht fliegen, aber sehr schnell rennen. Auf welcher Seite befindet sich das Tier hier im Buch?

In einem Termitenstaat hat jedes Insekt eine bestimmte Aufgabe. Manche sind nur für den Nestbau zuständig. Termitennester werden bis zu 7 m hoch.

Kolonien. Die Termiten sind für ihre hohen, steinharten Nester aus Erde, Holz und zerkautem Pflanzenmaterial bekannt.

Auch viele →Säugetiere bauen ein Nest. Das →Eichhörnchen bewohnt mehrere Nester aus Laub und Ästen in den Baumkronen, die Kobel heißen. Viele Menschenaffen ruhen in einem Schlafnest. →Igel bauen sich im Herbst ein Nest, um dort zu →überwintern.

Niederschlag

Bei Niederschlag fällt flüssiges oder gefrorenes →Wasser aus den →Wolken auf die Erde. Die Niederschläge sind wichtig für den →Wasserkreislauf auf unserem Planeten.

Regen, Schnee, Hagel und Graupel sind verschiedene Formen von Niederschlag. Regen besteht aus Wassertropfen. Im Winter, wenn es kalt ist, kann es schneien. Dann bilden sich in den

Wie entsteht roter Schnee?

Wanderer in den Alpen berichten in den Sommermonaten häufig davon, blutrot gefärbten Schnee gesehen zu haben. Lange Zeit konnte sich niemand dieses Phänomen erklären. Ist es Blütenstaub, der den Schnee rot färbt? Oder verwehter Saharasand? Vielleicht sogar der Staub eines Meteoriten? Oder ist es einfach nur verschütteter Früchtetee? Auch in der Arktis und in der Antarktis wurde der „Blutschnee"

beobachtet. Schiffsbesatzungen sichteten sogar Eisberge mit großen roten Flecken. Was färbt den Schnee rot?
Heute weiß man, dass es Algen sind, die sich vor „Sonnenbrand schützen". Die Chlamydomonas oder Schneealgen wachsen gern auf altem Schnee, der etwas angetaut ist. Da im Hochgebirge die UV-Strahlung der Sonne extrem stark ist, schützen sich die Algen mithilfe eines roten Farbstoffs, der den Schnee blutrot aussehen lässt.

Wolken aus den Wassertröpfchen kleine Eiskristalle. Sie lagern sich zu Flocken zusammen und fallen als Schnee herab. Dabei sieht jeder Eiskristall anders aus.

Bei Graupel entstehen große Flocken aus Schnee und ➔ Eis. In einer ➔ Gewitterwolke gefrieren die Wassertröpfchen manchmal auch zu Eisbrocken und fallen als Hagel auf die Erde. Hagelkörner können große Schäden an Pflanzen, Autos und Häusern anrichten.

Niere

Alle Wirbeltiere und der ➔ Mensch haben zwei Nieren. Bei uns sind sie dunkelrot, faustgroß und erinnern in ihrer Form an Bohnen. Sie liegen in der Leistengegend zu beiden Seiten der Wirbelsäule. Die Nieren reinigen unser ➔ Blut. Sie filtern Abfallstoffe heraus und entziehen dem Blut überschüssiges Wasser. Das Blut wird durch eine ➔ Ader (Arterie) herantransportiert. In einer Niere sind viele Millionen winziger Kanälchen und Röhrchen, die das Blut filtern. Danach fließt

es über eine Ader (Vene) wieder ab. Die Abfallstoffe gelangen mit dem überschüssigen Wasser über den Harnleiter in die Blase und bilden den Urin oder Harn.

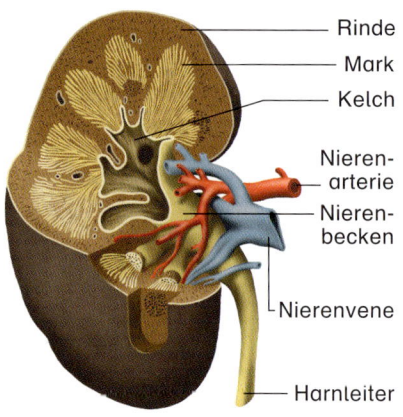

Rinde
Mark
Kelch
Nierenarterie
Nierenbecken
Nierenvene
Harnleiter

Eine menschliche Niere im Querschnitt

Nikolaus

Der 6. Dezember ist Nikolaustag. Dann kommt der meist rot gekleidete Nikolaus mit einem großen Sack voller Geschenke. Dieser alte Brauch geht auf den heiligen Nikolaus von Myra zurück –

einen Bischof, der vor über 1500 Jahren in der heutigen Türkei lebte. Den Legenden zufolge soll er Wundertaten vollbracht und Kinder beschenkt haben. Deswegen gilt er als Schutzpatron der Kinder sowie der Seefahrer und Kaufleute. In Amerika wird der Nikolaus Santa Claus genannt, in England Father Christmas und in Russland Väterchen Frost.

Nordpol

Der Nordpol ist der nördlichste Punkt der → Erde. Hier gibt es nur eine → Himmelsrichtung, nämlich die nach Süden. Die gerade Linie, die den Nordpol mit dem → Südpol verbindet, heißt Erdachse. Um diese Achse dreht sich unsere Erde einmal in 24 Stunden. Dadurch entstehen → Tag und Nacht.

Die Erdachse steht nicht senkrecht zur Umlaufbahn der Erde um die → Sonne. Sie ist etwas geneigt. Dadurch bekommen die einzelnen Gebiete der Erde unterschiedlich viel Sonnenlicht ab. Auf diese Weise entstehen die → Jahreszeiten. Am Nordpol gibt es nur zwei Jahreszeiten: Winter und Sommer. Sie dauern jeweils etwa ein halbes Jahr. Im Winter, vom 23. September bis 21. März, steigt die Sonne nicht über den Horizont und es ist immer dunkel. Im Sommer, vom 21. März bis 23. September, geht die Sonne nicht unter und es ist immer Tag.

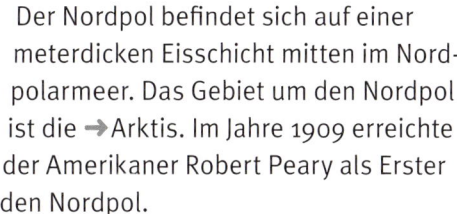

Notrufsäule

Der Nordpol befindet sich auf einer meterdicken Eisschicht mitten im Nordpolarmeer. Das Gebiet um den Nordpol ist die → Arktis. Im Jahre 1909 erreichte der Amerikaner Robert Peary als Erster den Nordpol.

Notruf

In einem Notfall verständigt man mit dem Notruf → Polizei, → Feuerwehr oder den Krankenwagen. Notrufnummern sind für ganz Deutschland einheitlich: Man erreicht die Notrufzentralen unter den Nummern 110 für die Polizei und 112 für die Feuerwehr. Die Zentralen leiten den Hilferuf an die richtige Stelle weiter, etwa den Notarzt.

Nuss

Nüsse sind meist rundliche trockene → Früchte. Wenn man die harte holzige Schale der Nuss knackt, erhält man einen ölhaltigen Kern, der oft gut schmeckt. Nüsse sind wegen ihres Öl- und Proteinreichtums sehr nahrhaft. Die wichtigsten Nüsse sind Walnuss und Haselnuss. Mandeln sowie die exotischen Para-, Pekan- und Cashewnüsse sind keine Nüsse, sondern Steinfrüchte wie die Kirsche. Auch die Erdnuss ist rein botanisch gesehen gar keine Nuss. Ihre Kerne sind nämlich die → Samen einer Hülsenfrucht, die allerdings sehr viel Öl enthalten und wie eine Nuss schmecken.

Verschiedene Nüsse (von links nach rechts): Haselnuss, Eichel, Walnuss, Pistazie, Macadamia, Erdnuss, Mandel

Oase

Selbst in →Wüsten gibt es Stellen, wo Wasser aus →Quellen oder aus unterirdischen Flüssen austritt. Diese Orte sind fruchtbar und bieten Lebensräume für verschiedene Pflanzen, zum Beispiel für Dattelpalmen. Der Mensch kann von dem Wasser leben und es zur Bewässerung seiner Felder verwenden. Man bezeichnet diese Stellen in einer Wüste als Oasen.

Eine Oase mit Dattelpalmen mitten in den Sanddünen der Sahara, der größten Wüste der Erde

Obdachlosigkeit

Wer keine Wohnung hat, ist obdachlos. Bei Überschwemmungen oder anderen Naturkatastrophen können Tausende von Menschen obdachlos werden, weil sie ihre Häuser verlassen müssen oder weil ihre Häuser zerstört wurden. Für sie richtet man dann zum Beispiel in Turnhallen Schlafplätze ein. Andere Menschen haben keine Wohnung, weil sie keine →Arbeit finden und sich die Miete nicht mehr leisten können.

Obst

Alle essbaren →Früchte bezeichnen wir als Obst. Dazu gehören die →Beeren, etwa die Heidelbeeren oder Stachelbeeren. Aprikosen, Pflaumen, Kirschen, Pfirsiche und Zwetschgen bilden das Steinobst. →Äpfel, Birnen und Quitten fassen wir unter der Bezeichnung Kernobst zusammen. Ebenso zählen →Nüsse und die essbaren Kastanien zum Obst. Aus warmen und tropischen Ländern kommen Südfrüchte zu uns, die auch exotische Früchte heißen. Dazu gehören Ananas, Bananen, Feigen, Mangos, Kiwis, Papayas und Zitrusfrüchte wie Mandarinen, Orangen und Zitronen. Obst enthält viele →Vitamine und Mineralstoffe und ist deshalb sehr gesund.

Kiwis

Pflaumen

Erdbeeren

Ohr

Unser Ohr besteht aus drei Abschnitten. Zum Außenohr gehören die trichterförmige Ohrmuschel, die die →Schallwellen auffängt, und der äußere Gehörgang, der feine Härchen und Drü-

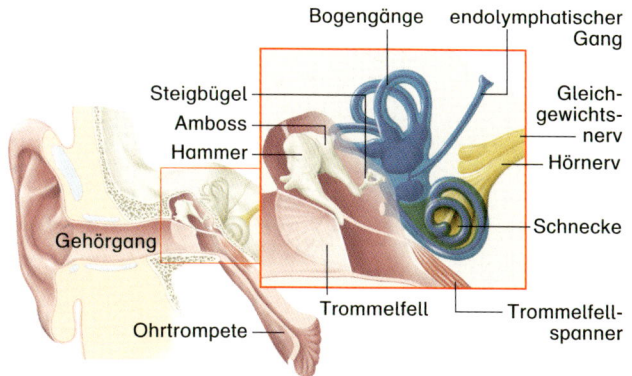

Das menschliche Ohr im Querschnitt

sen enthält, die das Ohrenschmalz herstellen. Das Ohrenschmalz befördert kleine Fremdkörper nach außen und kann Krankheitserreger unschädlich machen.

Am Ende des Außenohrs befindet sich das Trommelfell. Eindringende Schallwellen versetzen es in Schwingungen. Diese gibt das Trommelfell an die drei Gehörknöchelchen im Mittelohr weiter. Sie heißen Hammer, Amboss und Steigbügel. Die Schwingungen werden von ihnen in die Schnecke des Innenohrs übertragen, die mit einer Flüssigkeit gefüllt ist. Dort nehmen ➔ Sinneszellen die Schwingungen der Schallwellen wahr und leiten Informationen darüber weiter ans ➔ Gehirn. Im Innenohr hat auch der Gleichgewichtssinn seinen Sitz. Er liegt in den drei Bogengängen.

Das Ohr

Was ist das absolute Gehör?

Kannst du ein Lied sofort richtig nachsingen, wenn du es einmal gehört hast? Das ist schon recht gut. Kannst du es aber nach einigen Tagen immer noch in derselben Tonart singen und die Töne gleichzeitig auch benennen? Dann hast du ein absolutes Gehör.

Menschen mit absolutem Gehör erkennen die exakte Höhe von Tönen und ordnen ihnen den Tonnamen zu, also C, D, E, F, G, A, H und so weiter. Diese besondere Fähigkeit ist recht selten, obwohl sie jedem Menschen angehoren ist. Ohne Training geht sie jedoch meist schon im Kindesalter verloren. Manche Menschen, die schon im Alter von drei oder vier Jahren ein Instrument wie Klavier oder Geige gelernt haben, verfügen über das absolute Gehör.

Regenwälder sind sehr empfindliche Ökosysteme.

Ökosystem

Ein Ökosystem umfasst einen oder mehrere Lebensräume sowie alle Lebewesen, die darin wohnen. Dabei stehen die Lebewesen und die unbelebte Umwelt des Ökosystems in einer wechselseitigen Beziehung, sie beeinflussen sich gegenseitig. Ein Lebensraum kann ein ➔ See, eine ➔ Wüste oder ein ➔ Wattenmeer sein. Die Lebewesen müssen sich den Bedingungen ihres Lebensraums anpassen: Dort kann es warm oder kalt sein, feucht oder trocken. Es kann viel Licht geben wie im ➔ Hochgebirge oder dunkel sein wie in einer ➔ Höhle.

Wenn sich die Lebensbedingungen in einem Ökosystem ändern, hat das Auswirkungen auf die darin lebenden Tiere und Pflanzen. So wird es durch den ➔ Klimawandel immer weniger ➔ Nadelbäume bei uns geben, dafür werden immer mehr ➔ Zugvögel den Winter hier verbringen, anstatt in den Süden zu ziehen. Der ➔ Naturschutz versucht, Ökosysteme vor dem Eingriff des Menschen zu schützen.

Olympische Spiele

Die ersten Olympischen Spiele fanden im griechischen Ort Olympia im Jahr 776 v. Chr. statt. Alle vier Jahre wurden sie wiederholt. Zu den Olympischen Spielen trafen sich Menschen aus allen Teilen Griechenlands. Die → Kriege, die sie gegeneinander führten, mussten dann ruhen.

Das Symbol der Olympischen Spiele: die olympischen Ringe

Die Griechen trugen damals folgende Wettkämpfe aus: Laufen über 384 Meter und über fünf Kilometer, Ringkampf, Faustkampf, Wagen- und Pferderennen sowie Fünfkampf (Laufen, Ringen, Springen, Diskus- und Speerwurf). Die griechischen Olympischen Spiele gab es bis zum Jahr 394 n. Chr. Dann wurden sie verboten. Erst viel später griff der Franzose Pierre de Coubertin die Idee wieder auf, und 1896 fanden die ersten Olympischen Spiele der Neuzeit in Athen statt.

Das Maus-Quiz

Dieses Insekt ist mit den Bienen verwandt. Es ist auch schwarz-gelb gestreift, aber etwas größer als eine Biene. Auf welcher Seite befindet sich das Tier hier im Buch?

Coubertin entwarf auch das Symbol der fünf ineinander verschlungenen Ringe. Sie sollen die Verbundenheit der Kontinente durch die Spiele darstellen. Bis heute werden die Olympischen Spiele alle vier Jahre veranstaltet.

Für eine Oper werden meist sehr aufwendige Kostüme und ein besonders stimmungsvolles Bühnenbild entworfen.

Oper

In einer Oper wird musiziert, gesungen und gespielt. Wie im → Theater wird eine Handlung vorgeführt, die jedoch nicht gesprochen, sondern gesungen wird. Ein → Orchester begleitet die Opernsänger. Die erste Oper wurde vor ungefähr 400 Jahren in Italien aufgeführt. Zu den berühmten Opernkomponisten zählen zum Beispiel Wolfgang Amadeus Mozart, Giuseppe Verdi, Richard Wagner und Kurt Weill. Bei den Opern geht es in erster Linie um die Musik. Die Handlung und der Text treten in den Hintergrund. Operette heißt so viel wie „kleine Oper". Sie ist meist heiter und fröhlich, und oft wird dabei getanzt. Eine der berühmtesten Operetten ist die „Lustige Witwe" von Franz Lehár.

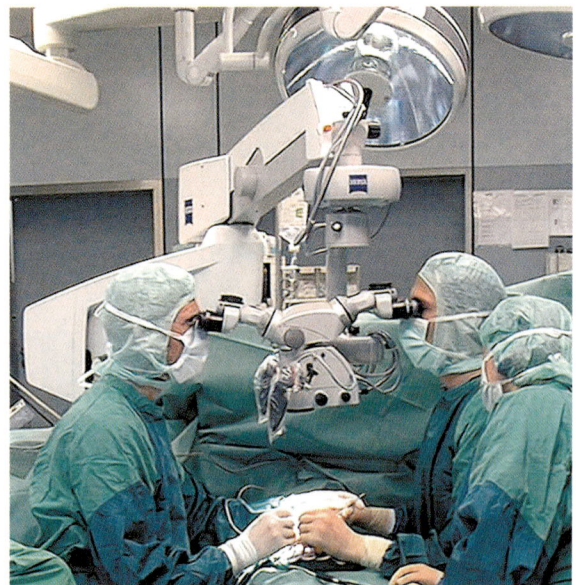

Bei einer Operation muss der Chirurg sehr genau arbeiten. Um optimal sehen zu können, werden manchmal Operationsmikroskope eingesetzt.

Operation

Normalerweise verstehen wir unter Operation den Eingriff eines Arztes, genauer gesagt eines Chirurgen, in den menschlichen →Körper. Der Chirurg macht dabei einen Einschnitt, entfernt Fremdkörper oder kranke Stellen oder näht beschädigte Gewebe zusammen. Bei einer Operation sollte garantiert werden, dass der Patient keine Schmerzen spürt. Dafür sorgt die Betäubung oder Narkose. Sie wird vom Anästhesisten eingeleitet. Er überwacht auch die Funktion des →Herzens während der Operation.

Orchester

Ein Orchester war bei den alten Griechen der Tanzplatz im →Theater. Dort standen die Mitglieder des Chores. Als in Italien die →Oper entwickelt wurde, sah man diesen Platz für die Musi-

ker vor. Der Begriff „Orchester" wurde einfach beibehalten. Die Organisation des modernen Orchesters geht hauptsächlich auf den Komponisten Joseph Haydn zurück. Dieser ordnete die →Musikinstrumente in vier Hauptgruppen: die Saiteninstrumente, die Holzblasinstrumente, die Blechblasinstrumente und die Schlaginstrumente. Die meisten Orchester haben einen Dirigenten als Leiter.

Organ

Das Wort „Organ" hat verschiedene Bedeutungen. Zum einen meint man damit einen Teil des →Körpers, der eine bestimmte Aufgabe zu erfüllen hat. Wir kennen zum Beispiel die →Sinnesorgane, die →Geschlechtsorgane oder die Organe der →Verdauung. Ein Zusammenarbeiten verschiedener Organe nennt man auch Organismus. Zum anderen sind alle Stoffe organisch, die der belebten Natur angehören, also von →Menschen, →Tieren oder →Pflanzen stammen. Das Gegenteil heißt anorganisch. Im übertragenen

Große Orchester haben über 100 Mitglieder. Diese sitzen meist in einem Halbkreis, wobei die Instrumente in einer ganz bestimmten Reihenfolge angeordnet sind.

Der Stephansdom ist das Wahrzeichen Wiens, der Hauptstadt von Österreich. Der Südturm ist über 135 m hoch.

Sinn ist ein Organ auch eine Einrichtung. Das → Parlament ist zum Beispiel das Organ der Gesetzgebung.

Ostern

Ostern ist das wichtigste Fest des → Christentums. Am Karfreitag wurde der christlichen Überlieferung zufolge Jesus Christus gekreuzigt. Am Sonntagmorgen aber, so heißt es in der → Bibel, war sein Grab leer. Für Gläubige bedeutet dies, dass Jesus von den Toten auferstanden ist und den Tod besiegt hat. Dieses Ereignis feiern die Christen in der ganzen Welt an Ostern.

Österreich

Österreich ist ein Land mit einer Fläche von 81 871 km², das in → Europa liegt. Es leben über acht Millionen Menschen dort. Österreich ist sehr gebirgig, weil die Alpen das Land durchziehen. Der höchste Berg ist der Großglockner mit 3797 Metern. Im Osten wird das Land deutlich flacher und auch wärmer. Dort liegt Wien, die Hauptstadt. Nach Wien sind Graz, Linz, Innsbruck und Salzburg die größten österreichischen Städte. Die Menschen in Österreich sprechen Deutsch.

Österreich ist eine → Demokratie. Das → Parlament setzt sich aus dem Bundesrat und dem Nationalrat zusammen. Der Chef der → Regierung heißt wie in Deutschland → Bundeskanzler. Es gibt viel Industrie in Österreich, ebenso sind die Land- und die Waldwirtschaft bedeutende Wirtschaftszweige. Eine wichtige Einkommensquelle ist zudem der → Tourismus. Viele Menschen verbringen im Sommer einen Wanderurlaub in den Bergen, im Winter kommen sie zum Skilaufen.

Die Geschichte Österreichs reicht über 1000 Jahre zurück. Vom 13. Jahrhundert an herrschten die Habsburger, ein europäisches Adelsgeschlecht. Sie schufen ein großes Reich, zu dem auch Ungarn, Rumänien, die heutige Tschechische Republik, Kroatien sowie Bosnien und Herzegowina gehörten. Ab 1867 hieß dieses

Das Salzkammergut in Oberösterreich ist wegen der zahlreichen Seen eine beliebte Tourismusgegend (im Bild der Hallstätter See).

Reich Österreich-Ungarn, oft spricht man auch von der Donaumonarchie. Nach dem Ersten →Weltkrieg zerfiel diese Monarchie und das heutige Österreich entstand. Die anderen Gebiete wurden unabhängig.

Ozean

Statt Ozean kann man auch Weltmeer sagen. Über drei Viertel der Erdoberfläche sind von →Meeren bedeckt. Die großen Weltmeere befinden sich zwischen den →Kontinenten. Dazu gehören der Indische Ozean zwischen Afrika und →Australien, der Pazifische Ozean oder Pazifik zwischen →Asien und Amerika und der Atlantische Ozean oder Atlantik, der von →Europa und →Afrika auf der einen Seite und von →Amerika auf der anderen Seite begrenzt wird.

In den Polargebieten sind die großen Weltmeere miteinander verbunden und bilden dort das Nord- beziehungsweise Südpolarmeer. Die drei Ozeane haben mehrere Nebenmeere, der Atlantik zum Beispiel die Nordsee und das Mittelmeer, der Indische Ozean das Arabische Meer und der Pazifik das Südchinesische Meer.

Ozon

Das Ozon ist eine spezielle Form des →Sauerstoffs, den wir mit der →Luft einatmen. Dennoch wirkt Ozon auf uns schon in geringen Mengen giftig und verursacht Atembeschwerden und Augenreizungen. Ozon entsteht vor allem im Sommer bei dichtem Autoverkehr. Wir sprechen dann auch von Smog.

Während ein hoher Ozongehalt in der Atemluft gesundheitsschädlich wirkt, schützt uns das

Das Satellitenbild zeigt die Ausdehnung des „Ozonlochs" über der Arktis. Die lilafarbenen Bereiche sind stark betroffen.

Ozon in den hohen Schichten der →Atmosphäre vor den gefährlichen ultravioletten Strahlen der →Sonne. Über den Polen gibt es bereits ein „Ozonloch". Verantwortlich dafür ist hauptsächlich das Verhalten der Menschen: Die Treibgase, die vor allem früher in Spraydosen waren, und andere chemische Stoffe zerstörten bereits große Teile des Ozons in der Atmosphäre.

Das Ozon

Wie dick ist die Ozonschicht?

Die Ozonschicht befindet sich in unserer Atmosphäre in etwa 15 bis 50 Kilometer Höhe über dem Erdboden. In dieser Luftschicht, der sogenannten Stratosphäre, verteilen sich die winzigen Teilchen des Ozons rund um die Erde. Doch sausen dort nicht nur Ozonmoleküle herum. Den weitaus größten Anteil an der Zusammensetzung der Luft haben Stickstoff und Sauerstoff, nämlich über 98 Prozent.
Würde man alle Ozonteilchen einsammeln und nebeneinander auf der gesamten Erdoberfläche verteilen, ergäbe sich nur eine etwa drei Millimeter hohe Schicht.
Zum Vergleich: Würde man genau dasselbe mit den Sauerstoff- und den Stickstoffmolekülen aus der Atmosphäre tun, wäre die Luftsäule rund acht Kilometer hoch.

Papagei

Papageien leben vor allem in warmen, tropischen Gebieten. Die meisten der über 300 Arten haben ein auffällig buntes Gefieder. Einige können bis zu einem Meter lang werden. Mit ihrem stark gekrümmten Schnabel können Papageien Nüsse knacken und Fruchtstücke abbeißen, und sie verwenden ihn beim Klettern.

Hellroter Ara

Zu den Papageien zählt man die Loris, die Aras, die Kakadus und die Sittiche. Sie gehören zu den am höchsten entwickelten → Vögeln. „Sprechen" können aber nur ganz wenige Arten, zum Beispiel die Graupapageien. Manche sind in der Lage, ganze Sätze nachzusprechen. Die Bedeutung der Begriffe kennen sie allerdings nicht. Auch bei uns gibt es mittlerweile ein paar wilde Papageienarten wie die Halsbandsittiche oder die Gelbkopfamazonen.

Papier

Das Papier erhielt seinen Namen von der Papyruspflanze, einer mehrere Meter hohen Staude aus den Sumpfgebieten Ägyptens. Im → Ägyptischen Reich stellte man aus dem Mark des Papyrus eine Art Papier her, indem es in Scheiben geschnitten, gewässert, platt geklopft und gewalzt wurde.

Das Papier, das wir kennen, erfanden erstmals die Chinesen um 100 n. Chr. Im 14. Jahrhundert stellte man in Europa Papier aus Lumpen her. Heute verwendet man vor allem → Holz als Rohstoff. Die Stämme werden entrindet und zerkleinert. Unter ständigem Rühren entsteht ein Brei. Man gibt Leim und Füllstoffe hinzu und verdünnt stark mit Wasser. Dann folgt die eigentliche

Die industrielle Papierherstellung erfolgt mit einer sogenannten Langsiebpapiermaschine. Im Bild sieht man die 100 m lange Maschine, auf der die Papierfasern „verfilzt" werden.

Papierherstellung auf einer bis zu 100 Meter langen Maschine. Der dünnflüssige Brei läuft auf ein Sieb. Das Wasser tropft ab und die Fasern verfilzen sich. Die Papierbahn muss nun noch getrocknet, gewalzt und geglättet und schließlich aufgerollt werden.

Das Maus-Quiz

Dieser kleine Generator gehört zu einem Fahrrad und sorgt dafür, das Vorder- und Rücklicht leuchten. Auf welcher Seite befindet sich das Bild hier im Buch?

Parlament

In den meisten →Demokratien wählt das Volk seine →Abgeordneten. Diese vertreten ihre Wähler in der Versammlung der Abgeordneten, dem Parlament. Das Parlament hat zwei Aufgaben: Es überwacht die Arbeit der →Regierung und stimmt über neue →Gesetze ab. Mit den Gesetzen setzen die Abgeordneten im Namen des Volkes Regierungsbeschlüsse durch.

In Deutschland heißt das Parlament →Bundestag, in Österreich und der Schweiz Nationalrat. Die Volksvertreter gehören meistens einer →Partei an. Im Parlament wird viel diskutiert. Alle Abgeordneten dürfen frei ihre Meinung äußern. Oftmals kommt es zu heftigen Debatten. Neben dem Bundestag beziehungsweise dem Nationalrat gibt es noch eine zweite Kammer des Parlaments, in der die Vertreter der Länder oder der Schweizer Kantonsregierungen sitzen. Auch sie müssen über Gesetze mit abstimmen. In Deutschland und Österreich heißt diese zweite Kammer →Bundesrat, in der Schweiz wird sie als Ständerat bezeichnet.

Partei

Menschen mit ähnlichen politischen Ansichten können sich zu einer Partei zusammenschließen. In der →Politik diskutieren Parteien darüber, wie der →Staat regiert werden soll. Dabei versuchen die verschiedenen Parteien, die Menschen von ihren jeweiligen Ansichten zu überzeugen. Bei den →Wahlen kämpfen sie um die Stimmen der Bürgerinnen und Bürger und können entsprechend viele →Abgeordnete ins →Parlament entsenden. So wächst ihr Einfluss innerhalb der →Regierung. Die großen politischen Parteien in Deutschland heißen Sozialdemokratische Partei Deutschlands (SPD), Christlich-Demokratische Union (CDU), Christlich-Soziale Union (CSU), Freie Demokratische Partei (FDP), Bündnis 90/Die Grünen und Die Linke.

Wenn sich in einer →Demokratie Parteien zu einem Bündnis zusammentun, um gemeinsam regieren zu können, so spricht man von einer Koalition. Die anderen Parteien haben dann weniger Abgeordnete im Parlament und bilden die sogenannte Opposition.

Pass

Der Pass oder Reisepass ist ein amtlicher Ausweis. Im Pass sind der Name des Inhabers, sein Geburtsdatum, sein Wohnort mit Adresse, eine Beschreibung seines Aussehens, ein Foto und seine Unterschrift enthalten. In neuen Reisepässen sind diese →Daten sowie zwei Fingerabdrücke des Passinhabers zudem auf einem elektronischen Chip gespeichert. Man nennt diese Pässe auch ePass (elektronischer Pass).

Auf die leeren Seiten in einem Reisepass werden die Stempel für das Visum oder die Kontrollstempel über die Einreise in ein Land und die Ausreise gedruckt.

Ohne Reisepass kann man nicht ins Ausland reisen, jedenfalls nicht außerhalb der →Europäischen Union. Innerhalb der Europäischen Union genügt es, den Personalausweis vorzulegen. Die Pässe sind heute weitgehend fälschungssicher. Manche Länder verlangen bei der Einreise zudem noch eine Besuchserlaubnis, das sogenannte Visum. Für Kinder unter zwölf Jahren kann ein Kinderreisepass ausgestellt werden.

Pferd

Pferde sind Huftiere. Zu ihren Verwandten gehören der Esel und das →Zebra. Das Pferd stammt von Urpferden ab, die vor fast 50 Millionen Jahren auch bei uns lebten und kaum größer als Hasen wurden. Heute ist das Przewalski-Pferd das letzte Wildpferd, das noch in der freien Natur lebt. Alle anderen Pferde sind Hauspferde, die von den Menschen aus Wildpferden gezüchtet wurden. Bereits vor 5000 Jahren benutzten die →Ägypter das Pferd als Zugtier. Bevor die →Eisenbahn und das →Auto erfunden wurden, war das Pferd das schnellste Transportmittel. Heute wird das Pferd hauptsächlich als Reit- und Rennpferd gehalten. Ponys sind kleine Pferde. Das männliche Pferd heißt Hengst, wenn es kastriert ist, Wallach. Das weibliche Pferd nennt man Stute, ein Fohlen ist ein junges Pferd.

Ein Pferd im Galopp, der schnellsten Gangart

Pflanzen

Zu den Pflanzen gehören →Algen, →Moose, →Farne, →Blumen, Gräser und →Bäume. Alle Pflanzen sind grün, weil sie den Farbstoff Blattgrün (Chlorophyll) enthalten. Mit seiner Hilfe stellen sie aus Wasser, dem Kohlendioxid der →Luft und Sonnenstrahlen Zuckerverbindungen her. Zudem entsteht →Sauerstoff, den Menschen und Tiere zum Atmen brauchen. Von den Zuckerverbindungen ernährt sich die Pflanze. Mit ihren →Wurzeln zieht sie

Um möglichst viel Licht zu bekommen, drehen Sonnenblumen ihre Blüten und Blätter immer der Sonne entgegen.

zusätzliche Nährstoffe und Wasser aus dem Boden. Pflanzen verbreiten sich über Sporen oder →Samen, die sie selbst bilden. Oder sie vermehren sich aus Pflanzenteilen. So bilden Erdbeeren Ausläufer. Man kann auch einen kleinen Trieb als Steckling abschneiden und ihn in die Erde stecken, damit er Wurzeln entwickelt. Dann bekommt man einen Ableger. →Wildpflanzen wachsen wild in der Natur. Nutzpflanzen werden angebaut und als →Obst und →Gemüse gegessen oder als Bau- und Brennmaterial genutzt.

Physik

Die Physik gehört wie die →Chemie zu den Naturwissenschaften. Physiker untersuchen das Verhalten von festen Stoffen, →Flüssigkeiten und →Gasen. Sie wollen wissen, wie die Materie im Kleinen mit all den →Atomen und Molekülen aufgebaut ist. Physiker beschäftigen sich auch mit den verschiedenen Formen der →Energie. Die wichtigsten Zweige der Physik heißen Mechanik (Bewegungen und Kräfte), Optik (→Licht), Akustik (→Schall), →Elektrizität und →Magnetismus, ferner Atom- und Kernphysik.

Die Physiker führen wie alle Naturwissenschaftler →Experimente durch. Sie halten die Ergebnisse schriftlich fest, damit andere Physiker ihre Versuche nachvollziehen können.

Pilz

Pilze enthalten im Gegensatz zu den →Pflanzen keinen grünen Blattfarbstoff und können somit keine Zuckerverbindungen herstellen. Sie leben von verrottenden →Blättern und →Wurzeln, die sie abbauen.

Goldröhrling (links) und Parasolpilz (beide essbar)

Wir sehen von den Pilzen nur die Fruchtkörper. In ihnen werden die Sporen gebildet, mit denen sich Pilze vermehren. Die Unterseite der Pilzhüte sieht unterschiedlich aus: Bei den Lamellenpilzen befinden sich an der Unterseite feine Lamellen, während Röhrenpilze dort ein schwammiges Röhrengewebe aufweisen. Der größte Teil

eines Pilzes ist das Pilzgeflecht, auch Myzel genannt. Es liegt unter der Erde und durchzieht den Boden.

Manche Pilze sind essbar, zum Beispiel Pfifferlinge, Steinpilze, Champignons und Austernseitlinge. Es gibt jedoch auch viele giftige Pilze, darunter der →Fliegenpilz oder der tödliche Knollenblätterpilz. Zu den Pilzen gehören weiterhin die Hefepilze, →Schimmelpilze oder auch der Fußpilz.

Pinguin

Pinguine sind →Vögel. Jedoch können sie nicht fliegen, sondern sie verwenden ihre Flügel als Antrieb beim Schwimmen im Wasser. Dabei

Der Pinguin

Wie erkennen sich Pinguine gegenseitig?

*I*n riesigen Kolonien stehen die Männchen der Kaiserpinguine im antarktischen Winter auf dem Eis, um die Eier auszubrüten. Damit sie bei den klirrend kalten Temperaturen von bis zu −40 Grad Celsius nicht erfrieren, drängen sie sich zu Tausenden ganz eng aneinander. Während sich die Männchen so zu wärmen versuchen, jagen die Weibchen weit entfernt im Meer Fische. Nach etwa zwei Monaten kehren sie vollgefressen zurück. Um die schlüpfenden Jungtiere gleich füttern zu können, haben sie in ihrem Kropf jede Menge unverdauten Fisch. Doch wie finden sie „ihr" Männchen unter den Tausenden völlig gleich aussehenden Kandidaten?
Die Männchen helfen ihnen dabei durch einen besonderen Ruf, der aus zwei Tönen in unterschiedlichen Höhen besteht. Jeder Pinguin hat seinen eigenen Ruf. So gibt es keine Verwechselungsgefahr.

Kaiserpinguine haben ganz kurze Federn, die ein dichtes Fell ergeben. Wenn die Männchen das Ei ausbrüten, legen sie es auf ihre Füße und halten es zudem in ihrer Bauchfalte warm.

Der Pirat

Hatten Piraten wirklich Haken am Arm?

Piraten stellt man sich als raue Männer mit Augenklappe, Holzbein und Haken als Ersatz für eine Hand vor. Tatsächlich wurden bei den blutigen Kämpfen viele Seeräuber oft so schwer verletzt, dass ihnen Körperteile amputiert werden mussten.
Doch selbst wenn sie eine solche Operation überlebten, konnten sie danach nicht länger Pirat sein. Denn mit einem Haken am Arm kann niemand in die Segel klettern. Mit nur einem Auge kann man nicht kämpfen. Und mit einem Holzbein ist es sicher noch niemandem gelungen, ein feindliches Schiff zu stürmen. Piraten mit solchen Handicaps kamen bestenfalls als Köche unter. In vielen Romanen werden sie dennoch mit dem typischen Zubehör beschrieben, um sie furchterregender zu machen.

bewegen sie sich so schnell wie Fische, manche Arten erreichen Geschwindigkeiten von bis zu 50 Kilometern pro Stunde. Alle Pinguine leben auf der Südhalbkugel. Die Kaiserpinguine haben sich an die harten Bedingungen in der → Antarktis angepasst. Mitten im dunklen Winter legt das Weibchen weitab von der Küste ein → Ei. Das Männchen übernimmt das Ei und brütet es auf seinen Füßen aus, während das Weibchen im Meer Fische jagt.

Pirat

Piraten sind Seeräuber. Früher lauerten sie Schiffen auf, überfielen sie mit Messern und Pistolen und nahmen die Waren auf dem Schiff an sich. Die Überfallenen wurden entweder getötet oder als Sklaven verkauft. Manchmal fuhren die Piraten auch im Auftrag ihrer Königin oder ihres Königs. Dann hießen sie Freibeuter. Sie teilten ihre Beute mit der Regierung und wurden dafür nicht bestraft. Berühmte Freibeuter waren zum Beispiel Francis Drake und Klaus Störtebeker. Zu den bekannten weiblichen Piraten zählen Anne Bonny und Mary Read.

Piraten gibt es auch heute noch. So werden Jachten, Frachtschiffe und Riesentanker von Banden mit Maschinenpistolen und modernsten Kanonen entführt und geplündert.

Planet

Planeten heißen die Himmelskörper, die einen → Stern begleiten, selbst aber kein Stern sind. Unsere → Erde etwa ist ein Planet, weil sie im Sonnensystem die Sonne umkreist. Jeder Planet hat seine eigene Umlaufbahn, auch Orbit genannt. Da die Planeten nicht selbst leuchten, sieht man sie nur, wenn sie von einem Stern angestrahlt werden.

Der Planet Jupiter

In unserem Sonnensystem kennen wir insgesamt acht Planeten. Die vier, die der Sonne am nächsten sind, nennen wir terrestrisch, also erdähnlich. Merkur, Mars und Venus bestehen wie die Erde aus → Gesteinen und → Metallen und haben eine feste Oberfläche. Dennoch konnte nur auf der Erde aufgrund der schützenden → Atmosphäre

Der Planet Erde

Leben entstehen. Merkur ist der Sonne so nahe, dass dort Temperaturen bis zu 350 Grad Celsius herrschen. Die Planeten Jupiter, Saturn, Uranus und Neptun bestehen aus →Gas und Eis. Sie sind sehr kalt. Heute weiß man, dass es auch außerhalb unseres →Sonnensystems Planeten gibt, die sogenannten Exoplaneten.

Plankton

Plankton besteht aus winzigen Pflanzen und Tieren. Sie sind so klein, dass man sie meist nur unter dem →Mikroskop erkennen kann. Sie leben im →Meer oder in Seen und bilden dort das Anfangsglied in den →Nahrungsketten. Das pflanzliche Plankton gehört zu den →Algen. Es produziert mehr lebensnotwendigen →Sauerstoff als alle Wälder der Erde zusammengenommen. Das tierische Plankton setzt sich vor allem aus Einzellern, aus →Larven von Krebsen und Fischen sowie aus →Quallen zusammen. Sie leben wiederum von den pflanzlichen Teilen des Planktons. Übrigens: Auch das größte Tier, der über 30 Meter lange Blauwal, ernährt sich ausschließlich von Plankton.

Die bis zu 7 m breiten Mantarochen sind Fische, die sich ausschließlich von Plankton ernähren. Sie fangen es beim Schwimmen mit geöffnetem Maul ein.

Politik

Politik ist die Kunst, verschiedene Interessen zu vereinen und auszugleichen. Politik kommt bereits in der Familie vor. Wenn jedes von vier Kindern etwas anderes unternehmen will, ist eine geschickte Politik nötig, um eine Lösung zu finden, mit der alle zufrieden sind. Einen solchen Ausgleich muss man auch in der →Schule, in der Firma, in der →Gemeinde und im →Staat finden.

Der Planet

Können wir auch auf anderen Planeten leben?

Auf keinem anderen Planeten unseres Sonnensystems könnten Menschen leben. Auf den Gasplaneten Jupiter, Uranus, Neptun und Saturn herrschen eisige Temperaturen von −100 bis −200 Grad Celsius. Auf dem riesigen Jupiter gibt es zudem Wirbelstürme mit Windgeschwindigkeiten von bis zu 600 Stundenkilometern. Auf Venus und Merkur ist es über 400 Grad heiß. Auf Merkur schwanken die Temperaturen sogar zwischen +430 Grad am Tag und −170 Grad in der Nacht. Der Erde am ähnlichsten ist der Mars. Forscher vermuten, dass es auf unserem Nachbarplaneten sogar Wasser gibt oder zumindest gab.

Auch Kleinstlebewesen könnten dort möglicherweise existieren. Menschen können jedoch trotzdem nicht auf dem Mars leben: Sie müssten Sandstürme, starke Strahlung und Temperaturunterschiede zwischen Tag und Nacht von 100 Grad Celsius ertragen.

Eine große Rolle in der Politik des Landes spielen die →Parteien. Sie stellen die Politiker und die →Regierung. Auch Kinder können Politik machen. Jede Schule hat eine Schülervertretung, die die Interessen aller Schüler bei der Schulleitung vertritt.

Polizei

Die Polizei kümmert sich um die Sicherheit und Ordnung im →Staat. Die Verkehrspolizei regelt den Verkehr und muss die Verursacher von Unfällen herausfinden. Die Kriminalpolizei oder Kripo versucht, Verbrechen aufzuklären oder zu verhindern. Kriminalpolizisten tragen keine Uniformen. Verkehrspolizisten, Schutz-, Bahn- und Wasserschutzpolizisten sind uniformiert. Die zent-

rale Kriminalpolizei in Deutschland ist das Bundeskriminalamt oder BKA. Wird ein Täter nicht nur innerhalb eines Landes, sondern europaweit oder weltweit verfolgt, wird Europol oder Interpol eingeschaltet. Hier werden →Daten über Straftäter in einer zentralen Datei gesammelt.

Porzellan

Teller, Tassen und anderes Essgeschirr bestehen oft aus Porzellan. Auch in vielen elektrischen Geräten sind einzelne Teile aus Porzellan. Um Porzellan herzustellen, mischt man Ton, Feldspat und Quarz zu einem feuchten Brei, der sich gut formen lässt. Die geformten Gegenstände werden hart, nachdem sie zweimal bei hohen Temperaturen in einem Brennofen gebrannt wurden. Die Chinesen haben vor über 1400 Jahren das Porzellan erfunden. Erst seit dem →Mittelalter wird es auch bei uns verwendet. Bis dahin wurde das Geschirr aus einfachem Ton gebrannt.

Post

Möchte man einen Brief, eine Postkarte oder ein Paket verschicken, schreibt man Adresse und Absender darauf und geht zur Post. Dort wird die Sendung gewogen und je nach Gewicht ausreichend mit Briefmarken frankiert. Die Post wird täglich abgeholt, sortiert und zu den Empfängern im ganzen Land gebracht. Sendungen ins Ausland werden mit →Schiffen oder →Flugzeugen befördert. Mit Briefmarken freigemachte Sendungen kann man auch direkt in den Postkasten werfen. Meist ein oder zwei Tage später stellt der Postbote sie dann dem Empfänger zu.

Pubertät

Die Pubertät ist die Zeit der Geschlechtsreife. Sie beginnt bei Mädchen zwischen dem 11. und 14.,

---

Die Post

Warum haben Briefmarken Zähne?

Briefe schreibt man sich schon seit Jahrhunderten. Doch wer bezahlt dafür, dass die Post den Brief zustellt? Im 19. Jahrhundert gewöhnte man sich daran, dass das Porto – so nennt man die Briefgebühr – nicht mehr vom Empfänger, sondern vom Absender des Briefs bezahlt wurde. Wer einen Brief verschicken wollte, musste sich nun ein „Postwertzeichen" kaufen. Für die Beförderung des Briefs zahlte er den auf der Briefmarke aufgedruckten Betrag im Voraus.
Seit damals sind Briefmarken meist auf rechteckigem Papier gedruckt. Damit man schnell eine Marke abreißen kann, sind die Ränder mit den typischen Zähnchen versehen. Ursprünglich musste man nämlich die auf großen Bögen gedruckten Marken mühsam auseinanderschneiden.

bei Jungen zwischen dem 12. und 15. Lebensjahr und dauert einige Jahre. In dieser Zeit entwickeln sich Mädchen langsam zu einer →Frau und Jungen zu einem →Mann. Die →Geschlechtsorgane werden ausgebildet und die Körperbehaarung setzt ein. Die Mädchen bekommen Brüste, eine breitere Hüfte und die erste →Menstruation. Die Jungen bekommen breitere Schultern, einen Bart, und der Stimmbruch setzt ein. Dabei bildet sich die tiefe Stimme des Mannes heraus.

Die Pubertät ist meist eine schwierige Zeit. Der Jugendliche weiß oft nicht, ob er noch ein Kind oder schon ein Erwachsener ist. Häufig gibt es Spannungen mit Eltern und Lehrern.

Puls

An manchen Stellen des →Körpers kann man den Puls spüren. Er fühlt sich wie ein regelmäßiges leichtes Klopfen an. Der Pulsschlag hängt mit dem →Herzschlag und dem Blutkreislauf zusammen. Bei jedem Herzschlag dehnen sich die →Adern etwas aus, weil das →Blut durch den Körper gepumpt wird. Am deutlichsten ist diese Ausdehnung bei den großen Arterien. Deswegen lässt sich der Puls gut mit den Fingern am Handgelenk und am Hals fühlen. Bei einem →Kind sind es rund 100 Pulsschläge pro Minute, bei einem erwachsenen Menschen etwa 70.

Pumpe

Es gibt Pumpen für →Gase oder für Pulver, zum Beispiel für Mehl, doch die meisten Pumpen befördern →Flüssigkeiten. So wird zum Beispiel Grundwasser aus tieferen Erdschichten nach oben gepumpt. Enthält die Pumpe im Inneren ein Laufrad, bezeichnen wir sie als Kreiselradpumpe. Handbetriebene Pumpen sind oft Kolbenpumpen, etwa die Fahrradpumpe. Ein Kolben wird im Inneren eines Zylinders hin- und herbewegt. Dabei müssen sich →Ventile richtig schließen und öffnen, sodass erst Luft angesaugt und dann ausgestoßen wird.

Pyramide

Eine Pyramide hat einen viereckigen Grundriss und vier dreieckige Seiten. Diese treffen sich oben in einem Punkt.

Im →Ägyptischen Reich wurden riesige Pyramiden als Gräber für die Pharaonen gebaut. Die drei berühmtesten Pyramiden liegen in der Nähe der ägyptischen Stadt Giseh und gehören zu den →sieben Weltwundern. Die fast 5000 Jahre alte Cheops-Pyramide erreicht heute noch eine Höhe von 138 Metern. Sie wurde aus annähernd drei Millionen tonnenschweren Steinblöcken erbaut. Um die Gräber vor Grabräubern zu schützen, wurden komplizierte Systeme von Gängen mit Blindwegen, Fallgruben und Geheimtüren angelegt. Auch die mittel- und südamerikanischen Indianer bauten ihre prächtigen →Tempel in Form von Pyramiden. Die Pyramide von Cholula ist mit einer Höhe von 55 Metern die größte Pyramide in Mittelamerika.

Die Pyramide des Chephren ist mit über 136 m die zweithöchste der drei Giseh-Pyramiden (im Vordergrund der Große Sphinx).

Qualle

Quallen zählen zu den ältesten Tieren der Erdgeschichte. Und sie sahen damals schon so aus wie heute – im Gegensatz zu fast allen anderen Lebewesen, die sich im Lauf der → Evolution stark ver-

Die gepunktete Wurzelmundqualle ist eine der größten Quallen.

ändert haben. Quallen gehören zu den Hohltieren und sind mit den → Korallen verwandt. Die meisten leben im → Meer und lassen sich oft in riesigen Schwärmen von der Meeresströmung treiben. Es gibt viele verschiedene Quallenarten. Sie haben ganz unterschiedliche Färbungen, manche sind fast durchsichtig, andere leuchten. Wir sagen auch, sie fluoreszieren.

Quallen bestehen zu 98 Prozent aus Wasser. Sie haben keine Augen und keine Ohren, nur einen Mund und Fangarme, sogenannte Tentakel. Diese sind bei vielen Quallenarten mit zahlreichen Nesselkapseln besetzt. Bei Berührung platzen die Kapseln auf und geben ein → Gift frei, das einen brennenden Schmerz auslöst. Auf diese Weise fangen Quallen zum Beispiel Fische. Es gibt auch Quallen, die dem Menschen gefährlich werden können.

Quelle

Wenn es regnet, versickert → Wasser im Boden. Es sinkt so weit ab, bis es an eine wasserundurchlässige Schicht gelangt. Dort sammelt es sich und bildet das Grundwasser. Entlang der Schicht fließt das Wasser langsam weiter und tritt meist an Hängen wieder an die Erdoberfläche: So entsteht eine Quelle. Das Wasser aus einer Quelle bildet einen → Bach, der sich bald zu einem → Fluss oder einem → See verbreitert.

Die meisten Quellen haben sehr sauberes Wasser, das fast das ganze Jahr über gleich kalt ist. Quellwasser dient uns als Trinkwasser und wird häufig als Mineralwasser in Flaschen abgefüllt. Es gibt auch heiße Quellen, zum Beispiel → Geysire. Ihr Wasser stammt aus größeren Tiefen der Erde und wurde dort von heißen Gesteinsschichten aufgewärmt. Es enthält viele gelöste → Salze. Heiße Quellen kann man zu Heilzwecken oder in Thermalbädern verwenden.

Das Maus-Quiz

Diese Türme gehören zu einem Gotteshaus. Man nennt sie Minarette. Von ihnen aus ruft der Muezzin die Gläubigen zum Gebet. Auf welcher Seite befindet sich das Gebäude hier im Buch?

Rad

Das Rad ist eine der nützlichsten Erfindungen der Menschheit. Mit Rädern, die an einer Achse befestigt sind, kann man schwere Lasten leicht transportieren. Die Rollreibung am Boden ist sehr viel geringer als die Gleitreibung, wie sie etwa ein Schlitten verursacht.

Die Menschen der → Steinzeit legten wahrscheinlich schon Baumstämme unter Lasten, die sie vorwärtsziehen wollten. Die ältesten bekannten Räder sehen aus wie Scheiben von Baumstämmen. Zunächst verband man die Räder fest mit der Achse, sodass sich diese im Fahrzeugrahmen drehte. Später ging man zu einer festen Achse über, und die Räder drehten sich an deren Enden. Schließlich entwickelte man Speichenräder, die genauso widerstandsfähig, aber viel leichter als Scheibenräder sind. Dann wurden Räder mit Vollgummireifen erfunden. Heute sind Gummireifen mit Luft gefüllt.

Radar

Mit Radar kann man Fahrzeuge und Hindernisse auf große Entfernung orten. Man bedient sich

Das Maus-Quiz

Dieses Tier kann gut in der Wüste überleben, da es etwa 14 Tage lang ohne Wasser auskommt. Auf welcher Seite befindet sich das Tier hier im Buch?

dabei der → Radiowellen. Deswegen funktionieren Radargeräte auch nachts, bei Nebel und über Tausende von Kilometern hinweg.

Die drehbare, schüsselförmige Radarantenne sendet ungefähr 500-mal in der Sekunde scharf gebündelte Radiowellen aus. Sie legen in einer millionstel Sekunde 300 Meter zurück. Treffen sie

Der Radar

Wie funktioniert eine Radarfalle?

Die Polizei benutzt Radar, um im Straßenverkehr die Geschwindigkeit von Fahrzeugen zu messen und Autofahrer aufzuspüren, die zu schnell fahren. Die Radarfalle wird meist am Straßenrand aufgebaut. Sie besteht aus dem Radargerät und einem Fotoapparat, der „Blitzgerät" genannt wird. Das Radargerät sendet Radiowellen aus, die von den fahrenden Autos zurückgeworfen werden. Sobald sich das Auto auf

das Radargerät zubewegt, werden die Funkwellen zusammengeschoben. Denselben Effekt kann man hören, wenn sich ein Krankenwagen mit Martinshorn nähert. Dann klingen die Töne höher, als wenn das Fahrzeug sich entfernt.

Das Radargerät misst nun, wie sich die Funkwellen verändern, und kann daraus die Geschwindigkeit berechnen. Ist sie zu hoch, macht der Fotoapparat ein Bild des Rasers, das später als Beweis dient.

auf ein Fahrzeug oder ein Hindernis, so werden sie zurückgeworfen. Die Antenne fängt das Echo auf und zeigt es auf einem Bildschirm als Lichtpunkt an. Ein Fluglotse kann daran etwa erkennen, wie weit ein → Flugzeug entfernt ist.

Da radioaktive Abfälle außerordentlich gefährlich sind, muss man in einem Kernkraftwerk sehr sorgsam mit ihnen umgehen – hier werden sie mithilfe eines Roboterarms bearbeitet.

Radio

Radio- oder Rundfunksendungen werden drahtlos mit Radiowellen übertragen. Sie werden in einem Studio produziert. Mikrofone verwandeln dort Sprache und Musik in elektrische Signale. Diese werden verstärkt, auf eine Trägerwelle „gepackt" und von den großen Radiomasten ausgesendet. Der Radioempfänger zu Hause nimmt mit seiner Antenne die Radiosignale auf und verwandelt sie im → Lautsprecher zurück in → Schallsignale. Radiowellen pflanzen sich so schnell wie das → Licht fort. Die ers-

ten Radiowellen erzeugte Heinrich Hertz 1887. Heute kann man auch über das → Internet Radio hören.

Radioaktivität

Die → Atomkerne gewisser chemischer Substanzen, wie zum Beispiel Uran, zerfallen ohne äußere Einwirkung und wandeln sich im Lauf der Zeit in andere Atomkerne um. Dabei werden radioaktive Strahlen frei, die sehr viel → Energie enthalten.

In einem Atomkraftwerk, auch AKW oder Kernkraftwerk genannt, wird viel Radioaktivität freigesetzt, um aus → Atomenergie → Strom zu gewinnen. Das Gebäude muss besonders sicher sein, da radioaktive Strahlen sehr gefährlich sind. Sie zerstören → Zellen und können → Krebs verursachen. Deswegen sind Atomkraftwerke sehr umstritten.

Rakete

Die Feuerwerksrakete und die Rakete, mit der Astronauten ins → Weltall befördert werden, arbeiten nach demselben Prinzip. Beide verbrennen Treibstoffe und erzeugen dabei heiße → Gase. Die Gase treten mit großer Geschwindigkeit nach hinten aus und treiben damit die Rakete nach vorn an. Man nennt dieses Prinzip der Fortbewegung Rückstoßprinzip.

Raketen brauchen im Gegensatz zu den → Triebwerken der → Flugzeuge keine Luft und können deswegen auch im luftleeren Raum fliegen. Raketen erreichen Geschwindigkeiten von bis zu 40 000 Stundenkilometern.

Die heutigen Weltraumraketen bestehen aus mehreren Antriebseinheiten, den sogenannten Stufen. Wenn die erste Stufe ausgebrannt ist, wird sie abgesprengt, und die zweite Stufe zündet. Die Stufen enthalten meistens flüssigen

Start einer
Weltraum-
rakete

Treibstoff. Raketen wie die europäische Groß-
rakete Ariane 5 haben die Aufgabe, → Satelliten auf eine Erdumlaufbahn in den Weltraum zu
transportieren.

Rassismus

Der Rassismus meint, wenn ein Mensch einem
bestimmten Volk angehöre, müsse er auch
bestimmte Eigenschaften haben. Ein rassisti-
scher Mensch betrachtet alle anderen „Rassen"
außer der eigenen als minderwertig, wodurch
andersdenkende oder auch anders aussehende
Menschen diskriminiert und herabgewürdigt
werden. Der Rassismus hat keine wissenschaftliche Grundlage und ist nichts anderes als ein
gefährliches Vorurteil. Besonders schlimme Auswüchse erlebte der Rassismus in Deutschland
zur Zeit des → Nationalsozialismus. Doch auch
heute gibt es Rassismus, etwa wenn Menschen
ausländische Mitbürger grundlos angreifen oder
schlecht über sie reden.

Rathaus

Wer einen neuen → Pass braucht, heiraten will
oder in eine neue Wohnung umzieht, muss ins
Rathaus gehen. Dafür gibt es die verschiedenen
Ämter der → Gemeinde- oder Stadtverwaltung.
Die Ämter nennen wir auch Behörden. Hier erle-
digen Beamte und Angestellte ganz bestimmte
Aufgaben: Sie stellen zum Beispiel Pässe für die
Bürger aus, kümmern sich um die → Müllabfuhr,
den Bau neuer Gebäude und um die → Wirtschaft
einer → Stadt. Im Rathaus arbeitet auch der
→ Bürgermeister und der Stadt- oder Gemeinde-
rat hält seine Sitzungen ab.

Ratte

Die Ratten gehören zu
den → Nagetieren.
Die meisten Rat-
tenarten stammen
aus den tropischen
Wäldern Südost-
asiens. Wanderrat-
ten kommen heute
jedoch weltweit vor.
Sie leben bevorzugt in nächster Nähe des Menschen. Sie
sind äußerst anpassungsfähig, fressen fast alles
und richten immer wieder große Schäden an. Der
Rattenfloh übertrug früher den Erreger der Pest,
einer Krankheit, an der im → Mittelalter in Europa
etwa ein Viertel der Bevölkerung starb.

Der Geruchssinn
der Ratten ist sehr
gut entwickelt.

Raubtiere

Raubtiere sind eine Gruppe der → Säugetiere, die
sehr gut an die Jagd angepasst ist. Mit den großen Eckzähnen halten Raubtiere ihre Beute fest,
mit den starken Reißzähnen zerlegen sie sie. Die
meisten ernähren sich von erbeuteten Tieren.

Löwen zählen zu den größten Raubtieren. Bei der Jagd schleichen sie sich – wie auch unsere Hauskatzen – erst langsam an die Beute heran. Um sie dann zu fassen, beschleunigen sie kurzzeitig auf bis zu 50 km/h.

Das gilt zum Beispiel für ➡ Katzenarten wie den ➡ Tiger. Die Dachse fressen zusätzlich auch pflanzliche Nahrung, während sich viele ➡ Bären sogar hauptsächlich von Pflanzenkost ernähren.

Raubtiere haben sich auf der ganzen Erde ausgebreitet. Bei uns sind ➡ Füchse, Marder und vereinzelt auch die Wildkatze heimisch, andere Raubtiere wie Bären, ➡ Wölfe und Luchse wurden hierzulande ausgerottet. In Afrika kommen ➡ Löwen, ➡ Leoparden und Hyänen häufig vor. Die ➡ Robben und Walrosse leben als Raubtiere im Meer.

Raumfahrt

Seit jeher möchten die Menschen wissen, wie es im ➡ Weltall aussieht. Doch erst im Jahr 1957 wurde der erste ➡ Satellit, Sputnik 1, gestartet. Vier Jahre danach flog der erste Mensch, Juri Gagarin, ins Weltall. 1969 landeten Neil Armstrong und Edwin Aldrin auf dem Mond. Im Gegensatz zu den Satelliten können unbemannte Raumsonden das Schwerefeld der Erde verlassen und zu anderen ➡ Planeten oder Monden unseres ➡ Sonnensystems fliegen. Im Jahr 1976 landeten die beiden Sonden „Viking 1" und „Viking 2" auf dem Mars und schickten erstmals Fotos der Marsoberfläche zur Erde. Und heute laufen bereits Forschungen, um in Zukunft einen bemannten Raumflug zum Mars zu ermöglichen.

Erst die Entwicklung der ➡ Rakete mit mehreren Stufen machte es möglich, in den Weltraum zu fliegen. 1981 startete erstmals der wiederverwendbare Spaceshuttle. Er wurde gebaut, um Satelliten und Astronauten so kostengünstig wie möglich in die Erdumlaufbahn zu befördern. Dennoch verschlingt die Raumfahrt ungeheure Kosten. Zudem ist sie nicht ungefährlich. 1986 und 2003 verunglückten die Spaceshuttles Challenger und Columbia, wobei alle Astronauten ums Leben kamen. 2001 wurde die Internationale Raumstation ISS, die als Forschungsstation dient, in Betrieb genommen.

Der Brillenkaiman ist ein rund 2 m langes und bis zu 65 kg schweres Krokodil. Das Raubtier ernährt sich vor allem von Fischen und anderen Kriechtieren.

Die Raumfahrt

Wieso tragen Astronauten Raumanzüge?

Astronauten sind im Weltraum extremen Bedingungen ausgesetzt. Im All gibt es keine Luft, die wir zum Atmen brauchen. Und der Luftdruck fehlt. Ohne Schutz würden sich Gase und Flüssigkeiten im Inneren unseres Körpers ausdehnen, und die Blutgefäße würden platzen. Zudem beträgt im All die Temperatur in der Sonne 120 Grad Celsius, im Schatten −100 Grad, da die schützende Atmosphäre der Erde fehlt. Auch die gefährliche UV-Strahlung der Sonne wird nicht gefiltert. Winzige Teilchen von Meteoriten fliegen mit einer so großen Geschwindigkeit durch den Weltraum, dass sie den ungeschützten menschlichen Körper durchschlagen können.

Ein Raumanzug schützt vor all diese Gefahren. Er erzeugt frische Luft, sorgt für einen konstanten Luftdruck sowie für konstante Temperatur und schirmt die Strahlung ab.

Raupe

Die Raupen sind die →Larven der →Schmetterlinge. Die geflügelten Schmetterlinge legen ihre Eier normalerweise auf Pflanzen ab. Daraus schlüpfen kleine wurmähnliche Raupen. Sie fressen unaufhörlich, damit sie schnell wachsen. Raupen ernähren sich nur von Pflanzen, dabei können einige Arten große Schäden anrichten. Wenn die Raupen wachsen, wird ihnen ihre Haut zu klein, denn sie wächst nicht mit. So müssen sie sich von Zeit zu Zeit häuten. Sie streifen die alte, zu eng gewordene Haut ab und schlüpfen mit einer neuen, größeren. Bei der letzten Häutung verwandelt sich die Raupe in eine unbewegliche Puppe. In ihrem Inneren finden große Veränderungen statt: die Entwicklung zum geflügelten Schmetterling. Nach einiger Zeit schlüpft er und fliegt davon. Die Entwicklung vom →Ei bis zum Schmetterling dauert in der Regel ein Jahr.

Recht

Jedes Land hat seine →Gesetze. Sie regeln das Zusammenleben der →Menschen. Es gibt Gesetze über die unterschiedlichsten Lebensbereiche, angefangen vom Schutz des Lebens bis zu Vorschriften über den Bau von Häusern oder zum Verhalten im Straßenverkehr. Diese Gesetze bilden unser Recht. Wer gegen sie verstößt, muss sich vor →Gericht dafür verantworten und auch die Folgen tragen.

An das Recht müssen sich alle Menschen halten, auch →Kinder. Strafbar können sie sich allerdings erst ab dem 14. Lebensjahr machen.

Raupe des Eulenfalters

Ab dem siebten Jahr dürfen sie etwas kaufen, wenn die Eltern dies gestatten. Mit 18 Jahren wird der Mensch voll geschäftsfähig.

Regenbogen

Wenn es regnet, fällt →Wasser aus den →Wolken. Wenn die →Sonne niedrig steht und in den Regen hineinscheint, kann man einen Regenbogen beobachten. Jeder einzelne Regentropfen wirkt dann wie ein Glasprisma. Und das →Licht wird in verschiedene →Farben aufgespalten. Der Regenbogen ist von außen nach innen rot, orange, gelb, grün, blau und violett. Unter günstigen Bedingungen sieht man noch einen Nebenregenbogen mit umgekehrter Farbreihenfolge. Kleine Regenbogen gibt es auch an Wasserfällen und Springbrunnen, man kann sie mit einem Rasensprenger sogar selbst erzeugen.

Regenwald

Ein Regenwald ist ein →Wald mit einer unglaublichen Vielzahl verschiedener Tier- und Pflanzenarten. Regenwälder wachsen in den feuchten

Dieser auffällig gefärbte Laubfrosch lebt im Regenwald des oberen Amazonasbeckens. Bei Bedrohung sondert er einen starken Geruch ab, um Fressfeinde zu irritieren.

Der Regenbogentukan lebt in den Baumkronen des tropischen Regenwaldes. Über seinen großen Schnabel kann er überschüssige Wärme abgeben.

und sehr warmen Gebieten rund um den →Äquator, den sogenannten →Tropen. Viele Tiere, die dort leben, sind äußerst farbenprächtig. Auch die Fische der tropischen →Korallenriffe sind meist auffällig bunt. Die Regenwälder haben einen wichtigen Einfluss auf unser →Klima. Sie produzieren einen Großteil des Sauerstoffs, den Menschen und Tiere zum Atmen benötigen. Oft nennt man die Regenwälder auch die „grüne Lunge der Erde". Deswegen ist es sehr alarmierend, dass die Regenwaldbestände durch Abholzung und Brandrodung immer kleiner werden.

Regenwurm

Regenwürmer sorgen für die Fruchtbarkeit des Bodens. Sie legen im Boden Gänge an, fressen die Erde und verdauen die darin enthaltenen Pflanzenteile. Nachts kommen sie auch an die Bodenoberfläche und ziehen abgestorbene Blätter in ihre Gänge. Mit ihrer Tätigkeit durchmischen sie den Boden. Ihr Kot enthält viel Humus, also dunkle, fruchtbare Erde.

Fruchtbare Böden enthalten immer viele Regenwürmer. Eine gute Weide beherbergt vom Gewicht her gesehen mehr Regenwürmer, als

Der Regenbogen

Wie findet man das Ende eines Regenbogens?

Früher dachten die Menschen, am Ende des Regenbogens würde ein Topf mit Gold stehen. Doch sie konnten das Ende des Regenbogens nie erreichen. Denn je weiter sie auf den Regenbogen zugingen, desto weiter entfernte er sich.

Heute weiß man, dass der Regenbogen gar kein Ende hat. Er ist nämlich eigentlich gar kein Halbkreis, der von Horizont zu Horizont verläuft, sondern vielmehr eine kreisförmige Lichterscheinung. Wenn man einen Regenbogen zum Beispiel aus einem Flugzeug heraus betrachtet, kann man erkennen, dass es ein Kreis ist.

Viele Kulturen kennen Geschichten rund um den Regenbogen. Die alten Chinesen sahen in ihm einen Riss im Himmel, den die Göttin Nüwa mit bunten Steinchen geflickt hat.

Kühe darauf weiden können! Wenn es sehr stark regnet, füllen sich die Gänge der Regenwürmer mit Wasser. Die Tiere bekommen dann nicht mehr genügend →Sauerstoff und kriechen nach oben. Deswegen heißen sie Regenwürmer. Sonnenlicht ist für ihre empfindliche Haut schädlich.

Regierung

Eine Regierung regelt das Zusammenleben von Menschen. Sie leitet und bestimmt die →Politik eines Landes für die Bürger, die darin leben. Wir haben eine →Demokratie als Regierungsform, bei der die Bürger ihre Regierung →wählen. Der Chef der deutschen Regierung ist der →Bundeskanzler. Zur Regierung gehören auch die Minis-

ter. Sie bilden zusammen mit dem Bundeskanzler das Kabinett und helfen ihm beim Regieren. Die Minister sind für einzelne Bereiche zuständig, etwa für die Familien-, die Gesundheits- oder die Finanzpolitik. Der →Bundestag oder das →Parlament kontrolliert die Regierung.

Früher hatten Häuptlinge, Fürsten oder Könige alle Regierungsgewalt. Sie schalteten und walteten nach Belieben, sprachen →Recht und legten ihren Untertanen →Gesetze auf. Diese Art der Regierung nennen wir heute Diktatur. Wenn ein einziger Mensch auf diese Weise über ein Land herrscht, ist er ein Diktator.

Reh

Das Reh ist die bei uns am häufigsten vorkommende Hirschart. Das Männchen heißt Bock. Es trägt ein Geweih mit höchstens sechs Enden auf dem Kopf. Das Weibchen ist die Ricke. Sie hat kein Geweih und wirft im Frühsommer ein oder zwei Jungtiere. Die Rehkitze sind hell gefleckt.

Meistens bringt ein weibliches Reh zwei Junge zur Welt. Bereits wenige Minuten nach der Geburt beginnen die Rehkitze mit ersten Gehversuchen.

Das Reh

Warum tragen die Hirsche ein Geweih?

Die stolzen Hirsche kann man an ihrem großen Geweih gut erkennen. Bei Jägern ist es eine beliebte Jagdtrophäe. Den männlichen Rehböcken, Rothirschen, Rentieren und Elchen dient das Geweih vor allem dazu, während der Paarungszeit um ein Weibchen zu werben. Alle männlichen Anwärter tragen Kämpfe um ihre zukünftigen Partnerinnen aus. Das Geweih lässt sie größer aussehen und wird auch als Stoßwaffe eingesetzt, wenn die Rivalen aufeinander losgehen.

Es wächst aus zwei Zapfen am Kopf und besteht nicht wie die Hörner bei Rindern oder Ziegen aus Horn, sondern aus Knochen. Jedes Jahr im Herbst werfen die Hirsche ihr Geweih übrigens ab. Es wächst im Frühjahr – rechtzeitig zur nächsten Paarungssaison – wieder nach. Je älter ein Hirsch ist, desto größer und weiter verzweigt ist auch sein Geweih.

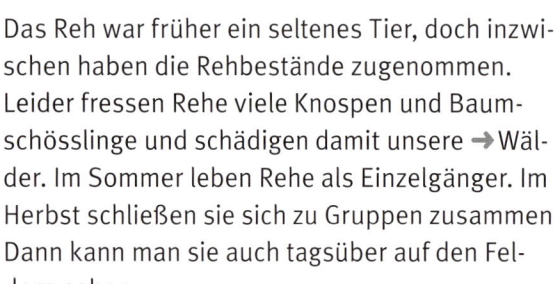

Das Reh war früher ein seltenes Tier, doch inzwischen haben die Rehbestände zugenommen. Leider fressen Rehe viele Knospen und Baumschösslinge und schädigen damit unsere →Wälder. Im Sommer leben Rehe als Einzelgänger. Im Herbst schließen sie sich zu Gruppen zusammen. Dann kann man sie auch tagsüber auf den Feldern sehen.

Religion

Wenn der Mensch an übernatürliche göttliche Kräfte glaubt, hat er eine Religion. Schon die Menschen der →Steinzeit verehrten Kräfte, die in der Natur wirken. Heute gibt fünf große Weltreligionen. Das sind der →Buddhismus, das →Christentum, der →Hinduismus, der →Islam und das →Judentum. Wenn sich der Mensch fragt, wie er sein Leben führen soll, wer sein Schicksal bestimmt und was ihn nach dem →Tod erwartet, versuchen die Religionen ihm Antwort darauf zu geben. In den meisten Religionen ist der Himmel der Sitz der →Götter, die Hölle dagegen das Reich des Todes oder des Bösen. Alle Religionen haben eigene religiöse Feste, die Christen etwa →Ostern und →Weihnachten.

Neben den fünf Weltreligionen gibt es viele weitere Religionen. Sie werden von einzelnen Völkern oder Stämmen gepflegt und heißen Stammesreligionen. Viele Naturvölker glauben, der Mensch sei von Geistern umgeben, die in Tieren, Pflanzen oder Felsen wohnen. Der Mensch muss diese Geister durch Gebete, Opfer und Beschwörungen versöhnen.

Rente

Wenn jemand in Rente geht, so hört er auf zu arbeiten. Er bekommt dann von der staatlichen Rentenversicherung oder von einer anderen Versicherung eine monatliche Zahlung, um seinen Lebensunterhalt zu bestreiten. Um eine Rente zu bekommen, muss man während des Arbeitslebens regelmäßig →Geld in die Versicherung einbezahlen. Von den laufenden Beiträgen wird die Rente derjenigen Menschen bezahlt, die schon alt sind. Die eigene Rente wird dann wiederum durch die Beiträge der jüngeren Arbeitnehmer beglichen. Problematisch ist, dass unsere Gesellschaft immer älter wird und zu wenig junge Menschen nachrücken. Bereits heute leben manche alte Menschen in Armut, weil das Geld ihrer Rente nicht zum Leben reicht.

Republik

Anders als in einem Königreich oder einer Diktatur gibt es in einer Republik keinen →König oder Diktator (Alleinherrscher), der das Land regiert. In einer Republik wählen Bürger oder vom Volk gewählte Abgeordnete das Staatsoberhaupt für einen gewissen Zeitraum. Nach dieser Zeit muss ein neues Staatsoberhaupt in einer freien →Wahl bestimmt werden. Daher ist die Republik eigentlich eine →demokratische Staatsform. Deutschland, →Österreich und die →Schweiz sind solche Republiken. Das Staatsoberhaupt einer Republik heißt Präsident. Bei uns ist das der →Bundespräsident.

Leider gibt es auch Länder, die sich Republiken nennen und dennoch von einem Diktator regiert und unterdrückt werden.

Ringelnatter

Die Ringelnatter ist eine ungiftige →Schlange. An den beiden gelben Halbmonden im Nacken kann man sie gut erkennen. Ringelnattern sind sehr scheu. Sie leben bei uns in der Nähe von →Teichen, →Seen und anderen Gewässern und

Ringelnattern werden rund 20 Jahre alt. Da sie zu den gefährdeten Tierarten gehören, stehen sie unter besonderem Schutz.

jagen dort Frösche, Molche und Fische. Ringelnattern können gut schwimmen und tauchen. Im Sommer legt das Weibchen bis zu 50 längliche →Eier an Stellen, an denen es feucht und warm ist. Das kann zum Beispiel auch ein →Komposthaufen sein. Den Winter über ruht die Ringelnatter in einem verlassenen Mäusebau oder in anderen Erdverstecken.

Ritter

Die Ritter waren die schwer bewaffneten, gepanzerten Berufssoldaten des →Mittelalters. Da sie berittene Kämpfer waren, nannte man sie Ritter (nach dem Wort „Reiter"). Sie dienten einem Fürsten oder →König und erhielten dafür ein Dorf als Lehen. Die Bauern des Dorfes mussten für den Ritter und seine Mannschaft sorgen. Die meisten Ritter hausten in zugigen, grob gezimmerten Wohntürmen aus Holz, den sogenannten Motten. Nur sehr wohlhabende Ritter konnten sich →Burgen aus Stein leisten.

Ritterrüstungen konnten über 25 kg wiegen.

Ein Ritter war zu besonderen Tugenden verpflichtet: Er musste gehorsam und treu gegenüber seinem Herrn und vornehm gegenüber Frauen sein sowie ein christliches Leben führen. Die höchste Tugend des Ritters war es, um eine adlige Dame zu werben. Die meist unerfüllte Liebe zu einer Herrin nannte man Minne.

Jeder Ritter musste eine Ausbildung absolvieren. Mit sieben Jahren wurde er in höfischen Manieren unterrichtet. Mit 14 Jahren lernte er den

Der Ritter

Wie kamen die Ritter auf ihr Pferd?

Eine Ritterrüstung wurde aus schweren Eisenplatten hergestellt. Sie konnte mit Brust- und Kragenteil, Arm- und Beinschienen und gepanzerten Schuhen leicht über 25 Kilogramm wiegen. Ohne fremde Hilfe konnten die schwer gerüsteten Kämpfer nicht auf ihr Pferd steigen. Ihr Knappe hatte daher immer ein speziell angefertigtes Podest dabei, auf das der Ritter kletterte. Nur so konnte er den Rücken seines Schlachtrosses erreichen. In späterer Zeit wurden die gepanzerten Reiter bei Ritterturnieren sogar mit Kränen auf ihre Pferde gehievt.

Durch die Rüstung war der Ritter nicht nur sehr schwer, sondern auch sehr unbeweglich. Fiel er während einer Schlacht vom Pferd, konnte er allein oft gar nicht mehr aufstehen.

Die weltweit größten Robben sind die See-Elefanten. Nur die Männchen haben diese rüsselförmigen großen Nasen. Sie können über 6 m lang werden und über 3 t auf die Waage bringen.

Umgang mit Waffen. Etwa sieben Jahre später erhielt der Ritter von seinem Dienstherrn den Ritterschlag.

Robbe

Die Robben sind Meeressäugetiere. Sie stammen von den → Raubtieren des Festlands ab. Die meisten Robbenarten leben in kalten → Meeren und verbringen den größten Teil ihres Lebens im Wasser. Gelegentlich kommen sie an Land, um sich in der Sonne aufzuwärmen oder um ihre Jungen auf die Welt zu bringen. Robben sind sehr gute Schwimmer. Die beiden Beinpaare sind zu Flossen umgewandelt. Die Tiere haben eine dicke Fettschicht unter der Haut als

Schutz gegen die eisigen Temperaturen des Wassers. Wegen der begehrten Pelze sind die Bestände vieler Arten bedroht. Zu den Robben gehören auch die Walrosse, die Seelöwen, die Seebären, die See-Elefanten, die Seehunde und die Seeleoparden.

Roboter

Roboter sind keine künstlichen Menschen, sondern → Maschinen, die programmiert werden und sich danach selbst steuern. Sie können komplizierte Arbeiten verrichten, nehmen uns also Arbeit ab. Die meisten Roboter arbeiten in der → Industrie. Das Wort „Roboter" ist von dem tschechischen Wort für „Arbeit" abgeleitet.

Roboterhunde sind in Japan sehr beliebt.

Rohstoff

Aus Rohstoffen stellt man Produkte her. Rohstoffe stammen aus dem Tier- oder Pflanzenreich oder sind Bodenschätze wie →Erdöl oder →Erdgas, →Gold, →Silber, Kupfer oder →Kohle. Tiere liefern uns viele Rohstoffe, etwa Fleisch, →Milch, Wolle und Häute. Ein wichtiger pflanzlicher Rohstoff ist →Holz. Er dient zum Feuern ebenso wie zum Bauen von Häusern oder zur Herstellung von Möbeln. Der Rohstoff →Kakao wird zu Schokolade weiterverarbeitet.

Rohstoffarme Länder, etwa die Schweiz und Japan, stellen hochwertige Waren wie Uhren oder Autos her, die sie ins Ausland verkaufen. Wir sprechen dann von Export. Die Rohstoffe dagegen müssen ins Land eingeführt werden. Man sagt dazu auch Import.

Roman

In Romanen werden vor allem Lebensabschnitte oder ganze Lebensläufe einer oder mehrerer Personen erzählt. Romane sind daher oft sehr umfangreich. Romane für Kinder sind meist spannend, wie die Kriminalromane von Erich Kästner („Emil und die Detektive") und Astrid Lindgren („Meisterdetektiv Kalle Blomquist"). Fantastisch-abenteuerliche Romane haben zum Beispiel Michael Ende („Momo"), Joanne K. Rowling („Harry Potter") oder Cornelia

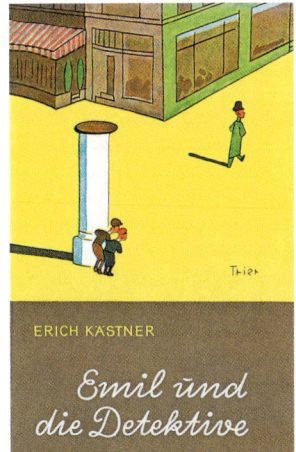

Buchumschlag von Erich Kästners Jugendroman „Emil und die Detektive" (1929)

Funke („Tintenblut") geschrieben. Viele moderne Kinderromane, etwa von Christine Nöstlinger, handeln von Problemen, die Kinder und Jugendliche mit sich selbst und ihrer Umgebung haben, und wie sie damit fertig werden.

Im Römischen Reich wurden viele Wasserleitungen, sogenannte Aquädukte, gebaut. Der „Pont du Gard" in Südfrankreich liegt 48 m über dem Talgrund.

Römisches Reich

Vor rund 2000 Jahren war das Römische Reich das mächtigste Reich der Erde. Es umfasste den ganzen Mittelmeerraum und reichte bis nach Deutschland und England. Das Zentrum dieses Reiches war die Stadt Rom, die heutige Hauptstadt von Italien. Der Sage zufolge wurde Rom vor über 2700 Jahren von den Zwillingsbrüdern Romulus und Remus gegründet, die von einer Wölfin aufgezogen wurden.

Die Römer schufen im Lauf der Zeit eine Republik, bauten ein starkes Heer auf und unterwarfen ihre Nachbarvölker. Überall gründeten sie Städte, im heutigen Deutschland etwa Köln und Aachen. Und sie bauten prächtige →Tempel, gepflasterte Straßen, Wasserleitungen und Bade-häuser. In großen Arenen fanden oft sehr brutale Wettkämpfe mit Tieren oder zwischen Gladiato-ren statt.

Später wurde das Römische Reich in zwei Hälften geteilt. Das Weströmische Reich ging 476 n. Chr. unter, das Oströmische knapp 1000 Jahre später. In der lateinischen Sprache, in der Organisation der (katholischen) Kirche und im Rechtswesen leben Elemente des Römischen Reichs aber noch bis heute fort.

Röntgenstrahlen

Röntgenstrahlen sind wie Licht- und →Radiowel-len elektromagnetische Strahlen. Sie enthalten viel →Energie und dringen durch verschiedene Stoffe unterschiedlich stark hindurch. Sie werden etwa von Haut oder von Muskeln weniger stark „verschluckt" als von Knochen. Da Röntgenstrahlen auf Fotografien ein Bild hinterlassen, kann man mit ihnen das Körperinnere abbil-den. Ärzte können auf Röntgenbildern sehen, ob →Knochen gebrochen sind.

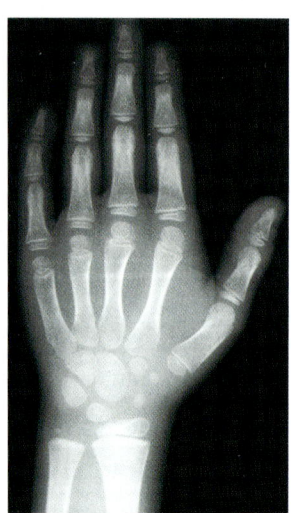

Röntgenbild einer Hand

Auch in der Tech-nik verwendet man Röntgenstrahlen, zum Beispiel um Risse in Röhren zu finden. Der deut-sche Physiker Wilhelm Röntgen entdeckte 1895 in Würzburg die nach ihm benannten Strahlen durch einen Zufall, als er →Elektrizität durch Gase pas-sieren ließ.

Die Röntgenstrahlen

Warum werden Gemälde geröntgt?

Kaum zu glauben, aber nicht nur gebro-chene Arme oder Beine, sondern auch Gemälde müssen sich manchmal einer Rönt-genuntersuchung unterziehen. Das geschieht immer dann, wenn Spezialisten prüfen wollen, ob zum Beispiel ein Ölbild echt oder eine Fälschung ist. Eine Röntgenaufnahme macht die verschiedenen Schichten eines Ölgemäldes sichtbar. Die Experten können so erkennen, ob sich unter der sichtbaren Farbschicht noch andere Schichten befinden. Sie wollen heraus-finden, ob das Gemälde über ein anderes Bild gemalt wurde.
Warum ist das interessant? Fälscher verwen-den häufig alte, schon bemalte Leinwände für ihre Kopien. Wenn bei einem Röntgentest herauskommt, dass das Bild unter dem Gemälde jünger ist als das vermeintliche Original, handelt es sich mit Sicherheit um eine Fälschung.

Rotes Kreuz

Das Rote Kreuz ist eine internationale Organisa-tion, die kranken, verletzten, hungernden und leidenden Menschen hilft. Es hat seinen Sitz in Genf in der Schweiz, ist aber in sehr vielen Län-dern vertreten. Das Symbol des Roten Kreu-zes entstand aus der Umkehrung der Farben der schweizerischen Flagge.

Der Journalist Henri Dunant gründete 1863 das Rote Kreuz. Einige Jahre zuvor hatte er auf einem Schlachtfeld Tausende von verletzten Sol-daten gesehen, die um Hilfe riefen. Damals war es nicht üblich, verletzte Soldaten zu pflegen.

Sage

Sagen oder Legenden sind Geschichten, die zunächst nicht aufgeschrieben, sondern nur weitererzählt wurden. Jeder Erzähler schmückte sie etwas mehr aus, bis oft die ursprüngliche Geschichte kaum noch zu erkennen war. Erst lange Zeit später wurde die Geschichte dann aufgeschrieben.

Sagen handeln meist von Helden, Elfen, Riesen und Zwergen, denen merkwürdige Dinge geschehen. Anders als die → Märchen enthalten viele Sagen einen wahren Kern, und ein Teil der Geschichte hat sich tatsächlich vor langer Zeit so ähnlich zugetragen. So bezieht sich etwa die Nibelungensage auf die Zerschlagung des Burgunderreiches am Rhein durch die Römer vor über 1500 Jahren. Zu den Sagen gehören auch die Geschichten von Till Eulenspiegel und von Robin Hood.

Salamander

Der Salamander gehört zu den → Lurchen. Weil erwachsene Salamander wie auch die → Molche und Olme einen langen Schwanz besitzen, nennen wir sie Schwanzlurche. In unseren Wäldern kommt der schwarzgelbe Feuersalamander

Feuersalamander bevorzugen kühle und feuchte Wälder. Da sie nachtaktiv sind, sieht man sie tagsüber nur selten.

Das Salz

Warum verdirbt Salz nicht?

Wenn Lebensmittel verderben, sind Bakterien und Pilze im Spiel. Sie siedeln sich auf den Lebensmitteln an und zersetzen sie. Bakterien und Pilze ernähren sich von bestimmten Inhaltsstoffen. Dabei wandeln sie die Inhaltsstoffe in andere Stoffe um, die sie schließlich wieder ausscheiden. Die Folge: Die Lebensmittel faulen, gären, werden sauer oder schimmlig. Manche Ausscheidungen von Bakterien führen sogar zu Lebensmittelvergiftungen.

Bakterien und Pilze brauchen zum Leben jedoch Wärme und Feuchtigkeit in Form von Wasser. Salzkristalle enthalten kein Wasser. Bakterien fühlen sich auf ihnen also überhaupt nicht wohl. Daher ist Salz ebenso wie Zucker, Tee und getrocknete Bohnen oder Linsen vor dem Verderben sicher.

vor, in den Alpen der schwarze Alpensalamander. Beide haben eine feuchte Haut, die giftig ist. Salamander verstecken sich tagsüber unter Steinen und Wurzeln. Erst in der Nacht gehen sie auf die Jagd nach Schnecken, Spinnen, Käfern und Regenwürmern.

Salamander legen keine → Eier. Der Feuersalamander setzt im Frühjahr bis zu 80 → Larven in einem Bach ab. Im Wasser entwickelt sich die Larve langsam zum Salamander, der dann an Land geht. Der Alpensalamander hingegen bringt vier bis fünf Zentimeter lange Jungtiere zur Welt.

Salz

Salz ist ein wichtiger Mineralstoff in unserer → Ernährung. Als Bergsalz bildet es riesige unter-

irdische Stöcke. Früher gewannen Bergleute das Salz mit Hacke und Schaufel. Heute pumpt man Wasser in den Salzstock. Das Salz löst sich darin auf, bis eine gesättigte Lösung, die sogenannte Sole, entsteht. Diese wird hochgepumpt. Dann lässt man das Wasser verdampfen und erhält reines Kochsalz. Salz wird auch aus dem → Meer gewonnen: Man lässt Meerwasser in flache Salzgärten (Salinen) laufen, wo es mit der Zeit verdunstet und das Salz als Rückstand zurückbleibt.

Samen

Blütenpflanzen vermehren sich durch Samen. Im feuchten Boden keimt der Samen. Es wächst eine neue → Pflanze, die zunächst Keimling heißt. Nach der Bestäubung entwickelt sich die → Blüte zur → Frucht, die neue Samen enthält. Viele Früchte haben kleine, harte Samen, wie die Weinbeere oder der → Apfel. Dagegen sind Samen wie Eicheln oder Erbsen ziemlich groß.

Die Samen werden von → Tieren oder dem → Wind verbreitet. Ahornsamen haben zum Beispiel eine Art Flügel und werden gut vom Wind getragen, ebenso die Samen des → Löwenzahns, die wie kleine Fallschirme aussehen. Kletten

Die Flügelsamen des Ahornbaums (links) werden vom Wind getragen. Die Fruchtkapseln des Springkrauts (rechts) platzen auf und schleudern die Samen bis zu 3 m weit.

haken sich am Fell von Tieren fest. → Beeren werden von → Vögeln gefressen und deren Samen mit dem Kot wieder ausgeschieden. Der Eichelhäher vergräbt Eicheln als Nahrungsvorrat, die er jedoch häufig vergisst. So können die Eicheln auskeimen.

Bei den Tieren und beim → Menschen sind mit dem „Samen" die Samenzellen (das Sperma) in den männlichen → Geschlechtsorganen gemeint, die die weiblichen Eizellen befruchten.

Sand

Sand findet man hauptsächlich am Strand und in der → Wüste. Er besteht aus vielen winzigen Steinkörnchen. Diese Körnchen entstehen, wenn → Gesteine verwittern. Bei der Verwitterung dringt → Wasser in Felsspalten ein, gefriert und sprengt Teile des Gesteins ab. Mit dem Regen- und Tauwasser gelangen die Steinbrocken in → Bäche und → Flüsse. Durch die Bewegung des Wassers reiben sie stetig aneinander und werden immer kleiner. So entstehen aus den groben Steinbrocken zunächst runde Kieselsteine und dann winzig kleine Sandkörnchen.

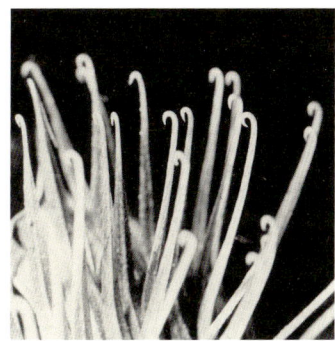

Kletten (links) und andere Haftfrüchte bleiben im Fell der Tiere hängen. So werden ihre Samen weitertransportiert. Die Nahaufnahme einer Klette (rechts) zeigt deutlich die Widerhaken.

Auch der ➝ Wind kann Felsen im Lauf der Zeit zu feinen Sandkörnchen zermahlen. Es gibt weißen, roten, schwarzen und bunten Sand. Die Farbe hängt damit zusammen, welches Gestein feingemahlen wurde.

Der Sand

Wie entsteht Treibsand?

Kennst du das Gefühl? Du stehst am Strand und auf einmal gibt der Boden nach. Du sinkst ein, erst bis zum Knöchel, dann immer tiefer. Treibsand entsteht, wenn der Sand an Stränden oder Flussufern mit viel Wasser getränkt ist. Wenn du auf trockenem Sand gehst, verdichtet dein Körpergewicht die Sandkörner. Das kannst du daran erkennen, dass du Spuren im Sand hinterlässt. Befindet sich jedoch viel Wasser zwischen den Sandkörnern, verschieben sich die Körner leicht. Sie geben nach, wenn beim Gehen Druck auf sie ausgeübt wird. Völlig versinken kann man im Treibsand nicht. Allerdings ist es meist schwierig, sich ohne fremde Hilfe zu befreien. Übrigens kommt Treibsand in der Wüste nicht vor, obwohl einem sofort die Wüste einfällt, wenn man an Treibsand denkt. In der Wüste ist es einfach zu trocken.

Satellit

Jeder Körper, der um einen anderen Körper in einer Umlaufbahn (einem Orbit) kreist, heißt Satellit. Die ➝ Erde und die übrigen ➝ Planeten sind somit Satelliten der ➝ Sonne. Der ➝ Mond ist der Satellit der Erde. Zudem gibt es Tausende künstliche Satelliten, die unseren Planeten umkreisen. ➝ Raketen befördern sie auf ihre Umlaufbahnen. Wettersatelliten nehmen

Der Satellit Hipparcos soll die Position von entfernten Sternen ermitteln.

mit Kameras Bilder von den ➝ Wolken und von Stürmen auf der Erdoberfläche auf und machen unsere genaue Wettervorhersage möglich. Fernmeldesatelliten übertragen Telefongespräche, Computerdaten und ➝ Fernsehsendungen in andere Länder und Kontinente. ➝ Navigationssatelliten helfen Fahrzeugen, ihre Position zu bestimmen.

Satelliten haben ➝ Batterien an Bord, die von den Sonnenstrahlen immer wieder aufgeladen werden. Heute umkreisen mehrere Tausend Satelliten unsere Erde. Dazu kommen viele Millionen Bruchstücke von Satelliten und Raketen, die ebenfalls wie Geschosse um die Erde fliegen.

Sauerstoff

Der Sauerstoff ist ein ➝ Gas und eines der häufigsten chemischen Elemente. Ein Fünftel der ➝ Luft besteht aus Sauerstoff. Dabei wird viel Wärme frei. Fast alle Lebewesen brauchen Sauerstoff. Sie nehmen ihn mit der ➝ Atmung auf. Mit dem Sauerstoff „verbrennen" wir die Nahrung und gewinnen dabei Energie für das Leben. Die grünen ➝ Pflanzen geben Sauerstoff ab und sind deswegen lebenswichtig für Tier und Mensch.

Das chemische Zeichen für Sauerstoff ist O. Wenn sich drei Sauerstoffatome zu einem Molekül verbinden, entsteht ➝ Ozon, das in größeren Mengen auf den Menschen hochgiftig wirkt.

Säugetiere

Zu den Säugetieren gehören die Eier legenden Säugetiere wie das ➝ Schnabeltier, die Beuteltiere und die sogenannten Echten Säugetiere. Sie

Hunde gehören zu den Säugetieren. Pro Wurf kommen zwischen drei und zwölf Welpen zur Welt. Das Bild zeigt ein Münsterländer-Weibchen, das ihre Jungen säugt.

besitzen alle ein Fell und atmen →Luft mithilfe ihrer →Lungen. Die Weibchen der Beuteltiere und Echten Säugetiere gebären lebende Junge. Als Nahrung bekommen die Jungen →Milch aus den Milchdrüsen der Mutter. Wir sagen: Die Jungen werden gesäugt.

Weltweit gibt es über 5000 Säugetierarten. Beuteltiere wie das →Känguru und der →Koala leben nur in Australien. Echte Säugetiere haben die ganze Erde erobert. Dazu zählen →Nagetiere wie →Mäuse und →Ratten, →Raubtiere wie →Fuchs und →Bär, Huftiere wie Hirsch, →Reh und →Pferd, Insektenfresser wie →Igel und Spitzmaus, ferner die →Affen und die →Hasen. In den Meeren zählen der →Wal und die →Robbe zu den Säugetieren, in der Luft die →Fledermaus. Auch der Mensch gehört zu den Säugetieren und viele →Haustiere wie das Rind (→Kuh), das →Schaf oder der →Hund.

Savanne

Die Savanne ist ein tropisches Grasland. Meistens ist sie von einzelnen schirmartigen Bäu-

men oder niedrigeren Sträuchern durchsetzt. Sie liegt zwischen den →tropischen Regenwäldern und der →Wüste. In der afrikanischen Savanne leben große Tierherden, zum Beispiel Antilopen, →Giraffen, Büffel und →Zebras. Von dem reichen Nahrungsangebot profitieren Großkatzen wie →Löwen und Geparden, außerdem auch Hyänen und Wildhunde. Das größte Tier der Savanne ist jedoch der →Elefant.

Schädlinge

Mit dem Wort „Schädlinge" sind die zahlreichen Pflanzenschädlinge gemeint, die die →Pflanzen befallen können. Dazu gehören etwa die →Raupen des Kohlweißlings, eines →Schmetterlings. Sie fressen die Blätter von Kohlpflanzen auf. Auch →Läuse, die an den Pflanzen saugen, sind Schädlinge.

Schädlinge können an Pflanzen im Zimmer und im →Garten auftreten, aber auch auf Feldern und Obstplantagen. Dort können sie große Schäden anrichten. Wenn Schädlinge überhand nehmen, werden sie bekämpft. Das geschieht meist

Delfine und Wale sind keine Fische, sondern Säugetiere.

mit chemischen →Giften. Biobauern hingegen wollen keine Gifte verwenden. Sie setzen zum Beispiel Nützlinge ein. Das sind →Insekten, die die Schädlinge auffressen. Der bekannteste Nützling ist der →Marienkäfer, der Blattläuse frisst.

Schaf

Das Schaf ist eines der ältesten →Haustiere des Menschen. Es ist ein anspruchsloser Pflanzenfresser und wurde vor über 10 000 Jahren aus verschiedenen Wildschafen wie dem Steppenschaf und dem Mufflon gezüchtet.

Seit etwa 6000 Jahren leben Hausschafe in Mitteleuropa. Das Schaf liefert dem Menschen Häute für die Herstellung von →Leder sowie Milch,

Schwarzkopfschaf

Fleisch und →Wolle. Die Wolle wird versponnen und danach zu Stoffen verwebt. Die feinste Wolle stammt von den Merinoschafen.

Schall

Der Schall besteht aus Luftschwingungen. Wenn wir die Saite eines →Musikinstrumentes anzupfen, schwingt sie hin und her. Dabei versetzt sie die benachbarte →Luft in Schwingungen, die unser →Ohr als Ton wahrnimmt.

Schallwellen legen in der Sekunde ungefähr 340 Meter zurück. Im Vergleich zum →Licht, das in der Sekunde 300 000 Kilometer zurücklegt, ist der Schall relativ langsam. Bei einem →Gewitter sehen wir deswegen zuerst den Blitz und hören einige Sekunden danach den Donner.

Die Höhe der Töne, die wir hören, hängt von der Anzahl der Schwingungen pro Sekunde ab. Töne mit wenig Schwingungen sind sehr tief. Der tiefste Ton, den man noch hören kann, hat 16 Schwingungen pro Sekunde. Wir sagen auch 16 Hertz. Hohe Töne hingegen weisen sehr viele Schwingungen pro Sekunde auf. Manche Tiere orientieren sich mithilfe des Schalls, etwa die →Delfine und die →Fledermäuse.

Scheidung

Wenn sich die Partner in einer →Ehe nicht mehr verstehen, kann einer von beiden die Scheidung verlangen. Dies geschieht vor einem →Gericht. Dabei müssen die Ehepartner meist ihr gemeinsames Vermögen aufteilen. Man nennt dies den

Der Schall

Wie funktioniert ein Ultraschallgerät?

Wenn Ärzte Blutgefäße, das Herz oder auch Babys im Bauch der Mutter untersuchen, verwenden sie ein Ultraschallgerät. Der sogenannte Schallkopf erzeugt Töne, die 50 bis 2000-mal so hoch sind wie der höchste Ton, den das menschliche Ohr gerade noch hören kann.

Wenn der Schallkopf auf die Haut gesetzt wird, dringt der Schall in den Körper ein. Dort treffen die Schallwellen auf Knochen, Blutgefäße, Muskeln oder Organe und werden wie ein Echo zurückgeworfen. Der Schallkopf empfängt die Schallwellen wieder und der Computer berechnet daraus, wie es im Körper aussieht. Das Bild wird am Monitor angezeigt. Im Gegensatz zu den gefährlichen Röntgenstrahlen ist Ultraschall völlig unschädlich.

Zugewinnausgleich. Bei dem Scheidungsurteil geht es nicht um die Frage, welcher der beiden Partner schuld ist. Meistens sind am Scheitern der Ehe beide Partner beteiligt.

In Deutschland wird heute etwa jede zweite Ehe wieder geschieden. Wenn sich Eltern scheiden lassen, ist das oft für die Kinder besonders schlimm. Das Gericht entscheidet, bei welchem Elternteil die Kinder bleiben und wer Unterhalt bezahlen muss. In der Regel kümmern sich beide Eltern um die Kinder. Das nennt man gemeinsames Sorgerecht.

Schiff

Ein Schiff ist ein großes Wasserfahrzeug, das Menschen oder Waren transportiert. Kleine Wasserfahrzeuge nennt man Boote. Schiffe legen in einem →Hafen an. Dort werden sie mit Waren beladen und Menschen gehen von oder an Bord des Schiffes. Der Chef eines Schiffes heißt Kapitän. Er gibt von der Brücke aus Befehle an seine Mannschaft, zu der die Offiziere, die Matrosen und der Steuermann gehören.

Die meisten Waren werden heute auf Containerschiffen befördert. Container sind riesige Behälter, die sich gut stapeln lassen. Zu den größten Frachtschiffen zählen die Öltanker. Auf Flüssen fahren Binnenschiffe. Viele von ihnen transportieren lockere Güter wie →Getreide oder →Kohle. Wer Ferien auf einem Schiff machen will, fährt mit einem Kreuzfahrtschiff. Fähren bringen Menschen und Autos von einem Hafen zum anderen. Vor der Erfindung der →Dampfmaschine gab es hauptsächlich Segelschiffe. Sie bewegen sich mithilfe des →Windes über das Wasser.

Schildkröte

Schildkröten gehören zu den →Kriechtieren. Es gibt sie schon seit über 200 Millionen Jahren, und seit jener Zeit haben sie sich kaum verändert. Schildkröten erkennt man an ihrem Panzer. Anstelle der Zähne haben sie einen Hornschnabel. Die Landschildkröten bewohnen überwiegend warme, trockene Gebiete, zum Beispiel am Mittelmeer. Die größten Arten leben auf den Galapagosinseln und auf einigen Inseln im

Das Schiff

Warum schwimmen Schiffe?

Hast du dir einmal überlegt, warum die riesigen Fracht- oder Passagierschiffe nicht untergehen? Oft befördern sie auch noch tonnenschwere Ladung! Es kommt dabei nicht auf das Gewicht des Schiffes an, sondern auf die Form.

Das kannst du selbst überprüfen: Nimm zwei genau gleich große Knetkugeln und modelliere aus der einen ein kleines Boot. Wenn du nun beide Formen aufs Wasser setzt, stellst du fest, dass das Boot schwimmt, die Kugel aber untergeht. Dabei wiegen beide dasselbe! Das Boot ist jedoch größer beziehungsweise hat einen größeren Rauminhalt und damit eine kleinere Dichte. Bei ihm ist nicht die ganze Knetmasse in einer Kugel zusammengeknüllt. Daher schwimmt es. Die Frage, warum Schiffe schwimmen, hat übrigens der griechische Mathematiker Archimedes schon im 3. Jahrhundert v. Chr. beantwortet.

Die Rotwangen-schmuckschild-kröte stammt aus Nordamerika.

Indischen Ozean. Sie werden bis zu 225 Kilogramm schwer und 1,80 Meter lang. Die Sumpf- oder Wasser-schildkröten halten sich vor allem in Gewässern auf. Sie haben Schwimmhäute zwischen den Zehen oder flos-senähnliche Beine. Allerdings müssen sie immer wieder auftauchen, um Luft zu schnappen. Die größte Art ist die Lederschild-kröte. Sie wird bis über 725 Kilogramm schwer.

Schimmel

Schimmlige Lebensmittel sind von bestimmten →Pilzen befallen. Man erkennt einen meist wei-ßen bis grünlichen oder schwarzen Überzug. Die Schimmelpilze wachsen in den Lebensmitteln, wobei sie ein äußerst feines Fadengeflecht, das Myzel, bilden. Nach einiger Zeit bringen sie Spo-

Fühlt sich die Brillen-schlange bedroht, richtet sie sich auf. Durch Abspreizen von Rippen flacht sich zudem ihr Hals ab.

renkapseln hervor. Diese brechen auf und geben die Sporen frei. Auf diese Weise vermehren sich die Pilze. Verschimmelte Nahrungsmittel sollte man wegwerfen.

Es gibt aber auch nützliche Schimmel. Die Blauschimmelkäse, etwa Roquefort oder Gor-gonzola, erhalten ihren besonderen Geschmack durch Schimmelpilze. Ein weißes →Pferd nennt man auch Schimmel.

Schlaf

Warum fühlen wir uns nach dem Schlaf erholt? Was geschieht beim Schlafen im →Gehirn? Mit solchen Fragen beschäftigt sich die Schlaffor-schung. Alle Menschen brauchen Schlaf, wenn sie →gesund bleiben wollen. Bei Schlafentzug werden wir reizbar und können Halluzinationen bekommen. Wir sehen dabei Dinge, die es gar nicht gibt. Wissenschaftler unterscheiden beim Schlaf verschiedene Zeitabschnitte oder Pha-sen. Wir durchlaufen sie während einer Nacht mehrmals hintereinander. In der REM-Phase füh-ren wir zuckende Augenbewegungen durch und →träumen viel. Während des Schlafs ist unser Körper also auch aktiv.

Auch Tiere schlafen. Manche Arten kommen jedoch mit wesentlich weniger Schlaf aus als wir. Giraffen schlafen nur etwa zwei Stunden am Tag. Bei Delfinen schläft nur eine Gehirnhälfte, wäh-rend die andere aktiv bleibt.

Schlange

Schlangen sind →Kriechtiere, deren Beine sich im Lauf der →Evolution zurückgebildet haben. Sie haben eine trockene und schuppige →Haut. Wenn Schlangen wachsen, streifen sie in regel-mäßigen Abständen ihre Haut ab. Mit ihrer gespaltenen →Zunge nehmen Schlangen Gerü-

che wahr. Die meisten Schlangen legen →Eier. Giftschlangen wie die Kobra, die Sandviper oder die Mamba töten Mäuse und andere Beutetiere durch einen Biss. Dabei spritzen sie ihr →Gift durch zwei hohle Zähne im Oberkiefer in das Beutetier. Würgeschlangen wie die riesigen Boas und Pythons umschlingen ihr Opfer und erwürgen es. Die meisten Schlangen gibt es in den tropischen Regenwäldern. Bei uns kommen die harmlose →Ringelnatter und die giftige Kreuzotter vor.

Schleuse

In einer Schleuse werden →Schiffe auf einem Fluss oder →Kanal von einem niedrigen Wasserstand auf einen höheren Wasserstand gebracht und können so Steigungen überwinden. Dabei fährt das Schiff in eine Schleusenkammer, die mit zwei Toren verschlossen wird. Dann fließt Wasser in die Schleusenkammer hinein und hebt das Schiff an. Das obere Tor wird geöffnet, wenn das Schiff den höheren Wasserstand erreicht hat und weiterfahren kann. Dieses Prinzip funktioniert auch in umgekehrter Richtung.

Schloss Neuschwanstein liegt in Bayern. Es wurde ab 1869 für den damaligen König Ludwig II. gebaut und sollte wie eine mittelalterliche Ritterburg aussehen.

Schloss

In Schlössern lebten früher Adlige, Fürsten und →Könige. Schlösser dienten nicht mehr wie die mittelalterlichen →Burgen dem Schutz vor Feinden, sondern sollten vor allem luxuriös und prachtvoll sein. Zum Schloss gehörte meist

Die Schlange

Welches ist die gefährlichste Giftschlange?

Weltweit gibt es mehrere Hundert Arten von Giftschlangen. Ihre Gifte wirken unterschiedlich. Manche greifen die Nerven an und es kommt zu Lähmungen. Andere Gifte führen zu inneren Blutungen oder zum Herzstillstand. Das stärkste Gift verspritzt der in Australien beheimatete Inlandtaipan, den die Australier „Schreckensschlange" nennen. Das Gift der 2,50 Meter langen Schlange würde ausreichen, um 230 Menschen töten.

Kobras sind in den tropischen Gebieten Asiens und Afrikas sehr häufig. Sie kriechen auch in Häuser, um Mäuse und Ratten zu erbeuten. Daher kommen sie oft mit Menschen in Berührung. Pro Jahr sterben in Indien etwa 10 000 Menschen an Kobrabissen. Weltweit haben pro Jahr etwa 100 000 Menschen tödliche Begegnungen mit Schlangen. Wird rechtzeitig ein Gegengift gespritzt, kann man einen Schlangenbiss überleben.

Die Entwicklung eines Schwalbenschwanzes: von der Raupe (links) über die Puppe (Mitte) bis zum geflügelten Schmetterling (rechts)

ein aufwendig angelegter Park mit Alleen und beschnittenen Hecken. Neben dem Hauptschloss gab es oft noch weitere kleine Schlösser, die bestimmten Zwecken dienten, zum Beispiel das Jagdschloss oder das Lustschloss für das rein private Vergnügen.

In Deutschland gibt es mehrere Hundert Schlösser. Bekannt sind hauptsächlich Neuschwanstein, Schloss Sanssouci in Potsdam und Schloss Ludwigsburg nahe Stuttgart.

Schmerz

Ein Schmerz warnt uns davor, dass irgendetwas im →Körper nicht richtig funktioniert. Schmerzen können also nützlich sein. Sie lehren uns, die Ursachen von Schmerzen zu meiden. Wenn wir uns beim Arbeiten mit einem Werkzeug wehgetan haben, erinnert uns der Schmerz daran, beim nächsten Mal mit dem Werkzeug vorsichtiger zu sein. Kopfschmerzen alarmieren uns zum Beispiel, wenn wir zu wenig Wasser getrunken haben. Von vielen Schmerzen kennt man allerdings die Ursache noch nicht.

Wissenschaftler haben zahlreiche Schmerzmittel entwickelt. Manche Schmerzmittel machen den Patienten bewusstlos und bewirken, dass er bei →Operationen keine Schmerzen spürt. Wenn wir Schmerzen empfinden, sind immer unsere →Nerven daran beteiligt. Sie melden den Reiz dem Rückenmark oder dem →Gehirn. Dort wird dann zum Beispiel der Befehl gegeben, blitzartig den Finger von der heißen Herdplatte zu nehmen.

Schmetterling

Die Schmetterlinge gehören zu den →Insekten. Auf der ganzen Erde sind bisher rund 110 000 Arten bekannt. Schmetterlinge können überall vorkommen, angefangen von dem →Hochgebirge und der Tundra in der →Arktis bis zu den tropischen Regenwäldern.

Schmetterlinge zählen zu den buntesten Tieren. Sie zeigen mit den zarten, winzigen Schuppen ihrer Flügel die verschiedensten Muster. Die kleinsten Schmetterlinge sind nur ungefähr drei Millimeter groß und einer der größten, der Atlasspinner, hätte kaum in einem Suppenteller Platz.

Alle Schmetterlinge beginnen ihr Leben als →Raupe, die aus dem →Ei schlüpft. Die Raupen fressen überwiegend Pflanzen. Da sie schnell heranwachsen, müssen sie sich mehrere Male häuten. Nach der letzten Häutung verwandelt sich die Raupe in eine Puppe. Daraus schlüpft nach eini-

Die Schnecke

Wozu brauchen Schnecken den Schleim?

Nach kräftigen Regengüssen kriechen sie im Garten aus allen Winkeln: Schnecken, die sich über Salat und Gemüse hermachen. Oft sieht man nur die Spuren, die sie hinterlassen: kahl gefressene Beete und vor allem Schleimspuren.

Den Schleim brauchen die Schnecken, um sich fortzubewegen. Da sie keine Beine haben, gleiten sie auf einem glitschigen Schleimteppich vorwärts. Kräftige Muskeln ziehen sich dabei zusammen und entspannen sich wieder. So kommt die Schnecke voran, allerdings nur sehr langsam, denn die Herstellung des Schleims ist sehr aufwendig. Der Schleim schützt die Schnecken übrigens auch vor ihren Fressfeinden, den Vögeln. Viele wollen sich mit dem zähen Zeug nämlich nicht den Schnabel verkleben.

ger Zeit der geflügelte Schmetterling. Schmetterlinge ernähren sich vor allem von Blütennektar, den sie mit ihrem langen Saugrüssel aufnehmen.

Schnabeltier

Das australische Schnabeltier ist ein sehr ungewöhnliches →Säugetier. Es hat ein Fell, Füße mit Schwimmhäuten und einen entenähnlichen Schnabel. Schnabeltiere leben in Bächen und in selbst gegrabenen Erdhöhlen in Ufernähe. Im Gegensatz zu anderen Säugetieren legen sie etwa zwei Zentimeter große →Eier, säugen aber dennoch ihre Jungen. Die Milch der Mutter tritt nicht aus Zitzen, sondern aus einem Drüsenfeld aus. Die Schnabeltiere gibt es schon seit 115 Millionen Jahren auf unserer Erde.

Schnecke

Die Schnecken erkennt man unter allen →Weichtieren daran, dass sie als Gehäuse eine einzige Schale haben. Meistens ist diese spiralförmig gewunden. Es gibt auf der ganzen Welt weit über 80 000 verschiedene Schneckenarten. Am besten kennen wir die Landschnecken, wie etwa die heimischen Weinbergschnecken, die bei feuchtem Wetter langsam umherkriechen und eine Schleimspur zurücklassen. Die von Gärtnern gefürchteten Nacktschnecken haben kein Gehäuse mehr. Schnecken fressen Pflanzen und können in →Gärten große Schäden anrichten. Die meisten Schneckenarten leben allerdings im →Meer und im Süßwasser.

Schrift

Eine Sprache hatten die →Menschen schon immer. Die Schrift allerdings ist erst einige Tausend Jahre alt. Um 3000 v. Chr. entstanden die ersten echten Schriften. Im →Ägyptischen Reich entwickelten die Menschen eine Bilderschrift, die sogenannten Hieroglyphen. Erst kennzeichneten diese Zeichen einzelne Gegenstände, zum

Die ägyptische Bilderschrift, auch Hieroglyphen genannt, entschlüsselte man in Europa erstmals im Jahr 1822.

Beispiel „Krug". Später standen sie auch für einzelne Laute. Ähnliches galt für die Keilschrift in Babylonien. Diese Schriften hatten aber den Nachteil, dass die Schüler Hunderte verschiedener Zeichen lernen mussten.

Um 1200 v. Chr. entstand die phönikische Schrift. Sie enthielt nur noch 22 Zeichen für die einzelnen Laute. Aus ihr entwickelten sich alle späteren Buchstabenschriften des Westens. Das erste richtige → Alphabet mit Mitlauten und Selbstlauten haben die Griechen entwickelt. Ihr Alphabet haben sie bis heute beibehalten. In Deutschland wie auch in den meisten anderen europäischen Ländern hat sich die lateinische Schrift durchgesetzt. Vollkommen andere Schriftzeichen haben etwa das japanische, chinesische und arabische Alphabet.

Schule

In fast allen Ländern der Erde müssen → Kinder zur Schule gehen. Dort werden sie in verschiedenen Fächern unterrichtet, wie zum Beispiel Deutsch, → Mathematik oder → Biologie. Bei uns ist die Schulzeit mindestens neun Jahre lang. Die Grundschule dauert meistens vier Jahre. Danach gehen die Schüler für zwei Jahre in eine Orientierungsstufe oder besuchen direkt die Hauptschule, die Realschule, eine Gesamtschule oder das Gymnasium. Nach neun Jahren macht man den Hauptschulabschluss, nach zehn Jahren den Realschulabschluss. Wer nach 12 oder 13 Jahren das → Abitur macht, kann auf einer → Universität oder Fachhochschule studieren.

Das Schulsystem ist allerdings von Bundesland zu Bundesland etwas unterschiedlich. In Berlin etwa dauert die Grundschulzeit sechs Jahre. Die Haupt- und Realschule wird teilweise zusammengeführt.

Einen Schulabschluss kann man in der Abendschule nachholen. Auszubildende besuchen regelmäßig eine Berufsschule. Nicht alle Kinder können eine Schule besuchen. In manchen → Entwicklungsländern gibt es nicht genügend Schulen und Lehrer. Oder die Kinder müssen arbeiten gehen, um Geld für ihre Familie zu verdienen.

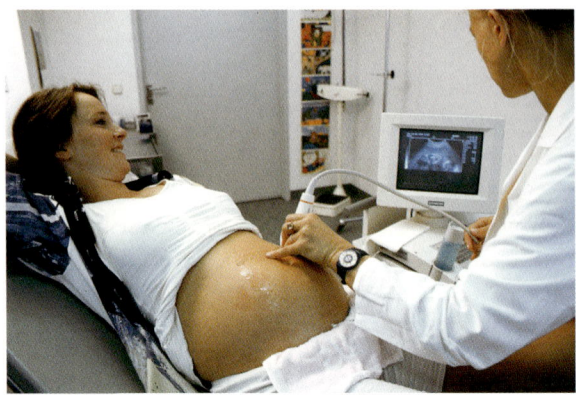

Während der Schwangerschaft werden Untersuchungen mit Ultraschall gemacht, um die Größe und Entwicklung des ungeborenen Kindes zu sehen.

Schwangerschaft

Die Zeit von der Befruchtung bis zur → Geburt eines Babys nennt man Schwangerschaft. Sie umfasst rund neun Monate. In dieser Zeit wächst aus der befruchteten Eizelle im Bauch der → Frau ein kleiner Mensch heran. Das heranwachsende Kind erhält die benötigten Nährstoffe und den → Sauerstoff von der Mutter. Die Verbindung zwischen Mutter und Kind besorgen der Mutterkuchen (Plazenta) und die Nabelschnur.

Die Schwangerschaft bedeutet für die Mutter eine große Umstellung. Viele Frauen leiden am Anfang unter Übelkeit und Erbrechen. In den ersten drei Monaten bildet der Keim (oder Embryo) alle → Organe aus. Danach vergrößern diese sich nur noch. → Medikamente können in den ers-

ten drei Monaten die Bildung von Organen stören. Deshalb darf die Mutter in dieser Zeit Medikamente nur unter ärztlicher Aufsicht einnehmen. Auch sollte man während der Schwangerschaft weder rauchen noch → Alkohol trinken. Das Kind im Mutterleib würde nämlich „mitrauchen" oder „mittrinken" und Schaden nehmen.

Schwein

Das Schwein gehört zu den Huftieren und stammt vom einheimischen Wildschwein ab. Es ist eines der ältesten → Haustiere des Menschen. Das Männchen heißt Eber, das Weibchen Sau, die Jungen nennen wir Ferkel. Schweine sind Allesfresser. Mit ihrer Rüsselscheibe durchwühlen sie den Boden nach → Wurzeln und Knollen. Durch Züchtung sind Schweine entstanden, die immer mehr Fleisch enthalten. Auf vielen → Bauernhöfen werden Mastschweine heute in Massenbetrieben gehalten. Die Enge, in der sie dort leben müssen, bedeutet für sie großen Stress.

Ab und zu wälzen sich Schweine im Schlamm, um hartnäckige Parasiten loszuwerden. Ist die Erde getrocknet, reiben sie den Dreck mitsamt dem Ungeziefer etwa an einem Baum ab.

Schweiz

Die Schweiz ist ein Land mit einer Fläche von 81 871 km², das mitten in → Europa liegt. Es leben

Das Matterhorn in der Schweiz ist 4478 m hoch.

rund 7,5 Millionen Menschen dort. Der größte Teil des Landes besteht aus → Gebirge, denn sowohl die Alpen als auch der Jura durchziehen die Schweiz. Einige der wichtigsten Alpenpässe liegen hier, wie der Sankt-Gotthard-Pass. Der Jura erstreckt sich vom Genfer See bis nach Schaffhausen und besteht aus Kalk. Er ist nur rund 1700 Meter hoch. Zwischen Jura und Alpen liegt das flache oder hügelige Mittelland. Dort leben die meisten Schweizer, etwa in Zürich oder in der Hauptstadt Bern.

In den Alpen gibt es nicht mehr viele Bauern, da sich die → Landwirtschaft kaum noch lohnt. Dafür bringt der → Tourismus in den Bergregionen viel Geld. In den flacheren Gebieten der Schweiz sind die → Industrie und der → Handel die Haupteinnahmequellen. Die Schweizer stellen neben Schokolade und Uhren vor allem Maschinen, chemische Stoffe und Arzneimittel her.

Die Geschichte der Schweiz begann 1291, als die drei Waldstätten Uri, Schwyz und Unterwalden eine Eidgenossenschaft gründeten. Im Lauf der Jahrhunderte schlossen sich ihrem „Ewigen

Durch die Schweizer Hauptstadt Bern fließt die Aare. Das Berner Münster (links) liegt mitten in der Altstadt und ist die größte spätmittelalterliche Kirche der Schweiz.

Bund" noch viele weitere Orte an, zuletzt 1815 die Stadt Genf. Heute besteht die Schweiz aus 23 Kantonen. Drei Viertel der Schweizer sprechen Deutsch. In der Westschweiz ist Französisch die Muttersprache, im Tessin und in einigen Tälern

Im Weltall gibt es keine Schwerkraft. Deswegen muss ein Astronaut etwa bei Außenarbeiten gut gesichert sein, sonst würde er ins All schweben.

Graubündens Italienisch. Das Rätoromanische stirbt langsam aus und wird nur noch in einigen Gebieten Graubündens gesprochen.

Schwerkraft

Die Schwerkraft zieht alles zur Erdmitte hin. Wenn ein Gegenstand auf den Boden fällt, so ist die Schwerkraft dafür verantwortlich. Die Schwerkraft bewirkt auch, dass sich der →Mond um die →Erde dreht. Wenn wir etwas wiegen, so messen wir die Kraft, mit der die Schwerkraft der Erde den betreffenden Gegenstand anzieht. Auf dem Mond herrscht eine viel geringere Schwerkraft. Deshalb ist ein Mensch, der auf der Erde

Die Schwerkraft

Wie gehen Astronauten aufs Klo?

Alles, was an Bord von Raumschiffen oder auf der Raumstation ISS nicht befestigt ist, schwebt frei in der Schwerelosigkeit des Alls. Das gilt auch für den Inhalt der Toilette. Astronauten können also nicht wie gewöhnlich aufs Klo gehen.
Deshalb haben Toiletten im Weltall eine Art Staubsauger, der den Urin und die Fäkalien einfach absaugt. Die Fäkalien werden gelagert und auf der Erde entsorgt. Der Urin wird jedoch gereinigt und desinfiziert. Aus dem Wasser, das er enthält, wird Sauerstoff gewonnen als Atemluft für die Astronauten. Wasser und Atemluft ist nämlich im All sehr kostbar, da alles von der Erde zur Raumstation gebracht werden muss.
Das Erste, was die Astronauten übrigens machen, wenn sie aufs Klo gehen, ist anschnallen. Sie würden sonst nicht auf der Toilette sitzen bleiben.

Der See

Welches ist der größte See der Erde?

Kennst du den Unterschied zwischen einem See und dem Meer? Der See befindet sich auf dem Festland, ist ganz von Landfläche umgeben und ist nicht mit einem Meer verbunden. Der größte See der Erde heißt aber nun ausgerechnet „Kaspisches Meer". Das ist ziemlich verwirrend, oder? Die Erklärung ist aber einfach. Manche Seen werden „Meer" genannt, weil sie so groß sind und außerdem wie Meere salziges Wasser haben. Auch das Tote Meer – das salzhaltigste aller Gewässer auf der Erde – ist eigentlich ein See. Das Kaspische Meer ist so groß wie Deutschland und Belgien zusammen und über 1000 Meter tief. Es liegt auf der Grenze zwischen Europa und Asien: zwischen Russland, Aserbaidschan, Iran und Turkmenistan.

80 Kilogramm wiegt, auf dem Mond nur noch ungefähr 13 Kilogramm schwer. Wo fast keine Schwerkraft mehr wirksam ist, wie im → Weltall, herrscht Schwerelosigkeit. Deswegen schweben die Astronauten in ihrem Raumschiff. Wenn man sich etwas zu trinken eingießen will, bildet die → Flüssigkeit eine frei schwebende Kugel. Auch so einfache Dinge wie auf die Toilette gehen oder schlafen sind in der Schwerelosigkeit sehr schwierig. Damit die Astronauten in einer stabilen Lage schlafen können, gibt es spezielle Schlafsäcke, die an der Wand befestigt sind.

See

Die größten Seen Europas entstanden durch → Gletscher. Diese höhlten → Täler aus und hin-

terließen bei ihrem Rückzug am Ende der → Eiszeit große Schutthaufen, die wie Dämme wirkten und das Wasser stauten. Manche Krater erloschener → Vulkane sind mit Wasser gefüllt. So entstanden die Maarseen der Eifel. An Grabenbrüchen entstehen Bruchtalseen. Durch die Ablagerung von Sand an Flussschlingen entstehen Altwasserseen.

Selbst die größten Seen sind vergänglich. Man nimmt zum Beispiel an, dass der Bodensee in einigen Zehntausend Jahren verschwunden sein wird. Die → Flüsse, die in einen See hineinfließen, schleppen Steine und → Sand mit sich und füllen den See langsam auf. Von den Rändern her wachsen immer mehr Pflanzen hinein und bilden festen Boden. Wir sagen: Der See verlandet.

Seeigel

Die Seeigel und die verwandten → Seesterne sind ungewöhnliche Tiere, denn sie haben keinen Kopf. Seeigel bestehen aus einer fast hohlen Kalkschale, die mit vielen Stacheln versehen ist. Sie leben in allen → Meeren, oft kann man sie an Felsküsten entdecken. Vor ihren Stacheln muss man sich in Acht nehmen, denn sie dringen leicht in die Haut ein, brechen dort ab und führen zu Entzündungen.

Diademseeigel haben bis zu 30 cm lange Stacheln.

Seepferdchen

Die Seepferdchen gehören zu den → Fischen. Sie leben weltweit in den → Meeren. Bei ihnen tragen die Männchen den Nachwuchs aus. Nach der Balz gibt das Weibchen bis zu 200 Eier in

Mit ihrem Greifschwanz können sich Seepferdchen gut an Pflanzen, Korallen oder Steinen festhalten.

den Brutbeutel des Männchens. Dort werden sie besamt. Nach zwei bis vier Wochen schlüpfen winzige junge Seepferdchen aus den →Eiern. Das Männchen presst dabei seinen Brutbeutel immer wieder zusammen, wodurch die Jungen portionsweise ins Wasser abgegeben werden.

Seestern

Die Seesterne haben fünf Arme und besitzen ein Skelett aus Kalkplatten. Sie leben im →Meer und bewegen sich wie die verwandten →Seeigel mithilfe winziger Füßchen auf der Unterseite der Arme fort. Seesterne ernähren sich vor allem von →Muscheln, →Schnecken und →Krebstieren. Da sie ihre Nahrung nicht zerkleinern können, nehmen sie sie als Ganzes über ihre Mundöffnung auf, die sich an der Unterseite ihres Körpers befindet. Viele Arten können ihren →Magen auch über die Mundöffnung nach außen stülpen. Die Nahrung wird dann außerhalb des Körpers verdaut und in flüssiger Form aufgesaugt.

Die Oberseite der Seesterne ist oft rau und stachelig.

Seide

Echte Seide liefert uns ein →Schmetterling, der Seidenspinner. Seine →Raupen werden gezüchtet und einige Wochen lang mit Maulbeerblättern gefüttert. Danach verpuppen sie sich. Dazu spinnen sich die Raupen in einen Kokon aus einem einzigen hauchdünnen Faden ein, der 600 bis 900 Meter lang ist.

Die Seidenraupenzüchter töten nun die Puppen des Seidenspinners in heißem Wasser und wickeln den Faden des Kokons auf. Aus sehr vielen solcher Seidenfäden stellt man Seidengarne und daraus wiederum wertvolle Seidenstoffe her.

Seilbahn

Es gibt zwei verschiedene Arten von Seilbahnen. Bei der Standseilbahn zieht das eine Seilende ein Fahrzeug bergaufwärts und das andere lässt ein Fahrzeug talabwärts fahren. In der Mitte begegnen sich die beiden Fahrzeuge in einer Ausweichanlage.

Häufiger ist die Seilschwebebahn. Zwischen Tal- und Bergstation ist ein geschlossenes Tragseil gespannt. Ein Zugseil bewegt die beiden großen Kabinen. Auch sie treffen sich in der Mitte. Das Tragseil verhindert, dass sie abstürzen und ins Tal sausen. Selbst wenn das Zugseil reißen sollte, halten Krallen die Kabine automatisch am Tragseil fest.

Sekte

Das Wort „Sekte" beschreibt ursprünglich eine Gemeinschaft, die sich von einer größeren →Religion abgespalten hat. Viele →Kirchen wehren sich dagegen, Sekte genannt zu werden, weil in diesem Begriff etwas Abwertendes enthalten ist. Oft sagt man deswegen Freikirche oder Son-

Die Seilbahn führt auf den Gipfel des Åreskutan, eines 1420 m hohen Berges in Schweden.

dergemeinschaft. Man kennt auch den Begriff Psychosekte und versteht darunter Vereinigungen, die ihre Anhänger massiv seelisch beeinflussen und sie in Abhängigkeit bringen. Dies wirft man auch einigen neureligiösen Bewegungen vor, etwa der Scientology-Kirche.

Sexualität

Mit Sexualität bezeichnen wir alles, was mit den → Geschlechtsorganen und der geschlechtlichen Betätigung, zum Beispiel dem Geschlechtsverkehr, zu tun hat.

Sexualität gibt es auch bei Pflanzen und Tieren. Die beiden Geschlechter heißen auch hier männlich und weiblich. Beim Menschen gibt es verschiedene Formen der Sexualität. Die geschlechtliche → Liebe zwischen zwei Menschen verschiedenen Geschlechts heißt Heterosexualität. Die → Homosexualität ist die Liebe zwischen gleichgeschlechtlichen Partnern. Sexualität ist ein Grundbedürfnis des Menschen. Wenn ein Mensch gegen seinen Willen zu sexuellen Handlungen gezwungen wird, spricht man von Vergewaltigung oder von sexuellem Missbrauch. Dies sind brutale Verbrechen, unter denen die Opfer körperlich und seelisch schwer leiden.

sieben Weltwunder

Es gab in der → Antike einige Bauwerke, die die Menschen als so großartig empfanden, dass sie als Weltwunder galten. Nur eines dieser Werke

Die sieben Weltwunder

Wie wurden die Pyramiden von Giseh gebaut?

Die drei Pyramiden von Giseh in Ägypten gehören zu den eindrucksvollsten Bauwerken der Menschheit. Die alten Ägypter bauten sie vor über 4500 Jahren. Damals gab es noch keine Bagger oder Kräne, um die tonnenschweren Steine zu heben und zu befördern. Mit der Hand wurden die riesigen Steinblöcke aus dem Felsen gehauen und dann auf Schiffen über den Nil transportiert. In Giseh angekommen, luden die Arbeiter die Steinblöcke auf hölzerne Schlitten um und beförderten sie auf großen Rampen zur Baustelle. Auch um die Pyramiden herum waren solche Rampen aufgeschüttet, damit man die Blöcke nach oben verfrachten konnte. 10 000 Arbeiter waren 20 Jahre beschäftigt, um die größte der drei Pyramiden zu bauen: die 138 Meter hohe Cheops-Pyramide. Sie besteht aus drei Millionen Steinblöcken, die je 2,5 Tonnen wiegen.

ist heute noch erhalten: die ➡ Pyramiden von Giseh in Ägypten. Die übrigen sechs wurden im Lauf der Zeit zerstört.

Die Hängenden Gärten von Babylon wurden auf einem Stufentempel errichtet. Der Artemistempel von Ephesus war einer der größten ➡ Tempel der damaligen Welt. Reste des Tempels sind heute noch vorhanden. Die aus ➡ Gold und Elfenbein gearbeitete Zeusstatue von Olympia stellte den Herrscher aller Götter dar. Das Grabmal von Halikarnassos in der heutigen Türkei wurde für den persischen König Mausolos erbaut. Seither bezeichnen wir ein prächtiges Bauwerk über einem Grab als Mausoleum. Der Koloss von Rhodos erhob sich vermutlich über der Hafeneinfahrt und stellte den Sonnengott Helios dar. Den Leuchtturm von Pharos bauten im Jahr 270 v. Chr. die Ägypter auf einer Insel vor der Stadt Alexandria.

Silber

Silber ist ein weißlich glänzendes Edelmetall. Es ist elastisch und lässt sich wie ➡ Gold zu dünnen Folien auswalzen. Silber mischt sich leicht mit anderen ➡ Metallen und bildet sogenannte Legierungen. Da es außerdem gut Wärme und ➡ Elektrizität leitet, ist es in der Industrie sehr gefragt. Die Fotoindustrie verwendet es zum Beispiel für die Herstellung von Filmen. Silber wird auch zu Schmuck und Essbestecken verarbeitet. Früher enthielten vor allem ➡ Geldmünzen viel Silber. Da die Vorkommen knapp werden und Silber zu teuer ist, bestehen Münzen heute aus anderen Metallen.

Schmuck wird oft aus Silber hergestellt.

Singvögel

Nahezu die Hälfte aller Vogelarten sind Singvögel. Sie besitzen ein Singorgan in ihrer Brust, auch Syrinx genannt. Mit ihren Gesängen teilen Singvögel während der Brutzeit mit, dass ihr Revier besetzt ist. Mit Rufen locken Männchen die Weibchen an oder warnen vor Feinden, etwa vor ➡ Greifvögeln. Zu den heimischen Singvögeln gehören ➡ Amseln, Meisen, Finken, Lerchen, Sperlinge, Rohrsänger und die Nachtigall, aber auch ➡ Krähen und andere Rabenvögel.

Sinnesorgan

Sinnesorgane nehmen Reize wahr, wie zum Beispiel ➡ Licht, ➡ Schall, chemische Stoffe, Druck, ➡ Schmerz, Wärme und Kälte. Wir Menschen besitzen Sinnesorgane für fünf Sinne: ➡ Augen zum Sehen, ➡ Ohren zum Hören, eine ➡ Nase zum Riechen, eine ➡ Zunge zum Schmecken und die ➡ Haut mit zahlreichen Sinneskörperchen zum Fühlen. Im Ohr hat auch der Gleichgewichtssinn seinen Sitz. Dank diesem Sinn wissen wir zum Beispiel, ob wir aufrecht stehen oder schräg an einer Wand lehnen.

Für Ultraschall, ➡ Magnetfelder, elektrische ➡ Ströme oder ➡ Radioaktivität hat der Mensch kein Sinnesorgan. Manche Tiere jedoch reagieren auf solche Reize. Die ➡ Fledermäuse nehmen Ultraschallwellen wahr. ➡ Vögel und ➡ Wale orientieren sich bei ihren Wanderungen an den Magnetfeldern der Erde. ➡ Fische haben ein Seitenlinienorgan, mit dem sie unterschiedlichen Wasserdruck wahrnehmen, und ➡ Schlangen können Wärmestrahlen „sehen".

Skelett

Kinder kommen mit ungefähr 350 ➡ Knochen auf die Welt. Die Knochen bilden zusammen

Die unterschiedlichsten Sinnesorgane: Schlangen nehmen Duftstoffe mit der Zunge wahr (links). Heuschrecken haben ihre Ohren am Knie (Mitte). Das Facettenauge einer Fliege besteht aus über 3000 Einzelaugen (rechts).

das Skelett. Wenn das Kind älter wird, verwachsen viele Knochen miteinander. Die Knochenlücken in der Schädeldecke, die sogenannten Fontanellen, schließen sich. Der erwachsene Mensch hat schließlich rund 235 Knochen. Das Skelett gibt dem → Körper Stütze und Halt. Es liegt im Körperinneren. Deshalb spricht man von einem Innenskelett. Auch alle übrigen Wirbeltiere haben ein solches Skelett.

Ein Außenskelett finden wir vor allem bei Insekten, Krebsen, Spinnen, Seesternen und Seeigeln. Es besteht aus harten, teilweise gepanzerten Abschnitten. Die → Muskeln liegen im Inneren. Regenwürmer haben mit Flüssigkeit gefüllte Kanäle im Körperinneren. Beim Kriechen bildet sich ein festes Wasserskelett, an dem die Muskeln angreifen.

Sklave

Sklaven sind Menschen, die das Eigentum eines anderen Menschen sind und für ihren Besitzer arbeiten müssen. Den Sklaven sind alle → Menschenrechte genommen. Sie werden zu einem Leben unter menschenunwürdigsten Bedingungen gezwungen. Die → Griechen und → Römer

hatten viele Sklaven, vor allem Kriegsgefangene. Vom 16. Jahrhundert an verschleppten die Spanier afrikanische Sklaven in die amerikanischen Kolonien. Um 1770 brachten englische Schiffe Sklaven nach Amerika. Viele Menschen starben unterwegs. Die Briten schafften den Sklavenhandel im Jahr 1807 ab. In den USA wurde die Sklaverei erst 1865, nach dem Bürgerkrieg zwischen den Nord- und Südstaaten, aufgegeben. Die Diskriminierung der Afroamerikaner hält jedoch bis auf den heutigen Tag an.

Das Skelett des Tyrannosaurus zeigt das typische Gebiss eines Fleischfressers. Der Dinosaurier zählt zu den größten Raubtieren, die jemals auf der Erde gelebt haben.

Junge Skorpione sind weiß. Kurz nach der Geburt steigen sie auf den Rücken der Mutter. Dort bleiben sie mehrere Wochen bis zur ersten Häutung.

Skorpion

Die Skorpione gehören zu den →Spinnentieren. Sie werden bis zu zehn Zentimeter lang, haben acht Beine und am Schwanzende einen Giftstachel, mit dem sie Angreifer und Beutetiere stechen und töten. Dabei halten sie ihre Beute mit den Greifzangen am Vorderende des Körpers fest. Nur bei wenigen Skorpionarten, etwa beim Dickschwanzskorpion, ist der schmerzhafte Stich für den Menschen gefährlich. Skorpione kommen nur in warmen Ländern vor, in Europa zum Beispiel in Spanien, Italien und Griechenland.

Sonne

Die Sonne ist ein riesiger →Stern, der im Zentrum unseres →Sonnensystems steht. Sie besteht aus glühend heißen Gasen. In ihrem Innern finden laufend Kernreaktionen statt, bei denen riesige Mengen an →Energie frei werden. Die Sonne versorgt die →Erde mit →Licht und Wärme. Sie ermöglicht das Leben von →Pflanzen, Tieren und Menschen. Andererseits strahlt sie aber auch gefährliche ultraviolette Strahlen ab. Die Ozonschicht unserer →Atmosphäre schützt uns vor dieser Strahlung, so gelangen nur wenige der Strahlen auf die Erdoberfläche. Ohne den Schutz der →Ozonschicht wäre die Erde unbewohnbar.

Unsere Sonne ist sehr weit von der Erde entfernt: Ein Raumschiff, das unseren →Planeten in einer Stunde umkreisen würde, wäre bis zur Sonne fünf Monate lang unterwegs! Die Sonne ist so groß, dass die Erde darin weit mehr als eine Million Mal Platz finden würde. Insgesamt wiegt die Sonne 750-mal mehr als alle Planeten des Sonnensystems zusammengenommen.

In einem →Jahr dreht sich die Erde einmal um die Sonne. Weil sich die Erde an einem →Tag ein-

Die Sonne ist ein riesiger glühend heißer Stern in der Mitte unseres Sonnensystems. Manchmal wird Materie vom Sonnenrand weggeschleudert: sogenannte Protuberanzen (rechts unten im Bild).

Die Sonne

Was passiert bei einer Sonnen-finsternis?

Wenn der Mond exakt zwischen Erde und Sonne steht, verdeckt er einen Teil der Sonnenstrahlen. Er wird von hinten angestrahlt und wirft seinen Schatten auf einen Teil der Erde. Wo der Schatten auf die Erde trifft, kann man eine Sonnenfinsternis beobachten. Da der Mond viel näher an der Erde ist als die Sonne, verdeckt er die Sonne dann vollständig. Auf der Erde wird es bei einer Sonnenfinsternis für kurze Zeit mitten am Tag dunkel. Die Vögel hören auf zu zwitschern und es weht ein leiser Wind. Am Himmel kann man einen leuchtenden Strahlenkranz um die Sonne sehen, die sogenannte Korona. Eine Sonnenfinsternis darf man nur mit Schutzbrille be-obachten, denn die Strahlen der Sonne schädigen die Augen.

mal um sich selbst dreht, geht die Sonne jeden Morgen im Osten auf und jeden Abend im Westen unter.

Sonnensystem

Unser Sonnensystem gehört zur →Milchstraße. Im Mittelpunkt des Sonnensystems steht die →Sonne. Um sie kreisen auf regelmäßigen Bahnen die acht →Planeten mit ihren →Monden. Die vier inneren Planeten Merkur, Venus, →Erde und Mars haben eine feste Oberfläche aus →Gesteinen. Die vier äußeren Planeten hingegen sind Gasplaneten ohne feste Oberfläche. Sie heißen Jupiter, Saturn, Uranus und Neptun.

Die Venus sieht man in der Abend- oder Morgendämmerung als leuchtenden Punkt am Him-

mel. Wir nennen sie Abend- oder Morgenstern, obwohl es sich nicht um einen →Stern handelt. Auch Mars, Jupiter und Saturn kann man gelegentlich mit bloßem Auge sehen. Der Saturn ist berühmt für die vielen Ringe, die ihn umgeben. Sie bestehen aus Eisteilchen und Gesteinsbruchstücken. Auch der Zwergplanet Pluto gehört zu unserem Sonnensystem, ebenso die →Kometen und Meteoriten sowie die unzähligen Planetenbruchstücke des Asteroidengürtels zwischen Mars und Jupiter.

Specht

Spechte sind →Vögel, die es überall auf der Welt gibt. Die meisten der rund 200 Spechtarten leben aber in Asien und Amerika. Die größte einheimische Art ist der Schwarzspecht, der sehr selten geworden ist. Im Frühjahr hört man oft das melodische Rufen des Grünspechts. Der bei uns am häufigsten vorkommende Specht ist der Buntspecht. Spechte haben scharfe, kräftige Schnäbel, mit denen sie Löcher in Baumstämme meißeln können. Zwischen dem Schnabel und dem

Buntspecht mit Futter im Schnabel für die Jungen im Bau

Schädel ist eine federnde Verbindung, so ist das →Gehirn gut gegen heftige Stöße geschützt. Entweder fangen die Spechte unter der Rinde verborgene →Insekten oder sie höhlen Niststätten für ihre Brut aus. Im Winter ernähren sie sich vor allem von Fichtensamen.

Spiegel

Früher waren Spiegel aus poliertem → Metall. Die ersten Spiegel gab es etwa 3000 v. Chr. in Ägypten. Spiegel aus → Glas mit einer dünnen Schicht aus → Silber oder Aluminium auf der Rückseite kamen erst im 16. Jahrhundert in Venedig auf. Die Metallschicht des Spiegels wirft das → Licht zurück, reflektiert es also. Das gespiegelte Bild und das Original verhalten sich spiegelbildlich: Wenn du die linke Hand hebst, bewegt dein Spiegelbild die rechte Hand.

Die einfachen Haushaltsspiegel sind flach. Konvexe Spiegel sind gewölbt wie die Rückseite eines Löffels. Sie verzerren das Bild. Konkave Spiegel sind hohl. Mit ihnen kann man Lichtstrahlen sammeln, wie im Spiegelteleskop.

Spinne

Weltweit gibt es rund 30 000 Spinnenarten. Im Gegensatz zu den sechsbeinigen → Insekten haben die Spinnen acht Beine. Doch es gibt auch noch andere Unterschiede: Die meisten Insekten haben Flügel und Fühler, während den Spinnen beides fehlt. Der Körper der Insekten ist dreigeteilt, die Spinnen haben jedoch nur zwei Körperabschnitte.

Alle Spinnen bringen mit besonderen Spinndrüsen am Hinterleib Seidenfäden hervor. Sie fangen damit zum Beispiel andere Insekten. Die Kreuzspinne baut ein Fangnetz, andere Spinnen legen Fallgruben an. Manche liegen auf der Lauer und springen auf ihre Beute. Alle Spinnen töten ihren Fang durch einen giftigen Biss. Dann spritzt die Spinne Verdauungssäfte in ihre Beute und saugt sie aus.

Wespenspinne in ihrem Netz

Sport

Handball, → Fußball und Hockey sind typische Mannschaftssportarten, während → Leichtathletik, Schwimmen, Radfahren und Skilaufen meist Einzelsportarten sind. Beim Schwimmen

Die Spinne

Warum verfängt sich die Spinne nicht in ihrem Netz?

Für Fliegen, Käfer oder Grashüpfer sind Spinnennetze tödliche Fallen. Wenn die Insekten in das Netz hineinfliegen oder -springen, bleiben sie kleben. Je mehr sie zappeln und sich zu befreien versuchen, desto mehr verfangen sie sich in den klebrigen Fäden. Die Spinne jedoch klettert leichtfüßig zu der Beute und kann sie in aller Ruhe verspeisen. Kleben bleibt sie in ihrem eigenen Netz nicht. Die schlauen Achtbeiner versehen nämlich nur die Querfäden der Spinnennetze mit Klebetröpfchen. Die Fäden, die von der Mitte des Netzes nach außen zu den Ästen und Zweigen der Bäume gehen, kleben nicht. Nur auf diesen Fäden bewegt sich die Spinne fort.

Alle paar Tage muss die Spinne übrigens ihr Netz erneuern, denn der Klebstoff auf den Fäden lässt mit der Zeit nach. Sie frisst das alte Netz auf und spinnt ein neues.

unterscheidet man verschiedene Schwimmstile: Das Brustschwimmen ist der langsamste Stil, der schnellste ist das Kraulen. Die schnellsten Schwimmer legen heute 100 Meter in weniger als 50 Sekunden zurück. Weitere Schwimmstile sind Delfin oder Schmetterling und Rückenkraulen.

Viele Menschen gehen in den Sportverein, in ein Fitnessstudio oder sie joggen im Park. Jeder sollte Sport treiben, um sich fit zu halten. Sport bewirkt, dass wir beweglich bleiben, er hebt die Stimmung und beugt vielen → Krankheiten vor.

Für manche Menschen ist der Leistungssport zum Beruf geworden. Leistungssportler nehmen an Wettkämpfen teil wie zum Beispiel den → Olympischen Spielen. Im Gegensatz zum Fitnesssport belastet der Profisport den → Körper ziemlich stark und führt häufig zu Verletzungen

Ein beliebter Sport im Freien ist Fahrradfahren. Mit einem Mountainbike („Bergfahrrad") kann man gut im Gelände fahren, auch abseits befestigter Straßen.

Die Sprache

Warum können Chinesen kein „R" sprechen?

Wie bitte? „In welche Lichtung geht man zu del gloßen Kilche? Lechts oder links?" Würdest du den chinesischen Touristen verstehen, der dich nach dem Weg fragt? In welche Richtung geht man zu der großen Kirche? Rechts oder links? Chinesen und auch Japanern fällt es schwer, ein „R" auszusprechen. In ihrer Sprache gibt es so einen Laut nicht. Stattdessen verwenden die Chinesen oft das „L", wenn sie Deutsch sprechen. Denn die beiden Laute sind miteinander verwandt. Die Aussprache des „R" müssen sie erst mühsam lernen. Auch für uns gibt es Laute, die schwer auszusprechen sind, weil sie im Deutschen nicht vorkommen. Üben müssen wir zum Beispiel das englische „th", das für uns wie ein gelispeltes „S" klingt.

und bleibenden Schäden. Um noch besser zu sein, nehmen manche Leistungssportler sogar schädliche Dopingmittel.

Sprache

Weltweit existieren rund 2000 Sprachen mit einer → Schrift. Sehr viele Sprachen haben aber keine schriftliche Form. Ein Beispiel: Das Niederländische ist eine eigenständige Sprache. Es hat sich ebenso aus dem Hochdeutschen entwickelt wie etwa das Bairische. Dennoch gilt Bairisch nicht als Sprache, sondern als Dialekt oder Mundart, denn es hat keine festgelegte Schriftform. Die Grenzen zwischen Sprache und Dialekt sind fließend. Forscher schätzen, dass es weltweit zwischen 5000 und 8000 Sprachen gibt.

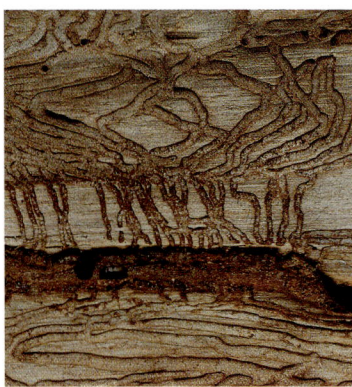

Eindeutige Spuren: Die Larven der Eichengallwespe entwickeln sich in Gallen, die auf der Rückseite der Blätter wachsen (links). Borkenkäfer hinterlassen Fraßspuren im Holz der Bäume (rechts).

Auch Menschen, die gehörlos sind, können sich durch Sprache verständigen. Die Gebärdensprache ist ein Zeichensystem, das sich der Körperhaltung, der Mimik und der Gebärden (Handzeichen) bedient. Hierzu gehört das Fingeralphabet.

Spur

Jeder Verbrecher hinterlässt am Tatort Spuren, zum Beispiel Fingerabdrücke oder Hinweise auf den Tathergang. Es ist die Aufgabe der ➔ Polizei, diese zu erkennen und auszuwerten. Von „Spur" sprechen wir auch, wenn wir Tierspuren meinen. Fährten nennt man die Abdrücke ihrer Füße. Daran kann man viele Tiere unterscheiden, etwa Hirsche, ➔ Füchse oder ➔ Hasen.

Auch Fraßspuren sind oft leicht zu bestimmen. ➔ Rehe fressen gerne frische Baumschösslinge, Hirsche ziehen im Winter Rindenstreifen von den Bäumen ab. ➔ Eulen würgen unverdaute Haare und Knochen ihrer Beutetiere hoch. Diese Gewölle findet man unter ihren Nestern. Fraßspuren ganz besonderer Art hinterlassen die Insekten. ➔ Raupen fressen ganz bestimmte Muster

in Blätter. Winzige ➔ Larven legen zwischen der Ober- und Unterseite der Blätter ihre Gänge an. Diese Minen sind als meist weißliche Bahnen leicht zu erkennen. Als Gallen bezeichnen wir knollige oder kugelförmige Auswüchse an Pflanzenteilen. Im Inneren leben ebenfalls Insektenlarven, die diese Wucherungen hervorrufen.

Staat

Wenn Erwachsene über den Staat sprechen, so meinen sie meistens eine Behörde, zum Beispiel das Finanzamt oder die ➔ Polizei. Den eigentlichen Staat bilden wir alle zusammen. Der Staat ist ein Gemeinwesen mit ➔ Regierung, Rechtsprechung und Gesetzgebung. Zu einem Staat gehören ein Land (das Staatsgebiet) und fest ansässige Menschen (das Staatsvolk). Staaten sind unabhängig und bestimmen ihr Schicksal selbst. In letzter Zeit sind viele neue Staaten entstanden, weil größere Staaten auseinanderfielen, wie die Sowjetunion und Jugoslawien. Auch Tiere bilden Staaten, zum Beispiel die ➔ Ameisen oder die ➔ Bienen.

Auch Honigbienen bilden Staaten, wobei eine strenge Rangordnung herrscht. Jede Biene hat ganz bestimmte Aufgaben zu erfüllen, etwa den Bau des Nestes oder die Brutpflege.

Stadt

Ortschaften mit mehr als 2000 Einwohnern werden als Städte bezeichnet. Städte sind dicht bebaut und besiedelt. In Großstädten leben über 100 000 Menschen. Ein →Dorf wiederum hat nicht so viele Einwohner.

Früher entschieden Fürsten und →Könige darüber, welche Orte Städte wurden. Sie verliehen ihnen die Stadtrechte. Die Städte durften zum Beispiel Märkte abhalten. Die ansässigen →Handwerker konnten sich zu Zünften zusammenschließen. Wenn ein unfreier, leibeigener Mann in die Stadt zog, wurde er meist nach „Jahr und Tag" zu einem freien Mann. Deshalb hieß es früher: „Stadtluft macht frei."

Staumauer

Staumauern schließen →Täler ab und bewirken, dass sich das Wasser der →Flüsse aufstaut. Wir sprechen deshalb auch von Talsperren. Das Wasser von Stauseen versorgt die Haushalte und dient der Bewässerung von Feldern. Solche Talsperren gab es im →Ägyptischen Reich und im Mittleren Osten schon vor vielen Jahrtausenden.

Wenn Wasser von einem höheren Ort zu einem niedriger liegenden fließt, kann es Arbeit leisten. →Kraftwerke nutzen die →Energie des fließenden Wassers und verwandeln sie in elektrischen →Strom. Die meisten Staumauern baut man heutzutage zur Stromerzeugung. In hohen Druckleitungen wird das Wasser zu Tal geleitet, wo es →Turbinen antreibt. Diese wiederum versetzen →Generatoren in eine schnelle Drehbewegung. Dabei entsteht Wechselstrom. Die höchste Staumauer Europas ist 285 Meter hoch und steht in der Schweiz. Pro Jahr brechen übrigens ein bis zwei Talsperren und richten dabei sehr große Schäden an.

Die Glen-Canyon-Staumauer ist eine 216 m hohe Bogenstaumauer, die den Colorado River in Nordamerika anstaut.

Steinzeit

Bevor die Menschen lernten, →Metalle zu verarbeiten, fertigten sie ihre Geräte aus Stein, Holz, Geweih und Knochen an. Diesen Zeitabschnitt bezeichnen wir heute als Steinzeit. Die Steinzeit begann vor über drei Millionen Jahren. Danach gab es die Bronzezeit, in der Gegenstände vor allem aus Bronze geschaffen wurden, einem Gemenge aus den Metallen Kupfer und Zinn.

Die Menschen der Steinzeit stellten ihre Werkzeuge hauptsächlich aus Feuerstein her. Der Stein hat die Eigenschaft, auf eine ganz bestimmte Art zu zersplittern, wenn man ihn geschickt anschlägt. Auf diese Weise gelang es, scharfe Kanten, Speerspitzen, Klingen, Pfeilspitzen, Faustkeile und Schaber herzustellen. Die →Archäologen unterscheiden die Altsteinzeit, die mittlere Steinzeit und die

Faustkeil aus der Steinzeit, der als „Messerersatz" diente

Der Stern

Warum flimmern Sterne?

In einer klaren Nacht gibt es Tausende von Sternen am Himmel. Manche sehen aus, als ob sie flimmern. Das tun sie natürlich nicht in Wirklichkeit. Das Flimmern ist eine optische Täuschung. Das Licht der Sterne muss die Atmosphäre der Erde durchdringen, um zu unserem Auge zu gelangen. Da die Luft in der Atmosphäre sich immer in Bewegung befindet, werden die Lichtstrahlen manchmal abgelenkt. Das nehmen wir als Flimmern wahr. Einen ähnlichen Effekt kannst du im Sommer auf der Straße beobachten, wenn es sehr heiß ist. Plötzlich erscheint auf dem Asphalt eine flimmernde Pfütze. Die Luft über der Straße heizt sich stark auf. Sie wird dadurch dünner als die kälteren Schichten darüber. Das Licht, das durch die unterschiedlichen warmen Schichten durchgeht, wird verzerrt. Und das wirkt wie ein Flimmern.

Jungsteinzeit. In der Jungsteinzeit fertigten die Menschen bereits Äxte aus Stein. Gleichzeitig gaben sie ihre Lebensweise als jagende Nomaden auf und wurden zu sesshaften Bauern, die Getreide anpflanzten und Haustiere hielten.

Steppe

Steppen sind flache, trockene, baumlose Graslandschaften. Es gibt sie überall auf der Welt. In Argentinien heißen die riesigen Flächen Pampa, in Nordamerika Prärie, in Ungarn Puszta. Hier wachsen vor allem →Moose und →Flechten, manchmal auch niedrige →Sträucher. Wenn Steppen immer trockener werden, verwandeln sie sich allmählich in →Wüsten.

Stern

Mit bloßem Auge erkennen wir am Nachthimmel ungefähr 1500 Sterne. Damit sehen wir nicht einmal den billionsten Teil aller Sterne, die es im →Weltall gibt. Die meisten sind riesige glühende Gaskugeln wie die →Sonne. Auf ihnen gibt es kein Leben. Nur auf →Planeten, den Begleitern der Sterne, ist Leben möglich, weil sie ein kühleres →Klima haben.

Sterne bestehen am Anfang aus Gaswolken. Die →Schwerkraft bewirkt, dass die Gasmassen immer stärker zusammengedrückt werden, bis die →Atome des →Gases miteinander verschmelzen. Dabei wird ungeheuer viel →Energie frei. Deshalb leuchten die Sterne so hell. Am Ende seines Lebens vergrößert sich der Stern und wird zu einem Roten Riesen. Danach schrumpft er zu einem kleinen glühenden Weißen Zwerg. Manche Sterne explodieren nach dem Schrumpfen und werden zur Supernova. Nach dem Ausbruch bleibt ein schwarzes Loch.

Das Maus-Quiz

Dieses Tier zählt zu einer heute ausgestorbenen Gruppe der Kriechtiere. Auf welcher Seite befindet sich das Bild hier im Buch?

Sternbild

Wenn wir den klaren Nachthimmel betrachten, sieht es aus, als würden gewisse helle →Sterne zusammengehören und eine Gruppe bilden. Wir nennen sie Sternbilder. In Wirklichkeit besteht kein Zusammenhang zwischen den Sternen eines Sternbildes. Sie sind weder zur gleichen Zeit entstanden noch stehen sie besonders nah beieinander. Bereits im →Ägyptischen Reich und im alten Babylonien versuchten die Menschen, die Sternbilder zu deuten. Heute beobachten wir 88 Sternbilder. Zwölf davon gehören zu den Tierkreiszeichen, die für das Erstellen der →Horoskope bedeutend sind.

Sternwarte

In Sternwarten oder Observatorien beobachten Astronomen den Sternenhimmel. Sie versuchen dabei herauszufinden, wie die →Sterne entstanden sind, wie sie aussehen und wie sie sich in Zukunft weiterentwickeln werden. Das →Licht, das die Sterne aussenden, wird von großen →Teleskopen eingefangen. Aber Sterne senden auch noch ganz andere Wellen aus, die wir mit den Augen gar nicht wahrnehmen können, zum Beispiel →Radiowellen. Sie werden von Radioteleskopen registriert.

Die meisten Sternwarten liegen hoch oben im Gebirge, weil hier die Luft am klarsten ist und kaum Licht von den Städten stört. Doch auch die →Atmosphäre der Erde verändert das Bild. Deswegen gibt es auch Sternwarten, die mit →Satelliten im →Weltall fliegen. Am bekanntesten ist das Hubble-Teleskop.

Steuern

Steuern sind Abgaben an den →Staat. Mit den Einnahmen bezahlt der Staat seine Beamten und alle anderen Angestellten. Er baut Schulen, Krankenhäuser und Straßen. Es gibt verschiedene Steuern. Wer als Angestellter in einer Firma Lohn bekommt, muss Lohnsteuer bezahlen. Sie wird ihm direkt vom Gehalt abgezogen. Menschen, die selbstständig arbeiten, müssen dagegen Einkommensteuer zahlen. Bei allem, was man kauft, ist im Preis die Mehrwertsteuer enthalten. Zudem gibt es zum Beispiel Versicherungssteuer, Tabaksteuer, Hundesteuer, Kfz-Steuer und Zollabgaben.

Sternwarten liegen oft abgeschieden auf einem Berg, da dort die Luft besonders klar ist und man eine ungestörte Sicht hat. Die Sternwarte auf dem Bild befindet sich in der Atacamawüste in Südamerika.

Stimme

Die Stimme des →Menschen wird im Kehlkopf erzeugt. Er besteht aus mehreren Knorpelringen. Im Inneren des Kehlkopfes sind zwei Stimmbänder angespannt. Mit kleinen Muskeln kann man sie verlängern oder kürzen. Dadurch verändert sich auch ihre Spannung.

Wenn Luft beim Ausatmen über die Stimmbänder streicht, beginnen sie zu schwingen – ähnlich wie bei einem →Musikinstrument. Damit erzeugen wir Töne. Je länger die Stimmbänder sind, umso tiefer ist der Ton. In der →Pubertät verändert sich die Stimme der Jungen, weil sich der Kehlkopf vergrößert und die Stimmbänder länger werden. Das ist der Stimmbruch. Im Chor nennt man eine tiefe Männerstimme Bass, eine hohe Tenor. Bariton ist die Stimmlage dazwischen. Eine tiefe Frauenstimme ist ein Alt, eine hohe heißt Sopran.

Stoffwechsel

Während eines Tages atmen wir viel Luft ein. Die →Lunge entzieht der Luft →Sauerstoff. Beim Ausatmen geben wir das →Gas Kohlendioxid ab. Wir essen mehrmals am Tag und müssen auch auf die Toilette gehen. Außerdem geben wir immer Wasserdampf über die →Haut ab. Dies merken wir meist nur, wenn wir schwitzen. Unser →Körper nimmt also dauernd Stoffe auf, verändert sie und gibt andere Stoffe ab. Diese Vorgänge bezeichnen wir als Stoffwechsel.

Storch

Störche gehören zur Familie der Schreitvögel. Der Weißstorch nistet im Sommer in Europa und zieht hier seine Jungen auf. Er frisst vor allem Insekten, gelegentlich aber auch Frösche und Mäuse. Gerne folgt er Bauern, die Wiesen mit Maschinen mähen, weil dann die Beutetiere leicht zu sehen sind. Störche sind →Zugvögel, die im Herbst nach Afrika ziehen. Sie können dabei mehr als 10 000 Kilometer zurücklegen. Der Weißstorch baut sein Nest häufig auf Hausdächern.

Der sehr scheue Schwarzstorch ist etwas kleiner als der Weißstorch.

Strauß mit seinem Gelege

Das Elternpaar begrüßt sich gegenseitig durch ein lautes Klappern, bei dem der Kopf bis in den Rücken zurückgelegt wird. Bei der Brutpflege lassen sie das Nest nie unbewacht. Die Jungvögel werden mit vorverdauter Nahrung gefüttert. Der Schwarzstorch ist sehr scheu und lebt zurückgezogen in Wäldern.

Strauch

Sträucher sind wie die →Bäume verholzte Blütenpflanzen. Im Gegensatz zu den Bäumen haben sie jedoch keinen dicken Stamm, sondern verzweigen sich am Boden oder knapp darüber in viele dünne Stämme. Sträucher tragen meist →Früchte, →Beeren oder →Nüsse, etwa der Johannisbeer- und Heidelbeerstrauch. Wildsträucher bilden dichte Hecken, in denen Tiere Nahrung, Verstecke und Nistplätze finden. Heimische Wildsträucher sind Holunder, Haselnuss, Schlehe und Sanddorn. Ziersträucher wie Rosen oder Forsythien stehen im →Garten.

Strauß

Der Strauß ist der größte lebende →Vogel. Er kann über zwei Meter groß werden und doppelt so schwer wie ein Mensch. Wegen seines Gewichtes kann er nicht mehr fliegen. Dafür können Strauße schnell laufen – bis zu 70 Kilometer in der Stunde. Ein Straußenei hat ein Volumen von 25 bis 30 Hühnereiern und wiegt ungefähr 1,5 Kilogramm. Das Gelege mit den →Eiern wird vom Straußenmännchen gut bewacht. Strauße leben in den →Savannen Afrikas. Auch bei uns werden sie manchmal in Farmen gehalten. Sie liefern Fleisch und Leder.

Streik

Statt Streik kann man auch Arbeitsniederlegung sagen. Zu einem Streik kann es kommen, wenn sich zum Beispiel die Arbeiter einer Fabrik ungerecht behandelt fühlen, weil der Besitzer der Fabrik, der Arbeitgeber, schlechte Löhne auszahlt oder zu harte Arbeitszeiten fordert. Die Arbeiter hören dann auf zu arbeiten und streiken. Oft sind sie durch eine →Gewerkschaft vertreten. Mit dem Streik soll der Arbeitgeber zum Einlenken gezwungen werden.

Stress

Wenn wir uns in Gefahr befinden, passieren in unserem →Körper merkwürdige Dinge: Der Blutdruck steigt an, der →Puls wird schneller, Wachsamkeit und →Muskelspannung nehmen zu und wir atmen tiefer. In diesem Zustand können wir mehr leisten. Wir sind dann besser darauf vorbereitet, zu kämpfen oder zu flüchten. Wir befinden uns in einer Stresssituation. Geht die Gefahr vorüber, so entspannen wir uns. Stress ist also eigentlich etwas sehr Nützliches und kann uns das Leben retten.

Der Stress

Wie funktioniert ein Lügendetektor?

Kennst du das Gefühl, wenn du nicht ganz die Wahrheit sagst, aber deine Eltern immer weiter nachfragen? Du fühlst dich unwohl und wirst nervös. Lügen bedeutet für den Körper Stress. Herzschlag und Atmung gehen schneller, die Pupillen in den Augen werden kleiner, und man fängt an zu schwitzen.
Wenn Kriminalpolizisten Verdächtige verhören, möchten sie wissen, ob sie die Wahrheit sagen. In Amerika dürfen Ermittler deshalb bei Verhören Lügendetektoren einsetzen. Dabei werden an dem Körper des Verdächtigen Sensoren angebracht, die den Herzschlag, die Atmung, die Veränderung der Pupillen und die Feuchtigkeit der Haut messen. Zeigt der Verdächtige diese Anzeichen von Stress, kann es gut sein, dass er lügt.

Durch ständigen Ärger, →Lärm, Hektik und durch extremen Leistungsdruck in der Schule oder bei der Arbeit kann es aber zu andauerndem Stress kommen. Der Körper arbeitet dabei ständig auf Hochtouren. Wenn ein Mensch ununterbrochen im Stress ist, kann das schwere →Krankheiten verursachen wie hohen Blutdruck, Infektionskrankheiten, Herzinfarkt, seelische Störungen oder →Krebs.

Strom

Wenn wir eine Lampe einschalten, fließt elektrischer Strom. Er bringt den →Metallfaden im Inneren der →Glühbirne zum Glühen. Strom fließt, wenn sich die negativ geladenen Elektronen der

Der Strom

Wie funktioniert eine Steckdose?

Von der Steckdose in der Wand sieht man nur zwei Löcher und zwei kleine Metallschienen am Rand oben und unten. In den beiden Löchern befindet sich jeweils ein elektrischer Kontakt: der Außenleiter und der Neutralleiter. Der Außenleiter ist über die Stromleitungen mit dem Kraftwerk verbunden und trägt eine hohe Spannung von 230 Volt. Sobald man den Stecker eines elektrischen Geräts in die Steckdose hineinsteckt, fließt Strom. Er geht durch das Kabel in das Gerät und treibt dort zum Beispiel einen Elektromotor an. Dann fließt er durch den zweiten Metallstift des Steckers wieder zurück in die Steckdose zum Neutralleiter. Die beiden Metallschienen am Rand der Steckdose sind die Schutzleiter. Sie verhindern, dass man einen elektrischen Schlag bekommt, wenn man das Metallgehäuse des Geräts berührt.

→ Atome im Leiter vorwärtsbewegen. Die Stromquelle ist das → Kraftwerk. Es liefert uns Wechselstrom ins Haus. Dieser Strom fließt erst in die eine, dann in die andere Richtung. Dieser Wechsel findet 50-mal in einer Sekunde statt. Der Strom aus → Batterien fließt immer in derselben Richtung und heißt Gleichstrom. Ein breiter → Fluss wird auch Strom genannt.

Sturm

Wenn der → Wind so stark weht, dass Zweige von den Bäumen abbrechen und man kaum gehen kann, herrscht ein Sturm. Bei schweren Stürmen fallen sogar Bäume um und Häuser werden beschädigt. Meist tritt bei einem Sturm heftiger Regen auf oder es → gewittert. Bei einem Orkan weht der Wind mit Windstärke 12. Das sind über 120 Kilometer in der Stunde – so schnell fahren die Autos auf der Autobahn. Ein Orkan richtet oft schwere Schäden an.

Dreht sich der Wind mit hoher Geschwindigkeit kreisförmig um ein Zentrum, so ist es ein Wirbelsturm. Wirbelstürme entstehen über warmen → Meeren, wo die Luft sehr feucht ist. Gelangen sie auf das Festland, können sie ganze Städte verwüsten. Tropische Wirbelstürme heißen auch Taifun oder Hurrikan.

Sucht

Bei dem Wort „Sucht" denkt man meist an → Drogen wie etwa → Alkohol. Es kann aber fast jede Tätigkeit zur Sucht werden, auch das Essen, das Computerspielen, das Rauchen, das Bergsteigen und das Arbeiten. Der Süchtige gibt oft seine Beziehungen zur Familie, zu Freunden und Arbeitskollegen fast ganz auf. Mit seiner Sucht will er dem Alltag entkommen und verliert dabei jedes Maß.

Im Zentrum eines Wirbelsturms bildet sich aus Wassertropfen und aufgewirbeltem Staub ein „Rüssel", der sich von der Wolke bis zum Erdboden erstreckt.

Am Nord- und am Südpol treten oft Polarlichter auf. Sie sind die Folge heftiger Sonnenstürme, die auf die Erdatmosphäre treffen. Sie können verschiedene Farben haben.

Zu Sucht kann man auch Abhängigkeit sagen. Besonders deutlich ist das bei den Drogen. Der Süchtige kann ohne die Droge nicht mehr leben, weil der Körper daran gewöhnt ist. Man spricht von körperlicher Abhängigkeit. Wird dem Körper die Droge nicht mehr zugeführt, reagiert er mit schweren Entzugserscheinungen. Dazu kommt noch die seelische Abhängigkeit. Für süchtige Menschen gibt es verschiedene Anlaufstellen, die Hilfe anbieten.

Südpol

Der Südpol ist der südlichste Punkt der →Erde. Hier gibt es nur eine →Himmelsrichtung, nämlich die nach Norden. Die Linie, die den Südpol mit dem →Nordpol verbindet, heißt Erdachse. Am Südpol gibt es keine Einteilung in →Tage oder Tageszeiten. Die →Sonne geht am 23. September auf und am 21. März unter und teilt das

→Jahr in den Südpolartag und die Südpolarnacht. Der Südpol liegt mitten in der →Antarktis, also auf einem festen Kontinent. Arved Fuchs und Reinhold Messner erreichten 1989 bei ihrer Durchquerung der Antarktis als Erste den Südpol zu Fuß.

Synagoge

Das Gotteshaus im →Judentum bezeichnet man mit einem ursprünglich griechischen Wort als Synagoge, was so viel wie „Versammlungsort" bedeutet. Jede Synagoge ist nach Jerusalem ausgerichtet und enthält einen Schrein, einen prachtvollen Schrank, in dem die Thora aufbewahrt wird. Das sind die heiligen Bücher der Juden, allerdings nicht in Form eines Buches, sondern als Rolle, wie dies in der →Antike üblich war. Der erhöhte Platz ist für das Lesepult des Vorlesers gedacht. Männer tragen in der Synagoge eine Kopfbedeckung.

Innenraum der jüdischen Synagoge in Mannheim

Tabak

Tabak wird aus den getrockneten und zerschnittenen →Blättern der Tabakpflanze hergestellt.

Die Virginische Tabakpflanze wird bis zu 3 m hoch.

Diese gehört zu den Nachtschattengewächsen. Die Tabakpflanze stammt ursprünglich aus Amerika. 1599 wurde sie von dem spanischen Reisenden Francisco Hernández nach Europa gebracht. Heute wird Tabak weltweit angebaut.

Zigarren bestehen aus gerollten Tabakblättern. Zur Herstellung von Zigaretten verwendet man zerkleinerten Tabak. Tabak enthält Nikotin, das anregend wirkt. Rauchen ist jedoch sehr schädlich für die →Gesundheit und kann zur →Sucht führen.

Tachometer

Mit dem Tachometer oder kurz Tacho misst man Drehzahlen oder →Geschwindigkeiten. Manche →Autos haben digitale Tachos, die den gemessenen Wert in Zahlen angeben. Auf analogen Tachos bewegt sich eine Nadel vor einer Skala. Die Geschwindigkeit wird in Kilometern pro Stunde (km/h), die Drehzahl in Umdrehungen pro Minute angegeben.

Tag und Nacht

Die →Erde dreht sich um ihre eigene Achse und gleichzeitig um die →Sonne. Auf dem Teil der Erde, der gerade Sonnenlicht empfängt, herrscht Tag, auf dem anderen Nacht. Da sich die Erde ständig dreht, liegen immer wieder andere Gebiete im Bereich der Sonne und im Bereich des Schattens. Tag und Nacht folgen somit regelmäßig aufeinander.

Die Achse, um die sich die Erde dreht, liegt schräg. Deswegen ist die Länge des Tages beziehungsweise der Nacht von der Lage eines Ortes auf der Erdkugel abhängig. Im Juni geht in der →Arktis die Sonne niemals unter. In der →Antarktis herrscht zur selben Zeit dauernd Nacht. In unseren Breiten fällt der längste Tag mit dem Sommeranfang zusammen, der kürzeste mit dem Winteranfang. Nur am →Äquator sind die Tage immer ungefähr gleich lang.

Tal

Die Flüsse graben sich mit unterschiedlicher Geschwindigkeit in den Boden ein. In weichem

Tag und Nacht

Wie lange dauert ein Tag auf dem Mond?

Tag und Nacht entstehen durch die Drehung der Erde um sich selbst. Auf allen anderen Planeten gibt es ebenfalls Tag und Nacht. Und sogar auch auf dem Mond. Der Mond braucht für eine Umdrehung um sich selbst 27 Erdtage. Ein „Mondtag" dauert also 27-mal so lange wie ein Tag auf der Erde. Ein „Mondjahr" dauert übrigens auch 27 Erdtage. So lange braucht der Mond nämlich, um einmal die Erde zu umkreisen. „Mondtag" und „Mondjahr" sind also gleich lang. Wir auf der Erde können jedoch nicht sehen, dass sich der Mond um sich selbst dreht. Da er sich bei einer Drehung um die eigene Achse zugleich einmal um die Erde dreht, sehen wir immer dieselbe Seite des Mondes – nie seine Rückseite.

Die Gesteinsschichten des Grand Canyon wurden vom Colorado River ausgewaschen. Das tiefste Tal der Erde ist rund 450 km lang. Es zieht jährlich mehrere Millionen Touristen an.

→ Gestein können dabei tiefe Rinnen entstehen. Wir nennen diese Schlucht, Cañon, Klamm oder Kerbtal. Sie sind im Querschnitt v-förmig. Das tiefste Tal auf unserer Erde ist der Grand Canyon in Nordamerika: Der Colorado River grub sich im Lauf der Jahrmillionen bis zu 1800 Meter tief in das Gestein ein.

Breite Täler entstehen, wenn der → Fluss immer wieder in anderen Betten fließt und Schlei-

Beim Tanzen versucht man oft, Gefühle oder Stimmungen auszudrücken. Die Gruppe auf dem Bild möchte mit ihrem Stück das Leben der heutigen Jugendlichen darstellen.

fen bildet. Er trägt dann viel Gesteinsmaterial ganz gleichmäßig ab und verlagert → Sand und Gestein in seinen Unterlauf und in das Mündungsgebiet. Nicht nur fließendes Wasser, sondern auch das Eis von → Gletschern kann Täler aushöhlen. Sie zeigen dann im Querschnitt eine deutliche U-Form: Der Talboden eines Trog- oder U-Tales ist flach und weit, die Talwände steigen steil an.

Tanz

Der Tanz ist wahrscheinlich eine der frühesten Formen menschlicher → Kultur. Wir wissen, dass die → Menschen früher tanzten, um ganz bestimmte Botschaften, bestimmte Gefühle oder Zustände auszudrücken. Noch heute spricht man von einem Freudentanz. Es gibt viele verschiedene Formen des Tanzes, etwa das Ballett, Standardtänze wie Tango und Walzer oder Streetdance wie Breakdance.

Tarnung

Militärfahrzeuge sind meistens grün, braun und schwarz gemustert. Mit dieser Tarnfarbe fallen sie in der Landschaft kaum auf. Für den Betrachter fügen sie sich perfekt in den ähnlich gefärbten Hintergrund ein. Diesen Trick haben die Menschen den Tieren abgeschaut.

Im Tierreich gibt es wahre Meister der Tarnung. Spannerraupen sitzen unbeweglich auf Rinden und ahmen Aststückchen nach. Heuschrecken sind allein schon durch ihre grüne Farbe gut getarnt. Die tropische Gespenstheuschrecke sieht einem Blatt täuschend ähnlich, die mit ihr verwandte Stabheuschrecke hat einen Körper, den man nur schwer von einem dünnen Zweig unterscheiden kann. Den → Tiger kann man im Helldunkel des indischen Waldes kaum aus-

Gespenster-
schrecken
sehen durch
ihre Tarnung
wie Blätter
aus.

machen, denn das Fellmuster löst seine Gestalt auf. Die Flunder und das →Chamäleon können sogar ihre Hautfarbe der Färbung des Untergrundes angleichen.

Taube

Es gibt weltweit ungefähr 300 Taubenarten. Die Haustaube ist ein echtes →Haustier. Sie stammt von der Felsentaube des Mittelmeergebietes ab.

Im →Mittelalter war sie ein wichtiger Fleischlieferant. Besonders beliebt sind die Brieftauben, die auch aus weiter Entfernung ihr Zuhause wieder finden. Die Stadttauben sind verwilderte Haustauben. Häufig werden sie zu einer echten Plage. Die weiße Taube ist ein Symbol des →Friedens.

Tausendfüßer

Kein Tausendfüßer hat 1000 Beine. Der Rekord liegt bei rund 300 Beinpaaren, die der tropische Riesenbandfüßer besitzt. Es gibt zwei Gruppen von Tausendfüßern. Die eigentlichen Tausendfüßer oder Doppelfüßer haben einen harten, kreisrunden Chitinpanzer und zwei Beinpaare pro Körperabschnitt. Sie leben friedlich, ernähren sich von Pflanzenmaterial und bewegen sich ziemlich langsam. Bei Gefahr scheiden sie ein stinkendes Sekret aus.

Der Skolopender ist ein Hundertfüßer.

Die Taube

Wie finden Brieftauben den Weg nach Hause?

Brieftauben waren die ersten Luftpostboten. Schon die alten Griechen nutzten die erstaunliche Fähigkeit der Vögel, aus bis zu 1000 Kilometern Entfernung wieder der Weg nach Hause zu finden. Bevor das Telefon und die Telegrafie erfunden wurden, war die Taubenpost der schnellste Weg, um Nachrichten zu übermitteln. Die kleinen Zettel mit der Nachricht wurden zusammengerollt und am Rücken oder an den Beinen der Taube angebracht.

Ähnlich wie die Zugvögel haben auch Brieftauben einen Magnetsinn. Sie können das Magnetfeld der Erde wahrnehmen und sich beim Flug daran orientieren. Forscher vermuten, dass sie auch den Stand der Sonne nutzen, um den Weg in ihren Heimatschlag zu finden. Im Ersten Weltkrieg rüstete man Brieftauben sogar mit Fotoapparaten aus, um aus der Luft Aufnahmen von feindlichem Gebiet zu machen.

Die Hundertfüßer hingegen sind schnelle Räuber mit einem flachen Körper. Pro Körperabschnitt haben sie nur ein Beinpaar. Die größten Hundertfüßer heißen Skolopender. Sie kommen auch im Mittelmeergebiet vor. Ihr Biss kann erhebliche Schmerzen verursachen.

Technik

Das Wort „Technik" bedeutete ursprünglich „Kunstfertigkeit". Heute verstehen wir unter Technik vor allem den Einsatz von →Maschinen, →Werkzeugen und anderen Hilfsmitteln, die uns die Arbeit erleichtern. Schon in der →Steinzeit kannte man technische Verfahren, etwa um →Feuer anzuzünden. Der Faustkeil gehört zu den frühesten Werkzeugen des Menschen. Ohne den technischen Fortschritt würde unser Leben heute nicht funktionieren. Mithilfe der Technik werden in der →Industrie Produkte erzeugt, zum Beispiel stellen →Roboter Autos in einer Autofabrik her. Leider bringt die Technik nicht nur Vorteile, sie schafft auch →Arbeitslosigkeit, da Menschen durch Maschinen ersetzt werden. Und Technik ermöglicht →Kriege, denn sie produziert auch Waffen, Panzer, Raketen, Bomben und vieles mehr. Unter Technik versteht man auch die Art und Weise, etwas zu tun. So gibt es zum Beispiel eine Mal- und Zeichentechnik, eine Schwimm- oder Balltechnik.

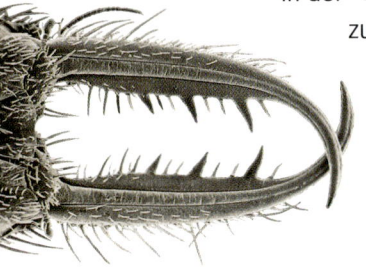

Der Oberkiefer des Ameisenlöwen (oben) in starker Vergrößerung und sein Abbild in der Technik: die Zange (unten)

Viele technische Erfindungen, wie etwa das Flugzeug, hat sich der Mensch von der Natur abgeschaut. Der Flugpionier Otto Lilienthal studierte zuerst den Vogelflug, bevor er ab 1891 seine Flugapparate baute.

Tee

Der Teestrauch stammt aus China. Heute wird er jedoch in vielen tropischen Ländern angepflanzt. Mehrmals im Jahr werden die →Blätter gepflückt und anschließend getrocknet. Wenn wir solche Teeblätter mit heißem Wasser aufbrühen und einige Minuten ziehen lassen, erhalten wir schwarzen Tee. Dieses Getränk wirkt wie →Kaffee anregend durch das enthaltene Koffein. Man kann auch aus anderen Pflanzen Tee herstellen, zum Beispiel aus Pfefferminze, Kamille, Malve, Fenchel oder Hagebutten.

Teich

Teiche sind wie →Seen stehende Gewässer – im Gegensatz zu fließenden Gewässern wie →Bächen und →Flüssen. Alle gehören jedoch eng zusammen, denn oft mündet ein Bach oder ein Fluss in einen Teich oder einen See. Viele Tierarten kommen deshalb auch in allen diesen Lebensräumen vor.

Ein Teich ist ein künstlich angelegter Weiher. Er dient meist der Fischzucht. In oder an einem Weiher oder Teich leben verschiedene Tiere, etwa die Stockente oder das schwarze Blesshuhn. Gelegentlich warten Graureiher oder Eisvögel unbeweglich am Ufer, um einen Wasserfrosch oder einen →Fisch zu fangen. Im Wasser leben Blutegel, Rückenschwimmer, zahlreiche →Insektenlarven und der Gelbrandkäfer. Er kann schwimmen und fliegen und macht Jagd auf alles, was sich bewegt. Auf der Wasseroberfläche gibt es Wasserläufer. →Libellen fliegen durch die Luft. Zu den typischen Pflanzen gehören das Schilf und die Seerose.

Telefon

Mit dem Telefon können wir mit jemandem sprechen, der weit von uns entfernt ist. Im Telefonhörer ist ein Mikrofon. Es verwandelt die →Schallwellen der →Sprache in elektrische Signale. Diese wandern in der Telefonleitung zum Gesprächspartner und werden dort von einem →Lautsprecher wieder in Schallwellen umgewandelt. Erfunden wurde das Telefon von Philipp Reis und 1861 erstmals der Öffentlichkeit vorgeführt.

Bei der Internettelefonie wird die Verbindung über das →Internet hergestellt. Verfügen beide →Computer über eine Kamera, können sich die Gesprächspartner auch sehen. Mobiltelefone (→Handys) benutzen für die Übermittlung kabellose Funkkanäle.

Teleskop

Teleskope oder Fernrohre erzeugen ein vergrößertes Bild von weit entfernten Gegenständen. Es gibt zwei Arten: Das Linsenfernrohr hat zwei →Linsen, die in einer Metallröhre befestigt

sind. Eine große Linse am einen Ende sammelt das Licht. Man nennt sie Objektiv. Eine kleinere Linse am anderen Ende vergrößert das Bild. Da sie nahe am →Auge liegt, bezeichnen wir sie mit dem lateinischen Wort Okular, das Auge bedeutet. In einem solchen Linsenfernrohr sehen wir ein auf dem Kopf stehendes Bild. Für ein richtiges Bild muss man eine dritte Linse einfügen.

Beim Spiegelteleskop sammelt ein Hohlspiegel das →Licht. Er wirft die Lichtstrahlen auf einen zweiten →Spiegel zurück, der sie in ein Okular umlenkt. Alle großen Fernrohre, wie sie etwa auf →Sternwarten zur Beobachtung des →Weltalls vorkommen, sind Spiegelteleskope. Radioteleskope sammeln keine Lichtstrahlen, sondern Radiowellen von fremden →Sternen.

Das Telefon

Wie kann man von Europa nach Amerika telefonieren?

Es grenzt an Zauberei, dass man mit dem Telefon mit Freunden sprechen kann, die meilenweit entfernt auf einem anderen Kontinent sind. Wie kommen die Schallwellen über den Ozean?
Sie werden im Telefon in elektrische Signale umgewandelt und über Telefonleitungen zu einer Funkstation geleitet. Die sendet die Signale an einen Telefonsatelliten, der sich viele Kilometer über der Erde befindet. Der Satellit empfängt die Signale und sendet sie weiter nach Amerika. Dort werden sie wieder von einer großen Antennenschüssel aufgefangen und über Telefonleitungen an das Empfängertelefon weitergeleitet. Oft wandern die Signale auch durch viele Tausend Kilometer lange Tiefseekabel mitten durch den Ozean.

Der Goldene Tempel steht in Indien und ist das größte Heiligtum der Sikh-Religion. Die vier Eingänge zeigen in die vier Himmelsrichtungen, um alle Menschen willkommen zu heißen.

Tempel

Die Gotteshäuser vieler →Religionen nennen wir Tempel. Bei diesem Wort denkt man meistens zuerst an die riesigen Tempel der →griechischen Kultur und des →Römischen Reiches, die ringsum von Säulenreihen umgeben sind. Aber auch die Gotteshäuser des →Hinduismus und →Buddhismus heißen Tempel. Oft werden sie von hohen Türmen mit mehrstöckigen Dächern geschmückt. Diese Türme bezeichnet man als Pagoden.

Temperatur

Für den →Physiker ist Temperatur nichts anderes als die Bewegung von →Atomen und Molekülen (Verbindungen aus mehreren Atomen). Je schneller diese sich bewegen, umso höher liegt die Temperatur. Das erklärt auch, warum es eine tiefste Temperatur gibt: Hier bewegen sich die Atome und Moleküle eines Körpers überhaupt

nicht mehr. Dieser absolute Nullpunkt liegt bei minus 273,15 Grad Celsius. Eine obere Temperaturgrenze gibt es nicht. Gemessen wird die Temperatur mit einem →Thermometer.

Terrarium

Im Terrarium hält man kleine Landtiere. Das können →Kriechtiere wie →Schlangen, →Echsen oder Landschildkröten, große →Insekten oder →Spinnen, →Skorpione oder kleine Säuger sein. Wie auch in einem Aquarium sollte die Einrichtung des Terrariums den Ansprüchen der dort gehaltenen Tiere entsprechen. Man nennt dies artgerechte Tierhaltung.

Ein Terrarium besteht meist aus Glas. Die Umwelt im Terrarium sollte möglichst naturgetreu gestaltet werden, mit Pflanzen, Felsen und einer Sandschicht sowie einem Kletterbaum. Viele Terrarientiere brauchen tagsüber eine Wärmelampe. →Frösche und →Kröten oder andere →Lurche, die im Wasser und an Land leben, hält man in

Schlangen werden gerne in Terrarien gehalten.

einem Terrarium mit einem Wasseranteil. Man nennt es auch Aquaterrarium. Es bildet den Übergang zum →Aquarium.

Terrorist

Wer seine politischen Ansichten oder seinen Machtanspruch mit brutaler →Gewalt durchsetzen will, übt Terror aus. Zum Terror gehören Bombenanschläge, →Attentate und Geiselnahmen. Selbstmordattentäter sprengen sich bei einem Attentat selbst mit in die Luft. Terroristen wollen Angst und Schrecken verbreiten, um ihre Ziele durchzusetzen. Das Ausführen von Terroranschlägen nennt man Terrorismus. Terror üben einzelne Gruppen oder auch ganze Staaten aus. Zum Terror des deutschen →Nationalsozialismus gehörte die Verfolgung der Juden. Als terroristische Gruppen sind in den vergangenen Jahrzehnten die RAF in Deutschland, die IRA in Irland, die ETA in Spanien oder die palästinensische Hamas bekannt geworden.

Eine schreckliche Größenordnung nahm der Terror am 11. September 2001 an, als die terroristische Organisation El Kaida Flugzeuge entführte und diese in die beiden Türme des World Trade Centers in New York (USA) flog.

Textilien

Zu den Textilien gehört alles, was man aus Fäden und Garnen herstellen kann, zum Beispiel gewebte Stoffe, Häkelarbeiten, gestrickte Pullover, Filze und Teppiche. Lange Zeit wurden nur Naturfasern verwendet, vor allem →Wolle, Baumwolle, Leinen oder →Seide. Die Fasern wurden zu einem Garn verzwirnt und versponnen. Dann war eine Weiterverarbeitung möglich, etwa durch Weben. Heute gibt es viele →Kunststofffasern wie Nylon, Perlon und Trevira.

Theater

Wenn wir ins Theater gehen, sehen wir uns ein Schauspiel, eine →Oper, ein Musical oder auch ein Ballett an. Das Theater kann eine ganz einfache Bühne im Freien oder auch ein prächtiges Gebäude sein. Die Zuschauer sitzen meist in steil ansteigenden Reihen. Die Schauspieler oder Tänzer bewegen sich auf der Bühne. Dort ist auch das Bühnenbild aufgebaut. Dieses wird oft in den Pausen der Handlung gewechselt. Manchmal dreht man dazu einfach die Bühne wie eine Drehscheibe.

Der antike römische Theaterbau in Orange (Südfrankreich) hat eine mehrgeschossige Bühnenwand, die 37 m hoch und 103 m breit ist. Das Theater bietet Platz für 10 000 Besucher.

Besonders wichtig ist die Lichttechnik während einer Aufführung. Diese Aufgabe übernimmt der Beleuchter von einem großen Regelpult aus. Der Leiter einer Aufführung heißt Regisseur. Außer den Schauspielern oder Musikern wirken an einer Aufführung zum Beispiel noch Bühnenbildner, Maskenbildner, Kostümbildner und Bühnenarbeiter mit. Oft sind mehrere Hundert Menschen an einer Theateraufführung beteiligt.

Was ist ein „lebendiges Thermometer"?

Der Wetterfrosch, der Temperaturänderungen am genauesten anzeigt, ist der Abessinische Bergfrosch. Er lebt in Afrika in den Feuchtgebieten des äthiopischen Hochlands und an den Nordhängen des Mount Kenia. Er gilt als „lebendiges Thermometer": Bei über null Grad Celsius quakt er gern und laut. Sinkt jedoch die Temperatur unter den Gefrierpunkt, ist er still.

Doch der beste „Wetterfrosch" im Tierreich ist der Blutegel! 1851 präsentierte ein Forscher in London Blutegel in Gläsern, die teilweise mit Wasser gefüllt waren. Blieben die possierlichen Tierchen am Boden, so verhieß das gutes Wetter. Stand eine Wetteränderung direkt bevor, dann kamen sie nach oben. Stand Regen an, krochen sie an die Unterseite der Glasdeckel, wo sie eine von ihrem Besitzer angebrachte Klingel in Gang setzten.

Thermometer

Mit einem Thermometer messen wir die →Temperatur. Fast alle Thermometer bestehen aus einer Glasröhre mit einer Skala. Die Röhre enthält heute meist Alkohol. Steigt die Temperatur, erwärmt sich auch die →Flüssigkeit in der Röhre und dehnt sich aus. Sie steigt im Thermometer weiter nach oben, und wir können die Temperatur auf der Skala ablesen.

Beim Bimetallthermometer sind zwei verschiedene Metallstreifen fest miteinander zu einem längeren Band verbunden. Durch Erwärmung verbiegt sich dieses Band, weil sich die beiden →Metalle unterschiedlich ausdehnen. Diese Verbiegung wird auf einen Zeiger übertragen, der sich über einer Skala bewegt und die Temperaturerhöhung anzeigt.

Tiefsee

Die meisten Pflanzen und Tiere des →Meeres leben nahe der Wasseroberfläche oder maximal in einer Tiefe von höchstens 200 Metern. Darunter beginnt die Tiefsee. Dort ist es sehr kalt, da kein Sonnenlicht mehr durchdringt. Ab 1000 Meter Tiefe herrscht völlige Dunkelheit. →Pflanzen können hier nicht überleben, weil sie Licht brauchen, um ihre Nahrung herzustellen. Jedoch bewohnen diesen Lebensraum viele Tierarten, die neben der Kälte und Dunkelheit dem ungeheuren Druck der Wassermassen über sich standhalten. Sie ernähren sich von dem, was aus den oberen Wasserschichten nach unten fällt. Die meisten →Fische der Tiefsee haben riesige Kiefer mit spitzen Zähnen und stark vergrößerte Augen. Viele Tiefseebewohner besitzen Leuchtorgane, mit denen sie Geschlechtspartner oder Beutetiere anlocken. An manchen Stellen der

Die bis zu 30 cm langen Viperfische sind optimal an den Lebensraum der Tiefsee angepasst. Mit ihren riesigen Augen können sie sogar bei wenig Licht noch etwas erkennen.

Tiefsee gibt es vulkanische Spalten und heiße →Quellen. Hier leben →Bakterien, →Muscheln, →Krebse und meterlange Bartwürmer. Die tiefste Stelle im Meer liegt im Marianengraben und beträgt 11 034 Meter.

Manche harmlosen Tiere ahmen gefährliche Tiere nach, um sich vor Angreifern zu schützen. Der Frosch sieht wegen seiner Färbung aus wie seine giftigen Artverwandten. Der Wespenglasflügler (rechts) gleicht der Wespe.

Tiere

Tiere sind Lebewesen, die sich von →Pflanzen oder anderen Tieren ernähren. Darin unterscheiden sie sich grundsätzlich von den Pflanzen, die aus dem →Gas Kohlendioxid und Wasser mithilfe des Sonnenlichts ihre Nahrung selbst herstellen. Die Tiere dagegen brauchen →Sauerstoff zum Atmen, den sie der →Luft oder wie die →Fische dem Wasser entnehmen.

Fast alle Tierarten haben sich im Lauf der Erdgeschichte durch →Evolution aus früheren, ausgestorbenen Formen entwickelt. Bisher kennt man rund 1,5 Millionen Tierarten. Es gibt aber noch viel mehr Tiere, die noch nicht entdeckt sind, zum Beispiel im tropischen Regenwald. Die kleinsten Tiere sind winzige Einzeller, die etwa im →Plankton leben. Das größte Tier ist der bis zu 30 Meter lange Blauwal.

Fische, →Lurche, →Kriechtiere, →Vögel und →Säugetiere besitzen ein →Skelett mit einer Wirbelsäule. Deshalb bezeichnen wir diese fünf Tiergruppen als Wirbeltiere. Alle anderen Tiere sind Wirbellose, wie die →Insekten, die →Schnecken und die →Spinnen. Viele Tiere stehen unter Artenschutz. Sie sind auf der Roten Liste gefährdeter Arten aufgeführt.

Tiger

Der Tiger lebt in den Wäldern Asiens und jagt vor allem Hirsche. Die Streifen seines Fells bieten ihm im Unterholz eine gute →Tarnung. Er ist die größte und kräftigste →Katzenart. Der Sibirische Tiger hat eine Körperlänge von ungefähr zwei Metern bei einem Gewicht von bis zu 250 Kilogramm. Bis ins 19. Jahrhundert hinein lebten Tausende von Tigern in Asien. Dann begann der Mensch, immer stärker Jagd auf diese Großkatzen zu machen. Heute ist der Tiger in vielen Gebieten ausgestorben, zum Beispiel auf Bali. In Indien ist es nur mit knapper Not gelungen, den Tiger vor dem Aussterben zu bewahren.

Der Sibirische Tiger ist die größte Tigerart. Er lebt in sehr kalten Regionen, etwa in Russland, ist aber durch sein dickes Fell gut gegen Kälte geschützt.

Tintenfisch

Die Tintenfische sind keine Fische, sondern →Weichtiere und daher mit den →Schnecken und →Muscheln verwandt. Sie haben um den Mund herum lange Fangarme mit Saugnäp-

Der Krake ist ein achtarmiger Tintenfisch. Da sie kein Skelett haben, sind Kraken extrem beweglich und können selbst durch kleinste Felsspalten schlüpfen.

fen, auch Tentakel genannt. Deshalb bezeichnen die Zoologen sie auch als Kopffüßer. Es gibt verschiedene Lebensformen unter den Tintenfischen. Der Krake oder Oktopus hat acht Fangarme und ein rundliche Körperform. Er hält sich überwiegend in Höhlen am Meeresboden auf. Bei Gefahr stößt er eine dunkle Flüssigkeit aus, um seinen Angreifer zu verwirren und fliehen zu können. Die Sepien und die Kalmare haben einen länglichen, flachen Körper und zehn Fangarme.

Tod

Was der Tod wirklich ist, weiß keiner. Die meisten Ärzte sagen, dass der Tod dann eingetreten ist, wenn das → Gehirn nicht mehr funktioniert, selbst wenn das → Herz noch weiterschlägt. In diesem Fall stellt sich die Frage, ob der Mensch noch weiterhin an die Apparate angeschlossen bleiben soll, die seinen → Körper künstlich am „Leben" erhalten.

Manche Menschen lehnen es heute ab, dass ihr Leben mit den Mitteln der → Medizin verlängert wird, wenn sie unheilbar krank sind. Andere gehen noch weiter und fordern eine Sterbe-

hilfe. Der Arzt soll ihnen auf Verlangen ein → Gift geben, damit sie sich selbst töten können. Diese Fragen sind heute sehr umstritten.

Wenn ein Mensch gestorben ist, nehmen die Hinterbliebenen Abschied von ihm: Sie trauern um ihn und bestatten ihn. Die meisten → Religionen versuchen eine Antwort auf die Frage zu geben, was nach dem Tod passiert. So glauben etwa die → Christen an ein Weiterleben im Jenseits, die → Buddhisten und die → Hinduisten glauben an die Wiedergeburt. Andere Menschen gehen davon aus, dass mit dem Tod alles vorbei ist oder dass Verstorbene in den Gedanken und Gefühlen ihrer Mitmenschen weiterleben.

Toleranz

Wer tolerant ist, achtet die Meinung des anderen und lässt sie gelten. Toleranz bedeutet aber nicht, keine Unterschiede mehr zwischen verschiedenen Ansichten zu sehen. Man kann seine Meinung für die richtige halten und trotzdem eine andere anerkennen. Toleranz äußert sich vor allem in Friedfertigkeit: Man verfolgt den anderen nicht wegen seiner abweichenden Mei-

Christen begraben die Toten in einem Sarg auf dem Friedhof. Manchmal wird der Leichnam auch verbrannt und seine Asche in einer Urne beigesetzt.

nung. Toleranz ist als Gedankenfreiheit, Glaubensfreiheit und Gewissensfreiheit in den Grund- und →Menschenrechten verankert. Das Gegenteil von Toleranz sind Intoleranz, Radikalismus, →Rassismus und Nationalismus.

Tollwut

Tollwut ist eine Viruskrankheit, die für Tiere und Menschen tödlich ist. Besonders →Füchse können an Tollwut leiden, aber auch Hunde, Katzen, Rinder und andere Säugetiere. Die erkrankten Tiere werden zahm und bissig. Bald treten tödliche Lähmungen am ganzen →Körper und Schaum vor dem Maul auf.

Tollwutkranke Wildtiere übertragen die Krankheit bei Berührung oder durch einen Biss auf andere Tiere oder den Menschen. Befallene Menschen leiden an einer Gehirnentzündung, die zum →Tod führt. Nur eine vorbeugende oder in den ersten Stunden nach dem Biss erfolgte →Impfung kann das Leben retten. Damit Füchse keine Tollwut bekommen, werden Köder mit einem Impfstoff ausgelegt. Wenn ein Fuchs den Köder frisst, ist er vor Tollwut geschützt.

Tourismus

Zum Tourismus gehört alles, was mit Reisen und Fremdenverkehr zu tun hat. In den Ferien fahren viele Menschen in die Berge, ans Meer oder in fremde Städte und leben dort in Hotels oder Pensionen. Dem Tourismus dienen auch Restaurants, Bergbahnen, Diskotheken, Clubs und Sportstätten. So kommt es, dass der Tourismus in vielen Ländern eine wichtige Einnahmequelle geworden ist. Es gibt aber auch negative Folgen, da manche Touristen an ihrem Ferienort weder die →Natur noch die →Kultur und →Tradition des Landes achten.

Tradition

Wenn man sich an Weihnachten beschenkt, folgt man einer Tradition. Statt Tradition sagt man auch Brauch oder Gewohnheit. In Mitteleuropa werden Traditionen oft von Generation zu Generation leicht verändert. Das sieht man etwa an der →Sprache. Kinder sprechen zwar wie ihre Eltern und Großeltern. Aber sie verwenden auch neue Wörter, die es zur Zeit der Eltern nicht gab, wie downloaden, hip oder cool.

Das Maus-Quiz

Diese Pflanze kann gut Wasser speichern und wächst meist in trockenen Gebieten. Auf welcher Seite befindet sich das Bild hier im Buch?

Traktor

Der Traktor ist ein Vielzweckfahrzeug mit einem starken →Motor, das vor allem in der →Landwirtschaft eingesetzt wird. Er zieht nicht nur den Pflug und die Egge über die Felder, sondern treibt ebenso den Kreiselmäher, den Heuwender und die Sämaschine an. Mit der Motorkraft des Traktors kann man auch Holz spalten und Rüben ernten. Ebenso wie ein →Mähdrescher macht ein Traktor die Arbeit, für die man vor 100 Jahren Dutzende von Arbeitskräften eingesetzt hätte.

Die ersten Traktoren mit Benzinmotor wurden um 1920 gebaut. Mit ihnen begann die Mechanisierung der Landwirtschaft.

Mit seinen breiten Hinterrädern kommt der Traktor selbst auf sehr weichem und unebenem Boden gut vorwärts.

Transformator

Ein Transformator, kurz Trafo genannt, verändert die Spannung elektrischer Ströme. Er besteht aus zwei Spulen, die über einen →Eisenkern miteinander verbunden sind. In die erste Spule wird der →Strom eingespeist und erzeugt in der zweiten Spule einen anderen Strom. Enthält die zweite Spule mehr Wicklungen als die erste, erhöht sich die Spannung und man spricht von einem Aufwärtstransformator.

Im anderen Fall handelt es sich um einen Abwärtstransformator. Der in einem →Kraftwerk erzeugte Strom wird auf 400 000 Volt hinauftransformiert. Nur so kann man ihn ohne große Verluste in Überlandleitungen transportieren. Damit wir den Strom im Haushalt nutzen können, wird er wieder heruntertransformiert bis auf die üblichen 230 Volt.

Traum

Träume zeigen, dass unser →Gehirn im →Schlaf besonders viel arbeitet. Träume sind ganz verschieden: Wir werden etwa ein Bild nicht los, das uns schon tagsüber beschäftigt hat. Oder wir träumen ganz wirr und ohne Zusammenhang von bekannten oder unbekannten Personen. Manche Menschen haben Albträume und fühlen, wie sie fallen oder gejagt werden. Jeder träumt, aber an die wenigsten Träume erinnert man sich. Warum wir träumen, konnten die Wissenschaftler noch nicht klären.

Triebwerk

Wir blasen einen Luftballon auf und lassen ihn los. Er fliegt weg. Dabei stößt er hinten Luft aus. Strahltriebwerke von →Flugzeugen arbeiten ganz ähnlich. Die Schaufeln des Verdichters im Triebwerk saugen Luft an und pressen sie mit hohem Druck in die Brennkammern. Dort wird Treibstoff verbrannt. Dadurch erhitzt sich die Luft sehr stark und dehnt sich aus. Die heißen →Gase strömen in die →Turbine und treiben den Propeller an. Sie werden nach hinten ausgestoßen und sorgen durch den Rückstoß für eine nach vorn gerichtete Bewegung.

Die Triebwerke von →Raketen arbeiten etwas anders. Da es im →Weltall keine Luft gibt, saugen sie keine Luft an, sondern führen den →Sauerstoff mit sich. Im Triebwerk reagiert er mit dem Brennstoff. Die austretenden Gase treiben die Rakete vorwärts.

Tropen

Die Gebiete in der Nähe des →Äquators nennt man Tropen. Die →Sonne steht dort am Mittag sehr hoch und es herrscht ein feuchtwarmes →Klima. Wir sagen dazu auch tropisches Klima. In dieser immer feuchten Klimazone wachsen die tropischen →Regenwälder. In den Tropen gibt es keine →Jahreszeiten. Statt Winter und Sommer

Typisch für einen tropischen Regenwald sind die unterschiedlich hohen Baumstockwerke. In jedem Stockwerk kommen ganz spezielle Tier- und Pflanzenarten vor.

treten dort meist Regen- und Trockenzeiten auf. In Indien kommt es in der Regenzeit zu starken Monsunregen.

Tunnel

Tunnels sind dem Menschen nützlich als Verkehrswege, für den Bergbau und den Transport von Wasser. Bereits im →Römischen Reich schlug man Tunnels in Gestein und nutzte sie als Wasserleitungen. Der St. Gotthard ist mit 16,9 Kilometern der längste Straßentunnel der Alpen und der drittlängste weltweit. In Japan gibt es den längsten →Eisenbahntunnel: Der Seikan-Tunnel ist 53,9 Kilometer lang!

Es gibt mehrere Verfahren für den Bau von Tunnels. Bei ganz hartem →Gestein muss man Sprengstoffe einsetzen. In weicherem Gestein verwendet man riesengroße Bohrmaschinen. Eine andere Technik ist der Schildvortrieb: Man drückt einen Stahlzylinder von der Größe des späteren Tunnels mit Pressen durch das Gestein. Dieses wird dann im Inneren des Zylinders zerkleinert und abtransportiert.

Turbine

Turbinen werden bei der →Energiegewinnung eingesetzt. Sie nutzen die →Energie des fließenden Wassers oder strömender →Gase. Wärmekraftwerke arbeiten mit Dampfturbinen. Bei der Verbrennung von →Erdöl oder →Kohle entsteht Wasserdampf. Diesen leitet man durch die fest stehenden Schaufeln eines Leitrades auf die beweglichen Schaufeln eines Laufrades. So wird die Turbine in eine Drehung versetzt, die wiederum den →Generator zur Stromerzeugung antreibt. Gasturbinen arbeiten wie Dampfturbinen, indem sie heiße Abgase nutzen. Sie befinden sich etwa in den →Triebwerken von →Flugzeugen.

Der Tunnel

Warum brechen Tunnel nicht ein?

Auf den Wänden der Röhren, die sich durch Berge oder unter dem Meer entlangziehen, lasten viele Tausend Tonnen Gewicht. Damit ein Tunnel nicht einstürzt, werden die Tunnelwände zusätzlich versteift. Das passiert sofort, nachdem die Schneidräder der riesigen Tunnelbohrmaschinen Zentimeter für Zentimeter des Gesteins abgeraspelt haben. Zur Verstärkung werden die Tunnelwände mit sogenannten Tübbings ausgekleidet. Das sind gebogene Stahlbetonteile, die schon vorher in der richtigen Größe angefertigt worden sind und im Tunnel zusammengebaut werden. Sie bilden dann einen Ring, der vor die Tunnelwände gesetzt wird. Die machen den Tunnel stabil und verhindern auch, dass von außen Wasser eindringt.

Normalerweise schlägt das Herz des Siebenschläfers 450-mal pro Minute, im Winterschlaf nur noch rund 35-mal. So kann das Tier gut überwintern.

Überwinterung

Unsere Winter sind oft sehr kalt. Wechselwarme Tiere, deren Körpertemperatur von ihrer Umgebung abhängt, müssen sich im Winter zurückziehen. Sie graben sich tief in den Boden ein oder verstecken sich in Baumhöhlen, wo die Temperatur nicht unter null Grad sinkt, und überwintern dort. Sie befinden sich dabei in einer Kältestarre, die sie vor dem Erfrieren schützt. Wechselwarm sind zum Beispiel →Schnecken, →Insekten und auch →Kriechtiere.

Warmblüter oder gleichwarme Tiere wie etwa die →Vögel und →Säugetiere sind von der Lufttemperatur unabhängig. Sie produzieren wie wir Menschen auch ihre eigene Wärme. In den kalten Wintermonaten finden die insektenfressenden Arten jedoch kaum Nahrung. Deswegen sind viele bei uns heimische Vögel →Zugvögel und ziehen über den Winter in den Süden. Siebenschläfer,

→Igel, Murmeltier und andere Säugetiere fallen im Herbst in einen Winterschlaf. Dabei drosseln sie ihren →Stoffwechsel, um über die nahrungsarmen, kalten Monate zu kommen. Sie atmen kaum noch und ihr Herz schlägt sehr langsam.

Uhr

Früher bestimmten die Menschen die Tageszeit nach dem Sonnenstand. In der →Antike gab es Sonnenuhren. Die Griechen kannten zudem die Wasseruhr. Die ersten mechanischen Uhren mit →Zahnrädern entstanden im 13. Jahrhundert in Europa. 1581 entdeckte Galileo Galilei das Pendel für die Zeitmessung. Damit wurde der Bau viel genauerer Uhren möglich. Mechanische Uhren

Die Uhr

Wer stellt die Funkuhr?

Eine Funkuhr geht immer auf die Sekunde genau. Doch nicht nur das. Man muss sie nicht einmal von Hand stellen. Die Umstellung auf die Sommerzeit im März und auf normale Zeit im Oktober bewerkstelligt sie ganz automatisch. Und wenn man eine Funkuhr neu kauft, auspackt und die Batterien einlegt, erscheint wie von Zauberhand nach wenigen Sekunden die richtige Uhrzeit auf der Anzeige. Wie kommt das?

Funkuhren haben eine Antenne, mit der sie regelmäßig Funksignale empfangen, die ihnen die Uhrzeit verraten. Die Funksignale kommen von einer Atomuhr in der Physikalisch-Technischen Bundesanstalt in Braunschweig – der genauesten Uhr der Welt.

Diese Atomuhr bestimmt auf die Sekunde genau, wie viel Uhr es in Deutschland ist. Danach richten sich zum Beispiel auch Fernseh- und Rundfunksender.

enthalten Zahnräder und müssen immer wieder aufgezogen werden. Quarzuhren funktionieren mit elektrischem →Strom – wie viele der heutigen Armbanduhren. Sie haben eine →Batterie und machen von der Erscheinung Gebrauch, dass das →Mineral Quarz hin- und herschwingt, wenn man es an einen Stromkreis anschließt.

Viele Umweltschützer setzen sich für die Rettung des Regenwaldes ein. Denn riesige Gebiete werden durch Abholzung zerstört, um die Flächen landwirtschaftlich nutzen zu können.

Umweltschutz

Jedes Tier, jede Pflanze und jeder Mensch lebt in einer Umwelt. Dazu gehören →Klima, Wohnraum und alle anderen Lebewesen. Die Umwelt einer Alge ist natürlich ganz anders als die des Menschen. Dennoch besteht zwischen Alge und Mensch ein Zusammenhang, etwa über die →Nahrungskette Alge – Fisch – Mensch.

Obwohl der Mensch auch Teil der Natur ist, greift er oft in die natürliche Ordnung ein und gefährdet dadurch die Umwelt. Wir zerstören →Ökosysteme oder Lebensräume, indem wir →Moore trockenlegen, →Wälder abholzen und →Flüsse in ein gerades Flussbett zwingen. Autos,

Haushalte, →Industrie und →Landwirtschaft verwenden und produzieren Tausende umweltschädliche Stoffe. Industrie- und auch Autoabgase bewirken etwa das Waldsterben und verstärken den Treibhauseffekt, wodurch das Klima verändert wird. Der Umweltschutz versucht, die natürlichen Lebensräume zu erhalten. Er sollte jedoch beginnen, bevor man die →Natur schädigt.

Universität

Wer das →Abitur (Matura) besitzt, kann an einer Universität studieren. Das ist eine Hochschule, an der Professoren und Dozenten unterrichten. Die Studenten entscheiden sich für ein oder für mehrere Studienfächer wie Medizin, Geschichte, Kunst, Deutsch oder Französisch. Ein Studium dauert mindestens vier Jahre. Danach kann man zudem den Doktorgrad erwerben und als Arzt oder Rechtsanwalt arbeiten. Kinder-Unis sind Veranstaltungen der Universitäten, in denen Kindern verschiedene Wissenschaften erklärt werden.

Das Maus-Quiz

Mit einem Fernrohr kann man auf der Oberfläche dieses Himmelskörpers tiefe Krater sehen. Im Sonnensystem ist er unser nächster Nachbar. Auf welcher Seite befindet sich das Bild hier im Buch?

Vegetarier

Vegetarier essen kein Fleisch, sondern ernähren sich vorwiegend von →Obst, →Gemüse und →Getreide. Mediziner haben festgestellt, dass die vegetarische Lebensweise gesund ist, solange man auf eine ausgewogene →Ernährung achtet. Wenn sich jemand vegan ernährt, verzichtet er zudem auf sämtliche Produkte tierischer Herkunft wie Eier, Milchprodukte und Honig. Veganer trinken anstelle von Kuhmilch zum Beispiel rein pflanzliche Sojamilch.

Bei der Trompete werden Töne verändert, indem man die drei silbernen Ventile herunterdrückt.

Ventil

Mit Ventilen kann man →Gase und →Flüssigkeiten einfüllen oder ablassen oder das Ausströmen von Gasen und Flüssigkeiten regulieren. Das Ventil im Fahrradreifen lässt keine Luft aus dem Reifen. Beim Aufpumpen öffnet es sich automatisch, sodass Luft in den Reifen gepumpt werden kann. Im →Motor des Autos steuert ein Ventil die Zufuhr des Benzin-Luft-Gemisches. Im Dampfkochtopf befindet sich ein Überdruckventil. Sobald der Druck zu groß wird, öffnet das Ventil sich selbsttätig.

Verdauung

Bei der Verdauung zerlegt unser →Körper die aufgenommene Nahrung in ihre Bestandteile. Erst diese kann der Körper verwerten. Die Ver-

dauung fängt bereits im Mund an. Die →Zähne zerkleinern das Essen und besondere chemische Stoffe im Speichel, die Enzyme, beginnen mit dem Abbau der Nahrung. Nach dem Schlucken gelangen die zerkauten Speisen durch die Speiseröhre in den →Magen, wo sie zu einem Brei zersetzt werden. Von Zeit zu Zeit entlässt ein Ringmuskel am unteren Ende des Magens Portionen des Speisebreies in den Dünndarm. Das ist der erste Abschnitt unseres →Darms.

Im Dünndarm wird die Nahrung in einzelne Bestandteile zerlegt, die teilweise durch die dünnen Darmwände ins →Blut übergehen und sich im ganzen Körper verteilen. Der Rest wird weiter zum Dickdarm transportiert. Die Darmwände nehmen Wasser und Mineralsalze auf, bis der Brei eingedickt ist. Außerdem helfen viele →Bakterien beim Verdauen der Nahrung. Das Endprodukt verlässt unseren Körper schließlich durch den After als Exkremente oder Kot.

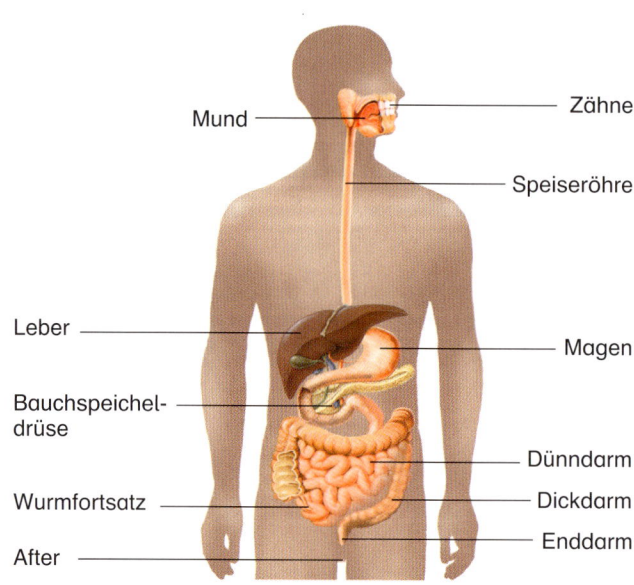

Der erste Verdauungsschritt beginnt im Mund. Die eigentliche Verdauung findet im Darm statt.

Vereinte Nationen

Die meisten Länder der Welt gehören zu den Vereinten Nationen (United Nations Organization), abgekürzt UN oder UNO. Jedes Mitgliedsland sendet Vertreter zur UNO-Versammlung mit Sitz in New York. Die UNO versucht, den →Frieden zu erhalten und Menschen zu helfen, die in Not geraten sind. Sie achtet darauf, dass die →Menschenrechte eingehalten werden. Der Sicherheitsrat der UNO kann Mitgliedsstaaten bitten, Friedenstruppen in Länder zu entsenden, die gegeneinander →Krieg führen. Die Soldaten dieser Truppen nennt man Blauhelme, weil sie eine Uniform mit blauen Helmen tragen.

Zur UNO gehören zahlreiche Sonderorganisationen: Die Welternährungsorganisation FAO hilft →Entwicklungsländern bei der Verbesserung der Landwirtschaft. Die Weltgesundheitsorganisation WHO bekämpft ansteckende Krankheiten. Der Internationale Währungsfonds leiht armen Ländern Geld.

Vererbung

Wenn sich eine Rose fortpflanzt, wird daraus immer wieder eine Rose, niemals eine Tulpe. Durch Vererbung gibt die Rose ihre Merkmale vollständig an ihre Nachkommen weiter. Die →Wissenschaft, die sich mit der Vererbung befasst, heißt Genetik.

Verantwortlich für die Vererbung sind die Chromosomen. Das sind stäbchenförmige Gebilde, die sich im Kern jeder →Zelle befinden. Sie enthalten einen sehr langen Faden aus Desoxyribonukleinsäure (DNS oder DNA). Die DNS ist mit einem →Lexikon vergleichbar: Sie birgt sehr viele Informationen. Einzelne Abschnitte darauf, die sogenannten →Gene, sorgen für die Vererbung ganz bestimmter Merkmale.

Bei der →Fortpflanzung verschmilzt eine Eizelle der →Frau mit einer männlichen Samenzelle. Dabei vermischt sich das Erbgut der Mutter mit dem Erbgut des Vaters. Alle Samenzellen und Eizellen unterscheiden sich aber etwas voneinander. Deswegen müssen sich Geschwister nicht besonders ähnlich sehen.

Verkehr

Verkehr entsteht, wenn Güter oder Menschen von einem Ort zum anderen transportiert werden. Heute findet der Verkehr auf dem Wasser, der Straße, der Schiene oder in der Luft statt. Weil es so viel Verkehr und →Verkehrsmittel

Der Verkehr

Wie funktioniert eine Ampel?

Der Straßenverkehr in den Städten würde ohne Ampeln zusammenbrechen. Sie zeigen an großen Kreuzungen den Auto- und Fahrradfahrern sowie den Fußgängern an, wer anhalten muss und wer die Kreuzung überqueren darf.
Früher wechselten Rot und Grün bei allen Ampeln immer in denselben Abständen. Heute gibt es Ampeln, die „wissen", ob und wie viele Autos an der Ampel auf Grün warten. Erkennen kannst du diese Ampeln an den schwarzen Linien im Asphalt. Häufig weist auch ein Schild darauf hin, dass man bis zur Haltelinie vorfahren soll. In den Rillen der Fahrbahn verlaufen Drähte, in denen Strom fließt – die sogenannte Kontaktschleife. Sie erzeugt ein Magnetfeld. Wenn ein Auto darauf anhält, gerät es in das Magnetfeld und wird von einem Steuergerät erfasst. Dieses gibt den Befehl an die Ampel, auf Grün zu schalten.

gibt, braucht man auch viele Verkehrswege und Verkehrsanlagen. Für das →Auto sind dies die Straßen mit allen →Verkehrszeichen. Im Bereich der →Medien spricht man auch oft vom Verkehr, zum Beispiel vom Funkverkehr.

Das Maus-Quiz

Dieses Weichtier hat lange Fangarme. Bei Gefahr stößt es eine dunkle Flüssigkeit aus, um seinen Angreifer zu irritieren. Auf welcher Seite befindet sich das Tier hier im Buch?

Verkehrsmittel

Mit Verkehrsmitteln werden Personen oder Waren auf Straßen und Autobahnen, Flüssen und Meeren oder in der Luft von einem Ort zum anderen transportiert. Zu den Verkehrsmitteln auf dem Land gehören →Eisenbahnen, Überlandbusse, →Autos, →Motorräder und →Fahrräder. Verkehrsmittel auf dem Wasser sind →Schiffe, Fähren und Motorboote, während →Flugzeuge und →Hubschrauber zu den Verkehrsmitteln der Luft zählen.

In Städten und deren Umgebung fahren die öffentlichen Verkehrsmittel im Stadt- und Nahverkehr: die Busse, S- und U-Bahnen sowie Straßenbahnen. Sie fahren nach einem genauen Fahrplan und die Fahrgäste können nur an den Haltestellen zu- und aussteigen. Taxis fahren jederzeit zu jedem beliebigen Ort, sind jedoch auch wesentlich teurer. Ohne öffentliche Verkehrsmittel wären noch mehr Autos unterwegs und es gäbe ständig Stau auf unseren Straßen.

Verkehrszeichen

Ohne Verkehrszeichen gäbe es ein großes Chaos und viele Unfälle auf den Straßen. Darum gibt es Schilder, an die sich alle Verkehrsteilnehmer halten müssen. Gefahrzeichen sind meist dreieckig mit einem roten Rand. Sie warnen zum Beispiel vor möglichem Gegenverkehr oder vor Schleudergefahr bei Nässe. Vorschriftszeichen sind oft rund mit rotem Rand und geben etwa ein Überholverbot an oder begrenzen die Geschwindigkeit. Ein Zebrastreifen, ein verkehrsberuhigter Bereich und eine Spielstraße werden von einem blauen Richtzeichen angezeigt. Auch Ampeln und Signale, die ein Verkehrspolizist gibt, gelten als Verkehrszeichen.

Die öffentlichen Verkehrsmittel entlasten vor allem in Städten den Verkehr auf den Straßen. Das Bild zeigt die Berliner U-Bahn, die streckenweise auch oberirdisch fährt.

Verkehrszeichen von links nach rechts: Vorfahrt an der nächsten Kreuzung; Überholen verboten; Vorfahrtsstraße; Fußgängerüberweg; Halt! Vorfahrt gewähren

Vertrag

Ein Vertrag kommt dann zustande, wenn ein Vertragspartner ein Angebot macht und der andere es annimmt. Wer ein gebrauchtes Auto verkaufen will, bietet es dem Käufer für einen bestimmten Betrag an. Wenn der Käufer seine Zustimmung gibt, ist der Vertrag gültig. Beide sind nun verpflichtet, ihren Beitrag zur Erfüllung des Vertrages zu leisten: Der Verkäufer muss das Auto übergeben, der Käufer muss bezahlen. Verträge können mündlich oder schriftlich geschlossen werden. Bei Streitigkeiten ist allerdings ein schriftlicher Vertrag nützlich.

Verwandtschaft

Menschen mit derselben →genetischen Herkunft sind miteinander verwandt. Jeder →Mensch ist mit seinen Eltern verwandt. Dagegen sind Vater und Mutter nicht miteinander verwandt. Deren Eltern sind die Großeltern, Großmutter (Oma) und Großvater (Opa). Manche Menschen haben keine Geschwister, andere einen Bruder oder eine Schwester.

Wenn Mutter, Vater, Tochter und Sohn eine Kleinfamilie bilden, dann ist die Tochter die Enkelin der Großeltern, der Sohn der Enkel. Die Schwiegermutter ist die Mutter des Ehepartners, der Vater wird Schwiegervater genannt. Für die Schwiegereltern ist der Ehepartner des Kindes

der Schwiegersohn oder die Schwiegertochter. Wenn die Eltern Geschwister haben, gibt es auch Tanten und Onkel in der →Familie. Die Kinder der elterlichen Geschwister sind Cousine und Cousin oder Base und Vetter.

Tiere und Pflanzen, die miteinander verwandt sind, haben sich während der →Evolution aus denselben Vorfahren entwickelt.

Virus

Ein Virus ist ein winziger →Krankheitserreger. Die Mehrzahl dazu lautet Viren. Viren kommen in Pflanzen, Tieren und im Menschen vor. Sie sind viel kleiner als →Bakterien und nur unter dem Elektronenmikroskop zu sehen.

Viren sind keine richtigen Lebewesen. Sie haben keinen →Stoffwechsel. Um sich zu vermehren, dringen sie in eine →Zelle ein und zwingen diese, viele neue Viren herzustellen. Dazu schleusen sie ihr eigenes Erbgut (→Gene) in das Erbgut der Wirtszelle ein. Viren borgen sich also ihr Leben. Wir Menschen leiden unter zahlreichen Viruserkrankungen wie Masern, Grippe, Mumps und →Aids. Als Viren bezeichnet man auch Programme, die im →Computer große Schäden anrichten können.

Vitamine

Um gesund zu bleiben, braucht jeder Mensch Vitamine. Da unser →Körper sie nicht selbst herstellen kann, müssen wir sie mit der Nahrung aufnehmen. Früher erkrankten Seefahrer auf langen Reisen an Skorbut, weil sie keine →Früchte oder frisches →Gemüse zu essen bekamen. Um 1800 entdeckte ein englischer Arzt, dass

Bananen enthalten viel Vitamin A und C.

Fisch ist reich an Vitamin D.

Zitronensaft die Krankheit verhindern kann. Das Vitamin C in der Zitrone kann den Skorbut wirksam bekämpfen.

Man kennt inzwischen fünf zusätzliche Vitamine: A, B, D, E und K. Die vier Vitamine A, D, E und K können wir in unserem Körperfett speichern. Die B-Vitamine und das Vitamin C hingegen können wir nicht speichern. Wir sollten uns aus diesem Grund jeden Tag damit versorgen. Es gibt aber kein Nahrungsmittel, das alle Vitamine enthält. Aus diesem Grund ist eine möglichst vielfältige → Ernährung so wichtig.

Die Vitamine

Können Vitamine auch schädlich sein?

Vitamine sind sehr wichtig. Wir brauchen sie, um gesund zu bleiben. Wenn wir jedoch zu viele Vitamine zu uns nehmen – etwa durch zu viele Vitamintabletten –, kann das auch sehr schädlich sein. Vitamin B und C sind wasserlöslich. Sie kann der Körper wieder ausscheiden. Die fettlöslichen Vitamine A, D, E und K jedoch werden in der Leber gespeichert. Je mehr man davon zu sich nimmt, desto größer wird der Vorrat. Und das kann richtig krank machen. Zu viel Vitamin A führt zum Beispiel zu Übelkeit, Erbrechen, Blutung und einem schmerzhaften Druck im Kopf. Aber keine Sorge: Wenn du dich ausgewogen ernährst, bekommt dein Körper genau die Mengen an Vitaminen, die er braucht. Nicht zu viel und nicht zu wenig.

Der Pirol ist ein Singvogel. Das Männchen hat ein auffällig gelbes Federkleid. Nähert sich der Vogel dem Nest, sperren die Jungen ihre Mäuler weit auf.

Vögel

Vögel gibt es auf der ganzen Welt. Sie besitzen zwei Flügel, einen Schnabel und → Federn am Körper. Weil Vögel für den Flug leicht sein müssen, sind ihre → Knochen hohl. Viele Arten verbringen den Winter in warmen Gebieten am Mittelmeer oder in Afrika. Auf ihrem Zug legen diese → Zugvögel Tausende von Kilometern zurück. Manche Vögel können nicht mehr fliegen, etwa → Pinguine. Der größte Vogel ist der ebenfalls flugunfähige → Strauß, der kleinste ist der → Kolibri.

Alle Vögel legen → Eier und brüten sie aus. Sind die Jungen geschlüpft, werden sie von den Eltern gefüttert. Die Schnabelform verrät viel über die Lebensweise eines Vogels. → Greifvögel und → Eulen haben scharfe Hakenschnäbel, um ihre Beute zu zerteilen. → Singvögel picken mit ihren kurzen Schnäbeln Samen und Insekten auf, während der kräftige Schnabel der → Krähe auch größere Beutetiere packen kann. Wasservögel wie → Enten holen mit dem breiten Schnabel Nahrung aus dem Wasser.

Vorurteil

Vorurteile sind voreilig gefasste Meinungen ohne Prüfung der Tatsachen. Vorurteile sind meist von anderen Menschen übernommene Urteile. Dabei spielen oft feindselige Gefühle eine Rolle. Durch Vorurteile wird ein Mensch erniedrigt, man sagt auch diskriminiert. Vorurteile gegenüber Ausländern führen zum Beispiel leicht zur Ausländerfeindlichkeit. Auch der →Rassismus beruht auf Vorurteilen.

Vulkan

Vulkane sind Öffnungen in der Erdkruste, aus denen →Gase, heiße Asche und glühendes, flüs-

Der Arenal in Costa Rica (Amerika) ist einer der aktivsten Vulkane der Erde. Jedes Jahr wächst er ein paar Meter in die Höhe, weil sich Lava rund um den Krater aufhäuft.

Der Vulkan

Warum ist Lava rot?

Der Ausbruch eines Vulkans ist gefährlich – aber auch spektakulär anzusehen. Aus dem Krater werden mit großer Gewalt Asche und glühende Steine herausgeschleudert, und glutrote Lavaströme fließen an dem Vulkanberg herab.
Die Lava besteht aus geschmolzenem Gestein, das aus dem Erdinneren kommt. Solange es sich dort befindet, wird es als Magma bezeichnet. Lava heißt es erst, wenn es an der Erdoberfläche austritt. Magma und Lava sind glühend heiß: bis zu 1200 Grad Celsius. Das ist sechsmal so heiß wie glühende Grillkohle. Wie die Kohle im Grill hat die Lava deshalb auch die rote Farbe. An der Erdoberfläche kühlt Lava langsam ab und erstarrt. Aus dem rot glühenden Brei wird dann harter Stein. Je nachdem, in welcher Form die Lava erstarrt, heißt sie Brockenlava, Fladenlava, Schollenlava oder Brotkrustenlava.

siges →Gestein (Lava) aus dem Erdinneren austreten. Einen heftigen Ausbruch nennen wir eine Eruption.

Es gibt unterschiedliche Vulkanformen. Einige Vulkane haben flach aufsteigende Hänge. Aus ihrem Krater oder aus Spalten fließt dünnflüssige Lava, die weite Gebiete bedecken kann. Die kegelförmigen Vulkane haben oftmals steile Hänge und fast immer einen oder mehrere Krater, die explosionsartig sehr viel Asche und Schlacke ausstoßen.

Auf der ganzen →Erde gibt es rund 800 aktive Vulkane. Durch die Weltmeere hindurch ziehen sich endlos lange Gebirgsketten, die sogenannten Mittelozeanischen Rücken. Sie bestehen alle aus Vulkanen. Aus ihren Kratern tritt ständig Lava aus und verfestigt sich zu neuem Meeresboden. Dabei werden die Platten zu beiden Seiten der Vulkanspalte auseinandergedrückt. So kommt es, dass sich die beiden →Kontinente Europa und Amerika jedes Jahr um rund zwei Zentimeter voneinander entfernen.

Waage

Mit der Waage bestimmt man, wie schwer etwas ist. Das Gewicht eines Gegenstandes hängt mit der →Schwerkraft zusammen. Es gibt unter-

schiedliche Waagentypen. Bei der Federwaage dehnt das Gewicht eine Feder. Das Maß der Dehnung kann man an einer Skala ablesen. Die Briefwaage funktioniert nach dem →Hebelprinzip. Bei der Balkenwaage vergleicht man verschiedene Gewichte. Dazu braucht man einen

Diese alte Apothekerwaage ist eine Balkenwaage.

Satz von geeichten, also amtlich überprüften Gewichtssteinen. Die meisten heutigen Waagen arbeiten mit elektrischem →Strom und zeigen das Ergebnis digital an.

Wahl

In →demokratischen Ländern können die Staatsbürger in regelmäßigen Abständen zur Wahl gehen. Sie wählen etwa einen →Bürgermeister, eine →Partei oder einen Abgeordneten für das →Parlament. Dabei kreuzen sie auf dem Stimmzettel den Namen des Kandidaten an, für den sie sich entschieden haben.

Wahlen müssen frei und geheim sein. „Frei" bedeutet, dass jeder den Kandidaten wählen darf, der ihm am meisten zusagt. Keiner darf einem anderen die Wahl vorschreiben. Damit dies möglich ist, sind Wahlen geheim. Jeder Wähler begibt sich in eine Kabine, füllt dort den Stimmzettel aus und wirft ihn dann in die Wahlurne. In

Deutschland und der Schweiz ist jeder Staatsangehörige ab 18 Jahren wahlberechtigt, in Österreich bereits ab 16 Jahren.

Waise

Halbwaisen sind →Kinder, deren Vater oder Mutter gestorben ist, Vollwaisen haben beide Elternteile verloren. Sie werden oft von →Verwandten aufgenommen oder bekommen durch →Adoption eine neue →Familie. Bis dahin kümmert sich ein Vormund um sie. Er trifft alle wichtigen Entscheidungen bis zum 18. Lebensjahr der Waisen. Dann sind sie volljährig und können für sich selbst entscheiden.

Wal

Wale sind an das Leben im Wasser sehr gut angepasst, sie gehören aber zu den →Säugetieren. Die Bezeichnung „Walfisch" ist also genau genommen falsch. Eine dicke Fettschicht unter der Haut verhindert, dass Wale im kalten Wasser

Buckelwale können bis zu 15 m lang und rund 30 t schwer werden. Da sie intensiv vom Menschen gejagt wurden, sind ihre Bestände heute stark bedroht. Deswegen stehen die Wale unter Artenschutz.

auskühlen. Für den Antrieb beim Schwimmen sorgt die große Schwanzflosse oder Fluke, die auf und ab geschlagen wird. Die Vorderflossen dienen der Steuerung.

Als Säugetiere atmen die Wale Luft und müssen somit regelmäßig zur Wasseroberfläche aufsteigen. Dort stoßen sie explosionsartig die verbrauchte Luft aus. Man sieht eine Nebelfontäne, den Blas. Danach atmet der Wal sofort wieder ein. Der Pottwal kann weit über eine Stunde unter Wasser bleiben und dabei 1200 Meter tief tauchen. Man hat sogar schon Pottwale in 2500 Meter Tiefe geortet. Wir unterscheiden zwei Gruppen von Walen. Die Zahnwale haben spitze kegelförmige Zähne im Kiefer und fangen Tintenfische, Robben und Seevögel. Zu ihnen gehören auch die → Delfine. Die Bartenwale haben anstelle von Zähnen lange Barten. Sie filtern damit → Plankton aus dem Wasser.

Wald

Mit Ausnahme der Polargebiete, der Wüsten, Steppen und hohen Gebirge kommen überall auf der Erde Wälder vor. Am Äquator gibt es tropische Regenwälder. In den gemäßigten Klimage-

In einem Nadelmischwald wachsen verschiedene Nadelbäume und (wie hier im Bild) auch Laubbäume.

biete wie in Mitteleuropa wachsen Laubwälder oder Laubmischwälder. Sie zeigen einen Aufbau aus mehreren Stockwerken. Die unterste Streuschicht besteht aus totem Laub und → Moosen, die Krautschicht aus niedrigen Blütenpflanzen. Dann folgen die Strauch- und die Baumschicht (Stamm- und Kronenschicht). Nadelwälder, wie man sie etwa in Kanada findet, bestehen ausschließlich aus → Nadelbäumen.

Der Wal

Warum taucht der Pottwal so tief?

Wenn Pottwale bis zu 2500 Meter tief ins Meer abtauchen, haben sie nur ein Ziel: die Jagd auf Beute. Ihre Lieblingsspeise sind die bis zu 20 Meter langen Riesenkalmare, die in diesen Tiefen leben. Bis zu 80 Minuten können solche Tauchgänge dauern – für Lungenatmer wie die Wale ist das eine enorme Leistung. Stelle dir vor, du müsstest über eine Stunde lang die Luft anhalten!

Wenn die Meeresriesen in die Tiefe gleiten, schlägt das Herz nur noch halb so schnell, und Organe, die nicht lebenswichtig sind, werden einfach abgeschaltet. So spart der Wal Sauerstoff. In der Tiefe wartet er ruhig auf seine Beute. Schwimmt ein Kalmar vorbei, schnappt der Pottwal mit seinen 20 Zentimeter langen Zähnen blitzschnell zu.

Wälder sind Lebensräume für zahlreiche Tiere und Pflanzen. In Wäldern ist es meist feucht, weil sie Regenwasser speichern. Die →Bäume der Wälder geben sehr viel →Sauerstoff an die Luft ab. Gleichzeitig filtern sie Staub aus der Luft und dämpfen den Lärm. Deswegen sind Wälder sehr wichtig für unser Überleben.

Eine Besonderheit des Wassers ist die Oberflächen-spannung. Daher können sich leichte Tiere wie der Wasserläufer auf dem Wasserspiegel fortbewegen.

Wasser

Wasser ist eine Verbindung aus Wasserstoff (H) und Sauerstoff (O) und heißt chemisch H_2O. Es hat eine besondere Eigenschaft: Fast alle Flüssigkeiten ziehen sich beim Gefrieren zusammen, Wasser dehnt sich aber aus. Deswegen schwimmt →Eis auf Wasser. Bei vier Grad Celsius hat Wasser seine größte Dichte. Wenn sich das Wasser eines →Sees auf vier Grad abkühlt, sinkt es zu Boden. So gelangt →Sauerstoff in die Tiefe zu Pflanzen und Tieren.

Weil es so viel Wasser auf der Erde gibt, glaubten die Menschen lange Zeit, sie könnten alle Abfälle einfach dem Wasser überlassen.

Heute wissen wir, dass das falsch ist. Unsere →Flüsse, Seen und die →Meere sind auf unter-schiedliche Weise durch →Dünger, Waschmittel, Schwermetalle und Lösungsmittel verschmutzt. Über eine Milliarde Menschen haben kein saube-res Trinkwasser. Mehrere Millionen Kinder ster-ben jedes Jahr an Krankheiten, die durch ver-schmutztes Wasser und durch mangelnde →Hygiene verursacht werden.

Wasserkreislauf

Rund zwei Drittel der Erdoberfläche sind von →Wasser bedeckt. Vor allem von der Oberfläche der →Meere verdunstet viel Wasser und gelangt

Das Wasser

Warum ist Wasser für uns lebenswichtig?

Unser Körper besteht zu zwei Dritteln aus Wasser. Es ist in allen Zellen und Körper-flüssigkeiten enthalten, also zum Beispiel im Blut, im Urin, im Schweiß und in den Tränen. Blut wird durch das Wasser dünnflüssig, damit es gut im Körper fließt und alle Organe mit Nährstoffen versorgen kann. Mit dem Blut durchläuft das Wasser wieder und wieder den Körper. Das passiert so oft, dass die Niere täg-lich von vielen Hundert Litern Wasser durch-spült wird. Sie filtert die Abfallstoffe heraus. Diese werden mit dem Urin, der zu 95 Prozent aus Wasser besteht, ausgeschieden. Das Wasser in unserem Körper sorgt auch dafür, dass wir im Sommer nicht überhitzen. Als Schweiß tritt es durch die Haut und verschafft uns Abkühlung, wenn es verdunstet. Ohne etwas zu trinken, würden wir nur etwa vier Tage überleben.

als Dampf in die →Atmosphäre. Beim Abkühlen kondensiert der Wasserdampf zu feinen Tröpfchen und bildet dabei die →Wolken. Wenn sie sich weiter abkühlen, werden die Tröpfchen größer und schwerer und fallen zu Boden. Dann regnet oder schneit es. Ein Teil des →Niederschlags wird von den →Pflanzen aufgenommen, der größte Teil fließt jedoch in →Bächen und →Flüssen zurück ins Meer. So schließt sich der Wasserkreislauf.

Watt

Der seichte →Küstenstreifen der Nordsee wird Watt genannt. Das Watt wird bei Flut vom Meer überspült und liegt bei →Ebbe trocken. Dann sind nur noch die sogenannten Priele mit Wasser gefüllt, die das Watt durchziehen. Der Boden ist matschig weich und heißt Schlick. Im Watt leben Würmer, →Muscheln, →Krebse und →Schnecken. Von ihnen ernähren sich die Watvögel, etwa Austernfischer, Knutt und Säbelschnäbler. Die deutschen Wattengebiete stehen unter →Naturschutz.

Die Wasserrinnen im Watt nennt man Priele.

Weinbergschnecken sind Weichtiere. Sie zählen zu den größten Schnecken Europas. Sie haben vier Fühler, am Ende der beiden langen Fühler sitzen die Augen.

Weichtiere

Die Weichtiere sind eine der ältesten Tiergruppen der Erde. Zu ihnen zählen →Muscheln, →Schnecken und Kopffüßer wie etwa die →Tintenfische. Die Weichtiere kommen auf der ganzen Welt vor, außer in der Arktis, der Antarktis und im Hochgebirge. Während die Kopffüßer nur im →Meer leben, gibt es Muscheln und Schnecken sowohl in den Gewässern als auch an Land.

Der Körper der Weichtiere besteht aus dem Kopf, dem Fuß, dem Eingeweidesack und dem Mantel. Im Eingeweidesack liegen die inneren →Organe wie etwa der Darm. Den Mantel bildet die Schale, die bei Muscheln und Schnecken äußerlich sichtbar ist. Bei →Tintenfischen liegt ein Rest dieser Schale als Schulp im Körperinnern. Weichtiere legen →Eier. Bei den meisten Arten schlüpft zunächst eine →Larve aus dem Ei, die sich dann zum erwachsenen Tier entwickelt.

Weihnachten

Am 25. Dezember eines jeden Jahres feiern die →Christen Weihnachten, das Fest der Geburt Jesu. Am Vorabend, dem Heiligen Abend, beginnen die Feiern mit Gottesdiensten, Familienbesuchen und dem Austausch der Geschenke unter dem Weihnachtsbaum. Die vierwöchige Zeit der Vorbereitung auf Weihnachten nennt man Advent.

Weizen

Weizen gehört zusammen mit Mais und Reis zu den wichtigsten →Getreidesorten. Er wird nahezu weltweit angebaut. Nur in der Arktis und Antarktis ist es für Weizen zu kalt. Der Weizen zählt zu den Gräsern. Am Ende des langen Halms befindet sich die Ähre mit den vielen unscheinbaren →Blüten. Nach der Befruchtung entwickelt sich aus jeder Blüte ein →Samen, das Weizenkorn. Es enthält lebenswichtige Nährstoffe und Stärke. Weizenkörner werden in einer Mühle zu Mehl gemahlen, aus dem man Brot, Kuchen und Nudeln herstellt.

Schon am Ende der →Steinzeit wurden die beiden Weizenarten Emmer und Einkorn angebaut. Heute gibt es viele Weizensorten, die der Mensch gezüchtet hat. Bei uns wird der Weizen zweimal im Jahr ausgesät: Winterweizen im Herbst und Sommerweizen im Frühjahr. Im Sommer und im Herbst wird der Weizen geerntet.

Große Wellen werden gerne von Surfern zum Wellenreiten genutzt. Diese Sportart ist auf Hawaii sehr beliebt. Denn vor diesen amerikanischen Inseln sind die Wellen besonders hoch.

Welle

Immer dort, wo sich Schwingungen ausbreiten, entstehen Wellen. Das können Wellen auf dem Wasser, →Schallwellen in der Luft oder elektromagnetische Wellen wie →Licht oder →Radiowellen sein. Wellen zeigen Wellenberge und Wellentäler. Der Abstand zwischen zwei Wellenbergen heißt Wellenlänge. Wenn Wellen schnell eintreffen, so haben sie eine hohe Frequenz.

Der Weizen

Was ist der Unterschied zwischen Weizen und Roggen?

Weizenbrot, Roggenbrot, Roggenmischbrot, Weizenmischbrot, Weißbrot, Schwarzbrot, Graubrot, Dinkelbrot – bei uns gibt es Hunderte verschiedene Brotsorten. Die meisten Brote werden mit Mehl gebacken, das aus Weizen- oder Roggenkörnern gemahlen wurde. Roggen ist wie Weizen eine Getreidesorte. Aus Weizenkörnern entsteht ein weißes Mehl. Weizenbrote oder Brote mit einem hohen Anteil an Weizenmehl sind sehr hell, schmecken mild und sind weich und locker. Roggenmehl ist dunkler als Weizenmehl. Roggenbrote sind daher dunkel und sehr fest und haben einen kräftigen Geschmack. Roggenmehl wird oft mit Weizenmehl zu Mischbroten verbacken. Ein reines Roggenbrot ist der schwarzbraune Pumpernickel.

Das Hubble-Weltraumteleskop umkreist die Erde in etwa 600 km Höhe. Es macht Bilder von entfernten Galaxien im Weltall und schickt sie zur Erde.

Wellenberge können unterschiedlich hoch sein. Diese Höhe nennt man Amplitude. Wenn der Wind über das Wasser eines Sees oder Ozeans weht, entstehen Wellen auf der Wasseroberfläche. Ein →Erdbeben am Meeresgrund kann riesige Wellen auslösen. Auf dem Meer sind diese Tsunamis nicht erkennbar. Wenn sie an der →Küste eintreffen, können sie jedoch höher als ein Hochhaus werden und verheerende Schäden anrichten.

Weltall

Das Weltall oder Universum besteht aus den →Sternen, →Planeten, dem Raum dazwischen sowie aus dem Staub und den Gasen, die in diesen Räumen anzutreffen sind. Die →Erde, unser →Sonnensystem oder auch die →Milchstraße bilden nur einen winzigen Teil des Weltalls. Das Licht von den entferntesten Sternensyste-

men (auch Galaxien genannt) braucht 15 Milliarden Jahre, bis es zu uns gelangt! Wissenschaftler glauben, dass die gesamte Materie des Universums vor ungefähr 17 Milliarden Jahren an einem Punkt vereinigt war. Dann explodierte diese in einem unvorstellbaren Urknall, dem sogenannten Big Bang. Die Materie wurde mit ungeheurer Geschwindigkeit in alle Richtungen weggeschleudert. Sie kühlte sich dabei ab und verdichtete sich zu Sternen, Planeten und →Monden.

Weltkrieg

In den Jahren von 1914 bis 1918 kam es zum Ersten Weltkrieg. Er tobte zwischen Deutschland, Österreich-Ungarn und der Türkei auf der einen Seite und fast der ganzen übrigen Welt, insbesondere Großbritannien, Frankreich, Russland und den USA, auf der anderen Seite. In Europa kämpften die Männer von Schützengräben aus, erstmals wurden auch Giftgas und Panzer eingesetzt. Der Krieg endete mit der Niederlage Deutschlands und Österreich-Ungarns. Die

In beiden Weltkriegen wurden viele Städte stark zerstört. Das Bild zeigt Mannheim nach dem Zweiten Weltkrieg im September des Jahres 1946.

kriegsmüde Bevölkerung stürzte bei Kriegsende die Monarchie und beide Länder wurden eine → Demokratie.

Der Zweite Weltkrieg begann im Herbst 1939 mit dem Überfall deutscher Truppen auf Polen. Verantwortlich für den Angriff waren die Machthaber des → Nationalsozialismus, die damals in Deutschland herrschten. Deutsche Soldaten eroberten zunächst große Teile Europas, der Sowjetunion und Nordafrikas. In den folgenden Jahren kämpften Deutschland, Japan und Italien gegen nahezu alle übrigen Nationen Europas, Amerikas und Asiens. 1945 verlor Deutschland den von ihm entfesselten Krieg, in dessen Verlauf viele Millionen Menschen ihr Leben, ihren Besitz und ihre Heimat verloren. Die Menschen litten daher jahrzehntelang an den Folgen des Krieges. Viele Städte waren durch Bomben vollkommen zerstört. → Deutschland wurde in Ost- und Westdeutschland geteilt und blieb dies bis zur „Wiedervereinigung" im Jahr 1990.

Werbung

Die Werbung will Menschen davon überzeugen, eine bestimmte Ware zu kaufen. Werbeanzeigen oder Werbefilme findet man in den → Medien wie im → Fernsehen und im → Radio, in → Zeitungen und in Zeitschriften. Darin werben Firmen zum Beispiel für eine neue Schokolade oder für ein spezielles Auto. Die Werbung darf übertreiben, aber nichts Falsches behaupten. In der Werbung werden oft bekannte Sportler oder beliebte Schauspieler gezeigt. Viele Menschen lassen sich davon beeinflussen und meinen, sie müssten unbedingt das beworbene Produkt kaufen.

In der Werbebranche arbeiten heutzutage viele Texter, Grafiker, Fotografen und Filmemacher. Ein Büro, das Werbung plant und zum Bei-

spiel Werbefilme dreht oder Prospekte und Plakate entwirft, nennt man Werbeagentur. Die meisten Firmen geben sehr viel Geld für Werbung aus.

Werkzeug

Werkzeuge sind Hilfsmittel, die meist in der → Technik und im → Handwerk verwendet werden. Sie erleichtern uns die Arbeit. Manche Werkzeuge werden von Hand bedient: Mit dem Hammer schlägt man Nägel in die Wand, mit der Schaufel gräbt man Löcher in die Erde und mit dem Messer schneidet man. Andere Werkzeuge werden von → Maschinen angetrieben. In eine Bohrmaschine kann zum Beispiel ein Bohrer oder eine Drahtbürste als Werkzeug eingespannt werden.

Schraubenschlüssel sind Werkzeuge zum Lösen oder Anziehen von Muttern.

Mit einem Schraubenzieher kann man Schrauben lösen oder festziehen.

Zu den ältesten Werkzeugen gehört der Faustkeil, den Menschen in der → Steinzeit hergestellt haben. Später fertigte man Werkzeuge aus → Metallen wie Kupfer oder → Eisen. Auch einige Tiere verwenden Werkzeuge. Schmutzgeier öffnen Eier mithilfe von Steinen. Schimpansen stochern mit Ästen in Termitenbauten nach Nahrung.

Wespe

Wespen sind mit den → Bienen und → Ameisen verwandt und gehören zu den → Insekten. Sie sind etwas schlanker und größer als Bienen. Die bei uns am häufigsten vorkommende Art ist die bis zu zwei Zentimeter lange Deutsche Wespe.

Der Kopf einer Deutschen Wespe in starker Vergrößerung – typisch sind die drei schwarzen Punkte auf der gelben Stirnplatte.

Sie baut kugelförmige Nester aus gekautem Holz. Im Nest leben eine Königin, die → Eier legt, sowie viele Tausend Arbeiterinnen, die alle Nachkommen der einen Königin sind. Die Arbeiterinnen helfen bei der Aufzucht junger Wespen, bei der Nahrungssuche und beim Nestbau. Wespen sind sozial lebende Insekten und bilden → Staa-

ten. Der Stich einer Wespe kann schmerzhaft sein. Doch solange man die Tiere nicht in Stress versetzt, stechen sie auch nicht.

Die größte Wespe ist die braun-gelb gefärbte Hornisse. Sie baut ihr → Nest meistens in hohlen Bäumen oder Gebäudenischen. Einheimische Wespen stehen unter Artenschutz. Sie dürfen nicht getötet und ihre Nester dürfen nicht zerstört werden.

Wetter

Zum Wetter gehören Sonnenschein, → Niederschläge, → Wind, → Wolken, → Nebel, Wärme und Kälte. Das alles spielt sich in der → Atmosphäre ab. Die → Sonne ist der Motor des Wetters. Sie wärmt die Erdoberfläche unterschiedlich stark auf. Die → Tropen erhalten zum Beispiel viel mehr Sonne als Mitteleuropa. Warmluft steigt auf und kühlere Luft fließt nach. Warme und kalte Luftmassen werden somit dauernd verschoben. Wenn kalte und warme Luftmassen aufeinandertreffen, entsteht eine Front. Dann verändert sich das Wetter schlagartig. Bei einer Warmfront trifft Warmluft auf Kaltluft und gleitet

Das Wetter

Wie entsteht Hagel?

Bei schweren Gewittern regnet es meist heftig. Manchmal fallen jedoch auch dicke Hagelkörner vom Himmel. Sie entstehen in den unteren Schichten von Gewitterwolken, die viel Wasser enthalten. Unter der Wolke steigt ständig erwärmte Luft von Boden nach oben. Dieser Aufwind trägt Wassertröpfchen in höhere und kühlere Bereiche der Gewitterwolke. Dort gefrieren die Tröpfchen und sinken wegen ihres

Gewichts wieder herunter. Der Aufwind trägt sie erneut nach oben. Unterwegs lagern sich neue Wassertropfen an, die in den oberen Schichten wieder gefrieren.

Je öfter sich die Eiskugeln auf und ab bewegen, desto dicker werden sie – bis sie zu schwer sind und als Hagelkörner auf die Erde fallen. Große Hagelkörner mit einem Durchmesser von zehn Zentimetern schießen mit 150 Stundenkilometern vom Himmel.

über sie hinweg. Warmfronten bringen höhere Temperaturen und die Niederschläge lassen nach. Bei Kaltfronten sinkt die Temperatur, und dann folgt meist ein heftiger Niederschlag.

Auch der Luftdruck ist sehr wichtig für das Wettergeschehen. Wenn er steigt, wird das Wetter besser. Fallender Luftdruck kündigt oft den Durchzug einer Kaltfront mit Regen an. Man spricht deshalb auch von einem Tief oder Hoch. Die Wissenschaft vom Wetter heißt Meteorologie. Eine ihrer Hauptaufgaben ist die Wettervorhersage. Früher haben die Menschen versucht, das Wetter durch die Beobachtung von Wolken vorherzusagen. Heute kann man mit →Satelliten genauere Wettervorhersagen machen.

Wiese

Auf einer Wiese wachsen →Kräuter, →Blumen und niedrige Gräser. Hier leben viele →Schmetterlinge, →Käfer, →Heuschrecken, →Bienen und andere →Insekten. Im Wiesenboden graben →Maulwürfe und Feldmäuse Gänge. Zweimal im Jahr wird die Wiese gemäht. Die getrockneten Pflanzen werden als sogenanntes Heu an →Kühe verfüttert. Das Grünland, auf dem Kühe fressen, bezeichnen wir als Weide. Oft sind Wiesen und Weiden von Hecken aus →Sträuchern umgeben.

Damit die Pflanzen auf den Wiesen kräftig wachsen, werden sie oft gedüngt. Dadurch können aber nur noch wenige Pflanzenarten gedeihen. Viele unterschiedliche Blumen wachsen auf nicht gedüngten, natürlichen Magerwiesen, etwa Margeriten, Glockenblumen oder Wiesensalbei. Auf einer Feuchtwiese steht ständig etwas Wasser. Dort fühlen sich zum Beispiel Binsen und Wollgras wohl. Eine Wiese mit Obstbäumen heißt Streuobstwiese.

Wikinger

Das Volk der Wikinger lebte vor langer Zeit im heutigen Norwegen, Schweden und Dänemark. Zwischen den Jahren 800 und 1100 n. Chr. machten viele Wikinger mit ihren schnellen Schiffen die Küsten Europas unsicher. Sie plünderten Dörfer und Städte und galten als sehr blutrünstig. Doch sie waren nicht nur auf Raub und →Piraterie aus. Sie gründeten ebenso Siedlungen in England, Irland und Frankreich. Dort wurden sie Normannen genannt. Ein Gebiet im Nordfrankreich heißt heute noch Normandie.

Nachbau eines Wikingerschiffs mit Drachenkopf vorn am Schiffsbug

Die Wikinger trieben viel →Handel und reisten sehr weit: So landete Leif Eriksson bereits um das Jahr 1000 in Nordamerika. Die Wikinger nannten das neue Gebiet Weinland, „Vinland", und besiedelten es während der nächsten zwei Jahrhunderte. Doch das Wissen um diesen neuen Erdteil ging später wieder verloren. Deswegen gilt heute Christoph Kolumbus als Entdecker Amerikas, der die Neue Welt jedoch erst 1492 betrat.

Wildpflanzen

Wildpflanzen sind wild wachsende →Pflanzen, im Gegensatz zu den Kulturpflanzen, die von Menschen gezüchtet und als Nutz- oder Zier-

pflanzen auf Feldern, Plantagen und in →Gärten angebaut werden. Manche Wildpflanzen kommen fast überall vor, wie →Löwenzahn oder Spitzwegerich. Andere bevorzugen einen bestimmten Lebensraum. So gibt es Seerosen nur in ruhigen Gewässern.

Wildpflanzen unserer →Wäl-der sind etwa Eichen und Tannen. Haselnuss und Schlehe stehen als Wildsträucher am Wiesenrand. Hei-mische Wildblumen sind Hahnen-fuß und Schlüsselblume. Die meis-

Schlüssel-
blume

ten Wildpflanzen werden vom Wind oder von →Insekten bestäubt. Das Springkraut dagegen besitzt Fruchtkapseln, die bei Berührung aufplat-zen. Dabei werden die →Samen bis zu drei Meter weit fortgeschleudert.

Wind

Wind ist →Luft in Bewegung. Wenn sich Luft erwärmt, steigt sie auf. Weil kein luftleerer Raum entstehen kann, fließt kalte Luft nach. Das spü-ren wir als Wind. Die Winde sind zum größten Teil für unser →Wetter verantwortlich. Der Englän-der Sir Francis Beaufort stellte 1805 eine Skala der Windstärken auf. Die Beaufortskala gilt noch heute. Sie umfasst 13 Windstärken. Null bedeu-tet Windstille. Ab Windstärke acht sprechen wir von →Sturm. Schon lange wird die Wind-kraft genutzt. Früher wurde mit Windmühlen →Getreide gemahlen. Heute dient der Wind der →Energiegewinnung.

Wirtschaft

Jeden Tag essen wir, ziehen Kleider an, fahren Bus oder Fahrrad. Ständig benötigen wir Güter oder Leistungen anderer Menschen. Damit beschäftigt sich die Wirtschaft oder Ökonomie.

Zur Wirtschaft gehören →Landwirtschaft, →Handwerk, →Industrie und Dienstleistungen. Die Landwirtschaft und die Industrie stellen Pro-dukte her, wie Lebensmittel, Autos oder Bücher. Dienstleistungen sind Tätigkeiten, die der Befrie-digung menschlicher Bedürfnisse dienen. Dienst-leister sind zum Beispiel Friseure und Ärzte. Auch der →Handel zählt zu den Dienstleistungen.

Die Wirtschaft funktioniert durch Angebot und Nachfrage. Eine Firma stellt Fernseher her und möchte damit hohe Gewinne erzielen. Ein zu teu-

Der Wind

Was passiert bei einem Orkan?

Die Stärke von Wind misst man in Wind-stärken von 0 bis 12. Bei Windstärke 0 steigt Rauch senkrecht nach oben, kein Lüftchen bewegt sich. Bei Stärke 12 rauscht ein Orkan mit Geschwindigkeiten von 120 bis über 280 Stundenkilometern durch die Land-schaft. Orkane sind sehr starke Stürme und richten meist schwere Verwüstungen an: Bäu-me knicken um wie Streichhölzer oder werden entwurzelt, Dächer werden abgedeckt und Strommasten brechen einfach zusammen. Bei Hurrikans, Taifunen und Zyklonen handelt es sich um tropische Wirbelstürme. Dabei drehen sich die Luftmassen rasend schnell um ein Zentrum, das Auge genannt wird. Wirbelstürme sind Naturkatastrophen, denen oft viele Menschen zum Opfer fallen.

res Gerät wird nicht gekauft. Ist es dagegen günstig, greifen wahrscheinlich viele Käufer zu. Gibt es mehr Käufer als Fernseher, steigt der Preis. Die Firma erzielt einen höheren Gewinn und kann mehr Fernseher herstellen. Durch die →Globalisierung werden heute zunehmend Produkte weltweit (global) hergestellt und gehandelt. Fernseher etwa werden meist nicht mehr in Deutschland gebaut.

Das Maus-Quiz

SEITZSTRASSE
DIETRICHSTRA
NÖRDLINGER STRASSE
9.5
0h18'
7:03
SCHISSLERSTRASSE
SCHISSLERSTRASSE

Mit diesem Gerät kann man sich in einer fremden Stadt zurechtfinden. Wenn man die Zieladresse eingibt, weist es einem den Weg. Auf welcher Seite befindet sich das Bild hier im Buch?

Wissenschaft

Die Wissenschaft sammelt Wissen in einem Fachgebiet und versucht, durch Forschung dieses Wissen auszubauen. Sie will objektiv sein, ohne persönliche Wertung. Wir unterscheiden verschiedene Einzelwissenschaften. Es gibt Geisteswissenschaften und die Naturwissenschaften. Die Geisteswissenschaften untersuchen zum Beispiel die →Sprachen, die →Literatur und die →Religionen. Zu den Naturwissenschaften gehören die →Biologie, die →Chemie und →Physik sowie die →Mathematik. Durch wiederholte

Beobachtungen und →Experimente versuchen die Wissenschaftler, Gesetzmäßigkeiten in der Natur zu erkennen. Entscheidend ist dabei, dass diese Versuche jederzeit und an jedem Ort dieser Erde dieselben Ergebnisse liefern.

Wolf

Der Wolf gehört zur Familie der →Hundeartigen. Wölfe leben in großen Rudeln unter der Führung des Leitpaares aus einem Wolf und einer Wölfin, dem alle gehorchen. In Gruppen machen Wölfe Jagd auf große Säugetiere wie Hirsche, Rentiere oder Elche. Dabei hat jedes Rudelmitglied eine bestimmte Aufgabe. Eine Gruppe hetzt zum Beispiel das Beutetier, während eine andere ihm den Weg abschneidet. Wölfe fressen jedoch auch Aas, Beeren oder sogar Pflanzenwurzeln. Nur das Leitpaar bekommt Junge, die vom ganzen Rudel aufgezogen werden. Wenn die Wölfe erwachsen werden, verlassen sie das Rudel und gründen ein neues Rudel.

Früher zählten Wölfe zu den weltweit am weitesten verbreiteten Raubtieren, heute sieht man sie nur noch selten. Die größten Wölfe können bis zu 85 kg schwer werden.

Solche Wolkenhaufen sieht man oft bei schönem Wetter.

Wolke

Wolken bestehen aus winzigen →Wassertröpfchen und Eiskristallen. Bis in rund 10 000 Meter Höhe gibt es Wolken. Manchmal reichen sie bis zum Erdboden, dann spricht man von →Nebel. Es gibt verschiedene Wolkentypen. Meistens kann man anhand der Wolkenform das →Wetter voraussagen.

Über die Wurzel nimmt die Pflanze Wasser und Nährstoffe aus dem Boden auf. Nadelbäume – hier eine Fichte – haben Flachwurzeln, die teilweise stark ausgebildet sind.

Die →Luft enthält stets eine bestimmte Menge Feuchtigkeit in Form von Wasserdampf. Warme Luft nimmt am meisten Feuchtigkeit auf. Wenn sie aufsteigt, kühlt sie sich ab. Kalte Luft kann nun aber nicht so viel Wasserdampf enthalten wie warme. Deswegen entstehen aus dem unsichtbaren Wasserdampf sichtbare winzige Wassertröpfchen. Es kommt zur Wolkenbildung. Dabei schlägt sich der Wasserdampf an kleinen, in der Luft schwebenden Teilchen nieder. Die Wassertröpfchen vergrößern sich und aus der anfänglich weißen Wolke wird eine dicke graue Wolke. Schließlich fallen die schwer gewordenen Tropfen als →Niederschlag auf den Erdboden: Es regnet, schneit oder hagelt.

Wolle

Wolle wird oft aus dem Fell der →Schafe gewonnen. Ein- oder zweimal im Jahr werden die Tiere geschoren. Ein Schaf liefert zwischen vier und fünf Kilogramm Wolle. Anschließend wird diese gereinigt, gefärbt und zu Garnen versponnen. Aus Wollgarnen stellt man Stoffe, Strickwaren und Teppiche her. Wolle liefern auch das südamerikanische Lama, der tibetische →Yak oder die Ziege. Die Angorawolle stammt von einer Ziegen- oder Kaninchenrasse.

Wurzel

Alle Blütenpflanzen haben eine Wurzel. Sie hält die →Pflanze im Boden fest. Mit den sehr feinen Wurzelhaaren nimmt die Pflanze Wasser und darin gelöste Mineralsalze als Nahrung aus dem

Manche Wurzeln kann man essen, etwa die Karotten.

Ein Tuareg in der Sahara mit einer Kamelkarawane im Hintergrund. Die Tuareg sind ein afrikanisches Volk, das großteils als Nomaden in der Wüste lebt.

Boden auf. Manche →Bäume wie Eichen haben eine tiefe Pfahlwurzel, die weit in den Boden reicht. Bei anderen verzweigen sich die Wurzeln zu einem dichten Wurzelwerk. In Wurzelknollen speichern Scharbockskraut und Dahlien Speicherstoffe, bei Hyazinthen, Narzissen, Tulpen und Schneeglöckchen übernimmt das die →Zwiebel. Auch in dem stark verdickten Wurzelstock (Rhizom) der Primel werden Nährstoffe gespeichert.

Wüste

Wüsten sind sehr trockene Lebensräume, in denen nur ganz wenige Pflanzen wachsen können. Tagsüber sind Wüsten sehr heiß, nachts dagegen eisig kalt. Manchmal regnet es jahrelang nicht. Dann kann plötzlich sehr viel Regen fallen und trockene →Täler verwandeln sich in reißende Flüsse. Nach dem Regen blüht die

Wüste für kurze Zeit auf. Bevor die Wüste wieder austrocknet, bilden die Pflanzen rasch →Samen, die in der nächsten Regenzeit keimen werden. Nur wenige Tiere leben in der Wüste, etwa der Wüstenfuchs oder das →Chamäleon sowie Springmäuse, →Käfer und →Skorpione.

Die Sahara in →Afrika ist die größte Wüste der Erde. Manche Teile der Sahara sind von Steinen bedeckt. In anderen Teilen gibt es nur →Sand, der sich zu hohen Hügeln auftürmt, den Dünen. An Wasserstellen wachsen Palmen und andere Pflanzen. In diesen →Oasen leben auch Menschen. Und Karawanen, die auf →Kamelen durch die Wüste ziehen, können dort rasten.

Die Wüste

Wie entsteht eine Fata Morgana?

Eine Fata Morgana ist eine optische Täuschung, die häufig in der Wüste vorkommt. Damit die Luftspiegelung entsteht, muss es sehr heiß sein. Die Sonne heizt den Sand in der Wüste tagsüber auf bis zu 70 Grad Celsius auf. Dadurch erhitzt sich auch die Luft über dem Sand sehr stark, sie dehnt sich aus und wird dünner. Die Luftschichten darüber sind jedoch kühler. Wenn die Sonnenstrahlen durch die Luftschichten dringen, werden sie an der Grenze zwischen der kühlen und der heißen Luft zurückgeworfen oder reflektiert. Diese Grenze wirkt wie ein Spiegel. Darin kann man den Himmel sehen oder Häuser, die jedoch kilometerweit entfernt sind. Fata Morganas kannst du an sehr heißen Sommertagen bei wenig Wind auch auf Straßen beobachten. Von Weitem sieht es aus, als wären riesige Pfützen auf dem Asphalt.

X-Chromosom

Chromosomen sind fadenförmige Gebilde, die sich in jeder einzelnen →Zelle unseres Körpers befinden. Auf ihnen sind die Erbinformationen gespeichert, die →Gene. Unsere Gene legen zum Beispiel fest, welche Haar- oder Augenfarbe wir haben oder welches →Geschlecht. Mädchen oder →Frauen haben zwei X-Chromosomen, Jungen oder →Männer haben ein X- und ein Y-Chromosom.

Mädchen haben zwei X-Chromosomen.

Xenophobie

Das Wort Xenophobie stammt aus dem Griechischen. „Xénos" bedeutet so viel wie „Fremder", „phóbos" heißt „Angst". Setzt man die beiden Wörter zusammen, ergibt sich „Fremdenangst". Damit gemeint ist die Angst vor Dingen, die einem fremd sind oder vor Menschen mit anderen →Religionen oder anderer Hautfarbe, anderen →Traditionen oder →Kulturen. Es gibt auch Menschen, die Angst vor Ärzten haben oder Angst vor Wasser. Alle diese Ängste sind unbegründet, denn weder Ärzte noch Wasser noch fremde Kulturen sind schädlich – ganz im Gegenteil!

Xylofon

Das Xylofon ist ein sehr altes →Musikinstrument, das weltweit verbreitet ist. Das Wort kommt aus dem Griechischen und bedeutet wörtlich übersetzt „Holzklang". Xylofone bestehen meist aus einem Rahmen, auf dem verschieden lange Holzstäbe in der Reihenfolge der Tonleiter angebracht sind. Mit zwei Schlegeln kann man die Stäbe zum Klingen bringen. Große Xylofone, die etwa in einem →Orchester gespielt werden, haben oft zwei Tonreihen. Jedes Klangholz hat einen eigenen Ton, wobei die längeren Hölzer einen tieferen Ton ergeben. Auch die Art des Holzes ist für den Ton entscheidend. So tönen etwa weiche Hölzer wie Pappel oder Erle viel sanfter als harte Holzarten.

Das Maus-Quiz

Dieses Insekt hat oft sieben schwarze Punkte auf seinen roten Flügeln. Es gilt auch als Glücksbringer. Auf welcher Seite befindet sich das Tier hier im Buch?

Ein Xylofon wird mit zwei Schlegeln gespielt. Die runden Köpfe der Schlegel sind aus Holz oder Filz.

Yak

Der Yak ist ein langhaariges, bis zu drei Meter langes Wildrind, das im Hochland Asiens lebt. Da Yaks sehr gut an das harte Klima in großer Höhe angepasst sind, werden sie schon seit vielen Tausend Jahren als →Haustiere gehalten. Sie liefern Fleisch, Milch, →Leder und →Wolle und werden als Last- und Reittiere eingesetzt. Zudem dient ihr Kot in getrockneter Form als Brennmaterial. Die Haustierform des Yaks ist kleiner als das Wildrind und hat meistens auch keine Hörner.

Y-Chromosom

Chromosomen sind fadenförmige Gebilde, die sich in jeder einzelnen →Zelle unseres Körpers befinden. Auf ihnen sind die Erbinformationen gespeichert, auch →Gene genannt. Unsere Gene legen zum Beispiel fest, welche Haar- oder Augenfarbe wir haben oder welches →Geschlecht. Mädchen oder →Frauen haben zwei X-Chromosomen, Jungen oder →Männer haben ein X- und ein Y-Chromosom.

Jungen haben ein X- und ein Y-Chromosom.

Yeti

Glaubt man den Erzählungen mancher Bergsteiger, so ist der Yeti ein Schneemensch, der auf zwei Beinen geht und stark behaart ist. Er soll in den Höhen des Himalaja-Gebirges in Asien leben. In Europa ist er durch Fotos von Fußabdrücken im Schnee bekannt geworden. Verschiedene →Expeditionen haben diese bis zu 43 Zentimeter langen Spuren gesehen. In Wirklichkeit handelt es sich beim Yeti um ein →Fabelwesen.

Beim Yoga werden bestimmte Körperstellungen erlernt. Bei den Übungen wechseln sich Anspannung und Entspannung ab.

Yoga

Yoga ist eine spezielle Form des Trainings für Körper und Geist. Ursprünglich wurde es vor vielen Tausend Jahren in Indien entwickelt. Heute ist Yoga auch bei uns sehr beliebt, und verschiedene Yogakurse werden angeboten. Manchmal liegt dabei der Schwerpunkt auf Konzentrations- und Entspannungsübungen. Oder man erlernt bestimmte Körperhaltungen, die man in Einklang zu setzen sucht mit seinen eigenen Atemzügen.

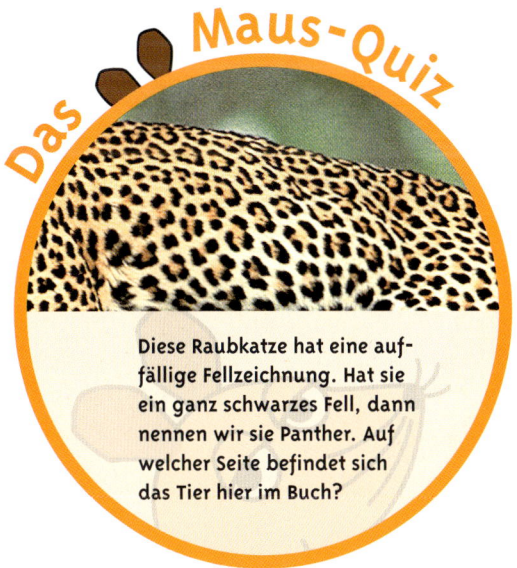

Das Maus-Quiz

Diese Raubkatze hat eine auffällige Fellzeichnung. Hat sie ein ganz schwarzes Fell, dann nennen wir sie Panther. Auf welcher Seite befindet sich das Tier hier im Buch?

Zahl

In der →Steinzeit stellten die Menschen eine Zahl wie 20 einfach durch ebenso viele Striche dar. In einigen Höhlen kann man solche Markierungen sehen. Erst später entwickelten die Menschen besondere Zeichen, um Zahlen auszudrücken. Im →Ägyptischen Reich war die Ziffer 1 ein vertikaler Strich, die Zahl 10 ein Schultergelenk, 100 ein aufgerolltes Seil, 1000 eine Lotusblume, 10 000 ein Schilfkolben und 100 000 war eine Kaulquappe. Bei den →Azteken war die 1 eine Kakaobohne, die 20 eine halbe Kakaobohne und die 400 eine Vogelfeder.

Sehr lange wurden in Europa die römischen Zahlzeichen verwendet, obwohl man mit ihnen nicht gut rechnen kann. Unser heutiges Zahlensystem hat arabische Ziffern. Wenn wir die Zahl 207 schreiben, so meinen wir zwei Hunderter, null Zehner und sieben Einer.

Zahn

Zähne dienen dem Zerkleinern von Nahrung. Beim Menschen unterscheiden wir drei Formen

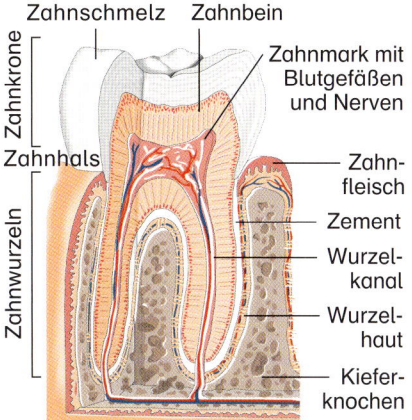

Ein menschlicher Backenzahn im Querschnitt

von Zähnen: die Schneidezähne, die Eckzähne und die Backenzähne. Ähnliche Zahnformen gibt es auch bei den →Säugetieren. Fleischfresser haben oft große Eckzähne zum Töten und Zerreißen der Beute. Pflanzenfresser weisen scharfe Schneidezähne zum Zerschneiden des Grases und breite Backenzähne zum Zerkleinern auf.

Jeder Zahn setzt sich aus der Wurzel und der Krone zusammen. Die Wurzel verankert den

Der Zahn

Warum fallen die Milchzähne aus?

Bestimmt warst du schon einmal beim Zahnarzt. Vielleicht hat man dann bei der Untersuchung eine Röntgenaufnahme von deinem Gebiss gemacht? Auf ihr kann man erkennen, dass ein Zahn aus der Zahnkrone und der Zahnwurzel besteht, die den Zahn im Kieferknochen festhält. Weil Kinder einen kleineren Kiefer als Erwachsene haben, wächst ihnen zunächst – ab dem 6. Lebensmonat – ein „Milchgebiss" aus 20 recht schmalen Zähnen.

Mit dem Wachstums des Kiefers werden die Milchzähne – so ab dem 6. Lebensjahr – allmählich durch die 32 „bleibenden Zähne" ersetzt, die unter den Wurzeln der Milchzähne heranreifen.

Auf dem Röntgenbild sieht das dann so aus, als würde der nachrückende Zahn die Wurzeln des Milchzahns „auffressen". Er schiebt nämlich Zellen vor sich her, die die Wurzeln der Milchzähne langsam „auflösen". Sind seine Wurzeln zu klein, beginnt der Milchzahn zu wackeln. Und schließlich fällt er aus.

Zahn im Kieferknochen. Die Zahnkrone ragt über das Zahnfleisch hinaus und trägt einen besonders harten Überzug aus Schmelz. Die Zahnfäule oder Karies ist die häufigste Krankheit des Menschen. Sie tritt vor allem dann auf, wenn wir zu viel Zucker essen. ➜ Bakterien im Mund verwandeln den Zucker in Säuren, die den Zahnschmelz angreifen. Dabei können Löcher im Zahn entstehen.

Die Zähne des Zahnrads greifen ineinander.

Zahnrad

Zahnräder haben außen Zähne. Damit können sie Kräfte übertragen und vervielfachen. Wenn wir die Pedale eines ➜ Fahrrads treten, bewegen wir ein großes Zahnrad. Seine Zähne transportieren die Kette. Diese bewegt wiederum das hintere Zahnrad. Bei der Fahrt bergauf wählt man hinten ein größeres Zahnrad, vorn ein kleineres. Dadurch wird das Bergauffahren leichter.

Zebra

Zebras sind mit dem ➜ Pferd nahe verwandt. Sie kommen nur südlich der Sahara in ➜ Afrika vor. Ihr Fell ist weiß mit dunklen Streifen. Das Bergzebra hat breite Streifen. Das Grevyzebra erkennt man an einer sehr dichten Streifung und auffallend großen Ohren. Am weitesten verbreitet ist das Steppenzebra. Jede der drei Zebraarten hat ihre eigene Fellzeichnung. Zusätzlich besitzt jedes einzelne Zebra eine typische Zeichnung am Kopf. Man kann es daran erkennen.

Zecke

Zecken leben in ➜ Sträuchern und Gräsern. Dort warten sie lauernd und lassen sich von einem vorbeilaufenden Hund oder Menschen abstreifen. Die Zecken stechen mit ihrem Rüssel in die Haut und saugen ➜ Blut.

Zecke in 17-facher Vergrößerung

Wer eine Zecke am Körper entdeckt, sollte sie sofort mit einer Pinzette oder Zeckenzange aus der Haut herausziehen. Man sollte sie nicht mit Öl beträufeln und auch nicht herausdrehen. Zecken können zwei ➜ Krankheiten übertragen, eine gefährliche Hirnhautentzündung (FSME) und eine ➜ Bakterienkrankheit, die Borreliose.

Zeichnung

Zeichnen kann man mit Bleistift, Farbstiften, Kohle, Kreide, Tusche oder Tinte. Im Gegensatz zur ➜ Malerei wird in einer Zeichnung das Motiv meist mit weniger Farben und nur mit Strichen oder Linien dargestellt. Manche Künstler machen

Geschützt durch eine gute Tarnung: Wenn Zebras dicht beieinanderstehen, lösen die Streifen ihre Umrisse auf. So können Raubtiere einzelne Tiere nicht mehr erkennen.

Die Atomuhr CS 2 ist eine der genauesten Uhren der Welt. Sie geht in zwei Millionen Jahren auf etwa eine Sekunde genau!

Zeichnungen als Studien und Skizzen für ihre großen Ölgemälde. Bedeutende Zeichner waren etwa Leonardo da Vinci, Paul Cézanne, Alberto Giacometti und Käthe Kollwitz. Schon in frühester Zeit fertigten die Menschen Zeichnungen an. Wir können sie heute noch an manchen Höhlenwänden sehen.

Noch im → Mittelalter stellten die Künstler Menschen oder Gebäude ganz flach, ohne Tiefe, dar. Erst später entdeckte man die Perspektive: Die Dinge werden dabei so gezeichnet, wie sie unserem → Auge erscheinen. Nahe Dinge sehen wir größer, ferne kleiner. Parallele Linien wie die Seiten eines Hauses sehen wir nicht parallel, sondern sie laufen aufeinander zu.

Zeit

Die Zeit verstreicht und kommt nie mehr zurück. Manche Ereignisse in der Natur wiederholen sich zwar immer wieder. Aber die Zeit, in der das geschieht, ist nie dieselbe. Alles unterliegt einer Veränderung.

Wir messen die Zeit mit einer → Uhr. Als Maß für die Zeit verwenden wir die drei Einheiten Sekunde, Minute und Stunde. 60 Sekunden ergeben eine Minute, 60 Minuten eine Stunde. Ein → Tag dauert 24 Stunden lang. Und das → Jahr hat 365 Tage.

Weil die → Erde eine Kugel ist, die sich um sich selbst dreht, herrscht nicht überall dieselbe Zeit. Man unterscheidet aus diesem Grund mehrere → Zeitzonen.

Zeitung

Zeitungen verbreiten die neuesten Nachrichten. Die ersten Zeitungen tauchten im 15. Jahrhundert

Die Zeit

Kann man in die Zukunft reisen?

Seit Jahrhunderten träumen Menschen davon, in die Zukunft zu reisen. Wie sieht die Welt in 1000 Jahren aus? Gibt es überall nur noch Roboter, die alle Arbeiten für uns erledigen? Oder haben sogar Völker von Lichtjahren entfernten Planeten die Herrschaft auf der Erde übernommen?
Der Physiker Albert Einstein hielt Zeitreisen in die Zukunft zumindest theoretisch für möglich. Einstein fand heraus, dass die Zeit nicht überall gleich schnell vergeht. Je schneller man sich vorwärtsbewegt, desto langsamer fließt die Zeit. Würde ein Mensch in einem Raumschiff mit Lichtgeschwindigkeit die Erde verlassen und nach einem halben Jahr zurückkehren, wären auf der Erde 1000 Jahre vergangen. Leider kann kein Raumschiff mit Lichtgeschwindigkeit fliegen. Und ein Mensch würde eine solche Reise schon gar nicht überleben.

auf, kurz nach der Erfindung des Buchdrucks. Die Drucker verkauften damals sogenannte „fliegende Blätter", die über Neuigkeiten der letzten Zeit berichteten. Die ersten Zeitungen im heutigen Sinn gab es im 18. Jahrhundert. Inzwischen hat jedes Land und jede Stadt eigene Zeitungen.

An der Herstellung einer Zeitung sind viele Menschen beteiligt. Tag und Nacht treffen Nachrichten und Berichte von Agenturen, Reportern, Journalisten und Korrespondenten ein. Diese Texte werden von der Redaktion gesichtet. Der Chefredakteur legt zusammen mit seinen Mitarbeitern bei einer Konferenz die wichtigsten Themen für die nächste Ausgabe fest.

Zeitzonen

Die →Erde dreht sich um ihre Achse. Dadurch entstehen →Tag und Nacht. Wenn es bei uns zwölf Uhr mittags ist, stehen die Uhren in Moskau auf 13.00 Uhr. In Bangkok geht im selben Augenblick die Sonne unter: Es ist schon 18.00 Uhr. Im östlichen Teil Asiens schlafen die Men-

Das Maus-Quiz

Dieses Tier gräbt mit seinen großen Vorderpfoten unterirdische Gänge im Garten. Es ist fast blind. Auf welcher Seite befindet sich das Tier hier im Buch?

Den Kleinen Panda sieht man heute fast nur noch im Zoo, da er wie viele andere Tiere zu den bedrohten Tierarten gehört.

schen bereits. Je weiter man also nach Osten geht, umso später ist es. Im Westen Alaskas ist es bereits 24.00 Uhr und der nächste Tag beginnt. Dort verläuft die Datumsgrenze.

Schlägt es bei uns 12.00 Uhr, so zeigen die Uhren in Tunesien, Nigeria und Angola dieselbe Zeit. Diese Länder liegen in derselben Zeitzone. Man kann sich eine Zeitzone vorstellen wie einen senkrechten Streifen, der parallel zu den Längengraden von Nord nach Süd verläuft. Für uns gilt die Mitteleuropäische Zeit (MEZ).

Zelle

Jede Pflanze, jedes Tier und auch der Mensch besteht aus Zellen. Man kann die Zellen als die kleinsten Bausteine unseres →Körpers bezeichnen. Selbst ein Stückchen →Haut besteht aus Millionen von Zellen. Dennoch sind nicht alle Zellen gleich, sondern sie unterscheiden sich in ihrem Aufbau und ihrer Aufgabe. Es gibt zum Beispiel →Muskelzellen, Nervenzellen, →Leberzellen und →Knochenzellen. Zellen sind mit dem bloßen Auge kaum erkennbar. Meistens haben

sie eine rundliche Form. Nur die →Nervenzellen zeigen lange Verästelungen. Eine Zelle besteht aus einer Zellmembran, die die Zelle umhüllt, dem Zellplasma und einem Zellkern, in dem das Erbgut (→Gen) aufbewahrt wird.

Zoo

In Zoos, zoologischen Gärten und Tierparks werden Wildtiere gehalten. Damit sie sich wohlfühlen und Junge bekommen, sollen sie dort möglichst so leben können wie in der freien Natur. Da die →Tiere jedoch nicht immer artgerecht untergebracht werden, sind Zoos oft umstritten. Andererseits überleben manchmal auch Tiere im Zoo, die in ihrer Heimat vom Aussterben bedroht sind, wie etwa Wildesel.

In getrennten Tiergehegen sieht man →Elefanten, →Löwen, →Zebras, →Affen, →Giraffen und Eisbären. Im →Aquarium werden →Fische aus den Meeren und tropischen Flüssen gehalten. →Krokodile, →Schlangen und →Echsen sind im →Terrarium untergebracht. Manche Zoos haben ein Insektenhaus mit →Schmetterlingen und →Käfern. Im Streichelzoo kann man Ziegen, Ponys und andere →Haustiere streicheln.

Zugvögel

Die Zugvögel leben in verschiedenen →Jahreszeiten an unterschiedlichen Orten. Die heimischen Zugvögel brüten bei uns und ziehen hier ihre Jungen groß. Da sie sich nur von →Insekten ernähren und im Winter keine Nahrung mehr finden, müssen sie wegziehen. Im Herbst, sobald die Tage kürzer werden, fliegen sie nach Süden.

Rotkehlchen und Mönchsgrasmücke verbringen den Winter in Südeuropa oder Nordafrika. →Störche, Rauchschwalben und Mauersegler fliegen bis nach West- und Südafrika. Auf ihrem

Normalerweise leben Walrösser in großen Herden. Im Zoo jedoch sind meist Einzeltiere untergebracht. Weil Tiere oft nicht artgerecht gehalten werden, sind Zoos umstritten.

Zug sind sie oft viele Wochen lang unterwegs. Im Frühjahr kehren die Zugvögel zu uns zurück. Den Hin- und Rückweg finden die Vögel automatisch. Der Wandertrieb und die Flugrichtung sind ihnen angeboren. Auf ihrem Zug orientieren sie sich am →Magnetfeld der →Erde.

Auf ihren langen Reisen fliegen Zugvögel meist dicht hintereinander. Oft bilden sie eine Formation, die wie der Buchstabe V aussieht. So können sie viel Kraft sparen. Der Vogel an der Spitze wird regelmäßig abgelöst.

Die Zunge

Warum brennt die Zunge bei scharfem Essen?

Hast du schon einmal auf eine Chilischote gebissen? An das Brennen auf der Zunge kannst du dich bestimmt noch erinnern. Chilis sind mit den Paprika verwandt und gehören zum Schärfsten, was man überhaupt essen kann. Den scharfen Geschmack verursacht ein Stoff, der Capsaicin genannt wird. Er reizt die Sinneszellen auf der Zunge, die für die Hitzeempfindung zuständig sind. Daher kommt es uns so vor, als ob die Zunge heiß wird. Schärfe ist also eigentlich kein Geschmack wie süß, salzig, sauer oder bitter, sondern eine Schmerzempfindung. Wenn die Zunge brennt, sollte man auf keinen Fall Wasser trinken, denn Capsaicin löst sich nicht in Wasser. Fetthaltige Getränke wie Milch oder Joghurt lindern den Schmerz am besten.

Zunge

Die Zunge ist ein beweglicher Muskellappen im Mund. Sie hat verschiedene Aufgaben. Sie bewegt beim Kauen die Nahrung hin und her. Gleichzeitig überprüft sie die Nahrung auf ihren Geschmack. Ferner brauchen wir die Zunge, um Laute zu bilden und zu sprechen. Auf dem Zungenrücken sind kleine pilzförmige Organe, die Papillen. Hier sitzen die ➜ Sinnesorgane für den Geschmack. Mit ihnen können wir aber nur ganz wenige Geschmacksrichtungen wahrnehmen, nämlich bitter, sauer, süß und salzig. Um den Geschmack von Speisen beurteilen zu können, sind wir auf den Geruchssinn angewiesen, der seinen Sitz in der ➜ Nase hat.

Zwiebel

Die Zwiebel ist ein ➜ Gemüse, mit dem man Salate, Fleisch, Fisch oder andere Gemüsesorten würzt. Auch die unterirdischen Speicherorgane von Tulpen, Osterglocken und anderen Zwiebelgewächsen nennt man Zwiebeln. In den Blumenzwiebeln sammeln die ➜ Blumen Speicherstoffe, die sie im nächsten Jahr als Nahrung benötigen. Deswegen können die sogenannten Frühblüher schon im Februar oder im März blühen.

Zwillinge

Es kommt vor, dass im Körper einer ➜ Frau statt einer Eizelle zwei Eizellen reif werden. Dann ist es möglich, dass nach dem ➜ Geschlechtsverkehr die Samenzellen des ➜ Mannes beide Eizellen befruchten. Sie entwickeln sich gleichzeitig im Bauch der Mutter zu Babys, die kurz hintereinander geboren werden. Solche Zwillinge nennen wir zweieiig, weil sie aus verschiedenen Eizellen hervorgegangen sind. Sie gleichen sich nicht mehr als Geschwister, die in größerem Abstand auf die Welt kamen.

Seltener kommt es vor, dass sich eine befruchtete Eizelle teilt und aus den beiden Tochterzellen zwei Babys heranwachsen. Diese Zwillinge nennen wir eineiig. Sie haben dasselbe Erbgut und sehen sich sehr ähnlich. Dennoch können sie ganz unterschiedliche Eigenschaften entwickeln.

Eineiige Zwillinge sehen sich sehr ähnlich.

Auflösung für das Maus-Quiz

Hast du alle Bilder richtig erkannt und im Lexikon gefunden? Wenn nicht, dann schau doch einfach mal hier nach! In roter Schrift steht die Seitenzahl, auf der sich das Originalbild befindet.

Seite 15 und **Seite 219:** Der **Pinguin** lebt in der Antarktis, der Eisbär nahe dem Nordpol.

Seite 36 und **Seite 314:** Das **Zebra** hat eine schwarz-weiße Fellzeichnung.

Seite 52 und **Seite 258:** Im Mittelpunkt unseres Sonnensystems befindet sich die **Sonne**.

Seite 62 und **Seite 90:** Der **Fliegenpilz** hat einen roten Hut mit weißen Punkten.

Seite 74 und **Seite 298:** Bei Ebbe wird das **Watt** sichtbar.

Seite 96 und **Seite 254:** Die Männchen der **Seepferdchen** tragen den Nachwuchs aus.

Seite 110 und **Seite 154:** Der **Kompass** richtet sich am Magnetfeld der Erde aus.

Seite 128 und **Seite 34:** Der **Bagger** kann eine ganze Baugrube ausheben.

Seite 134 und **Seite 224:** Die **Pyramide** hat vier Ecken und eine Spitze.

Seite 142 und **Seite 176:** Die Samen des **Löwenzahns** können weit fliegen.

Seite 149 und **Seite 231:** Die **Raupe** verwandelt sich in einen Schmetterling.

Seite 171 und **Seite 133:** Der **Igel** rollt sich bei Gefahr zusammen.

Seite 197 und **Seite 251:** Das Matterhorn befindet sich in der **Schweiz.**

Seite 205 und **Seite 266:** Der größte Vogel der Welt ist der **Strauß.**

Seite 211 und **Seite 302:** Mit den Bienen verwandt ist die **Wespe.**

Seite 216 und **Seite 63:** Der **Dynamo** am Fahrrad sorgt für die Beleuchtung.

Seite 225 und **Seite 195:** Ein Gotteshaus mit Minaretten nennt man **Moschee.**

Seite 227 und **Seite 146:** Das **Kamel** kann gut in der Wüste überleben.

Seite 264 und **Seite 60:** Die **Dinosaurier** sind schon lange ausgestorben.

Seite 281 und **Seite 145:** Der **Kaktus** kann Wasser gut speichern.

Seite 286 und **Seite 193:** Der **Mond** ist im Sonnensystem der nächste Nachbar der Erde.

Seite 290 und **Seite 280:** Der **Tintenfisch** stößt bei Gefahr eine dunkle Flüssigkeit aus.

Seite 305 und **Seite 203:** Mit dem **Navigationsgerät** kann man sich gut orientieren.

Seite 309 und **Seite 183:** Der **Marienkäfer** gilt auch als Glücksbringer.

Seite 311 und **Seite 173:** Die Fellzeichnung des **Leoparden** dient ihm zur Tarnung.

Seite 316 und **Seite 184:** Der **Maulwurf** ist fast blind.

AGCO, Marktoberdorf 282
R. Arnold, Leipzig 163
Bayer, Leverkusen 40
Bayernwerk Konventionelle Wärmekraftwerke,
   Schwandorf 157
Bibliographisches Institut, Mannheim/Prof. Heinz
   Mehlhorn 189
Bibliographisches Institut, Mannheim 14,
   16f., 21–23, 25–27, 29–31, 36, 38, 42, 46,
   53, 59–62, 67, 70, 73–75, 78f., 82, 90, 100,
   102f., 105, 107f., 114, 123, 134, 139, 145–147,
   149, 153, 164, 169, 177, 181, 184, 188, 195,
   201–203, 205f., 209, 211, 218, 227, 231,
   237, 240f., 246, 248, 251, 255, 262–264,
   271–273, 281, 285, 288, 292, 296, 298, 304,
   307, 316f.
Bibliographisches Institut, Mannheim/Archiv
   Waldmann 209
Bibliographisches Institut, Mannheim/Bildarchiv
   Paturi 200, 241
Bibliographisches Institut, Mannheim/Bild und
   Wort, Literatur- und Medienagentur, Hans-
   Joachim Rech 50, 153
Bibliographisches Institut, Mannheim/Erwin
   Böhm 192
Bibliographisches Institut, Mannheim/
   Prof. Dr. Gerhard Bosinski 263
Bibliographisches Institut, Mannheim/Alexander
   Burkatovski 116
Bibliographisches Institut, Mannheim/Franz Karl
   Freiherr von Linden (†) 72
Bibliographisches Institut, Mannheim/
   Prof. Dr. Werner Nachtigall 274
Bibliographisches Institut, Mannheim/
   Prof. Dr. H. Wilhelmy (†) 252, 280
Bibliographisches Institut, Mannheim/
   WZ Media 250
Big Dutchman Int., Vechta-Calveslage 166
Bildarchiv Paturi, Rodenbach/BP 31
Centrale Marketinggesellschaft der deutschen
   Agrarwirtschaft mbH, Bonn 130
© CORBIS/Royalty-Free 15, 23, 37, 39, 63, 80,
   88, 111, 116f., 119, 135, 142, 160, 163, 170, 172,
   185, 193, 197, 219, 221, 229f., 249, 251, 268,
   286, 299, 306, 311, 317
CvU/in-effigie.de 277
DaimlerChrysler Konzernarchiv, Stuttgart 25
Dänisches Fremdenverkehrsamt, Hamburg/
   O. Malling 57
DB Archiv/Mantel 69
Deutsche Lebensrettungsgesellschaft, Bad
   Nenndorf 75
Deutscher Bundestag/Lichtblick/Andi Hill 14
Deutsche Rettungsflugwacht e.V., Filder-
   stadt 77
Deutscher Gewerkschaftsbund, Stuttgart 110
Deutsches Zentrum für Luft- und Raumfahrt e.V.,
   Köln 214
Deutsches Zweirad- und NSU-Museum, Neckar-
   sulm 82
DFS, Deutsche Flugsicherung, Langen 91
Digital Vision, New York 210
ESA 300
ESA/ESOC, Darmstadt 242
ESO – European Southern Observatory, Garching
   bei München 191, 265

Europäische Zentralbank, Frankfurt am Main 79
Festival Strings, Lucerne/S. Steinemann,
   Luzern 212
Floramedia 89, 142, 168, 176, 211, 241, 257,
   302, 314
Forschungszentrum Karlsruhe 228
© jovica antoski – Fotolia.com 124
© Tanja Bagusat – Fotolia.com 46
© Angelika Bentin – Fotolia.com 158
© Bergringfoto – Fotolia.com 259
© Bersanelli – Fotolia.com 112
© Camigwen – Fotolia.com 303
© Fidel Castro – Fotolia.com 185
© www.cemecevit.com – Fotolia.com 196
© Otto Durst – Fotolia.com 244
© elenarostunova – Fotolia.com 318
© focus finder – Fotolia.com 297
© fotos4people – Fotolia.com 274
© Maksym Gorpenyuk – Fotolia.com 67
© Ralf Gosch – Fotolia.com 119
© Jörg Grabrucker – Fotolia.com 17
© David Granville – Fotolia.com 295
© Randy Harris – Fotolia.com 166
© Andreas Hilger – Fotolia.com 175
© hotshotsworldwide – Fotolia.com 84
© igoraul – Fotolia.com 156
© Eric Isselé – Fotolia.com 133, 171
© V. Jakobchuk – Fotolia.com 45
© Xaver Klaußer – Fotolia.com 305
© Oleg Kozlov – Fotolia.com 229
© Joerg Krumm – Fotolia.com 63, 216
© ktsdesign – Fotolia.com 154
© lool – Fotolia.com 84
© Lore5 – Fotolia.com 137
© Dave Massey – Fotolia.com 95
© Robert Neumann – Fotolia.com 58
© Noam – Fotolia.com 262
© ozgur – Fotolia.com 280, 290
© PeJo – Fotolia.com 34, 128
© Photo Ambiance – Fotolia.com 276
© thierry planche – Fotolia.com 217
© Tanguy de Saint Cyr – Fotolia.com 293
© didier salou – Fotolia.com 183, 309
© Bernd S. – Fotolia.com 85
© Joseph Shelton – Fotolia.com 98
© Carolina K Smith MD – Fotolia.com 91
© Carmen Steiner – Fotolia.com 200
© Rudolf Tepfenhart – Fotolia.com 142
© Ismael M. Verdu – Fotolia.com 90
© Viper – Fotolia.com 93
© Jamie Wilson – Fotolia.com 254
© Nicolette Wollentin – Fotolia.com 56
Fraport, Frankfurt am Main 167
Prof. W. Fritz, Köln 83, 144
GEOSPACE/NASA/NOAA, 2006 220
GEOSPACE/World Sat International Corp.
   2000 155
Christiane Gottschlich, Berlin 18
Government Information Office, Taipeh, Tai-
   wan 272
F. Habe/Government of Slovenia, Public Relations
   and Media Office 127
E.-C. Hahnewinkel 238
Heidelberger Druckmaschinen 62
IBM Deutschland, Sindelfingen 54
Image Source, Köln 290

Dr. V. Janicke, München 21, 48, 101, 134, 139,
   150, 224, 276
H. Kahnt, Naunhof 104
Kessler-Medien, Saarbrücken 65, 213, 237, 247
Kleber PR Network/Repr. McCluskey & Ass.,
   Kronberg 269
Dr. Roland Knauer, Berlin 177
Dr. Jörn Köhler, Bonn 232
Dr. R. König, Preetz 96, 123, 169, 200, 225, 235,
   241, 254, 258, 262, 273, 278f., 286
Dr. F. Kröger, Lippstadt 16
Landesamt für Denkmalpflege Hessen,
   Wiesbaden 149
Dr. W. Lieber, Heidelberg 191
Dr. Stefan Lötters, Bonn 279
Heinz Mahler, Berlin 80
Dr. T. Martens, Museum der Natur, Gotha 95
MEV Verlag, Augsburg 15, 20, 23f., 28, 31f., 35,
   37, 39–41, 43–45, 48, 52, 68–72, 78, 86, 89,
   92f., 96–98, 105, 109–113, 115, 120–124, 126,
   129f., 136, 141, 144, 151, 153f., 157, 159, 162,
   164, 171, 175, 183f., 186f., 190, 194, 196–198,
   203f., 207, 209, 211, 213, 216, 218–220, 230,
   232f., 235f., 243, 246, 256f., 260f., 266, 279,
   283, 288, 291f., 295, 298, 301, 305f., 309,
   311, 314
mgo/in-effigie.de 152, 195, 225
J. Mölter, Müchen 300
I. Mühlhaus, München 53
Musée Antoine Vivenel, Compiègne 117
Museum Burg Linn, Krefeld 106
SOHO-EIT Consortium, ESA, NASA 52, 258
NASA/ESA 252
NASA/JPL/RPIF/DLR 138
Ocean Photo, München 253
The Orient Impressions Photo Stock, Peking 27
Photo Digital, München 49, 202, 306
Physikalisch-Technische Bundesanstalt, Braun-
   schweig und Berlin 315
Presse- und Informationsamt des Landes Berlin/
   Landesbildstelle, Berlin 59, 107
Presse- und Informationsamt des Landes
   Berlin/T. Wiedensohler/PIA, Camera 4 182
Ruhrgas, Essen 76
Dr. H. Sauerbier, Lauchringen 34, 126, 136, 173,
   178, 192
Forschungsinstitut und Naturmuseum Sencken-
   berg, Frankfurt am Main 65, 257
Siemens, Erlangen und Mannheim 106, 186
Christiane von Solodkoff, Dr. Michael von Solod-
   koff, Neckargemünd 125, 171, 313
SONY Deutschland, Köln 236
South African Tourism, Frankfurt am Main 36,
   137, 173, 189, 205, 266, 311, 314
Universität Köln 42
Miguel Vences, Köln 43
Verlagsgruppe Oetinger, Hamburg 175
H. Vögele, Ilvesheim 269
Voith Sulzer Papiertechnik, Heidenheim 216
Warner Bros. Film, Hamburg 87
WHO/C. McNab 131
Wyllie I., Monks Head Experimental Station,
   Huntingdon, England 162
Zeiss, Jena 212
Thomas Ziegler, Bonn 161
© Dr. Hermann Brehm – Zoonar 90

Deutschbuch

Arbeitsheft

Lösungen

10

Name: _____

Klasse: _____

Cornelsen

Leben im Netz

Seite 6

Einen Fragebogen ausfüllen

1 E 1. WordPress: Anwendung einer Webseite (Texte und Bilder)
2. Instagram: kostenloser Dienst zum Teilen von Fotos und Videos
3. reddit: Webseite, auf der registrierte Benutzer Links oder Texte einstellen können
4. LinkedIn: Netzwerk für geschäftliche Verbindungen
5. Imgur: kostenloser Dienst für das Teilen und Diskutieren von Bildern

Seite 7

Informationen aus Bild und Text entnehmen

2 [X] Über die Kommunikation im Internet kann man sich weltweit austauschen.

4 Man verrät viele persönliche Informationen. Die können auch Leute lesen, die man nicht eingeladen hat. Andere Netzdienstbenutzer oder die Netzdienstbetreiber können die Angaben lesen.

Seite 8

Aussagen in einem Interview verstehen

2 A Die neuen Netzmedien bieten *Anlässe für Gespräche.*
B Offline-Kommunikation bedeutet *persönlicher Austausch.*
C In der Offline-Kommunikation redet man *über die Inhalte, die man sich in sozialen Netzwerken zugeschickt hat.*
D Jugendliche sehen Chatten als gleichrangig zur *Offline-Kommunikation.*
E Das Schreiben von Mails sieht die Professorin als einseitige *Kommunikationsform.*
F Durch den Austausch über Facebook erfährt man *viel voneinander.*

Seite 9

Informationen aus Tabelle und Kreisdiagramm auswerten

1 b

1995   Classmates – Netzwerk, um alte Schulfreunde zu finden
1998   ICQ – „I seek you: Ich suche dich". Internetchat, kann Nachrichten zeitverschoben versenden
2003   Myspace – soziales Netzwerk mit dem Schwerpunkt Musik
2004   Facebook – soziales Netzwerk mit persönlichen Profilseiten
2005   YouTube – Videoportal, auf dem Filme angesehen und selbst hochgeladen werden können
2006   Twitter – Plattform zur Verbreitung von kurzen Textnachrichten
2009   WhatsApp – Smartphone-Chat-Dienst für Text-, Bild-, Video- und Tonnachrichten (seit 2014 bei Facebook)

4 48 %   der Nutzer haben *Sorge um ihre Privatsphäre.*
20 %   der Nutzer haben *Angst um ihre eigenen Daten.*
14 %   sehen *soziale Netzwerke als Zeitfresser.*
12 %   machten *negative Erfahrungen mit Freunden.*
6 %   haben *das Gefühl, süchtig zu werden.*

Seite 10

Einen Informationstext mit Verknüpfungswörtern schreiben

2 b + c **Beispiellösung**

B Früher hatten die Menschen mehr persönliche Kontakte zu ihren Freunden, *weil es keine Möglichkeit gab, online zu kommunizieren.*
C Durch das Internet ist es leichter, Kontakt zu vielen Menschen zu pflegen, *da man sich zu jeder Zeit und an jedem Ort austauschen kann.*
D Telefonate führte man früher vom Festnetz aus, *denn das Handy gab es erst in den 1990er Jahren.*
E Internetkommunikation verändert die Art des Austauschs, *weil nicht nur Texte, sondern auch Bilder, Fotos und Filme geteilt werden.*
F Es gibt aber auch Probleme mit den sozialen Netzdiensten, *da persönliche Angaben von Personen gelesen werden können, die man gar nicht eingeladen hat.*

Seite 11

Teste dich!

2 a + b

Handy   Institut Dresden   Forscher

Was kommt wohl nach dem handy? In einem institut in dresden arbeiten forscher

Datenbrille   Brille   Leuchtdioden   Bild

an einer speziellen datenbrille. In der brille sollen viele leuchtdioden ein bild erzeugen,

Beispiel   Weltkarte   Dioden   Augen

zum beispiel eine weltkarte. Die dioden sind dabei auf die augen gerichtet. Indem man hinschaut,

Zeiger   Weltkarte   Zukunft   Brillen

bewegt man den zeiger auf der weltkarte. In der zukunft könnte man mit den brillen dann auch

Augen   Nummer   Freundes

kommunizieren. Man würde mit den augen die nummer eines freundes wählen, mit ihm reden

Sichtfeld   Weg   Treffpunkt   Kanada

und dabei würde im sichtfeld der weg zu einem treffpunkt eingeblendet. In kanada entwickelten

Forscher   Technik   Person   Hologramm   Person

einige forscher eine technik, mit der eine person als hologramm dargestellt wird. Die person hat

Display   Form   Zylinders   Gesprächspartner

ein display in form eines zylinders vor sich. Damit können sich die gesprächspartner von allen

Seiten   Erfinder   Zukunft   Armband

seiten betrachten. Manche erfinder in den USA denken, dass in der zukunft auch ein armband

Sender   Informationen   Alter

zu einem sender werden könnte. Die ausgesendeten informationen über uns, z. B. unser alter

Hobbys   Frage

und unsere hobbys, könnte dann jeder sofort erfahren. Ob wir das wollen, ist eine andere frage.

3
- [X] Sie stellt mit Hilfe von Leuchtdioden Bilder her.
- [X] Die Brille verfolgt die Bewegung der Augen.
- [X] Wahrscheinlich kann man die Brille irgendwann einmal zur Kommunikation benutzen.
- [X] Es ist technisch machbar, Menschen in Form von Hologrammen abzubilden.

Seite 13

Die Rebellion der Maddie Freeman – Einen Textauszug verstehen

1
- A Sie denkt: Geschichte ist verloren gegangen
- B Bücher aus Papier
- C Bäume fällen
- D werfen kein Laub ab, feuerfest, kein Heuschnupfen
- E Zipfeed
- F Digital School (DS)
- G Simulation an Flipscreens
- H nicht aufregend, kontrolliert, festgelegt, wenige Möglichkeiten, keine Geheimnisse
- I warum schreiben, wenn keiner liest?, geheim ist sowieso nichts

Seite 14

Die Rebellion der Maddie Freeman – Einen Textauszug lesen (Teil 2)

2 Maddie schickte die Informationen an die Gruppe, weil sie *spürte, dass sie etwas im Leben verpasste*.
Die Aktivisten hatten andere Pläne, denn sie versuchten, *das ganze Digitalsystem lahmzulegen*.

Seite 15

Maddie Freeman – Eine Romanfigur beschreiben

2 Maddie Freeman ist 17 Jahre alt. Ihr Vater ist der Erfinder der Digital School. Ihre Mutter wollte, dass sie auch die Welt außerhalb des Bildschirms sieht. Sie lernt in der Digital School. Sie hat Informationen aus dem Computer ihres Vaters an eine Gruppe weitergegeben. Sie dachte, die Aktivisten würden nur Botschaften schicken. Sie hat für ihre Rebellion eine harte Strafe bekommen. Sie wird überwacht, ihr Handy wird abgehört und ihr Online-Verhalten wird überprüft.

Seite 16

Zwischenüberschriften zuordnen

2 Textabschnitt 1: Digitale Jugendbeteiligung stärken
Textabschnitt 2: Übersicht über Projekte und Plattformen
Textabschnitt 3: Formen der Partizipation von Jugendlichen im Internet

Seite 17

Einen Informationstext über digitale Jugendbeteiligung schreiben

2 **Überschrift** Wie können Jugendliche politisch aktiv werden?
Einleitung Durch das Internet ist es heute für Jugendliche leichter möglich, sich über wichtige Dinge zu informieren und eigene Gedanken dazu zu äußern. Diese Möglichkeit der Teilhabe wird auch E-Partizipation genannt.
Hauptteil Es gibt unterschiedliche Arten von Teilhabe im Netz: Man kann a) sich positionieren, b) sich einbringen und c) andere aktivieren. Verschiedene Plattformen unterstützen Initiativen und Projekte von Jugendlichen.
Schluss (mit Beispiel) Ein Beispiel für Teilhabe im Internet ist die Initiative „youthbank.de". In diesem deutschen Projekt werden kleine Gruppen von Jugendlichen mit Tipps und Geld unterstützt.

Umgang mit Gewalt

Seite 18

Situationen zuordnen

2 b A Gewalt als *Mittel gegen Langeweile und Frust*
   B Gewalt als *Gegengewalt*
   C Gewalt als *Faszination*

Seite 19

Lehrer ohrfeigt Schüler – Argumente ergänzen

2 A Bildungsminister Darcos:
   Ich habe Verständnis für den Lehrer, denn *mehr Lehrer sind Opfer von Schülergewalt als umgekehrt.*
   Zwar hat der Lehrer schlecht reagiert, aber *der Junge ist schon oft durch seine brutale Art aufgefallen.*
   B Premierminister Fillon:
   Ich unterstütze den Lehrer, denn *Lehrer benötigen Disziplin und Respekt in ihrem Unterricht.*
   Die Ohrfeige war keine gute Lösung, aber ich finde es *schockierend, dass ein Lehrer für dieses Handeln eingesperrt wurde.*

Seite 20

Mehr Liebe, weniger Hiebe – Argumente ermitteln

2 Folgende Stelle hast du sicher markiert:
So wollen diese Personen dreimal häufiger eine Schusswaffe besitzen, um sich mächtiger zu fühlen. Außerdem sind sie eher für harte Strafen sowie für die Todesstrafe.

3 Massiv geschlagene Kinder werden später sechsmal häufiger zu Gewalttätern als gewaltfrei erzogene. Dreimal so oft geraten sie in kriminelle Jugendcliquen. Sie nehmen fünfmal häufiger regelmäßig Drogen. Geschlagene Kinder schwänzen viermal häufiger für mindestens zehn Tage im Jahr die Schule.

Seite 21

Schläge trotz Gesetz – Gründe untersuchen

2 Folgende Stellen hast du sicher markiert: Klapsen auf den Po, Ohrfeigen

3 A Heute schlagen Eltern, weil sie sich hilflos fühlen. Früher wollten sie ihre Macht zeigen.
B Die meisten Eltern haben danach ein schlechtes Gewissen.
C Man sollte „einmalige Ausrutscher" von regelmäßiger Gewalt unterscheiden.
D Sie wissen, dass sie mit Schlägen ihre Macht als Erwachsene missbrauchen.

Seite 23

Teste dich!

1 b Der Vater äußert seinen Standpunkt und gibt ein anschauliches Beispiel.
Die Wissenschaftlerin antwortet auf die Rede und äußert Verständnis für die Position des Vaters.
Sie greift die Argumentation des Vaters auf und weist auf die Zukunft der Kinder hin, die wichtiger ist als das Erziehungsrecht der Eltern.
Der Vater verändert seine Position, denn er lehnt Gewalt nun selbst ab, findet aber, dass nicht jeder „Klaps" zu bestrafen ist.
Die Wissenschaftlerin macht deutlich, dass das Gesetz Kinder vor regelmäßiger Gewalt schützen will.

c Lösungswort: R E C H T

Seite 24

Pro- und Kontra-Argumente untersuchen

2 **Pro:** Gewaltspiele erhöhen die Gewaltbereitschaft.
B Die Bereitschaft für aggressives Verhalten kann sich durch Gewaltspiele steigern.
E Man findet aggressives Verhalten eher normal, wenn man häufig mit Gewaltspielen umgeht.

Kontra: Gewalt hat mit den Gewaltspielen wenig zu tun.
A Gewaltspiele im Internet sind nicht gefährlicher als Filme, Bücher und Fernsehen.
C Die Ergebnisse über die negative Wirkung von Gewaltspielen bei den Nutzern sind nicht eindeutig.
D Der Umgang mit Gewaltspielen ist nicht der Hauptgrund für höhere Gewaltbereitschaft.

Seite 25

Eine Grafik auswerten

2 + 3 [X] Die Jugendkriminalität ist von 2008 bis 2015 deutlich zurückgegangen.
[X] Die Zahl der Tatverdächtigen unter 14 Jahren ist gesunken.

4 **Beispiellösung**
Eine rechtswidrige Tat ist eine Tat, die gegen das Gesetz verstößt.

Seite 26

Einen Sachtext verstehen

2 Gewalt, die man in den Medien konsumiert, führt zu weniger Gewalt.
Durch Medienkonsum von Gewalt muss man mehr Gewalt bei den Mediennutzern erwarten.

3 Folgende Stelle hast du sicher markiert:
Ein hoher Konsum von gewalttätigen Fernsehsendungen und Computerspielen kann bei Kindern auch ein Anzeichen für Vereinsamung und Vernachlässigung sein.

Seite 27

Schriftlich argumentieren mit richtiger Kommasetzung

2 a + b
Ist es richtig, wenn Killerspiele verboten werden? Diese Frage ist nicht leicht zu beantworten, weil die Ergebnisse der Forschung dazu nicht eindeutig sind. Sicher scheint zu sein, dass die Mediengewalt Nutzer gefühlsmäßig erregen kann. Wenn der Nutzer ohnehin zur Anwendung von Gewalt neigt, wird aggressives Verhalten bei Killerspielen leichter übernommen. Das soziale Umfeld, also Familie und Freundeskreis, hat einen größeren Einfluss auf Menschen

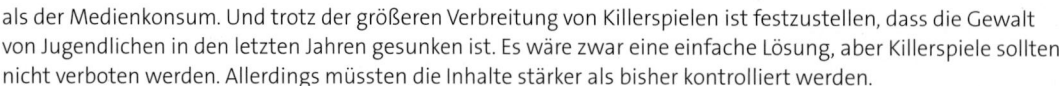

als der Medienkonsum. Und trotz der größeren Verbreitung von Killerspielen ist festzustellen, dass die Gewalt von Jugendlichen in den letzten Jahren gesunken ist. Es wäre zwar eine einfache Lösung, aber Killerspiele sollten nicht verboten werden. Allerdings müssten die Inhalte stärker als bisher kontrolliert werden.

Seite 28

Warnschuss – Pro- und Kontra-Positionen kennen lernen

2 Beispiellösung
Ich finde den Warnschussarrest nicht gut, denn es hat sich gezeigt, dass er nicht abschreckend wirkt. Jugendliche, die zum Warnschussarrest ins Gefängnis müssen, werden oft rückfällig. Jugendliche, die nur eine Bewährungsstrafe bekommen, werden nicht so oft rückfällig. Also wirkt der Arrest nicht abschreckend.

Seite 29

Einen Leserbrief schreiben

2 b **Beispiellösung**
Ich finde den Warnschussarrest für Jugendliche falsch. Viele glauben, dass harte Jugendstrafen von neuen Taten abschrecken. Dies wird in Untersuchungen nicht bestätigt. Es hat sich gezeigt, dass gerade Jugendliche mit einer Gefängnisstrafe eine besonders hohe Rückfallquote haben. Außerdem bewirkt die Gefängnisstrafe auch deshalb wenig, weil zu viel Zeit zwischen Tat und Urteil vergeht. Deshalb ist es nicht sinnvoll, jugendliche Straftäter einzusperren.

Die Welt der Zukunft

Seite 30

Ein Referat vorbereiten

2 Oberthema: Roboter
1. Unterthema: Industrieroboter, Beispiele: Messroboter, Lackierroboter, Schweißroboter
2. Unterthema: Humanoide Roboter, Beispiele: als Wachpersonal, als Lehrkräfte, als Pflegekräfte

Seite 31

Sich in einem Online-Lexikon zurechtfinden

2 Beispiellösung
Oben auf der Wikipedia-Seite steht, worüber die Seite informiert: über das Stichwort „Humanoider Roboter". In dem Text darunter findet man die Erklärung, was ein „humanoider Roboter" ist. Darunter steht in einem grauen Kasten das Inhaltsverzeichnis der Wikipedia-Seite. Rechts sind Bilder von Robotern zu sehen. Unter dem Inhaltsverzeichnis findet man Informationen zur Geschichte des „humanoiden Roboters". Unten auf der Seite stehen Informationen zur Forschung und Entwicklung.

Seite 32

Mit einer Suchmaschine im Internet suchen

2 b Bei den ersten drei Treffern handelt es sich um *Werbung von Roboterherstellern*.

3 b Sicher hast du folgende Treffer markiert:
Roboter – Wikipedia, Roboter – Golem.de, Roboter – SPIEGEL ONLINE

Seite 33

Einen Internetartikel auswerten

2 ☒ Nachricht

3 Namen, Orte

Grimassenschneidende Roboter

Werden wir schon bald von Robotern im Hotel empfangen oder am Flughafen eingecheckt? Das Unternehmen „Hanson Robotics" stellt auf einer Elektronik-Messe in Hongkong (Global-Sources-Electronics-Messe) zwei besondere Roboter vor. Sie haben menschliche Gesichtszüge und heißen Han und Eva. Sie können die Stirn runzeln, mit den Augen zwinkern, böse blicken oder auch angeekelt die Mundwinkel verziehen. Jeder Gesichtsausdruck wird über eine Smartphone-App gesteuert.

Die Köpfe der Roboter sind lebensgroß und mit einer künstlichen Haut überzogen. Etwa 40 Motoren sorgen dafür, dass Han sein Gesicht bewegen und mit den Augen rollen kann. Mit Hilfe von Kameras und Mikrofonen kann er einem Menschen genau in die Augen sehen und auch kleine Unterhaltungen führen. Jong Lee ist der Chef des Unternehmens. Er glaubt, dass seine Roboter in Japan bald fehlende junge Arbeitskräfte ersetzen können.

4 Han und Eva können die Stirn *runzeln, mit den Augen zwinkern, böse blicken oder auch angeekelt die Mundwinkel verziehen.* Mit Hilfe von Kameras und Mikrofonen kann Han *einem Menschen genau in die Augen sehen und auch kleine Unterhaltungen führen.*

5 Beispiellösung

Humanoide Roboter werden entwickelt, damit sie Aufgaben übernehmen, die sonst Menschen erledigen. Damit sich richtige Menschen nicht erschrecken, sollen diese Roboter auch wie Menschen aussehen.

6 Beispiellösung

Der Artikel ist hilfreich, denn er zeigt, was humanoide Roboter schon alles können.

Seite 34

Einen auffordernden Text untersuchen (1)

2 [X] In der Rede geht es um die Zukunft einer Schule.

3 Der Redner möchte, dass *alle Zuhörenden Ideen entwickeln, wie die Zukunft der Schule gestaltet werden soll.*

4 Der Redner beginnt seine Rede nach der Begrüßung mit einer Frage.

Seite 35

Einen auffordernden Text untersuchen (2)

2 + 3 Liebe Mitschülerinnen und Mitschüler,

ich möchte euch gern die Frage stellen, ob ihr mit unserer Schule zufrieden seid, ob ihr Wünsche habt und wie ihr euch die Schule der Zukunft vorstellt. Vermutlich gibt es auf diese Frage viele Antworten und Meinungen. Dennoch wünsche ich mir, dass sich jeder von uns Gedanken darüber macht, wie eine richtig gute Schule in Zukunft aussehen könnte. Nur zwei Gruppen von Menschen kennen die Schule wirklich, erleben sie von innen, denn sie arbeiten tagtäglich gemeinsam hier. Ihr wisst, von wem ich spreche, oder? Logo! Ich spreche natürlich von uns Schülerinnen und Schülern und von den Lehrkräften. Wir sind die wahren Experten! Wir kennen den Laden! Wir wissen, was es heißt, tagaus, tagein zu pauken. Wir wissen aber auch, was zu tun ist, damit man gut lernt und sich dabei wohl fühlt. Und deshalb wissen wir am besten, wie eine gute, zukunftsfähige Schule aussieht, oder?

Einige von uns arbeiten bereits in der AG Zukunft mit. Nur wenn viele von euch Ideen einbringen, werden wir etwas verändern können. Ein paar von uns saßen bereits mit einem Lehrer zusammen und haben überlegt, wie man moderne Medien wie Smartphone und Tablet im Unterricht nutzen kann. Der Förderverein hat gesagt, dass er solche Projekte unterstützen würde.

Vielleicht fragt ihr euch jetzt: Was will der eigentlich von uns? Ich wünsche mir, dass sich jede und jeder von uns Gedanken macht und wir uns alle überlegen, wie unsere Schule der Zukunft aussehen soll. Bitte nehmt euch kurz die Zeit dafür! Bitte schreibt eure Ideen auf ein Blatt. Bitte steckt dieses in den SV-Briefkasten! Wir freuen uns über jeden nützlichen Beitrag. Wir brauchen jede frische Idee. Also, lasst uns jeden Tag einen übervollen Briefkasten leeren! Denkt daran: Es geht um uns! Es geht um unsere Zukunft in dieser Schule! Danke für eure Aufmerksamkeit!

Der Schüler verwendet **du, ihr** und **euch** insgesamt zehnmal.
Der Schüler verwendet **wir, uns** und **unsere/unserer** insgesamt 22-mal.

4 + 5 Bitte nehmt euch kurz die Zeit dafür!
Bitte schreibt eure Ideen auf ein Blatt.
Bitte steckt dieses in den SV-Briefkasten!
Also, lasst uns jeden Tag einen übervollen Briefkasten leeren!
Denkt daran: Es geht um uns!

Seite 36

Eine Rede verfassen (1)

1 Beispiellösung

Liebe Mitschülerinnen und Mitschüler,

was haltet ihr von der Idee, dass wir alle *in Zukunft unsere Handys jeden Montag zu Hause lassen?*

Könnt ihr euch vorstellen, dass ihr einmal in der Woche *während der Schulzeit auf eure Handys verzichtet?*

Leider gibt es im Moment an unserer Schule noch keinen *handyfreien Montag.*

Aber das muss ja nicht so bleiben! Wollt ihr nicht auch mal ausprobieren, wie *so etwas funktionieren könnte?*

Seite 37

Eine Rede verfassen (2)

1 Beispiellösung

A Beschreibung der Hauptidee

Zunächst möchte ich sagen, dass ein handyfreier Montag in der Schule für uns alle Vorteile hätte. Besonders wichtig ist mir dabei eine Frage: Wie abhängig sind wir *eigentlich von unseren Handys?*

B Argumente

Ich bin der Meinung, dass wir uns auf das Experiment „handyfreier Montag" einlassen sollten. Ein wichtiges Argument dafür ist, dass wir unsere Handys bisher sowieso nur in den Pausen *benutzen können.* Da ist es doch nicht schlimm, für diese kurze Zeit *auch noch darauf zu verzichten,* oder? Findet ihr nicht auch, dass wir in den Pausen lieber mit unseren Freunden reden sollten, statt ständig *auf ein Handy-Display zu starren?* Manche von uns essen ja noch nicht mal in Ruhe. Das sieht man daran, dass sie in der einen Hand den Snack halten und mit der anderen *ihr Handy bedienen.* Sicherlich könnte man einwenden, dass es toll ist, mal eben einen coolen Song zu hören oder *nachzusehen, ob man neue Nachrichten hat.* Aber ist das alles wirklich *so unheimlich wichtig?* Man sollte bedenken, dass die allermeisten Nachrichten auf dem Handy nicht dringend oder wichtig sind. Man muss nicht sofort darauf reagieren. Man kann sie auch später *lesen und beantworten.*

C Aufforderungen (Appelle)

Überlegt bitte mal, wie oft ihr in den Pausen auf euer *Handy schaut!* Wie oft ihr vielleicht sogar heimlich im Unterricht *nachseht!* Es gibt doch wirklich Sinnvolleres, nämlich *das echte Leben!* Es geht nur um einen Tag in der Woche. Gemeinsam können wir es schaffen! Doch dazu müssen wir alle *bereit sein, es zu versuchen!*

Seite 38

Eine Rede verfassen (3)

1 Beispiellösung

A Zusammenfassung des Anliegens

Mit meinen Argumenten wollte ich zeigen, dass es sinnvoll ist, für einen Tag *das Handy zu Hause zu lassen.* Denn es gibt Wichtigeres, als *sich ständig nur damit zu beschäftigen.* Ich würde mir wünschen, dass ihr *alle darüber nachdenkt.* Wenn ich euch überzeugen konnte, dann sollten wir gemeinsam *daran arbeiten, das Projekt in die Tat umzusetzen.*

B Wiederholung der Aufforderung (des Appells)

Deshalb fordere ich euch noch einmal auf: Lasst uns an unserer Schule *den handyfreien Montag einführen!* Helft alle mit, damit auch die Schülerinnen und Schüler mitmachen, die glauben, dass sie ohne Handy *nicht leben können!* Also, gebt euch einen Ruck und probiert *es aus!* Ihr werdet sehen: Es ist gar nicht *so schwer, wie es zuerst aussieht.* Packen wir es an! Und packen wir montags unsere *Schultaschen ohne Handy!*

C Dank

Danke für *eure Aufmerksamkeit!* Danke, dass ihr mir *zugehört habt.*

Seite 39

Berufe der Zukunft erkunden

2 C kommunikativ, technisch begabt, gute Noten in Deutsch und Mathematik, Freude am Umgang mit Menschen, Interesse an Erfindungen

D sportlich, tierlieb, gute Noten in Biologie, Durchhaltevermögen, Spaß an körperlicher Arbeit

B technisch begabt, Durchhaltevermögen, gute Noten in Mathematik, Physik und Chemie, Informatik-AG, Interesse an neuen Technologien

A kommunikativ, gutes räumliches Vorstellungsvermögen, Freude am Umgang mit Menschen

Seite 40

Ein Bewerbungsschreiben verfassen

Janina Kunz
Schillerstraße 17
74555 Abendorf
Tel.: (01 00) 2 34 56
E-Mail: JK0102@e-mail.de

Abendorf, 15.03.20..

Technik für alle GmbH
Herr Roman Siebert
Nelkenstraße 105
76541 Murstadt

Bewerbung um einen Ausbildungsplatz zur Roboterberaterin

Sehr geehrter *Herr Siebert,*

Ihr Ausbildungsangebot in der Murstadter Zeitung hat mich sehr angesprochen.
Zurzeit besuche ich die 10. Klasse der Theo-Koch-Gesamtschule in Abendorf, die ich
im Sommer 20.. mit dem *mittleren Schulabschluss* verlassen werde.
Mein Interesse für Technik und neue Entwicklungen ist groß, und ich gebe mein Wissen
gern weiter. Aus diesem Grund bin ich auch Mitglied der Gruppe „Technik-Engel", die z. B.
Senioren beim Umgang mit dem Smartphone hilft. In der Schule sind zudem Deutsch und
Mathematik meine Lieblingsfächer.
Im September 20.. erhielt ich durch ein zweiwöchiges Praktikum in einem Fachgeschäft
für Elektronik erste Einblicke in das Tätigkeitsfeld einer Verkaufsberaterin. Besonders gut
hat mir der Umgang mit der Kundschaft gefallen.

Über eine Einladung zu einem Vorstellungsgespräch würde ich mich sehr freuen.

Mit *freundlichen Grüßen*
Janina Kunz

Anlagen: Lebenslauf, Halbjahreszeugnis der 9. Klasse

Seite 41

Ein Bewerbungsgespräch vorbereiten

1 b **Beispiellösung**
Bei einem Bewerbungsgespräch ist Pünktlichkeit wichtig.
Man sollte eine ordentliche Frisur tragen.
Die Kleidung sollte passend und sauber sein.
Zu dem Gespräch sollte man seine Unterlagen mitbringen.
Höflichkeit ist besonders wichtig, um einen guten Eindruck zu machen.

„Freiheit, die ich meine"

Seite 42

Verschiedene Bedeutungen von Freiheit kennen (1)

3 A [X] Toleranz, B [X] Wissen, C [X] Selbstbestimmung

Seite 43

Verschiedene Bedeutungen von Freiheit kennen (2)

3 **Beispiellösung**
Entscheidungsfreiheit heißt für mich, *dass ich mir aussuchen kann, mit wem ich meine Freizeit verbringe.*
Ich habe das Recht, *an Wahlen zum Bundestag teilzunehmen, wenn ich 18 bin.*

4 Die folgenden Bedeutungen hast du sicherlich eingetragen:
Toleranz, Selbstbestimmung, Wissen, Rechte, Entscheidungsfreiheit, Bewegungsfreiheit

Seite 44

Wörter und ihre Geschichte betrachten

2 Im 15. Jahrhundert bedeutete das Wort „vogelfrei" etwas Gutes.

3 **Beispiellösung**

A „Kehre zu den Deinen zurück. Jetzt stehst du noch unter meinem Schutze, dann aber bist du schutzlos!"
Er verließ das Zelt und erhob den Arm.

B Sommerlaune stellt sich ein, wenn man die untergehende Sonne sieht. Riesige Bäume spenden Schatten.
Die überdachte Terrasse bietet Schutz vor Wind. Und auf der grünen Wiese kann man ganz sorglos
den lauen Sommerabend genießen.

4 Zitat A: ☒ schlecht
Zitat B: ☒ gut

5 **Beispiellösung**
Der Ausdruck bedeutet, dass man eine Briefmarke auf einen Brief oder eine Postkarte klebt.
Dadurch wird die Sendung „frei" (bezahlt) und kann verschickt werden.

Seite 45

Wörter mit ähnlicher Bedeutung und Gegenbegriffe

1 b Selbstbestimmung, Unabhängigkeit, Zwanglosigkeit, Eigenständigkeit, Uneingeschränktheit

3 b + c

A Sie hat die Rede gehalten, **ohne abzulesen.**
B Die Kinoplätze sind **unbesetzt.**
C Der Eintritt ist **kostenlos.**
D Wir haben die letzte Stunde **keinen Unterricht.**
E Die Wohnung ist ab morgen **unbewohnt.**

4 b + c

B Die Kinoplätze sind **besetzt.**
C Der Eintritt ist **kostenpflichtig.**
D Wir haben die letzte Stunde **Unterricht.**
E Die Wohnung ist ab morgen **bewohnt.**

Seite 46

Verben der Notwendigkeit und Möglichkeit verwenden (1)

1 b **Beispiellösung**
Wenn ich nur *malen* **darf,** wenn ich soll,
aber nie *malen* **kann,** wenn ich will,
dann **mag** ich auch nicht *malen,* wenn ich **muss.**

2 b **Beispiellösung**
Wenn ich aber *Hausaufgaben machen* **darf,** wenn ich **will,**
dann **mag** ich auch *Hausaufgaben machen,* wenn ich **soll,**
und dann **kann** ich auch *Hausaufgaben machen,* wenn ich **muss.**

3 b Man darf hier nicht ...
A fotografieren.
B essen und trinken.
C seinen Hund mitbringen.
D ins Wasser springen.
E Fahrrad fahren.

Seite 47

Verben der Notwendigkeit und Möglichkeit verwenden (2)

2 a + b
„Die Freiheit der Person ist unverletzlich."
Glaube, Gewissen, Meinung, Presse, Kunst, Wissenschaft und Forschung sind frei, sagt das Grundgesetz.

Seite 48

Die Grenzen der Freiheit – Sich eine Meinung bilden

4 Beispiellösung
Mir ist auf dem Schulhof schon einmal mein Handy aus der Tasche geklaut worden. Mit Videoüberwachung hätte man den Dieb erwischt, deshalb bin ich dafür.

Seite 49

Die Grenzen der Freiheit – Diskutieren

1 b A: pro, B: pro, C: kontra, D: pro, E: kontra, F: pro

2 Wenn Menschen wissen, dass sie beobachtet werden, stellen sie nicht so viel an. – Es gibt kaum noch Beschädigungen, weil alle wissen, dass die Videokamera immer läuft.
Ich weiß, dass mir nicht viel passieren kann, wenn alles überwacht wird. – Der Mobber aus der anderen Klasse lässt mich in Ruhe, seit der Schulhof mit Kameras überwacht wird.
Ich kann mich nicht locker und zwanglos verhalten, weil ich mich beobachtet fühle. – Ich möchte meine Freundin gern umarmen, aber das können dann alle Lehrkräfte auf Video sehen.
Meine Wertsachen sind dann überall sicher. – Ich kann mein Geld in der Umkleide lassen und es kommt trotzdem nicht weg.
Man kann immer sehen, was ich gerade mache. Das ist kein gutes Gefühl. – Meine Hose rutscht. Ich mag sie mir aber nicht hochziehen, das sieht man dann nämlich auf dem Video.
Wenn etwas passiert, kann man den Täter leichter finden. – Die Scheibe ist beschmiert. Auf dem Video kann man sehen, dass es Jan war.

Seite 50

Werbung – Aufbau und Wirkung erkennen

2 b ☒ Die Begriffe wirken positiv (gut).

4 a Die Anzeige wirbt für ein Auto.

b Die Anzeige enthält das Fahnenwort „Freiheit".

c „Freiheit" wird hier mit „Bewegungsfreiheit" verbunden.

Seite 51

Teste dich!

1 a Ein Fahnenwort hat eine besonders positive Bedeutung.

2 b B Ihr *müsst* ihm schreiben.
C Du *sollst* dich in der nächsten halben Stunde bei ihr melden.
D Da wir nur zu viert sind, *dürfen* wir keinen Gruppenfahrschein kaufen.
E Deshalb *müssen* wir einen Helm tragen.
F Deshalb *muss* er das Spielfeld verlassen.

d Lösungswort: G L Ü C K W Ü N S C H E

Seite 52

Für oder gegen die Freiheit? – Eine politische Rede analysieren (1)

3 b Beispiellösung
Es geht in Hitlers Rede nicht wirklich um Freiheit. Er benutzt Wörter wie „müssen", „verpflichtet", „Befehl", „autoritär" und „Gehorsam", um deutlich zu machen, dass der Wille einzelner Personen für ihn nicht zählt.

Seite 53

Für oder gegen die Freiheit? – Eine politische Rede analysieren (2)

1 A Die Jugendlichen sind zum *dritten* Mal zu dem Appell angetreten. Zeile: 1

B Die Jugendlichen sind zu dem Appell gekommen, weil *der Befehl des Reichsführers sie gerufen hat / Hitler es befohlen hat.* Zeile: 13–14

C Hitler stellt sich den deutschen Jungen „schlank und rank" vor, „flink wie Windhunde, zäh wie Leder und hart wie Kruppstahl". Zeile: 5–6

2 [X] Hitler plant einen Krieg und braucht dafür gute Soldaten.

3 **Beispiellösung**
Hitler meint, dass die Jugendlichen lebenslang beeinflusst und erzogen werden. Sie haben keine Zeit für sich selbst oder eigene Ziele. Das merken sie aber nicht und sind sogar glücklich.

„Liebe geht durch alle Zeiten"

Seite 55

Einen Roman der Gegenwart untersuchen (2)

2 b Folgende Stellen hast du sicher unterstrichen:
Tatsächlich dachte ich aber überhaupt nichts, außer vielleicht *Oh* und *Hmmmm* und *Mehr!*
Ich plumpste unsanft von meiner Wolke sieben ...
„So schlecht fand ich es nun auch wieder nicht", sagte ich.
Leider war ich durch den Kuss etwas außer Atem. Das verringerte den lässigen Gesamteindruck.
Ich konnte Gideon nicht in die Augen sehen.

Seite 56

Einen Heftroman untersuchen – Wörtliche Rede (1)

1 b „Dann komm", sagte sie einfach.
„Willst du noch lange hier bleiben, Andreas?", fragte sie leise.
„Ich weiß es noch nicht, kleine Prinzessin", antwortete er mit unendlich zärtlicher Stimme. „Hätte ich dich nicht getroffen, dann wäre ich vielleicht schon längst wieder verschwunden. Es ist nicht gut, wenn man nur für seine Erinnerungen lebt. Man muss die Gegenwart wiederfinden. Es war ein Fehler herzukommen."
„Wie meinst du das?", wollte sie wissen.
Liebevoll erklärte er: „Du wirst das nicht verstehen, Prinzesschen. Seit vielen Jahren schon geistert die Heide durch meine Träume. Ich habe keine ruhige Minute mehr gefunden, und jetzt, da ich hier bin, ist es noch viel schlimmer."
„Manchmal denke ich, du bist ein Wesen aus einer anderen Welt. Bist du sicher, dass du nicht schon längst tot bist, um mir zu erscheinen?", wollte er von ihr wissen.
„Lieber Andreas", sagte sie sanft. „In meinem ganzen Leben hat noch niemand solche Dinge zu mir gesagt. Doch ich versichere dir, dass ich aus Fleisch und Blut bin. Ich bin die Tochter des Schäfers und heiße Elisabeth."
„Ich weiß, kleine Fee, ich weiß es", stimmte er ihr zu. „Und doch kann ich es nicht fassen. Du bist das schönste Mädchen, das mir je über den Weg gelaufen ist. Am liebsten würde ich in der Tiefe deiner blauen Augen ertrinken. Einfach alles um mich herum aufgeben und die dunklen Flecken in meiner Vergangenheit vergessen."
„Meine kleine Heideprinzessin", flüsterte er.

Seite 57

Einen Heftroman untersuchen – Wörtliche Rede (2)

2 b **Beispiellösung**
Die gefühlsbetonte Wortwahl und die Adjektive, die Gefühle beschreiben, wirken übertrieben.

3 b Ihr Herz stolperte – Ihr Herz schlägt unruhig, weil sie sehr aufgeregt ist.
in der Tiefe deiner blauen Augen ertrinken – Ich möchte dir ganz nah sein und alles andere vergessen.
die dunklen Flecken in meiner Vergangenheit – Ich habe früher einige schlimme Dinge erlebt oder getan.
Gefühlssturm – Sie empfindet gleichzeitig viele heftige Gefühle.

Seite 58

Teste dich!

1 a + b
„Liebe geht durch alle Zeiten: Saphirblau"
Der Roman ist in der Ich-Form geschrieben.
Die Ich-Erzählerin ist Gwendolyn.
Die Ich-Erzählerin beschreibt vor allem ihre eigenen Gefühle.
In dem Romanauszug geht es hauptsächlich um Liebe.

„Heideland, wie bist du so schön"
Der Roman ist in der Er-/Sie-Form geschrieben.
Die Hauptfigur heißt Elisabeth und ist die Tochter eines Schafhüters.
In dem Romanauszug geht es vor allem um Gefühle.

c Lösungswort: S T I L M E R K M A L

Seite 59

Einen Heftroman untersuchen – Präpositionen

1 b + c
Das bildhübsche Mädchen ließ die Beine in das Wasser baumeln. Seit dem Morgen saß es schon auf dem Bootssteg am Ufer des kleinen Sees. Aber für den Steg interessierte es sich nicht. Auf den Knien hatte es ein Buch. Das Mädchen las ohne Unterbrechung. Außer dem Mädchen befand sich noch ein Hund dort. Er hatte den Kopf zwischen seine Vorderbeine gelegt. Durch halb geöffnete Augen blinzelte er verschlafen umher. Manchmal wedelte er kurz mit dem Schwanz. Am anderen Ufer des kleinen Sees lag ein alter, morscher Holzkahn. Er bewegte sich kaum merklich durch die Wellen. Verspielt plätscherte das Wasser gegen das seichte Ufer.

2 Präposition mit Akkusativ (Wen oder was?): in das Wasser, für den Steg, ohne Unterbrechung, zwischen seine Vorderbeine, Durch halb geöffnete Augen, durch die Wellen, gegen das seichte Ufer

Präposition mit Dativ (Wem?): Seit dem Morgen, auf dem Bootssteg, am Ufer, Auf den Knien, Außer dem Mädchen, mit dem Schwanz, Am anderen Ufer

Seite 60

Einen Heftroman untersuchen – Verben im Präteritum

1 b „Das ist wunderschön, Troll", seufzt Elisabeth Bergen, die erwachsene Tochter des Schäfers. „Ich glaube, das ist die schönste Sage, die ich jemals gelesen habe." Ein glückliches Lächeln umspielt ihre roten Lippen. [...] Dann vertieft sie sich wieder in ihre Geschichte. Schließlich will sie erfahren, ob die Liebe wirklich siegt oder die Wirklichkeit. Halblaut liest sie weiter.

2 + 3 „Das ist wunderschön, Troll", seufzte Elisabeth Bergen, die erwachsene Tochter des Schäfers. „Ich glaube, das ist die schönste Sage, die ich jemals gelesen habe." Ein glückliches Lächeln umspielte ihre roten Lippen. [...] Dann vertiefte sie sich wieder in ihre Geschichte. Schließlich wollte sie erfahren, ob die Liebe wirklich siegte oder die Wirklichkeit. Halblaut las sie weiter.

Seite 61

Einen Heftroman untersuchen – Rechtschreibstrategie Verlängern

1 b **b oder p?** ho? – wir hoben, ga? – wir gaben
d oder t? beeindrucken? – beeindruckender, der Win? – die Winde, befan? – wir befanden uns
g oder k? geduldi? – geduldiger, riesi? – riesiger, geschmeidi? – geschmeidiger, ruhi? – ruhiger, san? – wir sanken

c Halblaut las Elisabeth weiter. „Er nahm sich keine neue Frau, da keine Sterbliche der Schwanenfrau glich. Er hielt jahrelang Ausschau und wartete **geduldig**. Doch er sah die verzauberten Schwäne niemals wieder." Elisabeth **hob** ihr verweintes Gesicht. Die Geschichte war sehr **beeindruckend**. Sie konnte nur mit Mühe ein Schluchzen unterdrücken. Der alte Weidenbaum am Seeufer war **riesig** und seine langen Äste bewegten sich **geschmeidig** im **Wind**. Die Blätter rauschten leise, sonst war alles **ruhig**. Langsam **sank** die Sonne tiefer. Für eine Weile glaubte Elisabeth tatsächlich, dass sie sich in einer verzauberten Welt **befand**. Das war ihr kleines Reich in unberührter Natur. Hier war sie abgeschirmt von allen schlimmen Dingen, die es anderswo **gab**.

Begegnungen

Seite 63

Die Kurzgeschichte „Allmorgendlich" lesen (2)

2 A Ich hatte meinen Arbeitsplatz gewechselt und fuhr seit Anfang des Monats mit dem Bus um *8:11 Uhr*.

B Ich sehe fremde Menschen, ich wechsle kein Wort mit ihnen und fühle trotzdem sofort *Ablehnung und Ärger, wenn ich sie nur sehe*.

C Sie schmatzte nicht und trotzdem *erfüllte mich ihr essender Anblick mit Ekel*.

D Ich fühlte mich von ihren Handlungen *persönlich beleidigt*.

E Das beunruhigte mich und ich erkannte, wie *wichtig mir dieses allmorgendliche Ärgern geworden war*.

F Also, ich kann mir nicht helfen, aber *die erinnert mich unheimlich an dich*.

3 In der Kurzgeschichte „Allmorgendlich" begegnen sich zwei *Frauen* im *Bus* auf dem Weg zur *Arbeit*.

Seite 64

Die Figuren der Kurzgeschichte „Allmorgendlich" untersuchen

1 Folgende Stellen hast du sicher blau unterstrichen:

Jeden Morgen trug sie den kirschroten Mantel, weiße Stiefel und weiße Handschuhe. Ihr langes Haar war zu einem ungewöhnlichen, aber langweiligen Knoten aufgesteckt.

2 Folgende Stellen hast du sicher grün unterstrichen:

Jeden Morgen stieg sie um 8:15 Uhr in den Bus. Sie ging mit hocherhobenem Kopf auf ihren Stammplatz zu, hinten rechts. Sie stieg zu, setzte sich auf ihren Platz.

Dann holte sie die Zeitung aus ihrer schwarzen Tasche und begann zu lesen. Jeden Morgen ab Seite drei. Nach der dritten Station griff sie erneut in die Tasche und holte zwei Brote hervor. Einmal mit Salami und einmal mit Mettwurst. Lesend aß sie.

Sie musterte mich prüfend.

Sie ließ sich nichts anmerken und begann wie immer zu lesen. Die Brote packte sie allerdings erst nach der sechsten Station aus.

3 Folgende Stellen hast du sicher rot unterstrichen:

Sie war mir sofort unsympathisch.

Ich wusste nicht, was mich an ihr so störte, denn ich fand sie nicht schön; es war also kein Neid.

Sie schmatzte nicht und trotzdem erfüllte mich ihr essender Anblick mit Ekel.

Jeden Morgen verdarb sie mir den Tag.

Ich fühlte mich von ihren Handlungen persönlich beleidigt.

[...] ich erkannte, wie wichtig mir dieses allmorgendliche Ärgern geworden war. Ich war erleichtert, als sie wieder erschien. Gleichzeitig ärgerte ich mich doppelt über sie.

4 ☒ A Die Ich-Erzählerin hat keinen richtigen Grund für ihre negativen Gefühle, denn die fremde Frau verhält sich ganz normal.

☒ C Die Ich-Erzählerin steigert sich gern in ihren Ärger hinein. Deshalb wird sie unruhig, als die fremde Frau ein paar Tage lang nicht auftaucht.

5 a Folgende Stelle hast du sicher markiert:

Beate, der ich nie von IHR erzählt hatte, lachte plötzlich. Sie zupfte mich am Ärmel und flüsterte: „Schau mal, die mit dem roten Mantel, die jetzt das Brot isst. Also, ich kann mir nicht helfen, aber die erinnert mich unheimlich an dich. Wie sie isst und sitzt und wie sie schaut."

b **Beispiellösung**

Der Wendepunkt ist überraschend, weil die Freundin findet, dass die Erzählerin viel Ähnlichkeit mit der unbekannten Frau hat. Die Ich-Erzählerin wirkt also selbst mürrisch und unsympathisch.

6 **Beispiellösung**

Die Ich-Erzählerin wird vielleicht wütend. Sie mag die andere Frau ja nicht und möchte bestimmt nicht mit ihr verglichen werden.

Seite 66

Den Inhalt der Kurzgeschichte „Zuerst den Linken" erschließen (2)

2 **Beispiellösung**

In Selim Özdogans Geschichte „Zuerst *den Linken*" geht es um einen Mann, der nachts oft durch *zwei dumpfe oder polternde Geräusche* geweckt wird. Die Bewohnerin, die über ihm wohnt, schmeißt immer *ihre Schuhe von der Küche aus in den Flur.* Von den lauten Geräuschen wacht der Ich-Erzähler *nachts auf.* Deshalb spricht er die Frau eines Tages freundlich im *Treppenhaus* an. Sie verspricht, mit dem Lärm aufzuhören. Doch schon in der nächsten Nacht passiert es wieder. Aber dieses Mal hört der Ich-Erzähler nur *einen Schuh poltern.* Er wartet auf *das zweite Geräusch,* aber es kommt nicht. Vor lauter Ärger kann er dann *zwei Stunden lang* nicht mehr einschlafen.

3 Folgende Stelle hast du sicher markiert und aufgeschrieben:

Ich hatte einige Male versucht, den gleichen Weg durch meine Wohnung zu machen wie sie. Ich wollte dahinterkommen, was sie dort oben tat.

Seite 67

Den Wendepunkt zur Kurzgeschichte „Zuerst den Linken" verfassen

1 b **Beispiellösung**

Er sagt: „Hallo, ich habe mich geärgert, dass du mich gestern wieder aufgeweckt hast."
Sie antwortet: „Tut mir leid, dass du wieder aufgewacht bist, ich hatte es vergessen."

2 „Bist du gestern Nacht aufgewacht?", fragte sie mich am nächsten Tag im Treppenhaus. „Ich hatte leider den linken Schuh so aus Gewohnheit schon in den Flur geschleudert. Erst dann fiel mir wieder ein, dass dich das stört. Deshalb habe ich den rechten dann ganz leise danebengelegt."

3 **Beispiellösung**

Er ist nicht mehr ärgerlich, weil *er jetzt weiß, dass seine Nachbarin nur einen Fehler gemacht hat. Sie nimmt seine Bitte ernst und versucht, ihr Versprechen zu halten.*

Seite 69

Das Thema und das Leitmotiv der Kurzgeschichte „Schiffe" untersuchen

1 ☒ B In der Kurzgeschichte geht es darum, wie Noah seine Gefühle nach der Trennung von Sarah endgültig verarbeiten kann.

☒ C Im Mittelpunkt der Kurzgeschichte stehen Sarah und Noah. Sie treffen sich einige Monate nach ihrer Trennung zufällig in einem Supermarkt.

2 a Folgende Stellen hast du sicher rot markiert:

Ich sollte aufhören, Fisch zu essen.
Ich bin in der Schlange an der Fischtheke der Dritte.
Die toten Fische riechen nach Meer.
Einmal hast du ein Stück altes Fischernetz gefunden.
„Hey Noah-Fisch!", hast du gesagt und gelacht. „Ich hab dich gefangen."
Also zeige ich einfach auf einen Fisch. Er ist braun und sieht aus wie ein Tiefseemonster. „Sie möchten den Seeteufel?", fragt die Fischfrau. „Ja." Ich kann mir den Fisch eigentlich gar nicht leisten.
Ich habe kein Schiff, aber ich habe einen Fisch.
Soll der Scheißseeteufel doch zurück zur Insel schwimmen!

b Folgende Stellen hat du sicher blau markiert:

Sind die Fensterbänke eures Ferienhauses immer noch mit Schiffen vollgestellt? Du hast sie mit deiner Familie gebaut. Und fünf sind von uns gewesen.
Wir haben fünf Schiffe in zwei Sommern gebaut.
Ob er auch Schiffe mit dir baut? Ich will dir sagen, dass du unsere alten Schiffe verbrennen sollst.
Ich habe kein Schiff, aber ich habe einen Fisch.

3 Die folgenden Wörter hast du sicher gefunden:

Insel, Fisch, Strand, Sand, Fischernetz, Schiff, Tiefseemonster, Seeteufel

4 **Beispiellösung**

Noah wirft den Fisch in den Kanal, um mit seinen Gefühlen zurechtzukommen. Er ist verletzt, wütend und traurig. Er hat den Fisch nur gekauft, weil er durch die Begegnung mit Sarah aufgeregt war.

Seite 70

Die Kurzgeschichte „Schiffe" untersuchen – Relativsätze

1 b – d
Ich stehe in der <u>Schlange</u>, <u>die</u> sich an der Fischtheke gebildet hat.
Vielleicht denkst du auch an das <u>Ferienhaus</u>, <u>das</u> auf der Insel liegt.
Manchmal kam deine <u>Cousine</u> mit, <u>die</u> gern nahe am Wasser entlanglief.
Du mochtest den warmen <u>Sand</u>, <u>den</u> du unter deinen Füßen fühltest.

2 b Einmal fandest du ein Stück <u>Fischernetz</u>. Es war sehr alt.
Auf den Fensterbänken eures Ferienhauses stehen viele <u>Schiffe</u>. Die Schiffe hast du mit deiner Familie gebastelt.
Ich zeige einfach auf einen <u>Fisch</u>. Er sieht aus wie ein Tiefseemonster.
Ich bleibe am <u>Kanal</u> stehen. Er ist ein trüber Wasserstreifen.

c + d
Einmal fandest du ein Stück Fischernetz, das sehr alt war.
Auf den Fensterbänken eures Ferienhauses stehen viele Schiffe, die du mit deiner Familie gebastelt hast.
Ich zeige einfach auf einen Fisch, der aussieht wie ein Tiefseemonster.
Ich bleibe am Kanal stehen, der ein trüber Wasserstreifen ist.

Seite 71

Teste dich!

1 Viele Kurzgeschichten erzählen von Alltagssituationen.
In Kurzgeschichten wird hauptsächlich etwas über den Charakter einer Figur erzählt.
Als Wendepunkt einer Kurzgeschichte bezeichnet man, wenn sich die Geschichte so verändert, wie man es nicht vermutet.
Das Leitmotiv einer Kurzgeschichte ist eine Aussage, ein Ort, ein Gegenstand oder eine Farbe, die im Text immer wieder vorkommt.

2 Lösungswort: Z U E R S T D E N L I N K E N

3 „Wie geht es dir?", frage ich. Mir fällt nichts Besseres ein.
„Oh, ganz gut." Du lächelst. Ich weiß nicht, ob es Glück ist oder etwas anderes.
„Ich bin jetzt seit einem halben Jahr mit meinem Freund Jörg zusammen."
„Schön für dich", sage ich.
„Und bei dir so?", fragst du. Die Antwort bleibt mir erspart.
„Ja, bitte?", fragt mich die Verkäuferin hinter der Fischtheke.

„... lass sie deine Stimme hören"

Seite 72

Ein politisches Lied untersuchen

2 X Du sollst gemeinsam mit anderen laut und deutlich zeigen, was dir nicht passt.

5 Folgende Wörter hast du sicher unterstrichen:
demonstrieren, gewählt, Stimme zählt

Seite 73

Nachrichten in Verse übersetzen

3 X In beiden Texten geht es darum, dass Erzieher zu wenig Geld bekommen.

4 In der ersten Strophe steht, man bekommt viel Geld, wenn man in der Wirtschaft arbeitet.
In der zweiten Strophe steht, man bekommt *viel Geld*, wenn man als *Fußballspieler* arbeitet.
In der dritten Strophe steht, man *bekommt kaum Geld*, wenn man *als Erzieherin arbeitet*.

5 Die drei Strophen sind gleich *aufgebaut*. Alle Strophen beginnen mit „Da ist einer/eine".
In jeder Strophe *greift* jemand nach etwas und *brüllt* dann laut.

6 Moritz Neumeier vergleicht die hohe Bezahlung in der Wirtschaft und im *Profifußball*
mit der sehr niedrigen Bezahlung für Erzieherinnen und Erzieher. Das findet er *ungerecht*.

Seite 75

Teste dich!

2 a Die Figur im Gedicht möchte scheinbar frei sein. Aus Bequemlichkeit entscheidet sie sich dann aber doch gegen die Freiheit.
Das Gedicht reimt sich nicht.
Die Figur in dem Gedicht handelt spontan und unüberlegt.
Bei der kleinsten Schwierigkeit gibt die Figur ihren Wunsch nach Freiheit auf.

b Lösungswort: G E D I C H T

Seite 76

Einen Songtext über das Unrecht heute verstehen (1)

2 kundgeben: mitteilen   Zeile: 1
diskriminieren: schlecht behandeln   Zeile: 4
Immigrant: Einwanderer   Zeile: 6
Steuerlast: die Menge des Geldes, das jemand an den Staat zahlt   Zeile: 16

3 b Als Ausländer ist man in einer schlechten Situation: Man darf nicht an Wahlen teilnehmen, man bekommt nicht automatisch einen deutschen Pass, man muss Steuern zahlen, obwohl man keine Bürgerrechte hat, man bekommt nicht leicht Arbeit, man wird wegen seiner Hautfarbe diskriminiert, man lebt in schlechteren Wohnvierteln, die Kinder von Ausländern verlassen häufiger die Schule ohne Abschluss, man verliert leichter seine Arbeit.

Seite 77

Einen Songtext über das Unrecht heute verstehen (2)

1 Nichts zu machen, einen deutschen Pass kriegtest du nicht automatisch
... war nicht arisch
Warst Mitbürger ..., ... keine Bürgerrechte hattest
... der Arbeitgeber schiss ...
... nach Arbeit fragte, er ... nicht mochte
Machte sich ...
... in schlechten Wohnvierteln lebten – war ...
... die Schule aufgaben – war ...
... die Arbeit verloren – war ...

„Mutter Courage und ihre Kinder"

Seite 79

Das Drama kennen lernen (2)

2 Autor und Entstehungszeit: *Bertolt Brecht, 1938 bis 1939*
Zeit der Handlung: *Dreißigjähriger Krieg (1618–1648)*
Ort der Handlung: *Nord- und Mitteleuropa*
Figuren: *Mutter Courage (Anna Fierling), Eilif, Schweizerkas, Kattrin, Bauern, Soldaten*
Schicksal der Kinder: *Schweizerkas: erschossen, Eilif: hingerichtet, Kattrin: erschossen*

3 Ein Sohn der Mutter Courage wurde bereits erschossen. Trotzdem will sie nicht, dass der Krieg aufhört. Warum?
– Sie würde ihre Einnahmequelle als Händlerin verlieren und hätte kein Geld zum Leben mehr.

Für welche Tat gilt Eilif als Kriegsheld?
– Er hat viele Bauern getötet und ihnen das Vieh gestohlen.

Für welche Tat wird Eilif hingerichtet?
– Er hat eine Bäuerin getötet und eine Kuh gestohlen.

Warum werden Eilifs Taten so unterschiedlich bewertet?
– Weil im Krieg und im Frieden unterschiedliche Regeln gelten.

4 Folgende Stellen hast du sicher markiert und aufgeschrieben:
Sie betreibt einen Kaufmannsladen auf einem Wagen und versorgt die Soldaten mit Waren des täglichen Gebrauchs.
Dennoch befürchtet Mutter Courage, dass der Krieg enden könnte. Dann würde sie nämlich ihre Einnahmequelle
als Händlerin verlieren und hätte kein Geld zum Leben mehr.
Alle sprechen nun vom Kriegsende, vom Frieden. Die Mutter Courage gerät jedoch gerade deswegen in Panik. Sie eilt
in die Stadt. Dort will sie ihre Waren schnell verkaufen. Sie befürchtet, dass im Frieden niemand so viel Geld dafür
bezahlen wird.

Seite 80

Eine Dramenszene lesen und verstehen (1)

2 Er preist Eilifs Körper wie auf einem Viehmarkt. Er sagt, dass nur das Kriegshandwerk Ruhm und Gewinn bringe.
Damit Eilif mitkommt, versucht er, ihn mit einer schönen Uniform zu locken.

Seite 81

Eine Dramenszene lesen und verstehen (2)

1 b wie eine Birke, runder Brustkasten, stämmige Beine

2 Folgende Stelle hast du sicher markiert:
Da erwidert Mutter Courage, er sehe aus wie eine Leiche auf Urlaub.

3 a + b
[4] Mutter Courage zieht daraufhin ein Messer. (Z. 15)
[2] Da kommt Mutter Courage auf ihrem Planwagen heran. Der Wagen ist ein rollender Verkaufsladen. Mutter Courage
hat ihre drei Kinder dabei. (Z. 3–7)
[5] Da erwidert Mutter Courage, er sehe aus wie eine Leiche auf Urlaub. So sagt sie ihm den Tod voraus. (Z. 21–22)
[3] Mutter Courage will ihre Kinder nicht verlieren. Deshalb versucht sie, den Werber und den Feldwebel durch ihre Waren
abzulenken. (Z. 11–12)
[1] Ein Soldatenanwerber beschwert sich bei einem Feldwebel darüber, dass es schwer sei, neue Soldaten zu finden. (Z. 1–3)

4 Der Soldatenanwerber beschwert sich beim Feldwebel: „Es ist schwer, neue Soldaten zu finden."
Der Werber meint: „Der Warenverkauf ist Frauensache. Nur das Kriegshandwerk bringt Ruhm und Gewinn."
Der Feldwebel wirft ihr vor: „Du lebst doch vom Krieg."
Er fragt sie: „Wie kann es ohne Soldaten einen Krieg geben?"
Der Werber sagt: „Ich bin schon seit meinem 17. Lebensjahr Soldat und es bekommt mir nicht schlecht."
Schweizerkas erklärt: „Meine Mutter ist eine Hellseherin und kann die Zukunft voraussehen."

Seite 82

Eine Dramenszene erschließen (1)

2 a Der Soldat hat kein Geld, weil er die eroberte Stadt nicht ausrauben konnte.
Der Feldprediger braucht dringend Verbandszeug für die Verwundeten.
Mutter Courage soll den Verwundeten ihre Leinenhemden überlassen.
Kattrin möchte dem Prediger mit den Verwundeten helfen.

c Lösungswort: G E W I S S E N

Seite 83

Eine Dramenszene erschließen (2)

1 b Was versucht Kattrin?
– Kattrin ist aufgeregt. Sie versucht, ihre Mutter dazu zu bringen, dass sie Leinenhemden als Verbandszeug hergibt.

Wie reagiert Kattrins Mutter?
– Mutter Courage setzt sich auf die Treppe des Wagens, damit Kattrin nicht hineinkommt.

2 Sie will den Bauern nicht helfen, weil die Bauern ihr kein Geld dafür geben können. Außerdem findet sie, dass die Bauern
selbst schuld sind, weil sie ihren Hof nicht verlassen wollten.

3 b passende Gedanken:
Verletzten Menschen muss man doch helfen!
Wie kann Mutter nur so hartherzig sein? Denkt sie denn immer bloß an Geld?
Natürlich wollten die Bauern ihren Hof nicht verlassen, schließlich ist er ihre Lebensgrundlage.
Wenn ich sprechen könnte, würde ich Mutter schon überreden, den Leuten zu helfen.

Gestylte Körper

Seite 84

Das Thema kennen lernen

1 b

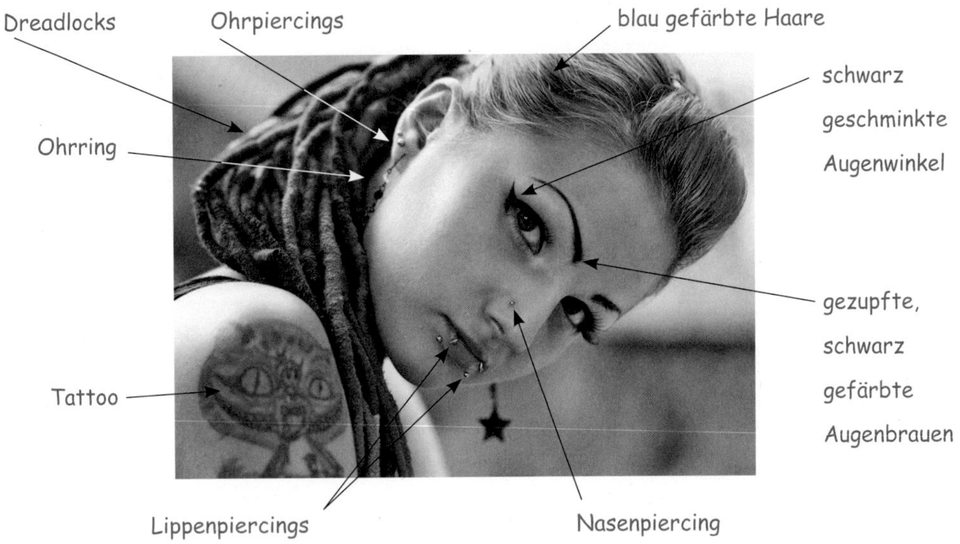

Dreadlocks
Ohrpiercings
blau gefärbte Haare
schwarz geschminkte Augenwinkel
Ohrring
gezupfte, schwarz gefärbte Augenbrauen
Tattoo
Lippenpiercings
Nasenpiercing

Seite 85

Einen Sachtext und eine Grafik verstehen (1)

2 Doping: Steigerung der sportlichen Leistung durch Anwendung von verbotenen Mitteln
Anabolika: Mittel zum Muskelaufbau

Seite 86

Einen Sachtext und eine Grafik verstehen (2)

1 „Es ist viel Aufwand", sagt Simon, ein 15-jähriger Schüler aus Hamburg. „Sechsmal pro Woche trainiere ich nach der Schule. Ich will Muskeln aufbauen und Fett abbauen."
Samim und Tamim sagen: „Man kann beim Krafttraining super abschalten, fit bleiben und dabei noch gut aussehen."
„Auch das ist eine Gefahr", erklärt Mischa Kläber vom Deutschen Olympischen Sportbund. Kläber meint: „Das macht blind für alles andere."

2 b [X] B Mehr als 50 Mädchen möchten ihr Gewicht verringern.
[X] D 38 Mädchen wollen etwas mit Freunden unternehmen, aber nur 23 Jungen.
[X] E Es wollen mehr Jungen als Mädchen ihr Aussehen verbessern.

c A Die meisten Jungen wollen im Fitnessstudio Muskeln aufbauen.
C Es wollen mehr Mädchen als Jungen fit sein.
F Es wollen mehr Mädchen als Jungen ihr Gewicht verringern.

Seite 87

Einen Sachtext verstehen – Den Aufbau untersuchen (1)

2 Folgende Aussage hast du sicher markiert:
C In dem Sachtext geht es um die Vorteile und Nachteile von Tattoos.

Seite 88

Einen Sachtext verstehen – Den Aufbau untersuchen (2)

1 1 C, 2 D, 3 A, 4 B

3 a + b
Der Text soll die Leserinnen und Leser *informieren*.

Seite 89

Einen Sachtext untersuchen

2 [X] um Ratschläge zum Thema Kinderfitness

3 Folgende Aussage hast du sicher markiert:
C Übertriebenes Training kann bei Kindern Muskeln und Knochen schädigen.

4 Fitnessstudios machen es möglich, den Bewegungsmangel im Alltag *auszugleichen*. Man kann dort gegen Übergewicht ankämpfen oder auch seinen Körper durch gezielte *Übungen* formen. Kinder sollten an *Geräten* allerdings nur von gut ausgebildetem Personal betreut werden. Am besten wäre ein *persönlicher* Trainer.

„Die Tribute von Panem"

Seite 92

Den Inhalt des Romanauszugs erschließen

1 A Der Roman beginnt früh am Morgen.
B Die kleine Schwester heißt Primrose (Prim).
C Der Tag heißt Erntetag.
D Katniss wohnt in Distrikt 12.
E Der Zaun soll Raubtiere aus dem Wald abhalten, wilde Hunde, Pumas und Bären.
F Katniss holt einen Bogen und einen Köcher mit Pfeilen aus einem hohlen Stamm.
G Katniss' Vater ist bei einer Explosion in der Mine ums Leben gekommen.
H Es ist nicht erlaubt, den Wald zu betreten und zu jagen.
I Sie essen gerne frisches Fleisch, das ihnen die Jäger verkaufen.
J Der Schwarzmarkt heißt Hob.
K Katniss spricht lieber nicht über heikle Themen wie die Ernte, die Lebensmittelknappheit oder die Hungerspiele.
L Gale wartet im Wald auf Katniss.
M Das Versteck ist durch ein Dickicht aus Beerensträuchern geschützt.

Seite 93

Die Schauplätze und die Hauptfigur des Romans untersuchen

1 **Haus der Familie:** gemeinsames Schlafzimmer für Mutter und zwei Töchter, Katniss teilt Bett mit Prim
Waldgebiet: durch Zaun abgetrennt, Raubtiere, Betreten nicht erlaubt, Felsvorsprung ist Versteck von Katniss und Gale
Distrikt 12: Katniss' Teil heißt Saum, schwarze Schlackestraßen, niedrige graue Häuser
Das Land Panem: nicht laut sagen, was man über Panem denkt, sonst Ärger; wird vom Kapitol aus regiert; Themen wie Ernte, Lebensmittelknappheit oder Hungerspiele schwierig

2 a Folgende Eigenschaften hast du sicher markiert:
liebevoll, sportlich, kann gut mit Pfeil und Bogen umgehen, mutig, verschwiegen, angespannt, geschickt

b **Beispiellösung**
Katniss ist liebevoll. Sie ist sportlich, mutig und kann gut mit Pfeil und Bogen umgehen. Sie ist sehr geschickt. Katniss ist angespannt und verschwiegen.

Seite 95

Die Zeitgestaltung im Roman untersuchen (2)

2 a + b
Nomen, Relativpronomen

Die Kamerateams, die wie Bussarde auf den Dächern hocken, verstärken den Eindruck noch.
Der Platz, der ziemlich groß ist, kann trotzdem nicht alle 8 000 Bewohner von Distrikt 12 aufnehmen.
Dann schauen wir zu der Bühne, die vor dem Gerichtsgebäude aufgebaut worden ist.
Ich starre auf die Papierzettel, die sich in der Mädchenkugel befinden.
Panem ist das Land, das aus den Trümmern Nordamerikas entstand.
Es gab neue Gesetze, die den Frieden sichern sollten.
Der Tribut, der als Letzter übrig bleibt, hat gewonnen.
Durch die Menge hindurch sehe ich Gale, der mich leicht anlächelt.
Ich hoffe so sehr, dass es nicht mein Name ist, der gezogen wird.

3 a ☒ ungefähr fünf Stunden

b Fische angeln, Gemüse und Beeren sammeln, einen Teil der Beute verkaufen, nach Hause gehen, auf die „Ernte" vorbereiten

Seite 96

Die Zeitgestaltung im Roman untersuchen (3)

1 Am „Tag der Ernte" geht Katniss mit ihrer Familie um *ein Uhr zum Platz*. Dort wartet die Menge auf den Bürgermeister. Um Punkt *zwei Uhr* betritt er die Bühne und hält eine lange Rede. Danach findet die Auslosung der Tribute statt. Die *Betreuerin* aus dem Kapitol greift in *die Glaskugel mit den Mädchennamen*. Sie zieht einen Zettel heraus, auf dem *Primrose Everdeen* steht.

2 A ein paar Minuten
B mehrere Jahre

3 b A Erzählzeit
B erzählte Zeit

c Sicher hast du folgenden Satz durchgestrichen:
In den Zeilen 19 bis 26 ist die Erzählzeit **länger** als die erzählte Zeit, also liegt eine Zeitdehnung vor.

Seite 98

Das Verhalten der Figuren untersuchen (2)

 Prim geht *mit steifen, kleinen Schritten zur Bühne*.

↓

Katniss ruft sie und *geht zu Prim*.

↓

Katniss meldet sich *freiwillig als Tribut für die Hungerspiele*.

↓

Effie Trinket *fordert die Zuschauer auf, zu klatschen*.

↓

Die Zuschauer auf dem Platz *klatschen nicht, sondern schweigen*.

2 ☒ Ich-Erzählerin

3 ☒ Prim ist viel zu jung, um die Hungerspiele gewinnen zu können.
☒ Ich kann nicht zulassen, dass meine kleine Schwester zu den Spielen muss.
☒ Ich muss Prim unbedingt beschützen, auch wenn ich selbst dafür sterben muss.

4 b Sie klatschen nicht und schweigen. Damit wollen sie ausdrücken, dass sie nicht einverstanden sind. Durch eine alte Geste drücken sie aus, dass sie Katniss bewundern und ihr danken.

Seite 100

Einen Romanauszug lesen und verstehen (2)

2 b **Beispiellösung**
Sie denkt vermutlich so, weil sie im Trainingscenter wohnen wird, es aber nicht verlassen darf.

3 b Die zwölf *prächtigen* Wagen füllen den Kreisverkehr des Zentralen Platzes. An den Fenstern der umliegenden Häuser drängen sich die *reichen* Bürger des Kapitols. Die Pferde ziehen unseren Wagen genau vor die Residenz von Präsident Snow und wir bleiben stehen. Die Musik endet mit einem *lauten* Tusch. Der Präsident ist ein *dünner* Mann mit *weißem* Haar. Er heißt uns von einem Balkon hoch über uns willkommen. Während seiner *langen* Rede werden eigentlich die Gesichter aller Tribute eingeblendet. Doch ich kann auf den Bildschirmen sehen, dass sie fast nur unsere Gesichter zeigen. Je dunkler es wird, desto schwieriger finden es die Kameraleute wohl, den Blick von unseren *leuchtenden* Flammen abzuwenden.

Seite 101

Einen Romanauszug lesen und verstehen (3)

1 A In Distrikt 1 werden Luxuswaren für das Kapitol hergestellt.

B Cinna setzt mit einer brennenden Fackel die Umhänge von Katniss und Peeta in Brand.

C Die Menschen denken, dass Katniss und Peeta wirklich brennen und das Feuer auch für die Zuschauer gefährlich ist.

D Sie sehen aus, als würden sie eine Schleppe aus Feuer hinter sich herziehen.

E Cinnas Stimme sagt: „Denkt dran, Kopf hoch. Lächeln. Sie werden euch lieben!"

F Sie nennt sich „das Mädchen, das in Flammen stand".

G Ein Team bedeutet Gemeinsamkeit, aber Katniss und Peeta müssen sich in der Arena bekämpfen und gegenseitig umbringen.

H Die Bildschirme zeigen hauptsächlich die Gesichter von Katniss und Peeta, anstatt die Gesichter aller Tribute zu zeigen.

Seite 102

Teste dich!

1 ☒ Der Roman ist in der Ich-Form verfasst.

☒ Die Erzählerin ist Katniss.

☒ Katniss will ihre kleine Schwester beschützen.

3 a + b

Nomen, Relativpronomen

Sie sieht aus wie ein Tierbaby, das zusammengerollt in einem Nest liegt.

Ich hasse nicht den Jungen aus Distrikt 1, der sie getötet hat.

Ich hasse das Kapitol, das uns allen dies antut.

4 Die folgenden Adjektive hast du sicher unterstrichen:

wilde Blumen, wunderschöne Formen, die schönsten Blumen, hässliche Wunde, leuchtende Blumen

5 Die Erzählzeit in dem Auszug ist *kürzer* als die erzählte Zeit, deshalb liegt eine *Zeitraffung* vor.

Seite 103

Einen Romanauszug untersuchen

2 Sicher hast du die folgenden Aussagen angekreuzt: A, C, F.

Grammatiktraining

Seite 104

Präpositionen bestimmen den Kasus von Nomen

2 a Die folgenden Wortgruppen hast du sicher markiert:

für unseren Schulabschluss, in Ihrem Haus, mit einer großen Bühne, durch einen Vorhang, bei unserer Feier, in Ihren Kalender, ohne einen Vertrag, nach einer anderen Möglichkeit

b **Präposition mit Akkusativ:** für unseren Schulabschluss, durch einen Vorhang, in Ihren Kalender, ohne einen Vertrag

Präposition mit Dativ: in Ihrem Haus, mit einer großen Bühne, bei unserer Feier, nach einer anderen Möglichkeit

Seite 105

Der Numerus: Singular oder Plural?

2 a Subjekte, Prädikate

Sehr geehrte Frau Bach,

bezüglich Ihres Angebots haben wir noch ein paar Fragen. Gibt es in dem Raum genügend Platz für ein Büfett? Unsere Gruppe und einige Freunde wollen den Raum selbst dekorieren.

Können die Schulleiterin und der Stufenlehrer den Raum einmal sehen? Zur Erinnerung fotografiert ein Profi auf der Abschlussfeier. Gern stellen wir Ihnen die Fotos zur Verfügung.

b wir haben, es gibt, unsere Gruppe und einige Freunde wollen dekorieren,

die Schulleiterin und der Stufenlehrer können sehen, ein Profi fotografiert, wir stellen

3 + 4 Die Schüler *dekorieren* den Feiersaal selbst.
Ein Profi *fotografiert* die Erinnerungsbilder.
Nieke und Ahmet *halten* die Begrüßungsrede.
Zur Feier *kommen* alle Schülerinnen, Schüler und Eltern.

Seite 106

Verben im Aktiv und Passiv unterscheiden (1)

1 b + c
Die Köche <u>bereiten</u> die Speisen <u>zu</u>.
Die Kellnerinnen <u>decken</u> die Tische.
Die Kellner <u>stellen</u> die Stühle <u>hin</u>.
Die Kellnerinnen <u>zünden</u> die Kerzen <u>an</u>.
Der DJ <u>prüft</u> die Musikanlage.
Nieke und Ronny <u>empfangen</u> die Gäste.

2 a + b
Die Speisen <u>werden</u> von den Köchen <u>zubereitet</u>.
Die Tische <u>werden</u> von den Kellnerinnen <u>gedeckt</u>.
Die Stühle <u>werden</u> von den Kellnern <u>hingestellt</u>.
Die Kerzen <u>werden</u> von den Kellnerinnen <u>angezündet</u>.
Die Musikanlage <u>wird</u> vom DJ <u>geprüft</u>.
Die Gäste <u>werden</u> von Nieke und Ronny <u>empfangen</u>.

Seite 107

Verben im Aktiv und Passiv unterscheiden (2)

1 b + c
<u>rot unterstrichen</u>, <u>grün unterstrichen</u>

<u>Die Kellerinnen</u> decken die Tische.
<u>Die Floristin</u> gestaltet den Blumenschmuck für die Tische.
<u>Der Lieferant</u> liefert die Getränke.
<u>Das Komitee</u> verteilt die Platzkarten.
<u>Die Garderobenfrauen</u> hängen die Mäntel auf.
<u>Das Putzteam</u> reinigt nach der Feier den Saal.

d Die Tische werden von den Kellnerinnen gedeckt.
Der Blumenschmuck für die Tische wird von der Floristin gestaltet.
Die Getränke werden von dem (vom) Lieferanten geliefert.
Die Platzkarten werden von dem (vom) Komitee verteilt.
Die Mäntel werden von den Garderobenfrauen aufgehängt.
Der Saal wird nach der Feier von dem (vom) Putzteam gereinigt.

2 b Die Rede wird von der Schülersprecherin gehalten.
Am Schluss wird der Saal von den Schülern aufgeräumt.

c Die Schülersprecherin hält die Rede.
Die Schüler räumen am Schluss den Saal auf.

Seite 108

Abwechslungsreich und treffend formulieren (1)

1 **gehen:** spazieren, schreiten, rennen, laufen, marschieren, wandern
machen: übernehmen, erschaffen, gestalten, herstellen, erledigen, tun
sagen: rufen, meinen, fragen, befehlen, auffordern, sprechen, besprechen, bitten

2 b + c
A Für unsere Feier möchte ich Sie bitten, uns möglichst schnell ein Angebot zu erstellen.
B Wenn Sie Rückfragen haben, sprechen wir gern noch einmal alle Punkte im Einzelnen durch.
C Bitte teilen Sie uns so schnell wie möglich mit, welche Aufgaben wir noch übernehmen sollen.

Seite 109

Abwechslungsreich und treffend formulieren (2)

2 + 3 sagen, machen

Sehr geehrte Damen und Herren,

                                       mitteilen

gern möchte ich Ihnen noch einige Punkte für unsere Abschlussfeier sagen. Um eine schöne

         gestalten   erledigen   besprechen

Abschlussfeier zu machen, müssen wir noch einige Aufgaben machen. Wir sagen zunächst

im Team, was noch zu bedenken ist. Wir müssen überlegen, wer welche Dekoration

herstellen   übernehmen

machen könnte. Vielleicht könnte auch jemand aus Ihrem Betrieb die Dekoration machen?

                              erklären

Nach unserer Besprechung würde ich Ihnen sagen, welche Fragen noch offen sind.

                        informieren

Es wäre sehr nett, wenn Sie uns dann sagen würden, wann wir uns für weitere Absprachen
treffen können.

4 a + b
Synonyme für sagen, Synonyme für machen

Sehr geehrte Damen und Herren,
gern möchte ich Ihnen noch einige Punkte für unsere Abschlussfeier mitteilen.
Um eine schöne Abschlussfeier zu gestalten, müssen wir noch einige Aufgaben erledigen. Wir besprechen zunächst
im Team, was noch zu bedenken ist. Wir müssen überlegen, wer welche Dekoration herstellen könnte. Vielleicht könnte
auch jemand aus Ihrem Betrieb die Dekoration übernehmen?
Nach unserer Besprechung würde ich Ihnen erklären, welche Fragen noch offen sind. Es wäre sehr nett, wenn Sie uns
dann informieren würden, wann wir uns für weitere Absprachen treffen können.

Seite 110

Sätze richtig verknüpfen (1)

2 a + b
Sehr geehrte Damen und Herren,
gern möchte ich mich auf den Ausbildungsplatz zum Kaufmann im Einzelhandel bei Ihnen bewerben, falls die Stelle
noch zu besetzen ist. Ich möchte mich beruflich in diese Richtung orientieren, weil ich meinen Vater mit Freude
beim Verkauf gebrauchter Sachen unterstütze. Mein Interesse für diese Tätigkeit hat sich weiter gesteigert, nachdem ich
ein Praktikum in einem Supermarkt gemacht habe. Neben meinem Interesse verfüge ich auch über
passende Qualifikationen, da ich im letzten Zeugnis die Note 2 im Fach Mathematik hatte.
Es würde mich freuen, wenn Sie mich zu einem Gespräch einladen würden.
Ich verbleibe mit freundlichen Grüßen, bis ich von Ihnen höre.

c Nebensätze mit Aussagen über …

    die Zeit: nachdem ich ein Praktikum in einem Supermarkt gemacht habe
                         bis ich von Ihnen höre
    den Grund: weil ich meinen Vater mit viel Freude beim Verkauf gebrauchter Sachen unterstütze
                         da ich im letzten Zeugnis die Note 2 im Fach Mathematik hatte
    die Bedingung: falls die Stelle noch zu besetzen ist
                         wenn Sie mich zu einem Gespräch einladen würden

Seite 111

Sätze richtig verknüpfen (2)

2 a–d
Ich arbeite gern im Verkauf, weil der Umgang mit Menschen mir Spaß macht.
Ich würde gern im Einzelhandel arbeiten, nachdem ich Erfahrungen im Praktikum gesammelt habe.
Nach meinem Schulabschluss kann ich sofort eine Ausbildung anfangen, falls ich eine Ausbildungsstelle finde.
Nach dem Schulabschluss jobbe ich in einem Supermarkt, bis ich meine Ausbildungsstelle antrete.
In den Ferien mache ich einen Nebenjob, da ich eine Betätigung sinnvoll finde.
Ich bin enttäuscht, wenn ich eine Absage bekomme.

Seite 112

Die indirekte Rede und das Verb im Konjunktiv I

1 b Sie meinten, dass die angebotene Tonanlage für die Größe des Raums nicht <u>ausreiche</u>. Für den Saal <u>müsse</u> es schon eine richtig starke Anlage sein. Sie sagten aber auch, damit <u>beschalle</u> man dann gleich die ganze Nachbarschaft. Die andere Abschlussklasse wies darauf hin, dass der Preis für die Anlage verhandelbar <u>sei</u>.

  c ausreiche, müsse, beschalle, sei

2 a + b
Ronny sagt: „Eine größere Anlage <u>ist</u> sehr teuer."
Er sagte, dass *eine größere Anlage sehr teuer sei.*
Nieke erklärt: „Die Musik <u>muss</u> doch gar nicht so laut sein."
Sie erklärte, dass *die Musik doch gar nicht so laut sein müsse.*
Ronny erwidert: „Ohne Anlage <u>geht</u> es aber nicht."
Ronny erwiderte, dass *es ohne Anlage aber nicht gehe.*

Seite 113

Mit der Umstellprobe den Stil verbessern

2 In Sofias Bewerbungsschreiben beginnt jeder Satz mit dem Wort „ich".

3 Sehr geehrte Damen und Herren,
ich möchte mich auf Ihre Ausbildungsstelle zur Kraftfahrzeugmechatronikerin bewerben. Ich gehe <u>momentan</u> auf die Gesamtschule und werde dort bald meinen Abschluss machen. Ich habe <u>in den Fächern Mathe und Physik</u> gute Noten. Ich habe <u>in den letzten Ferien</u> ein Praktikum in einer Autowerkstatt gemacht und meine Vorkenntnisse vertieft. Ich möchte Sie gern in einem Vorstellungsgespräch <u>von meinen Stärken</u> überzeugen.

4 Sehr geehrte Damen und Herren,
ich möchte mich auf Ihre Ausbildungsstelle zur Kraftfahrzeugmechatronikerin bewerben. Momentan gehe ich auf die Gesamtschule und werde dort bald meinen Abschluss machen. In den Fächern Mathe und Physik habe ich gute Noten. In den letzten Ferien habe ich ein Praktikum in einer Autowerkstatt gemacht und meine Vorkenntnisse vertieft. Von meinen Stärken möchte ich Sie gern in einem Vorstellungsgespräch überzeugen.

Seite 114

Die Stellung der Satzglieder im Deutschen

1 + 2 <u>Subjekte</u>, <u>Prädikate</u>, <u>Objekte</u>

<u>Ich</u> <u>helfe</u> <u>meiner Freundin</u> bei den Hausaufgaben.
Meiner Freundin helfe ich bei den Hausaufgaben.
Bei den Hausaufgaben helfe ich meiner Freundin.
<u>Ich</u> <u>verkaufe</u> gern <u>gute Produkte</u> an andere Leute.
Gute Produkte verkaufe ich gern an andere Leute.
Ich verkaufe gern an andere Leute gute Produkte.
<u>Er</u> <u>repariert</u> <u>Autos</u> in kurzer Zeit.
Autos repariert er in kurzer Zeit.
In kurzer Zeit repariert er Autos.
<u>Der Chef</u> <u>gibt</u> <u>der Mitarbeiterin</u> <u>eine wichtige Aufgabe</u>.
Der Mitarbeiterin gibt der Chef eine wichtige Aufgabe.
Eine wichtige Aufgabe gibt der Chef der Mitarbeiterin.
<u>Der Praktikant</u> <u>schickt</u> <u>sein Bewerbungsschreiben</u> an den Betrieb.
Sein Bewerbungsschreiben schickt der Praktikant an den Betrieb.
Der Praktikant schickt an den Betrieb sein Bewerbungsschreiben.

Seite 115

Einen Text überarbeiten: Übersichtliche Sätze, Satzverknüpfungen, Umstellprobe

2 a + b
ich bewerbe mich auf Ihren Ausbildungsplatz als Kauffrau im Einzelhandel.
Ich helfe gern Menschen bei ihren Fragen weiter.
Ich verkaufe deshalb gute Produkte mit Überzeugung schnell.
Ich habe in den letzten Sommerferien bereits ein Praktikum im Drogeriemarkt gemacht und dabei viele Erfahrungen gemacht und gemerkt, dass mir das Beraten und Verkaufen viel Spaß bereitet.
Ich freue mich über eine Einladung zu einem Gespräch, falls Sie Interesse haben, mich kennen zu lernen.

a In dem Bewerbungsschreiben beginnt jeder Satz mit „ich".

c **Beispiellösung**
In den letzten Sommerferien habe ich bereits ein Praktikum im Drogeriemarkt gemacht. Dabei habe ich viele Erfahrungen gemacht. Ich habe gemerkt, dass mir das Beraten und Verkaufen viel Spaß bereitet.

3 **Beispiellösung**
Sehr geehrte Damen und Herren,
ich bewerbe mich auf Ihren Ausbildungsplatz als Kauffrau im Einzelhandel.
Bei ihren Fragen helfe ich Menschen gern weiter. Gute Produkte verkaufe ich deshalb mit Überzeugung schnell.
In den letzten Sommerferien habe ich bereits ein Praktikum im Drogeriemarkt gemacht. Dabei habe ich viele Erfahrungen gemacht. Ich habe gemerkt, dass mir das Beraten und Verkaufen viel Spaß bereitet.
Über eine Einladung zu einem Gespräch freue ich mich, falls Sie Interesse haben, mich kennen zu lernen.

Rechtschreibstrategien und Rechtschreibregeln anwenden

Seite 116

Zweisilbige Wörter richtig schreiben

1 b Der Traum vom Fliegen ist ein sehr alter Traum der Menschen. Die ersten Schritte zur Verwirklichung dieses Traums waren nicht einfach und voller Gefahren. Zuerst ahmten Menschen die Flügel eines Vogels nach. Einige waren so mutig und versuchten einen Gleitflug ohne Motor. Später wurden die Flugobjekte mit einem Motor ausgestattet und konnten so gesteuert werden. Mit dem Steuer bedient man die Ruder, die das Kippen in der Luft verhindern. Heute fliegen wir in großen Maschinen durch die ganze Welt. Die Piloten wissen jederzeit, wo sie gerade sind. Sie kennen alle Daten genau.

c erste Silbe **offen:** die Flügel, mutig, Später, die Ruder, die Daten
erste Silbe **geschlossen:**
 verschiedene Konsonanten: alter, ersten, wurden, werden, ganze
 zwei gleiche Konsonanten: die Schritte, voller, das Kippen, wissen, kennen

2 Wenn die erste Silbe geschlossen ist und an der Silbengrenze zwei gleiche Konsonanten stehen, werden die Vokale *kurz* gesprochen.

Seite 117

Zweisilbige Wörter mit i-Laut

1 a lieben, grinsen, schwierig, Grippe, fliegen, Birne, Windel, Riemen, Pinsel, schieben, singen, Kiesel, Hirte, riesig, Kirsche, gierig, Biene, Tinte

c erste Silbe **offen:** lieben, schwierig, fliegen, der Riemen, schieben, der Kiesel, riesig, gierig, die Biene
erste Silbe **geschlossen** (Konsonant am Ende): grinsen, die Grippe, die Birne, die Windel, der Pinsel, singen, der Hirte, die Kirsche, die Tinte

Seite 118

Rechtschreibstrategie Verlängern

1 a–c
b oder p?
der Betrie**b** – *die Betriebe – der Betrieb*
sie glau**b**t – *wir glauben – sie glaubt*
sie lie**b**t – *wir lieben – sie liebt*
der Stau**b** – *die Stäube – der Staub*

d oder t?
der Aben**d** – *die Abende – der Abend*
wil**d** – *wilder – wild*
der Hel**d** – *die Helden – der Held*
der Ran**d** – *die Ränder – der Rand*

g oder k?
er überzeu**g**t – *wir überzeugen – er überzeugt*
der Abflu**g** – *die Abflüge – der Abflug*
sie kla**g**t – *wir klagen – sie klagt*
er erträ**g**t – *wir ertragen – er erträgt*

2 b Nach dem Winter zei**g**t sich der schlechte Zustan**d** vieler Straßen. Das Lan**d** gi**b**t viel Gel**d** aus, um die Sicherheit im Straßenverkehr zu gewährleisten. Wenn sich ein Politiker für die Sanierung einsetzt und hartnäckig nachfra**g**t, hat er Erfol**g** und bekommt viel Lo**b**.

Seite 119

Rechtschreibstrategie Ableiten

1 a + b
der H**ä**ndler – *handeln – der Händler*
die Tr**äu**me – *der Traum – die Träume*
der Verk**äu**fer – *verkaufen – der Verkäufer*
die M**ä**nner – *der Mann – die Männer*
das Geh**äu**se – *das Haus – das Gehäuse*

2 a + b
er r**ä**t – *raten*
sie gr**ä**bt – *graben*
sie f**ä**ngt – *fangen*
er schl**ä**ft – *schlafen*

3 b + c
Steffen l**äu**ft (von: *laufen*) nach der Schule gern zu Fuß nach Hause.
Kira h**ä**lt (von: *halten*) es für schlimm, wie manche Leute über andere reden.
Umweltschutz finde ich **äu**ßerst (von: *außen*) interessant.
Der schwarze Hengst hat ein f**eu**riges (von: *Feuer*) Temperament.
Kopfl**äu**se (von: *Laus*) sind eine gefürchtete Plage.

Seite 120

Großschreibung von Nominalisierungen

2 <u>Nominalisierungen von Verben</u>, Nominalisierungen von Adjektiven

Im Jahr 2014 erhielt die Pakistanerin Malala Yousafzai (geboren 1997) den Friedensnobelpreis. Das Besondere an ihr ist, dass sie gegen die Unterdrückung von Kindern und Jugendlichen kämpft. Sie hat schon viel Mutiges getan. Sie protestierte bereits mit elf Jahren gegen <u>das Zerstören</u> von Mädchenschulen durch Terroristen. Für <u>das Schreiben</u> ihrer Meinung in einem Blog wurde sie verfolgt. 2012 geschah das Schreckliche: Terroristen hielten Malalas Schulbus an und schossen auf sie. <u>Ihr Überleben</u> grenzte an ein Wunder.

3 a + b
Beispiellösung
Beim Reisen kann man viel von der Welt sehen.
Zum Laufen braucht man gute Sportschuhe.
Beim Essen sollte man sich Zeit lassen.

4 a + b
Beispiellösung
Es ist nicht immer leicht, etwas Mutiges zu tun.
Ich hole mir noch etwas Warmes zu trinken.
Bei meiner letzten Reise habe ich viel Schönes erlebt.

Seite 121

Zeitangaben und Wochentage

2 a Hi Mike, wir schreiben doch Freitagmorgen Mathe. Hast du morgen Nachmittag Zeit zum Üben?
Hi Jonas, nein, es geht nur mittags.
Habe gelesen, dass man abends am besten lernen soll …
Geht nicht, ab nachmittags haben wir Besuch.
Dann komme ich morgen Mittag. Wollen wir Dienstagabend ins Kino, als Belohnung fürs Lernen?
Super Idee. Aber dienstags habe ich Sport. Geht auch Mittwochabend?
Nee, da habe ich Training. Wie sieht es heute Abend aus?
War eigentlich gestern Nachmittag schon im Kino. Aber warum nicht?
Okay. Sagst du Tim wegen Donnerstagnachmittag Bescheid?

b **Tageszeiten/Wochentage mit s:** mittags, abends, nachmittags, dienstags
Tageszeiten nach gestern/heute/morgen: morgen Nachmittag, morgen Mittag, heute Abend, gestern Nachmittag
Zusammensetzung aus Wochentag und Tageszeit: der Freitagmorgen, der Dienstagabend, der Mittwochabend, der Donnerstagnachmittag

Seite 122

Zusammen- und Getrenntschreibung von Verben

1 laufen lernen, singen lernen, surfen lernen

2 Kleine Kinder müssen erst einmal *laufen lernen*.
Im Badeurlaub möchte ich *surfen lernen*.
In einem Chor kann man *singen lernen*.

3 b Vorsicht bei Glatteis, du könntest *leicht fallen*!
Die Deutscharbeit wird mir *leichtfallen*.

Bei einem Vortrag solltest du möglichst *frei sprechen*.
Der Richter musste den Angeklagten *freisprechen*.

4 b Wer einen Berg *hinaufsteigt*, freut sich auf die schöne Aussicht. Wenn der Aufstieg schwer wird, sollte man *durchhalten*. Es wäre ärgerlich, kurz vor dem Ziel *aufzugeben*.

Seite 123

Üben: Großschreibung

1 b Am Montagnachmittag geschah etwas Schlimmes. Ein Bus kam von der Straße ab und rutschte in einen Graben. Die Feuerwehr traf schnell ein und begann mit dem Bergen der verletzten Menschen. Das Erfreuliche war, dass es keine schweren Verletzungen gab. Das Einsammeln des verstreuten Gepäcks dauerte allerdings bis in die Nacht. Starke Scheinwerfer mussten die Unfallstelle erhellen. Freiwillige Helfer brachten den Einsatzkräften etwas Warmes zu essen und heiße Getränke. Die Straße konnte erst am Dienstagmorgen wieder freigegeben werden.

2 **Nomen mit Artikel:** Ein Bus, von der Straße, in einen Graben, die Feuerwehr, bis in die Nacht, die Unfallstelle, den Einsatzkräften, Die Straße
Nomen mit Adjektiv: der verletzten Menschen, keine schweren Verletzungen, des verstreuten Gepäcks, Starke Scheinwerfer, Freiwillige Helfer, heiße Getränke
Nominalisierungen: etwas Schlimmes, mit dem Bergen, Das Erfreuliche, Das Einsammeln, etwas Warmes
Tageszeiten/Wochentage: Am Montagnachmittag, am Dienstagmorgen

3 Nominalisierung von Verben: mit dem Bergen, Das Einsammeln
Nominalisierung von Adjektiven: etwas Schlimmes, Das Erfreuliche, etwas Warmes

Seite 124

Zeichensetzung bei wörtlicher Rede und Zitaten

2 Steffen fragt: „Kannst du mir bei dem Referat helfen, Samira?"
Samira antwortet: „Klar, Steffen, das ist kein Problem."
Steffen meint: „Dann können wir das ja als gemeinsames Referat abgeben."
Samira sagt: „Darüber sprechen wir am besten mit unserem Lehrer."

3 b Der Autor des Zeitungsartikels über Jane Goodall meint: „Jane Goodall hat Erstaunliches geleistet."
„Dass die Menschenaffen Werkzeug herstellen und benutzen können, ist vielleicht Goodalls wichtigste Erkenntnis", findet der Autor.

Seite 125

Kommasetzung bei Aufzählungen

2 a + b
Jan kümmert sich um den Grill, die Grillkohle, die Würstchen und den Senf.
Maja kümmert sich um den Salat, das Brot, den Ketchup und die Servietten.
Moritz kümmert sich um die Teller, die Becher, das Besteck und die Getränke.

Seite 126

Kommasetzung in Satzgefügen

1 b – d

|Nachdem| ich gefrühstückt habe, fahre ich mit dem Bus zur Schule. Schule macht mir Spaß, |weil| ich da jeden Tag ein paar von meinen Freunden sehen kann. Am Nachmittag, |wenn| ich mit den Hausaufgaben fertig bin, treffe ich mich mit meinem besten Freund in der Stadt. |Obwohl| wir nicht viel kaufen, bummeln wir gern durch die Läden. Um 19 Uhr gehen wir zur Bushaltestelle, |damit| wir später noch Zeit für ein Computerspiel haben.

2 b + c

Mein Freund steigt vor mir aus dem Bus, |weil| sein Heimweg kürzer ist. |Damit| ich mich nicht langweile, höre ich übers Handy meine Lieblingssongs. Zu Hause kann ich, |bevor| wir zu Abend essen, meistens auch noch ein bisschen Musik hören. Nach dem Essen sehe ich fern oder lese einen Comic, |wenn| ich Lust dazu habe.

Seite 127

Kommasetzung bei *das* oder *dass*

1 a + b

Ich habe gehört, |dass| jeder fünfte Jugendliche von Cybermobbing betroffen ist.
Eine Nachbarin sagt, |dass| die Menschen generell unfreundlicher geworden sind.
Ich meine, |dass| die Menschen wieder mehr Respekt voreinander haben sollten.
Meine Schwester findet, |dass| man das schon mit seinen Freunden üben kann.
Wir sollten uns alle darum bemühen, |dass| unser Miteinander besser wird.

3 a – d

Ich betrachte Respekt als ein Geschenk, das Menschen einander machen. Aggression ist ein Gefühl, das man kontrollieren kann. Alle Menschen wollen ein Leben, das friedlich und sicher ist. Mobbing ist ein Thema, das man nicht ignorieren darf.

4

Als ein Geschenk, das Menschen einander machen, betrachte ich Respekt. Ein Gefühl, das man kontrollieren kann, ist Aggression. Ein Leben, das friedlich und sicher ist, wollen alle Menschen. Ein Thema, das man nicht ignorieren darf, ist Mobbing.

Seite 128

Übungsstationen: Nominalisierungen; Zeitangaben und Wochentage; Zeichensetzung bei Zitaten

1

Schon als Kind tat sie etwas *Außergewöhnliches*. Das *Schreiben* machte sie zur Zielscheibe für Terroristen. In ihrer Rede sagte Malala viel *Wichtiges* über das Recht auf Bildung. Für Malala ist das *Lernen* der Schlüssel zur Freiheit.

2 a + b

Wir schreiben am **M**ittwoch eine Mathearbeit. Am **M**ontagmittag wollen wir dafür üben. Man lernt zwar **a**bends am besten, aber **m**orgen **A**bend kommt Besuch. Und weil ich **d**ienstags Sport habe, können wir nicht am **D**ienstagabend lernen. Heute ist es auch nicht möglich, denn **h**eute **N**achmittag gehen wir ins Kino. Also bleibt nur der **M**ontag übrig.

3 a – c

In einem Artikel über Jane Goodall heißt es: „Die Affenforscherin gab den Schimpansen Namen statt Nummern." Das war damals offenbar neu. „Diese Namen", so betont der Autor des Artikels, „verwandelten die Tiere in Einzelwesen." Jane Goodall verbrachte viele Jahre mit der Beobachtung von Schimpansen. Der Autor des Artikels kommt zu dem Schluss: „Sie revolutionierte die Primatenforschung und ist bis heute eine sehr bekannte Wissenschaftlerin."

Seite 129

Übungsstationen: Kommasetzung in Satzgefügen und bei *das* oder *dass*

1 a – c

Hauptsätze, Nebensätze

Mika und Joel haben sich kennen gelernt, |bevor| sie in die Schule kamen.
Weil sie gern etwas zusammen unternehmen, treffen sie sich fast jeden Tag.
Obwohl sie manchmal streiten, wollen sie niemals ohne den Freund sein.
Aber nun hat sich, |weil| Mika sich verliebt hat, etwas verändert. Da Mika auch mit seiner Freundin Zeit verbringen möchte, ist Joel manchmal traurig. Er fühlt sich ausgeschlossen, |wenn| Mika bei seiner Freundin ist. Joel will mit Mika darüber reden, |damit| ihre Freundschaft nicht zerbricht.

2 b – d

Der Ferienbeginn ist jedes Mal ein Ereignis, *das* wir sehnlich erwarten.

Meine Tante Luise behauptet, dass nur ein Urlaub im Ausland ein richtiger Urlaub ist.

Außerdem will sie jedes Mal ein Abenteuer, *das* außergewöhnlich ist, erleben.

Aber ich finde, dass es auch zu Hause schön sein kann.

Ein Vorteil vom Urlaub daheim ist, dass man keinen Koffer packen muss.

Die Urlaubsplanung ist trotzdem ein Thema, *das* man nicht vergessen sollte.

Ich denke mir etwas aus, *das* auch meiner kleinen Schwester gefällt.

Natürlich ist es am wichtigsten, dass ich so oft wie möglich meine Freunde sehe.

Wir machen zum Beispiel gern ein Picknick, *das* wir mit einem Lagerfeuer verbinden.

Ich freue mich darüber, dass es überhaupt Sommerferien gibt!

Seite 130

Übungsstationen: Das Komma vor *und*; Zusammen- und Getrenntschreibung von Verben

2 b – d

Hauptsätze, Nebensätze

Ich habe einen Hund, mit dem ich Kunststücke übe, und er kann schon ganz toll auf zwei Beinen hüpfen.   Regel 1

Wir haben in der Schule ein Fest gefeiert und wir haben dabei viel Spaß gehabt.   Regel 2

Gestern bin ich noch ins Hallenbad gegangen, obwohl es schon spät war, und
habe dort meinen Klassenlehrer getroffen.   Regel 1

3 b + c

Meine Mutter, die in England *aufwuchs,* kam als junge Frau nach Deutschland. Sie wusste nicht, dass es ihr so *schwerfallen* würde, Deutsch zu lernen. Was sie besonders *herausforderte,* war das **ch**. Sie konnte es einfach nicht verständlich *aussprechen.* Nach jeder Deutschstunde musste sie eine Runde *spazieren gehen,* um ihr Gehirn zu „lüften" und ihre Zunge zu „entknoten".

Seite 131

Übungsstationen: Alle Zeichenregeln anwenden; Strategien und Regeln

1 b Die Planungen für das Grill-Picknick, das am Fluss stattfinden soll, sind im Gange. Jan ist der Meinung, dass noch etwas fehlt. Bevor er zum Training geht, möchte er das mit Maja besprechen. Er ruft sie an und fragt: „Haben wir an alles gedacht?" Maja antwortet: „Wir haben den Grill, die Kohle, die Würstchen und die Getränke." „Das stimmt", sagt Jan, „aber was ist mit dem Geschirr?" „Darum wollte sich Moritz kümmern", erwidert Maja. Jan bittet sie: „Kannst du Moritz anrufen? Ich habe keine Zeit, weil ich jetzt zum Fußballtraining muss." „Na klar", sagt Maja. Nachdem Jan aufgelegt hat, wählt Maja die Nummer von Moritz.

2 b Maja **klärt** alles mit Moritz. Sie **sagt** Jan am **Abend Bescheid**. Am **Samstagnachmittag** geht es los. Die **Gäste** setzen sich unter **riesigen Bäumen** auf bunte **Planen**. Tom **bringt** seinen **Hund** Bonzo mit. Den **mag** Maja sehr gern. Seine langen **Ohren** sehen aus wie **Pinsel**. Beim **Laufen** scheinen sie sogar zu **fliegen**. Nach zehn Minuten ist Maja vom **Spielen** mit Bonzo **hungrig**. Sie isst etwas **Warmes**. Dazu **gibt** es Nudelsalat. Nach dem **Grillen wird** das **Lagerfeuer** angezündet. Sobald es **richtig** brennt, kommen alle **näher**. Dann holt Moritz seine Gitarre. Die **Freunde** singen einige **Lieder**. Danach **räumen** sie gemeinsam auf. Maja, Jan und Moritz **lächeln** glücklich. Das Grill-Picknick war ein voller **Erfolg**.

Rund um Autoren

Seite 132

Informationen über einen Autor sammeln und ordnen (1)

1 b Sicher hast du die folgenden Karteikarten in denselben Farben markiert:

Karte A, Karte C, Karte D, Karte K

Karte B, Karte F, Karte J

Karte E, Karte H, Karte L

Karte G, Karte I

Karte M

Seite 133

Informationen über einen Autor sammeln und ordnen (2)

1 c **Lebensweg:** Karte A, Karte C, Karte D, Karte K
Privatleben: Karte G, Karte I
Charakter: Karte M
Werk: Karte B, Karte F, Karte J
Bedeutung heute: Karte E, Karte H, Karte L

2 b „Mutter Courage und ihre Kinder" ist ein sehr bekanntes **Drama** von Bertolt Brecht. Es **wird** häufig im Deutschunterricht in der Schule gelesen. Die **Handlung** spielt während des Dreißigjährigen Krieges, der von 1618 bis 1648 dauerte. Die **Hauptfigur** ist die Mutter Courage. Sie verkauft Waren an Soldaten, um mit ihren Kindern zu überleben. Doch jedes ihrer drei Kinder **stirbt** im Krieg. Das hatte die besorgte Mutter bereits zu Beginn **vorhergesagt**.

3 ☒ Werk

Seite 134

Den Aufbau einer Portfolioseite kennen lernen

2 D zeigt, woher die Informationen stammen.
A ist ein selbst geschriebener Text zum Thema.
B gibt die Meinung des Schülers zum Thema wieder.
E veranschaulicht den eigenen Text.
C erklärt, wie der Schüler vorgegangen ist.

Seite 135

Materialien für ein Autoren-Portfolio zuordnen (1)

1 b Material A – Datenüberblick
Material B – Informationstext
Material C – Interview
Material D – Zeitstrahl
Material E – Faktenliste
Material F – Karikatur
Foto von Brecht auf S. 135 – Foto

Seite 136

Materialien für ein Autoren-Portfolio zuordnen (2)

2 Sicher hast du die folgenden Informationen ergänzt:
1917: Medizinstudium in München
1929: Scheidung von Marianne Zoff / Heirat mit Helene Weigel

3 **Lebensweg:** A, D
Privatleben: A, D, E
Charakter: E, F
Werke: A
Bedeutung heute: B, C

Seite 138

Einen Sachtext über eine Autorin erschließen (2)

1 **Auswahlaufgabe**
Der dritte Band von Suzanne Collins ... ☒ steht in den Bestsellerlisten.

Zuordnungsaufgabe
A 2, B 3, C 1

Richtig/Falsch-Aufgabe

Suzanne Collins will mit ihrer Jugendbuchreihe „Die Tribute von Panem" zeigen, dass ...

uns eine beklemmende Zukunft erwartet. ☐ f   Nordamerika schon völlig zerstört ist. ☐ f

Kriege schlimme Folgen haben. ☐ r   Medien Gewalt ausüben können. ☐ r

Kurzantwortaufgabe

Beispiellösung

Die Fantasy-Story handelt von Jugendlichen, die sich in einem Wettkampf gegenseitig umbringen sollen.

Seite 139

Einen Sachtext über eine Autorin erschließen (3)

Einsetzaufgabe

Alle möchten den neuen Band von Suzanne Collins lesen. Deshalb steht er auf den *Bestsellerlisten*. Schon für den ersten Band hat die Autorin einen *Literaturpreis* gewonnen. In den „Panem"-Büchern geht es um Jugendliche, die sich gegen die Regierung *auflehnen*. Diese Regierung *unterdrückt* die Menschen auch durch die Medien gewaltsam. Hollywood witterte bei diesem Buch einen Erfolg und erwarb die *Rechte* für die Verfilmung. Das Zielpublikum von Suzanne Collins sind *Jugendliche*, da *Erwachsene* häufig in ihren Ansichten zu *einseitig* sind und sie nicht *offen* an ein Thema herangehen.

2 b 1. Auswahlaufgabe: Tipp C
2. Zuordnungsaufgabe: Tipp A
3. Richtig/Falsch-Aufgabe: Tipp D
4. Kurzantwortaufgabe: Tipp E
5. Einsetzaufgabe: Tipp B

Seite 140

Einen Sachtext über eine Autorin aufbereiten

1 a Sicher hast du die folgenden Jahreszahlen und Ereignisse markiert:
Der erste Band heißt „Tödliche Spiele". Er erschien 2009 in deutscher Sprache.
Für diesen Band erhielt Collins 2009 und 2010 zwei Literaturpreise.
Suzanne Collins wurde 1962 in Amerika geboren.
Seit 1991 schrieb sie Drehbücher für Familien- und Kinderprogramme, ...
Erst 2003 hängte Collins ihren TV-Job an den Nagel.

b Die folgenden Jahreszahlen und Stichworte hast du sicher eingetragen:
1962 — in Amerika *geboren*
1991 — *Drehbücher fürs Fernsehen*
2003 — *gibt TV-Job auf*
2009 — *„Tödliche Spiele" erscheint auf Deutsch, Literaturpreis*
2010 — *Literaturpreis*

2 b **Beispiellösung**
Frau Collins, Sie wollten eigentlich Schauspielerin werden. Warum haben Sie sich dann doch anders entschieden?
Suzanne Collins: Ich wollte lieber selbst Texte schreiben und nicht die Texte von anderen sprechen. (Z. 13)
Warum schreiben Sie für junge Leser und nicht für Erwachsene?
Suzanne Collins: Jüngeres Publikum ist einfach spannender. (Z. 28)
Warum ist das Ihrer Meinung nach so?
Suzanne Collins: Jugendliche sind noch offen für viele Ideen. Erwachsene haben schon feste Ansichten, sie sind eher festgefahren. (Z. 28–29)

Seite 141

Kulturelle Angebote in der Region kennen lernen

1 a Abbildung A — Internetseite
Abbildung B — Litfaßsäule
Abbildung C — Radio
Abbildung D — Flyer und Broschüren

b **Beispiellösung**
Tageszeitung, Zeitschriften, Stadtmagazine, bei Freunden

Seite 64

Wolken und Wellen (Teil 2) – Der Konjunktiv I in der indirekten Rede

1 b, c (Konjunktiv I: unterstrichen, Konjunktiv II: geschlängelt, *würde*-Ersatzform: *kursiv*)

Das Meer übt auf viele Menschen durch die gleichmäßige Bewegung der Wellen, die an die Küste schlagen, eine große Faszination aus. Der britische Wolken- und Wellenbeobachter Gavin Pretor-Pinney meint, es erinnere daran, dass es ein Grundprinzip des Lebens auf der Erde sei, Energie zu übertragen. Wenn man Kinder am Strand beim Spiel mit den Wellen beobachte, bekomme man ein Gefühl dafür, was für eine spannende Sache das Meer sei. Den Menschen, die durch einen Urlaub ihrem Alltag zu entkommen versuchen, empfiehlt der Brite das tägliche Wellenbeobachten als Alternative. Es bringe ihm mehr, als nur für zwei Wochen wegzufahren. Wellen zu beobachten, erscheint zwar auf den ersten Blick sinnlos. Aber durch Aktivitäten wie das Wellenbeobachten *würden* wir uns sozusagen das Nichtstun *erlauben*, so Pretor-Pinney weiter, und das wiederum ermögliche, Denkblockaden zu lösen. Freiräume täten sich auf, in denen man tiefer über Dinge nachdenken könne.

Seite 65

Teste dich! – Der Konjunktiv I in der indirekten Rede

1 a ich bin → ich sei   er trägt → er trage   wir ziehen → wir ziehen
   ihr geht → ihr gehet   du suchst → du suchest   sie arbeitet → sie arbeite

(je richtige Lösung 1 Punkt; höchste Punktzahl: 6 Punkte)

   b Konjunktiv II: wir zögen   *würde*-Ersatzform: wir würden ziehen

(je richtige Lösung 1 Punkt; höchste Punktzahl: 2 Punkte)

2 A Tim erläutert, Wetterbeobachter *würden* täglich in den Himmel *schauen* und den Wolkenstand *prüfen*.
   B Mia meint, die Flugsicherheit *hänge* entscheidend von den Informationen der Wetterbeobachter *ab*.
   C Ben sagt, die Wetterbeobachter *säßen* meist in einem Häuschen am Rande des Rollfeldes.
   D Leon erklärt, der Job des Wetterbeobachters *sei* ihm viel zu einsam.

(je richtige Lösung 2 Punkte; höchste Punktzahl: 8 Punkte)

3 a Mark Twain spottete einst, jeder schimpfe auf das Wetter, aber keiner tue etwas dagegen.

(je richtige Lösung 1 Punkt; höchste Punktzahl: 2 Punkte)

   b „Jeder *schimpft* auf das Wetter, aber keiner *tut* etwas dagegen." (Mark Twain)

(je richtige Lösung 1 Punkt; höchste Punktzahl: 2 Punkte)

Seite 66

Sätze und Satzglieder – Unterwegs

Satzglieder bestimmen und verwenden

1 a, b Die adverbialen Bestimmungen in der Reihenfolge ihres Erscheinens im Text: von England nach Amerika *(adverbiale Bestimmung des Ortes)* – wochenlang *(adverbiale Bestimmung der Zeit)* – dem stürmischen Atlantik *(Dativobjekt)* – wohlbehütet *(adverbiale Bestimmung der Art und Weise)* – wagt *(Prädikat)* – Charlotte *(Subjekt)* – ihr Vertrauen *(Akkusativobjekt)* – wegen einer falschen Entscheidung *(adverbiale Bestimmung des Grundes)*

Seite 67

2 a, b (adverbiale Bestimmung der Zeit: unterstrichen, adverbiale Bestimmung des Ortes: *kursiv*, adverbiale Bestimmung der Art und Weise: **fett**, adverbiale Bestimmung des Grundes: geschlängelt)

   A Ein 15-Jähriger taucht **mit einem U-Boot** tagelang *durch einen geheimnisvollen Tiefseegraben*.
   B Ein Raumschiff fliegt im Jahr 2033 auf Grund eines Steuerungsfehlers *zum Roten Planeten*.
   C Eine Jugendliche versteckt sich viele Monate lang *auf einer unbewohnten Südseeinsel*.
   D Zwei Freunde wandern wegen einer verlorenen Wette **ohne Gepäck** *durch die Sahara*.
   E Ein 16-jähriges Mädchen klettert **allein** *auf den höchsten Berg der Erde*.

Seite 68

Sätze zu Satzreihen und Satzgefügen verknüpfen

1 a Seine Mutter kennt er nicht, *weil* sie ihn und seinen Vater vor langer Zeit verlassen hat.
   Früher hat Joel seinen Vater immer wieder nach seiner Mutter gefragt, *obwohl* Samuel ihm stets nur vage Auskünfte gegeben hat.
   Doch plötzlich ändert sich alles, *als* ein Brief mit der Adresse von Joels Mutter auftaucht.
   Der 15-Jährige macht sich schließlich alleine auf die Suche nach seiner Mutter, *nachdem* Samuel das Zusammentreffen mit ihr immer wieder hinausgezögert hat.

b Die neu gebildeten Sätze bestehen aus *Satzgefügen*.

c Mögliche neu verknüpfte Sätze mit der Konjunktion *denn*:

Seine Mutter kennt er nicht, *denn* sie hat ihn und seinen Vater vor langer Zeit verlassen.

Doch plötzlich ändert sich alles, *denn* ein Brief mit der Adresse von Joels Mutter taucht auf.

Der 15-Jährige macht sich schließlich alleine auf die Suche nach seiner Mutter, *denn* Samuel hat das Zusammentreffen mit ihr immer wieder hinausgezögert.

Möglicher neu verknüpfter Satz mit der Konjunktion *aber*:

Früher hat Joel seinen Vater immer wieder nach seiner Mutter gefragt, *aber* Samuel hat ihm stets nur vage Auskünfte gegeben.

Seite 69

Subjektsätze und Objektsätze verwenden

1 *Dass das vordere Fahrwerk klemmte*, zwang den Piloten einer Boeing 767 zu einer Notlandung.

Dass der Pilot zuvor fast den gesamten Treibstoff abließ, verringerte die Explosionsgefahr bei diesem riskanten Manöver.

Es grenzt an ein Wunder, *dass alle 231 an Bord befindlichen Fluggäste unverletzt blieben*.

Unter Experten gilt es als sehr ungewöhnlich, *dass ein Fahrwerk bei der Landung plötzlich ausfällt*.

2 Der Pilot beschreibt, *wie das Landemanöver ablief*.

Die Flugbehörden untersuchen, *warum das Fahrwerk klemmte*.

Die Passagiere freuten sich, *dass ihre Flugreise letztlich glücklich endete*.

Seite 70

Relativsätze verwenden

1 Charles Lindbergh, *der 1927 als erster Mensch alleine über den Atlantik flog*, ging als Held in die Geschichte der Fliegerei ein.

Amelia Earhart, *die aus Amerika stammte*, wagte 1928 als erste Frau alleine einen Transatlantikflug.

Wiley Post startete am 15. Juli 1933 zum ersten Alleinflug um die Erde, *der 8 Tage, 15 Stunden und 51 Minuten dauerte*.

2 a Käthe Paulus war eine berühmte Fallschirmspringerin des 19. Jahrhunderts.

b Käthe Paulus war eine Fallschirmspringerin, die im 19. Jahrhundert berühmt war.

Seite 71

Adverbialsätze bilden: Angaben zu Zeit, Ort, Art und Weise, Grund

1 a, b 2013 machte die Britin Sarah Outen Schlagzeilen, *als sie als erste Frau den Pazifik alleine und ohne Zwischenstopp mit einem Ruderboot überquerte (AdZ)*. *Nachdem sie in 150 Tagen auf See 7000 Kilometer zurückgelegt hatte (AdZ)*, kam sie erschöpft, aber glücklich in Alaska an. Gestartet war die 28-jährige Extremsportlerin in Japan, *wo sie ihr Boot „Happy Socks" zu Wasser gelassen hatte (AdO)*. [...] Sie kenterte fünfmal und wurde im dichten Nebel fast von einem Frachtschiff gerammt, das sie nicht bemerkte, *weil/da ihre Radaranlage ausgefallen war (AdG)*. Die letzten paar Hundert Meter musste sie sich von einem Boot schleppen lassen, *da/weil die Strömung wegen eines Sturms zu stark war (AdG)*. Outen nutzte ihre Reise zudem für einen guten Zweck, *indem sie zu Spenden für die Früherkennung von Brustkrebs aufrief (AdAW)*.

Seite 72

2 A Sarah Outen verbrachte 150 Tage allein auf dem Pazifik, *wo sie immer wieder Gefahren ausgesetzt war*.

B Zielpunkt war die Küste Alaskas, *wohin Sarah Outen mit ihrem Boot ruderte*.

C Sarah Outen wurde auch in Großbritannien gefeiert, *woher die 28-Jährige stammt*.

3 Sarah Outen schrieb regelmäßig einen Blog, *während sie den Pazifik überquerte*.

Die Ruderin war erschöpft, aber glücklich, *nachdem sie die Küste Alaskas erreicht hatte*.

Sarah Outen testete ihr Ruderboot, *bevor sie zu ihrer Pazifiküberquerung aufbrach*.

4 Sie legte die Distanz zurück, *indem sie jeden Tag bis zu acht Stunden schwamm*.

Sie schützte sich vor den Haien, *indem sie in einem Käfig schwamm*.

Sie motivierte sich durchzuhalten, *indem sie mit dem Meer sprach*.

Seite 73

Konditional- und Finalsätze verwenden

1 a z. B.: Reisen ohne Geld ist möglich, *wenn/falls/sofern man sich auf Tauschgeschäfte einlässt*.

b [...] Darin waren seine Kamera, Kleidung, sein Laptop und Medikamente, falls er auf der Reise krank werden sollte. [...] Sofern man offen auf andere Menschen zugeht, kann man auch ohne Geld überleben. Wenn man es richtig anstellt, macht man sogar die Erfahrung, dass weniger oft mehr ist.

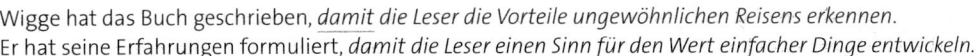

2 Wigge hat das Buch geschrieben, *damit die Leser die Vorteile ungewöhnlichen Reisens erkennen.*
Er hat seine Erfahrungen formuliert, *damit die Leser einen Sinn für den Wert einfacher Dinge entwickeln.*

Seite 74

Adverbialsätze verwenden und bestimmen

1 a, b (Adverbialsatz der Zeit: <u>unterstrichen</u>, Adverbialsatz der Art und Weise: *kursiv*, Adverbialsatz des Grundes: gepunktet,
Adverbialsatz der Bedingung: **fett**, Adverbialsatz des Zwecks: geschlängelt)
+++ 28-Jährige wandert durch Deutschland, damit sie Spenden sammeln kann +++
+++ Extremsportler bricht geplante Weltumseglung ab, <u>weil das Wetter schlecht ist</u> +++
+++ Berühmter Kletterer gab ein Interview, <u>bevor er den Gipfel erreichte</u> +++
+++ Marathonläufer: „Jeder kann das Ziel erreichen, **wenn er entsprechend trainiert!**" +++
+++ Weltumseglerin entkommt einem Sturm, *indem sie geschickt manövriert* +++
+++ Aktivistin reist nach Tibet, damit sie eine Blindenschule eröffnen kann +++
+++ Wüstenlauf: Favorit gibt auf, da er krank ist +++
+++ Extremschwimmer: „**Sofern das Wetter gut ist**, werde ich morgen starten" +++
+++ Ruderin kenterte, <u>nachdem sie erfolgreich gestartet war</u> +++
+++ Segler bricht den Temporekord, *indem er ein neues Boot verwendet* +++

Seite 75

Auf Reisen (Teil 1) – Adverbialsätze verwenden

1 z. B.: Ich reise, *indem ich mein Auto nutze.*
Ich reise, *nachdem ich genug Geld zusammengespart habe.*
Ich reise, *wenn ich Zeit habe.*
Ich reise, *damit ich fremde Länder kennen lernen kann.*
Ich reise, *wohin mich meine Neugier trägt.*
Ich reise, *weil ich Menschen aus anderen Kulturkreisen kennen lernen will.*

2 a Man kann auf den höchsten Berg der Welt steigen, *wenn man ein Höhentraining absolviert hat.*
Sofern man genug Wasser dabeihat, kann man durch die Sahara wandern.
Man kann auf den tiefsten Meeresgrund tauchen, *falls man ein Sauerstoffgerät benutzt.*
Wenn man warme Kleidung trägt, kann man zum Nordpol reisen.
b *Wenn man ein Höhentraining absolviert hat*, kann man auf den höchsten Berg der Welt steigen.

Seite 76

Auf Reisen (Teil 2) – Adverbialsätze verwenden

1 a adverbiale Bestimmungen, die zu unterstreichen sind: Zur Unterhaltung der Zuschauer (Z. 2) – Durch das Filmen des Spaziergangs (Z. 9–11) – Nach dem Hinaustragen ins All (Z. 13) – Wegen der einzuhaltenden Sicherheitsvorschriften (Z. 15 f.)
b *Damit die Zuschauer unterhalten werden*, denken sich die Olympia-Organisatoren auch immer wieder neue, ungewöhnliche Reiseziele aus.
Indem der Spaziergang gefilmt wurde, konnte der historische Moment für die Öffentlichkeit festgehalten werden.
Nachdem sie ins All hinausgetragen worden war, blieb die Fackel rund eine Stunde dort und kehrte vier Tage später zur Erde zurück.
Weil die Sicherheitsvorschriften eingehalten werden mussten, durfte die Fackel allerdings während der gesamten Weltraummission nicht angezündet werden.

2 *Wenn die Eintrittspreise ansteigen*, werden die Zuschauerzahlen zurückgehen.
Viele Zuschauer werden enttäuscht sein, *falls die Olympiafavoriten scheitern.*

Seite 77

Teste dich! – Adverbialsätze

1 a *Indem er den Amazonas in 66 Tagen durchschwamm*, stellte Martin Strel 2007 einen Weltrekord auf.
Louis Palmer machte 2008 Schlagzeilen, *indem er die Welt mit einem Solartaxi umrundete.*
(je richtige Lösung 3 Punkte; höchste Punktzahl: 6 Punkte)
b Rob Thomson erlangte 2009 *durch das Umrunden der Welt mit einem Skateboard* einen Eintrag ins Guinness-Buch der Rekorde.
(je richtige Lösung 3 Punkte; höchste Punktzahl: 3 Punkte)

2 a Sie sammelten Spenden im Internet, *damit sie die Kosten für ihre Reise decken konnten.*
Die Brüder führten während ihrer Reise einen Blog, *damit sich ihre Unterstützer regelmäßig über ihre Erlebnisse informieren konnten.* *(je richtige Lösung 2 Punkte; höchste Punktzahl: 4 Punkte)*
b Man muss mehr Zeit für krankheitsbedingte Pausen einplanen, *wenn man von Berlin nach Schanghai radeln will.*
(je richtige Lösung 2 Punkte; höchste Punktzahl: 2 Punkte)

Rechtschreibung

Seite 78

Das kann ich schon! – Mit Rechtschreibstrategien Fehler finden und berichtigen

1 (Symbol) Wörter, die man so schreibt, wie man sie beim deutlichen Sprechen hört

(Symbol) Verwandte Wörter mit *a* und *au* ableiten

(Symbol) zusammengesetzte Wörter zerlegen

(Symbol) unklare Auslaute und Einsilber verlängern

(je richtige Lösung 1 Punkt; höchste Punktzahl: 4 Punkte)

2 a, b

(Symbol) das Skelett, wertvoll, das Werkzeug, der Querschnitt

(Symbol) die Schildkröte, der Verbundstoff, der Schutzpanzer, der Halbkugelbau, der Bestandteil, die Ultraschalljagd

(Symbol) das Gebäude, die Säuberung, die Wärme, auffällig

(Symbol) das Ohr, der Stahl, die Dehnung, die Zähmung

(je richtige Lösung 1 Punkt; höchste Punktzahl: a 14 Punkte; b 4 Punkte)

3 a das Eiweiß, schließlich, die Eiskugel, der Beweis, heiß, der Schuss, die Gießkanne, schießen, das Eisen, die Messe, der Reißverschluss, der Umriss, die Messmethoden

(je richtige Lösung 1 Punkt; höchste Punktzahl: 14 Punkte)

b

(Symbol) das Eiweiß, der Beweis, heiß, der Schuss, der Reißverschluss, der Umriss

(Symbol) schließlich, die Eiskugel, die Gießkanne, der Reißverschluss, die Messmethoden

(je richtige Lösung 1 Punkt; höchste Punktzahl: 14 Punkte)

Seite 79

4 a Fehler im Text: *e*inklang (Z. 2), *a*nregungen (Z. 3), Umgan*k* (Z 4), Mü*l*vermeidung (Z. 6), Rü*k*führung (Z. 6), Naturkrei*ß*lauf (Z. 7), *i*nneren (Z. 8), erke*n*bar (Z. 8 f.), *m*aterial (Z. 10), schwa*m*artige (Z. 11), Knochenbe*l*kchen (Z. 11), gi*p*t (Z. 15)

(je richtige Lösung 1 Punkt; höchste Punktzahl: 12 Punkte)

b

(Symbol) Umgan*g*, gi*b*t

(Symbol) Mü*ll*vermeidung, Rü*ck*führung, Naturkreislauf, erke*nn*bar, schwa*mm*artig

(Symbol) Knochenb*ä*lkchen

(Symbol) im *E*inklang, viele *A*nregungen, in ihrem *I*nneren, viel *M*aterial

(je richtige Lösung 1 Punkt; höchste Punktzahl: 12 Punkte)

c Fehlerschwerpunkt: *unklare Laute in zusammengesetzten Wörtern.* Die Rechtschreibstrategie *Zerlegen* hat der Verfasser am wenigsten beachtet.

(je richtige Lösung 1 Punkt; höchste Punktzahl: 2 Punkte)

5 a, b
Bereits im 19. Jahrhundert kamen Ingenieure auf die Idee, die Leichtbauweise der Knochen als Vorbild für technische Konstruktionen zu nehmen. Sie begeisterte beispielsweise der Gedanke, dass der Elefantenkopf trotz seiner leichten Knochen in der Lage ist, schwere Lasten ohne Probleme wegzuschieben. Hier holten sie sich Ideen dafür, leichte und trotzdem leistungsfähige Lastenkräne zu konstruieren. Auch Architekten reizte es, das Leichtbauprinzip der Knochen auf die Stahlkonstruktion von Gebäuden zu übertragen. Der Eiffelturm in Paris ist zum Beispiel weltberühmt. <u>Seine Erbauer wandten das Prinzip des Knochenbaus an (,) und sie sparten so 20 Prozent an Gewicht und Material ein.</u> Dass er trotzdem alle Stürme und Umwelteinflüsse aushält, beweist er seit 1889.

(je richtige Lösung 1 Punkt; höchste Punktzahl: a 6 Punkte; b 1 Punkte)

c Fehlerschwerpunkt: *Komma beim Infinitiv mit „zu"*

(je richtige Lösung 1 Punkt; höchste Punktzahl: 1 Punkt)

Seite 80

Rechtschreibstrategien anwenden – Fehler vermeiden

Strategien: Wörter verlängern und zerlegen

1 Verlängert werden müssen: *der Gepard, der Leopard, der Hund.*

2 a, b, c   Zerlegen muss man: die Sand\fischhaut – die Sande, der Schlag\flug – die Schläge und die Flüge, der Flug\samen – die Flüge, das Urpferd|chen| – die Pferde.

3 a,b   sorgsam (7), unbeugsam (4), erheblich (11), überheblich (6), weiblich (3), grundlos (1), neidlos (5), belanglos (2), empfindlich (9), gelblich (8), randlos (10)

Seite 81

Strategien: Wörter ableiten und merken

1 die Kräuter – das Kraut, das Gebäude – bauen, der Wärter – warten, die Schläuche – der Schlauch, stählern – der Stahl, wählen – die Wahl, versäumen – der Saum, aufbäumen – der Baum, die Saugnäpfe – der Napf, die Säugetiere – saugen, die Quälgeister – die Qual, das Zähnchen – der Zahn

2 a, b

			M	Ä	D	C	H	E	N	
L					K		G		D	
Ä					K		G		D	
S	Ä	B	E	L	K	N	Ä	U	E	L	Ä
T					S		S		M	
E	G	E	L	Ä	N	D	E	R	C	K	L
R	Ä	U	S	P	E	R	N		H	Ä	I
N	S	Ä	U	L	E			Ä	N	C
K			K	Ä	F	E	R		F	G	H
R	B	Ä	R				S	T	U
Ä	A	U	T	O	R	I	T	Ä	T	R
H							G		U
E							E	

Autorität
Bär
dämlich
Geländer
Geschäft
Käfer
Känguru
Käse
Knäuel
Krähe
lästern
Mädchen
räuspern
Säbel
Säule

3 Ableitungswörter ⚡: aussätzig, ergänzen, das Gefäß, gefräßig, das Pflänzchen, der Träger, die Säure, der Verstärker, erklären, die Dämmwirkung

Merkwörter Ⓜ: ständig, der Jähzorn, ächzen

Seite 82

Einen Text überarbeiten – Strategien anwenden

1 + 2

verlängern ⮕	zerlegen ⮟	ableiten ⚡	merken Ⓜ
Bild (Z. 4)	Zugfreien (Z. 17)	Wände (Z. 28)	Ihre (Z. 2)
Hauptbaustoff (Z. 20), sinkt (Z. 28), Sauerstoff (Z. 31), Vorbild (Z. 32), Luftzug (Z. 35), Termitenwand (Z. 37), gelingt (Z. 38 f.)	Zugluft (Z. 13), entlangströmt (Z. 37), möglich (Z. 44)	Wände (Z. 23), luftdurchlässig (Z. 24), Wärme (Z. 38), lässt (Z. 38), Gebäude (Z. 39), Hälfte (Z. 40)	sind (Z. 11, 23), Sie (Z. 13, 24), kühlt (Z. 27), während (Z. 29), Vorteil (Z. 36)

Seite 83

Teste dich! – Dein Strategiewissen

1 Richtige Aussagen:
– Verlängern ist eine Strategie, um die Schreibung am Wortende zu ermitteln.
– Verlängern ist eine Strategie, um die Schreibung einsilbiger Wörter herauszufinden.
– Zerlegen muss man zusammengesetzte Wörter mit Verlängerungsstellen.

– Zerlegen muss man Wörter mit Bausteinen.
– Ableiten gilt nur für Wörter mit ä und äu.

(je richtige Lösung 1 Punkt; höchste Punktzahl: 5 Punkte)

2 a, b

das Jahrtausen**d**   die Schwi**mm**blase   kä**u**flich   kränkeln   spannen**d**

die Stü**ck**zahl   die Oberfläche   der Aufwan**d**

(je richtige Lösung 1 Punkt; höchste Punktzahl: a 8 Punkte; b 8 Punkte)

3 a Fehler im Text: angepast (Z. 2), Decher (Z. 3 f.), Kompastermiten (Z. 7), aufwermen (Z. 10), kan (Z. 10), Heusern (Z. 11), auffellig (Z. 14), Wenden (Z. 15), Wintfenger (Z. 16), Wintfenger (Z. 16), Wint (Z. 17), Gebeudeinnere (Z. 17), komt Z. 18), staupfrei (Z. 19)

(je richtige Lösung 1 Punkt; höchste Punktzahl: 14 Punkte)

b, c

verlängern	zerlegen	ableiten	merken (M)
angepa**ss**t (Z. 2), ka**nn** (Z. 10), Wi**nd** (Z. 17), ko**mm**t (Z. 18)	Kompa**ss**termiten (Z. 7), Wi**nd**fänger (Z. 16), stau**b**frei (Z. 19)	Dä**ch**er (Z. 3 f.), aufwärmen (Z. 10), Häusern (Z. 11), auffällig (Z. 14), Wänden (Z. 15), Windfänger (Z. 16), Gebäudeinnere (Z. 17)	z. B.: ihrem (Z. 1), während (Z. 3), sind (Z. 8, 12), man (Z. 11), Lehm (Z. 13), sie (Z. 3, 6, 12, 14, 19), kühlenden (Z. 17)

(je richtige Lösung 1 Punkt; höchste Punktzahl: b 14 Punkte; c 5 Punkte)

Seite 84

Rechtschreibung verstehen – Regeln anwenden

Doppelte Konsonanten – Achte auf die erste Silbe

1 l/ll: brü**ll**en, die Pu**l**te, so**ll**en, be**ll**en, die Wä**l**der, ho**l**en
m/mm: su**mm**en, die Pu**m**pe, der Hu**m**or, fli**mm**ern, das Zi**mm**er
t/tt: ra**t**en, die Ra**tt**e, die Ra**t**e, die Ren**t**e, der Win**t**er
n/nn: ze**n**tral, ne**nn**en, we**n**den, die Ka**n**te, wei**n**en, ke**nn**en

2 + 3

Erste Silbe offen	Erste Silbe geschlossen	
	Zwei *verschiedene* Konsonanten	Zwei *gleiche* Konsonanten
ho len, der Hu mor, ra ten, die Ra te, wei nen	die Pul te, die Wäl der, die Pum pe, die Ren te, der Win ter, zen tral, wen den, die Kan te	brül len, sol len, bel len, sum men, flim mern, das Zim mer, die Rat te, nen nen, ken nen
ro te, grü ne, brau ne	Fän ge, lan ge, Bil der, gel be	Fäl le/fal len, knal len, hel le

Seite 85

Wörter mit *h* – Wenn die erste Silbe offen ist, …

1 gähnen gehen Nahrung erwähnen fahren bestehen vergehen die Röhre unzählig lehren

2 a, b, c

Wörter mit silbenöffnendem *h*	Merkwörter mit *h*
Rehe, Zehen	wahre, Zehner, Uhren, der Stahl – stählern, die Bahnen, die Jahre, die Wahlen, die Zahlen, die Mahle
Die erste Silbe ist *offen*. Das *h* gehört zur *zweiten* Silbe. Man spricht das Wort *ohne h*.	Die erste Silbe ist *geschlossen*. Das *h* gehört zur *ersten* Silbe. Man spricht das Wort *ohne h*.

3 Merkwörter (M): ungefähr, Jahr, Draht\gitter, dehnte, Bahn\schwelle, Stahl\beton

Seite 86

ss und ß in einer Wortfamilie – Achte auf die erste Silbe

1 heißen, hissen, vermissen, pressen, gießen, fließen, beißen

2 a, b   gießen – der Guss, beißen – der Biss, reißen – der Riss, fressen – der Fraß, beschließen – der Beschluss, vergessen – vergaß, müssen – muss, schließen – das Schloss, lassen – ließ, wissen – weiß, messen – maß

3 a das Gebiss, der Beißring, er beißt, er biss, die Bisswunde, er hat gebissen

b z. B.: **essen:** er isst, er hat gegessen, er aß, das Esszimmer, das Essbesteck

fließen: sie floss, sie ist geflossen, die Fließrichtung, der Fluss, der Abfluss

schießen: es hat geschossen, der Schuss, die Schusswaffe, die Schießanlage

4 a

A Das Wasser eines Flusses fließt nicht überall gleichmäßig schnell.

B Ein Hund, der beißt, kann mit seinem Gebiss große Bisswunden verursachen. Deshalb sollte er immer einen Beißschutz tragen.

C Weil der Regenguss ausblieb, muss Gustav das Beet mit der Gießkanne bewässern.

Seite 87

i oder ie? – Achte auf die Silbenzahl

1 Graffiti, die Emotion, die Information, das Praktikum, die Ziele, die Bionik, das Lexikon, der Optimist, der Pessimist, der Ziegenkäse, das Silizium, die Turbine

2 a, b

					1	F	I	N	G	I	E	R	E	N

im gleichmäßigen Schritt gehen (12)
unterbinden (8)
vortäuschen (1)
aufgeben (4)
etwas komisch nachmachen (2)
lernen (3)
Löcher in Zähnen füllen (5)
Alkohol in Speisen anzünden (6)
verkleinern (7)
versuchen (9)
absperren (10)
Bleistift beseitigen (11)

					1	F	I	N	G	I	E	R	E	N
					2	P	A	R	O	D	I	E	R	E	N
					3	S	T	U	D	I	E	R	E	N
				4	K	A	P	I	T	U	L	I	E	R	E	N
					5	P	L	O	M	B	I	E	R	E	N
					6	F	L	A	M	B	I	E	R	E	N
					7	H	A	L	B	I	E	R	E	N
					8	B	L	O	C	K	I	E	R	E	N
					9	P	R	O	B	I	E	R	E	N
10	V	E	R	B	A	R	R	I	K	A	D	I	E	R	E	N
					11	R	A	D	I	E	R	E	N
				12	M	A	R	S	C	H	I	E	R	E	N

3 a Ukraine, Maschine, Kabine, Turbine, Gardine, Maschine, Apfelsine, Mandarine, Vaseline, Sultanine, Terrine, Ruine, Beduine, Lawine

4 Bei der Nachsilbe -ine wird die regelhafte ie-Schreibung bei zweisilbigen deutschen Wörtern nicht außer Kraft gesetzt, denn das i bei -ine kommt ja nicht in der ersten Silbe vor.

Die Verbindung -ieren muss man sich merken, weil das ie eben nicht in der ersten Silbe des Wortes steht.

Seite 88

Fremdwörter mit ph, th, ch und y – Im Wörterbuch nachschlagen

1 a spanische Wörter: Fisika, Coro, Fisioterapia

b (Merkstellen Ⓜ : kursiv)

die Physik, das Chlorophyll, die Theologie, das Theater, der Chor, die Physiotherapie, die Phrase, der Rhythmus

c eine Wissenschaft = die Physik – Blattgrün = das Chlorophyll – Gruppe von Sängern = der Chor – Religionswissenschaft = die Theologie – Schauspielhaus = das Theater – Heilbehandlung = die Physiotherapie – leere Redensart = die Phrase – Takt, z. B. in der Musik = der Rhythmus

2 b deutsche Schreibweisen: Foto, Diktafon, Fantasie, Grafik, Tunfisch

3 Man spricht das *y* wie ein *i*.	Man spricht das *y* wie ein *ü*.
das Baby, die City, die Story, der Body, die Party	das Gymnasium, das Acrylglas, typisch, hydraulisch, die Dynamik, das Dynamit, der Dynamo, psychisch, das Symbol

4 a (Merkstellen Ⓜ: *kursiv*)
A In der *Phy*sikstunde ist das *The*ma die Leistung des Dynamos.
B Im *The*ater gibt es einen *The*menabend rund um das Stück „Das *Ph*antom der Oper".

Seite 89

Teste dich! – Dein Regelwissen

1 Richtig sind Aussage: B, C, E, F, G,   falsch sind Aussage: A, D.
(je richtige Lösung 1 Punkt; höchste Punktzahl: 7 Punkte)

2

Doppelkonsonanten	*i-ie*-Schreibung	*ss-ß*-Schreibung	Fremdwörter
kön*n*ten (Z. 12), Abschni*tt*en (Z. 17), geste*ll*t (Z. 18)	Arch*i*tekten (Z. 7), v*ie*le (Z. 7), R*ie*senackerschachtelhalm (Z. 14), versch*ie*denen (Z. 16), durchz*ie*hen (Z. 21 f.), stab*i*l (Z. 29), flex*i*bel (Z. 29 f.)	außen (Z. 18), dessen (Z. 25)	Symbol (Z. 1), systematisch (Z. 2 f.), mathematische (Z. 6), Skyline (Z. 24)

(je richtige Lösung 1 Punkt; höchste Punktzahl: a 16 Punkte; b 16 Punkte)

3 a Beispiele für zweisilbige Wörter, deren erste Silbe offen ist: da her (Z. 2), bau en (Z. 3, 5), hö her (Z. 5), Na tur (Z. 7), Grä ser (Z. 8)   *(je richtige Lösung 1 Punkt; höchste Punktzahl: 5 Punkte)*
b Beispiele für Wörter, deren erste Silbe geschlossen ist: Wol kenkratzer (Z. 1), bil den (Z. 8), Hal me (Z. 8), kön nen (Z. 10), wel che (Z. 11)   *(je richtige Lösung 1 Punkt; höchste Punktzahl: 5 Punkte)*

Seite 90

Groß- und Kleinschreibung – Nomen schreibt man groß

Nomenproben anwenden

1 a Wenn fliegen hinter fliegen fliegen, fliegen fliegen fliegen hinterher.
b Wenn *die* Fliegen hinter *den* Fliegen fliegen, fliegen *die* Fliegen *den* Fliegen hinterher.
c z. B.: Wenn *vier* Fliegen hinter *vielen* Fliegen fliegen, fliegen *vier* Fliegen hinter *vielen* Fliegen her.
Wenn *lästige* Fliegen hinter *nervösen* Fliegen fliegen, fliegen *lästige* Fliegen *nervösen* Fliegen hinterher.

2 a, b (Artikelformen: umrahmt, Adjektive: unterschlängelt)
Fliegen (Z. 1), *lästige* Störenfriede (Z. 1), der Mensch (Z. 2), dem Kampf (Z. 3), Sieger (Z. 3), den Überraschungseffekt (Z. 4), *erfolgreiche* Aktion (Z. 4 f.), *kleine* Nervensäge (Z. 6), der Mensch (Z. 6 f.), *winzig kleines* Gehirn (Z. 7), die Facettenaugen (Z. 8 f.), der Fliege (Z. 9), einen Rundumblick (Z. 9), der Mensch (Z. 11), Augen (Z. 11), Kopf (Z. 11), die Sinneszellen (Z. 12 f.), der Fliege (Z. 13), Lichtveränderungen (Z. 13 f.), des Menschen (Z. 14), die Fliege (Z. 15), den Schatten (Z. 15), der Hand (Z. 15), das Gehirn (Z. 17), *gewöhnlichen* Stubenfliege (Z. 17 f.), die Informationen (Z. 18 f.), *kurze und einfache* Wege (Z. 19), vom Auge (Z. 20), zum Gehirn (Z. 20), Forscher (Z. 21), das Fliegengehirn (Z. 21 f.), Nervenzellen (Z. 22), Aufgaben (Z. 22 f.), das Gehirn (Z. 24), Erfolg (Z. 24), die Schaltungen (Z. 25), Roboter (Z. 25), Aufgaben (Z. 26)
c z. B.: Artikelprobe: *die* Fliegen (Z. 1), *der* Sieger (Z. 3), *die* Augen (Z. 11), *der* Kopf (Z. 11)
Zählprobe: *viele* Lichtveränderungen (Z. 13 f.), *zwei* Forscher (Z. 21), *einige* Nervenzellen (Z. 22), *drei* Aufgaben (Z. 22 f.)
Adjektivprobe: *großer* Erfolg (Z. 24), *kleiner* Roboter (Z. 25), *leichte* Aufgaben (Z. 26)

Seite 91

Verben wie Nomen nutzen

1 Menschen *lernen* die Bewegungsabläufe beim *Heranwachsen*. Bei Maschinen wird natürliches *Lernen* durch das *Entwickeln und Funktionieren* von Technik ersetzt.

2 A Menschen erwarten von den Robotern das *Schleppen* schwerer Lasten, das *Lösen* schwieriger Aufgaben, das *Abnehmen* langweiliger Arbeit und das *Meistern* gefährlicher Situationen.
B Aufgabe der Roboter in Industriehallen ist das *Übernehmen* bzw. *Erleichtern* ermüdender Arbeiten.
C Ihre Aufgabe ist das *Herstellen* von Waren, das *Verpacken* von Waren, das *Heben* von Gegenständen, das *Mischen* von Farben, das *Verschweißen* von Teilen, das passende *Abfüllen* von Tanks mit Treibstoff.
D Ziel der Bioniker ist das *Ausstatten* der Roboter mit menschlichen Eigenschaften, um sie auch in Privathaushalten einzusetzen. Ihre Aufgabe ist das *Mähen* des Rasens, das *Helfen* im Haushalt, das *Pflegen* alter Menschen und vieles mehr.

Seite 92

Adjektive wie Nomen nutzen

1 Richtige Aussagen sind:
- Vor der Nominalisierung kann ein Artikel stehen.
- Vor der Nominalisierung kann ein unbestimmtes Zahlwort stehen.
- Die Grundformen nominalisierter Adjektive werden verändert.

2 passende nominalisierte Adjektive (in der Reihenfolge ihres Erscheinens im Text): Alten – Kranken – Bekanntes – Wichtiges – Besondere – Neue – Praktisches – Wichtige – Erstrebenswertes

Seite 93

Zusammen- und Getrenntschreibung – Achte auf die Wortarten

Zusammenschreibung – *Wassereis* und *wasserblau*

1

A Nomen + Nomen	B Nomen + Adjektiv	C Adjektiv + Adjektiv
Wassereis, Zitroneneis, Zitronenwasser, Schneewasser	schneeweiß, blutrot, zitronengelb, wasserblau, eiskalt, nachtschwarz	hellblau, dunkelblau, mittelblau, hellrot, dunkelrot, mittelrot, …

2 a z. B.: anfahren, ausgehen, ausstatten, aufstehen, ablaufen, vorbeifahren, hingehen, loslaufen, weiterlaufen, hinterherlaufen, umfahren, weiterarbeiten, zurückweichen, stattfinden, mitgeben, …

b sinnvolle Zusammensetzungen (in der Reihenfolge ihres Erscheinens im Text): loslaufen – ausweichen – umfahren – zurückfahren – weiterfahren – hinterherfahren – ausstatten – aufhalten

Seite 94

Zusammenschreibung – Von *weiterentwickelten Robotern* und *Zukunftsforschern*

1 a Zu streichende Fehlschreibungen sind: Roboter Entwickler (Z. 1), Aufrecht gehen (Z. 3), über tragen (Z. 4), nach bauen (Z. 6), weiter entwickeln (Z. 7), super leicht (Z. 9), Service Roboter (Z. 11), Empfangs Dame (Z. 12), ein gesetzt (Z. 13), Grund Lage (Z. 14), Zukunfts Forschung (Z. 15), Strom Kabel (Z. 18), Strom Quelle (Z. 19 f.), an sehen (Z. 21).

b

Nomen + Nomen	Zusammensetzungen mit Adjektiven	Verben + unveränderliche Wörter
Roboterentwickler, Serviceroboter, Empfangsdame, Grundlage, Zukunftsforschung, Stromkabel, Stromquelle	superleicht	Aufrechtgehen, übertragen, nachbauen, weiterentwickeln, eingesetzt, ansehen

2 a Fehlschreibungen sind: herum schleppen (Z. 2), super schwer (Z. 4), Energie Fresser (Z. 4 f.), auf geladen (Z. 6), Roboter Entwickler (Z. 7), Energie Sparern (Z. 8), Fortbewegungs Weise (Z. 10 f.), auf nehmen (Z. 11), Einfalls Reichtum (Z. 16).

b

Nomen + Nomen	Zusammensetzungen mit Adjektiven	Verben + unveränderliche Wörter
Energiefresser, Roboterentwickler, Energiesparen, Fortbewegungsweise, Einfallsreichtum	superschwer	herumschleppen, aufgeladen, aufnehmen

Seite 95

Getrenntschreibung – *Forschungen betreiben* und *erfolgreich sein*

1 z. B.: dabei sein, da sein, zurück sein, hinüber sein, aus sein, bereit sein

2 a

A Nomen + Verb	B Verb + Verb
Roboter entwickeln, Ultraschall messen, Reflektoren nachbauen, Sensoren erforschen, Muskeln nachbilden, Schlangen fotografieren, …	entwickeln können, aussenden wollen, nachbauen können, nachbilden sollen, erforschen lernen, fotografieren sollen, auswerten können, …

b passende Verbverbindungen (in der Reihenfolge ihres Erscheinens im Text): nachbauen können – auswerten können – sollen fotografieren

Seite 96

Getrenntschreibung – Wenn Hunde und Ratten *Vorbilder sind*

1 a Zu streichende Fehlschreibungen sind: Lastentragen (Z. 3 f.), Geländefortbewegen (Z. 4), Hügelerklettern (Z. 5), Wasserwaten (Z. 7), Schlammstapfen (Z. 7), verfügbarsein (Z. 7), tragenkann (Z. 9 f.), abstützenkann (Z. 11 f.), stürzensollte (Z. 13), drehensoll (Z. 17), laufensoll (Z. 18), fallenlassen (Z. 18)

b

Nomen + Verben	Verb + Verb	Verbindungen mit *sein*
Lasten tragen, (im) Gelände fortbewegen, Hügel erklettern, (durchs) Wasser waten, (durch) Schlamm stapfen	tragen kann, abstützen kann, stürzen sollte, drehen soll, laufen soll, fallen lassen	verfügbar sein

2 a Fehlschreibungen sind: Impulsegeliefert (Z. 4), leichtist (Z. 5), gelenktwird (Z. 7), Wirbelsäulebefinden (Z. 8), kletternkann (Z. 12), festhaltenkann (Z. 14), Schädenfeststellen (Z. 19), ausgestattetsind (Z. 20), durchführenkönnen (Z. 23).

b

Nomen + Verben	Verb + Verb	Verbindungen mit *sein*
Impulse geliefert, in der Wirbelsäule befinden, Schäden feststellen	gelenkt wird, klettern kann, festhalten kann, durchführen können	leicht ist, ausgestattet sind

Seite 97

Teste dich! – Groß oder klein, getrennt oder zusammen?

1 Richtig sind die Aussagen: A, B, D, E, F.

(je richtige Lösung 1 Punkt; höchste Punktzahl: 5 Punkte)

2 a Fernsteuer*ung* (Z. 1 f.), Vorausse*tzung* (Z. 3 f.), Orientier*ung* (Z. 4 f.), Bewe*gung*en (Z. 17), Umge*bung* (Z. 18), Berüh*rung* (Z. 19), Hinder*nis* (Z. 21, 24), Programmier*ung* (Z. 26) *(je richtige Lösung 1 Punkt; höchste Punktzahl: 7 Punkte)*

b *selbstständige* Roboter (Z. 1), *gute* Bewegungsapparatur (Z. 3), *weitere* Voraussetzung (Z. 3 f.), *künstlichen* Fühler (Z. 11, 16 f., 21), *langen* Plastikstabpaar (Z. 14), *ovale* Bewegungen (Z. 17) *(je richtige Lösung 1 Punkt; höchste Punktzahl: 5 Punkte)*

c Sensoren (Z. 4): *moderne* Sensoren – Insekten (Z. 5): *viele* Insekten – Roboter (Z. 9): *zwei* Roboter – Fühlern (Z. 10): *den* Fühlern – Vibrationen (Z. 19): *einige* Vibrationen *(je richtige Lösung 1 Punkt; höchste Punktzahl: 5 Punkte)*

3 Verbindungen von Nomen: Stabheuschrecke, Beschleunigungsmotor, Rückschlüsse
Verbindungen mit Verben: konstruiert sind, fortbewegen, auszustatten, nachgebildet, angetrieben, ausgelenkt
(je richtige Lösung 1 Punkt; höchste Punktzahl: 9 Punkte)

Seite 98

Zeichensetzung – Kommaregeln

Das Komma in Satzgefügen – *Energie, die man braucht*

1 a, b Alle Lebewesen benötigen zum Leben Energie, die sie auf unterschiedliche Weise aufnehmen. *(N)*
Während Menschen und Tiere Nahrung zu sich nehmen, nutzen Pflanzen die Sonnenenergie. *(V)*
Die Technik kann von den Tieren lernen, wie man mit Energie und Rohstoffen sparsam umgeht. *(N)*
In der Arktis, wo Lebewesen sich gegen eisige Kälte schützen müssen, sorgt dickes Fell für Wärme. *(E)*

2 a, b Wärme ist für viele Prozesse im Körper wichtig, die bei abfallenden Temperaturen nicht mehr funktionieren.
Menschen, die stark frieren, schlottern und bekommen eine Gänsehaut.
Schlottern ist eine Reaktion des Körpers, die zusätzliche Wärme erzeugt.
Die Gänsehaut ist ein Reflex aus der Urzeit, in der der menschliche Körper noch ein dichtes Fell hatte.
Gesträubtes Fell bildet Luftpolster, die den Körper warm halten und ihn gut isolieren.

3 a, b Für die meisten warmblütigen Säugetiere ist es bequem, dass sie sich auf ihr Fell verlassen können.
Damit sich ein Eisbär tarnen kann, hat er ein Fell aus farblosen Haaren, das weiß aussieht.
Damit ist gesichert, dass er für seine Beute bei der Jagd nur schwer zu erkennen ist.
Das Problem eines weißen Felles ist aber, dass das Sonnenlicht von hellen Oberflächen abprallt.
Das bedeutet, dass ein weißer Eisbär sich nicht gut im kalten Klima durch die Sonne aufwärmen kann.
Es wäre wärmetechnisch günstiger, wenn er schwarzes Fell hätte. Was macht die Natur?
Das Fell des Bären, das ihm zu einer so guten Tarnung verhilft, ist weiß. Dafür ist seine Haut schwarz.

Seite 99

Das Komma in Satzgefügen – *Weißt du, dass Eisbären ...?*

1 a, b, c *Dass* die Haut des Eisbären schwarz ist, kann man an der Nase, an den Lippen und an der Unterseite der Tatzen sehen. *(V)* Dadurch(,) *dass* die Haut die Sonnenstrahlen am Nordpol gut einfangen kann, können Eisbären sich auch bei wenig Sonne aufwärmen. *(E) Das* ist nur der erste Trick, der eine Anpassung an das kalte Klima darstellt. *(N)* Die Haare des Eisbärfells, die dick und wuschelig wirken, sind innen hohl. *(E)* Ein Eisbärhaar sieht aus wie eine Röhre, während das Haar des Menschen dünn und fest ist. *(N)* Das Haar des Eisbären leitet das Sonnenlicht auf die schwarze Haut, wo es zur optimalen Erwärmung führt. *(N)* Nun würden Forscher gerne wissen, wie das funktioniert. *(N)* Es wäre nämlich sehr gut, wenn man diese Technik auf die Dämmung von Häusern übertagen könnte. *(N)*

2 a, b, c
A Eigentlich entweicht die als Wärme gespeicherte Sonnenenergie in kalten Gebieten sehr rasch,(was) für den Eisbären ein besonderes Problem darstellt.
Oder: (Dass) die als Wärme gespeicherte Sonnenenergie in kalten Gebieten sehr rasch entweicht, stellt für Eisbären ein besonderes Problem dar.
B Er braucht eine gleichbleibende Körpertemperatur,(weil) er ohne sie nicht leben könnte.
C Er ist an die Lebensbedingungen insofern angepasst,(als) er die Energie in seiner Fettschicht speichern kann.
Oder: Dadurch(,) (dass) er die Energie in seiner Fettschicht speichern kann, ist er an die Lebensbedingungen angepasst.
Oder: Er,(der) die Energie in seiner Fettschicht speichern kann, ist an die Lebensbedingungen angepasst.
D (Weil) sein Fell außerdem wie eine Wärmedämmung wirkt, hält es die Wärme am Körper.
Oder: Sein Fell,(das) wie eine Wärmedämmung wirkt, hält die Wärme am Körper.
E Außen ist der Eisbär so kalt wie seine Umgebung,(sodass) man ihn selbst mit einer Wärmekamera nicht in seiner Umgebung aus Eis und Schnee auffinden kann.

Seite 100

Das Komma in Infinitivsätzen mit *zu* (Teil 1) – *Beobachten, um zu lernen*

1 a, b, c Multifunktionale Körperteile von Tieren sind eine Voraussetzung *dafür*, in der Natur überleben zu können. *(H)*
Das Fell des Eisbären ist *dafür* geeignet, ihn im Eis zu tarnen und ihn warm zu halten. *(H)*
Aufgabe des Vogelgefieders ist *es*, gegen Feinde zu tarnen, warm zu halten und das Fliegen zu ermöglichen. *(H)*
Katzenpfoten sind wahre Wunderwerke: *Um* sich anzuschleichen, werden die Krallen eingezogen. *(E)*
Um Beute zu fangen, werden die Krallen ausgefahren. *(E)*
Um beim Klettern nicht abzurutschen, werden die Krallen als Kletterhaken genutzt. *(E)*
Vom Menschen entwickelte Maschinen sind kaum in der Lage *dazu*, mit diesen Leistungen mitzuhalten. *(H)*
Meist gelingt *es* ihnen, nur eine Sache gut zu machen. *(H)*
Dennoch arbeiten Bioniker *daran*, Produkte mit vielen Leistungsmöglichkeiten zu entwickeln. *(H)*

2 Meist gelingt es ihnen nur, eine Sache gut zu machen.
Meist gelingt es ihnen, nur eine Sache gut zu machen.

3 a, b Wissenschaftler arbeiten mit Hochdruck *daran*, multifunktionale Geräte zu entwickeln. *(H)*
Bioniker erforschen die Tierwelt, *um* sich Anregungen zur Entwicklung neuer Techniken zu holen. *(E)*
Die Wirtschaft setzt *darauf*, neue Märkte zu erschließen. *(H)*

Seite 101

Das Komma in Infinitivsätzen mit *zu* (Teil 2) – *Beobachten, um zu lernen*

1 a, b *Um* Wärmeenergie in Gebäuden zu sparen, orientieren sich die Forscher am Eisbärfell. *(E)*
Ihr Ziel ist *es*, Isolationsmaterialien zu entwickeln, die besonders viel Wärme im Gebäude bewahren. *(H)*
Andererseits sollen sie *dazu* in der Lage sein, wenig Wärme wieder an die Umgebung abzugeben. *(H)*
Ursprünglich hatte man Kunststoffröhrchen eingesetzt, *um* gute Isolationsmaterialien zu entwickeln. *(E)*
Den Forschern war *es* dabei aber nicht gelungen, zufriedenstellende Ergebnisse zu erzielen. *(H)*
Anstatt Kunststoffröhren zu verwenden, nutzen neu entwickelte Dämmungen Glasröhrchen. *(E)*
Und *anstatt* sie auf Hartschaumplatten zu montieren, werden sie auf schwarzer, dünner Folie befestigt. *(E)*
Es scheint auf den ersten Blick unlogisch, mit dünneren Stoffen höhere Dämmwerte zu erzielen. *(H)*
Die Forschungen am Eisbärfell führten *dazu*, eine neue Wärmedämmung zu entwickeln. *(H)*

2 A Die Inuit in den kalten Eiswüsten brauchten Tierfelle, *um überleben zu können.*
B Bärenfelle brauchten sie, *um sich gegen die Kälte schützen zu können.*
C Robbenfelle waren wichtig, *um sich im und auf dem Wasser aufhalten zu können.*
D Heute setzen Inuit auf moderne Materialien, *ohne dann aber die schützenden Eigenschaften der Tierfelle erwarten zu dürfen.*
E In der Textilindustrie ist das Eisbärfell Vorbild, *um Garne mit Hohlräumen zu entwickeln.*
F Diese neuartigen Materialien werden schon verwendet, *um vor allem Schlafsäcke daraus herzustellen.*
G Die Garne sind für die Dämmung geeignet, *ohne jedoch die Lichtdurchlässigkeit zu gewährleisten.*

Seite 102

Teste dich! – Satzgefüge und Infinitivsätze mit *zu*

1   H dass – I Das – L das   *(je richtige Lösung 1 Punkt; höchste Punktzahl: 3 Punkte)*

2   a, b, c, d

     A   An Land verhilft das Fell dem Eisbären dazu , es auch bei kältesten Temperaturen schön warm zu haben. *(I)*

     B   Im Wasser hilft ihm das allerdings nicht, weil einem nassen Fell die isolierenden Luftkammern fehlen. *(Sg)*

     C   Im kalten Wasser hilft dann die dicke Speckschicht, die auch Robben und Wale im Wasser überleben lässt. *(Sg)*

     D   Techniker für Gebäudedämmungen nehmen sich solche Tiere zum Vorbild, die auch in eiskalten Gewässern überleben können. *(Sg)*

     E   Wenn die Wassertemperatur bei minus 2 °C liegt, dann wird ein Thermometer auf der äußeren Robbenhaut minus 1,5 °C anzeigen. *(Sg)*

     F   Im Körperinneren der Robbe bleibt die Temperatur bei 37 °C, die sie für die Lebensprozesse braucht. *(Sg)*

     G   Dabei ist die Speckschicht, die für diese Leistung verantwortlich ist, nur ca. sechs Zentimeter dick. *(Sg)*

     H   Ihre Anpassungsfähigkeit macht es möglich, dass die Außenhaut der Weddellrobbenhaut immer nur ein wenig wärmer ist als die Außentemperatur. *(Sg)*

     I   *Das* ist unabhängig davon, ob das Wasser plus 20 °C hat oder minus 5 °C. *(Sg)*

     J   Aber eine Fingerlänge körpereinwärts wird bereits die Temperatur erreicht, die das Tier benötigt. *(Sg)*

     K   Das gelingt nur, weil die Speckschicht fast keine Wärme ableitet. *(Sg)*

     L   Damit hat die Robbe ein Energiesparsystem entwickelt, *das* auf zusätzliches Heizen und Kühlen vollständig verzichten kann. *(Sg)*

           (je richtige Lösung 1 Punkt; höchste Punktzahl: a 13 Punkte; b 12 Punkte; c 1 Punkt; d 5 Punkte)

3   *Damit man Gebäude isolieren kann,* muss man heute noch viel Material für die Dämmung verbrauchen.

           (je richtige Lösung 1 Punkt; höchste Punktzahl: 1 Punkt)

4   a   Wenn man Häuser ohne zusätzlichen Energieaufwand dämmen will, ist noch viel Entwicklungsarbeit nötig.

           (je richtige Lösung 1 Punkt; höchste Punktzahl: 1 Punkt)

     b   *Um die Häuser ohne zusätzlichen Energieaufwand dämmen zu können,* ist noch viel Entwicklungsarbeit nötig.

           (je richtige Lösung 1 Punkt; höchste Punktzahl: 1 Punkt)

Ich teste meinen Lernstand

Seite 103

Test A – Texte und Schaubilder lesen und verstehen

Seite 104

1   C ist richtig.   *(richtige Lösung 1 Punkt; höchste Punktzahl: 1 Punkt)*

2   a, b   B ist richtig, vgl. Z. 4–6.   *(richtige Lösung 1 Punkt; höchste Punktzahl: a 1 Punkt; b 1 Punkt)*

3   A ist richtig.   *(richtige Lösung 1 Punkt; höchste Punktzahl: 1 Punkt)*

4   a, b   Mit dem Diagramm können folgende Informationen verbunden werden: „4 % Jugendlichen, die ... sich selbst zum Vorbild nehmen" (Z. 21–24), „50 % ... Menschen aus dem Alltag" (Z. 27 f.), „Nur 2 % ... ,klassische[n] Vorbilder'" (Z. 32 f.), „Schauspieler, Musiker und Sportler ... etwas über ein Viertel der Vorbilder" (Z. 34 ff.),

           (je richtige Lösung 1 Punkt; höchste Punktzahl: a 4 Punkte; b 4 Punkte)

5   richtig: D, E, F   falsch: A, B, C   *(je richtige Lösung 1 Punkt; höchste Punktzahl: 6 Punkte)*

6   Die Initiative wollte mit dem Wettbewerb herausfinden, wen Jugendliche als Vorbilder ansehen, wenn es um Verantwortung und Toleranz geht.   *(richtige Lösung 1 Punkt; höchste Punktzahl: 1 Punkt)*

Seite 106

1   D ist richtig.   *(richtige Lösung 1 Punkt; höchste Punktzahl: 1 Punkt)*

2   A 6, B 4, C 5, D 1, E 2, F 3   *(je richtige Lösung 1 Punkt; höchste Punktzahl: 6 Punkte)*

3   richtig: A, C, E, F,   falsch: B, D   *(je richtige Lösung 1 Punkt; höchste Punktzahl: 6 Punkte)*

4   A 3, B 2, C 4, D 1, E 5   *(je richtige Lösung 1 Punkt; höchste Punktzahl: 5 Punkte)*

Seite 107

5 a Z.1–29 *(richtige Lösung 1 Punkt; höchste Punktzahl: 1 Punkt)*

b Jonas möchte zeigen, dass es viele Möglichkeiten gibt, sich für den Erhalt von Umwelt und Natur einzusetzen. Er möchte seine Mitmenschen sensibilisieren und motivieren. *(richtige Lösung 1 Punkt; höchste Punktzahl: 1 Punkt)*

1 A 2, B 3, C 1 *(je richtige Lösung 1 Punkt; höchste Punktzahl: 3 Punkte)*

2 Autor: *Joostein Gaarder* – Titel: *„2084 – Noras Welt"* – Thema: *Umweltschutz, Klimakatastrophe, Artensterben, Ökologie, Erderwärmung* – Originalsprache: *Norwegisch* – Übersetzer: *Gabriele Haefs* – Verlag: Hanser – Bekanntes Buch des Autors: *„Sofies Welt"* *(je richtige Lösung 1 Punkt; höchste Punktzahl: 6 Punkte)*

Seite 108

1 A: M 5, B: M 4, C: M 5, D: M 4 *(je richtige Lösung 1 Punkt; höchste Punktzahl: 4 Punkte)*

2 eher positiv: A, B, C, E, F,   eher negativ: D, G *(je richtige Lösung 1 Punkt; höchste Punktzahl: 8 Punkte)*

Seite 109

Test B – Einen informierenden und einen argumentierenden Text schreiben

1 a, b In dem Jugendbuch „2084 – Noras Welt" von Joostein Gaarder aus dem Jahr 2013 geht es um eine Jugendliche, die sich auf Grund ihrer Sorgen vor der wachsenden Klimakatastrophe auf der Erde für den Umweltschutz engagiert.
Die Hauptfigur Nora ist 16 Jahre alt. Weil sie in ihren Träumen ihrer eigenen Urenkelin begegnet und mit ihr ein Leben in der Zukunft im Jahr 2084 erlebt, bei welchem die Erde durch Auswirkungen der Klimakatastrophe zerstört wird, fühlt sie sich verantwortlich, etwas zu verändern. Sie setzt sie sich zusammen mit ihrem Freund Jonas für ihre Umwelt ein. Die beiden Jugendlichen gründen eine Initiative, um ihre Mitmenschen zu motivieren und anzuregen, sich ebenfalls für den Erhalt der Erdatmosphäre zu engagieren. *(je Berücksichtigung der in der Checkliste genannten Aspekte 1 Punkt; höchste Punktzahl: 5 Punkte)*

2 a trifft zu: A, B, C, D *(je richtige Lösung 1 Punkt; höchste Punktzahl: 4 Punkte)*

b Ich bin der Meinung, dass der Jugendroman „2084 – Noras Welt" als Klassenlektüre sehr gut geeignet ist, weil er zum Thema „Vorbilder" passt.
Da die Hauptfigur Nora 15 bzw. fast 16 Jahre alt ist, können sich Schülerinnen und Schüler der achten Klasse gut mit dem Mädchen identifizieren. Das Besondere an Nora ist, dass sie sich intensiv und gewissenhaft mit Fragestellungen rund um die Themen „Erderwärmung und Klimakatstrophe" auseinandersetzt. Diese betreffen nicht nur ihr eigenes Leben, sondern auch das von zukünftigen Generationen. Indem sie eine Initiative gründet, ruft sie auch andere Menschen dazu auf, etwas gegen die Auswirkungen des Klimawandels zu unternehmen – ein weiteres Argument dafür, warum Noras Verhalten vorbildlich, mutig und verantwortungsvoll ist.
Für unsere Klasse könnte der Roman interessant sein, weil wir im Alltag viel zu selten daran denken, wie schnell wir alle dazu beitragen, unseren Planeten zu zerstören. Er könnte sogar mithelfen, dass wir uns selbst für den Erhalt der Erdatmosphäre engagieren. *(je Berücksichtigung der in der Aufgabenstellung genannten Aspekte 2 Punkt; höchste Punktzahl: 6 Punkte)*

Seite 110

Test C – Grammatik

1 a, b Bei der Abschlussfeier *des diesjährigen Wettbewerbs* (G) stellten *die aufgeregten Teilnehmer* (N) *den geladenen Gästen* (D) *ihre ausgezeichneten Beiträge* (A) vor. *(je richtige Lösung 1 Punkt; höchste Punktzahl: a 4 Punkte; b 4 Punkte)*

2 Relativpronomen: die (Z.5, 14); Possessivpronomen, z. B.: ihre (Z.11), ihrer (Z.12 f.), ihr (Z.15), mein (Z.17) *(je richtige Lösung 1 Punkt; höchste Punktzahl: 2 Punkte)*

3 a *Prämiert wurde vorbildliches Verhalten im Rahmen von Projekten*, die sich um Toleranz und Verantwortung drehten. (Z.4–6) *(richtige Lösung 1 Punkt; höchste Punktzahl: 1 Punkt)*

b Der Satz steht im Präteritum. *(richtige Lösung 1 Punkt; höchste Punktzahl: 1 Punkt)*

c *Die Jury prämierte vorbildliches Verhalten im Rahmen von Projekten*, die sich um Toleranz und Verantwortung drehten. *(richtige Lösung 1 Punkt; höchste Punktzahl: 1 Punkt)*

4 a Sie ist der Meinung, wer an sich selbst *glaube, erreiche* fast alles. Deshalb *sei* sie ihr Vorbild, denn wer *wisse* besser als sie, was gut für sie *sei* und was sich gut *anfühle*. Auch Popstars *seien* nur Menschen wie du und ich. *(je richtige Lösung 1 Punkt; höchste Punktzahl: 7 Punkte)*

b Sinan sagt: „Meine Freunde sind meine Vorbilder." *(richtige Lösung 1 Punkt; höchste Punktzahl: 1 Punkt)*

Seite 111

5 Satz 1: Perfekt/Präsens, Satz 2: Präsens, Satz 3: Präsens, Satz 4: Präsens, Satz 5: Futur I/Präsens

(je richtige Lösung 1 Punkt; höchste Punktzahl: 5 Punkte)

6 a Auf einer Lesung *(adverbiale Bestimmung)* präsentierte *(Prädikat)* Jostein Gaarder *(Subjekt)* dem begeisterten Publikum *(Dativobjekt)* sein neues Buch *(Akkusativobjekt)*. *(je richtige Lösung 1 Punkt; höchste Punktzahl: 5 Punkte)*
  b Jostein Gaarder präsentierte auf einer Lesung dem begeisterten Publikum sein neues Buch.

(richtige Lösung 1 Punkt; höchste Punktzahl: 1 Punkt)

7 a Der Autor erklärt den Zuhörern, *wie eine Schreibidee entsteht*. *(richtige Lösung 1 Punkt; höchste Punktzahl: 1 Punkt)*
  b Das Buch, *das den Leser durch seine Fakten erdrückt*, ist dennoch lesenswert.

(richtige Lösung 1 Punkt; höchste Punktzahl: 1 Punkt)

8 a, b *Indem* Jonas ein Referat hält *(Modalsatz)*, informiert er über „biologische Vielfalt".
  Nachdem Jonas das Referat gehalten hat *(Temporalsatz)*, beantwortet er Fragen.
  Weil das Interesse der Schüler groß ist *(Kausalsatz)*, wird die Diskussion weiter fortgesetzt.

(je richtige Lösung 1 Punkt; höchste Punktzahl: a 3 Punkte; b 3 Punkte)

Seite 112

Test D – Rechtschreibung

1 b Z.1–3: C – Z.3–4: D – Z.4–5: B – Z.5–6: E – Z.6–8: A *(je richtige Lösung 1 Punkt; höchste Punktzahl: 5 Punkte)*

2 b z. B.: schickt – schicken, Kind – Kinder, geht – gehen, Blick – Blicke, umtreibt – umtreiben, wird – werden, schreibt – schreiben, muss – müssen, würdigt – würdigen *(je richtige Lösung 1 Punkt; höchste Punktzahl: 5 Punkte)*

3

Nomen + Nomen	Verb + unveränderliches Wort
Klimaerwärmung, Gedankensortierer	umtreibt, unternehmen

(je richtige Lösung 1 Punkt; höchste Punktzahl: 4 Punkte)

4 a lässt – lassen, liest – lesen *(je richtige Lösung 1 Punkt; höchste Punktzahl: 2 Punkte)*
  b

erste Silbe offen, *s*-Laut summend gesprochen	lesen
erste Silbe offen, *s*-Laut zischend gesprochen	schließen
erste Silbe geschlossen	lassen

(je richtige Lösung 1 Punkt; höchste Punktzahl: 3 Punkte)

5 „Der Norweger ... schickt wieder ein Mädchen auf *die/eine* Erkundung des Denkens."

(richtige Lösung 1 Punkt; höchste Punktzahl: 1 Punkt)

Deutschbuch

Differenzierende Ausgabe

Arbeitsheft

8

Lösungen

Name: _____

Klasse: _____

Arbeitstechniken

Seite 5

Einen Kurzvortrag halten – Philipp Lahm

1 z. B.: Philipp Lahm war ein Fußballer im Team der deutschen Nationalmannschaft, er hatte die Aufgabe des Mannschaftsführers.

2 **Lebensdaten:** *11.11.1983 in München – Realschulabschluss – verheiratet und seit 2012 Vater eines Sohnes
Sportliche Karriere und Erfolge: Vereine der Jugend (FT Gern München, FC Bayern München) – Fußballspieler beim FC Bayern München und beim VfB Stuttgart – von 2004 bis 2014 Nationalmannschaft – spielte 2013 sein 100. Länderspiel mit der Nationalmannschaft: 3. Platz bei der WM 2006, 2010; 2. bei der EM 2008; Weltmeister 2014
Soziales Engagement: 2007 Gründung der „Philipp Lahm Stiftung" – Unterstützung sozialer Projekte in Deutschland und Südafrika – Sommercamp fördert Kinder aus sozial benachteiligten Familien – Lesebotschafter für die Stiftung Lesen – Botschafter beim Welt-AIDS-Tag – Unterstützer der Stiftung „Bündnis für Kinder. Gegen Gewalt" und des LILALU-Projekts „Mädchen an den Ball" – Botschafter für SOS-Kinderdörfer
Ehrungen und Auszeichnungen: Nominierung zur Wahl des Weltfußballers des Jahres 2006, 2007, 2010, 2013 – UEFA Team of the Year 2006, 2008, 2012, 2013 – Auszeichnung der UNESCO für das Sommercamp der „Philipp Lahm Stiftung"

Seite 7

5 a, b Zwei Möglichkeiten des Vorgehens sind denkbar:
- Variante 1: Ich wähle Reihenfolge A, weil *die Person Philipp Lahm im Vordergrund meines Vortrags stehen soll.* – Reihenfolge der Zwischenüberschriften: 1. Lebensdaten, 2. sportliche Karriere und Erfolge, 3. soziales Engagement, 4. Ehrungen und Auszeichnungen
- Variante 2: Ich wähle Reihenfolge B, weil *ich die Projekte, für die der Fußballer sich einsetzt, besonders interessant und spannend finde.* – Reihenfolge der Zwischenüberschriften: 1. soziales Engagement, 2. Ehrungen und Auszeichnungen, 3. Lebensdaten, 4. sportliche Karriere und Erfolge

6 a z. B.:

1 Philipp Lahm – Lebensdaten:
- deutscher Fußballspieler
- geb. 11. November 1983 in München
- Realschulabschluss
- Er ist seit 2010 verheiratet und wurde 2012 Vater eines Sohnes.

2 Sportliche Karriere und Erfolge:
- als Kind = FT Gern
- ab 1995 Jugend FC Bayern
- 2003 für 2 Spielzeiten → VfB Stuttgart ausgeliehen (dort: 7x Champions League; 6x UEFA-Pokal)
- 2005 Rückkehr zum FC Bayern
- Führungsspieler
(→ Fortsetzung: Karteikarte 3)

Seite 8

7 a Art der Einleitung: A = Zitat, B = spannende Frage, C = eigenes Interesse am Thema

8 A Meine Karteikarten nutze ich *als Gedankenstütze / um den roten Faden nicht zu verlieren.*
B Um den Vortrag anschaulich zu gestalten, *zeige ich Bilder / verwende ich Folien.*
C Während des Vortrags *bewege ich mich nicht / stehe ich aufrecht vor dem Publikum.*

Sprechen – Schreiben – Zuhören

Seite 9

Informieren – Einen Informationstext verfassen

1 a Hinweise über die Ziele von Malala Yousafzai geben in M 1 das erste und das dritte Zitat:
- „Ich möchte in einer Welt leben, in der Bildung für Mädchen selbstverständlich ist."
- „Ich bin hier, um für jedes Kind das Recht auf Bildung einzufordern."
b z. B.: Der Friedenspreis unterstützt Malalas Verdienste, da er ihr Engagement belohnt und durch ihn das öffentliche Interesse an dem Anliegen der Kinderrechtsaktivistin geweckt wird.

c Malala Yousafzai ist eine junge Frau, die in Pakistan für das Recht eines jeden Kindes auf Bildung kämpft; insbesondere setzt sie sich dafür ein, dass auch Mädchen Schulen besuchen dürfen. Dafür erhielt sie im Jahr 2013 den Friedenspreis. Dieser Preis ehrte Malalas soziales Engagement. Sie wird zum Vorbild im Kampf gegen die Unterdrückung von Frauen und Mädchen.

2 a

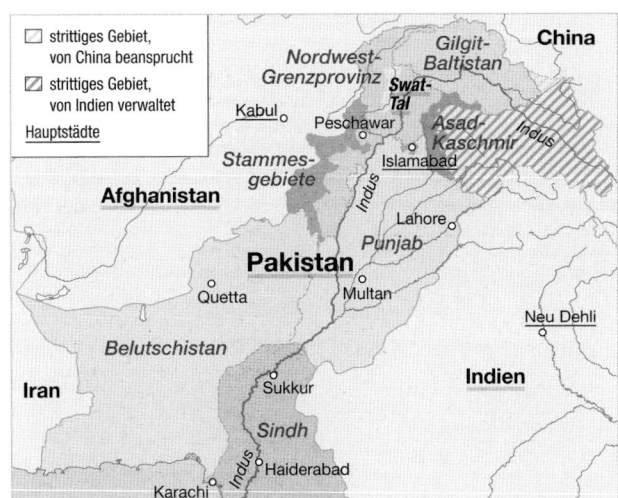

b Malala macht es sich zum Ziel, in Pakistan Bildungsprojekte für Mädchen zu ermöglichen. Sie fordert mehr Rechte für pakistanische Kinder und setzt sich vor allem für Mädchen ein. Im Jahr 2012 überlebte Malala schwer verletzt einen Mordanschlag der Taliban. Sie musste in einer englischen Spezialklinik operiert werden. Das Mädchen bekam den Friedenspreis für Kinder. Sie wurde im Jahr 2013 in Den Haag damit ausgezeichnet. Der Friedenspreis war mit 100 000 Euro verbunden. 2014 wurde Malala für ihr Engagement außerdem der Friedensnobelpreis zugesprochen.

Seite 10

3 Aussage B ist zutreffend.

4 z. B.:
Taliban: Gruppe, deren Mitglieder in Pakistan Gewalttaten begingen; hier: die pakistanische Mädchen am Schulbesuch hinderten und einen Mordanschlag auf Malala verübten
Aktivistin: eine Person, die sich aktiv für oder gegen etwas einsetzt; hier: Malala, die sich für mehr Kinderrechte einsetzt
Swat-Tal: eine Region im Norden Pakistans

5 1 Um wen geht es? (WER?): Malala Yousafzai; pakistanisches Mädchen
2 Was erlebte diese Person? (WAS?): Unterdrückung besonders von Mädchen in Pakistan; Verbot, eine Schule zu besuchen
3 Wie/Wodurch wurde die Person bekannt? Wofür setzte sie sich ein? (WAS? WIE?): Internetblog über Gewalttaten der pakistanischen Taliban; Kampf für Recht auf Bildung für alle, auch für Mädchen
4 Wann begann sie mit ihrer Arbeit? (WANN?): 2009 (Beginn des Internetblogs)
5 In welchem Land/Gebiet setzte sie sich ein? (WO?): in Pakistan, besonders im Swat-Tal
6 Welche Reaktionen auf ihr Engagement gab es? (WIESO? MIT WELCHEN FOLGEN?):
2012 Mordanschlag der Taliban, den sie nur dank Operation in Großbritannien überlebte;
2013 mit Friedenspreis für Kinder geehrt, 2014 Erhalt des Friedensnobelpreises

6 **Problem:** *1. Um wen geht es? 2. Was erlebte diese Person?*
Malala Yousafzai, ein pakistanisches Mädchen, erlebte die Unterdrückung der Kinder in ihrem Heimatland, insbesondere die Benachteiligung von Mädchen. Den Mädchen wurde von den Taliban der Schulbesuch verboten.
Lösung: *3. Wie/Wodurch wurde die Person bekannt? Wofür setzte sie sich ein?*
4. Wann begann sie mit ihrer Arbeit? 5. In welchem Land/Gebiet setzte sie sich ein?
Malala kämpfte in ihrer Heimat Pakistan für das Recht auf Bildung für alle, auch für Mädchen. Ab 2009 führte sie zu diesem Zweck einen Internetblog, in dem sie über die Gewalttaten der pakistanischen Taliban im Swat-Tal informierte.
Folgen: *6. Welche Reaktionen auf ihr Engagement gab es?*
Den Taliban missfiel die Arbeit von Malala, weshalb sie 2012 einen Mordanschlag auf sie verübten. Malala überlebte das Attentat schwer verletzt und musste in einer englischen Spezialklinik operiert werden. 2013 erhielt sie für ihr Engagement den Friedenspreis für Kinder, der mit 100 000 Euro verbunden war. 2014 wurde Malala sogar mit dem Friedensnobelpreis ausgezeichnet.

Seite 11

7 a geeignete Verknüpfungen: 1 weil/da, 2 um, 3 schließlich, 4 nachdem, 5 sodass
b z. B.: Malala überlebte das Attentat, *weil* sie in einer englischen Spezialklinik operiert werden konnte. / Malala engagiert sich, *um* in Pakistan auch für Mädchen Bildungsprojekte zu ermöglichen.

c richtige Präteritumsformen: schrieb – informierte – gefiel – überlebte – forderte

d z. B.: Malala Yousafzais Kampf für die Rechte der Mädchen in Pakistan

Seite 12

Bildung weltweit – Grafiken lesen, Satzverknüpfungen üben

1 a

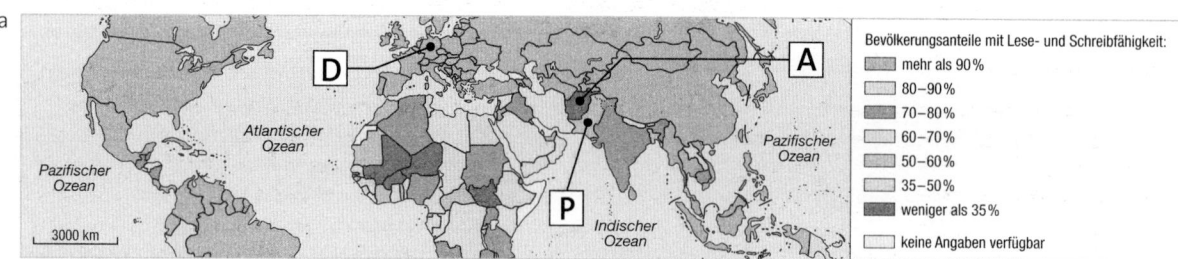

b In Malalas Heimatland ist die Entwicklung noch sehr weit zurück.

2 A + 2: Besonders in Zentralafrika gibt es viele Länder, in denen die *Lese- und Schreibfähigkeit der Menschen* unter 35 % liegt.

B + 3: Über 90 % der Menschen in den Schwellen- und Industriestaaten können lesen und *schreiben*.

C + 1: Nur etwas mehr als jeder Zweite in Pakistan kann lesen und schreiben, was der Wert von *50* bis *60* % klar aussagt.

3 a richtige Satzverbindungen: Hierunter – sondern – dass – während – wo – die – die – oder

b Überschrift B passt besser.

Seite 13

Der Kinder-Friedenspreis – Informationen ordnen

1 a passende W-Fragen: Wo? – Was? – Wann? – Wofür? – Welche Ziele?

b geeignete Reihenfolge: **1** Was? **2** Wo? **3** Wann? **4** Wofür? **5** Welche Ziele?

c Die Namen der Preisträger aus M 2 lassen sich z. B. der Frage „WER?" zuordnen; das jeweils genannte Engagement der Preisträger liefert weitere Informationen zu der Frage nach dem „WOFÜR?". Die Angaben zum Gründer des Internationalen Kinder-Friedenspreises aus M 3 ergänzen die Informationen zu der Frage „WAS?".

2 z. B.: Der „Internationale Kinder-Friedenspreis" geht zurück auf eine Initiative von Marc Dullaert, dem Vorsitzenden und Gründer der Kinderhilfsorganisation „KidsRights Foundation" mit Sitz in Amsterdam. Der „Internationale Kinder-Friedenspreis" ist mit 100 000 Euro verbunden und wird jährlich vergeben. Die Preisträger zeichnen sich dadurch aus, dass sie sich für Kinderrechte einsetzen oder durch ihr Engagement zur Verbesserung der Situation von benachteiligten Kindern (z. B. Waisen, Kinderarbeit, Aids) beitragen. Ziel des Preises ist es, öffentlich auf Probleme besonders benachteiligter Kinder hinzuweisen und deren Situation nach Möglichkeit zu verbessern.

Seite 14

Einen Ort beschreiben – Ein Arbeitsplatz

1 richtige Lückenwörter: Schreinerei – Räumen – Maschinenhalle – Holz

2 geeignete Begriffe: hohen und weiten – sehr große und stabile – schallgedämpfte – millimetergenau

Seite 15

3 Die Werkstatt wird im Uhrzeigersinn beschrieben.

4 passende Adverbien (in der Reihenfolge ihres Erscheinens im Text): hinteren – Neben – rechts/links – links/rechts – oben – Oberhalb – vorderen

5 In dem kleineren Arbeitsraum *steht/befindet sich* an der hinteren Wand ein Tisch, auf dem verschiedene Handwerkszeuge zur Nacharbeitung *angeordnet sind/liegen*. Hier *hängen/befinden* sich an der Wand verschiedene Hobel, z. B. Feilen, Handsägen, Schraubenzieher oder Schleifwerkzeuge. Außerdem *stehen/befinden sich/lagern* dort alle Holzstücke, an denen noch gearbeitet werden muss. Sie *liegen/stehen/lagern* auf einem stabilen Rollwagen.

6 z. B.: Diese Schreinerei wirkt auf mich sehr gut ausgestattet und strukturiert. Die Räume sind hell ausgeleuchtet und der Arbeitsplatz wirkt ordentlich und übersichtlich.

Seite 16

Rund um Fahrräder – Einen Ort beschreiben

1 Das Betriebspraktikum findet in einem *Fahrradgeschäft* statt.

2 a Richtig ist: A in einem Verkaufsraum, D in einer Werkstatt.
   b Fahrradständer, Matten, Schraubstock, Werkbank mit Arbeitsplatte und Schubladen (mit Ersatzteilen), Werkzeug an einem Werkzeugbrett (Zangen, Schraubenzieher, Schraubenschlüssel, Sägen, Hammer), Anleitungen, Spray oder Fahrradöl in Spraydosen, Lappen

3 a, b   z. B.: Mein Praktikum absolviere ich in *einem Fahrradgeschäft. In einer mittelgroßen Halle* im hinteren Bereich des Geschäfts befinden sich vor *einer langen* Werkbank mehrere Abstellplätze, an denen Fahrräder repariert werden. Die Fahrräder *werden in dem Fahrradgeschäft zur Reparatur oder Inspektion gelagert. Dazu werden sie in spezielle Fahrradständer eingespannt und mit dem benötigten Werkzeug, z. B. Schraubenziehern und Schraubenschlüsseln, bearbeitet. Die Werkzeuge hängen sortiert an einem Werkzeugbrett oberhalb der Werkbank. An der linken Seite der Werkbank können Einzelteile in einen Schraubstock eingespannt werden, um sie dort zu reparieren. Unterhalb der Fahrradreparaturplätze liegen zum Schutz Gummimatten auf dem Boden. Auf der Arbeitsplatte der Werkbank ist viel Platz, um dort zu arbeiten und Fahrradteile abzulegen, mit Lappen zu reinigen oder zu reparieren.*
   Insgesamt wirkt der Arbeitsplatz auf mich *gut sortiert und aufgeräumt. Alles befindet sich an seinem Platz.*

Seite 17

Im Behandlungsraum – Einen Ort beschreiben

1

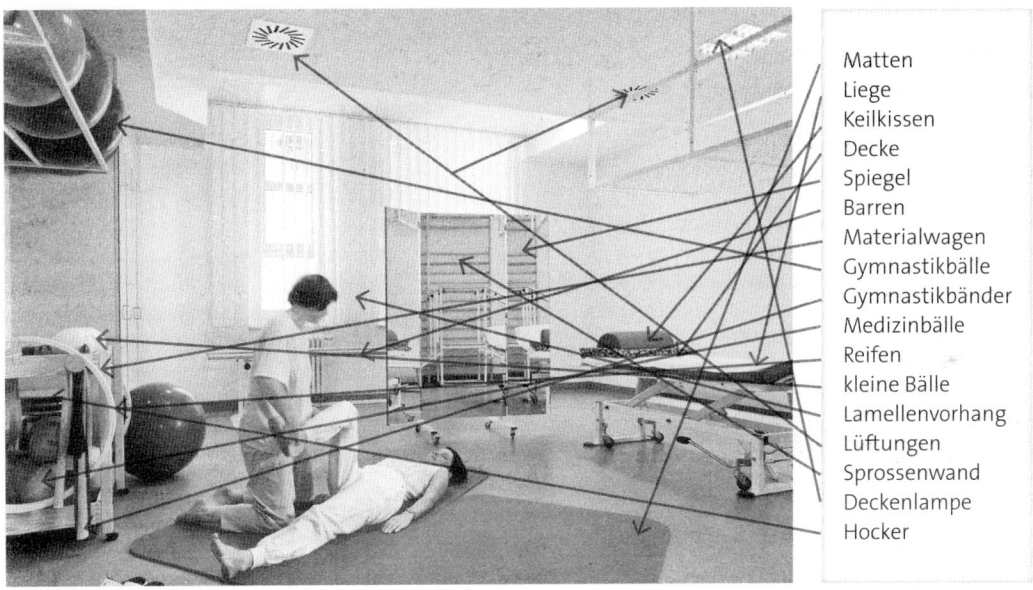

Matten
Liege
Keilkissen
Decke
Spiegel
Barren
Materialwagen
Gymnastikbälle
Gymnastikbänder
Medizinbälle
Reifen
kleine Bälle
Lamellenvorhang
Lüftungen
Sprossenwand
Deckenlampe
Hocker

2 a, b
   1 In der Mitte des Raumes liegen *Matten*.
   2 Oberhalb eines Wagens, der mit Materialien wie *kleinen Bällen, Reifen, Medizinbällen und Gymnastikbändern* bestückt ist, liegen auf einem Metallregal *Gymnastikbälle*.
   3 Hinter dem Wagen aufgestapelt lagern *Hocker*.
   4 Auf der rechten Seite befindet sich eine höhenverstellbare *Liege*.
   5 Darauf liegen *eine Decke und ein Keilkissen (sowie eine Papierunterlage)*.
   6 Im Hintergrund steht *ein Barren*.
   7 Durch den geöffneten Lamellenvorhang hindurch erkennt man *ein Fenster*.
   8 Durch den Spiegel ist erkennbar, dass sich im Eingangsbereich des Raumes an der Wand *eine Sprossenwand befindet*.
   9 An der Decke des Raumes befinden sich *Lüftungen*.

3 z. B.: Der Behandlungsraum der Physiotherapeutin wirkt durch die gute Beleuchtung und die farbigen Gegenstände freundlich und hell.

Seite 18

Einen Arbeitsablauf beschreiben – Beim Friseur

1 a Stichwortzettel zu 1: Umhang umlegen – Frottiertuch um die Schultern der Kundin legen – Kundin bitten, Platz zu nehmen

b Stichwortzettel zu 4: Shampoo im Haar verteilen und aufschäumen – mit den Fingern den Kopf massieren
Stichwortzettel zu 6: Wasserzulauf schließen – Haare leicht bündeln – Kopf leicht anheben und das Haarwaschbecken entfernen – Frottiertuch um den Kopf wickeln

2 z. B.: Bei der dargestellten Tätigkeit handelt es sich um *eine Haarwäsche beim Friseur*. Die Kundin wird damit *auf den Haarschnitt vorbereitet* und es ist für den Friseur *anschließend einfacher, das nasse Haar zu schneiden.*

Seite 19

3 1. *Zunächst* bekommt die Kundin zum Schutz ihrer Kleidung Umhang und Frottiertuch umgelegt.
2. *Sobald* das Waschbecken rückwärts zum Frisierstuhl herangezogen wird, neigt man die Rückenlehne, sodass *der Kopf der Kundin an den Beckenrand des Waschbeckens reicht.* Dabei ist es wichtig, darauf zu achten, dass *der Kopf genau in der Öffnung des Waschbeckens liegt, damit kein Wasser herunterläuft.*
3. *Nun* wird warmes und kaltes Wasser gemischt und die Temperatur mit dem Handrücken geprüft, um das Haar mit der Handbrause gut anzufeuchten.
4. *Als Nächstes* verteilt man Shampoo im Haar der Kundin und schäumt es auf, damit die Haare gründlich gewaschen werden. Mit den Fingern wird der Kopf massiert.
5. *Danach* spült man das Shampoo gründlich aus und beachtet die Wassertemperatur. Man lässt das Wasser dabei von der Stirn über den Hinterkopf ablaufen, damit die Kundin kein Wasser ins Gesicht bekommt.
6. *Sobald* die letzten Shampooreste ausgespült sind, schließt man den Wasserzulauf. Überschüssiges Wasser in den Haaren der Kundin wird mit der Hand abgestreift. Der Kopf der Kundin wird leicht angehoben, um das Haarwaschbecken gefahrlos entfernen zu können. *Zum Schluss* legt man *der Kundin ein Frottiertuch um den Kopf.*

4 A Die Wassertemperatur wird mit dem Handrücken geprüft.
B Man mischt warmes und kaltes Wasser.
C Das Shampoo wird gründlich mit viel Wasser ausgespült.

Seite 20

Tischtennisschläger beziehen – Eine Arbeitsbeschreibung gliedern

1 + 2 + 3 (Wörter, die die Reihenfolge verdeutlichen: unterstrichen, Passiv: **fett**)
1 <u>Nachdem</u> die alten Beläge des Tischtennisschlägers vorsichtig **entfernt wurden,** muss das Holz zuerst von alten Kleber- und Belagresten rückstandsfrei **gereinigt werden.** Nagellackentferner oder Aceton können hierbei sehr hilfreich sein.
2 Beide Seiten des Schlägers **werden** <u>danach</u> mit grobem und schließlich mit feinem Schmirgelpapier **angeraut.**
2 <u>Anschließend</u> muss **geprüft werden,** ob der Schläger trocken und sauber ist.
3 <u>Nun</u> beginnt die eigentliche Arbeit. Hierzu sollte ein Kleber **verwendet werden,** der keine Lösungsmittel enthält. Besonders geeignet sind Kleber auf Wasserbasis.
4 <u>Im nächsten Schritt</u> **werden** die Schlägerseite und der neue Belag dünn und gleichmäßig mit einem kleinen Schwamm oder Pinsel mit dem Kleber **bestrichen.**
4 <u>Daraufhin</u> lässt man den Kleber fünf bis zehn Minuten antrocknen.
5 <u>Sobald</u> dies geschehen ist, drückt man den neuen Belag auf das Schlägerholz. Dafür verwendet man am besten eine Trinkflasche oder ein Nudelholz.
5 <u>Wenn</u> der neue Tischtennisbelag keine Blasen aufweist, ist das ein Zeichen dafür, dass kräftig und gleichmäßig über den Belag **gerollt wurde.**
6 <u>Schließlich</u> schneidet man mit einem Cutter oder einer Schere den Belag auf die Schlägergröße zu.
6 <u>Anschließend</u> bearbeitet man die zweite Schlägerseite wie die erste.

Seite 21

Schwere Gegenstände heben – Einen Arbeitsablauf beschreiben

1 b z. B.: **Verben:** halten, tragen, „aus den Beinen heraus" heben, mit beiden Händen anfassen und anheben, breitbeinig hinstellen, greifen, hochziehen, sich befinden, aufrichten, aufstehen, gerade halten, leicht vorbeugen
Nomen: Bauchhöhe, Gegenstand, Kiste, Beine, Rücken, Knie, Körper, Unterarme, Ellenbogen, Hände, Bauch, Becken, Rumpf, Spannung

2 Bei dem dargestellten Ablauf handelt es sich um *das gesunde Heben eines schweren Gegenstands.* Denn man sollte aus gesundheitlichen Gründen beachten, dass *man dies vorsichtig und mit der richtigen Technik ausführt, um Verletzungen zu vermeiden.*
Zunächst stellt man sich *aufrecht hin.* Dabei muss man den Rumpf gerade halten und breitbeinig stehen. Nun hält man die Unterarme parallel. Im nächsten Schritt werden die Knie langsam gebeugt, sodass man sich mit geradem Rücken dem Boden nähern kann. Man umfasst den Gegenstand fest und richtet sich schließlich mit geradem Rücken wieder auf.

Seite 22

Argumentieren – Standpunkte schriftlich begründen

1
a In der Diskussion geht es um *den Einsatz von Computern bereits in Grundschulklassen.*
b Pro-Argumente in den Sprechblasen:
– macht den Kindern sicher viel Spaß, da er viele Vorteile gegenüber einem Schulbuch hat
– hat unser Kleiner zum Beispiel sehr früh die Wörter *Mama, Papa, Ball* und *Computer* gelernt
– gemeinsam arbeiten, denn wir wollen die Kinder doch richtig in die Welt der Mediengesellschaft begleiten
– wenn der Einsatz der Computer ... maßvoll und nur unter Anleitung durchgeführt wird
Kontra-Argumente in den Sprechblasen:
– nur Arbeitsblätter, die mit Ton, Bewegung und Farbe auf den Bildschirm gebracht werden
c Weitere Kontra-Argumente könnten z. B. sein: Anfälligkeit der Geräte – Wartung der Computer aufwendig – „Dummheiten", die mit dem Computer angestellt werden können

2
a, b

Pro-Argumente (mit Beispielen)	Kontra-Argumente (mit Beispielen)
– macht den Kindern Spaß, da Vorteile gegenüber Schulbuch, z. B. animierte Ergänzungsseiten, animierte Erklärungen – Kinder lernen früh Fachausdrücke (z. B. *Computer*), da diese durch täglichen Umgang eingeübt werden – Kinder auf Mediengesellschaft vorbereiten, da sie dadurch z. B. später Vorteile im Beruf haben – Einsatz der Computer maßvoll und nur unter Anleitung, weil sonst z. B. Abhängigkeit droht – Umgang mit dem Computer wird durch frühen Gebrauch immer selbstständiger, z. B. bei der Arbeit mit bestimmten Programmen	– nur „aufgepeppte" Arbeitsblätter – Gefahr illegaler Downloads, z. B. von brutalen Seiten – Kinder überblicken nicht die Gefahren des Internets, weil noch zu jung und unerfahren, z. B. beim Umgang mit persönlichen Daten – Kinder brauchen viel Zeit zum Spielen in der freien Natur, Bewegungsmangel infolge des langen Hockens vor dem Computer kann z. B. zu Fettleibigkeit führen – dem Suchtpotenzial elektronischer Medien wird Vorschub geleistet, z. B. im Zusammenhang mit bestimmten Computerspielen

Seite 23

4
a z. B.: Die Eltern von Grundschulkindern überlegen, ob die Computernutzung im Unterricht *bereits in Grundschulklassen beginnen sollte.* Mein Standpunkt in der Frage lautet: *Ich bin ein absoluter Befürworter eines frühen Einsatzes von Computern in der Schule.* Ich finde die Idee im Wesentlichen deshalb gut, *weil man angesichts der Bedeutung des Computers für unseren Alltag meiner Meinung nach gar nicht früh genug den Umgang mit ihm erlernen kann.*
b z. B.: Hierfür spricht vor allem, *dass es den Kindern sicher viel Spaß macht, da sie viele Vorteile gegenüber einem Schulbuch entdecken können.* Zum Beispiel haben die Schülerinnen und Schüler die Möglichkeit, animierte Seiten als Erklärung heranzuziehen und auf Hilfeseiten zurückzugreifen. Außerdem darf man nicht vergessen, dass *der Umgang mit dem Computer durch den frühen Gebrauch immer selbstständiger wird.* Die Kinder wenden den Computer im täglichen Unterricht an und lernen so z. B. sehr früh, mit bestimmten Programmen zu arbeiten. Bei der späteren Berufssuche kann dies für die Kinder nur von Vorteil sein.
Zwar kann ich verstehen, dass *manche Eltern bei einem frühzeitigen Einsatz von Computern Angst haben, dem Suchtpotenzial elektronischer Medien Vorschub zu leisten,* aber viel bedeutsamer ist, dass *unsere Kinder in ihrer Zukunft den Computer auf jeden Fall brauchen werden. Die Lösung kann daher nicht sein, Computer von unseren Kindern fernzuhalten,* sondern Eltern und Lehrer müssen die Kinder zu einem maßvollen Umgang mit dem Computer erziehen.

5 z. B.: Aus diesen Gründen bin ich für *einen frühen Einsatz von Computern im Unterricht.*

Seite 24

Notebook-Klassen? – Gegenargumente entkräften

1
a Karl ist für Notebook-Klassen.
b Wissenschaftler, Eltern und auch Lehrer fordern oft, <u>man sollte Jugendlichen vor allem in der Schule Computerkenntnisse und den Umgang mit dem Internet beibringen.</u> Diesen Standpunkt vertrete ich auch. Ich bin froh, Schüler in einer Notebook-Klasse zu sein. Viele <u>Studien berichten von Vorteilen, wenn der Umgang mit einem Computer schon von frühester Kindheit an eine Selbstverständlichkeit ist.</u> Gerade heute, wo wir überall von Computern umgeben sind, müssen wir damit <u>umgehen können.</u> Beispielsweise sind <u>Computerfertigkeiten für eine erfolgreiche Karriere ausschlaggebend und im Grunde unverzichtbar.</u>

2
a z. B.:
– Alle müssen die gleiche Software auf dem Notebook haben.
– Man muss aufpassen, dass die Rechner nicht zum Spielen oder nur zum Surfen im Internet benutzt werden.
– Die Gefahren des Internets müssen bekannt sein.
– Die Möglichkeit, Hausaufgaben „zu teilen", muss unterbunden werden.

b z. B.: Die Kritiker haben natürlich Recht, wenn sie sagen, dass die Notebooks nicht zum Spielen oder zum Surfen im Internet benutzt werden dürfen. Aber man muss auch bedenken, dass das Internet ein wichtiges Hilfsmittel bei der gezielten Suche nach Informationen oder Anschauungsmaterialien sein kann.

Sicherlich sollten die Gefahren, die im Internet lauern, bekannt sein. Viel entscheidender ist für mich jedoch ein selbstständiger und vor allem kompetenter Umgang mit dem Medium.

Seite 25

iPads im Klassenzimmer? – Einen Forumsbeitrag verfassen

1 (Pro-Argumente: unterstrichen, Kontra-Argumente: *kursiv*)

Jola: Das fände ich klasse. Mit den iPads werden Internetrecherchen kinderleicht und es macht sehr viel Spaß, damit zu arbeiten. Außerdem müssten wir nicht mehr jeden Tag die schweren Bücher mit in die Schule schleppen, da sie durch digitalen Lesestoff ersetzt werden würden. Das würde auch Papier sparen und dann dem tropischen Regenwald nützen. iPads sind zudem kleiner und handlicher als Notebooks und sind Buch, Heft und sogar Hausaufgaben in einem.	**Kati:** Nein, diese *Geräte sind viel zu teuer!* Soll sie sich etwa jeder selbst anschaffen? Außerdem *gehen nicht alle Schüler pfleglich mit ihren Sachen um.* Was würde passieren, *wenn ein iPad runterfällt? Wer zahlt dann die Reparatur?* Auch die *Hausaufgaben könnten wir uns per Mausklick gegenseitig verschicken.* Doch *ob unsere Lehrer das so toll fänden, wage ich zu bezweifeln.*

2 a, b

Pro-Argumente	Beispiele
Internetrecherchen werden kinderleicht.	Braucht man z. B. eine Begriffserklärung, lässt sich diese sofort und problemlos im Internet finden.
Es macht Spaß, damit zu arbeiten.	Zum Beispiel lassen sich Zusatzmaterialien mit geringem Aufwand entdecken und die Vernetzung mit Mitschülern und Lehrern wird erleichtert.
Die schweren Bücher müssen nicht mehr jeden Tag in die Schule geschleppt werden.	Wenn z. B. das Mathe-, Englisch- und Deutschbuch auf dem iPad verfügbar sind, ist die Schultasche gleich um vieles leichter.
Papier wird gespart.	Man schreibt z. B. seine Deutschaufsätze mit dem iPad und kann auch die Überarbeitungen direkt auf dem Rechner machen.
Die Geräte sind kleiner und handlicher als Notebooks.	Kleine iPads haben z. B. nur eine Größe von 200,0 × 134,7 × 7,5 mm.
Die Geräte sind Buch, Heft und Hausaufgaben in einem.	Man kann z. B. sein Deutschbuch auf dem iPad hochladen und zugleich eine Datei für die Lösungen der dort gestellten Aufgaben anlegen.

3 z. B.: Sicherlich mögen sie zum heimlichen Surfen toll sein, aber der tägliche verantwortungsvolle Umgang in der Klassengemeinschaft würde diese Verlockung mit der Zeit immer kleiner werden lassen. Zumal man hierzu in der Freizeit doch noch genügend Gelegenheit hat.

4 z. B.: **Gazzolina:** Das wäre super! Endlich könnte man ohne Rucksack, Aktenkoffer oder Rolli das Haus verlassen, um zur Schule zu gehen. Alle wichtigen Unterlagen hätte man stets zur Hand. Selbst in der Bahn oder im Bus könnten noch letzte Aktualisierungen der Hausaufgaben oder wichtige Ideen festgehalten werden. Wenn man mit der Zeit gehen will, kann man nicht früh genug damit beginnen, den Umgang mit diesem Medium zu erlernen. Sicherlich verstehe ich den Einwand der Kosten, die durch die Einführung von iPads verursacht würden. Aber angesichts der Investition in die Zukunft handelt es sich doch um einen lächerlich geringen Betrag. Privat und beruflich sollte ein iPad zum ständigen Begleiter werden.

Lesen – Umgang mit Texten und Medien

Seite 26

Eine Reportage untersuchen – Skateistan

1 a, b z. B.: Überschrift und Bild wecken die Erwartung, dass es um das Thema „Skaten" geht bzw. genauer: um Mädchen und Jungen, die in Kabul diese Sportart ausüben.

Seite 27

3 Antwort C ist zutreffend.

4 **Ollie:** Trick auf dem Skateboard, bei dem man so abspringt, dass man das Brett in der Luft unter den Füßen hält und danach wieder darauf landet (Z. 1–4)
Skatesistan: Skateboardschule in der afghanischen Hauptstadt Kabul (Z. 8–10)
Taliban: Gruppe, die lange in Afghanistan an der Macht war und strenge Regeln für die ganze Bevölkerung einführte (Z. 14–19)

5 a, b
1. Was erfährst du über Afghanistan?
Die Hauptstadt von Afghanistan ist Kabul. Bis vor zwölf Jahren regierten in Afghanistan die Taliban und führten strenge Regeln für die Bevölkerung ein. Im Jahr 2001 kamen Soldaten aus den USA, aus Frankreich, Deutschland und 40 weiteren Ländern, um gegen die Taliban zu kämpfen.
2. Welche Informationen liefert der Text über das Leben in Kabul?
Mädchen durften unter der Taliban-Regierung nur verschleiert auf die Straße und nicht in die Schule gehen, Sport war für sie ebenfalls verboten. Heute dürfen sie dies, aber sie werden immer noch komisch angeguckt, wenn sie auf der Straße mit einem Fahrrad oder Skateboard fahren. Sich auf den Straßen Kabuls zu bewegen ist gefährlich, da es bis heute immer wieder Bombenanschläge gibt. In vielen afghanischen Familien müssen Kinder Geld verdienen, damit alle genug zu essen haben.
3. Was erfährst du über die Skateboardschule?
Die Skateboardschule „Skateistan" betreibt in Kabul eine Skatehalle. Die Kinder müssen dort, wenn sie skaten wollen, auch eine Unterrichtsstunde belegen, sodass der Spaß mit Bildung verbunden wird. So lernen sie bei „Skateistan" Mathe und Englisch, aber auch den Umgang mit Computern; sie spielen Theater, fotografieren oder drehen Filme.

6 Reihenfolge der Zwischenüberschriften: 3, 1, 2, 5, 4

7 In Josephina Maiers Reportage *„Skaten in Kabul"* geht es um *eine Jugendliche*, die in der afghanischen Hauptstadt Kabul lebt und *als Trainerin in einer Skateboardschule arbeitet*. Im ersten Textabschnitt wird *dem Leser die junge Frau namens Tamana* vorgestellt. Dann wird das Leben in *Kabul beschrieben. Besonders unter der Regierung der Taliban haben Frauen und Mädchen kaum Rechte gehabt. Inzwischen dürfen Mädchen aber wieder zur Schule gehen.* Im dritten Abschnitt geht es um *den Australier Oliver Percovich, der die Skateboardschule „Skateistan" in Afghanistan gegründet hat. Als Nächstes erfährt man, dass „Skateistan" sich auch für die Bildung von Kindern einsetzt. Die Kinder erlernen dort nicht nur das Skateboardfahren, sondern haben auch Unterricht in Mathematik und Englisch, erwerben Computerkenntnisse, können Theater spielen, fotografieren oder Filme drehen.*
Da viele afghanische Kinder den Familien dabei helfen müssen, Geld zu verdienen, indem sie betteln oder Dinge verkaufen, bleibt ihnen für die Schulbildung nur wenig Zeit. Sie können bei „Skateistan" dann lesen und schreiben lernen.

Seite 28

Was ich erfahre – Textabschnitte zusammenfassen

1 b Weitere objektiv-sachliche Aussagen sind z. B.: „In vielen afghanischen Familien müssen die Kinder mitverdienen, damit alle etwas zu essen haben." (Z. 14–16) – „Mehr als der Hälfte der Skateistan-Schüler ergeht es so." (Z. 17–19)
Weitere subjektiv-schildernde Aussagen sind z. B.: „Es ist Quatsch zu denken, dass Skateboarden nur was für Jungs ist."' (Z. 28–30) – „Mit dem Skateboarden mache ich auf jeden Fall weiter", sagt sie, „und später werde ich es auch meinen Töchtern erlauben."' (Z. 32–34)

2

Über das Skaten bei Skateistan erfahre ich:	Über das Familienleben der Kinder in Afghanistan erfahre ich:
– Kinder sind dort sicher. – Für jede Stunde in der Halle müssen sie eine Stunde Unterricht belegen. – Es gibt nicht nur Trainer, sondern auch Lehrer. – Die Kinder lernen Mathematik, Englisch und den Umgang mit Computern. – Sie können Theater spielen, malen, fotografieren oder Filme drehen.	– Kinder müssen mitverdienen. – Sie gehen betteln oder verkaufen Kleinigkeiten. – Vielen von ihnen bleibt neben dem Arbeiten keine Zeit für die Schule.

3 In dem Auszug aus Josephina Maiers Reportage „Skaten in Kabul" geht es um afghanische Kinder, die in Kabul bei „Skateistan" ihre Freizeit verbringen.
Der erste Abschnitt des Auszugs handelt davon, dass *die Kinder bei „Skateistan" sicher sind und dort neben dem Skaten auch Bildung durch Lehrer erhalten. Es besteht eine Vereinbarung, dass sie für jede Stunde, die sie skaten, auch eine Stunde etwas lernen, z.B. Mathematik, Englisch oder den Umgang mit dem Computer. Außerdem wird im zweiten Abschnitt berichtet, dass viele Kinder in Afghanistan ihren Familien helfen, Geld zu verdienen, damit alle genug zu essen haben. Sie betteln dazu oder verkaufen Kleinigkeiten. Deshalb bleibt ihnen oft kaum Zeit für die Schule. Im letzten Textabschnitt werden Tamana und ein afghanischer Junge zitiert. Beide finden es gut, dass auch Mädchen Skateboard fahren.*

4 Auf Grund der schwierigen Lebensbedingungen afghanischer Kinder wirkt die Reportage vor allem Mitleid erregend.

Seite 29

Was ich sehe – Eine Reportage durch eine Grafik ergänzen

1 a Auf dem Logo der Hilfsorganisation erkennt man einen Menschen auf einem Skateboard, der einen Trick über einem zerbrochenen Maschinengewehr ausführt.

b Die Hilfsorganisation möchte mit ihrem Logo zum Ausdruck bringen, dass Skateistan den Friedensprozess in Afghanistan durch die Arbeit in der Skateboardhalle unterstützt. Indem die Kinder skaten lernen, können sie einer typischen, Freude stiftenden Freizeitbeschäftigung für Jugendliche nachgehen. Außerdem wird bei Skateistan die Freizeitbeschäftigung mit Bildungsangeboten für die Jungen und Mädchen verbunden, wodurch ebenfalls ein Beitrag zum Frieden geleistet wird.

2 a, b Piktogramm A passt besser zur Skateistan-Reportage, da die Darstellung eines Skateboards, auf dem ein aufgeschlagenes Buch steht, das Besondere dieser Skateboardschule, nämlich den Spaß am Skaten mit der Vermittlung von Bildung zu kombinieren, sehr schön versinnbildlicht.

Seite 30

Einen Sachtext zusammenfassen – Unzufriedene Teenies

1 In dem Zeitungsartikel geht es um „Jugendzufriedenheit".

2 A 3: Mit „Teenie-Tristesse" ist gemeint, dass viele Jugendliche zwischen 13 und 19 Jahren mit ihrer persönlichen Lebenssituation unglücklich sind.

B 1: Mit dem Begriff der „subjektiven Lebenszufriedenheit" ist die persönliche Einschätzung der eigenen Lebenslage gemeint.

C 2: Mit „Niveau" ist hier der Rang bzw. die Wertigkeitsstufe gemeint, anhand derer die Lebenszufriedenheit von Jugendlichen unterschiedlicher Länder verglichen werden kann.

Seite 31

Gewusst wie! – Einen Zeitungsartikel zusammenfassen

1 a Worum geht es in dem Zeitungsartikel? – Lebenszufriedenheit von Jugendlichen in Deutschland, Studie über Zufriedenheit, Experteneinschätzungen, Einschätzungen von Jugendlichen selbst

b Wer äußert sich zum Thema? Jugendliche zwischen 11 und 15 Jahren, Unicef, Jugendforscher, Professoren der Berliner Humboldt-Universität, zwei Kölner Abiturientinnen

c Was ist das Ergebnis? Das Ergebnis ist, dass viele Jugendliche unglücklich mit ihrer persönlichen Lebenssituation sind und dies beklagen.

d Welche Ursachen werden genannt? Als Ursachen werden Sorgen im schulischen Bereich, genannt, z. B. fehlende Mitbestimmung oder Einfluss auf Regeln und höherer Druck, aber auch dass Jugendliche heute zu verwöhnt seien und für nichts mehr kämpfen müssten.

2 Der Zeitungsartikel „Teenie-Tristesse in Deutschland" der Autorin *Katja Heins* stammt aus dem Jahr *2013*. Es geht darin um *eine Unicef-Studie, mit der herausgefunden wurde, dass viele Jugendliche in Deutschland unglücklich mit ihrer Lebenssituation sind.*

3 a z. B.:

1 Unicef-Studie deckt Unzufriedenheit vieler Jugendlicher in Deutschland auf

2 Experteneinschätzungen zu den Untersuchungsergebnissen

3 Auf und Ab in der Zufriedenheit je nach Bereich

4 Gründe für die Unzufriedenheit

5 Selbsteinschätzung der Jugendlichen: zu hoher Druck und zu verwöhnt

b Reihenfolge der Textabschnitte: 3, 1, 2

c z. B.:

4 Die Unzufriedenheit von Jugendlichen bezieht sich nicht auf ihre Eltern oder ihre Freizeitgestaltung, sondern auf den schulischen Bereich, in dem sie gerne mehr mitbestimmen würden.

5 Laut Selbsteinschätzung der Jugendlichen gibt es unterschiedliche Gründe für die Unzufriedenheit: Während einige ebenfalls den Druck in der Schule dafür verantwortlich machen, meinen andere, dass die Jugendlichen heute zu verwöhnt seien und für nichts mehr kämpfen müssten, sodass ihnen schnell langweilig würde.

Seite 32

Was andere sagen – Die indirekte Rede verwenden

1 Der Jugendforscher Klaus Hurrelmann sagt, man vergleiche sich als Kind nicht mit Gleichaltrigen in Russland oder gar Afrika, sondern mit dem direkten Umfeld.

Hans Bertram gibt zu bedenken, dass die deutschen Mädchen und Jungen sich und ihrer Umgebung ein erschreckendes Zeugnis ausstellten/ausstellen würden, das uns nachdenklich machen müsse.

Eine Schülerin meint, sie seien einfach zu verwöhnt und müssten für nichts mehr kämpfen.

2 z. B.: Der Zeitungsartikel „Teenie-Tristesse in Deutschland" der Autorin Katja Heins stammt aus dem Jahr 2013. Es geht darin um eine Unicef-Studie, mit der herausgefunden wurde, dass viele Jugendliche in Deutschland unglücklich mit ihrer Lebenssituation sind.

Man erfährt in dem Artikel, dass Forscher das Ergebnis der Studie ernst nehmen und Vermutungen über mögliche Gründe für dieses Ergebnis anstellen. Durch den Vergleich von unterschiedlichen Studien der letzten Jahre lässt sich feststellen, dass es Jugendlichen objektiv besser als vor drei Jahren geht, da sie in bestimmten Lebensbereichen um zwei Rangplätze auf Platz sechs gestiegen sind. Expertenmeinungen zufolge bezieht sich die Unzufriedenheit von Jugendlichen nicht auf ihre Eltern oder die eigene Freizeitgestaltung, sondern auf den schulischen Bereich, auf den sie gerne mehr Einfluss nehmen würden. Die Jugendlichen selbst sehen unterschiedliche Gründe für die negative Einschätzung ihrer persönlichen Situation: Während auch sie einerseits die höheren Anforderungen und den gestiegenen Druck in der Schule für die Unzufriedenheit verantwortlich machen, geben sie andererseits an, dass Jugendliche heute zu verwöhnt seien und für nichts mehr kämpfen müssten, sodass ihnen schnell langweilig würde.

Seite 33

Diagramme und Grafiken auswerten – Zeitung lesen

1 Das abgebildete Schaubild beschäftigt sich mit dem Informationsmedium Zeitung und stellt dar, wie viele Minuten bestimmte Altersgruppen täglich mit der Zeitungslektüre verbringen und wie viel Prozent der Leser sich jeweils für ein bestimmtes Ressort der Zeitung (Lokalteil, Politik, Sport, Feuilleton usw.) interessieren.

2 Die tägliche Dauer der Zeitungslektüre wird durch drei *als Uhren gestaltete Kreisdiagramme* dargestellt. Die unterschiedlichen Ressorts, die gelesen werden, lassen sich mit einem *Balkendiagramm* veranschaulichen.

3 Richtig sind die Aussagen: A, C, D, E,   falsch sind die Aussagen: B, F, G.
Korrigierte Aussagen:
B Junge Menschen lesen im Durchschnitt 31 Minuten pro Tag Zeitung.
F An zweiter Position folgt in der Lesergunst das Ressort „Vermischtes".
G Die deutsche Politik wird eher gelesen als die internationale.

Seite 34

Eine Kurzgeschichte verstehen – Alles normal?

1 Als Themen der Kurzgeschichte passen „Konflikte mit Eltern" und „Erwachsenwerden". Begründung: Zwar hat der Junge in der Kurzgeschichte vordergründig keine Konflikte mit seinen Eltern, aber die Schlusspointe macht deutlich, dass er den Konflikt mit ihnen sucht bzw. einen Streit provozieren möchte, was zum Prozess des Erwachsenwerdens dazugehört.

2 Figuren aus dem Alltag, die in dieser Geschichte vorkommen: der Vater, die Mutter, der Sohn und dessen Freundin

Seite 35

Richtig sind die Antworten: C, D,   falsch sind die Antworten: A, B.

4 In Hermann-Josef Schürens Kurzgeschichte „Auf dem Kriegspfad" von 1988 geht es um die Gedanken eines Jugendlichen, der *in der Pubertät ist und sich von seinen Eltern ablösen möchte, indem er mit seinem Verhalten und seinem Aussehen gegen sie rebelliert. Die Eltern wenden nichts gegen den wechselnden Kleidungsstil oder das provozierende Verhalten ihres Sohnes ein, stattdessen unterstützen sie ihn finanziell und erlauben ihm alles, z. B. auch dass seine neue Freundin bei ihm übernachtet. Sogar als der Sohn sich schließlich eine Irokesenfrisur schneidet und damit auf die Straße geht, kritisieren die Eltern ihn nicht.*

5 z. B.: Diese Situation hätte auch Menschen in meiner Umgebung passieren können, da viele Jugendliche in der Pubertät versuchen, sich gegen ihre Eltern aufzulehnen. Allerdings würden sich die meisten Eltern wohl nicht so nachgiebig verhalten und jede Verhaltensweise oder jeden Kleidungsstil ihres Sohnes/ihrer Tochter tolerieren.

6 a Zu Beginn der Geschichte erfährt man, dass der Junge es eigentlich nicht richtig findet, dass seine Eltern ihm alles erlauben („Er bekommt, was er will. Das ist ihm zu viel."). Er sehnt sich danach, Grenzen gesetzt zu bekommen. Am Ende taucht er sogar mit einer Irokesenfrisur auf und frühstückt im Stehen, was ein weiterer Versuch ist, seine Eltern zu provozieren. Der Erfolg bleibt aber aus, da sie auch dagegen nichts einwenden und ihn nicht kritisieren, als er beabsichtigt, in diesem Outfit auf die Straße zu gehen („... schmiert sich im Stehen ein Marmeladenbrot und begibt sich auf den Kriegspfad"), um möglicherweise dort jemanden zu finden, der sich von seinem rebellischen Verhalten provozieren lässt.

Seite 36

Was passiert? – Eine Kurzgeschichte genauer untersuchen (Teil 1)

1 Passende Zitate zu den Beschreibungen:
A „Das ist sein Reich, er allein entscheidet, wann aufgeräumt wird." (Z. 2–4)
B „Er bekommt, was er will." (Z. 1) „Sie finanzieren seine Wünsche." (Z. 5 f.)

C „Sie haben nichts dagegen einzuwenden, dass Ilona die Nacht über bleibt." (Z. 6 f.)

D „Sie gefällt ihnen. Sie macht einen vernünftigen Eindruck und kommt aus gutem Hause." (Z. 10–12) „Das wird bestimmt was Festes." (Z. 20)

E „Er allein entscheidet, wann aufgeräumt wird. Er streicht es in den Farben, die ihm gefallen. Er kleidet sich selbst ein. Sie finanzieren seine Wünsche." (Z. 3–6)

F „Ihren Sohn haben sie in den unterschiedlichsten Erscheinungsformen gesehen. Beinahe täglich wechselt er Aussehen, Gehabe, seinen Umgangston." (Z. 14–16)

2 z. B.: Der Junge wirkt unzufrieden und ist genervt davon, dass seine Eltern ihm alles erlauben. („Das ist ihm zu viel", Z. 1). Er wirkt auch abweisend („In seinem Zimmer haben sie nichts zu suchen. Das ist sein Reich", Z. 2 f.) und distanziert sich von seinen Eltern („Als sie zum Frühstück erscheinen, steht ein Irokese vor ihnen, schmiert sich im Stehen ein Marmeladenbrot und begibt sich auf den Kriegspfad", Z. 20–23). Der Sohn erfährt es als selbstverständlich, dass seine Eltern tolerant auf ihn reagieren („Sie stören nicht. Sie klopfen nicht. Sie nehmen Rücksicht. Schließlich sind sie ja auch einmal jung gewesen", Z. 7–9). Gerade dieses Übermaß an Toleranz lässt den Sohn aber auch verzweifeln, da seine Eltern sich darin als ein wirkliches Gegenüber entziehen.

3 a Textstelle B markiert den Wendepunkt.

b Der Wendepunkt ist überraschend, weil die Eltern nicht damit gerechnet haben, dass ihr Sohn auch weiterhin versuchen würde, sie durch sein Verhalten und Aussehen zu provozieren. Stattdessen hatten sie gehofft, er würde sich durch den Einfluss der neuen vernünftigen Freundin auf den richtigen Weg bringen lassen (vgl. Z. 18 f.).

c Der Satz zeigt, dass der Junge auch weiterhin provozieren möchte und vielleicht sogar das Gefühl hat, zu immer extremeren Mitteln greifen zu müssen, um sein Ziel zu erreichen.

Seite 37

Merkmale deuten – Eine Kurzgeschichte genauer untersuchen (Teil 2)

1 a z. B.: Die Verwendung der vielen Pronomen anstelle von konkreten Namen ist zunächst etwas verwirrend, lässt die Geschichte aber auch sachlich und neutral wirken.

b In der Kurzgeschichte werden deshalb Pronomen anstelle von Namen verwendet, weil *so deutlich wird, dass hier kein Einzelfall beschrieben wird, sondern die geschilderte Situation auf viele Menschen – Eltern und ihre Kinder in der Pubertät – übertragbar ist.*

2 Die Aussage trifft für die Kurzgeschichte „Auf dem Kriegspfad" zu, weil die Figuren dem Leser nicht vorgestellt werden und man direkt in die Konfliktsituation hineinspringt.

3 Der Junge hat sich die Irokesenfrisur geschnitten, um dadurch eine ablehnende Reaktion seiner Eltern bzw. seines Umfelds zu provozieren. Er begibt sich damit insofern auf den „Kriegspfad", als sein Aussehen ein Mittel ist, seine Mitmenschen anzugreifen bzw. gegen die Erwartungen, die an ihn herangetragen werden, zu rebellieren. Da seine Eltern jedoch vermutlich auch die Irokesenfrisur tolerieren werden, bleibt dem Jungen schließlich nur, außerhalb der Familie die Konfrontation zu suchen. „Sich auf den Kriegspfad begeben" bedeutet daher auch, das Zuhause zu verlassen und außerhalb der Familie nach einer Autorität Ausschau zu halten, an der man sich abarbeiten kann, weil sie einem Grenzen setzt.

5 Schüleraussage B erklärt am besten, inwiefern in der Kurzgeschichte „Auf dem Kriegspfad" ein aussagekräftiger Abschnitt im Leben eines Menschen geschildert wird.

Seite 38/39

Eine Inhaltsangabe schreiben – Darum geht es!

1 a Aussage C fasst die Kurzgeschichte am besten zusammen.

b Vor Anitas Geburtstag ist das Verhältnis angespannt, von Neid, Missgunst, Konkurrenzdenken und Bosheit geprägt. – Belegstellen: Z. 1–9, 26–29, 35–37

Nach Anitas Geburtstag ist die Stimmung gelassener, ruhiger, harmonischer und friedlicher. Anita schämt sich für ihr Verhalten und ihre Gefühle der Schwester gegenüber, aber möchte daraus auch lernen. – Belegstellen: Z. 92, 103–109, 111–114

c Das Verhältnis zwischen Anita und ihrer jüngeren Schwester ist aus Anitas Sicht angespannt und schlecht. Sie ist neidisch und eifersüchtig auf Mareike, weil ihre Schwester ein positiver Mensch ist, ihrer Umgebung Freude spendet und ihr vieles im Leben leichtfällt. Dadurch wird sie gemocht. Anita muss sich sehr anstrengen, um die Sympathie von anderen zu gewinnen, und wäre gerne so wie ihre jüngere Schwester. Der Titel der Geschichte greift einen Gedanken von Anita auf: Sie weiß, dass Mareike die Farbe Grau nicht schön findet, und sucht gerade deshalb, aus Bosheit und von ihrer Eifersucht geleitet, einen grauen Stoff mit gelben Punkten als Geschenk für die Schwester aus. Sie erkennt selbst, dass sie dies nur aus Neid getan hat, und schlussfolgert: „Neid ist grau mit gelben Punkten."

2 Alle genannten Merkmale einer Kurzgeschichte treffen auf die Geschichte zu.

Seite 40

Einleitung, Hauptteil, Schluss – Eine Kurzgeschichte zusammenfassen

1 Die Kurzgeschichte *„Neid ist grau mit gelben Punkten"* der Autorin *Cili Wethekam* stammt aus dem Jahr *1976*. Sie handelt von der Beziehung zwischen den Schwestern *Anita und Mareike, die von Neid und Missgunst geprägt ist.*

2 Anita muss zugeben, dass sie auf ihre Schwester Mareike sehr neidisch ist. Sie ist hübsch, das Lernen fällt ihr leicht und alle mögen sie. Anita wünscht sich auch einmal im Mittelpunkt zu stehen. Dies erhofft sie sich an ihrem Geburtstag. Kurz vor diesem Tag hat Anitas Mutter die Idee, *zusammen mit Anita einen Stoff für Mareike zu kaufen, damit diese am Geburtstag der älteren Schwester nicht leer ausginge.* Einen Tag später gehen Anita und ihre Mutter *in ein Stoffgeschäft.* Dann lässt die Mutter Anita *einen Stoff für Mareike aussuchen.* Nachdem Anita sich für einen grauen Stoff entschieden hat, der *mit gelben Punkten* bedruckt ist, schämt sie sich, weil sie weiß, dass *Mareike die Farbe Grau überhaupt nicht mag. Anita hat absichtlich einen Stoff gewählt, den sie und die Schwester nicht schön finden.* An ihrem Geburtstag findet sie *den grauen Stoff auf ihrem Gabentisch und ist überrascht und sehr enttäuscht.* In dem Augenblick, als sie die Mutter fragt, wieso *sie weine, stellt sich heraus, dass die Mutter auch mit der jüngeren Schwester im Stoffgeschäft war und vorgegeben hat, diese einen Stoff für Anita aussuchen zu lassen, der aber eigentlich für Mareike selbst bestimmt war. Die jüngere Schwester hat einen blauen, sehr schönen Stoff gewählt, der Anita sehr gut gefallen hat und den sie eigentlich gerne selbst gewählt hätte. Die Mutter hat also angenommen, dass die Mädchen gegenseitig einen Stoff aussuchen würden, den sie selbst auch schön fänden. Mareike bietet Anita einen Tausch an, weil sie merkt, dass ihre Schwester traurig und enttäuscht ist. Schließlich bereut Anita, dass sie den grauen Stoff gewählt hat, um ihre Schwester zu ärgern. Sie erkennt, dass ihre Gedanken gemein waren, und lehnt den Tausch ab. Sie möchte den grauen Stoff behalten, damit er sie daran erinnert, dass ihr Verhalten nicht richtig war.*

4 Anita meint damit, dass der Stoff sie daran erinnern soll, wie gemein ihr Verhalten und ihre Gedanken der jüngeren Schwester gegenüber waren.

Seite 41

Was denke ich? – Eine erweiterte Inhaltsangabe schreiben

1 Die Kurzgeschichte „Neid ist grau mit gelben Punkten" *der Autorin Cili Wethekam stammt aus dem Jahre 1976. Sie handelt von der Beziehung zwischen den Schwestern Anita und Mareike, die von Neid und Missgunst geprägt ist.*

2 a

Anita Kurze Beschreibung der Figur: *ältere Schwester (ihr 13. Geburtstag), ihr fällt das Lernen schwerer als der Schwester, sie findet es schwierig, die Sympathie anderer zu gewinnen, ist neidisch auf ihre jüngere Schwester*	Anitas Gefühle gegenüber Mareike: *geprägt von Neid, Missgunst, Eifersucht, Konkurrenzdenken*	Mareike Kurze Beschreibung der Figur: *die jüngere Schwester von Anita, ein fröhlicher Mensch, ihr fällt alles leicht, kommt bei anderen gut an*
– Sie sucht einen *grauen* Stoff für Mareike aus, den sie aber selbst *nicht schön findet.* – *Sie weiß, dass auch Mareike die Farbe nicht gefällt. Sie gönnt ihrer Schwester keinen schönen Stoff.*		– Sie sucht einen *schönen blauen* Stoff für Anita aus, den sie aber selbst *auch gerne hätte.* – *Sie findet ihn sehr schön und wählt ihn deshalb auch für ihre ältere Schwester aus.*
	Anitas Geburtstag	**Mareike** will den Stoff *tauschen.*
Anita will aber *nicht tauschen, weil sie sich für ihr eigenes Verhalten schämt. Es ist ihr unangenehm, dass sie so boshaft gehandelt und ihrer Schwester absichtlich einen grauen, hässlichen Stoff ausgesucht hat. Sie möchte nun den grauen Stoff behalten, damit er sie daran erinnert, sich in Zukunft nicht mehr so zu verhalten und weniger neidisch zu sein.*		

b Siehe die Lösung zu Aufgabe 2 auf S. 40 dieses Arbeitsheftes.

Seite 42

Ein Stadtgedicht untersuchen – Form und Inhalt

1 a Aussage A trifft am besten auf das Gedicht zu.
b In der ersten Strophe wird die bedrückende Enge zwischen den Häusern und auf den Straßen in der Stadt beschrieben.
In der zweiten Strophe geht es um die Menschen in der Stadt, die dicht aneinandergedrängt leben, und um ihre Begierden und Sehnsüchte, die ebenfalls eng sind.
In der dritten Strophe schildert das lyrische Ich, dass es in der Gedrängtheit der Stadt keine Privatsphäre gibt.
Die vierte Strophe sagt aus, dass die Menschen sich trotz der Nähe, die räumlich besteht, alleine, einsam und verlassen fühlen. Das Leben ist anonym und man kennt sich kaum.

2 Das Gedicht besteht aus *vier* Strophen mit jeweils *vier* Versen (Strophe 1 und 2) bzw. *drei* Versen (Strophe 3 und 4). Die vierzeiligen Strophen weisen einen *umarmenden* Reim auf *(abba cddc)*. Das Reimschema der dreizeiligen Strophen lautet *efg gef*.

3 Aussage A ist richtig, die Aussagen B und C sind falsch.

Seite 43

„wie Löcher …" – Die Bildsprache untersuchen (Teil 1)

1 a Strophe 1: dicht, drängend, *geschwollen* – Strophe 2: *dicht, eng* – Strophe 3: *dünn* –
Strophe 4: *stumm, abgeschlossen, unberührt, ungeschaut, fern, alleine*
b Das Leben in der Stadt wirkt *durch diese Adjektive und Partizipien beklemmend und bedrückend. Es entsteht ein eher negativer Eindruck vom Lebensgefühl als „Städter".*

2 a, b
A 5: Die Fenster der Häuser werden mit den Löchern eines Siebes verglichen, weil sie so dicht und eng beieinanderliegen.
B 4: Die Häuser werden mit Gewürgten verglichen, weil sie so eng beieinanderstehen, dass dazwischen wenig frische Luft und wenig Raum ist.
C 3: Die Einsamkeit wird mit einer Höhle verglichen, in der man gefangen ist und aus der man nicht entkommen kann.
D 2: Das Flüstern wird mit Gegröle verglichen, weil es so wenig Privatsphäre in der Stadt gibt, dass immer jemand zuhört oder Privates mitbekommt.
E 1: Die Wände werden mit der Haut verglichen, weil beides so dünn ist, dass durch sie alles hindurchdringen kann. Wieder geht es um die fehlende Privatsphäre.
c Aussage A ist richtig.

Seite 44

„fassen Häuser sich … an" – Die Bildsprache untersuchen (Teil 2)

1 a Personifikationen in der ersten Gedichtstrophe: „stehn / Fenster beieinander" (V 1 f.) – „drängend fassen / Häuser sich […] an" (V. 2 f.)
b Die Personifikationen wecken im Leser eine bedrückende Stimmung; man kann die Enge und Beklemmung innerhalb der Stadt gut nachempfinden.

2 In der zweiten Strophe des Gedichts wird das *Geschehen* in einer Straßenbahn („Tram") beschrieben. Hier wird *im Gegensatz* zur vorherigen Strophe etwas „verdinglicht". *Menschen* sitzen in der *Straßenbahn* und werden als *„Fassaden"* bezeichnet. Mit Hilfe dieser *Verdinglichung* werden die Anonymität und die *Gefühlskälte* zwischen den Menschen veranschaulicht.

3 Den Aussagen A und B kann man zustimmen, Aussage C ist unpassend.

Grammatik

Seite 45

Das kann ich schon! – Wortarten, Zeitformen, Sätze

1 a, b der berühmte Fassadenkletterer *(Nominativ)* – Die *lebensgefährliche* Bezwingung *(Nominativ)* – *zahlreichen* Schaulustigen *(Dativ)* – des *riesigen* Wolkenkratzers *(Genitiv)* – Dem *mutigen* Extremkletterer *(Dativ)* – *ungewöhnliche* Kletteraktionen *(Nominativ)* – den 828 Meter *hohen* Wolkenkratzer *(Akkusativ)*

(je richtige Lösung 1 Punkt; höchste Punktzahl: a 6 Punkte; b 7 Punkte)

c

Personalpronomen	Possessivpronomen	Demonstrativpronomen	Relativpronomen
es, ihm	*seinen*	diese, *dieses*	*die*

(je richtige Lösung 1 Punkt; höchste Punktzahl: 5 Punkte)

2 a Satz (1): Aktiv, Satz (4): Passiv   *(je richtige Lösung 1 Punkt; höchste Punktzahl: 2 Punkte)*
b (1) Der höchste Wolkenkratzer Frankreichs wurde gestern (von dem berühmten Fassadenkletterer Alain Robert) ohne Sicherungsseil erklommen.
(4) Im Gegensatz zu seinen anderen Kletterkunststücken genehmigten die Behörden dieses.

(je richtige Lösung 2 Punkte; höchste Punktzahl: 4 Punkte)

Seite 46

3 a Richtige Verbformen: tauchte – befindet sich – erreicht hatte – blieben – werde … vergessen

(je richtige Lösung 1 Punkt; höchste Punktzahl: 5 Punkte)

b Satz (1): Prät., Satz (2): Prät., Satz (3): Präs., Satz (4): Plus. + Prät., Satz (5): Fut.
(je richtige Lösung 1 Punkt; höchste Punktzahl: 6 Punkte)

c Letzte Woche erfüllte sich Regisseur James Cameron einen lang gehegten Traum, <u>als</u> er mit einem Spezial-U-Boot zum Grund des Pazifischen Ozeans tauchte.
(je richtige Lösung 2 Punkte; höchste Punktzahl: 2 Punkte)

d Letzte Woche erfüllte sich Regisseur James Cameron einen lang gehegten Traum, <u>indem</u> er mit einem Spezial-U-Boot zum Grund des Pazifischen Ozeans tauchte.
(je richtige Lösung 2 Punkte; höchste Punktzahl: 2 Punkte)

4 a, b, c Mit einem U-Boot *(adverbiale Bestimmung der Art und Weise)* erreichte *(Prädikat)* James Cameron *(Subjekt)* gestern *(adverbiale Bestimmung der Zeit)* den tiefsten Punkt der Weltmeere *(Akkusativobjekt)*.
(je richtige Lösung 1 Punkt; höchste Punktzahl: a 5 Punkte; b 5 Punkte; c 2 Punkte)

5 James Cameron sagt, die Tiefseegräben seien die letzte unerforschte Grenze unseres Planeten.
(je richtige Lösung 2 Punkte; höchste Punktzahl: 2 Punkte)

Seite 47

Wortarten unterscheiden – Hoch hinaus

Nomen, Adjektive und Präpositionen verwenden

1 a, b mit *großer* Faszination *(D)* – die *gelenkigen* Sportler/-innen *(N)* – *gefährliche* Höhe *(A)* – an den *künstlichen* Kletterwänden *(D)* – *spezieller* Kletterhallen *(G)* – für *schwierige* Kletterstrecken *(A)* – ein *umsetzbares* Bewegungsmuster *(A)*

c Bouldern – Klettern *in* niedriger Höhe Bouldern – Klettern *mit* Köpfchen
Bouldern – Klettern *für* In- und Outdoorfans Bouldern – Klettern *zu* jeder Jahreszeit

Seite 48

Pronomen verwenden

1 a, b, c (Personalpronomen: <u>unterstrichen</u>, Possessivpronomen: **fett**)

Bouldern ist mittlerweile ein beliebter Sport. <u>Er</u> spricht sowohl Indoor- als auch Outdoorfans an, denn man kann <u>ihn</u> in Kletterhallen oder unter freiem Himmel ausüben. Boulderer sind flexibel, weil <u>sie</u> nicht unbedingt einen Kletterpartner für **ihre** Absicherung brauchen. In den Kletterhallen wird für den Schutz der Boulderer gesorgt. **Ihre** verschiedenen Kletterbereiche sind mit besonderen Matten („Crashpads") ausgelegt. Mit <u>ihnen</u> können Stürze abgefangen und Fußverletzungen verhindert werden. Im Outdoorbereich gibt es einige berühmte Bouldergebiete, so zum Beispiel im Wald von Fontainebleau in Frankreich. Das Klettergebiet umfasst verschiedene Schwierigkeitsstufen. **Seine** Kletterfelsen ziehen Sportler aus aller Welt an.

2 Wenn man beim Bouldern eine besonders schwierige Stellte geschafft hat, ist <u>das</u> ein wahnsinnig befriedigendes Erlebnis. Fürs Bouldern braucht man sowohl Kraft als auch ein gutes Bewegungsgefühl. <u>Jene</u> baut der Anfänger relativ schnell auf, <u>dieses</u> kommt erst mit zunehmender Erfahrung.
Fahrt nach Fontainebleau in Frankreich! Ein <u>solches</u> Klettergebiet gibt es nicht noch einmal auf der Welt.

Seite 49

Verben verwenden

1 a A Du trainierst mit voller Konzentration und *versuchst* stets, dein Bestes zu geben.
B Du *kennst* deine Stärken und Schwächen und *wählst* danach die Kletterrouten *aus*.
C Du *lässt* dich von Misserfolgen und Fehlern nicht *abschrecken*.
D Du *machst* auch Kletterpausen und *gönnst* deinem Körper eine Erholung.

b A Ihr *trainiert* mit voller Konzentration und *versucht* stets, euer Bestes zu geben.
B Ihr *kennt* eure Stärken und Schwächen und *wählt* danach die Kletterrouten *aus*.
C Ihr *lasst* euch von Misserfolgen und Fehlern nicht *abschrecken*.
D Ihr *macht* auch Kletterpausen und *gönnt* eurem Körper eine Erholung.

Seite 50

Verben im Aktiv und Passiv verwenden

1 Beim Hallenklettern wird eine künstliche Kletterwand erklommen. Künstliche Haltegriffe werden beim Aufstieg genutzt.
Beim Eisklettern wird an vereisten Wasserflächen emporgeklettert. Steigeisen und Eispickel werden verwendet.
Beim Free-Solo-Gebäudeklettern wird ohne Absicherung die Fassade von Gebäuden erstiegen. Fenstersimse und Rohre werden als Haltpunkte benutzt.

2 a, b

   A 2008 *wurde* die Steilwand „El Capitan" in Rekordtempo von Hans Florine und Yuji Hirayama *erklommen*.

   B 2010 *wurde* der Gipfel des Mount Everest vom 13-jährigen Jordan Romero *erreicht*.

  c A Hans Florine und Yuji Hirayama erklommen 2008 die Steilwand „El Capitan" in Rekordtempo.

   B Der 13-jährige Jordan Romero erreichte 2010 den Gipfel des Mount Everest.

Seite 51

Teste dich! – Wortarten

1 a, b der dreizehnjährigen Inderin *(Dativ)* – des höchsten Berges *(Genitiv)* – einem kleinen Dorf *(Dativ)* – das mutige Vorhaben *(Akkusativ)* – der gefährliche Aufstieg *(Nominativ)*

(je richtige Lösung 1 Punkt; höchste Punktzahl: a 5 Punkte; b 5 Punkte)

2 a richtige Possessivpronomen (in der Reihenfolge ihres Erscheinens im Text): ihre – ihrer – seiner

(je richtige Lösung 1 Punkt; höchste Punktzahl: 3 Punkte)

  b Poorna → *Sie* – Den Kindern → *Ihnen* – Die Südseite → *Sie*

(je richtige Lösung 1 Punkt; höchste Punktzahl: 3 Punkte)

3 +++ Der höchste Gipfel der Welt wird von Dreizehnjähriger erklommen +++

+++ Der Mut und die Entschlossenheit eines indischen Schulmädchens wurden von der Welt bestaunt +++

(je richtige Lösung 2 Punkte; höchste Punktzahl: 4 Punkte)

Seite 52

Das Tempus des Verbs – Auf dem Sprung

Gegenwärtiges, Zukünftiges und Vergangenes ausdrücken

1 Der Österreicher Felix Baumgartner *hat* einen gewagten Plan: Heute Nachmittag *wird* er aus 36,5 Kilometern Höhe aus der Kapsel eines Ballons *springen*. „Kein Mensch vor mir *hat* jemals eine solche Höhe mit einem Ballon *erreicht*", so Baumgartner. Aber eigentlich *geht* es ihm um etwas anderes: Vermutlich *wird* er als erster Mensch ohne Flugzeug oder Rakete die Schallmauer *durchbrechen*. Baumgartners freier Fall zurück in Richtung Erde *wird* voraussichtlich fünf Minuten *dauern*. „Ich *habe* mich in den letzten Wochen intensiv auf diesen Sprung *vorbereitet*", so der Extremsportler.

Seite 53

Verbformen im Präteritum bilden

1 **senkrecht:** 1) begann, 4) geschah, 8) stieg, 11) misslang, 13) trug, 14) sprang, 15) empfahl, 17) riet, 19) griff, 20) mied, 22) besaß, 23) befahl

waagerecht: 2) brachte, 3) brach, 5) genoss, 6) stahl, 7) hieß, 9) geriet, 10) sandte, 12) gelang, 16) blieb, 18) maß, 21) sah

Seite 54

Damals … (Teil 1) – Das Präteritum verwenden

1 André-Jacques Garnerin *gelang* im Jahr 1797 der erste Sprung mit dem Fallschirm.

Der Franzose *stieg* mit einem Heißluftballon zu großer Höhe *auf*.

Über einem Park *stürzte* er *sich* mit seinem selbst konstruierten Fallschirm in die Tiefe.

Seine kühne Tat *machte* den Franzosen schlagartig berühmt.

2 a, b richtige Verbformen (starkes Verb: **fett**, schwaches Verb: *kursiv*): *begeisterte* – **kam** – **geriet** – **entwarf** – **misslang** – *wagte* – **brachte** – **sprang … ab** – **besaß** – **kamen** – *landete*

Seite 55

Damals … (Teil 2) – Das Präteritum verwenden

1 a, b richtige Verben (in der Reihenfolge ihres Erscheinens im Text; starkes Verb: **fett**, schwaches Verb: *kursiv*): **nahm … teil** – *interessierten sich* – **brachte** – **sprang** – **aufging** – *raste* – *erreichte* – **stellte … auf** – *durchführte* – *erzielte* – **kam … an**

2 a Rekordhöhe! Testpilot Kittinger gelingt Absprung aus 31300 Metern

Spitzenleistung am Himmel: Pilot bricht vier Weltrekorde

Im freien Fall: Amerikaner stürzt in Rekordgeschwindigkeit auf die Erde zu

Nach 13 Minuten und 45 Sekunden: Joe Kittinger landet wieder sicher auf der Erde

  b Rekordhöhe! Testpilot Kittinger *gelang* Absprung aus 31300 Metern

Spitzenleistung am Himmel: Pilot *brach* vier Weltrekorde

Im freien Fall: Amerikaner *stürzte* in Rekordgeschwindigkeit auf die Erde *zu*

Nach 13 Minuten und 45 Sekunden: Joe Kittinger *landete* wieder sicher auf der Erde

c z. B.: Sprung aus 31 300 Metern Höhe: Testpilot Kittinger *erreichte* Rekordgeschwindigkeit

Sensationssprung: Spektakuläres Experiment *glückte*

Astronaut *verließ* Rakete in 30 Kilometern Höhe

Seite 56

Das Plusquamperfekt verwenden

1 a A Way erzielte mit 16 Jahren erste Erfolge als Profi. Er fiel schon im Kindergartenalter durch sein Skateboard-Talent auf.

B Beim Surfen verletzte er sich als Zwanzigjähriger schwer. Er legte eine Sportpause ein.

C 2002 entwickelte Way eine spezielle Rampe. Er sprang damit erstmals in die Weite statt in die Höhe.

D Der Skateboarder wagte tatsächlich den Sprung über die Chinesische Mauer. Er trainierte lange.

b A Way erzielte mit 16 Jahren erste Erfolge als Profi, nachdem er schon im Kindergartenalter durch sein Talent aufgefallen war.

B Nachdem er sich als Zwanzigjähriger beim Surfen schwer verletzt hatte, legte er eine Sportpause ein.

C Nachdem Way 2002 eine spezielle Rampe entwickelt hatte, sprang er damit erstmals in die Weite statt in die Höhe.

D Bevor der Skateboarder tatsächlich den Sprung über die Chinesische Mauer wagte, hatte er lange trainiert.

Seite 57

Teste dich! – Das Tempus

1 a, b gelang *(Präteritum)* – vorbereitet hatte *(Plusquamperfekt)* – freute *(Präteritum)* – geschafft hat *(Perfekt)* – Ausruhen werde *(Futur I)* – planen *(Präsens)*   *(je richtige Lösung 1 Punkt; höchste Punktzahl: a 6 Punkte; b 6 Punkte)*

2 a, b

	richtig	falsch
A Bevor Jed Mildon mit seinem BMX-Rad durch die Luft gewirbelt war, raste er eine 20 m hohe Rampe hinunter.		X
B Paul Everest, Gründer des Wettbewerbs in Taupo, beglückwünschte Mildon, nachdem dieser seinen Weltrekord aufgestellt hatte.	X	
C Nachdem er den Dreifachsalto schaffte, hatte Mildon einen weiteren Sprung gewagt, an dem er aber gescheitert war.		X

(je richtige Lösung 1 Punkt; höchste Punktzahl: a 3 Punkte; b 3 Punkte)

c A Bevor Jed Mildon mit seinem BMX-Rad durch die Luft wirbelte, war er eine 20 m hohe Rampe hinuntergerast.

C Nachdem er den Dreifachsalto geschafft hatte, wagte Mildon einen weiteren Sprung, an dem er aber scheiterte.

(je richtige Lösung 1 Punkt; höchste Punktzahl: 2 Punkte)

Seite 58

Der Modus des Verbs – Wenn ich träume ...

Den Konjunktiv II bilden und verwenden

1 er wusste → er wüsste   ich fuhr → ich führe   sie standen   → sie stünden

ich ging   → ich ginge   sie sah → sie sähe   wir brauchten → wir bräuchten

2 a, b (Konjunktiv II: unterstrichen, *würde*-Ersatzform: *kursiv*)

A Wenn alle dieselbe Sprache sprächen

Wir hätten keinen Fremdsprachenunterricht mehr. Egal, wohin wir *reisen würden*, wir verstünden alle Menschen. ...

B Wenn es keinen elektrischen Strom gäbe

Wir müssten auf elektrische Geräte verzichten. Unsere Wohnungen *würden* wir wieder mit Kerzen *beleuchten*. ...

C Wenn die Menschen auch auf dem Mars *leben würden*

Wahrscheinlich *würden* die Schulen Klassenfahrten zum Mars *organisieren*. Viele von uns hätten vielleicht eine Zweitwohnung auf dem Mars. ...

Seite 59

3 a richtige Verbformen: A wäre – B würde – C hätten – D verschwänden – E gäbe

b A Wenn die Erde eine vereiste Kugel wäre, *trügen* wir stets warme Kleidung.

B Wenn die Welt von einem König regiert würde, *wäre* unsere Mitbestimmung stark eingeschränkt.

C Wenn wir vor nichts und niemandem Angst hätten, *würden* wir größere Vorsicht *zeigen*.

D Wenn alle Menschen von der Erde verschwänden, *würden* die Tiere die Welt *beherrschen.*
E Wenn es kein Geld auf der Welt gäbe, *begännen* wir wieder mit dem Tauschhandel.

Seite 60

Ich träume von … (Teil 1) – Den Konjunktiv II verwenden

1 Vor allem das 12. und 13. Jahrhundert *würde* ich gerne *besuchen.* [...] Zuvor *führe* ich ins mittelalterliche England.
Ich *würde* gerne Klavier *spielen.* [...] *Wäre* ich Pianist, *würde* ich vor allem die Werke von Bach *aufführen.*
Sie *zögen* ein Jahr lang durch die Welt, so wie es die Zimmermänner machen [...]. Abgesehen von dieser einjährigen Wanderschaft *fände* ich es toll, wenn es Augenschauhäuser *gäbe* [...]. In ihnen *säße* man sich in Kreisen gegenüber, die sich alle zwei, drei Minuten weiterdrehen, und *würde* eine Stunde lang verschiedenen Menschen in die Augen *schauen.*

2 z. B.: Wenn ich mir etwas wünschen könnte, *hätte* ich gerne einen großen Bruder.
Wären Zeitreisen möglich, *würde* ich ins Jahr 2099 *reisen.*
Wenn ich unendlich viel Geld hätte, *gäbe* ich allen Hilfsbedürftigen etwas ab.
Könnte ich eine andere Person sein, *wäre* ich gerne ein berühmter Popstar.

Seite 61

Ich träume von … (Teil 2) – Den Konjunktiv II verwenden

1 a, b
Die Zutaten zu dieser Glückspille *wären* vielfältig. Zu den wichtigsten Bestandteilen aber *würden* zerbröselte Haarspitzen von Johann Sebastian Bach und John Lennon *gehören.* Das *brächte* den Swing in die Pille und die Finger zum Schnipsen. Einmal am Tag – morgens vor Schulbeginn – *wäre* Doo-wop-Zeit. [...] Was *würde passieren*, wenn man diese Pille *nähme?* Kinder *kämen* entspannt und ausgeglichen in die Schule. Sie *wären* selbstbewusst gegenüber anderen Schülern, denn sie *würden* immer den *rhythm spüren*. Das *würde* sie weicher *machen*, sie *bekämen* eine empfindsame Natur, sie *wären* wach für die Umwelt und vor allem aufgeschlossen. [...] Wenn auch unsere Großeltern diese Pillen *schlucken würden*, *würden* sie ihre Weisheit nie verlieren. Und die Enkel *würden* sie freiwillig als Vorbilder *akzeptieren*, weil sie entspannt *wären.* Doo-wop *wäre* auch für Politiker gut. Sie *würden* nachdenklicher und *träfen* ihre Entscheidungen weitsichtiger. Sie *müssten* nicht mehr auf Konflikte reagieren, sondern *würden* sie schon im Vorfeld *entschärfen.* Die Wirkung von Doo-wop *bestünde* also vor allem darin, Balance zu schaffen zwischen Denken und Handeln. [...] Doo-wop *gäbe* es in keiner Apotheke, es *wäre* nicht käuflich. Es *würde* in der Musik *stecken*, und wir *hätten* es alle im Gefühl.

Seite 62

Der Konjunktiv I in der indirekten Rede

1 a (Redebegleitsätze: umrahmt , Verbformen in der indirekten Rede: unterstrichen)
2004 schlossen sich rund 20 000 Wolkenfreunde in der britischen „Cloud Appreciation Society" (= Vereinigung der Wolkenfreunde) zusammen, darunter auch 500 Deutsche. Gavin Pretor-Pinney, der Verbandsgründer, gerät beim Blick in den Himmel immer wieder ins Schwärmen. (1) Wolken, so erklärt er , würden sich wie Gesichter von Menschen lesen lassen. (2) Sie seien Ausdruck atmosphärischer Launen. (3) Die meisten Menschen wüssten jedoch nicht mehr, den Gesichtsausdruck der Natur zu entziffern, beklagt der Brite.
b Satz (1): w-Er   Satz (2): Kon I   Satz (3): Kon II

2 A Pretor-Pinney meint, in Deutschland und England würden wir die Wolken schlechtmachen, weil wir so viele davon hätten.
B Er behauptet, Wolken seien etwas Schönes, sie gäben uns ein Gefühl von Raum und Weite.
C Pretor-Pinney stellt fest, beim Beobachten der Wolken fühle man sich frei.

Seite 63

Wolken und Wellen (Teil 1) – Der Konjunktiv I in der indirekten Rede

1 b, c (Redebegleitsätze: umrahmt , Verbformen in der indirekten Rede: unterstrichen)
Pretor-Pinney behauptet , flache, von Hügeln umgebene Landschaften seien eine ideale Kulisse, wenn man den Himmel beobachten wolle. Wolken können laut Pretor-Pinney ganz verschiedene Bedeutungen haben. Der Wolkenbeobachter sagt , in England stünden Wolken meist für etwas Dunkles oder Schlechtes, das auf einen zukomme. In den Niederlanden, so fährt er fort , nenne man ein properes, rundes Baby eine „Wolke von einem Kind". Und im arabischen Raum bedeute der Satz „Sein Himmel ist immer voller Wolken", dass man vom Glück verwöhnt sei. Nicht in allen Ländern stößt die Website von Pretor-Pinney auf positive Resonanz. Er räumt ein , es hänge wohl davon ab, ob in dem jeweiligen Land der Humor unserer Website verstanden werde oder nicht.